존 퀸, 1921

〈아모리 쇼〉로 알려진 〈국제 현대미술전〉. 1913년 2월부터 3월까지 뉴욕 제69연대 병기고에서 개최(개인
소장/Bridgeman Images).

피카소와 페르낭드 올리비에가 반려견 페오와
프리카와 함께 있는 모습. 파리 몽마르트르,
1906년경(젤라틴 실버 프린트, 13x9.2cm,
피카소미술관, 파리).

피카소, 「나의 어여쁜 이(기타를 든 여인)」,
캔버스에 유채, 100 x 64.5cm,
1911~12년(1945년 릴리 P. 블리스 유증을
통해 소장, 현대미술관, 뉴욕).

피카소의 작업실에서 그의 「서 있는
여성의 누드」(왼쪽) 및 다른 작품들을
배경으로 앉아 있는 다니엘헨리
칸바일러의 사진. 피카소 촬영.
파리 볼바르 드 클리시 11번가,
1910년 가을(글래스 네거티브, 12x9cm,
국립피카소미술관, 파리).

파리 앵파스 롱생 8번지 브란쿠시의 스튜디오에서
찍은 앙리피에르 로셰의 사진, 콘스탄틴 브란쿠시
촬영, 1925년경(해리랜섬센터, 텍사스대학교, 오스틴).

베네치아에서 진 로버트 포스터의 사진,
앙리피에르 로셰 촬영, 1923년 10월
(해리랜섬센터, 텍사스대학교, 오스틴).

앙리 마티스의 1937년 작품, 「노란 옷의
오달리스크」와 함께 있는 폴 로젠베르그,
1941년경(로젠베르그가 제공).

피카소, 진 로버트 포스터,
올가 피카소와 존 퀸의
사진, 앙리피에르 로셰
촬영, 1921년 7월 9일,
퐁텐블로(해리랜섬센터,
텍사스대학교, 오스틴).

피카소, 「세 악사」, 캔버스에 유채,
200.7x222.9cm, 1921년 여름,
퐁텐블로(1949년 시몬 구겐하임 부인 기금을
통해 소장, 현대미술관, 뉴욕).

폴과 마르그리트(마고) 로젠베르그,
그들의 자녀 알렉상드르, 미셸린, 그리고
알렉상드르의 반려견 디올라와 피카소의
반려견 누아제트와 함께 있는 피카소,
부아줄루프, 1931년(올가 루이스피카소
아카이브, 알미네와 베르나르드
루이스피카소미술재단, 마드리드).

1933년 봄, 마조레 호수에서 필립 존슨과
앨프리드 H. 바 주니어(현대미술관, 뉴욕).

1934년경 비크먼 플레이스 2번지, 바의
아파트. 미국 디자이너 도널드 데스키의
테이블 앞에 앉아 있는 마거릿 스콜라리
바의 사진, 피터 A. 줄리 촬영(젤라틴 실버
프린트, 2.9x16.5cm, 현대미술관, 뉴욕).

1933년 "어뢰 보고서"로 알려진 앨프리드
H. 바 주니어의 "영구 컬렉션에 대한
보고서"에서 이상적인 현대미술관 컬렉션에
대한 어뢰 다이어그램(현대미술관, 뉴욕).

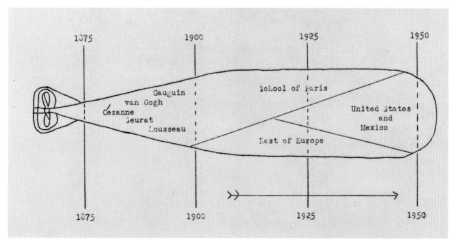

1925년 여름, 쥐앙레팽의 빌라 벨로즈에서
올가 피카소(올가 루이스피카소 아카이브,
알미네와 베르나르드 루이스피카소미술재단,
마드리드).

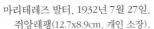
마리테레즈 발터, 1932년 7월 27일,
쥐앙레팽(12.7x8.9cm, 개인 소장).

도라 마르의 옆모습 사진, 피카소 촬영,
1936년 3월, 부아줄루프(젤라틴 실버 프린트,
24.1x18.3cm, 국립피카소미술관, 파리).

피카소, 「거울 앞의 소녀」, 캔버스에 유채, 162.3x130.2cm, 1932년 3월 14일, 파리(1938년 시몬 구겐하임 부인의 기증을 통해 소장, 현대미술관, 뉴욕).

1939년 현대미술관에 걸린 피카소의 1907년 작품 「아비뇽의 여인들」. 릴리 P. 블리스 유증을 통해 같은 해에 소장. 왼쪽에서 오른쪽으로: 존 헤이 휘트니, 윌리엄 T. 에밋 주니어 부인, A. 콩거 굿이어, 넬슨 A. 록펠러, 존 S. 셰퍼드 부인, 에젤 포드, 엘리자베스 블리스 파킨슨(현대미술관, 뉴욕)

앙리 루소, 「잠자는 집시」, 캔버스에 유채, 129x200cm, 1897년(1939년 시몬 구겐하임 부인의 기증을 통해 소장,
현대미술관, 뉴욕).

피카소의 전쟁

PICASSO'S WAR: How Modern Art Came to America

PICASSO'S WAR: HOW MODERN ART CAME TO AMERICA
피카소의 전쟁: 현대미술은 어떻게 미국에 진출했는가

휴 에이킨 지음 주은정 옮김

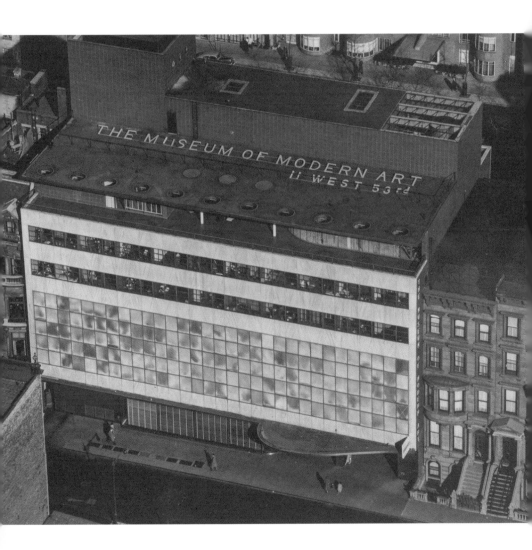

아트북스

나의 두 할머니, 장이숍 에이킨과 진 뉴홀 셰퍼드에게

차례

서문

최근 뉴욕 안에서도 예술과 돈의 패권을 장악한 제국으로 떠오른 미드타운 맨해튼의 한 구역이 있다. 반짝이는 유리와 검은 강철 벽으로 드넓은 부지를 둘러싼 뉴욕 현대미술관Museum of Modern Art은 그 자체로 하나의 도시국가라 할 만하다. 더이상 뻗어나갈 수 있는 공간이라고는 저 위의 허공뿐인 곳, 미국에서 가장 탐나는 땅 위에 선 현대미술관은 수평으로 호화롭게 자리잡고 있다. 미술관의 이사회에는 미국 내 거의 아홉 개 주에서 찾아볼 수 있는 수보다 더 많은 억만장자들이 앉아 있으며, 전 세계에서 제작된 20만 점 이상의 소장 작품은 웬만한 소국의 GDP보다 그 가치가 높다.

　이 활력의 중심에 한 미술가의 작품이 있다. 유령과도 같은 그의 존재감이 새하얀 벽으로 감싸인 미술관의 60개 전시실 구석구석을 유유히 흘러다니는 듯하다. 심지어 그가 세상을 떠나고 한참 뒤에 제작된 작품들로 가득한 전시장에서조차 그 존재를 느낄 수 있다. 번쩍이는 입구를 지나 에스컬레이터를 타고 올라가 공중에 떠 있는 유리벽 다리를 건너 주요 소장품이 여전히 위세를 떨치고 있는 5층 갤러리에 이르면,

저 안쪽 성소에 커다란 방 하나가 나온다. 배치가 빈번하게 달라지기는 하지만 이 방은 늘 그의 작품이 주를 이룬다. 이곳에서, 피카소의 가장 뛰어난 걸작 몇 점은 미술관 자체를 의미하는 것만 같다. 입구 양쪽에는 일촉즉발의 저항을 묘사한 1906년의 대형 회화 작품 두 점이 있다. 그리고 방 안쪽 저편에 벽 전체를 가득 채운 작품이 보인다. 서양미술의 근간을 무너뜨리는 듯한 거대한 나체의 여인상이다. 영광스러우면서도 충격적인 여운이 그 주위를 감싼다. 2021년 이 방에 자리잡은 작품들, 즉 피카소가 속속들이 바라보았던 카탈루냐의 마을 풍경과 그의 도전적이고 자유로운 브론즈 조각 작품 「여인 두상」에 더하여, 루이즈 부르주아가 1940년대 말에 제작한 인상적인 나무 채색 조각상, 페이스 링골드가 민권운동 시대에 제작한 걸작 「미국인 연작 #20: 죽다」의 뒤틀리고 위협받은 신체들은 저항이 결코 끝나지 않았음을 상기시킨다.

하지만 피카소 작품을 모신 발할라 신전이 늘 이렇게 위용이 넘친 것은 아니다. 현재 20세기 미국 문화의 대명사가 된 이 예술은 한때 조롱의 대상이었고, 외면당했다. 이런 예술작품과 예술가에게 초점을 맞춘 미술관을 만든다는 생각조차 오랫동안 갈 곳을 찾지 못했다. 마침내 이 미술관이 설립된 것은 어느 사교계 여성의 변덕 덕분이었다. 임대한 비좁은 공간에 차려진 미술관은 기부금을 받지 못했고, 예산도 거의 없었다. 소장품 가운데 피카소 작품은 단 한 점도 있지 않았다. 오늘날 문화 헤게모니를 장악한 이 기관은 한때 살아남기 위해 몸부림쳤다.

미국에 현대예술을 들여오려는 노력은 30년 가까운 시간 동안 전쟁과 경제위기, 매우 회의적인 대중에 의해 끊임없이 방해를 받았다. 열렬한 지지를 보낸 소수의 결단력이 없었다면 십중팔구 실패했을 계획이었다. 이 책은 바로 그들에 대한 이야기다.

프롤로그

그 그림은 복도에, 벽을 마주한 채 놓여 있었다. 높이 120센티미터 이상에 너비 2미터에 달하는 거대한 직사각형 액자가 손짓하며 유혹했으니, 네 방문객 모두 그 작품을 보고 싶어 안달이었다. 하지만 그들은 기다릴 수밖에 없었다. 바카르디 칵테일, 이어서 저녁식사와 커피가 준비되어 있는 터였다. 동굴 같은 9층 아파트의 응접실에 모인 이들은 어떻게든 다른 이야깃거리를 찾아내야 했다. 집주인인 존 퀸은 결코 서두르지 않았다. 날렵한 턱선과 꿰뚫어보는 듯한 푸른 눈, 벗어지기 시작한 정수리 앞쪽의 도드라진 이마. 키가 크고 피부가 고운 이 주최자는 육신을 입은 의지력의 화신이었다. 그의 단호한 자세가 호리호리한 체격과 전투를 벌이는 듯 보였다.

마침내 커피가 나오자 퀸은 탁자에서 일어나 복도로 나가더니 그림을 응접실로 가져왔고, 이어 적절한 조명 밑에 자리한 커다란 이젤에 올려놓았다. 그런 다음 자리로 돌아와 모든 손님들의 잔에 전쟁 전에 만들어진 샴페인을 따랐다. 마침내 시간이 되었다. 손님들은 잔을 들고 그를 따라갔다.[1]

10

그날의 저녁식사 자리는 처음부터 기대감을 불러일으켰다. 1924년 초봄, 활력 넘치는 이 월 스트리트의 변호사는 지난 몇 달 동안 손님을 초대한 적이 없었다. 그해 초 그는 세상에 다시없는 모더니스트 작가들의 원고 컬렉션을 대부분 처분했다. 그중에는 조지프 콘래드의 거의 모든 초고와 1200페이지에 달하는 제임스 조이스의 『율리시스』 원본도 포함되어 있었다. 더하여, 최근 몇 주 사이 퀸은 유럽 전역에 있는 예술가 및 작가들과 주고받던 어마어마한 양의 서신 왕래도 대부분 중단한 터였다. 그가 포함된 뉴욕 서클의 대다수 사람들이 그를 전혀 보지 못했다. 그런데 갑자기 지금 그가 그중 네 사람을 불러모은 참이었다.

네 사람은 테이블에 둘러앉아 서로의 얼굴을 훑어보면서 자신들이 우연히 초대된 것이 아님을 깨달았다. 화가이자 예술 애호가이며 사교계 인사인 아서 B. 데이비스는 뉴욕 현대예술계에서 넓고 탄탄한 인맥을 자랑하는 인물이었다. 잡지 『배니티 페어Vanity Fair』와 신문 『선Sun』에 글을 기고하는 신랄한 비평가 프레더릭 제임스 그레그는 오랜 기간 퀸의 가장 가까운 지적 협력자였다. 한때 파리에서 앙리 마티스를 위해 바닥을 청소했던 헝가리 출신 미술거래상 조지프 브루머는 퀸의 수집품을 소장한 예술가들 중 상당수와 개인적인 친분을 지닌, 미국에서 아주 드문 사람이었다.[2] 그리고 마지막 손님인 진 로버트 포스터는, 호기심 가득한 큰 눈과 곧게 뻗은 코에 붉은빛이 감도는 풍성한 금발을 제멋대로 흐트러뜨린 젊은 시인이자 『더 트랜스애틀랜틱 리뷰The Transatlantic Review』의 문학 담당 편집장이었다. 맨해튼의 어느 누구보다 20세기 유럽의 예술과 글에 대해 잘 아는 사람. 그는 나이가 꽤 많은 남자와 결혼한 상태이긴 했지만 퀸의 오랜 연인이었다.

당시 뉴욕에서 생존 예술가에게 관심을 가진 컬렉터는 소수에 불과했다. 동시대 현대예술은 가치가 미미한 것으로 여겨졌으며, 그 새로운 색채와 기법을 혐오하거나 심지어 전복적이라 생각하는 이들도 많았다. 하지만 지난 10여 년간 퀸은 센트럴파크 웨스트에 위치한 방 열한 개짜리 아파트를 매우 놀랍고 새로운 당대의 작품들 수백 점으로 채웠다. 복도에는 묘한 매력을 발산하는 대리석과 광택이 도는 브론즈 조각들, 동물과 인간을 주제로 삼아 그 형상을 근원적인 본질로 환원한 작품들이 즐비했고, 침실은 분방한 회화 작품들로 가득했다. 그림은 벽에 걸리지 않고 빽빽하게 줄지어 세워져 있거나, 의자 아래 쌓여 있거나, 침대 아래에 쑤셔박혀 있었다. 기분이 좋을 때면 퀸은 폴 세잔과 빈센트 반 고흐, 폴 고갱, 조르주 쇠라의 작품은 물론 야수주의 화가가 그린 풍경, 미래주의 화가가 그린 무용수, 보티시즘vorticism 화가가 그린 여성 등 방문객들의 상상력에 도전하는 놀라운 회화 작품을 끝없이 꺼내 보이곤 했다. 그중에는 몇 해 전 격분에 찬 반발을 불러일으킨 마티스의 특별한 작품들도 있었다. 물론 피카소의 것도 있었으니, 초기작인 「기타 치는 노인」부터 정교한 분석적 입체주의의 실험을 거쳐 후기입체주의 걸작 「바이올린을 든 광대」를 아우르는, 피카소 예술의 대조적인 국면들을 망라한 작품 수십 점이 포함되었다.

하지만 퀸의 기준에서 보더라도 그날 저녁 이들을 기다리고 있는 회화 작품은 특이하기 그지없었다. 6주 전 파리의 한 지하실에서 발견된 이 작품은 새로운 예술에 익숙한 주요 감식가 몇 사람에게 충격과 당혹감을 안겨주었다. 작품의 이력은 여전히 불분명했지만, 이 작품이 곧 루브르에 소장될 것이라는 소문이 돌았다. 미국에는 아직 그 존재에 대해 알고 있는 사람이 없었다.

다만, 퀸은 예외였다. 신비에 싸인 이 그림을 가장 먼저 본 사람들 중에 피카소가 있었다. 피카소는 이 작품을 보자마자 미국의 친구를 떠올렸다. 2주 뒤 퀸은 뉴욕에서, 작품을 보지 않은 채 그리 크지 않은 금액을 지불하고 그림을 구입했다. 피카소의 판단과 다른 파리 친구들의 열렬한 요청만으로 충분했다. 이들은 여러 해 동안 퀸이 특별한 회화 작품을 찾고 있다는 사실을 알았고, 이 작품이 바로 그가 찾는 것이라 확신했다. 거대한 상자에 담긴 채 증기선 파리호號에 실려 대양을 건너온 이 거대한 작품은 손님들이 오기 직전에 퀸의 아파트에 도착했다. 만찬이 시작되기 전에 포장을 풀긴 했지만 퀸조차 아직 작품을 살펴보지 않은 상태였다.

방에 들어선 손님들은 곧 거대한 직사각형 캔버스에 매료되었다. 이들이 경험한 것은 기이하면서도 그만큼 매혹적인 야상곡 같은 조우였다. 까무잡잡하니 평온해 보이는 얼굴의 여성이 황량한 사막 산마루에서 잠들어 있는 모습. 커다란 사자 한 마리가 그에게 접근해 머리카락에 코를 박고 냄새를 맡는다. 위로 향한 짐승의 꼬리는 차가운 밤공기를 배경으로 윤곽을 드러내고 있다. 사자가 위협하는 바로 그 순간에도 여성과 야수는 놀라운 교감을 나누고 있는 듯 보인다.

압도적인 긴장감과 균형감이 느껴지는 이 작품은 이들이 그때껏 보았던 어떤 작품과도 달랐다. 인간과 동물의 형상에서 나타나는 완벽한 기술적 숙련도와 세부 묘사의 결여, 기묘한 리듬과 균형감이 이 거대한 캔버스를 놀라운 것으로 만들었다. 다른 한편 이 작품은 풀리지 않는 수수께끼로 가득했으니, 퀸은 사자가 여성을 집어삼킬지 아닐지 도무지 알 수 없다고 말했다. 이들은 한동안 서서 그림을 바라보았다. 마침내 데이비스가 이 작품을 두고 "경이롭다"라고 묘사했다. 그런 다음 사람들은 축배를 들었다. 누군가 이렇게 외쳤다. "아름다움을 위하여!"

퀸은 쉽게 만족을 드러내는 사람이 아니었다. 그는 유럽의 경쟁자들이 탐내는 쇠라와 반 고흐의 작품을 거절했다. 더 나은 작품을 기다리겠다며 조르주 브라크와 마티스 작품에 무수히 퇴짜를 놓기도 했다. 심지어 피카소가 직접 제안한 작품도 거절했다. 때로는 마음에 들지 않는 그림을 돌려보내기도 했다. 파리에 있는 퀸의 친구들은 이번에도 그가 작품을 직접 본 뒤 돌려보낼까봐 걱정했다. 하지만 기우였다. 이튿날 퀸은 다음과 같은 편지를 보냈다. "이 작품은 노래를 부르는군요. 모든 부분 하나하나가 그렇습니다. 작품 전체가 완벽합니다."[3]

「잠자는 집시」라는 제목이 붙은 이 그림은 앙리 루소의 작품이었다. 프랑스의 세관원이었던 루소는 미술을 독학했으며 1910년에 사망했다. 일반 대중에는 그다지 알려져 있지 않았지만 피카소와 다른 아방가르드 화가들에게 루소는 길잡이 같은 존재였다. 루소는 생애 말년에 그들과 친구가 되었다. 퀸은 이 세상의 것이 아닌 것 같은 루소의 천재성에 오랫동안 매료되어 있었다. 그는 또한 루소의 그림이 이곳저곳에 흩어져 있다는 사실을 알고 있었다. 몇 년 전 그는 가장 뛰어난 루소의 수작을 한 점 소장하고자 마음먹었다. 그런 작품이 어딘가에 있으리라고 확신했지만, 그가 본 루소의 작품 중 어느 것도 기대에 미치지 못했다. 피카소가 그에게 여성과 사자를 그린 이 작품을 알려주기 전까지는.

이 작품이 그의 아파트에 도착한 순간은 퀸에게 문화적 이단자로서의 경력, 다시 말해 당대 가장 대담한 예술과 문학을 체험해온 삶의 절정이라 할 만했다. 유럽으로 여행을 떠나는 일은 드물었지만 퀸은 장차 모더니즘을 규정지을 많은 예술가 및 작가들과 친구가 되었고, 개인적으로 이들을 후원했다. 그는 온전히 자신의 판단에 따라 예술가들, 즉 콘래드와 마티스, 에즈라 파운드, 피카소를 선택했다. 이들이 그를 흥분시켰기 때문이다. 퀸은 전쟁 기간 내내 이들을 살피며 편지와 돈을 보냈고, 작업실과 사는 곳을 방문했으며, 이들의 건강을 염려했다. 심지어 변호사라는 업을 병행하면서 그 자신의 건강과 자금을 잃고 있던 순간에도 늘 그가 살아 있는 예술이라 단언한 바를 위해 시간을 할애했다. 그를 감동시키는 회화와 조각 작품은 단순히 흔치 않은 아름다움을 지닌 오브제가 아니었다. 그는 친구들에게 감동을 주는 작품은 '라듐', 즉 활기 넘치는 생명의 빛을 발산해야 한다고 말하곤 했다.

퀸은 그러한 열정을 혼자서 누리는 데 만족하지 않았다. 대부분의 미국인이 현대예술을 매우 의심쩍게 여기던 시절, 그는 아방가르드 회화 작품과 모더니스트 산문을 정력적으로 지지했다. 퀸은 미국인들에게 윌리엄 버틀러 예이츠와 T. S. 엘리엇의 시, 루마니아 조각가 콘스탄틴 브란쿠시의 「포가니 양」, 프랑스 예술가 마르셀 뒤샹의 「계단을 내려오는 누드」를 소개했다. 법정에서 금기를 위반한 소설들을 변호했을 뿐 아니라, 현대예술에 부과되는 가혹한 수입관세를 없애고자 의회를 상대로 로비활동을 펼치기도 했다. 최신의 예술은 사회 진보와 별개일 수 없다는 것, 최신의 예술을 대중에게 폭넓게 소개하는 일이 미국 문명을 현대 세계의 선봉에 서게 하리라는 것이 그의 주장이었다.

여섯 해 전 전쟁이 끝나갈 무렵, 퀸은 훨씬 더 야심 찬 계획에 착수했다. 그는 역사를 바꾸고 있다고 판단되는 몇몇 예술가들의 걸작들을 모조리 모으기 시작했다. 그리고 이 알려지지 않은 작품들로 미국 최초의 훌륭한 현대예술 컬렉션을 만들고자 했다. 그는 예술에 대한 미국인들의 사고방식을 바꿀 작정이었다. 그가 모은 피카소 작품, 그리고 이날 밤 보여준 루소의 대형 작품으로 마침내 그 계획이 성취를 이룬 듯했다.

하지만 이 순간 퀸의 가장 소중한 작품에 감탄하고 있던 이들 중 포스터만은 그의 꿈이 아직도 얼마나 먼 곳을 향하고 있는지 알고 있었다. 기자이자 비평가로 활동하는 포스터는 미국 문화에 아무런 환상이 없었다. 특별히 강인한 내면을 지녔지만 자신을 낮추는 겸손한 그의 태도는 퀸의 자신만만함과 극명한 대조를 이루었다. 동시에 미천한 출신, 엘리트 교육과 일반적인 취향과 사회 관습을 거스르는 끊임없는 호기심 등 퀸의 비범한 특성 중 많은 것을 공유하고 있었다.

미국인들은 퀸이 소개하고자 하는 피카소와 브란쿠시의 작품을 받아들일 준비가 되어 있을까? 포스터는 이 점을 의심했다. 그는 퀸이 지원하는 종류의 예술에 거세게 반대하는 미국의 문화기관이 많다는 점, 더불어 퀸의 선례를 따르리라 여겨지는 후원자들이 거의 없다는 사실을 알고 있었다. 아닌 게 아니라 퀸의 가까운 친구들 중 단 네 명만이 「잠자는 집시」를 맞이하는 자리에 참석했으니, 이들은 이미 '개종'한 사람들이었다. 반면 사교계 유명인사요 뉴욕에서 가장 진보적인 예술품 수집가로 평가받는 루이진 해브마이어는 불과 몇 달 전 퀸과 그의 급진적인 집단을 정면으로 비판한 터였다. 해브마이어는 "일부 사람들이 대중의 목구멍에 넣어 억지로 떠넘기려 하는 현대예술"[4]에 신물이 난다고 말했다.

현대예술을 영구적으로 전시하는 공간을 만드는 일이나 메트로폴리탄미술관에서 20세기 회화 작품을 소장하게 하는 일 등, 퀸의 계획 중 많은 것들이 실패했다는 사실을 포스터는 잘 알았다. 그는 또한 퀸에게 남은 시간이 얼마 없음을 염려했다. 아직 쉰네 살에 불과했지만 퀸은 심각한 병을 앓고 있었다. 그 자신은 암에 걸렸다는 사실을 누구에게도 말하지 않았지만, 1918년 그가 큰 수술을 받은 뒤 포스터는 실상을 알게 되었다. 담당 의사들이 남은 시간이 6년쯤 될 거라고 포스터에게 은밀히 알려주었다. 이제 주어진 시간이 다 되었다. 물론 아직은 도전적인 활력을 유지하면서 매일 사무실에 나갔으며 평상시처럼 날카로운 재치를 발휘하고 있었다. 지난가을에는 포스터와 함께 5주에 걸쳐 파리와 베네치아, 피렌체, 시에나, 로마, 베를린을 방문하기도 했다. 하지만 퀸은 복부를 지지하기 위해 캔버스 천으로 된 코르셋을 입어야 했고, 아침에 자리에서 일어나는 일조차 무척 힘겨워했다. 계속해서 더욱 뛰어난, 살아 있는 예술작품으로 자신의 아파트를 채워나갔지만 그에게는 직계 상속인이 없었고, 그가 죽은 뒤 남겨질 컬렉션을 위한 계획도 세워두지 않았다.[5]

—

파티가 끝나고 이튿날 아침, 퀸은 「잠자는 집시」를 침실로 옮겨 동쪽 창문 사이에 자리한 탁자 위에 세워놓았다. 해가 점점 더 높아지며 창문으로 들어오는 빛이 화면을 채우기 시작했다. 지난밤 파티 때보다 훨씬 멋져 보이는 것 같았다. 그는 사무실에 나가 파리에 있는 가까운 친구에게 편지를 썼다. "나는 이 작품이 루소의 작품 중 가장 뛰어난 작품일 뿐 아니라 (……) 현대 회화 중에서도 독보적인 작품이라고 생각하네."[6] 퀸을 급진적인 취향과 강한 에고를 가진 사람으로만 알고 있는 이들에게 그 말은 단순히 자기과시적인 소리로만 들렸을지도 모른다. 루소의 작품은 사실상 알려져 있지 않았다. 새로운 예술이라는 추상적인 기준 안에서 이 작품이 차지할 더 큰 자리는 고사하고, 사람들이 이 작품에 대해 어떻게 생각할지 누가 감히 말할 수 있었을까?

사실 미국이 퀸의 뛰어난 선견지명을 깨닫게 되기까지는 여러 해가 걸렸다. 또 한 번의 세계대전이 시작된 이후에야 여론이 바뀔 테지만, 퀸이 추구한 예술은 언젠가 미국 문화의 중심에 우뚝 서게 될 운명이었다. 1924년 봄, 「잠자는 집시」의 외로운 승리를 일종의 결말이라 한다면, 이것은 동시에 또다른 이야기의 시작이기도 했다.

PART 1

1 | 미국이 아닌

마혼한번째 생일을 막 지난 어느 날 오후, 퀸은 5번 애비뉴에 자리한 평범한 5층 건물의 꼭대기 층으로 올라갔다. 미국에 소개된 적 없는 어느 예술가의 작품을 보기 위해서였다. 하지만 정사각형의 작은 갤러리를 둘러보기 시작한 순간 그는 깜짝 놀랐다. 표백한 삼베를 두른 벽에 수십 점의 드로잉과 수채화가 두세 줄 높이로 잔뜩 쌓여 있었던 것이다. 그중 몇 점에서는 사람의 형상을 알아볼 수 있었다. 입구에서 그를 맞이했던 소박한 여성 농부와 같은 인물이었다. 대부분의 이미지는 거북했다. 머리와 얼굴이 형상들로 중첩된 무더기 속에서 해체되었다. 팔다리는 처음에는 원시적인 조각 같은 형태로, 그다음 작품에서는 단순한 선과 각도와 명암으로 무한히 변형되며 축소되었다. 그는 훗날 한 친구에게 이렇게 말했다. "일부 작품에는 뭔가 소름 끼치는 면이 있었어. 그 내용은 잊었지만 줄곧 뇌리에서 떠나지 않는 무시무시한 꿈처럼 말이지."[1]

1911년 봄, 퀸이 미국에서 처음 개최된 피카소 전시를 찾은 순간이었다. 전시는 순조롭지 않았다. 전시가 개최된 장소는 '291'로 알려진 사진분리파 갤러리Little Galleries of the Photo-Secession로, 사진작가 앨프리드 스티글리츠가 운영하는 선구적인 공간이었다. 가로세로 4.5미터에 불과한 면적, 뒷방의 장작 난로로 난방을 하는 다락에 차려진 291은 미국 어디에서도 볼 수 없는 작품을 전시하는 곳으로 유명했다. 사실상 이곳은 상업 갤러리라기보다 스티글리츠와 생각이 같은 친구들을 위한 일종의 클럽에 가까웠다. 하지만 이들에게도 피카소의 드로잉은 충격적이었다. 과감하게도 이 전시를 찾아온 비평가들은 피카소가 보여주는 "놀라우리만치 졸렬한 인간의 모방"에 대해 언급했다. 선과 반원에 휘감긴 채 탑처럼 솟아오른 형태로 구성된 목탄 스케치 「서 있는 여성의 누드」는 "비상계단, 그것도 결코 좋지 않은 비상계단"이라는 매우 인상적인 비유를 낳기도 했다.[2] 전시의 공동주최인이자 모더니스트를 자처하는 사진작가 에드워드 스타이켄조차 피카소의 작품이 "그리스 미술보다 못한 것으로"[3] 보였다고 고백할 정도였다.

퀸은 기대감을 안고 전시장에 도착했다. 시내 전문 법률회사의 수장으로 의욕 넘치는 이 아일랜드계 미국인은 맨해튼 금융계 인텔리층 사이에서 일을 했다. 월 스트리트 법조계 최고 인사로 인정받는 그는 뉴욕증권거래소와 규모 순으로 따지면 미국에서 둘째가는 은행이라 할 만한 국립상업은행의 법률고문을 맡고 있었다. 하지만 그는 또한 문화를 교란하는 특이한 제2의 삶을 살았으니, 가장 참신한 시인과 예술가를 발굴하고, 실험적인 작가들의 작품 출간을 돕고, 논란이 무성한 연극무대를 후원하고, 새로운 아일랜드 시에 대해 논쟁을 벌이며 긴 밤을 보내곤 했다. 이런 그를 이해하지 못하는 친구들에게 그는 다음과 같이 말했다. "나는 우리 시대의 사람이 되고 싶어."[4]

지난 11월 퀸은 화제가 되고 있던 런던 그래프턴갤러리Grafton Galleries의 프랑스 현대미술전 소식을 들었다. 〈마네와 후기인상주의자들〉은 여러 세대의 프랑스 미술가들을 영국 대중에게 소개하고자 기획된 전시였다. 19세기 화가 에두아르 마네는 잉글랜드에 꽤 알려져 있었지만 그가 세상을 떠난 이후에 활약한 선구적인 모더니스트들, 즉 세잔이나 반 고흐, 고갱은 상황이 달랐다. 아직 받아들일 준비가 되지 않은 많은 관람자들은 이들, 소위 '후기인상주의자들'의 작품이 지나치게 무질서하고 불안하다 여기며 격분했고, 존 싱어 사전트 같은 주요 예술가들은 이들을 비웃었다. 진보적이라 일컬어지는 어느 비평가는 이들을 가리켜 "유럽 회화의 전체 구조를 훼손하려는 광범위한 음모"[5] 중 일부라고 말하기도 했다. 퀸의 런던 친구들 역시 이들의 작품에 당혹감을 표했다. 아일랜드의 시인이자 비평가인 조지 러셀은 퀸에게 보낸 편지에서 다음과 같이 말했다. "내 평생 이런 멍청한 작품은 처음 봅니다."[6]

멀리서 지켜보고 있던 퀸은 현대 회화가 이러한 반응을 야기할 수 있다는 사실에 매료되었다. 그 작품들을 자신의 눈으로 직접 보고 싶었다. 그는 겨울 내내 후기인상주의자들에 대해서 계속 질문했고, 러셀에게 편지를 보내 그 전시를 다시 보라고 부추기며 이렇게 적었다. "그런 뒤 반 고흐와 고갱, 피카소, 마티스 그리고 뛰어난 세잔에 대해 어떻게 생각하는지 알려주면 매우 기쁘겠습니다."[7] 후기인상주의를 가장 대담하게 추구하는 듯 보이는 사람은 젊은 스페인 예술가 피카소로, 런던 전시에서는 제일 끝 전시실에 그의 초기작 두 점이 소개되었다. 바로 그가 퀸이 필요로 하는 예술가였다. 퀸은 런던의 한 친구에게 편지를 보내 이렇게 물었다. "판매되고 있는 피카소 작품이 있을까? 아니면 피카소의 작품 중 내가 소장해야 할 작품이 있을까?" 이어 그는 이렇게 덧붙였다. "나는 후기인상주의자들의 작품을 미국으로 가져오고 싶어."[8]

이후 피카소의 드로잉이 스티글리츠의 갤러리에 등장했다. 하지만 퀸은 자신이 앞으로 어떤 일을 겪게 될지 아직 전혀 알지 못했다. 그때껏 그가 접한 새로운 회화는 아일랜드의 초상화와 미국의 도시 사실주의 작품이 전부였다. 스스로 현대적인 사람이라 생각하던 그는 영국 화가 찰스 섀넌의 밝은 색채와 미국 풍경화가 어니스트 로슨의 회화적인 붓놀림에 매력을 느꼈다. 잘 이해하지는 못했지만, 그는 어렴풋하고 우의적인 회화 작품으로 잘 알려진 19세기 상징주의자 퓌뷔 드샤반을 새로운 프랑스 미술의 전형이라고 생각했다. 원근법의 모든 규칙을 산산이 부수는, 아름다움에 대한 기본 규범을 무시하는 예술이 있다는 것을 그는 상상조차 할 수 없었다. 291에서 전시가 열리기 몇 주 전, 퀸은 "지금껏 피카소의 작품을 한 번도 본 적이 없다"고 털어놓은 터였다.[9]

—

머지않아 곧 세계 최고의 파리 아방가르드 작품 컬렉터가 될 이 남자는, 마흔 전까지만 해도 현대미술에 대해 놀라우리만치 무지했다. 피카소의 작품은커녕 지난 반세기 동안 프랑스에서 제작된 회화 작품조차 거의 본 적이 없었다. 때는 파리의 미술가들이 몇 세대에 걸쳐 서양미술사의 대대적인 지각변동을 선도하던 시기였다. 하지만 퀸은 아직 19세기의 선구자들, 즉 인상주의자들의 작품도 흡수하지 못한 채였다. 단 한 번, 빡빡한 런던 방문 일정 중 시간을 내어 급히 도버해협을 건너가 프랑스를 방문했고, 그때도 샤르트르대성당에서 한 시간을 보낸 것이 전부였다. 그는 성당이 답답하다고 생각했다. 사실상 퀸은 파리의 진짜 모습을 보지 못한 셈이었다.[10]

　　이 사각지대는 호기심이나 의욕의 부족 때문에 빚어진 것이 아니었다. 오히려 그 반대였다. 291의 전시가 개최되었을 때 열정적인 예술 애호가이자 문학 전문가로서 퀸의 명성은 이미 대서양 양쪽에 잘 알려져 있었다. 뉴욕에서 퀸은 법률적 사고와 냉철함, 재계와 정계를 아우르는 너른 인맥으로 존경받았다. 그해 봄 민주당은 그를 상원의원 후보로 선출하는 안을 잠시 고려하기도 했다. 그는 런던과 더블린에서 거의 모든 신예 작가와 시인들을 만나 개인적인 친분을 쌓고, 그들의 천재적 재능을 발굴해 미국으로 가져가는 놀라운 능력을 지닌, 믿기 힘들 만큼 박식한 미국인으로 이름을 날렸다.

아일랜드 시인 예이츠에게 프리드리히 니체를 읽어볼 것을 권한 사람도, 뉴욕의 젊은 출판인 앨프리드 크노프에게 재능 있는 신인들의 이름을 슬쩍 귀띔하고 콘래드, 엘리엇, 조이스, 파운드를 비롯한 일련의 모더니스트들을 추천한 사람도 퀸이었다. 퀸과 사회적인 친분을 나누는 사람들 중에는 대통령 시어도어 루스벨트, 판사 러니드 핸드 같은 이들도 있었지만, 애시캔파Ashcan School 화가 존 슬론이나 영국 배우 플로렌스 파 에머리도 있었다. 젊은 시절 퀸은 그로버 클리블랜드의 대통령 취임식에서 그의 후원자로 서 있었고, 런던에서는 당시 부상하던 정치인 윈스턴 처칠을 만났다.

그러고도 그에게는 활력이 남아돌았다. 퀸은 규칙적으로 하루에 열너댓 시간을 변호사 업무에 할애했고, 일을 시작하기에 앞서 이른아침에는 센트럴파크에서 승마를 했으며, 일주일 중 며칠은 비평가, 출판인 및 다른 친구들과 함께 만찬을 가졌다. 이상하고 성가시다며 결혼을 하지 않기로 결심한 그였지만 연애는 끊이지 않았다. 그의 연인들은 대체로 퀸을 너무나 매력적이지만 부아가 치밀 만큼 속을 모를 사람이라고 입을 모았다(빅토리아시대 후기에 활동한 디자이너이자 미술가인 윌리엄 모리스의 매력적인 딸 메이 모리스는 피카소 전시가 개최될 무렵 퀸에게 이런 편지를 보냈다. "당신은 내게 생기를 불어넣었지. 하지만 지금은……? 내 가슴은 찢어지고 있어"11). 대서양 건너편의 작가들이나 출판인, 판사, 정치인 및 뛰어나고 영향력 있는 이들과 주고받은 엄청난 양의 서신만큼 그의 방랑하는 영혼을 분명하게 보여주는 것은 없다. 퀸과 편지를 나누는 무리 중에는 예이츠의 동지들, 즉 소설가 콘래드와 아일랜드의 극작가(이자 한때 퀸의 연인이었던) 그레고리 부인, 비평가 러셀, 이후 아일랜드 대통령이 될 더글러스 하이드도 포함되어 있었다. 퀸은 일요일 오후마다 세 명의 비서를 불러 식탁 앞에 앉힌 뒤 동시에 편지를 받아쓰게 했는데, 일부 편지는 열다섯 장에서 스무 장에 이르렀다(그는 효율을 높이고자 여러 수신인에게 보낼 편지에 공통적으로 넣을 몇 단락의 글을 썼으며, 그 내용은 예컨대 자신이 읽은 책이나 특정한 사건 혹은 국제적인 위기에 대한 견해였다).

그가 기울인 노력 가운데 가장 인상적인 것으로 왕성한 독서 습관을 꼽을 수 있을 것이다. 퀸은 늦은 밤까지, 또는 워싱턴의 약속 장소로 향하는 기차 안에서도 책읽기를 즐겼다. 그는 하인리히 하이네와 토머스 칼라일, 조지 산타야나, 라프카디오 헌의 글, 독일 철학서와 아일랜드 희곡, 인도의 시는 물론, 『타임스』와 잡지 『매시스The Masses』 『게일릭 어메리칸The Gaelic American』 『잉글리시 리뷰The English Review』 같은 각종 간행물을 독파했다. 잡지가 급증하던 시대에는 모든 잡지를 섭렵했으니, 한 해에 거의 1000권에 이르는 책을 읽었고 그중 많은 내용을 글자 그대로 인용할 수 있었다. 몇 년 뒤 엘리엇이 『황무지』의 초고를 보내왔을 때, 퀸은 포스터에게 자신이 면도하는 동안 읽어달라고 부탁하고는 이를 그대로 암기했다. 291의 피카소 전시를 보기 몇 달 전 그는 한 친구에게 이렇게 말했다고 한다. "내 정신이 도무지 지치지 않으니 참 놀라운 일이지. 이따금 몸은 피로를 느끼긴 하지만 말이야."[12]

하지만 퀸의 광대한 궤도 안에 유럽 예술계에 벌어지고 있던 반란의 진원지와 연결되는 요소는 거의 없었다. 뉴욕의 유일한 공공미술관인 메트로폴리탄에서는 18세기 이후의 중요한 프랑스 회화 작품을 한 점도 찾아보기 어려웠다. 퀸이 일하는 은행가와 보험계 큰손들의 취향은 르네상스와 중세 미술에 머물러 있었으며, 그의 인맥이 닿는 영국과 아일랜드의 작가들, 지식인들 역시 퀸 자신과 마찬가지로 몽마르트르에 대해서는 거의 알지 못했다.

—

퀸이 월 스트리트까지 도달한 것은 여러 측면에서 놀라운 일이다. 그는 1870년에 태어나 오하이오 소도시의 한 이민자 가정에서 성장했다. 그의 부모는 아일랜드의 감자기근 당시 미국으로 온 이민자였다. 어머니는 열네 살에 고아가 되었고 몇 년 뒤 빵집을 운영하는 아버지를 만나 결혼했다. 두 사람 사이에 태어난 여덟 남매 중 퀸과 두 여자 형제만이 살아남아 성인이 되었다.[13]

퀸은 다른 아이들과 조금 달랐다. 유년 시절 그에게 집착의 대상은 지독한 아름다움으로 남자들을 전쟁에 몰아넣었던 트로이의 헬레네, 그리고 서부의 전설적인 정복자였던 버펄로 빌Buffalo Bill이었다. 지적 호기심이 강한 어머니의 영향을 받아 퀸 역시 토머스 하디를 비롯해 동시대 유럽 작가들의 소설책을 사는 데 용돈을 쓰기 시작했다. 그는 거실 마룻바닥에서 그 책들을 읽었다. 19세기 미국의 한 지방에서 자란 제빵사의 아들치고는 대단히 특이한 습관이었다. 고등학교 시절에 그는 어느 오하이오 정치인의 선거운동에 참여했다. 또한 1888년 대통령 선거에는 더욱 적극적으로 참여했지만 그가 지지한 후보가 패했다. 퀸은 어린 시절에 이미 문화와 정치에 대해 모험적인 관심을 키우기 시작했으니, 이는 세상일을 수행하고 이겨야 하는 일련의 전쟁으로 보려는 경향과 더불어 훗날 그가 말한 "현대예술 투쟁"을 향해 돌진하는 데 큰 영향을 미치게 된다.

동시에 퀸의 날카로운 사고력과 비범한 자기 확신은 185센티미터의 늘씬한 체격과 조각 같은 옆모습의 조력을 받아 그의 갈 길을 분명하게 각인시켰다. 미시간대학에 입학한 지 1년도 지나지 않아 그는 전前 오하이오 주지사이자 얼마 전 대통령 벤저민 해리슨에 의해 미국 재무장관으로 임명된 찰스 포스터의 보좌관으로 채용되어 워싱턴으로 건너갔다. 곧 포스터는 퀸의 능력에 깊은 인상을 받아, 그가 오하이오로 돌아가 정치 경력을 쌓은 뒤 자신의 딸 애니와 결혼하기를 바랐다. 하지만 퀸은 이를 거절했다. 그리고 그가 성공이 보장된 길을 거부하는 경우로 치자면 이것이 처음은 아니요, 마지막도 아닐 것이었다.

그는 재무부에서 일하는 중에도 저녁 시간을 이용해 조지타운대학에서 법학 학위를 땄고, 요한 페터 에커만의 『괴테와의 대화』를 읽었다. 이후 하버드 법학대학원에 진학하여 두번째 학위를 취득하는 중에도 시간을 내어 윌리엄 제임스 밑에서 철학을, 조지 산타야나 밑에서 미학을 공부했다. 뉴욕 금융 분야의 젊은 변호사로 일을 시작했을 때, 잠시도 가만히 있지 못하는 그가 법률 업무에만 매달리지는 않으리라는 것은 이미 자명했다.

처음부터 퀸은 문학과 정치에 흥분하는 한편, 뉴욕에서 발견한 보수성에 답답함을 느꼈다. 자신의 뿌리를 찾아 아일랜드로 간 그는 더블린에서 태동하던 문학적 각성에 흠뻑 빠졌다. 더블린에서는 일군의 작가와 지식인들이 산문과 연극, 언어, 사상에 있어 아일랜드를 재창조하는 일에 나선 참이었다. 이 운동이 정점에 달한 1902년에 영국과 아일랜드를 여행하던 퀸은 예이츠와 그레고리를 만났다. 두 사람은 1798년 잉글랜드 지배에 대한 아일랜드의 저항을 바탕으로 현대 희곡 『캐슬린 니 훌리한Cathleen ni Houlihan』을 써서 관객의 열광적인 반응을 받고 있었다(1916년 영국이 부활절 봉기를 이끈 아일랜드의 지도자들을 처형한 뒤 여러 해가 흐른 뒤에도 예이츠는 시 「남자와 메아리The Man and the Echo」에서 캐슬린에 대한 반응을 다시 환기한다. "내가 쓴 희곡이 도달했는가 / 영국인들이 누구를 총살했는가?"). 퀸은 문학이 사람들의 사고방식을 바꿔놓을 수 있다는 점을 재빨리 간파했다. 그는 미국에서 이 힘을 활용하고 싶었다.

이듬해 퀸은 예이츠를 뉴욕으로 데려와 미국에서 그의 작품을 출간하고자 마음먹었다. 당시 예이츠는 미국에서 작품을 발표한 적 없는 무명의 해외 시인이었지만, 특별한 홍보활동과 몇 개월에 걸친 순회강연을 통해 퀸은 예이츠를 미국의 유명인사로 만드는, 그야말로 불가능한 일을 해냈다(퀸이 구사한 전략 중 하나는 강연에 앞서 지역신문에 예이츠에 대한 이야기를 흘려 많은 군중이 모이도록 만드는 것이었다). 그는 하버드와 예일대학교, 카네기홀을 포함해 여섯 차례 이상의 강연 자리를 마련했을 뿐 아니라, 백악관에서의 오찬까지 주선했다. 이 여정이 끝날 무렵에는 미국의 주요 출판사 몇 곳이 예이츠의 작품을 두고 경쟁을 벌였다. 이후로도 10여 년간, 퀸은 더블린과 런던의 작가와 극작가, 정치인 들을 미국에 소개하는 일을 도우며 이 방식을 즐겨 사용했다. 『시카고 이브닝 포스트The Chicago Evening Post』의 문학 분야 편집자인 프랜시스 해킷은 1907년 아일랜드 방문 당시 뉴욕의 변호사와 그의 홍보 재능에 대한 이야기를 전해듣고 깜짝 놀라 다음과 같이 썼다. "나는 존 퀸의 신화를 예견한다."[14]

스티글리츠의 갤러리에서 피카소의 드로잉을 직접 보았을 때, 퀸은 잉글랜드와 아일랜드에서 태동한 새로운 사유의 흐름을 미국으로 들여오는 주요 통로 중 하나가 된 지 이미 오래였다. 또한 뉴욕에서 그는 고루한 아카데미 전통을 따르는 미국 회화를 해방하고 현대적인 도시 생활의 거친 경험을 묘사하고자 하는 미술가 그룹 '에이트The Eight'

의 작품을 포함해 새로운 예술을 지원하는 활동으로도 잘 알려져 있었다. 그럼에도 불구하고, 피카소와 파리의 아방가르드에 대해서는 그 역시 다른 사람들처럼 준비가 되어 있지 않았다.

피카소의 입체주의적인 인물로 가득한 방에 들어서는 경험이 당시 뉴욕 사람들에게 얼마나 당혹스러운 것이었을지, 오늘날에는 좀처럼 이해하기 어렵다. 수 세기 동안 재현적인 미술에 길든 뉴욕 사람들은 피카소가 극적으로 단순화하여 표현한 머리를 "알래스카의 토템폴"*로, 다시점에서 동시에 포착하기 위한 원뿔과 입방체의 활용을 "정신이상의 소산"[15]으로 보았다. 퀸은 피카소의 드로잉에 크게 당황했고, 이후 한 친구에게 이 드로잉을 묘사하면서 사실상 온전한 작품이라고 볼 수 없다는 듯 "습작(?)"이라 언급했다. 하지만 그가 이 경험에서 얻은 교훈은 보다 복잡한 것이었다. 전혀 새로운 작업을 하며, 그 새로운 작업을 위해 기꺼이 사람들의 멸시를 무릅쓰는 예술가가 있다니! 퀸은 영국 친구에게 보내는 편지에 다음과 같이 썼다. "피카소는 한순간이라도 대중의 승인을 기대하지 않았을 거야."[16] 비록 거부감을 안기기는 했으나, 피카소가 전개한 작업에는 유쾌한 대담함이 깃들어 있었다.

현대미술의 새로운 영역을 처음으로 엿보게 했다는 점에서 291의 피카소 전시는 성공적이라 할 수 있었다. 하지만 그 목적이 입체주의에 대한 미국의 관심을 구축하는 것이었다면, 전시는 대실패였다. 스티글리츠는 모험적인 컬렉터들의 관심을 기대하며 드로잉의 가격을 작품당 12달러로 책정했다.[17] 하지만 전시 기간을 몇 주나 연장한 뒤에도, 출품된 작품 여든세 점 가운데 판매된 것은 단 한 점, 그나마도 가장 무난한 작품뿐이었다. 그처럼 가격이 낮았음에도, 게다가 피카소에게 관심을 느꼈음에도, 퀸은 아무것

* totem pole. 북아메리카 인디언들 사이에 쓰이는, 토템의 상을 그리거나 조각한 기둥.

도 구입하지 않았다.

　　팔리지 않은 다수의 드로잉을 떠안은 스티글리츠는 필사적이었다. 전시 개막 직후 피카소에게 전시가 "대성공"이라고 소식을 전했건만, 이제 거의 모든 작품을 파리로 돌려보내야 하는 난처한 입장에 처한 터였다. 결국 그는 "비상계단"이라고 불린 「서 있는 여성의 누드」를 자신이 구입하기로 결정했다. 이후 스티글리츠는 메트로폴리탄 측과 접촉해 대담한 제안을 전했다. 남아 있는 피카소 드로잉 전체를 총 2000달러에 구입할 의향이 있는지 물은 것이다. 지금 생각하면 그야말로 엄청난 기회가 아닐 수 없다. 이 일련의 드로잉에는 지난 다섯 세기에 걸친 미술사에서 가장 커다란 예술적 변혁이라 할 만한 과정, 1906년부터 1911년 사이 피카소가 추진했던 입체주의적 발전사가 고스란히 담겨 있으니 말이다. 당시 세계에서 가장 부유한 미술 기관이었던 이 대형 미술관의 입장에서 스티글리츠가 제안한 가격은 기록할 가치조차 없는 소액이었을 것이다. 같은 해 헨리 클레이 프릭은 디에고 벨라스케스의 「필리프 4세」에 47만 5000달러를 썼고, 피터 위더너는 렘브란트의 「풍차」를 50만 달러에 구입했다. 여든한 점의 피카소 드로잉에 책정된 가격은, 설령 판매가 성사된다 해도 거래상의 몫조차 보장하기 힘든 수준이었다.

　　하지만 그러한 기회는 무산되었다. 스티글리츠의 제안에 메트로폴리탄의 회화 담당 큐레이터인 브라이슨 버로스는 실소를 금치 못하며 이렇게 대꾸했다. "이런 정신 나간 그림은 미국에서 아무런 의미도 없어요."[18]

퀸이 뉴욕에서 기반을 닦던 몇 년 사이 미국 사회는 모순의 소용돌이에 휩싸여 있었다. 미국-스페인 전쟁의 승리와 국가 지배력의 성장에 흥분한 미국은 이제 세계 강국의 지위를 주장할 수 있었다. 게다가 미국은 유럽의 선도국과 달리 과거의 방식에 구애받지 않았다. 과학적인 조립생산라인과 발전된 사회기반시설, 제한 없는 자본주의 아래 미합중국은 과감히 현대문명의 최전선으로 도약하는 중이었다. 1910년대 미국의 가정과 사업체는 약 500만 대의 전화로 연결되어 있었다. 그해 여름, 퀸은 친구이자 애시캔파 화가 슬론을 태우고 처음으로 자동차를 운전해 코니아일랜드에서 맨해튼까지 갔다. 이 드라이브를 계기로 슬론은 빠르고 간편하며 새로운 기계가 미국인들에게 "오만한 관점"[1]을 부추길 수밖에 없음을 곱씹게 되었다.

하지만 이례적인 변화의 속도에도 불구하고 미국의 기성 사회는 편협하고 교조적이었으며 외국인에 대한 편견과 혐오가 만연했다. 이 나라의 경제기반은 노예제도와 값싼 이민노동자라는 토대 위에 구축되어 있었다. 여성은 투표권을 갖지 못했고, 공장노동자들의 권리 또한 거의 보장받지 못했다. 그리고 짐 크로법*이 적용되는 남부에서는 대규모의 인종차별 제도가 900만 명이 넘는 아프리카계 미국인들에 대한 예속을 유지하고 있었다. 문화계도 다르지 않아 외국에서 들어온 비관습적인 문화에 대한 뿌리깊은 불안감이 자리했으니, 1902년 퀸이 더블린을 처음 방문한 이후 존 버틀러 예이츠는 그에게 보낸 편지에서 이렇게 말하기도 했다. "당신은 미국에서 전적으로 깨어 있는 사람이지만, 정치적이고 실질적인 문제에 대해서만 그렇습니다." 그는 "사유와 문학, 철학, 연극의 분야에서 완전히 깨어 있는"[2] 곳을 찾고자 한다면 아일랜드로 와야 한다고 주장했다.

　　퀸 자신이 이 의견에 누구보다 진심으로 동의했을 것이다. 뉴욕은 세계 교역에 심취한 동시에 민족 간 대립과 편협함으로 들끓는 가마솥이었다. 이민 등록을 시작한 지 10년이 지난 1910년 무렵에는 놀랍게도 대도시 인구의 4분의 3가량이 외국에서 태어난 사람이거나 이민 1세대였지만, 이 유입은 새로운 민족, 즉 아일랜드인이나 유대인, 이탈리아인, 중국인, 슬라브인 들에 대한 광범위한 멸시로 이어졌다. 사람들은 그들이 질병과 불결한 습관을 들여온다 여겼으니, 도시의 거주민들이 세계화될수록 자신들이 이들에게 물들지 않을까 하는 명문가의 두려움은 점점 커졌다. (19세기 후반 인종 우생학의 교리에 경도되었던 이들은 앵글로색슨 문화 자체가 수 세기에 걸쳐 미국 영토에 상당한 폭력을 통해 강제되었다는 사실을 인정하지 않으려 했다.)

　　동시에 지속적으로 각인되어온 청교도의 도덕성은 새로운 문학과 예술, 사상을 매우 의심스러운 것으로 보이게 했다. 뉴욕의 경우, 미국 우편물 검열관이자 반부패 운동가인 앤서니 콤스톡이 부패방지협회Society for the Suppression of Vice를

* Jim Crow Law. 1876년부터 1965년까지 미국 남부에서 시행된 법. 공공장소에서 흑인과 백인의 분리와 차별을 규정했다.

통해 엄청난 영향력을 행사했다. 의회의 콤스톡 법령은 우편을 통해 "외설적이고 음란하거나 선정적인 (……) 책, 팸플릿, 그림, 종이, 편지, 글, 인쇄물 또는 음란한 성격의 출판물"을 보내는 것을 형사 범죄로 규정했다. 법령으로 무장한 콤스톡과 그의 지지자들은 『캔터베리 이야기』나 『아라비안나이트』부터 오노레 드 발자크, 빅토르 위고, 오스카 와일드의 작품에 이르기까지 수백 편의 문학작품을 검열했다. 이들은 또한 외설적인 이미지를 금지하고 참정권 확장을 주장하는 사람들을 단속했으며 낙태, 섹스와 관련된 인쇄물을 압수했다. 미국의 다른 도시들에도 유사한 도덕 운동을 벌이는 집단이 존재하여, 주민들은 이들에게 지나치게 급진적이거나 외설스럽다고 여겨지는 공연을 중단시켜달라 요구했다. 대상이 된 작품들 중 많은 수는 당연하게도 해외에서 들어온 것이었다.

퀸은 검열의 위협을 예민하게 의식했다. 291에서 피카소의 전시를 본 지 몇 달이 지났을 때, 그는 1907년 발표 당시 논란을 불러일으켰던 J. M. 싱의 희곡 『서쪽 나라의 멋쟁이』를 공연하는 아일랜드 극단의 미국 공연 준비를 도왔다. 싱은 아일랜드의 문학적 각성을 야기한 중요한 인물이었으며, 『서쪽 나라의 멋쟁이』는 아일랜드 시골 지역을 배경으로 친부 살해와 불륜을 다룬 노골적인 작품이었다. 뉴욕에서 배우들은 채소와 악취탄 세례를 받았고, 필라델피아에서는 부도덕을 이유로 극단 전체가 체포되기도 했다. 결국 퀸이 그 고발을 기각시키고 "나는 그들을 상대로 큰 승리를 거두었다"라고 말하며 크게 기뻐했지만, 일련의 치열한 법정다툼에서 아방가르드의 후원자인 그가 법률 전문가로서의 능력을 결정적으로 발휘한 것은 이때가 유일했다.[3]

해외 예술이 갖는 지위는 특히 복잡했다. 문학이나 사상의 경우와 대조적으로, 유럽의 예술작품은 큰 갈망의 대상이기도 했다. 뉴욕의 사회 건축가 스탠퍼드 화이트는 다음과 같이 주장했다. "미국은 다른 국가들 사이에서 선도적인 위치를 차지했으며, 따라서 힘이 닿는 곳 어디에서나 예술작품을 소장할 권리를 지닌다."[4] 메트로폴리탄의 대표인 J. P. 모건은 부유한 친구들과 함께 이 미술관을 베를린국립미술관이나 런던의 영국박물관을 능가하는 예술의 신전으로 만드는 일에 나섰다. 보스턴미술관과 시카고미술관 같은 다른 시립미술관도 역시 비슷한 목표를 갖고 있었다. 1890년대부터 제1차세계대전이 발발하기 직전까지, 다른 어느 때보다 많은 거장들의 작품이 유럽 대륙에서 미국 해안으로 건너왔다.

유럽의 현대예술가들에게 이것은 분명 기회가 되었어야 했다. 미국이 세계에서 가장 선진적인 경제를 일구는 사이 프랑스와 독일, 러시아는 역동적인 새로운 예술을 창조하고 있었다. 미국의 컬렉터는 요하네스 페르메이르 작품 한 점을 구입할 수 있는 금액으로 피카소와 마티스의 작품은 말할 것도 없고 세잔이나 반 고흐의 작품까지 몽땅 살 수 있었다. 형태와 색, 원근법으로 현란한 실험을 시도하며 전통성을 와해하는 이 작품들은 미래를 향해 전진하는 이 시대의 정신과 완벽하게 어울렸다. 얼마 전 추방된 파운드가 퀸에게 말했듯, 원하는 사람은 누구든 "또다른 16세기"를 잡기만 하면 되었다.[5] 하지만 새로운 초강대국 미국이 대양 건너편에서 들여온 작품들은 거개가 지난 시대의 걸작들이었다. 맹렬한 속도로 미국의 현대화를 추진해온 컬렉터들—대부분 남성인—은 현대예술에 병적이라 할 만한 혐오를 보였다.

이 모순에 퀸은 환멸을 느꼈다. 미국의 부유한 컬렉터들은 새로운 예술을 후원하는 대신 크리스티나 여왕이나 펠리페 4세와 관련된 그림만 찾았다. 모든 것을 경제적 가치에 따라 판단하는 상업적인 세계에서 이들은 세잔의 작품에 수백 달러를 쓰느니 렘브란트나 토머스 게인즈버러의 작품에 수백만 달러를 쓰고자 했다. 결과적으로 듀빈, 노이들러 같은 미술품 거래상들의 강력한 카르텔이 미국 예술시장을 단단히 장악하여, 옛 대가들의 회화 작품 가격을 올리고 현대예술에 대한 관심을 완전히 좌절시킴으로써 엄청난 수익을 올렸다. 1907년, 유럽에서 몇 년을 지내고 미국으로 돌아온 소설가 헨리 제임스는 메트로폴리탄이 문명을 만들기보다 구입하는 일에 힘쓰고 있음을 깨닫고 이렇게 말했다. "창조는 무대 밖으로 완전히 밀려날 것이다."[6]

스티글리츠의 갤러리에서 피카소의 전시가 개최될 무렵, 퀸은 가격이 터무니없이 비싸고 종종 수준은 떨어지는 옛 네덜란드와 스페인 회화 작품의 유행이 미국의 활력을 방해하고 있다고 생각했다. 아직 새로운 예술을 많이 접하지는 못했지만 이미 미국인의 취향이 얼마나 편협한지를 깨달은 터였다. 그가 친구들에게 불평했듯이, 이전 세대의 컬렉터들이 추구하던 동일한 화가들의 작품을 찾는 일에는 "재미"도, "발견"의 기쁨도 없었다. 사회적인 평판과 고색창연함에 힘입어 인기를 끌었던 그림들 가운데 많은 수는 배경이 어두운 색의 수프처럼 뭉개져 있었는데, 이는 그 아래 채색된 물감을 보호하고 광택이 균일한 표면을 만들기 위해 미술품 거래상들이 광택제를 여러 번 덧바른 탓이었다. 퀸은 이 효과를 가리켜 "갈색 그레이비소스"에 비유했다. 실제로 그는 뉴욕의 시장에 나온 "오래된" 그림들 중 많은 수가 위작이 아닐까 하는 의심을 품었다. 하지만 고미술 거래의 호황이 초래한 가장 큰 폐해는 그것이 미국의 예술가들에게 끼친 영향이었다. 국립디자인아카데미를 방문한 퀸은, 미국이 프란스 할스와 벨라스케스 작품의 엉터리 변주밖에 만들어낼 줄 모르는 화가들을 양산하고 있다며 우려를 드러내기 시작했다.[7]

아직 취향이 온전히 형성되기 전이었지만, 이 "죽은 예술"에 대한 퀸의 혐오는 점점 커져갔다. 그를 흥분시키는 작가들이 그랬듯, 퀸은 자기 시대의 가치관과 힘을 표현할 수 있는 화가를 원했다. 1909년 그는 아일랜드의 친구에게 쓴 편지에서 다음과 같이 말했다. "그림은 책보다 한층 더 생생해. 삶 혹은 삶의 한순간을 온전히 표현하지."[8] 회화—적어도 생생하고 현대적인 회화—는 과학의 발전이 생물학이나 화학에 대한 이해를 변화시키는 것과 같은 방식으로 사람들의 현실감각을 바꿀 것이었다. 20세기의 초반 10년간 마리 퀴리가 발견한 라듐이 기적과도 같은 영향력을 끼치며 발광물질에 대한 세계적인 관심을 불러일으켰으니, 퀸은 예술에서 이와 같은 신비롭고 불가해한 힘을 갈망했다. 그는 하버드대학교 동창인 판사 핸드에게 다음과 같이 말했다. "내겐 각 세대가 저마다의 예술을 갖고 있다는 이론이 있어. (……) 살아 있고 생기 넘치는, 라듐으로 가득찬 그림 말이지. 대부분의 옛 그림에서는 라듐을 찾아볼 수 없어."[9]

그러나 퀸도 동료들에 비해 현대예술에 대해 많이 알지는 못했다. 이미 잉글랜드와 아일랜드, 미국 예술가들의 현대 회화 작품을 다수 수집했지만, 그때까지는 주로 자신의 본능과 예술가들과의 우정, 그리고 색채에 대한 막연한 느낌에 의존해온 터였다. 그러다 291에서 피카소 전시가 개최되었을 무렵 맨해튼에 지점을 둔 유명한 프랑스 갤러리인 뒤랑뤼엘이 마네의 회화 작품을 소개하는 작은 전시를 열었는데, 이 19세기 화가는 그해 겨울 런던에서 논란을 불러일으킨 후기 인상주의 전시회의 출발점이 된 예술가였다. 퀸에게는 이것이 하나의 계시와도 같았다. 그는 친구들과 마네에 대해 이야기하기 시작했다. 그리고 자신의 고객 중 부유한 사람에게 전시 작품을 구입할 것을 권했으나 설득은 실패로 돌아갔다. 결국 퀸 자신이 마네의 작품을 구입한 뒤, 이를 가리켜 "현대 회화 컬렉션의 주춧돌이 될 작품"[10]이라고 불렀다. 하지만, 그 강렬한 색채와 긴장감 넘치는 사실주의가 뉴욕에서 여전히 모험적인 것이었다 해도, 1883년에 세상을 떠난 마네는 퀸을 단숨에 동시대로 안내해주지는 못했다. 퀸은 어떻게든 파리를 알 방법을 찾아야 했다.

3 | 파리, 동쪽

1911년 7월 초, 피카소는 브라크와 함께 그림을 그리며 여름휴가를 보내고자 동쪽 피레네산맥에 자리한 세레로 떠날 채비를 했다. 몇 년 동안 두 사람은 예술의 토대를 변모시키기 위한 경쾌한 2인무를 펼쳐오고 있었다. 실로 놀라우리만치 급진적인 계획이었다. 훗날 분석적 입체주의로 알려지게 될 접근법에 있어 두 사람은 서로의 발전을 독려하는 자극제가 되었으니, 이는 단지 그림 제작 방식의 변화에 그치지 않았다. 이들은 물리적 세계를 형태와 구조로 분해한 다음, 캔버스에 그것들을 다시 소생시켰다. 1950년대에 DNA 이중나선을 발견한 제임스 왓슨과 프랜시스 크릭처럼 피카소와 브라크는 살아 있는 세계를 구성하는 요소들을 다시 그려냈다. 최근 이들은 보다 밀도 높고 추상적인 국면으로 접어들어, 색채는 녹색과 회색으로 한정하되 선과 면의 교차로 조밀한 구성을 이룬 작품을 만들고 있었다. 두 사람의 결과물이 너무나 유사한 나머지 이들은 작품에 서명하기를 그만두었다.[1]

피카소는 브라크와의 협업을 재개하고자 서두르는 한편, 뉴욕으로 보낸 드로잉에 대한 반응을 몹시 궁금해하고 있었다. 스티글리츠의 갤러리에서 그의 혁신적인 최근작이 대중에 처음 공개되었고, 갤러리 측이 초기에 전해온 소식에 따르면 그 결과는 상당히 기대할 만한 것이었다. 하지만 전시가 끝나고 두 달이 지날 때까지 더는 갤러리로부터 아무런 소식이 없었다.

그러다 여름휴가를 떠나기 전날 밤, 스티글리츠의 동료이자 멕시코의 삽화가 마리우스 데 사야스가 그를 찾아왔다. 그는 검은 머리에 우아한 콧수염을 기른 호리호리한 체격의 정중한 남자로 지난가을부터 파리에 머물고 있었다. 처음에는 피카소에 대해 아는 것이 거의 없어 그의 이름조차 제대로 기억하지 못했으나, 이후 데 사야스는 뉴욕에서 열린 피카소 전시의 주역 중 하나로 큰 역할을 했다. 그와 피카소는 모국어인 스페인어로 쉽게 대화를 나눌 수 있었기에 금세 친구가 되었다. 그런데 몇 달 만에 만난 데 사야스는 당혹감과 미안함을 감추지 못하며 끔찍한 소식을 들려주었다. 피카소의 드로잉 대부분이 판매되지 않았다는 내용이었다. 게다가 그는 여든한 점의 작품 중 단 한 점도 가져오지 않았는데, 그것들이 현재 스티글리츠의 다른 동료에게 가 있기 때문이라고 했다.

피카소는 크게 화를 내며 고함쳤다. "나는 전시를 열어달라고 요청한 적이 없어요!" 아닌 게 아니라, 전시를 고집한 사람은 스티글리츠와 데 사야스, 그리고 두 사람의 친구들이었다. 그들은 뉴욕이 그의 작품을 받아들일 준비가 되어 있다고 장담했고, 이에 피카소는 그들이 원하는 모든 것을 제공한 터였다. 그런데 돌아온 것은 대실패였다. 이는 피카소가 줄곧 주장해온 것, 즉 전시는 시간 낭비라는 말을 증명했다. 사실 작품 전시는 자신의 원칙에 어긋나는 행위였다고, 그럼에도 그들을 기쁘게 하기 위해 전시를 한 것이었다고 피카소는 데 사야스에게 말했다. 결국 그들은 판매에 실패했고, 그 사실을 알리지도 않았다. 심지어 그의 작품을 돌려주려는 노력조차 하지 않았다.

　데 사야스는 당황했지만 피카소가 분노하는 것도 당연한 일이라 생각했다. 그는 최대한 수완을 발휘하려 애썼다. 자신과 스티글리츠는 전시 홍보에 최선을 다했다고, 비록 판매에는 실패했으나 드로잉이 큰 관심을 불러일으켰으며 스티글리츠가 가장 중요한 작품 중 한 점을 구입했다고, 착오가 생겨 나머지 드로잉을 돌려주지 못했지만 곧 전부 돌려받을 수 있을 것이라고 그는 말했다. 마침내 피카소는 진정되었으나, 이 전시를 계기로 이후 몇 년 동안 미국 미술계에 대한 적대적인 감정을 버리지 못했다.[2]

　처음 전시를 제안받았을 때만 해도 미국에 대한 피카소의 기대는 점점 더 커지던 중이었다. 그는 오랫동안 미국의 문화에 매료되어 에이브러햄 링컨부터 신문 풍자만화 「캐천재머 키즈The Katzenjammer Kids」까지 모든 것을 받아들였다. 피카소는 또한 유년 시절의 퀸이 그랬듯 버펄로 빌에게도 관심을 가져 그를 기념하는 입체주의 초상화를 그렸다. 체격이 크고 건장하며 카우보이처럼 걷는 브라크가 비행기 같은 종이 조각품을 만들기 시작했을 땐 1908년 파리를 방문한 미국의 비행가 윌버 라이트의 이름을 따서 그를 '윌부르Wilbourg'라 부르기도 했다.[3] 게다가 처음으로 피카소를 진지하게 후원한 이들도 미국인, 즉 국외로 이주한 거트루드와 레오 스타인 남매였으니, 초기에 이들의 지원 덕에 피카소는 장밋빛 미래를 꿈꿀 수 있었다.

　1905년 가을 젊은 프랑스 작가 앙리피에르 로셰를 통해 스타인 남매를 소개받았을 때, 피카소는 고정적인 거래상도 없이 가난의 끝에 서 있었다. 그러다 스타인 남매가 즉시 그의 작품을 구입하기 시작하면서 모든 상황이 바뀌는 듯했다. 곧 피카소는 이들 남매가 뤼 드 플뢰뤼스의 아파트에서 조직하는 토요 모임에 참석하기 시작했다. 이런 사교적인 행사에 어색함을 느꼈고 예술에 대해 이야기하는 것을 그다지 즐기지 않았음에도 얼굴을 비췄다.[4] 그는 또한 거트루드를 모델 삼아 획기적인 초상화를 그렸는데, 이례적으로 완성하기까지 수개월이 걸린 이 작품은 피카소의 입체주의 이전 시기의 대표작이 되었다. 30여 년 뒤 거트루드가 발표하여 베스트셀러가 된 회고록『앨리스 B. 토클라스의 자서전The Autobiography of Alice B. Toklas』속의 흥분 어린 회상에 따르면, 사실상 거트루드 홀로 피카소의 명성을 만들어낸 셈이었다.

하지만 만일 피카소가 스타인 남매를 통해 미국의 더욱 폭넓은 관심을 얻어낼 수 있으리라 믿었다면, 이는 오산이었다. 이후 전해진 전설과 달리 이들 남매는 미국에 현대예술을 확산시키는 일에 기여한 바가 거의 없었다. 레오와 거트루드는 파리에 거주하는 미국인들로, 자신들의 조국에 대해 특별한 관심을 갖지 않았다. 거트루드 자신이 그랬듯 이 남매가 수집한 피카소의 놀라운 초기 작품들은 파리에 단단하게 안착하여 그 자리에서 수십 년간 보존되었다. 제2차세계대전이 발발하기 직전에도 거트루드는 미국에서 개최되는 전시에 자신의 컬렉션을 빌려주려 하지 않았다. 게다가 피카소의 주요 후원자로서 스타인 남매의 통치 기간은 매우 짧았다. 1907년 어느 날 피카소의 작업실을 방문한 레오는 이 화가의 대담하고도 새로운 실험이 자신의 취향과 맞지 않는다고 결론 내렸다. "맙소사, 정말 쓰레기야!" 피카소의 작품들에 대해 그는 그렇게 말했다.[5] 거트루드와의 친분은 유지되었으나 남매의 작품 구입은 급격히 줄어들었고, 아방가르드의 관문이라 불리는 거트루드의 자부심 넘치는 역할과 비평가와 작가들 세대에 미친 부인할 수 없는 영향력도 미국의 컬렉터들에게 자극제가 되기에는 한계가 있었다. 20세기 초 사반세기에 미국에서 가장 중요한 피카소 컬렉션이 스타인 남매를 한 번도 만나본 적 없는 인물에 의해 구성되었다는 사실을 상기할 필요가 있다. 퀸이 291에서 개최된 전시를 통해 피카소의 드로잉을 접할 무렵에는 아주 젊은 독일인 다니엘헨리 칸바일러가 스타인 남매의 역할을 대신한 지 오래였다.

언뜻 보기에 칸바일러는 피카소나 그의 친구들과 잘 어울리는 사람은 아니었다. 만하임의 성공한 유대인 가정에서 태어나 금융업 경력을 위한 교육을 받은 그에겐 예술적인 배경이랄 만한 것이 없었다. 그의 부모는 아들이 로스차일드 가문 사람과 결혼할 수 있을지도 모른다는 기대감에 그를 파리로 보내 주식중개인 일을 시켰다. 칸바일러는 수줍음이 많고 예민하며 지적인 사람이라 파리의 많은 예술가들이 모이는 라 크로즈리 데 릴라La Closerie des Lilas나 돔 카페Café du Dôme 같은 곳에서 술을 마시고 담배를 피우기보다는 집이나 연주회장에서 저녁 시간을 보내곤 했다.

하지만 동시에 칸바일러는 단호하고 독립적인 성향을 지닌 인물이기도 하였으니, 일찍부터 부모의 기대를 저버렸다. 먼저 그는 프랑스 지방 출신의 여성으로 홀로 어린 여동생 제트를 부양하고 있던 루시 고동과 사랑에 빠졌다. 이 일로 칸바일러는 부모와 다투었고, 겨우 스무 살이었던 1904년 고동과 결혼해 제트를 두 사람의 자녀로 키웠다(비밀로 유지되긴 했지만 제트는 사실 고동의 혼외 자식이었다[6]). 결혼식을 올리기 무섭게 칸바일러는 주식시장에 흥미를 잃고 현대예술로 가득한 파리의 연례 미술 전시회인 살롱전에서 많은 시간을 보내기 시작했다. 그는 다음과 같이 말했다. "처음에 나는 이 그림들이 다채로운 빛깔의 얼룩처럼 알아보기 힘들다고 생각했다. 그러다 내가 나 자신뿐 아니라 다른 모든 사람에게도 완전히 새로운 세계 안에 있다는 사실을 아주 서서히 깨닫기 시작했다."[7]

1907년 초 칸바일러는 부유한 삼촌에게 돈을 빌려 갤러리를 열기로 결심했다. 대중이 아직 받아들이지 않은 최신의 예술작품만을 판매할 작정이었다. "세잔의 작품을 구입할 생각은 꿈에도 없었다."[8] 누가 봐도 가망 없는 계획이었다. 새로운 예술의 거래시장 상황이 대체로 형편없었을 뿐 아니라, 칸바일러는 미술품 거래에 대해 아는 바가 전혀 없는데다 워낙 수줍음을 많이 타는 성격 탓에 파리의 주요한 현대예술품 거래상인 앙브루아즈 볼라르를 만나볼 엄두도 못 냈다. 게다가 개인적으로 알고 지내는 예술가도 전무했다.[9] 하지만 그는 단념하지 않고 마들렌성당 근처 뤼 비뇽에 자리한 폴란드인 재단사의 가게 앞에 딸린 작은 공간을 빌렸다. 그러고는 앙드레 드랭, 모리스 드 블랑맹크와 같은 야수주의 화가들을 비롯해 자신이 높이 평가하는 예술가들의 작품을 최대한 많이 구입하기 시작했다. 판매는 거의 이루어지지 않았지만 이러한 회화 작품의 가격은 매우 낮았고, 그는 곧 보유 목록을 늘려가기 시작했다.

몇 달 뒤, 한 독일인 친구가 그에게 매우 이상한 캔버스에 여러 달째 작업을 하고 있는 한 젊은 화가에 대해 이야기해주었다. 7월의 어느 날 이른아침에 그는 그 화가의 작품을 보러 가기로 마음먹었다.[10] 화가는 몽마르트르의 가파른 언덕 꼭대기에 자리한 예술가들의 아지트, 금방이라도 무너질 듯한 건물에 살고 있었다. 겨울에는 뼛속까지 시리고 여름에는 피부가 녹아내릴 듯 더운 곳, 수도가 단 하나뿐이라 모든 세입자들이 물을 나누어 써야 하는 곳이었다. 그 외형이 19세기 말까지 센강에 정박해 도시에서 배출되는 더러운 직물류의 상당량을 담당하던 수십 척의 세탁선처럼 보였기에, 그 건물은 사람들 사이에서 '세탁선 bateau-lavoir'이라 불렸다.

칸바일러가 작업실에 도착해 노크를 하자 잠시 뒤 문이 열렸다. 그의 눈앞에 젊은 남자가 섰다. 작고 호리호리한 체격에 새카만 머리칼과 크고 아름다운 눈을 가진 사람. 피카소는 방금 침대에서 나온 듯 속옷 차림이었다. 그는 칸바일러를 안으로 들인 뒤 바지를 입으러 갔다. 방에는 피카소보다 키가 크고 생기 넘치는 붉은색 머리의 여성 페르낭드 올리비에와 덩치 큰 독일 양치기 잡종견 프리카가 있었다. 이들이 사는 모습은 놀라우리만치 누추해 보였다. 마감이 안 된 벽에 벽지가 조각조각 찢긴 채 매달려 있고, 주변은 온통 자질구레한 잡동사니들에, 담뱃재로 가득한 장작 난로와 푹 꺼진 더러운 소파를 제외하면 가구는 아예 없다시피 했다. 집 안은 개와 물감 냄새로 가득했다. 칸바일러는 그 방에 대해 "차마 말로 표현할 수 없는 곳"이라 회상했다."[11]

하지만 그는 엄청난 수의 작품도 보았다. 집 안 곳곳에 말려 있거나 틀에 고정된 캔버스가 엄숙해 보이는 아프리카 조각상들과 함께 놓여 있었다.[12] 이어 방을 지배하는 듯한 거대한 회화 작품이 눈에 들어왔다. 언뜻 보기에는 다섯 거인의 누드를 그린 단체 초상화였다. 하지만 충격적이고 파편 같은 몸과 사지와 휘장, 인물과 배경의 들쭉날쭉한 교차, 맨살의 밝고 원초적인 색조, 인물의 위협적인 응시가 감각에 너무나 격렬하게 대항하여 작품의 주제 자체는 부차적인 것으로 여겨졌다. 특히 그림 오른편에서는 흡사 악마적이라 할 만한 일이 벌어지고 있는 것 같았다. 두 사람의 얼굴은 야만적이고 가면을 쓴 듯했으며, 팔다리와 신체 부위는 뾰족한 모서리와 가장자리가 날카로운 형태로 단순화되어 회화의 평면과 뒤섞였다.

이후 다소 완곡한 제목 「아비뇽의 여인들」로 알려지게 될 그림이었다(몇 년 뒤에야 칸바일러는 이 작품이, 그의 섬세한 표현을 빌리자면 "육체적 쾌락의 장면", 즉 매음굴 매춘부들의 행렬을 묘사했다는 사실을 깨닫게 된다). 피카소가 몇 달을 쏟아부은 이 거대한 작품은 그와 가장 유사한 태도를 가진 예술가들을 포함해 어느 누구의 환영도 받지 못했다. 드랭은 이것이 사람들을 자살로 이끌 것이라 말했고, 브라크는 이 그림을 보는 건 휘발유를 마시고 불을 내뿜는 것과 같다고 말했다. 「아비뇽의 여인들」을 그리는 동안 피카소는 처음으로 자신이 동료 집단으로부터 고립되어 있음을 깨닫게 되었다. 칸바일러는 이렇게 말했다. "동료 화가들 중 어느 누구도 그를 따르지 않았다."[13]

다른 사람들과 마찬가지로 칸바일러 역시 불쾌감을 느꼈다.[14] 그는 또한 이 작품이 미완성 상태라고 생각했다. 그럼에도, 작품이 정말 끔찍하기는 하지만, 무언가 중요한 일이 일어나고 있음을 감지했다. 피카소는 회화 자체를 정면으로 공격하고 있는 듯했다. 칸바일러는 다음과 같은 글을 남겼다. "그는 모든 문제를 단번에 해결하고 싶어한다."[15] 칸바일러는 피카소가 거의 빈털터리라는 사실을 눈치챘다. 그가 작업실에 있는 다른 회화 작품도 보여달라고 청하자, 피카소는 회의적인 태도를 보였다. 그동안 함께 일했던, 대부분 삼류였던 거래상들에게 무자비하게 착취당한 경험이 있는 터였다(초기에 만난 한 거래상은 말 그대로 말馬을 거래하는 상인이었는데, 그는 피카소의 절박한 상황을 이용해서 팔기 쉬운 꽃 그림을 그려달라고 요구한 뒤 돈을 지불하지 않은 채 다른 드로잉 작품까지 빼돌려 달아났다[16]). 최저가를 놓고 흥정할 땐 칸바일러 역시 그리 다르지 않았지만 적어도 그는 피카소의 새 작품에 깊은 관심을 보였고, 그의 열정과 구매욕에 피카소는 점차 설득되었다.[17] 그렇게 마침내 칸바일러는 피카소의 거래상이 되었다.

칸바일러는 취향과 영악한 협상 능력에 더하여 기이한 마케팅 전략도 가지고 있었다. 그는 다른 예술가들에게 그랬듯 피카소에게도 독점계약을 요구하여 엄청난 양의 작품 목록을 축적했다. 하지만 홍보에는 아무런 노력을 기울이지 않았다. 칸바일러는 이렇게 말했다. "홍보활동도 칵테일파티도 없었습니다. 아무것도 없었지요."[18] 그는 또한

46

전시는 필요 없다는 피카소의 생각에 동의했다. 전쟁 전 피카소를 대리하는 동안 칸바일러는 파리에서 피카소의 작품을 소개하는 전시를 단한 번도 열지 않았다. 프랑스의 대중은 현대예술에 혼란스러움을 느끼며, 따라서 자신의 사업에 그들의 관심을 불러일으켜봐야 좋을 게 없다는 게 그의 생각이었다. 어쨌든 피카소와 그의 동료 입체주의 미술가들을 알아볼 최고의 관객은 해외에 있을 것이라고 확신했지만, 영국이나 미국은 염두에 두지 않았다. 사회생활을 처음 시작했을 때 런던에서 시간을 보냈기에, 칸바일러는 런던이 보수적이고 퇴보적인 곳임을 잘 알고 있었다. 그는 이렇게 말했다. "현대 프랑스 회화에 대해서 조금이라도 아는 사람이 아무도 없었다."[19] 이와 대조적으로 파리 동쪽의 두 나라, 즉 러시아와 그의 조국 독일은 현대예술과 관련하여 특별한 잠재력을 갖고 있었다.

피카소가 입체주의에 첫발을 내디뎠을 때 제정러시아는 산업혁명도 거의 시작되지 않은 상황이었다. 인구의 대다수를 차지하는 가난한 농민, 보호주의 경제, 매우 낡은 사회계급 구조. 제정러시아는 여러 측면에서 서유럽이나 미국과 보조를 맞추지 못했다. 하지만 러시아의 주요 도시에서는 새롭게 등장한 상업 엘리트층이 엄청난 부를 축적하기 시작한 참이었다. 동시에 활발하고 지적인 토론 문화와 프랑스와 맺어온 역사적 관계가 교육받은 러시아 엘리트들로 하여금 특별히 프랑스의 모더니즘에 대해 수용적인 태도를 갖게 만들었다. 20세기로의 전환기에 모스크바에서 새롭게 등장한 거상巨商 세대는 세계 전역에서 찾아볼 수 없을 정도로 맹렬하게 파리의 아방가르드를 수용했다.

칸바일러가 갤러리 문을 연 지 몇 년이 지났을 때, 작고 창백한 말더듬이 남자가 뤼 비뇽에 나타나 칸바일러가 소장한 피카소 작품을 보고 싶다고 했다. 모스크바의 손꼽히는 직물상이자 매우 대담한 컬렉터인 세르게이 슈킨이었다. 슈킨은 이미 클로드 모네와 반 고흐, 고갱, 세잔의 작품으로 이루어진 상당한 컬렉션을 갖추었고, 최근 몇 년 사이에는 마티스의 작품을 닥치는 대로 사들이던 터였다. 이제 그의 관심은 피카소로 향했다. 사실 그는 이미 피카소의 작업실을 방문한 적이 있었다. 처음에는 슈킨 역시 입체주의 작품에 대해 퀸이 뉴욕에서 경험하게 될 심한 불쾌감을 느껴, 한 러시아 친구에게 다음과 같이 말하기도 했다. "깨진 유리 조각을 내 입에 쑤셔넣는 것 같았다네." 하지만 곧 피카소의 작품을 이해해보기로 마음먹었으니, 모스크바로 가능한 한 많은 작품을 가져가고자 했다. 오래지 않아 그는 칸바일러의 가장 중요한 고객이 되어 매년 평균 열 점의 피카소 작품을 구매했다. 슈킨이 칸바일러에게 파리-모스크바를 잇는 핵심적인 축의 역할을 한 셈이었다.[20]

　　슈킨의 결정은 러시아 문화에 극적인 효과를 가져왔다. 그는 모스크바의 자택인 바로크풍 궁전을 주택 미술관으로 개조해 일요일마다 대중에 공개했다. 제1차세계대전이 발발하기 직전까지 이 미술관에는 수많은 피카소와 마티스의 작품이 있었고, 최신작도 물론 포함되었다. 또한 개개의 예술가를 위해 별도의 전시실이 마련되었다. 그중 많은 수가 런던에 있는 퀸의 친구들에게 충격을 안겨주었던 후기인상주의 작품보다도 훨씬 급진적인 것들이었지만 곧 모스크바 대중에 널리 받아들여졌다. 1911년 가을, 슈킨은 마티스를 모스크바로 데려왔다. 마티스는 도시 전역에서 "위대한 예술가"로 환영을 받았다. 그사이 카지미르 말레비치부터 블라디미르 타틀린과 알렉산드르 로드첸코에 이르기까지 새로운 세대의 러시아 미술가들은 슈킨의 미술관에서 본 피카소와 마티스의 작품에 자극을 받아 자신들만의 예술적 저항활동을 시작했다. 1913년 가을 여덟 명의 독일과 덴마크 미술관장들이 프랑스의 아방가르드 예술에 대해 좀더 공부할 필요가 있겠다고 마음먹었을 때, 이들이 찾은 곳은 가까운 파리가 아니었다. 물론 파리에서 작품이 제작되긴 했지만 거기서는 그것들을 거의 볼 수 없었기 때문이다. 대신 이들은 슈킨의 미술관을 방문하기 위해 모스크바로 향했다.[21]

어쩌면 슈킨의 활동이 예술에 심취한 미국 엘리트들에게 사회를 20세기 문화의 최전선으로 이끄는 방법적 모델로서 작용할 수 있었을지도 모른다. 하지만 칸바일러가 재빨리 간파했듯이, 러시아의 선도적 사례를 가장 따르고 싶어한 국가는 미국이 아니라 급속한 현대화가 진행되고 있던 그의 조국 독일이었다. 여러 측면에서 독일제국은 러시아와 크게 달랐다. 제1차세계대전이 발발하기 직전 독일은 유럽에서 가장 산업화가 진척된 나라 중 하나였다. 독일에는 수많은 도시가 있었고, 고등교육을 받은 중산층과 대규모의 유대인 인구가 있었으며, 과학을 비롯해 여러 분야에서 세계에서 가장 선도적인 대학들이 있었다. 슈킨의 것과 같은 아방가르드 컬렉션은 없었지만, 이미 반 고흐와 다른 후기인상주의자들의 작품을 소장한 수많은 공공미술관 또한 자랑스레 보유하고 있었다. 1913년 모스크바와의 거래기반을 마련한 칸바일러는, 자신과 일하는 예술가들을 홍보하기 위해 독일의 주요 미술 거래상들과 협력하기 시작했다. 새로운 예술을 받아들일 준비라면 프랑스보다 독일이 크게 앞서 있다고 판단한 그는 활발한 전시 계획을 지원했다.

칸바일러가 조직한 첫번째 피카소 전시는 1913년 뮌헨의 탄하우저갤러리Thannhauser Gallery에서 열렸고, 이내 성공을 거두어 슈투트가르트까지 순회했다. 뒤이어 그는 〈피카소와 부족 조각〉이라는 보다 야심찬 기획의 전시를 위해 일군의 피카소 작품을 베를린으로 보냈다. 이 전시에는 쉰 점이 넘는 피카소의 초기 입체주의 시기 회화 작품과 그 작품에 영감을 준 것으로 보이는 토착 공예품이 나란히 포함되었다. 프랑스가 아프리카에서 식민지를 확장하는 동안 코트디부아르의 그레보

가면부터 콩고의 나무조각상에 이르기까지 많은 양의 예술품이 파리에 들어왔고, 이를 접한 경험은 피카소가 특히 「아비뇽의 여인들」 이후 입체주의를 발전시켜나가던 초기 시절에 강력한 영향력을 끼쳤다. '원시적인' 민족지적 자료에 대한 20세기의 매료는 서구문화의 우월성이라는 편견에 찬 관념에서 비롯한 것으로 오늘날 철저하고 면밀한 검토의 대상이다. 하지만 피카소와 그의 반항적인 동료들의 경우, 비서구의 예술은 혁신을 위한 중요한 원천이자 지배 질서에 도전할 수 있게 하는 새로운 도구였다. 독일어권 대중에게 이 도발적인 전시는 감동을 주었다. 〈피카소와 부족 조각〉을 변주한 전시가 드레스덴, 빈, 취리히, 바젤을 순회했고, 많은 수의 피카소 작품이 열성적인 구매자들에게 판매되었다.[22]

칸바일러는 국제적인 전략을 세워, 새로운 예술의 잠재력이 가장 큰 영향력을 발휘할 만한 나라들을 한층 예리하게 파악해나갔다. 물리적으로 2500킬로미터 이상 떨어져 있는 러시아 자본가들에게 입체주의 회화 작품을 판매하면서 그는 세계에서 가장 독특한 현대예술 컬렉션 중 일부를 조성해가는 한편, 중부유럽의 독일어권 국가 전역에 걸쳐 갤러리 전시를 조직함으로써 진보적인 예술의 새로운 관객층을 만들고 있었다. 독일에서의 전시가 큰 인기를 끌자 그는 함께 일하는 예술가들의 작품을 판화로 만들어 회화 작품을 구매할 여력이 없는 이들에게 판매하기 시작했다. 이는 뉴욕에서 스티글리츠가 경험과 것과 극명한 대조를 이루었다. 하지만 칸바일러가 동부에서 거둔 큰 성공에는 커다란 위험도 수반되었다.

프랑스의 모든 사람들이 칸바일러와 독일의 관계를 달가워한 것은 아니었다. 일부 보수 일간지에서는 입체주의Cubism의 C를 독일어식 철자인 K로 바꾸어 적고는 입체주의가 독일의 음모라 비난하기 시작했다. 이러한 암시는 일부 칸바일러를 겨냥한 것이었으니, 그들이 보기에는 독일계 유대인 거래상이 전통적인 프랑스 예술을 희생시키고 피카소와 그의 입체주의 동료 예술가들을 해외에 홍보하면서 수익성이 확실한 사업을 만들어가는 터였다. 긴장감은 1914년 봄 무렵 새로운 절정에 이르렀다. 당시 칸바일러의 독일인 동업자들 중 일부가 피카소의 작품에 당시로서는 기록적인 가격으로 입찰하자, 『파리-미디Paris-Midi』의 한 칼럼니스트는 「침략 이전」이라는 기사에서 이 공격적인 매수를 전쟁 선언과 연결 지었다. 그는 곧 독일인들이 "피카소 작품의 구입을 중단하고, 대신 루브르를 약탈할 것"이라고 썼다.[23]

어떤 의미에서 그의 말은 옳았다. 몇 달 뒤 전쟁이 발발하자 독일제국군이 프랑스로 진군해와 파리를 위협하여 루브르박물관 철수라는 초유의 사태를 일으켰으니 말이다. 하지만 이 칼럼니스트의 말이 섬뜩하리만치 맞아떨어졌다는 사실은 한 세대가 지난 뒤 다른 전쟁을 치르는 사이에 드러났다. 히틀러가 통치하는 동안 독일인들은 옛 거장들의 작품과 나치 정권의 승인을 받은 '아리아인' 사실주의를 지지하며 '피카소 작품 구매'(와 다른 모든 현대예술작품 구매)를 중단했고, 이오시프 스탈린의 러시아는 새로운 사회주의적 사실주의를 지지하며 아방가르드 예술을 멀리했다. 그리고 이후 이 국가들은 유럽 전역의 미술관을 약탈해 악명을 떨치게 된다.

제1차세계대전 이전에 현대예술과 현대예술가들의 주요 옹호자였던 국가들이 스무 해가 지난 뒤 가장 폭력적인 적대자로 변모한 것은 20세기 전반기의 충격적인 역설 중 하나다. 러시아와 독일에서 한때 미래의 사도로 통하던 예술가들은 처벌받고 추방당했다. 칸바일러의 도움으로 독일에 조성되었던 피카소 컬렉션 가운데 나치 지배하에서 살아남은 작품은 단 한 점도 없었다. 러시아에서 슈킨이 소장한 피카소와 마티스 작품은 정부의 수장고로 사라지고 말았다. 이 무렵 피카소와 동시대 예술가들의 작품 보호와 관련한 문제는, 20세기 초 현대예술에 전적으로 적대감을 드러내지는 않았을지언정 무관심한 태도로 일관했던 미국에 달려 있었다.[24]

　　하지만 이 모든 것은 나중 일이었다. 1913년 프랑스는 새로운 예술의 매우 강력한 발원지였고, 독일과 러시아는 새로운 예술의 주도적인 소비자였다. 미국은 이 게임에 참여하지 않았다. 역동적인 두 유럽 제국의 지도자들이 새로운 세기의 예술을 수집하는 데 분주했던 반면, 젊은 공화국의 시민 지도자들은 과거의 보물을 위한 수장고를 짓는 일에 막대한 금액을 쏟아부었다. 오늘날 예술계의 상황이 당시와 유사하다면, 아마 세계에서 가장 뛰어난 피카소 컬렉션과 최초의 현대미술관은 미국이 아닌 모스크바나 베를린에 있을 것이다.

—

세레에서 여름을 보낸 피카소는 더이상 미국에 대해 생각하지 않았다. 거의 매일 그를 보러 오는 칸바일러의 세심한 관리 아래 피카소의 명성은 유럽에서 급속도로 높아지고 있었다. 입체주의의 실험이 어떻게 진행되든 따라올 준비가 된 슈킨 같은 새로운 구매자들이 있었고, 매출과 무관하게 그의 작품에 꾸준히 투자하는 칸바일러가 있었다. 반면 초기에 선도적인 역할을 담당했던 스타인 남매를 잇는 다른 미국인들의 존재 징후는 거의 보이지 않았다. 피카소의 여자관계뿐 아니라 새로운 후원자들 역시 꼼꼼하게 추적했던 올리비에가 어느 누구보다 미국인의 부재를 정확히 감지했다. 러시아의 슈킨과 나란히 독일, 오스트리아, 헝가리, 스웨덴, 심지어 소수의 일본과 중국 손님들의 방문이 이어지는 가운데 올리비에는 한 국가가 보란듯이 빠져 있다는 사실을 눈치챘다.

그는 다음과 같이 결론 내렸다. "피카소의 성공과 명성은 미국에까지 이르지 못했다."[25]

4 | 프랑스의 교훈

퀸의 첫 파리 여행은 자포자기 상태에 이른 한 여성, 그리고 권총 한 자루와 함께 시작되었다. 1911년 9월 초, 퀸은 채링크로스역에서 웨일스의 유명 화가 오거스터스 존을 기다리고 있었다. 일주일 전 런던에 도착한 퀸은 존에게 함께 도버해협을 건너가 프랑스 수도의 갤러리와 예술가들을 소개해달라고 부탁했다. 이들은 파리에서 나흘이나 닷새쯤 머문 뒤 남부로 가서 반 고흐와 세잔에게 영감을 준 프로방스의 풍경과 빛을 살펴볼 계획이었다.

　　이론상 존은 이상적인 안내자여야 했다. 상당히 전통적인 존의 초상화는 그가 누리는 엄청난 명성에(버지니아 울프는 영국 문화의 새 시대에 그의 이름을 딴 명칭을 붙였다) 썩 걸맞아 보이지는 않았으나, 어쨌든 그는 새로운 예술에 대해 잘 아는데다 그림을 그리느라 프로방스를 정기적으로 방문하기도 했다. 그는 또한 파리에 연줄이 있었다. 그로부터 4년 전 존은 피카소의 작업실을 방문했고, 아마도 「아비뇽의 여인들」을 보았을 터였다(벨벳 옷을 입고 귀고리를 한 채 자신을 "영국에서 가장 형편없는 화가"라 소개한 이 웨일스인을 보며 피카소는 무척 즐거워했다[1]).

하지만 존은 매우 자유분방한 성향을 지닌 복잡한 성격의 인물이었다. 그는 블룸즈버리 지식인들의 관심과 후원을 구하는 한편, 다양한 여성들과 염문을 뿌리고 의도하지 않은 아이들을 낳으며 방탕하고 유목민적인 생활을 즐겼다. 또한 자신이 머문 곳이라면 어디든 혼란의 흔적을 남기는 습관이 있었다.

런던을 떠나는 날 문제가 되었던 특별한 혼란의 원인은, 스웨덴 극작가 아우구스트 스트린드베리의 두번째 아내이자 예민한 오스트리아 여성인 프리다 스트린드베리였다. 존과 연애를 하다 버림받은 스트린드베리 부인은 꽤나 연극적인 감각을 가진 사람이었으니, 플랫폼에서 만난 퀸과 존은 손에 권총을 쥔 채 그들을 기다리고 있던 부인을 발견했다. 스트린드베리 부인은 그들과 함께 프랑스로 가겠다고, 자신을 데려가지 않으면 자살하겠다고 말했는데, 사실 이런 위협이 처음도 아니었다. 말다툼 끝에 두 사람은 겨우 부인에게서 벗어날 수 있었지만 퀸은 무척 두려웠다(그는 일기에 "대학살"이라고 휘갈겨 썼다). 그리고 이후 선착장에 도착했을 때, 이들은 부인이 생생하게 살아 있을 뿐 아니라 두 사람의 여정에 합류하는 데 성공했다는 사실을 알게 되었다. 이는 앞으로 닥칠 일에 대한 징조였다.[2]

파리에서 퀸은 스트린드베리 부인으로부터 벗어나 예술에 빠져들 수 있기를 바랐다. 하지만 이번에는 그의 가장 중요한 고객, 몸집 크고 나이 많은 남부 사람 토머스 포춘 라이언에게 붙들렸다. 라이언은 사업과 관련된 중요한 일로 퀸이 필요하다고 했다. 미국의 여느 백만장자들처럼 라이언도 파리를 좋아했지만 현대예술에는 관심이 없었다. 퀸과 존은 툴루즈로트레크의 작품을 보러 가는 대신, 라이언과 함께 발타바린Bal Tabarin 카바레로 가야 했다(한때 툴루즈로트레크가 이곳의 무용수를 그리긴 했다). 라이언은 공연을 보면서 불을 붙이지 않은 시가를 씹었고, 존은 곧장 한 알제리 여성을 유혹했다. 나중에야 겨우 이들은 서둘러 갤러리 두세 곳을 방문할 수 있었다. 퀸은 스타인 남매와 예술품으로 가득한 그들의 집에 대해 듣고 매료되긴 했지만 그곳에 가보지는 않았다. (그는 일기에 이들 남매가 "오직 새로운 인물들만" 수집했다고 적었다[3]).

이들이 놓친 훨씬 더 큰 기회는 다름 아닌 피카소였다. 퀸은 291에서 보았던 그 난해한 드로잉을 이해하고자 봄 내내 존에게 피카소에 대해 질문했다. 퀸이 아직 아방가르드 회화 작품을 한 점도 구입하지 않았던 시절 피카소와 만났다면 어떤 생각을 했을까? 꽤나 흥미로운 상상이다. 그전까지 퀸이 구입한 작품 대다수는 그 자신과 개인적인 친분이 있는 영국과 아일랜드, 미국 화가들의 것이었다. 하지만 그의 구매에 크게 의존하고 있던 존은 퀸을 자신의 것보다 훨씬 앞선 작품으로 이끌어주려는 생각이 없었던 듯하다. 퀸이 훗날 현대예술에 대한 자신의 미래상에서 중심적인 자리를 차지하게 될 예술가를 마침내 만나기까지는 10년을 더 기다려야 했다.

하지만 파리 여행이 완전히 실패로 돌아간 것은 아니었다. 어느 날 존은 퀸을 데리고 볼라르를 만나러 갔다. 영리하면서도 이해하기 어려운 인물인 볼라르는 후기인상주의 미술을 다루는 거래상으로, 파리 예술계에서는 독보적인 존재였다. 퀸의 눈에 볼라르는 분명 만만치 않은 존재로 보였을 것이다. 그보다 몇 살 위인 볼라르는 키가 크고 다소 굼떴으며, 한쪽 눈을 감는 기이한 습관이 있었다. 그는 여러 세대에 걸친 예술가들의 조언자이자 피카소의 초창기 후원자이기도 했다. 또한 신중하기로 유명한 사람이었으니, 특히 낯선 이들에게는 대단히 조심스러운 태도를 보였다. 볼라르는 세잔과 초기 피카소 작품으로 이루어진 매우 뛰어난 컬렉션을 갖고 있었지만, 퀸과 존이 방문할 당시 그것들은 오귀스트 르누아르나 모네를 크게 넘어서는 수준이 못 되었다. 그럼에도 퀸은 흥미를 느꼈고, 미완의 가능성을 느끼며 파리를 떠났다.

어쨌든 당장은 시간이 없었다. 스트린드베리 부인이 이들이 묵고 있는 호텔을 찾아다니는 중이다. 존은 서둘러 파리를 벗어나 퀸과 함께 커다란 75마력짜리 메르세데스 벤츠를 타고 프랑스 남부를 향해 떠났다. 이들은 라이언에게서 이 차와 독일인 운전사 에발트 브레너를 빌렸다. "우리는 그 차를 이용해서 스트린드베리 부인을 따돌려야 했다"고 존은 회고했다.[4]

사색에 잠길 시간이 넉넉한 여행은 아니었다. 이들은 길을 따라가며 대성당이 자리한 도시들을 급하게 둘러보고 보들레르와 바그너, 오스카 와일드 그리고 아비뇽의 15세기 프레스코화에 대해 논쟁을 벌였는데, 때때로 두 사람의 의견은 엇갈렸다(퀸은 벽화의 산뜻하고 밝은 색에 감탄하여 "벽화에 비하면 물감은 타르처럼 보이는군"이라 말했지만, 존은 현대예술과 관련된 것이라면 모두 무시해버렸다). 이런 열정적인 여정에 익숙지 않은 존은 이내 지쳐버렸고, 퀸은 거의 본 것이 없다는 사실에 실망했다. 퀸은 존이 흥미를 잃지 않도록 그에게 "점심을 위한 샴페인, 저녁을 위한 샴페인, 베르무트, 압생트 등 온갖 종류의 술과 다른 이런저런 것"을 줄기차게 권했다. 프로방스에 도착하자 존은 자신이 늘 드나드는 곳으로 퀸을 안내했다. 한번은 매음굴로 데려갔는데, 퀸에게는 그저 지저분하고 역겨울 따름이었다. 그는 "짜릿한 흥분 같은 것은 전혀" 느끼지 못했다.[5]

머리가 어질어질한 이 여정에는 운전사가 동행하지 않았다. 어느 날 밤, 안개가 짙게 깔린 세벤의 산길을 내려오던 중 퀸은 문득 두려움을 느꼈다. 절벽 끝을 향해 가고 있다고 확신한 그는 차문을 열고 밖으로 몸을 던져 도로 옆 들판에 쓰러졌다. 정신이 멍할 뿐 기적적으로 다치지는 않았으나, 남은 여정 동안 이 드라이브가 머리에서 떠나지 않았다. 그해 가을 퀸은 콘래드에게 보낸 편지에서 "안개를 뚫고 우리를 향해 다가오는 돌집, 울타리, 나무, 건초더미, 돌담, 돌무더기, 흙벽, 틈, 벼랑"이 등장하는 반복적인 악몽에 대해 자세히 묘사했다. 새로운 예술에 대한 관심에도 불구하고, 몇 세대에 걸쳐 현대 화가들에게 영감을 제공한 남프랑스의 풍경은 그에게 이제 공포의 기제로 전락해버렸다.[6]

이 시점에 퀸이 프랑스 모더니즘을 포기했다 해도 이상한 일은 아니었을 것이다. 피카소의 드로잉은 그를 아연실색게 했다. 파리는 환영 같았다. 한 정신 나간 오스트리아 여성이 이들을 향해 총부리를 겨누는가 하면, 그는 웨일스의 난봉꾼과 함께 남쪽의 멋진 풍경을 경험하려다가 하마터면 목이 부러질 뻔했다. 퀸은 스타인 남매에 대한 소문만 주워들었을 뿐 피카소나 마티스와 가까워지지 못했고, 파리 갤러리들을 둘러보기에는 시간이 너무 빠듯해 결국 마네의 드로잉 몇 점만을 들고 뉴욕으로 돌아왔다.

—

프랑스가 제 비밀을 드러내길 거부했음에도, 재난과 같았던 존과의 여행으로 퀸은 그 비밀을 밝히고자 하는 의지를 더욱 굳게 다졌다. 혼란과 불안에 휩싸인 채 분주한 법률 업무로 물러난 몇 달 동안은 현대예술에 대해 거의 생각하지 않았지만, 볼라르의 소장품을 통해 보았던 인상주의자들이 그의 감각을 한층 예민하게 만들었고 퀸은 이제 미국 미술계의 고집스러운 지역주의를 지속적으로 의식하고 있었다. 그는 존 슬론에게 다음과 같이 말했다. "미국 미술가들 중 일부는 컨스터블과 터너, 모네와 마네, 르누아르의 작품을 한 점도 보지 못한 것처럼 그림을 그립니다." 메트로폴리탄을 다시 방문한 그는 보다 최근의 작품은 고사하고 훌륭한 19세기 회화 작품이 거의 전무하다는 사실에 충격을 받았다. 그는 존에게 메트로폴리탄은 "옛 작품을 빼면 세계의 미술관 중 가장 하찮은 수준일 것"이라고 말했다.[7] 메트로폴리탄은 세계에서 가장 부유한 미술관이었지만, 옛 거장들의 작품을 제외하면 "벽에 걸릴 가치가 있는" 작품은 백 점 중 스무 점을 넘지 못한다는 게 그의 생각이었다.[8]

프랑스로의 짧은 여행 이후 맞이한 봄에, 퀸은 변화를 꿈꾸는 뉴욕의 젊은 예술가 무리와 어울렸다. 월트 쿤과 데이비스가 이끄는 이 무리는 보수적인 국립디자인아카데미의 구태한 교육을 거부하는 미국 예술가들의 작품을 홍보하고자 미국화가조각가협회Association of American Painters and Sculptors라는 새로운 단체를 결성했다. 데이비스와 쿤은 또한 "후기인상주의자들을 미국으로 데려오고" 싶어하는 퀸의 조바심을 공유했다. 처음에 데이비스는 가장 중심이 될 새로운 미국 예술과 함께 유럽의 작품 일부를 전시하고자 했다. 하지만 퀸의 격려를 받으며 이들은 곧 한층 더 대담한 계획을 구상하기 시작했다.[9] 아무리 낮추어 평가하더라도 20세기의 가장 전설적인 예술 이벤트 중 하나라 할 만한 대사건의 믿기 힘든 시작이었다.

1912년 7월 퀸은 데이비스와 쿤의 협회에 가입했다. 협회는 그해 겨울 뉴욕에서 단독으로 대규모 전시를 개최하리라는 목표를 갖고 있었다. 그들과 합류할 즈음 퀸은 독일 쾰른에서 보내온 편지 한 통을 받았으니, 발신인은 얼마 전 특별한 전시를 보았다는 한 미술 거래상이었다. 분리파Sonderbund로 불리는 독일의 열광적인 집단이 개최한 그 전시는 세계의 현대예술에 대한 광범위한 조사라는 목표 아래 열여덟 점의 피카소 작품과 백 점이 넘는 반 고흐의 작품을 포함한 후기인상주의, 입체주의, 미래주의 회화들로 채워졌다. 거래상은 퀸에게 이 전시에서 소개된 작품이 어떻게든 미국으로 건너갈 수만 있다면 "그야말로 역사적인 전시가 될 것"이라고 말했다. 귀가 솔깃해진 퀸은 데이비스에게 이 소식을 알렸고, 데이비스는 곧 번바움을 통해 분리파의 전시 도록을 구한 뒤 쿤에게 "이런 전시를 열면 좋겠다"고 말했다. 여전히 미국의 예술이 큰 지분을 차지하고 있었지만, 이제 이들의 주요 목표는 유럽을 정복해가는 새로운 예술운동의 조류를 포괄적으로나마 보여주는 것이었다. 또한 이들은 전시 작품을 대중에게 직접 판매하기로 했으니, 이는 뉴욕에도 현대예술시장이 존재한다는 사실을 입증하기 위한 결정이었다.[10]

시작부터 비현실적인 모험이었다. 협회는 건물도 예산도 없었다. 심지어 작품 한 점도 갖고 있지 않았다. 이들은 필요한 자금을 모아 어떻게든 유럽에서 작품을 구해오고 마음속에 그리고 있는 대규모 전시를 위한 넓은 공간을 빌려야 했다. 하지만 이보다 더 큰 걸림돌은, 데이비스와 쿤이 이제 소개하려는 새로운 예술에 대해 아는 바가 거의 없다는 사실이었다. 그때까지 데이비스는 유니콘들로 뒤덮인 파스텔 풍경화로 알려져 있었고, 쿤은 그 자신이 시인했듯 "괴짜 입체주의자들"이라 불리던 무리에 대해 잘 몰랐기에 바닥에서부터 시작하던 참이었다. 그럼에도 이들은 전시를 성사시키기로 결심했고, 퀸은 이들이 가능한 한 높은 목표를 추구하도록 격려했다.

이후, 계획이 한창 진행중일 때 라이언이 사업상의 급한 용무로 퀸을 다시 파리에 보냈다. 앞선 여행보다 상황이 더 좋지는 않았다. 일에 붙들린 퀸은 예술에 할애할 시간이 거의 없었다. 나중에 그는 콘래드에게 파리가, "그리고 파리의 모든 것이 자신에게는 불쾌"하다는 사실을 깨달았다고 털어놓았다.[11] 하지만 몇 시간의 여유가 생기자마자 그는 곧장 볼라르의 갤러리로 향했다. 이 비밀스러운 거래상은 고객들과 접촉하기를 극히 꺼렸으나 다시 방문한 퀸은 존중어린 대우를 받을 수 있었다. 퀸이 떠날 때 볼라르는 곧 가장 중요한 후기인상주의의 걸작으로 꼽히게 될 세 작품을 대서양 건너편으로 양도하는 데 동의했다. 세잔이 아내 오르탕스를 그린 감각적인 작품과 고갱이 죽기 1년 전 마지막으로 그린 타히티 그림, 반 고흐가 말년에 그린 불타는 듯한 자화상이었다. 이 세 점의 작품이 데이비스와 쿤에게는 전시의 핵심적인 닻이 되어줄 것이었다.

퀸이 파리에서 돌아오자마자 쿤은 유럽으로 막바지 작품 수집 여행을 떠났다. 이후 데이비스가 유럽에서 합류했다. 두 사람은 파리에 있는 친구들의 결정적인 도움으로 도무지 가능할 것 같지 않았던 성공을 거두었다. 많은 주요 예술가들과 거래상들이 이들에게 300점 이상의 작품을 빌려주었고, 당시 주요한 미국 고객이 없었던 칸바일러도 브라크와 피카소 작품 몇 점을 내어주는 데 동의했다. "지난 스무 해 동안 명성을 떨치던 사람들, 그리고 현재 유명한 이들까지 모두 소개될 겁니다." 퀸은 예이츠의 동생이자 미술가인 잭 예이츠에게 이렇게 전했다. "미래주의 전시장과 입체주의 전시장에서 이들의 작품을 볼 수 있을 거예요."[12] 이들이 유럽의 예술과 나란히 보여줄 미국 미술가들의 작품도 수백 점이 모였다. 온갖 종류의 대규모 현대예술 컬렉션을 소장한 소수의 미국인 중 하나였던 퀸 자신이 이 전시에 가장 많은 작품을 대여했다. 최근 볼라르로부터 구입한 세잔과 반 고흐, 고갱의 작품, 그리고 그가 이미 소유하고 있던 수십 점의 영국 및 미국 회화 작품들이었다.

하지만 데이비스와 쿤 앞에 놓인 과제는 비단 작품 준비만이 아니었다. 협회는 1913년 2월에 전시를 개막할 계획이었고, 이 계획에 따르면 두 사람은 유럽에서 돌아온 뒤 몇 주 만에 대중의 관심을 불러일으켜야 했다. 예이츠와 다른 문학계 인물들을 미국으로 데려온 바 있던 퀸은 그 일에 많은 준비가 필요하다는 점을 잘 알고 있었다. 그는 쿤에게 다음과 같이 말했다. "개막 전에 미국 전역에서 우리의 전시에 대해 이야기하게끔 만들어야 합니다." 쿤이 전국의 예술가들과 매체를 상대로 글을 쓰는 동안 퀸은 정치 및 문화계 엘리트들의 환심을 사기 위한 노력을 기울이기 시작했다. 그는 친구들에게 말했다. "전시 개막식에 시장과 주지사, 상원의원 루트를 초대할 거야."[13]

사실 퀸은 쿤과 데이비스가 소개하고자 하는 최신의 작품들에 대해 여전히 회의를 품고 있었다. 실패로 끝난 첫 파리 여행 이후 채 1년 반도 지나지 않은 시점이었다. 첫번째 여행에서 그는 예술가를 전혀 만나지 못했고 작품도 거의 보지 못했다. 이어 두번째 여행에서도 현대예술계를 접하는 데 실패했다. 전시 준비가 막바지에 이르렀을 때, 그는 한 영국 친구에게 다음과 같이 털어놓았다. "개인적으로 나는 입체주의를 이해하지도 지지하지도 않는다네." 하지만 한편으로는 자신의 취향을 포함해 지배적인 취향에 도전하는 것이 전시의 핵심임을 정확하게 이해했다. 그는 한 예술 잡지와의 인터뷰에서 다음과 같이 주장했다. "미국의 예술에는 이런 예술가들의 작품이 가하는 충격이 필요합니다. 우리의 예술은 너무나 오랫동안 단조로운 상태를 지속해왔습니다."[14]

미국 문화를 가로막고 있는 보수적인 세력과 맞설 기회는 퀸에게 매우 중요했다. 그는 새롭고 이상한 예술을 대중에게 직접 제공함으로써 옛 거장들의 작품만을 거래하는 거래상들과 메트로폴리탄처럼 현대예술이라면 모조리 거부하는 듯 보이는 세력을 측면에서부터 공격할 수 있으리라 생각했다. 그는 쿤과 데이비스를 만나 전시 홍보에 대해 논의하면서 "사과하거나 설명하지 말고 공격해야 한다"고 말했다.[15]

5 │ 스치듯 지나간 여인

1913년 2월, 젊은 기자이자 비평가인 포스터가 남북전쟁과 미국-스페인 전쟁 당시 뛰어난 활약을 펼친 아일랜드의 미국 보병 연대 '싸우는 69연대Fighting 69th'의 맨해튼 본부를 방문했다. 여단의 거대한 본거지인 69연대 병기고는 7년 전 완공된 이래 이 도시의 매우 특이한 건축물로 알려져 있었다. 망사르드지붕*으로 덮인 채 렉싱턴 애비뉴의 한 블록 전체를 차지한 이 초대형 보자르풍 맨션에서는 너비 60미터에 30미터 높이로 우뚝 솟은 아치형 중앙홀이 특히 눈에 띄었다.

그 동굴 같은 공간은 원래 군사훈련을 위한 활동장으로 설계되었다. 하지만 뉴욕에서 가장 큰 이곳 실내 공간은 재빨리 다른 용도로 활용되기 시작했다. 건물이 지어진 직후 이 홀에서 실내 잔디코트 테니스 선수권대회가 개최되었고, 몇 년 뒤에는 무명의 스웨덴인이 그 둘레에 설치된 작은 트랙에서 세계 실내 마라톤 기록을 깼다. 하지만 이제 이곳은 그보다 훨씬 더 큰 논란을 불러일으킬 장소가 되었다. 쿤과 데이비스가 가을과 겨울 사이 모은 현대예술작품 1300점가량을 이곳에

* mansard roof. 두 단으로 경사진 지붕.

전시한 것이다. 퀸이 강조한 특별한 홍보활동 덕분에 전시는 이미 언론의 지속적인 주목을 받고 있었으니, 포스터 또한 전시를 보아야겠다고 마음먹었다.

〈국제 현대미술전International Exhibition of Modern Art〉이라는 온건한 이름이 무색하게도, 이 전시는 대포알처럼 뉴욕을 강타했다. 미국 미술가들의 작품이 훨씬 더 큰 비중을 차지하긴 했지만 전시의 핵심은 쿤과 데이비스가 유럽에서 모은 300여 점의 작품이었고, 그중에는 과거 대중이 보았던 어떤 작품과도 전혀 다른 전위적인 회화 작품과 조각 작품 수십 점이 포함되었다. 이미지의 유통이 매우 제한적이고 현대 회화 작품의 컬러 복제가 실질적으로 존재하지 않았던 시절, 맨해튼 한복판에서 공개된 이 새로운 예술은 이후 한 세기에 걸쳐 상상하기 힘들 정도의 원초적인 힘을 발휘했다. 수천 명의 사람들이 입장하기 위해 줄을 섰고, 렉싱턴 애비뉴에는 아침부터 밤까지 교통체증이 빚어졌다. 이 작품들이 순전히 오락으로 받아들여질 것인지 아니면 문명 자체에 대한 위협이 될 것인지를 두고 이미 활발한 토론이 벌어지고 있었다(뉴욕의 가장 유명한 비평가이자 확고한 보수주의자인 로열 코르티소스는 "세상을 전복하려" 하는 이 "어리석은 테러리스트들"에 우려를 표했다). 뒤샹의 「계단을 내려오는 누드」만큼이나 본능적인 힘으로 전시의 급진성을 대변한 작품은 없었을 터이니, 비평가들은 이 동적인 입체주의 작품을 지붕널을 만드는 공장의 폭발이나 "폭파된 일본 갑옷"에 비유했다. 뒤샹의 작품은 엄청난 인파를 끌어들이는 동시에 전시의 다른 작품들과 마찬가지로 방문객들을 당황하게 했고 비평가들의 짜증을 돋우었다.[1]

하지만 포스터는 당혹감이나 짜증을 느끼지 않았다. 오히려 매료되었다. 그는 이러한 작품들을 거의 본 적이 없었지만 새로운 예술 유파에 대한 글을 읽었고, 이곳에 소개된 예술가들이 새로운 세기의 동력을 포착하고자 노력하는 "예술 혁명가들"임을 이해했다. 아울러 전시를 조직한 사람들이 미국 대중을 향해 대담한 도전장을 내밀었다는 점도 이해했다. 무기고를 방문한 포스터는 자신이 일하는 문학·시사 잡지인 『아메리칸 리뷰 오브 리뷰스The American Review of Reviews』에 긴 글을 쓰기로 마음먹었다. 실체 없는 연무와 격분만 가득한 지금이야말로 깊은 생각에서 비롯한 평가가 필요한 때라고 생각했다.

포스터는 작품들만이 아니라 이 전시의 원동력이자 전시를 공식적으로 대중에 소개한 유명 변호사에 대해서도 호기심을 느꼈다. 퀸을 직접 만난 적은 없지만 언론에 보도된 그의 거침없는 주장과 4000여 명의 관객 앞에서 펼쳐 보인 다소 과장스러운, 그러나 열렬하기 그지없는 개막 연설을 흥미롭게 지켜본 터였다. 연설에서 퀸은 전시를 가리켜 "지난 사반세기 동안 전 세계에서 개최된 전시 가운데 가장 완벽한 전시"라 평했다. 포스터는 또한 여성과 관련한 퀸의 평판에 대해서도 경고를 들은 바 있었다. 그의 친구들은 재능은 물론 출중한 미모로 잘 알려진 포스터가 틀림없이 퀸의 타깃이 될 것이라 여겼다. 전시장으로 들어가며, 포스터는 과연 퀸과 마주칠 수 있을 것인지 궁금해했다.[2]

사람들이 빼곡히 들어찬 연무장 안에서 그는 거대한 개방형 전시장과 마주했다. 칸막이가 세워진 팔각형 공간들이 이어졌고, 각각의 방은 그림들로 가득했다. 홀의 양 측면은 각각 여섯 개의 전시장으로 나뉘었는데, 대부분의 공간이 미국 미술작품으로 채워져 있었다. 하지만 방문객들의 주된 관심을 끈 것은 중앙홀로, 거기에는 19세기부터 현재까지 유럽 모더니즘의 역사를 느슨히 추적하는 커다란 공간이 마련되어 있었다. 도입부는 프란시스코 고야와 외젠 들라크루아부터 르누아르, 모네에 이르기까지 역사적인 회화 작품과 인상주의 작품을 모은 일종의 표본들로 채워졌다. 이곳을 지나면 퀸의 최근 수집품들을 포함해 세잔과 반 고흐의 작품들을 전시한 공간과 다양한 프랑스 모더니스트들을 소개하는 또다른 전시장이 나타났다. 포스터는 전시를 압도하는 세잔의 그림에 즉시 매료되었다. 하지만 그가 더 큰 흥미를 느낀 것은 세잔을 추종한 동시대인들의 작품이었다.

전시의 절정은 홀의 제일 *끄트머리*, 최신의 프랑스 미술작품을 소개하는 공간이었다. 다른 이들이 그랬듯 처음에는 포스터도 이 공간을 채운 회화와 조각 들에 당혹감을 감추지 못했다. 후기인상주의, 점묘주의, 야수주의, 미래주의, 입체주의를 포함한 다양한 사조의 작품들이 가득했는데, 그중 많은 수가 폭력적이거나 심지어 모욕적인 방식으로 자연을 거스르는 듯 보였다. 포스터는 다음과 같이 기록했다. "도망치는 말의 다리가 넷이 아니라 스무 개나 된다." 밤의 풍경은 "녹색 하늘 위에서 흔들리는 오렌지빛 별들"로 채색되어 있었고, 사람으로 추정되는 형상은 "양탄자의 유쾌한 무늬"와 유사했다.

하지만 포스터는 영리한 사람이었으니, 전시장에 서 있는 사이 그가 받은 인상이 바뀌기 시작했다. 프랑시스 피카비아의 무지갯빛 입체주의 작품 「샘가에서의 춤」을 처음 보았을 때 그의 눈에 들어온 것은 "핑크색과 빨간색으로 이루어진 기하학적 형태의 무의미한 뒤섞임"에 불과했다. 그러나 몇 분 동안 열심히 들여다보자 그것이 갑자기 "색색의 덩어리들로 대담하게 구성된 두 명의 춤추는 인물"로 변화한다는 사실을 알 수 있었다. 루마니아 조각가 브란쿠시의 작품, 매끄러운 흰색 대리석으로 단순화한 두상 조각인 「포가니 양」은 또 어떤가. 한 비평가는 이 작품을 가리켜 "각설탕 위에 균형을 잡고 선 삶은 달걀"이라 조롱했지만, 포스터는 이 조각의 모델이었던 마지 포가니가 무용수였다는 점에 주목하여 작품의 여러 측면을 살핀 뒤 브란쿠시가 "전통적인 발레의 움직임을 가장 단순한 형태, 즉 상승하는 나선형"으로 축소했음을 깨달았다. 더하여 악명 높은 작품 「계단을 내려오는 누드」가 있었다. 포스터는 뒤샹의 혼란스러운 회화 작품을 가리켜 얼핏 거의 이해가 불가능한 "갈색의 배열"처럼 보인다고, 그러나 이것이 부분적으로 중첩된 여섯 개의 연속적인 이미지로 움직이는 인물을 묘사한 작품임을 이해한다면 그리 어렵지 않게 "언뜻 여성의 모습을 볼 수 있다"고 말했다.[3]

포스터가 마침내 퀸을 발견한 것은 입체주의 작품이 소개된 전시장에 머물 때였다. 그의 타깃이 될까 염려할 필요는 없었다. 퀸은 오랜 친구 사이임이 분명한, 우아한 콧수염을 기른 덩치 큰 남성과 깊은 대화에 열중해 있었다. 두 사람 외에도 그곳에는 전시를 기획한 예술가들 몇 명이 더 있었는데, 그들이 놀라운 작품들을 한 점씩 자세히 들여다볼 때마다 퀸의 동행이 내는 새된 콧소리가 연신 들려왔다. "훌륭하군!" 그는 전 대통령인 시어도어 루스벨트였다. 이 장면은 포스터에게 특별한 인상을 남겼다. 퀸을 둘러싼 이야기 중 평범한 것은 없었다. 젊고 반체제적인 예술가들과 함께 가장 도전적인 최신의 작품을 받아들이는 동시에, 어울리지 않게도 기성 권력과의 친분을 즐기는 듯 보이는 남자가 그곳에 있었다. 그리고 포스터는 이렇듯 어울리지 않는 조합을 제대로 이해할 줄 아는 사람이었다.[4]

—

서른두 살의 포스터는 이미 여러 측면에서 퀸보다 훨씬 더 대단한 이력의 소유자였다. 그는 애디론댁Adirondack 출신으로, 가난한 집안의 벌목꾼과 교사 사이에서 태어났다. 그는 또한 언어장애를 갖고 태어나 거의 교육을 받지 못했다. 하지만 어머니 친구의 도움으로 빠르게 장애를 극복했고, 뛰어난 학습능력을 보여 열다섯 살 때 단일 학급으로 이루어진 학교의 교사가 되었다. 또래들 사이에서 두각을 나타낸 포스터는, 곧 그가 일하는 소도시 출신으로 뉴욕주 로체스터에서 사업을 하고 있는 한 남자에게서 청혼을 받았다. 썩 매력적인 제안이라 할 수는 없었다. 남자는 포스터의 아버지보다도 나이가 많았다. 하지만 포스터는 이 결혼이 가난한 시골에서 벗어날 수 있는 최선의 길이라 판단했다. 퀸처럼 포스터도 큰 야망을 품은 터였다. 훗날 그는 "평범한 삶이 두려웠다"고 회상했다.[5]

결혼생활은 예상치 못한 해방감을 안겨주었다. 포스터는 나약하고 재미없는 남편 매트랙 포스터와 거의 공통점이 없었다. 하지만 매트랙은 결혼생활에서 동료애 이상을 추구하지 않았다. 그에게는 또한 뉴욕에 연줄이 있어서, 두 사람은 뉴욕에서 시간을 보내기 시작했다. 어느 날, 잡지 『배니티 페어』의 편집자가 뉴욕을 여행하던 중 거리에서 포스터 부인을 발견했다. 그는 포스터의 커다란 눈과 섬세한 이목구비에 완전히 넋을 잃었다. 당시 패션지와 일간지는 우아한 여성을 묘사한 컬러 삽화로 가득했다. 포스터는 남편의 허락을 얻어 일련의 가명을 사용해 모델 활동을 시작했다. 20세기 초 해리슨 피셔와 찰스 다나 깁슨 같은 유명 삽화가들이 그린 그의 모습이 잡지 『코즈모폴리턴』과 『배니티 페어』 『뉴욕 타임스』의 패션 섹션, 심지어 담뱃갑 안쪽 면에도 등장했고, 1903년에는 그해의 '해리슨 피셔 걸Harrison Fisher Girl'로 선정되었다. 그는 단편소설과 대중소설 속 여주인공 역할로 분한 모델이 되기도 했는데, 종종 피셔가 삽화 작업을 맡았다. 거의 하룻밤 사이 포스터는 미국에서 가장 인기 있는 유명인이 되어 있었다.

하지만 그는 잠시도 가만히 있지 못하는 성격이었으니, 이내 모델 일에 싫증을 냈다. 처음에는 윌리엄 랜돌프 허스트가 발행하는 일간지의 패션 전문기자로 잠시 일했는데, 피셔가 포스터에게 허스트와 거리를 두라고 경고했다. 그가 허스트의 목표물이 되리라는 점이 너무도 명백했던 것이다. 이어 장티푸스를 앓는 자매를 돌보느라 보스턴에 체류하는 동안, 포스터의 지적 관심사는 묘하게도 퀸과 나란히 움직이기 시작했다. 여가시간이 생기자 포스터는 하버드익스텐션스쿨Harvard Extension School에 등록했다. 대학과 달리 이 학교에서는 당시에도 여성의 입학을 허가하고 있었다. 그는 제임스와 산타야나의 강의를 들었다. 둘 다 10여 년 전 퀸을 지도하던 교수들이었다. 더하여 매혹적인 문학자 찰스 타운센드 코플런드가 가르치는 과목을 수강했는데, 그는 포스터에게 영국의 소설과 아일랜드의 풍자를 소개하고 산문의 상상력을 일깨워주었다. 포스터는 다음과 같이 말했다. "역사 속 인물들이 구체화되어 손을 만지작거리고 춤을 추고 노래를 부르고 발을 끌며 춤을 추었다." 코플런드 또한 포스터의 재능을 재빨리 알아보고 그에게 권했다. "자네는 글로 성공할 수 있겠어."[6] 얼마 되지 않아 포스터는 잡지와 신문에 기사를 기고하기 시작했다.

여성 인권 운동가로 이후 뉴욕주 북부의 사회당에 가입하기도 했던 어머니의 영향을 받아 포스터 역시 강한 사회의식을 지니고 있었다. 그는 빈곤과 교육개혁, 직장 내 여성에 대한 보도기사를 쓰기 시작했으며, 주 교소도에 수감되어 있는 여성들의 상황을 다루기도 했다. 『리뷰 오브 리뷰스』에 실린 포스터의 글은 대중에게 깊은 인상을 남겼고, 그는 곧 유럽으로 파견되기에 이르렀다. 고등교육을 제대로 받지 못한 산골 소녀 출신으로서는 물론이요, 당시 여성 기자로서도 매우 드문 기회였다. 포스터는 글래스고의 공동주택에 대해 조사하고 체코 독립운동을 보도했다. 나이 많은 남편이 스케넥터디에서 부모와 함께 지내는 동안 뉴욕에서 홀로 생활하던 포스터는 퀸이 그랬듯 점차 사회 관습에 대한 저항을 내면화했고, 필자로서의 경력이 한창 성장할 무렵 잡지 편집자이자 그와 마찬가지로 만족스럽지 못한 결혼생활에 갇혀 있었던 앨버트 쇼와 불륜에 빠졌다. 이는 '평범한 삶'을 피하기 위한 또다른 방법이었다. 두 사람의 열정은 차츰 사그라들었으나, 쇼는 현대 문학과 예술에 대한 포스터의 특별한 통찰력을 인정하여 마침내 그를 잡지의 문학 편집자 자리에 앉혔다.

〈아모리 쇼Armory Show〉가 개최될 무렵 포스터는 퀸이 오랫동안 옹호해온 새로운 글쓰기에 깊이 관여할 뿐 아니라 퀸의 많은 친구들과도 개인적인 친분을 나누고 있었다. 몇 년 앞서 그는 예술가이자 예이츠의 아버지인 존 버틀러 예이츠를 만난 터였다. 당시 존 예이츠는 퀸의 후원을 받아 뉴욕에서 생활하고 있었는데, 유럽 전역을 누비는 이 멋진 젊은 여성에게 큰 인상을 받아 포스터를 제자로 받아들이고 시를 지도하기 시작했다(존은 포스터의 강렬한 감정에 감탄하면서도 때로 "사랑의 동기"가 과하게 작동하는 점이 우려된다고 말했다). 그는 곧 포스터를 만나게 될 아들에게 쓴 편지에서 그를 가리켜 "대단히 아름답고 영리한 여성"이라고 이야기했다.[7]

포스터 역시 아일랜드의 극작가 그레고리 부인에게 심취했다. 그레고리의 현대극단 애비 플레이어스가 1911년 퀸의 도움으로 존 밀링턴 싱의 『서쪽 나라의 멋쟁이』를 미국에서 공연하여 많은 논란을 일으킬 당시, 그는 국립예술클럽에서 그레고리를 위한 환영회를 마련했다(포스터는 몰랐지만 당시 퀸은 그레고리와 사귀고 있었다). 또한 〈아모리 쇼〉가 개최되기 반년 전에는 더블린을 여행하며 존 예이츠의 소개로 퀸의 아일랜드 무리 중 많은 사람들을 만난 바 있었다.

이들이 공통적으로 맺고 있던 관계를 고려하면 그동안 포스터와 퀸이 만나지 못했다는 사실이 오히려 놀라울 지경이었다. 그러다 이제야, 포스터는 어느 입체주의 회화 작품 앞에 미국의 전 대통령과 함께 서 있는 퀸을 처음으로 보게 되었다. 개막 몇 주 전 친구들과 약속한 대로 퀸은 힘닿는 한 많은 주요 정치계 인사들을 전시에 데려왔다. 그는 향후 전시회를 둘러싸게 될 거부할 수 없는 전설, 즉 전직 국가원수들도 새로운 예술의 가능성을 깨달았다는 신화를 만드느라 여념이 없었다. 하지만 사실 루스벨트는 전시에 참석한 소수의 정치인들 중 하나로, 그나마도 수년간 퀸을 알고 지내왔기에 초대에 응한 터였다. 그가 전시를 정중히 관람한 것은 사실이나, 감상한 작품에 설득되었다고 보기는 힘들었다(루스벨트는 전시장을 방문한 뒤 다음과 같은 글을 남겼다. "특히 입체주의와 미래주의, 또는 유사 추상주의에 헌정된 전시장에서는 극단적인 소수파가 전적으로 두드러졌다"[8]). 포스터 자신도 인식했듯 그의 독자들 역시 새로운 예술에 대해 매우 회의적이었으며, 이러한 미국인의 취향을 바꾸기 위해서는 이 한 번의 전시보다 훨씬 더 많은 것이 필요했다.

—

오늘날 〈아모리 쇼〉는 종종 미국 문화의 분수령으로 간주된다. 일반적인 설명에 따르면, 제1차세계대전이 발발하기 직전 현대예술은 이 전시를 통해 충격과 경외감을 불러일으키며 미국을 정복했다. 예술가들은 유럽 아방가르드의 작품에 눈떴고, 컬렉터들은 처음으로 선도적인 현대 회화 작품을 수집할 기회를 얻었다. 한 주요 미술사가는 다음과 같이 기록하기도 했다. "〈아모리 쇼〉를 20세기 미국 예술의 전환점으로 보는 것은 매우 타당하다." 매우 영웅적인 서사로 개작한 이야기 속에서, 미국은 사실상 하룻밤 사이 갑자기 20세기 예술의 세계 패권을 향한 거침없는 행보에 오른 셈이다. 하지만 대체로 간과되는 것이 있으니, 이 전시에 대한 과장된 세평이(그리고 전시를 설명하는 데 사용된 단어들조차) 바로 퀸과 그의 동료 조직자들에게서 유래했다는 사실이다.[9]

처음부터 퀸은 〈아모리 쇼〉를 혁신적인 사건으로 만들기 위해 온 노력을 기울였다. 개막 연설에서 이 전시를 "미국 예술사의 신기원"으로 묘사했을 뿐 아니라, 미국 역사의 행로를 바꿀 사건이라 주장했다. 사실 여부와 무관하게 이 말은 막강한 힘으로 뉴욕의 이목을 집중시켰고, 이후의 전설을 형성하는 데 커다란 영향을 끼쳤다. 아닌 게 아니라, 규모만 놓고 보면 압도적인 전시라 할 만했으며 거대한 연무장이 어지러울 정도의 참신함을 증폭시킨 것이 사실이다. 뒤샹의 「계단을 내려오는 누드」를 비롯해 논란을 불러일으킨 다른 작품들 앞에 줄지어 선 군중의 수가 너무 많아 오늘날의 「모나리자」의 경우처럼 작품 자체를 보기 힘든 날이 여러 날 되었다.

퀸은 전시의 요란한 선전에 많은 기여를 했다. 그는 한 달에 걸친 전시 기간 내내 거의 매일 밤 이곳을 찾았으며, 새로 문을 연 밴더빌트호텔에서 예술가들의 만찬을 주재하고, 파티에 참석하고, 기자들과 이야기를 나누고, 루스벨트와 같은 주요 인사들을 개인적으로 안내했다. 전시 중간에 그를 비롯해 협회의 다른 대표들은 티모시 마이클 힐리의 레스토랑에서 뉴욕 기자단을 위한 대규모 비프스테이크 만찬을 베풀기도 했다. 식기가 전혀 제공되지 않는 이 자리에는 남성들만 참석해, 흰색 앞치마를 두른 채 커다란 소고기 덩어리를 뜯으며 현대예술에 대한 퀸의 일장연설을 들었다. 전시 마지막날 저녁 퀸은 협회 소속 예술가들과 그들의 친구들을 이끌고 거대한 홀을 따라 승리의 퍼레이드를 펼쳤다. 고적대와 열두 명의 아일랜드 경찰이 이들을 뒤따랐다. 뒤샹의 작품을 지나칠 때 무리는 잠시 멈춰서서 아슬아슬하게 계단을 내려오는 벗은 몸의 여인에게 환호했다. 이후 이들은 대장의 방에 모여 퀸이 제공하는 30리터의 샴페인을 마셨고, 퀸은 자리에서 일어나 전시의 성공을 미국-스페인 전쟁중 산티아고데쿠바의 스페인 함대 침몰에

비유하며 구체제의 종식을 선언했다.[10]

하지만, 이 모든 것에도 불구하고 〈아모리 쇼〉의 실질적인 효과는 모호했다. 비평가들은 대체로 부정적이었고, 코르티소스 같은 일부 비평가들은 한발 더 나아가 아방가르드 작품 중 많은 수가 사회적으로 일탈적이고 정치적으로 위험한 것이라 암시했다. 소위 진보적이라 알려진 사람들이 포함된 미국의 주요 컬렉터들과 예술 후원가들이라고 특별히 더 고무적인 반응을 보인 것도 아니었다. 워싱턴의 후원가이자 미술관 설립자인 덩컨 필립스는 크게 경악하여 전시장 밖으로 나가버렸고, 이후 이렇게 선언했다. "입체주의자들은 그저 우스꽝스러울 뿐이다. 마티스 역시 불쾌하다." 상당한 재산을 상속받은 조각가 거트루드 밴더빌트 휘트니는 이 전시를 아예 멀리하며 "대리석 덩어리를 조각상이라 부를 수는 없다"고 불쾌감을 표했다. 훗날 현대 회화 작품을 두고 퀸과 경쟁을 벌이게 될 필라델피아의 무시무시한 거물 앨버트 반스 박사 또한 궁극적으로 입체주의는 "죽었다"고 단호하게 결론 내렸다.[11] 전시가 사람들을 일깨우기보다 오히려 확고한 방어 태세를 갖추게 만든 것 같았다. 전시가 끝난 다음날 『뉴욕 타임스』의 한 사설은 〈아모리 쇼〉에서 소개된 작품을 가리켜 "미술에 더하여 문학과 사회를, 파괴까지는 아니더라도 붕괴시키고 타락시키려 하는 전반적인 움직임의 일부가 분명하며, 이는 전 세계적인 추세"라고 경고했다.[12]

시카고와 보스턴을 순회할 땐 상황이 더욱 악화되었다. 이론상 시카고는 그들에게 드문 기회를 제공해야 옳았다. 데이비스와 쿤은 도시의 주요 미술관인 시카고미술관에서의 전시 개최를 준비함으로써 문화 지배층의 승인을 확보한 터였다. 하지만 전시가 시작되기도 전에 지역 언론이 대중을 거의 히스테리 상태로 몰아붙였다. 한 의료기관의 대표는 유럽 예술가들 중 일부가 신체 움직임을 제어할 수 없는 운동실조

증을 겪고 있다고 진단했으며, 도시의 지도자들은 "외설스럽고 비속하고 음란한" 작품이 미술관을 더럽힌다고 비난했다. 결국 매춘을 근절하기 위해 새로 설립된 일리노이주 부패방지위원회Illinois State Vice Commission는 전시의 "왜곡된 누드"가 사회에 끼치는 악영향에 대해 조사를 개시했다. 이 극단적인 조치에 대해 들었을 때 퀸은 믿지 않았다(그는 한 친구에게 다음과 같이 물었다. "부패방지위원회가 농담을 한 걸까, 아니면 진심이었을까?"[13]). 대중의 항의가 이처럼 거센 까닭에 미술관장은 계획에 없던 휴가를 냈고, 이 전시와의 관련성을 부인했다.

하지만 가장 큰 걸림돌로 작용한 것은 미술관 부속학교 학생들의 공격이었다. 전시에서 가장 많은 논란을 불러일으킨 회화 작품 중에는 양성의 특질을 지닌 「푸른 누드」를 포함해 마티스의 대형 작품 몇 점이 포함되어 있었다. 1907년 초에 제작되어 그 야만적인 공격성으로 몇 달 뒤 피카소의 「아비뇽의 여인들」에 커다란 영감을 주기도 한[14] 「푸른 누드」를 보고 격분한 학생들은 직접 행동에 나서 전시 마지막날 미술관 계단에서 마티스 처형 의식을 거행했다. 방문객들은 테네시 대리석으로 이루어진 높은 미술관 입구홀을 빠져나오는 순간 "그를 죽여라!" "그를 불태워라!"라는 외침과 맞닥뜨렸다. 군중에 둘러싸인 학생들은 가짜 배심원 앞으로 "피고"를 데리고 나와 예술에 대한 중범죄라는 죄목으로 유죄를 선고한 뒤, 불쾌감을 유발하는 작품의 복제본을 땅에 던지고 불을 질렀다. 정교하게 계획된 풍자극이었으나 그 적개심만큼은 실제였다. 일간지 『시카고 데일리 트리뷴Chicago Daily Tribune』은 "학생들, 미래주의 예술을 불태우고 입체주의의 사망을 축하하다"라는 표제를 달아 1면 머리기사를 실었고 마티스 작품을 대신해 불에 그을려 새까매진 복제본 세 점의 잔해와 이를 둘러싼 군중의 사진을 네 단 크기로 첨부했다. 전시를 조직한 사람들이 필사적인 노력을 기울인 끝에 학생들이 마티스 인형을 불태우는 것은 막을 수 있었다.

　　퀸에게는 씁쓸한 일이었다. 현대예술에 대한 20세기 최초의 조직적인 폭력 행위가 미국에서 두번째로 큰 대도시에서, 마티스 작품을 둘러싸고 일어난 것이다. 그는 뉴욕의 개막식 연설에서 다음과 같이 말한 터였다. "미국의 예술가, 젊은 미국 예술가들은 유럽의 사상과 문화를 두려워하지 않으며, 두려워할 필요도 없습니다." 하지만 미국 최고의 예술학교에 다니는 젊은 학생들이 이 전시의 가장 적대적인 반대자라는 사실이 드러났다. 모스크바에서 마티스가 "위대한 대가"로 선언된 지 2년도 지나지 않은 시점에 마티스의 회화 작품은 시카고에서 지옥 불 형벌을 선고받았다. 퀸은 해외에 거주하고 있던 미국의 조각가 제이컵 엡스타인에게 한탄했다. "시카고를 계몽하려 했던 것은 말도 안 되는 시도였습니다. 이 나라에서는 500년 안에 훌륭한 예술작품이 나오지 않을 겁니다. 아니, 500년이 지나도 나오지 않을지 모르겠군요."[15]

　　〈아모리 쇼〉에서 남은 작품들을 모아 보스턴에 소개할 즈음 이들의 전시품은 상식의 범주를 벗어난 것으로 여겨졌으니, 언론과 대중은 전시를 완전히 무시하고자 무던히 애를 썼다. 결국 데이비스와 쿤의 협회에 속한 일부 예술가들조차 등을 돌렸다. 20세기 중반의 미술사가 메이어 샤피로가 관찰했듯이 "이 전시는 전시를 후원한 예술가 단체에 상당한 충격을 주었으며, 많은 회원들이 선봉에 서기를 거부하고 사임했다".[16] 아닌 게 아니라, 미국화가조각가협회는 〈아모리 쇼〉 외에 다른 전시를 개최하지 못한 채 놀랄 만큼 빠른 속도로 해산되었다. 2년 뒤 〈아모리 쇼〉의 홍보 책임자였던 그레그는 『배니티 페어』에서 이 경험을 다음과 같이 요약했다. "1913년에 개최된 국제 전시는 뉴욕을 놀라게 했고, 시카고에서는 혐오감을 유발했으며, 보스턴을 소름 끼치게 만들었다."[17] 미국인의 취향을 바꾸어놓았다고 평가되는 전시의 우울한 진실이었다.

　　판매 실적은 더욱 절망적이었다. 퀸과 그의 친구들이 세운 주요 목표 중 하나는, 독일을 비롯한 다른 곳에서처럼 미국에서도 평범한 일반인이 적당한 가격의 현대예술작품을 구입할 준비가 되어 있다는 점을 증명하는 것이었다. 하지만, 세 도시에서 약 30만 명에 이르는 엄청난 군중을 끌어들였음에도 불구하고 판매된 작품은 극소수에 그쳤으며 시카고와 보스턴에서는 거의 전무하다시피 했다. 사실 소수의 예외를 제외한 적극적인 구매자는 첫 개최지인 뉴욕에서 전시를 후원하고 지지한 사람들이 전부였다.[18] 데이비스와 스티글리츠, 그리고 몇몇 열정적인 옹호자들과 더불어 작품을 구입한 사람들 중 많은 수는 데이비스가 전시를 위한 재정적인 기부를 요청했던 소수의 부유한 여성들로, 그중에는 훗날 뉴욕 현대예술에 대한 데이비스와 퀸의 계획에서 큰 존재감을 발휘하게 될 맨해튼의 상속녀 릴리 블리스가 포함되어 있었다. 그러나 이조차 대체적으로 소소한 수준에 머물렀고, 퀸의 현대예술 모험에서 늘 그랬듯 회계 대차대조표에서 가장 두드러지는 인물은 퀸 자신이었다. 다시 말해 그는 최대 대여자이자 최대 구매자로 양쪽에서 모호한 역할을 수행한 셈이다.

　　전시가 끝날 무렵, 퀸은 스무 점이 넘는 유화와 조각 작품, 그리고 그보다 많은 수의 소품에 약 6000달러를 썼다. 이제 막 현대예술작품 수집을 시작한 터였기에 특별히 대담한 선택을 하지는 않았다. 반 고흐와 브라크, 피카소, 브란쿠시, 페르낭 레제, 피에르 보나르, 에드바르 뭉크 등, 지금은 미술관에 소장될 만한 작품들이 팔리지 않은 채 남아 있었고, 이들 중 일부는 몇 백 달러가 되지 않는 금액으로 구입할 수 있었다. 하지만 이러한 홀대 속에서 유일한 예외가 있었으니, 바로 세잔의 풍경화였다. 메트로폴리탄 큐레이터 버로스가 이사들의 불만을 무릅쓰고 그 작품을 간신히 구입했다. 한편 전시에 소개된 네 점의 피카소 작품 가운데 판매된 것은 그리 중요하다 할 수 없는 수채화, 즉 두 그루의 나무를 묘사한, 이렇다 할 특징도 거슬리는 구석도 없는 작은 그림 하나뿐이었다. 이 작품은 전시를 조직한 데이비스가 개인 소장을 목적으로 구입했다.

그럼에도 퀸은 쉽게 좌절하지 않았다. 〈아모리 쇼〉는 미국을 바꾸는 데 실패했지만, 적어도 주요 후원자인 퀸의 감성을 공략하는 데는 성공했다. 퀸은 러셀에게 보낸 편지에서 다음과 같이 말했다. "입체주의와 미래주의의 작품을 보고 나면 다른 작품들의 달콤하고 어여쁘고 지나치게 감상적인 감성은 소화하기 어렵게 됩니다." 그동안 추구해온 '라듐'을 발견하기 시작한 그는, 〈아모리 쇼〉 기간 동안 날이 저물 무렵이면 종종 몹시 들떴다. 퀸은 러셀에게 말했다. "전시를 보고 떠날 때 사람들은 밖으로 나가 높은 건물들 위아래로 선을 그은 듯한 조명빛을 보고 자신의 그림자를 봅니다. 그러면 전시장 안에서 보았던 그림이 결국 외부 세계의 삶과 색채, 리듬, 움직임과 모종의 관계가 있다는 걸 깨닫게 되지요."[19]

이는 퀸 혼자만의 생각이 아니었다. 소수에 불과하나 단단한 입문자 그룹이, 이 새로운 예술이 미국 문화에 전혀 없던 무언가를 성취하고 있음을 느끼며 전시장을 나섰다. 컬럼비아대학교의 철학자 조엘 스핑건은 전시를 본 다음 이렇게 말했다. "우리의 시와 드라마, 소설이 얼마나 소심하게 보였는지." 그는 이 전시를 자신이 경험한 "가장 흥미진진한 모험 중 하나"였다고 묘사했다.[20] 이와 같은 개종자들에는 포스터도 포함되었다. 『리뷰 오브 리뷰스』에 기고한 장문의 글에서 그는 일부 작품이 자신을 "객관적이고 가시적인 세계에서 발견할 수 있는 것보다 한층 더 실제적인 현실이 있는 곳"으로 데려다주었다고 평했다. 그가 보았을 때 이 전시에 소개된 많은 예술가들은 "신체의 형태 뒤에 숨어 있는 내적 의미, 즉 자연의 신성한 본질"을 찾고 있었다.[21]

결국 포스터는 퀸과 한마디도 나누지 않은 채 〈아모리 쇼〉를 떠났다. 하지만 그가 포스터에게 강한 인상을 남긴 것만은 분명했다. 포스터는 논평에서 퀸의 언급을, 전시의 중요성에 대해 쏟아낸 자족적인 주장이 아니라 전시에 소개된 함량 미달의 많은 작품에 대한 보다 냉철한 반성을 인용했다. 동시에 그의 주요 관심사는 이 전시에서 소개된 수백 점의 작품 가운데 성공적이라 여겨지는 대여섯 명의 예술가들을 자세히 고찰하는 것이었다. 포스터는 쇠라의 진동하는 색채와 마티스의 의도적인 소박함을 지적했다. 또한 반 고흐의 뛰어난 자화상을 자세히 살폈다. 그는 몰랐지만 이 작품은 퀸의 소장품이었다. (포스터는 다음과 같이 썼다. "마치 신경질적으로 재빨리 휘갈긴 듯 대담하면서도 느슨한 붓질 아래 표현된 곤두선 붉은색 머리카락과 녹색 눈동자와 창백한 피부가, 영원의 상징을 그리려 한 예술가의 정신을 결국 산산이 부서뜨리고 만 감정적 긴장을 묘사한다.")

더하여 그는 브란쿠시를 잠시 언급하고, 이어 도록에 "파울 피카소"라 소개된 예술가를 강조하며 언급했다. 잘 알려져 있지는 않으나 피카소야말로 이 전시의 무수한 입체주의자들 가운데 "가장 큰 재능을 보여준 예술가"라는 내용이었다. "피카소는 뛰어난 기술적 숙련도와 더불어 부랑아 같은 대담함을 지니고 있다." 그런 다음에는 19세기 후반 프랑스의 대가들 중 "그리 대단한 기술 없이 열대우림 속에서 싸우고 있는 기이한 짐승들을 그린", 역시 잘 알려져 있지 않은 예술가 루소에 주목했다. 흡사 퀸의 눈으로 본 듯, 포스터는 이후 유럽의 선도적인 예술가로 꼽히게 될 인물들을 찾아냈다. 또한 그는 곧 퀸을 사로잡게 될 예술가들 역시 알아차렸다.

6 | 의회의 입체주의

〈아모리 쇼〉가 바람대로 광범위한 문화적 변화를 이끌어내지는 못했지만, 퀸은 재빨리 좌절감을 털어냈다. 그에게는 이보다 더 큰 야심이 있었다. 퀸은 데이비스 및 다른 지지자들과 협력하며 자신과 생각을 함께하는 열광적이고 활발한 지원군을 얻을 수 있었고, 마침내 1911년 이래 줄곧 주창해온 "현대 회화 작품 컬렉션"을 위한 토대를 다졌다. 아직 작품을 소장한 것은 아니나 피카소와 브란쿠시의 매력을 발견했고, 이후 몇 년 동안 이들의 예술을 뒤쫓으리라 마음먹었다. 무엇보다 현대예술을 위한 더 큰 전투에 있어, 그는 워싱턴의 정치계 인사라는 잠재적으로 훨씬 더 중요한 후원자들을 목표로 삼은 터였다.

　누구나 납득할 만한 목표라 할 수는 없었다. 1913년 당시, 상원과 하원을 막론하고 정치인의 관심을 예술로 돌리려는 노력은 오늘날보다도 훨씬 더 어리석은 짓이었다. 미국인의 취향을 끌어올리는 일은 정부의 주요 과제가 아니었으며, 미국의 수도는 문화 불모지나 마찬가지였다. 워싱턴의 내셔널갤러리National Gallery of Art는 여전히 사반세기쯤 뒤처져 있었다. 퀸은 미국 의사당 원형 홀을 장식한 조악한 조각상들이야말로 이 나라의 지도자들이 미학적 아름다움에 대해 얼마나 무지한지를 드러내는 증거라 보았다(그는 유럽의 친구에게 이렇게 불평했다. "그 경악스러운 조각상을 보고 나면 로댕이 무엇을 추구했는지 제대로 깨달을 수 있을 걸세"). 시카고 예술학도들의 폭동을 불러일으킨 마티스의 그림을 포함한 진보적 예술의 이상향을 추구하도록 미국 의회를 설득한다는 건 아예 상상할 수도 없는 일이었다.[1]

하지만 〈아모리 쇼〉가 뒤샹의 시각적 수수께끼와 피카비아의 기이한 기하학으로 방문객들을 깜짝 놀라게 만들었던 겨울과 봄 내내, 퀸은 워싱턴을 오가며 의회를 상대로 세계적인 현대예술의 전략적 가치에 대해 설파했다. 특히 그가 원한 것은 유럽으로부터의 현대예술작품 수입을 촉진하기 위한 세법 개정이었다. 그러한 호소에는 강력한 이유가 있었다. 당시 미국 법에 따르면 제작된 지 20년이 안 된 작품은 다른 예술의 범주에 적용되지 않는 징벌적 수입관세가 부과되었다. 이는 거래상들의 판매 활동을 가로막을 뿐 아니라, 생존 예술가의 작품은 미국 문화에서 비합법적인 것이라는 의식을 확고하게 만드는 규정이었다. 퀸이 보기에, 이 관세 규정이 작동하는 한 미국은 결코 선진국 수준에 이를 수 없을 것이었다.

이제 그는 법을 바꾸기 위한 고독한 싸움을 시작했다. 당시 의회에서 후기인상주의자와 그들의 급진적인 추종자들에 대해 알고 있거나 조금이라도 관심을 가진 사람은 거의 없었다. 사실상 현대예술시장 자체가 실질적으로 존재하지 않는 형편이었기에 퀸과 그의 예술가 친구들을 제외하면 누구라도 딱히 관심을 가질 이유가 없었다. 매해 미국으로 들어오는 9억 달러 상당의 유럽 상품 가운데 현대예술은 매우 적은 부분을 차지했으니 퀸이 괴짜라고 무시를 당한 것도 무리는 아니다. 하지만 그는 자신감으로 충만하여, 전적으로 논쟁의 힘을 통해 멀리까지 나아갈 수 있으리라 확신했다. 그해 봄 의회에 처음으로 출석한 뒤, 그는 비평가 제임스 허네커에게 다음과 같이 큰소리쳤다. "미국의 누구도 위원회 앞에서 나만큼이나 명쾌하게 자유로운 현대예술의 장점을 소개하지 못했을 것입니다. 그 결과에 대해 나는 추호도 의심하지 않습니다."[2] 하지만 곧 그가 깨닫게 되듯이, 실제로 법령을 바꾸는 일에는 뉴욕과 워싱턴 양쪽의 강력한 관심과 지지가 필요했다.

선진의 현대예술작품을 수집하기 시작한 지 얼마 되지 않았으나, 세법에 대해 그가 불만을 느끼는 건 처음이 아니었다. 몇 년 전 더블린 여행에서 아일랜드 현대 회화 작품들을 싣고 돌아오자마자 그는 관세로 500달러 이상을 내야 한다는 사실을 알고 매우 격분했다. 작품들의 가격이 높지 않았음에도 당시로서는 상당한 금액이 부과되었던 것이다. 반면 미국의 매우 부유한 컬렉터들 중 일부는 이에 비해 100배, 1000배는 비싼 옛 대가들의 회화 작품을 무관세로 들여왔다. 이 기이한 상황은 역사적인 예술품에 대한 수입관세를 철폐한 1909년 세법 때문이었다. 퀸도 잘 알다시피 이 법은 은행가이자 탐욕스러운 예술품 컬렉터이자 정부에 강력한 연줄을 가진 모건을 위해 만들어졌다. 모건은 600만 달러에 이르는 세금 고지서를 받고, 자신이 유럽에서 모은 옛 거장들의 회화와 조각 및 보물 들로 이루어진 방대한 컬렉션, 당시로서는 세계에서 가장 뛰어난 개인의 예술의 보고를 미국이 아닌 영국의 미술관에 맡기겠다고 위협했다. 이에 법안이 통과되자 그 즉시 모건은 6000만 달러 상당의 작품을 미국으로 들여왔다. 그 대부분은 그가 의장으로 있는 메트로폴리탄에 보내질 예정이었다.[3]

퀸을 짜증나게 만든 것은 이 특별한 세금 우대 조치가 빠뜨린 부분이었다. 모건과 그의 부유한 친구들은 현대예술을 무시했고, 의회 의원들은 이 특정 종류의 예술에 대한 세금을 유지하는 일에 열심이었다.

1909년 법은 현대 회화와 조각 작품에만 관세를 부과하고 있었다. 이론 상으로는 현대 미국의 화가들을 외국과의 경쟁으로부터 보호하기 위해 계획된 조항이었다. 수입관세라는 보호 장치를 통해 다른 산업과 마찬 가지로 미국의 예술가들 또한 보다 유리한 위치에서 선진적인 유럽의 경쟁자들과 겨룰 수 있다는 것이었다. 하지만 퀸에게 이 설명은 눈속임 에 불과했다. 정부가 세수를 바란다면 수익성이 좋은 옛 거장들의 작품 거래에 세금을 부과해야 했다. "만약 오래된 작품에 세금을 부과한다면 현대예술작품에 비해 20배, 아니 100배의 세입을 가져다줄 것이다."[4] 이 법은 큰 영향력을 발휘하는 미술 거래상으로 16세기와 17세기 회화 작품을 미국의 엘리트에게 판매하면서 막대한 부를 모아온 조지프 듀 빈 같은 이들을 위한 것이 분명했다. 워싱턴은 부유한 이들이 렘브란트 와 벨라스케스의 작품을 구입하는 데 도움을 주는 반면, 퀸과 같은 모 험적인 컬렉터들이 세잔과 반 고흐의 작품을 추구하는 것을 적극적으 로 저지하고 있었다(스티글리츠가 291에서 전시를 개최했을 때 작품들을 값싼 드로잉으로 한정했던 이유 중 하나는 회화를 들여올 경우 부과될 터무니 없는 비용 때문이었다[5]). 더 나쁜 것은, 이 제도가 미술관에 수집된 역사 적인 회화 작품들과 당대의 대담한 작품을 분리함으로써 생존 예술가 들의 작품이 고급문화의 합법적인 형식에 부합하지 않는다는 인식을 한층 강화한다는 사실이었다. 하지만 상황을 바꾸는 데 퀸이 큰 역할을 할 수 있을 것 같지는 않았다. 1911년 퀸은 영국의 한 거래상에게 보낸 편지에 다음과 같이 적었다. "나는 예술작품에 부과되는 관세가 터무니 없이 높다고 생각하지만, 그것이 법인 이상 따라야겠지요."[6]

그러다 〈아모리 쇼〉가 개최되기 몇 주 전, 퀸은 비집고 들어갈 틈 을 발견했다. 우드로 윌슨이 보호무역정책에 대한 전면적 검토를 약속 하며 취임할 예정이었다. 수년간 외국과의 경쟁에서 미국 산업을 보호하기 위한 방법으로 철강에서 설탕에 이르기까지 모든 부문에서 높은 관세가 정당화되었으나, 이제 윌슨을 비롯한 개혁 시대의 정치인들은 무역 장벽이 소비재 비용을 높이는 반면 주로 대기업의 배만 불려주는 역할을 한다고 보았다. 윌슨은 개혁에 전념하여 취임식 전까지 새로운 관세법 제정에 착수할 것을 의회에 요청했고, 이 활동을 이끌 하원 조세무역위원회의 위원장으로 오스카 언더우드를 임명했다. 그는 퀸과 친분이 있는 사이였으니, 의회가 소집된 직후 퀸이 〈아모리 쇼〉를 지지하는 예술가 단체인 미국화가조각가협회의 법정대리인 자격으로 위원회에 출석하는 것을 허락했다.

퀸은 정책을 구체화할 수 있다는 전망에 매료되어, 처음에는 현대예술작품 대신 옛 예술작품에 세금을 부과하는 안을 제안하고자 했다. 하지만 곧 그것이 역효과를 가져오리라는 것을 깨달았다. 우선 그는 당시 자신과 친구들이 뉴욕에서 촉발한 입체주의와 미래주의 작품은 고사하고 어떤 종류의 현대예술작품에 대해서든 십중팔구 공감하지 않을 일군의 입법자들과 마주했다. 섣불리 움직였다가는 기성 예술계 전체를 적으로 돌리게 될 터였다. 퀸은 워싱턴으로 떠나기 직전 한 친구에게 이렇게 말했다. "한 거래상이 내게 대가를 치러야 할 것이라고 경고를 주었다네. 부유한 사람들이라면 죄다 나에게 적대감을 드러낼 거야. 듀벤, 셀리그만, 노이들러 집안 사람들을 비롯해 모두가 화를 내겠지."[7]

결국 퀸은 전혀 다른 노선을 취했다. 그는 〈아모리 쇼〉와 이 전시에 소개되어 미국에 많은 논쟁을 불러일으킨 새로운 예술작품에 대해서는 일절 언급하지 않았다. 대신 고상한 원칙의 문제로 논의에 접근했다. 언더우드의 위원회에서 그는 다른 문명의 발전과 마찬가지로 예술 또한 상업이 아닌 교육의 영역이라고, 따라서 모든 예술은 "자유로워야", 즉 의무로부터 면제되어야 한다고 말했다. 이어 국가적 관심을 호소하며 세금이 진보를 막고 있다고 주장했다. "많은 유럽 국가에서 새로운 예술운동의 기운이 감돌고 있습니다. 우리만 시대에 뒤처져 있는 것 같습니다." 또한 지금의 법이 옛 대가들의 작품을 살 여력은 없지만 현대예술작품을 구입할 수 있는 수많은 일반인들을 차별한다고 덧붙였다. 언더우드는 이 주장에 설득되었다. "말하자면, 우리는 부유한 사람들에게 그들이 향유하는 종류의 예술을 무료로 제공해온 반면, 빈자와 중산층 사람들에게는 이를 거부해왔습니다." 퀸의 전략은 적중했다. 일반대중의 교화에 대한 호소는 이미 불필요한 관세를 철폐하고자 마음먹은 위원회 사람들의 마음을 사로잡았다. 그해 늦은 봄, 하원은 법안을 제출했고 현대예술작품에 대한 세금은 사라졌다.[8]

하지만 상원은 또다른 이야기였다. 우선 많은 상원의원들이 관세 개정에 호의적이지 않았다. 예술품에 대한 세금 정책을 바꿀 만큼 설득력 있는 경제적인 이유를 발견하지 못한 터였다. 게다가 서부 지역의 상원의원들은 순수예술을 동부 해안 지역의 사치품으로 간주하는 경향이 있었는데, 역사적인 예술작품에 대한 세금 부과는 강력한 이해관계에 의해 막혀 있었기에 자연스럽게 현대예술작품이 과세의 대상이 될 수밖에 없었다. 상원은 자체적으로 계획한 개혁 법안에서 현대예술품 과세를 유지했을 뿐 아니라, 제작된 지 50년 미만의 작품으로 부과 대상을 확대했다. 이어 6월 말에는, 일단의 민주당 상원의원들이 사치세에 대한 당의 전통적인 입장을 고수하여 세율을 25퍼센트 인상하기로 결정했다. 퀸에게는 치명적인 사건이었다. 만약 상원이 이긴다면 마네 이후에 제작된 외국의 회화와 조각 작품 일체에 징벌적 세금이 부과될 것이었다. 인상주의와 후기인상주의는 물론 그 추종자들을 포함해 거의 모든 현대예술작품 가격이 한꺼번에 치솟아 거래상들이 작품 판

매를 완전히 중단할지도 모를 상황이었다.[9]

　　그때까지 퀸은 대형 거래상들의 반발을 불러일으킬까 염려하여 워싱턴 운동을 조용히 진행하고 있었다. 하지만 이제부턴 전쟁이었다. 상원에서 이기려면 광범위한 연합이 필요했다. 그는 변호사 업무를 제쳐둔 채, 예이츠와 다른 외국 작가들을 미국으로 데려왔을 때 갈고닦은 기술에 의지해 상원 법안에 반대하는 적극적인 홍보활동을 펼치기 시작했다. 자신의 직무를 한시적으로 로비활동으로 바꾸어 프린스턴대학교, 하버드대학교, 예일대학교를 비롯해 수십 명의 대학 총장들과 접촉했다. 이들이 지식의 무료 유포와 순환을 지지하리라는 것을 그는 알고 있었다. 미술관들과도 접촉을 시도해, 심지어 보수적인 메트로폴리탄에도 손을 내밀었다. 미술관측 역시 모두를 위한 '무료 예술'이라는 개념을 반기고 지지했다. 더하여 퀸은 유명한 작가와 학자, 컬렉터, 예술가 들을 모집해 지지 성명서를 냈을 뿐 아니라, 자신이 작성한 간략한 보고문 사본을 전국 수십 개 일간지의 주필들에게 보내기도 했다. 그들 대부분은 예술작품 무역에 대해 아는 게 없었으나 엘리트주의적인 성향이 짙은 상원 법안에 반대하는 사설을 기꺼이 써주었다. "월요일에는 독립적인 『월드World』지와 공화당을 지지하는 보수적인 『트리뷴Tribune』지가 상원 법안에 반대하는 강력한 사설을 게재했습니다." 6월 말 퀸은 뉴욕주 상원의원 제임스 오고먼에게 다음과 같이 전했다. "화요일에는 『모닝 선Morning Sun』, 화요일 저녁에는 『이브닝 선Evening Sun』과 『헤럴드Herald』에 상원 법안에 반대하는 예술가들과 〔현대〕예술품 거래상들의 인터뷰 칼럼이 실렸고요. 수요일에는 『타임스The Times』와 『헤럴드』에 법안에 이의를 제기하는 사설이 실렸습니다. 『글로브Globe』와 다른 석간신문도 법안에 이의를 제기했더군요. 『필라델피아 레저Philadelphia Ledger』를 비롯한 여러 유력 신문들도 마찬가지고요." 이는 대다수 미국인들이 딱히 관심을 기울일 이유가 없는 문제에 대해 퀸이 얼마나 강력하게 여론을 결집시킬 수 있는지를 보여주는 사례다. 오고먼에게 보낸 편지에 그는 다음과 같이 덧붙였다. "이 나라의 모든 언론이 상원의 수정안에 반기를 들고 있습니다. 차라리 종교나 과학 또는 의학 분야에 세금을 부과하는 편이 나을 겁니다."[10]

마침내 9월 중순, 퀸은 백악관에 가서 윌슨 대통령에게 직접 호소했다. 윌슨의 비서와 만난 뒤 그는 대통령에게 두꺼운 서류철을 전달했다. 예술작품 과세에 반대하는―그의 표현을 빌리자면―"객관적인 근거"가 담긴 이 서류철은 여름 내내 쉬지 않고 지속된 옹호 활동의 결실로, 퀸과 친구들이 수백 명의 미국 예술가들로부터 얻은 청원서를 비롯해 그가 조직하여 공공미술관 공무원 100여 명의 서명을 받아낸 탄원서, 수십 명의 대학 총장과 교육 전문가들의 성명, 300곳이 넘는 신문과 잡지에 실린 사설 및 기사, 미국예술연맹American Federation of Arts, 자유예술연맹Free Art League, 미국화가조각가협회로부터 받은 공식적인 지지가 포함되어 있었다. 첨부한 편지를 통해 퀸은 대통령에게 "의회에 예술을 면세로 만들어달라고 촉구하는 활동에서" 이 모든 조직들이 "미국 전역의 계몽된 여론"의 지지를 받았다고 밝혔다.[11]

백악관에서의 만남 이후 몇 주가 지난 뒤 백악관과 상원위원회가 모여 언더우드 관세 개정 최종안을 작성했다. 비록 퀸은 회의에 참석할 수 없었지만 워싱턴으로 건너가 그 결과를 지켜보았다. 그는 여태 쏟아부은 노력에도 불구하고 상원이 예술품에 대한 과세를 여전히 고집한다는 사실을 깨달았고, 결국 그 "망할 상원 개정안"이 제정될까봐 근심에 잠겼다. 이 개정안은 경제의 많은 부문을 아우르는 법안이었으나 합동위원회는 예술품 문제와 관련한 조항에 대해서만 거의 두 시간 가까이 질질 끌며 논쟁을 벌였다. 하지만 언더우드는 입장을 고수했다.

퀸이 제공한 편지와 서류, 보고문이 강력한 힘을 발휘하여 결국 상원은 굴복했고, 외국의 예술작품에 대한 세금은 더이상 부과되지 않게 되었다.

믿을 수 없는 승리였다. 훗날 퀸이 친구들에게 말했듯 이 과정은 거의 처음부터 끝까지 그 자신의 "싸움"이었다. 퀸은 자금을 대고, 생업을 완전히 포기한 채 홀로 뛰어다녔다. 사실 언론매체는 고사하고 미술관이나 기관 중에서 그가 지지를 요청하기 전까지 현대예술품 과세에 조금이라도 주의를 기울인 곳은 아예 없다시피 했다. 해외의 현대예술에 미약하게나마 관심을 보인 사람도 극소수에 불과했으며, 하원의원 언더우드는 미국의 다른 많은 주가 그렇듯 예술품 무역과는 거리가 먼 앨라배마주 출신이었다. 그럼에도 언더우드는 의회를 대상으로 대중이 자신의 생각에 압도적인 지지를 보낸다는 점을 설득해냈다. 퀸이 이 문제에 정통하다는 점을 감지한 그는 최후의 일격으로, 이 뉴욕의 변호사에게 최종 법안 중 예술 관련 조항의 작성을 맡기자고 합동위원회에 제안했다. 퀸이 이미 워싱턴에 와 있었기에 두 사람은 당일 저녁에 만나 머리를 쥐어짜 법안을 안출했다. 결국 새로운 예술품 과세법을 작성한 사람은 퀸이라 해도 과언이 아니었다. 이전의 관세법이 모건의 작품이라면, 이번 법안은 전적으로 퀸의 작품이었다.[12]

그렇지만 퀸이 보기에 더 큰 "예술 전쟁"은 이제 막 시작된 참이었다. 법리적인 문제에 있어 관세 개정이 돌파구가 된 것은 사실이었다. 연방정부는 더이상 피카소와 마티스의 작품을 고귀한 렘브란트나 한스 홀바인의 작품과 조금이라도 다르게 대할 수 없었다. 현대예술작품이 마침내 역사적으로 앞선 선대의 작품과 법률상 동등한 지위를 누리게 된 것이다. 그러나 더욱 중요한 것은 이 개정이 시장 자체에 열어준 가능성이었다. 처음으로 새로운 예술이 유럽에서 넘어와 불이익 없이 미국 대중에 소개되었다. 거래상들은 현대예술작품을 팔 수 있고,

컬렉터들은 구입할 수 있으며, 미술관은 소장할 수 있게 되었다. 새로운 예술의 장을 위한 이론상의 토대가 마련된 셈이었다.

상원위원회에서 마무리 발언을 하면서, 퀸은 이 법안에 내포된 더 크고 중요한 의미를 밝혔다. 이제 미국은 문화적으로 유럽의 동시대인들과 겨룰 수 있게 되었으며, 관세 개정은 바다 건너편에서 온 새로운 예술의 물꼬를 틈으로써 "이 나라 전역에 문화와 진정한 예술에 대한 사랑을 확산시키는 데 다른 무엇보다도 큰 역할을" 할 것이었다. 또한 이것이 "뉴욕시를 세계 예술의 중심으로 만들 것"이라고 그는 덧붙였다.[13]

—

문제는 어떻게 하느냐였다. 퀸이 워싱턴에서 개가를 올린 뒤 몇 달이 지나도록 미국 예술계에 큰 변화의 조짐은 보이지 않았고, 〈아모리 쇼〉의 추문에서 막 벗어난 시카고미술관 또한 좀처럼 현대예술로 나아가지 못하는 상태였다. 〈아모리 쇼〉 기간 동안 메트로폴리탄의 한 큐레이터가 대담하게도 미술관으로는 유일하게 세잔의 풍경화를 구입하며 한 줄기 희미한 가능성을 보여주었지만, 미술관 이사회에서 이를 둘러싼 큰 논쟁이 벌어졌고 결국 그 작품에 관한 언급은 일종의 터부가 되었으니 가까운 미래에 그런 일이 다시 일어날 가능성은 낮아 보였다. 퀸은 친구인 판사 핸드에게 다음과 같이 말했다. "메트로폴리탄은 훌륭한 마네 작품 최소 열 점과 오노레 도미에 작품 열 점, 그리고 에드가르 드가의 대표 작품을 적어도 다섯 점에서 열 점은 소장해야 해. 세잔의 작품도 열 점은 갖고 있어야 하고, 반 고흐의 대표작도 마찬가지지. 하지만 단 한 점도 소장하고 있지 않아. 고갱의 작품조차 없네."[14]

이 상황에 대해 깊이 숙고하던 그는, 현대예술에 대한 사람들의 생각을 바꾸기 위해서는 세법 개정 이상이 필요하다는 사실을 깨달았다. 이 나라에 필요한 것은 전혀 새로운 종류의 미술관, 즉 역동적이고 발전하는 예술계에 열려 있는 미술관이었다. 그는 과거에 집착하는 대신 확고하게 현재에 뿌리내리고 살아 숨쉬는 동시대 예술이라는 대의를 중요한 사명으로 받아들이는 미술관을 꿈꾸었다. 이 미술관은 현시대의 새로운 예술작품 중 최고의 걸작을 선별하는 일을 과업으로 삼을 것이었다. 또한 이 미술관은 새로운 예술을 보여주는 장소일 뿐 아니라 메트로폴리탄이 역사적인 예술작품을 다루듯 새로운 예술 중 가장 뛰어난 대표작들을 수집하며 컬렉션을 형성해나가는 곳이 되어야 했다.

그해 겨울 퀸은 친구들과 예술계의 연줄 닿는 이들에게 자신이 꿈꾸는 미술관의 개요를 설명하기 시작했다. 대중 교육을 선도하는 혁신가로 유명한 사서이자 박물관 수장인 존 코튼 데이나에게 보낸 편지에서 그는 다음과 같이 말했다. "나는 오랫동안 현대미술관을 바라왔습니다." 그의 설명에 따르면 이 미술관은 새로운 예술과 새로운 예술가들에게 관심을 쏟는 지속적인 전시 프로그램과 함께 "살아 있는 예술가들의 대표작을 구입하고 유증받는" 곳이 될 터였다. 그는 또한 유럽의 모델을 상기하며 이 미술관이 메트로폴리탄의 역사적인 컬렉션과 상보적인 방식으로 작동할 수 있으리라 상상했다. "룩셈부르크미술관Luxem-bourg Museum이 루브르의 지류 역할을 하듯", 그가 꿈꾸는 미술관은 "메트로폴리탄미술관의 한 지류를" 담당할 수 있었다.[15]

이는 매력적인 동시에 터무니없으리만치 비현실적인 생각이었다. 미술관 수장들이 여전히 스스로를 과거 시대의 보물을 관리하는 사람으로만 여기는 나라에서 '현대미술관'이란 그 종류가 어떤 것이든 납득시키기 어려운 이상이었다. 유럽 최초의 국립근현대미술관인 파리의 룩셈부르크미술관을 모델로 삼는 것은 환상이나 마찬가지였다. 우선 그 안에 들어갈 작품이 지속적인 가치를 지닐 것인지조차 불분명한 마당에 과연 누가 미술관에 돈을 지불하겠는가? 다시 한번 퀸은 자신의 생각이 현실적 상황에 비해 너무 멀리 앞서 있음을 실감했지만, 작은 규모로나마 시도해보기로 마음을 먹었다.

20세기 초 뉴욕의 저명한 여성들이 주도한 각종 진보적인 사회운동은 많은 측면에서 문화 변화와 긴밀한 관계를 맺고 있었다. 이들의 관심은 자연스럽게 현대예술로 확장되었고 몇몇은 〈아모리 쇼〉에 적극적인 관심을 보였으니, 퀸은 이러한 여성들을 설득해 보다 지속적인 토대 위에서 현대예술을 지원할 수 있지 않을까 생각하게 되었다. 사회 명사이자 진보적인 운동가인 메리 해리먼 럼지는 그중에서도 가장 유명한 인물이었다. 럼지는 철도 재벌 E. H. 해리먼의 장녀로 미국 도시의 사회복지를 증진시키기 위한 전국적 여성단체인 주니어리그Junior League의 설립자이기도 했다. 그는 또한 유명한 조각가 찰스 캐리 럼지의 아내였고, 파리의 새로운 예술운동에 대해 더 많이 알기를 열망하는 인물이었다. 또다른 사람으로는 앨리스 브리즈번 서스비가 있었는데, 그는 활발하고 교양 있는 예술 후원자로 한때 퀸과 연인 사이였다. 저명한 사회사상가의 딸이자 미국의 손꼽히는 신문 주필의 누이였던 서스비는 〈아모리 쇼〉에 매우 매료되어 퀸에게 파리에 가서 "모든 전시를"보고 "재주 있는 사람들을 찾아보겠다"고 약속했다.[16] 그리고 릴리 블리스는 〈아모리 쇼〉에 그보다 훨씬 더 깊이 매료되었으니, 많은 재산을 상속받은 이 부유한 컬렉터가 미국의 미술계를 퀸이 좀처럼 상상할 수 없는 방향으로 바꿔놓게 될 터였다. 그는 자신의 작품 수집에 있어 매우 조심스러운 태도를 유지했지만, 메트로폴리탄의 보수적인 이사들과 현대예술을 무시하는 뉴욕의 한심한 태도에 대해서는 퀸과 마찬가지로 불만과 초조함을 드러냈다.

관세 개정이 통과된 후 얼마 지나지 않아 퀸과 그의 예술가 친구들은 이 여성들 중 몇몇에게 현대예술작품을 보여줄 영구적인 전시 공간 '아트 룸Art Room'에 대해서 이야기하기 시작했다. 퀸이 예산안을 작성했고, 이들은 5번 애비뉴에서 이 모험의 장소에 걸맞은—천장에서 적절한 조명이 들어오는—공간을 찾아보았다. 퀸은 또한 월터 파치를 합류시켰는데, 그는 수년간 파리에서 지냈고 〈아모리 쇼〉의 대표로 전시를 조직하는 데 도움을 주었던 충실한 동료였다. 늘 그랬듯 퀸은 저돌적인 속도로 움직였다. 관세법이 통과된 지 두 달 만인 12월, 그와 파치는 유럽과 미국의 아방가르드 예술을 소개하는 일련의 전시 시리즈를 구상했다. 그사이 럼지가 사교계 친구들 몇 사람을 비롯해, 해리먼 재산의 대부분을 상속받은 어머니의 지지를 확보했다는 소문이 돌았다.[17]

놀랄 일도 아니지만, 성급한 행동이었다. 퀸은 곧 자신의 모험이 어렵고, 많은 비용을 요하며, 지속적인 관리를 필요로 한다는 사실을 깨달았다. 럼지는 넘치는 에너지와 활력에도 불구하고 이 일에 직접적으로 개입할 준비가 되어 있지 않았다. 그의 어머니 또한, 결국 막대한 재산 중 한푼도 이 계획에 쓰려 하지 않았다. 이들 중 돈을 벌 가능성이 전무해 보이는 기관의 운영을 위한 시간이나 전문지식을 가진 사람은 아무도 없었다.

그러한 한계를 차치하고라도, 계획은 다른 엄청난 장애물에 부딪쳤다. 매일 밤 〈아모리 쇼〉를 방문하는 일부터 시작해 워싱턴에서 벌인 운동에 이르기까지, 근 1년간 퀸은 무모한 방식으로 자신의 "예술 투쟁"을 벌여왔고, 그동안 그의 본업인 법률 업무는 위태롭게 뒤로 밀려나 있었다. 심지어 이 순간에도 그에게는 주요 금융 업무에 더하여 콤스톡의 부패방지협회와 충돌을 빚은 새로운 문학작품과 관련한 중요한 소송이 걸려 있었다. 친구들이 보기에 퀸의 에너지는 무서울 정도였다. 콘래드는 관세법 승리 소식을 들은 뒤 그에게 보낸 편지에서 이렇게 말하기도 했다. "나는 당신의 넘치는 활력이 부럽습니다."[18] 콘래드에 따르면, 그러한 활동을 무한히 확장해나갈 수 있도록 하는 것은 그의 "정신적 통제력"인 듯했다. 하지만 사실 퀸은 지쳤다. 몇 달의 분투 끝에 그는 뉴욕에 아트 룸이라는 영구적인 현대예술 전시 공간을 마련하려는 야망이 자신이 감당하기에는 너무 벅차다는 사실을 인정하지 않을 수 없었다. 그는 서스비에게 다음과 같이 말했다. "그 일에 쓸 시간이 전혀 없습니다."[19]

퀸의 생각은 틀리지 않았다. 그는 이 도시의, 그리고 이 나라의 예술 문화계에 시급하게 해소해야 할 격차가 있음을 정확하게 간파했다. 또한 뉴욕의 주요 진보론자들 중 많은 수가 여성이며, 새로운 유형의 기관을 만드는 데 이들의 지지가 열쇠가 되리라는 것을 일찌감치 직감했다. 하지만 미국은 전혀 준비가 되어 있지 않았다. 뉴욕에는 여전히, 심지어 퀸의 진보적인 친구들 사이에서도, 새로운 예술에 대한 지식이 부족했다. 퀸 자신마저 아직 피카소 작품을 한 점도 구입하지 않은 상태였다. 당분간은 뮌헨과 모스크바가 예술의 중심지라는 지위를 확고하게 유지할 것으로 보였다.

파리의 주요 경매장인 드루트호텔Hôtel Drouot은 인산인해를 이루었다. 여기 모인 사람들을 모두 수용하기에는 그 두 배 크기의 공간으로도 부족할 것 같았다. 베를린, 뮌헨, 뒤셀도르프, 드레스덴 등 독일의 미술 거래상들이 모두 이 특별한 경매를 위해 파리로 건너온 터였다. 볼라르 역시 몇몇 의원 및 루브르의 큐레이터, 상류사회의 다양한 인사들과 함께 그곳에 있었다. 파리의 신문들은 이 행사를 오랫동안 기대해왔으며, 다른 언론에서도 이를 지켜보고 있었다. 한 기자는 경매를 가리켜 "근 한 달 동안 최고로 대중의 호기심을 자극한 행사"라고 말했다.[1]

칸바일러는 이러한 압도적인 관심을 달가워하지 않았으니, 모스크바의 고객 몇 사람을 위해 입찰을 시도하긴 했지만 전면에 나서지는 않았다. 하지만 이 경매에는 그의 많은 것이 걸려 있었다. 드루트에서 사상 최초로 개최한 현대 및 전위 예술의 공개 경매에 나온 것들 중 거의 150점에 이르는 품목이 칸바일러와 일하는 예술가들의 작품이었다. 지금까지 칸바일러는 전시를 피하고 외국의 고객에게만 작품을 공급했기에 프랑스에서는 그가 관리하는 화가들의 작품을 거의 볼 수 없었다.

그러다 마침내 이 경매를 통해 반 고흐와 고갱 및 다른 후기인상주의자들의 작품과 나란히 드랭, 블라맹크, 피카소의 작품이 소개된 것이다. 피카소의 작품 중에는 입체주의 이전 시기의 가장 중요한 회화도 몇 점 포함되어 있었다. 사실상 드루트호텔의 경매는 칸바일러가 7년 가까이 조용히 지원해온 새로운 예술이 지속적인 시장가치를 지닐 수 있는지에 대한 가늠자가 될 터였다.

칸바일러는 걱정할 필요가 없었다. 독일 대표단의 공격적인 입찰에 힘입어 경매는 파리를 강타했다. 한 기자는 놀라 다음과 같이 썼다. "이 회화 작품들이 모두 동등한 가치를 지녔다고 주장할 수는 없을 것이다. 하지만 작품 모두가, 아니 거의 모든 작품이 처음 판매되었던 가격의 대여섯 배 되는 낙찰가를 기록했다."[2] 피카소가 1905년 대형 화폭에 그린 장밋빛 시대의 걸작 「곡예사 가족」을 소개하자 경쟁이 한층 뜨거워지더니, 급기야 6년 전 판매가의 열두 배에 달하는 금액을 부른 뮌헨의 거래상 하인리히 탄하우저에게 낙찰되었다. 망치 소리가 울리자마자 칸바일러는 출구를 향해 서둘러 걸음을 옮겼다. 그는 이 소식을 피카소에게 가장 먼저 전하고 싶었다.

1914년 봄, 피카소와 그의 친구들이 창조한 무명의 예술작품을 세계적인 사업으로 바꿔놓으려는 칸바일러의 시도는 믿기 힘든 결실을 맺기 시작했다. 나이 서른도 되지 않은 이 거래상은 격정적인 야수주의 화가 블라맹크와 드랭, 입체주의의 개척자 브라크와 피카소, 독자적인 방식으로 입체주의를 변형한 레제와 후안 그리스, 카탈루냐의 악동 조각가 마놀로 등 매우 특별한 예술가 무리를 장악하고 있었다(칸바일러가 새로운 예술의 진정한 선도자라고 여긴 인물 중 마티스만이 유일한 예외였는데, 다른 예술가들보다 나이가 많은 그는 이미 다른 거래상과 계약을 맺고 있었다). 한 세기 뒤였다면 이 예술가들이 20세기 초의 위대한 인물들이라는 점을 쉽게 알 수 있었겠지만, 칸바일러가 일을 시작한 당시 그렇게 생각하는 사람은 그가 거의 유일했다.

이른바 '칸바일러파'는 파리 예술계에서 신비로운 분위기를 풍겼다. 이들은 독점적인 계약을 통해 자신의 예술을 자유롭게 추구할 수 있었고, 사실상 전통적인 예술계를 무시했다. 또한 전시를 피하면서 서로 협력했을 뿐 아니라 끊임없이 최신 작품을 선보이며 서로에게 도전했다. 주말마다 칸바일러는 메드라노 서커스Cirque Medrano나 술집 라팽 아질Lapin Agile에서 피카소와 그의 친구들을 만나 어울리거나 블라맹크와 공동으로 소유한 작은 배를 타러 다녔다. 칸바일러는 갤러리를 매우 조심스럽게 운영하여 전화조차 설치하려 하지 않았다. 때로는 방문객이 거의 없어서 오후에는 브라크나 드랭과 체스를 두곤 했다. 외부인들이 보기에 그는 대중을 적극적으로 피하는 사람이었다. 아닌 게 아니라, 칸바일러의 추정에 따르면 입체주의를 "손에 넣은" 사람들의 수는 극소수라 할 만했다. 아마 전 세계를 통틀어 수백 명에 불과할 텐데, 이마저도 후한 추정치였다. 어쨌든 그가 추구하는 것은 대중의 환호가 아니었다. 그는 이렇게 말했다. "우리는 승리를 확인했다. 우리는 우리 자신에 대해 확신을 가졌다."[3]

칸바일러의 절제된 접근 방식과 독일과 러시아 시장에 대한 집중적인 공략은 놀라운 효과를 거두었다. 소수의 전문가 고객에 의존하긴 했지만 그는 돈을 벌기 시작했고, 드루트 경매가 분명히 보여주었듯 아방가르드 예술에 대한 실질적인 시장이 적어도 중앙 유럽과 동유럽에서 태동하고 있었다. 칸바일러가 〈아모리 쇼〉에 보낸 피카소의 유화세 점이 이에 비해 극히 낮은 금액으로 책정되었음에도 전혀 판매되지 못했던 반면, 1913년 슈킨의 경쟁자였던 한 러시아 컬렉터는 칸바일러에게서 피카소 작품 한 점을 1만 6000프랑, 즉 3000달러가 넘는 금액

에 구입했다.[4]

　칸바일러는 새로운 예술에 대한 자신의 외골수적인 도박이 프랑스 사회의, 더하여 그와는 전혀 다른 세계관을 가진 한 젊은 기업가의 관심을 끌게 되리라고 전혀 예상하지 못했다. 그보다 나이가 그리 많지 않은, 키가 작고 검은색 머리를 가진 이 신경질적인 남성은 파리 출신의 미술 거래상으로 뛰어난 안목과 비범한 마케팅 재능을 지니고 있었다. 그는 또한 상당한 자본을 갖추었으니, 드루트 경매가 열리기 직전 파리의 상류층이 애용하는 지역에 큰 갤러리를 열어 현대예술을 이제껏 상상할 수 없던 규모로 홍보하기 시작했다. 아직은 입체주의 작품에 관심을 갖지 않았으나, 그의 방식은 만만치 않은 도전을 제기했다. 그리고 칸바일러는 알지 못했겠지만 이 새로운 참가자는 언젠가 그의 가장 중요한 예술가인 피카소에 대한 지배권을 두고 그와 경쟁하게 될 것이었다.

　비평가 루이 보셀이 『질 블라스Gil Blas』에 기고해 널리 읽힌 칼럼은 다음과 같은 이야기로 시작된다. "최근 뤼 라 보에티 21번지에 개관한 아름다운 갤러리의 젊고 대담한 대표 폴 로젠베르그 씨는 (……) 놀랄 만한 툴루즈로트레크 전시로 그 등장을 알렸다."[5] 깊이 있는 글이라 보기는 힘들지만 보셀은 특별한 영향력을 발휘하는 인물이었다. 피카소와 마티스가 첫 성공을 거두던 시기에 코안경을 쓰고 세심하게 다듬은 염소수염을 기른 이 가냘픈 비평가는 프랑스의 예술 언론을 지배했고, 『질 블라스』의 예술 부문 편집을 도맡으며 파리의 거의 모든 주요 신문에 글을 기고했다. 상당한 권위를 지닌데다 도처에서 그의 글을 읽을 수 있었기에, 보셀이 새로운 예술운동을 묘사했을 때 그 내용은 대체로 많은 사람들의 인정을 받았다. 드랭, 블라맹크, 마티스와 이들의 동료 화가들을 "야수떼"라고 표현한 그의 신랄한 언급에서 '야수주의'

라는 용어가 생겨났고, 몇 년 뒤 브라크가 세계를 "입방체로 축소하고 있다"는 그의 험담에서 '입체주의'가 탄생했다. (보셀은 칸바일러의 갤러리에서 개최한 소규모의 브라크 전시를 혹독하게 비평했는데, 그 일이 일부 원인이 되어 칸바일러는 파리에서의 전시를 완전히 포기하게 되었다.)

하지만 그 자신이 원할 때 보셀은 강력한 지원자가 될 수도 있었다. 1914년 초 몇 주 동안, 센강 우안의 중심부에 자리한 우아한 거리에서 구체화되어가는 현대예술에 대한 엄청난 관심이 그를 흥분시켰다. 표면적으로 보셀은 툴루즈로트레크의 주요 회화 작품군을 소개하는 로젠베르그의 "놀랄 만한" 개관전에 대해 글을 쓰고 있었다. 툴루즈로트레크라는 이 논쟁적인 예술가는 1901년 서른여섯 살의 나이로 세상을 떠났지만 파리 화류계에 대한 진솔한 묘사로 아방가르드에 큰 영향을 미쳤으니, 피카소 또한 초창기에 '툴루즈로트레크 단계'를 거친 바 있었다. 로젠베르그는 툴루즈로트레크의 매우 도발적인 작품 다수를, 마치 미술관에서 개최되는 회고전처럼 처음으로 한자리에 모았다. 보셀에게 툴르즈로트레크의 "취한 매춘부들"과 "레스보스섬의 우울한 여사제들"은 현대 도시생활에 대한 신랄한 논평으로 비쳤다. 그는 다음과 같이 썼다. "툴루즈로트레크는 자신이 본 것을 묘사했을 뿐이고, 그가 본 것은 유쾌한 것이 아니었다. 그는 도덕적이지 않지만 그렇다고 부도덕하지도 않다."

보셀은 이 작품들이 제시되는 방식에도 깊은 인상을 받았다. 로젠베르그의 갤러리는 주로 옛 대가들의 작품을 다루는 거래상들의 거리로 알려진 곳, 높은 천장과 대리석 벽난로가 딸리고 최신 스타일로 세심하게 꾸민 저택에 차려졌다. 툴루즈로트레크의 작품과 함께 로댕의 제자로 인기 있었던 알프레드 장 알루의 새 조각 작품뿐 아니라 훗날 코코 샤넬의 연인이 되고 할리우드에서 세실 B. 드밀과 함께 일하게 될 젊은 디자이너 폴 이리브의 가구와 예술품도 함께 전시되었다. 또다른 비평가가 빈털터리였던 툴루즈로트레크를 상기하며 묘사했듯이, 이 전시는 세련된 환경에서 "회화계의 보들레르"를 보게끔 하는 새로운 경험을 제공해주었다.[6] 전시가 던지는 전반적인 메시지는 분명했다. 가장 기이한 예술작품조차 부르주아의 저택 또는 보셸이 말한 "모더니즘의 우아함이 거주하는 곳" 안에 편안하게 자리잡을 수 있다는 점이었다.

로젠베르그가 우연히 이러한 방식에 도달한 것은 아니었다. 칸바일러처럼 그는 동화된 중상류층 유대인 가정 출신으로, 자신의 취향에 대해 일찍부터 자신감을 가지고 있었다. 그리고, 역시 칸바일러와 마찬가지로 그 또한 세계적인 야망을 꿈꾸었으며, 자신이 미래 세대에 인정받으리라 여겨지는 소수의 새로운 화가들을 지원하는 커다란 사명을 맡고 있다고 생각했다. 더하여 긴 시간을 요하는 장기전을 기꺼이 감내하고, 필요할 경우 시장이 성장할 때까지 그림들을 보유하고자 했던 칸바일러의 특별한 인내심도 갖고 있었다. 견습 시절, 로젠베르그는 19세기 말에 성공을 구가했던 갤러리들의 유산이 얼마나 보잘것없는지 알고 크게 놀랐다. 갤러리들 중 많은 수가 완전히 사라진 뒤였고, "그 이름들은 위대한 예술가 누구의 이름과도 연결되지" 않았다.[7]

하지만 그 외의 모든 면에서 로젠베르그는 칸바일러와 완전히 달랐다. 칸바일러는 파리 사교계를 적극적으로 거부한 반면 로젠베르그는 센강 우안 사교계의 예절과 취향을 성실히 익혔으며, 이를 무시하기보다는 정복해야 한다고 생각했다. 칸바일러는 그답게 지방 출신의 수수한 여성과 결혼했고 스스로 인정했듯 돈과 사치품을 좋아하지 않았지만, 로젠베르그는 갤러리를 개관한 해에 자신보다 높은 가문 출신의 파리 여성과 결혼했다. 그리고 로젠베르그에게는 칸바일러의 지적인 성향이 없었다. 칸바일러는 예술가들의 세세한 작업 발전 과정을 추적하여 곧 입체주의의 첫 역사를 쓰게 되지만, 로젠베르그는 스스로를 작품 감식 사업가로 여겼다. 회화 작품에 잠재한 무형의 특질에 대해서는 단박에 판단할 수 있을지언정 예술가가 구사하는 방식이나 접근법에 대해서는 이야기할 수 있는 바가 거의 없었다. 무엇보다도 두 사람은 아방가르드 시장을 어떻게 만들 것인지, 그리고 어디에 만들 것인지에 대해서 확연히 다른 관점을 갖고 있었다.

1881년생인 로젠베르그는 정확히 피카소의 동시대인이었으나 이 스페인 사람과 그의 보헤미안 동료들을 전혀 이해할 수 없는 세계에 살고 있었다. 로젠베르그는 형 레옹스와 함께 젊은 시절부터 19세기 말의 예술작품을 파리의 은행가나 귀족에게 판매하는 아버지의 사업을 물려받기 위한 교육을 받았다. 젊은 로젠베르그가 경험한 파리는 작은 골동품으로 가득한 응접실, 세련된 매너, 과도한 패션과 오페라의 도시였다. 로스차일드, 에프루시, 칸, 카몽도, 카헨 당베르 같은 중유럽의 거물급 유대인 은행 명문가가 그 문화를 이끌었으니, 문학 살롱과 예술품으로 가득한 그들의 저택은 마르셀 프루스트가 묘사한 바 있는 벨에포크 시대의 일부였다.

로젠베르그의 아버지는 그들과 다른 사회계층에 있었으나 이런 가문의 많은 사람들과 회화 작품을 거래했고, 그들의 취향에 정통했다. 로젠베르그는 다음과 같이 말했다. "우리는 샤를 에프루시와 긴밀한 관계를 맺었다. 에프루시는 예술가적 기질이 다분하고 세련된 취미를 가진 인물이었다." (에프루시로부터 마네의 뛰어난 정물화 「아스파라거스 다발」을 입수한 사람이 바로 로젠베르그의 아버지였다. 그로부터 수십 년 뒤 프루스트는 『게르망트 쪽』에서 게르망트 공작의 말로 이 작품을 환기한다. "그 그림에 다른 것은 없었습니다. 당신이 지금 먹고 있는 것과 정확히 동일한 아스파라거스 한 다발 말고는 말이지요."[8]) 로젠베르그의 아버지는 마네와 르누아르뿐 아니라 보다 급진적인 후세대 예술가 몇 사람에게 일찍부터 강하게 끌렸다. 1892년 로젠베르그가 열한 살 때, 아버지는 그를 한 작은 갤러리로 데려가 얼마 전 사망한 어느 무명 예술가의 작품들을 보여주었다. 두터운 붓질로 격렬하게 채색된 작품을 보고 로젠베르그는 좀 무섭다고 생각했던 반면, 아버지는 완전히 매료되었다. 두 사람이 본 것은 파리에서 개최된 반 고흐의 첫 전시였다. 이 작품들을 판매할 만한 시장이 거의 없다시피 한데도 로젠베르그의 아버지는 일련의 작품을 구입하기 시작했으니, 지금은 매우 유명한 실내 정경화인 「아를의 방」도 그 목록에 포함되어 있었다. 로젠베르그의 어머니는 남편이 가정 경제를 파탄 내고 있다며 걱정했지만, 그의 열정은 곧 선견지명이 있는 것으로 판명되었고 그는 아들에게 예술품 거래시장에서의 강력한 지휘권을 넘겨줄 수 있었다.[9]

　　이런 미학적 교육과 함께, 어린 로젠베르그는 또한 프랑스 예술계를 가로지르며 난무하는 광포한 반유대인 편견에 노출되었다. 19세기 후반 언론은 입을 모아 "활력 넘치는 유대인들"이 가장 귀족적인 사회에 진입하기 위해 예술을 이용하고 있다는 비난을 제기했고, 에프루시 같은 사람들은 지위를 과시하기 위해 유명한 예술가들을 조종하는 경영자, 자본가라는 조롱을 받았다. 이러한 태도는 곧 현대예술가들 사이에서도 확산되었다. 1890년대까지 유대인 엘리트들의 결정적인 후원을 받았음에도 불구하고 르누아르와 드가 모두 당시의 증오심에 찬 반유대주의를 공개적으로 지지하고 나선 것이다. 에밀 졸라가 허위 유죄선고를 받은 유대인 장교 알프레드 드레퓌스를 지지하며 프랑스 대통령에게 보낸 유명한 공개서한 「나는 고발한다」를 발표했을 때 르누아르는 격분하여 마네의 조카 쥘리 마네에게 고함을 쳤다. "그들은 돈을 벌기 위해 프랑스에 오지만 싸울 일이 생기면 제일 먼저 나무 뒤에 숨어

버리지. 모든 나라가 그들을 계속해서 쫓아낸다면, 분명 그럴 만한 이유가 있는 거야."[10] 수십 년 뒤 제2차세계대전이 발발하기 직전, 로젠베르그 또한 이러한 흐름이 만든 무시무시한 괴물과 맞서야 할 터였다. 하지만 뼛속까지 사업가인 그는 자신이 사랑하는 예술이나 그의 갤러리를 자주 찾는 고객들이 정치에 방해받지 않게끔 심혈을 기울였다. 특히 그는 늙어가는 르누아르의 성실한 거래상이자 친구가 되었으며, 1919년 이 화가가 사망할 때까지 관계를 계속 유지했다.[11]

—

로젠베르그는 자신이 거래에 능하다는 사실을 깨닫고 19세기 예술 부문의 사업을 빠른 속도로 확장시켰다. 하지만 그러면서도 답답함을 느꼈다. 런던에서 교육받은 그는 해외의 새로운 시장에 진출하기를, 더하여 한층 대담한 현대예술에도 어서 발을 들여놓기를 원했다. 그는 이렇게 말했다. "나는 내가 진심으로 좋아하지 않는 그림을 판매한다는 생각에 괴로웠다."[12] 1914년 초 자신의 갤러리를 개관할 즈음, 로젠베르그는 상당한 자본을 축적하여 20세기의 보다 위험한 영역을 탐구할 준비가 되어 있었다.

당시 새로운 예술을 취급하는 거래상들은 단순하고 황량한 장소를 활용했다. 대부분 소박한 만큼이나 불친절한 공간으로, 칸바일러의 갤러리는 너무 작아서 한 번에 회화 작품 몇 점 이상은 걸지 못했다. 현대예술작품 거래의 숨은 실력자인 볼라르가 운영하는 공간도 다르지 않아, 칸바일러의 묘사에 의하면 "낡은 창틀을 빼면 아무것도 없는, 그저 벽에 뚫린 우스꽝스러운 구멍" 같은 곳이었다.[13] 이 거래상들 중 대다수는 어차피 많은 대중에 다가갈 수 있으리라 기대하거나 바라지 않았고, 오히려 감식가들 쪽에서 그들이 있는 곳을 알 것이라고 생각했다.

하지만 로젠베르그는 달랐다. 그는 자신의 사업 전체를 대중 공연으로 여겼다. 툴루즈로트레크 전시 개최 당시에 배포한 짧은 선언문에서, 그는 아방가르드 갤러리들이 모두 동일한 결점을 갖고 있다고 주장했다. 즉 관람객이 공감을 느낄 만한 맥락이 전혀 없는, 차갑게 격리된 상황에서 예술품이 전시된다는 것이었다. 안락함을 느낄 수 없는 환경은 혁신적인 회화 작품을 더욱 불안하게 보이도록 만들 뿐이었다. 로젠베르그는 자신의 갤러리가 "개인주택의 분위기"를 불러일으킴으로써 도전적인 예술작품을 우아한 줄무늬 목재로 만들어진 가구처럼 매력적으로 여겨지게끔 할 수 있다고 생각했다. 이는 다소 위험한 발상이었다. 아방가르드 화가들의 작품을 일종의 '스타일'로 제시할 경우, 그들이 구사하고자 하는 급진적이고 새로운 개념과 접근법이 흐려질 위험이 있기 때문이었다. 몇 년 뒤 칸바일러는 자신의 경쟁자를 가리켜 "인테리어업자"에 지나지 않는다고 말했다. 하지만 로젠베르그는 생각보다 세련된 사람이었다. 그는 새로움에 대한 취향이 먼저 싹을 틔워야 한다는 점을 이해했으며, 자신의 일이 일부 대중을 서서히 이끌어가리라 생각했다.[14]

이 섬세한 과제에 접근하는 데 있어 로젠베르그가 구사한 방식 중 하나는 잘나가는 모네와 르누아르 작품 거래를 지속하는 것이었다. 부분적으로 이는 순전히 사업적 계산의 문제이기도 했다. 신진 예술가의 작품을 거래하는 시장이 아직 검증되지 않았기에 그에게는 비싼 가격에 팔리는 19세기 회화 작품에서 얻을 수 있는 확실한 이익이 필요했다. 더하여 고전적인 예술가와 현대적인 예술가를 결합하는 방식은 또 다른 목적, 즉 최신의 예술가와 서구 전통을 서로 단절시키기보다 연결하는 데도 도움이 되었다. 칸바일러의 아방가르드 순수주의와 완전히 상충되는 생각이었다. 칸바일러에게 세잔의 작품을 판매한다는 건 상상도 할 수 없는 일이며, 브라크와 피카소의 자기 인식에도 도전을 제기하는 일이었다. 하지만 궁극적으로 로젠베르그의 접근 방식은 현대 예술에 있어, 특히 현대예술을 이해하기 위한 맥락이 거의 전무한 미국에서 상당한 효과를 불러온다는 점이 드러났다. 퀸조차 〈아모리 쇼〉가 가한 '충격'이 새로운 예술이 대중과 만나는 최적의 방식은 아닐 수 있다는 점을 깨달은 터였다.

하지만 이것도 아직은 먼 미래의 일이었다. 피카소와 브라크, 이들의 동료 예술가들에게 칸바일러는 대체 불가능한 기획자였다. 지금까지 전혀 다른 고객층에 작품을 제공해온 19세기 예술 전문가 로젠베르그의 도전은 그에게 아무런 문제가 되지 않았다. 그리고 봄이 오면서 낙관적인 전망을 기대할 만한 새로운 이유가 생겼다. 그의 끈기 있는 전략을 통해 피카소의 작품이 대륙 곳곳의 도시에서 소개되기 시작한 것이다. 칸바일러가 대표하는 예술가들의 작품, 또는 적어도 이들의 초기 작품이 처음으로 파리의 주요 경매사에서 판매되고 있었다. 칸바일러는 적은 금액이지만 돈을 벌기 시작했다. 자신이 관리하는 예술가들이 장기적인 지속성을 갖추고 있음을 점차 확신한 그는 정치적 긴장이나 유럽 전역으로 급격히 확산되고 있는 민족주의에 대해서는 그리 신경쓰지 않았다. 파리에서 지내며 러시아 산업가와 체코의 감식가들에게 스페인 보헤미안의 작품을 판매하는 독일계 유대인 이민자인 칸바일러에게, 자신의 사업 전체가 기대고 있는 범세계적인 유럽이 곧 분열되리라는 것은 아예 상상할 수 없는 일이었다.

1914년 7월 말 영국에 도착했을 때 포스터의 머릿속에 전쟁 같은 것은 없었다. 그는 『리뷰 오브 리뷰스』를 위해 더블린과 스코틀랜드 애런섬에서 몇 건의 문학 프로젝트를 추적하는 일에 더하여 런던, 맨체스터, 버밍엄 등 열악한 도시의 주거환경을 조사하는 업무를 맡은 참이었다. 하지만 런던에 도착한 지 얼마 지나지 않은 어느 날 밤, 조지 5세가 장관들에게 참전을 명령했다는 놀라운 소식이 영국 전역에 보도되었다. 자정에 가까운 시각이었지만 포스터는 피커딜리로 급히 달려가 대중의 반응을 살폈다. 놀랍게도 거리는 밀짚모자를 쓰고 노래를 부르며 깃발을 흔드는 젊은이들로 가득했다. 그는 일기에 다음과 같이 기록했다. "전쟁이 아니라 축제가 선언되었나 싶을 정도였다." 군중 속에 휩쓸린 포스터는 버킹엄궁을 향해 서서히 행진하는 이들을 따라갔다. 정문에 도착하자 몇 분 뒤 왕과 왕비가 발코니로 나와 격렬한 환호에 답했다. 다음날 아침 호텔을 떠날 때, 그는 거리에서 군인들과 입대하기 위해 줄을 선 젊은 남성들을 보았다. 도시 곳곳에 "세르비아를 타도하라!"라고 적힌 포스터가 걸렸다.[1]

상황의 심각성을 감지한 포스터는 주거환경 조사를 포기했다. 그보다는 전쟁 소식을 전해야 했다. 미국 기자증과 돋보이는 매력으로 무장한 그는 설득을 통해 영국 군사시설 안에 들어갔고 육군 대대가 배치를 준비할 때 그 틈에 끼어 스톤헨지 근처의 군사훈련장인 솔즈베리 평원 잔디 비행장에서 시험중인 "흰 날개가 달린 새 비행선"을 둘러보았다. 하이드파크에서는 프랑스의 최전선으로 파견되는 런던 소총부대의 젊은 대원들을 인터뷰하고 사진도 찍었다(이후 포스터는 마른전투에서 이들 중 한 사람도 살아남지 못했다는 사실을 알게 된다). 또한 런던을 향한 첫 체펠린비행선 공격을 목격하기도 했는데, 이 공격으로 다수의 초등학생이 사망했다. 전국의 기차가 전쟁 준비로 징발되어 종종 그는 여행에 어려움을 겪었으니, 한번은 중요한 기삿거리를 좇아 케임브리지로 떠나야 했지만 좌석을 구하지 못해 애처롭게도 기차 지붕에 앉아서 고가도로를 지나갈 때마다 고개를 숙이며 가야 했다. 긴급 보도 사이사이 틈이 생길 때면 포스터는 국립미술관(지금의 테이트갤러리Tate Gallery)에서 회화 작품을 보거나 솔즈베리대성당의 조각 작품을 둘러보았고, 어느 순간 예술과 기념물의 관계가 완전히 달라져 있음을 깨달았다. 그는 일기에 다음과 같이 썼다. "전에는 예술이 역사 밖에 있는 것 같았는데, 이젠 창작의 모든 구석구석에 홀연히 역사가 깃들어 있다."[2]

—

한편 프랑스 남부 아비뇽에서는 한 무리의 화가들이 세계에서 벌어지는 일에 대해 제 나름의 평가를 내리고 있었다. 그해 초여름 피카소와 브라크, 드랭은 프로방스로 서둘러 떠났다. 지난 몇 년 사이 거의 연례행사가 된 여정이었다. 이들은 서로 가까운 곳에서 자신만의 방식으로 작업을 이어나가는 일에 익숙했다. 늘 서로를 격려하며 생각과 의견,

유머를 공유했고, 종종 이들의 그림은 상대방의 손으로 마무리되곤 했다. 마티스는 훗날 자신이 입체주의를 처음 제대로 접한 것은 1908년 브라크의 풍경화 「에스타크의 집들」을 본 순간이었다고 회고했는데, 그가 이 작품을 본 장소는 다름 아닌 피카소의 작업실이었다. 또한 그해 여름 피카소는 드랭과 함께, 드랭의 부엌에서 떨어져나온 일련의 타일 위에 네 개의 패널로 이루어진 정물화를 함께 완성하기도 했다.[3]

이 과정에서 세 사람의 사생활 역시 깊이 얽히게 되었다. 드랭과 브라크는 권투 시합을 벌였고, 브라크와 피카소는 요리법을 교환했다(브라크는 앞서 프로방스에서 지내는 동안 칸바일러에게 다음과 같이 말했다. "피카소와 나는 요리를 많이 합니다"). 브라크와 드랭에게 미래의 아내―줄담배를 피우는 습관 때문에 '금발의 애연가'로 알려진 마르셀 브라크, 그리고 짙은 머리칼을 가진 명석한 여인으로 훗날 퀸의 존경을 받게 될 앨리스 드랭―를 소개한 사람도 피카소였다.[4]

대부분의 예술가들과 달리 이들은 외부 세계를 거의 의식하지 않은 채 자신들만의 예술을 추구할 수 있었다. 포괄적인 칸바일러와의 계약 덕분에 이들 중 누구도 판매나 전시에 대해 고민할 필요가 없었다. 이런 문제는 칸바일러가 살폈다. 아주 낮은 금액이긴 하지만 그가 고정적으로 작품에 대한 비용을 지불했으니, 그중 상당수는 판매되지 않고 쌓여 있을지언정 작품 구매가 보장되었기 때문에 이들은 예술가 동료들 사이에서는 거의 들어본 적 없는 수준의 경제적 안정을 누리는 셈이었다. 칸바일러는 또한 이들 역시 자신처럼 장기적인 안목을 갖추고 비평가에 대해 신경쓰지 않도록 훈련시켰다. 그는 다음과 같이 말했다. "나는 그들이 생활할 수 있도록 미리 돈을 지불했다. 나중에 그들이 그림을 가져왔고, 그러면 그 그림에 관심을 가진 사람들이 작품을 보러 왔다." 이는 더없이 순수한 예술 창작 방식이었다.[5]

1914년 피카소의 여름은 드문 평온함 속에서 시작되었다. 두 해 전 올리비에와의 격렬한 이별 과정에서 그는 깡마른 몸매와 짙은 머리칼을 가진 에바 구엘과 깊은 사랑에 빠졌다. 그리고 이 관계는, 거의 처음으로, 감수성 예민한 피카소의 삶에 놀라운 평정을 가져다주었다. 자그마하고 차분하며 늘 은은한 미소를 머금고 있는 구엘은 키가 크고 억센 올리비에와 완전히 달랐다. 구엘의 고요하면서도 당당한 존재감은 분석적 입체주의의 걸작 「나의 어여쁜 이」를 포함하여 피카소의 가장 복잡한 작품 일부에 영감을 주었다. 피카소는 칸바일러에게 다음과 같이 말했다. "나는 그녀를 매우 사랑합니다. 그림에 이 마음을 기록할 겁니다."[6] 복잡한 과거를 가진 구엘은 올리비에와 친한 이들로부터 원망 어린 눈총을 받으면서도 금세 피카소 무리에 적응했다. 심지어 올리비에조차 피카소와 헤어지기 전에는 구엘의 매력을 인정했던 터였다.[7] 거트루드도 피카소와 이 새로운 연인이 함께 있는 모습을 본 뒤 그가 "매우 행복해 보인다"고 말했다.[8] 구엘은 공감능력이 매우 뛰어나, 피카소와 함께 아비뇽에서 지낼 땐 가정부를 고용해놓고도 결국 자신이 나서서 일을 할 정도였다(그는 거트루드에게 "청소부와 친해서 그에게 어떤 일도 부탁할 수가 없다"고 털어놓았다[9]).

구엘이 운명의 짝이라고 확신한 피카소는 1913년 초 그를 바르셀로나로 데려가 보수적인 가족들에게 소개했다. 두 사람은 그해 봄 결혼하기로 했지만 피카소의 아버지가 세상을 떠나고 구엘의 건강이 나빠지며 계획을 연기했다. 그래도 구엘은 자신을 '피카소 부인'이라 불렀고 피카소는 구엘을 '내 아내'라 불렀다. 피카소의 친구들 역시 구엘이 피카소가 그동안 만나온 다른 여성들과는 다르다는 점을 확실히 알고 있었다. 아비뇽에서, 구엘은 보다 영구적이고 안정적인 정착에 대해 이야기하기 시작했다. 여름 동안 빌리기로 한 "제법 스페인풍인" 주택을 어떻게 찾아냈는지 들려주며 그는 거트루드에게 말했다. "이젠 우리 둘이 어딘가에 보다 안정적으로 정착해야 할 때인 것 같아요." 그 집으로 이사한 날 피카소는 거트루드에게 상상의 개 소시송을 그린 드로잉과 함께 새 주소를 보냈다.[10]

피카소가 드랭, 그리고 이후 소르그 근처에 머물고 있던 브라크와 재회했을 때 이들 중 누구도 세계적인 사건에 특별히 관심을 두지 않았다. 사라예보에서 오스트리아 대공이 암살되면서 유럽이 위기에 빠진 지 2주가 지난 뒤인 7월 중순, 브라크는 칸바일러에게 다음과 같이 전했다. "드랭을 만났습니다. 그는 이곳에 있게 되어 매우 행복해하며 즐거운 계절을 보내길 기대하고 있습니다."[11] 다시 그로부터 일주일 뒤, 프랑스 총리가 상트페테르부르크를 방문해 프랑스와 러시아의 동맹관계를 재확인하고 오스트리아-헝가리제국이 독일의 지원을 받아 세르비아에 최후통첩을 준비하던 시기에도 피카소는 칸바일러에게 보낸 편지에서 이렇게만 말했다. "대형 회화 작업을 진행하고 있습니다. 적어도 내겐 그것이 머릿속에 있는 전부입니다."[12] 그달 말 유럽 대륙 전체가 벼랑 끝에서 흔들리고 있었지만, 프랑스가 총동원을 발표한 날 아침까지도 소식을 몰랐던 브라크는 칸바일러에게 편지를 써서 작품이 순조롭게 진행되고 있으며 "마침내 나만의 공간에 정착하게 되어서 매우 만족스럽다"고 전했다.[13]

—

그로부터 몇 시간 뒤 마침내 이들이 전쟁 소식을 접하면서 아비뇽의 전원시는 현실로 추락했다. 프랑스인인 브라크와 드랭은 군에 소집되었고, 외국인인 피카소는 거주증과 생계를 지켜야 했다. 구엘과 함께 서둘러 파리로 돌아온 피카소는 일을 정리하고 은행 계좌에서 돈을 모두 찾은 뒤 곧장 아비뇽으로 돌아갔다. 두 사람은 제시간에 도착해 브라크와 드랭을 기차역까지 바래다줄 수 있었다. 드랭은 피카소에게 자신이 키우던 개 상티넬을 맡기며 전선에 나가 있는 동안 돌봐달라고 부탁했다. 세 사람에게 이 이별은 결정적이었다. 우정의 감정이 사라진 것은 아니나, 서로 뭉쳐 원하는 그림을 그리는 자유로운 시절은 끝나고 말았다. 역사가 세 사람의 발목을 붙잡은 셈이다. 훗날 피카소는 브라크와 드랭에 대해 "이후 그들을 다시 찾지 못했다"고 말했다.[15]

피카소와 구엘은 전쟁이 조만간 끝나리라 기대하면서 아비뇽에 남기로 결정했다. 하지만 드랭과 브라크뿐 아니라 블라맹크, 레제 등 그와 어울리던 무리 대부분이 전선으로 향하면서 두 사람은 거의 모든 친구들과 단절되었다. 구엘은 다음과 같이 썼다. "정말로 절망스러운 상황이다."[16] 이후 몇 주에 걸쳐 독일이 프랑스의 수도로 빠르게 다가오자 피카소는 자신이 작업실과 칸바일러의 갤러리에 남겨둔 작품에 대해 걱정하기 시작했다. 9월, 그는 거트루드에게 쓴 편지에서 이렇게 말했다. "파리와 나의 집, 그리고 내 모든 작품에 대해 생각하면 너무나 염려스럽습니다."[17] 한편 칸바일러로부터는 아무런 소식이 없었다. 마치 전쟁이 시작된 순간 사라져버린 것만 같았다. 사실 칸바일러는 피카소가 상상하는 것보다 훨씬 심각한 곤경에 처해 있었다.

—

7월 말, 칸바일러는 매년 그랬듯 여름휴가를 보내기 위해 갤러리 문을 닫고 자신이 보관하고 있던 엄청난 수의 그림들을 뒤로한 채 가족들과 함께 파리를 떠났다. 역대 가장 성공적인 시즌을 마친 뒤라 승리감에 젖어 있었으니, 바이에른 알프스에서의 휴가를 방해하는 일이 생기리라고는 전혀 상상하지 못했다. 물론 함께 일하는 파리의 예술가들과 친구들이 유럽 상황에 대해 막연하게나마 우려해온 것은 사실이었다. 드 랭은 사라예보 사태의 결과에 걱정스러워했고, 파리에 남아 있던 블라 맹크는 독일의 침공이 임박했다고 추측했다. 피카소마저 칸바일러에게 프랑스 여권을 신청해두라고 재촉하던 터였다. "전쟁이 일어날 경우 프 랑스 여권을 갖고 있으면 곤경에서 벗어날 수 있을 겁니다."[18] 하지만 칸바일러에게 이 모든 것은 지나친 기우였다. 그는 이렇게 기록했다. "마지막 순간까지 나는 그 말을 믿으려 하지 않았다."[19]

칸바일러의 가족이 뮌헨 위쪽의 우뚝 솟은 산에서 일광욕을 즐 기는 동안 19세기 말 이래 지속되어온 마법 같은 유럽의 평화는 갑자기 끝나버렸다. 7월 30일 러시아 군대가 독일 동맹국인 오스트리아-헝가 리제국과 전쟁을 벌이면서 독일의 참전은 불가피해졌다. 칸바일러에게 특히나 위험한 상황이었다. 독일인인 그는 바이에른에 한순간이라도 더 머물렀다가는 징집되리라는 것을 알았다. 그날 밤 독일의 참전 선언 을 불과 몇 시간 앞둔 시점에, 칸바일러는 서둘러 아내 고동과 딸 제트 를 데리고 국경을 넘어 스위스로 갔다.[20] 그곳에서 그들은 이탈리아행 기차를 타기로 했다. 당시 이탈리아는 전쟁에 뛰어들지 않은 상태였다.

스위스 알프스를 관통해 남쪽으로 내려가는 긴 여정을 시작했을 때에야 비로소 그는 자신이 처한 위험을 직시하기 시작했다. 독일이 프 랑스, 러시아와 전쟁을 치르면 그의 세계는 모두 무너지고 말 것이었 다. 그는 피카소의 작품을 모스크바에 판매하고 뮌헨과 베를린에서 전 시를 개최하는 등 불가능에 가까웠던 과정들을 비롯해 지난 7년에 걸쳐 자신이 일구어온 성과를 떠올렸다. 그가 예술가들에게 걸었던 모든 것 이 유럽 시장 공동체에 기대고 있건만, 이제 그 시장이 시시각각 사라 지는 참이었다. 어지러운 생고타르 고개를 넘어가는 동안, 그의 눈앞에 는 열차가 낭떠러지로 추락하는 모습이 어른거렸다. 그에겐 "정말로 유

럽 문명이 멈춘 것처럼 보였다".[21]

　　로마에 도착한 칸바일러는 아무것도 변한 게 없는 듯 지내려 애썼다. 그의 가족은 언젠가 머물렀던 핀치오의 한 호텔에 짐을 풀고 이곳에서 보게 될 예술작품에 대해 이야기했다. 심지어 이 순간에도 그는 의지력을 발휘해 전쟁을 머릿속에서 내몰고자 애썼다. 하지만 사건들이 매 순간 그들을 엄습했고, 신문사들은 사태의 추이를 좇아 하루종일 호외를 인쇄해 거리에서 판매했다. 칸바일러는 10분마다 밖으로 나가 최신판 신문을 확인하기 시작했다. 결국 늦은 오후에 무서운 소식이 발표되었다. 독일과 프랑스가 공식적으로 전쟁에 돌입했다는 이야기였다.

　　망설임으로 사고가 마비된 칸바일러는 무엇을 어떻게 해야 할지 몰라 괴로웠다. 이론상 그에겐 해외 어딘가에서 머물며 전쟁이 끝나기를 기다리는 것이 최선의 선택이었을 것이다. 어쨌든 그는 헌신적인 평화주의자였고, 유럽의 군대가 서로 싸우고 예술가들이 전선에 나가 있는 한 그가 파리에서 할 수 있는 일은 거의 없었다. 하지만 칸바일러가 프랑스를 떠나 있다는 사실에는 보다 절박한 문제가 포함되었으니, 이는 그가 자신의 갤러리, 그리고 갤러리에 보관하고 있는 귀중한 내용물 일체와 차단되었음을 의미했다. 가족과 함께 휴가를 떠났을 때 파리의 수장고에는 상상할 수 없을 만큼 많은 수의 예술품이 보관되어 있었다. 그의 주요한 화가인 브라크, 드랭, 블라맹크, 그리스, 피카소 각각의 족히 100점이 넘는 작품들을 포함하여 모두 합쳐 700점 이상의 회화 작품들이 있었다. 모두 훌륭한 작품이었을 뿐 아니라 이 예술가들이 서구 미술을 완전히 변모시킨 지난 대여섯 해의 기간을 아우르는 결실이기도 했다. 이것들이 입체주의 운동을 선도한 인물들이 주장하는 바를 보여주고, 또한 야수주의 역사의 상당 부분을 말해줄 것이었다. 블라맹크의 표현을 빌리자면 "스물다섯 살의 독일 청년이 당대 가장 뛰어난 프랑스 화가들의 작품을 소유"했던 셈이다.[22] 지금으로 치면 세계적인 수준의 미술관 몇 곳의 상설전시관을 족히 채울 수 있을 정도였다. 미술사의 한 시대 전체를 모아놓은 하나의 공간이 있다면, 칸바일러가 소유한 뤼 비뇽의 작은 양복점 지하실이 바로 그곳이리라.

칸바일러는 자신의 수집품들을 간절히 원했다. 하지만 어떻게 해야 가져올 수 있을까? 이후 며칠 동안 그는 최대한 많은 프랑스 친구들에게 편지를 썼다. 독일인인 그 자신이 파리로 돌아가는 것은 불가능했다. 스페인 출신인 그리스는 프랑스 당국이 그가 머물고 있는 남부 지역의 시청으로 외국인들을 소집했다는 소식을 전하면서, 수도의 상황은 아마 더 좋지 않으리라고 답장을 보내왔다. "추방의 위협까지 받는 사람들도 있습니다."[23] 칸바일러가 택할 수 있는 한 가지 대안은 프랑스 외인부대에 입대하는 것이었다. 만일 프랑스를 위해 싸우겠다고 나서면 정부에서도 그를 파리로 돌아갈 수 있게 해줄 것이었다. 하지만 독일을 상대로 무기를 든다는 건 독일을 위해 싸우는 것만큼이나 상상할 수 없는 일이었다. 프랑스 군대에 위생병으로 입대하는 방안을 고려해보기도 했으나 이조차 그의 평화주의 원칙에는 어긋나는 행동으로 느껴졌다. 결국 칸바일러는 전쟁이 끝날 때까지 추방자로 지내야 한다는 현실을 서서히 받아들이기 시작했다.

파리에 있는 갤러리, 그리고 은행 계좌와 떨어져 있는 한 그가 할 수 있는 일은 없었다. 칸바일러는 자신의 소장품을 판매할 수 없었고, 피카소를 포함해 함께 일하는 예술가들에게 대금을 지불할 수도 없었다. 동시에 러시아와 독일에 있는 고객들과도 차단되었다. 러시아와 독일에서 그는 공식적인 병역기피자 신세였다. 칸바일러에게 성공을 가져다준 유럽 내의 광범위한 관계망이 그를 괴롭히는 요인으로 작용하고 있었다. 하지만 그에게는 아직 유효한 카드 한 장이 남아 있었다.

전쟁에 참여하지 않은 나라, 그의 예술가들을 위한 크고 새로운 시장이 될 만한 잠재력을 갖춘 국가였다.

중앙 유럽에서 공격적으로 사업을 확장해가던 시기 칸바일러는 미국에 거의 관심을 두지 않았다. 미국은 멀리 떨어져 있었고, 그와 아무런 연고가 없었다. 〈아모리 쇼〉에 출품한 회화 작품에 대한 반응 또한, 그에게는 미국인들이 그의 예술가들을 받아들일 준비가 되어 있다는 확신을 주지 못한 터였다.[24] 하지만 전쟁이 시작되기 몇 달 전 두 미국인 청년이 대담한 제안을 들고 칸바일러의 갤러리에 나타났다. 이상주의적인 성향의 아일랜드계 미국인 화가 로버트 코디와 리투아니아계 미국인 조각가로 파리를 중심으로 활동하면서 피카소와 그의 무리를 만나고 다니던 마이클 브레너였다. 코디의 어머니가 준 돈으로 두 사람은 뉴욕에 현대미술을 취급하는 워싱턴스퀘어갤러리Washington Square Gallery를 열 계획을 세웠다. 코디가 갤러리 운영을 담당하고, 브레너는 파리 대리인으로 일할 예정이었다. 두 청년은 칸바일러의 예술가들에게 깊은 관심을 보였으며, 그에게서 상당수의 작품을 구입할 준비가 되어 있었다. 이들은 또한 미국에서 칸바일러의 대리인 자격을 맡고자 했다.

칸바일러는 회의적이었지만 코디와 브레너는 최소 2500프랑에 달하는 작품을 구입하고 관련 비용 일체를 부담하기로 합의했다. 1914년 봄 마침내 계약이 이루어졌으니, 미국에서 칸바일러의 예술가들에 대한 독점적 권리는 이들과 워싱턴스퀘어갤러리에 돌아갈 것이었다. 전쟁이 시작되었을 때 칸바일러는 처음으로 두 사람에게 위탁 작품을 보냈다. 두 사람은 그해 겨울 그리스와 피카소의 전시를 계획하고 있었다. 워싱턴스퀘어갤러리가 칸바일러의 사업을 위한 피난처 역할을 제대로 해낼 수 있을지는 아직 의문이었다.

독일의 프랑스 침공이 임박했을 때 칸바일러는 브레너와 연락했다. 브레너는 곧 파리를 떠나 미국으로 돌아가려던 참이었다. 칸바일러의 어려운 상황을 이해한 그는 이것이 특별한 기회임을 감지했다. 칸바일러는 당장 자신의 갤러리와 차단된 상태였고, 전쟁의 시작으로 유럽의 예술시장은 사실상 얼어붙었다. 브라크와 피카소, 그리스, 드랭의 작품 수백 점이 파리의 칸바일러 갤러리에 보관되어 있었다. 그는 말했다. "그 작품들을 뉴욕으로 가져가게 해주십시오."[25] 더 나아가 브레너는 칸바일러에게 뉴욕으로 와 그들의 갤러리를 바탕으로 사업을 해보라고 제안했다.[26] 칸바일러에게는 구미가 당기는 제안이었을 것이다. 미국은 부유한 중립국이었고, 그림이 안전한 곳에 자리를 잡으면 그는 자신의 작품에 얼마든지 접근할 수 있을 터였다. 게다가 그것들은 퀸과 그의 친구들이 뉴욕에 진보적인 현대예술을 위한 영구적인 발판을 마련하고자 노력하던 시점에 미국 땅에 도달할 것이었다. 파리의 정보원에게서 들은 바에 따르면, 브레너가 그 작품들을 파리 밖으로 가져가는 것은 그리 어려운 일이 아니었다. 칸바일러는 다음과 같이 회상했다. "내가 원했다면 친구들을 통해 뤼 비뇽의 작품들을 어렵잖게 옮길 수 있었을 것이다."

하지만 칸바일러는 이 제안들 중 어느 것도 받아들이지 않았다. 그는 새로운 예술에 대해서는 기꺼이 큰 위험을 무릅쓸 준비가 되어 있었지만, 이상하게도 자신의 사업과 관련한 융통성이 부족했다. 전쟁 이야기로 휴가를 방해받지 않으려 애썼듯이, 독일군이 빠르게 파리로 진격해오는 이 순간에도 칸바일러는 자신이 사업을 일군 도시를 버리고 떠나기를 거부했다. 그것은 결코 상상할 수 없는 일이었다. 그는 전쟁이 크리스마스 전에 끝날 거라고, 그러면 다시 뤼 비뇽으로 돌아가 모스크바와 프라하, 베를린에 있는 오래된 고객들에게 작품을 판매할 수 있을 거라고 여전히 믿고 있었다.

그는 작품 중 일부만을 뉴욕으로 보내는 것도 거부했다. "아니, 아니요," 그는 브레너에게 말했다. "그래서는 안 됩니다. 그림들은 원래 있던 곳에 두어야 해요. 어쨌든 그 작품들에는 아무 일도 일어나지 않을 겁니다!"[27]

뉴욕 『선』지의 대담한 미술비평가 헨리 맥브라이드는 특별한 이력을 가
진 인물이었다. 사춘기를 펜실베이니아 남부의 기숙사에서 보낸 그는
40대 중반 신문 칼럼니스트가 되기 전까지 식물 종자 목록의 삽화가,
동남부의 이민자 아이들을 가르치는 교사, 대서양을 횡단하는 선박의
축산 검사관 등 다양한 직업을 거쳤다. 다른 동료들과 달리 맥브라이드
는 동시대 파리 예술계에 대해서도 알고 있었으니, 마티스의 작업실을
방문하는 등 피카소 세대의 예술가들 중 많은 이들과 친분을 나누었다.
그리고 〈아모리 쇼〉를 가까이에서 지켜본 그는 많은 미국인들이 현대예
술에 대해 느끼는 독특한 불안감을 날카롭게 인식했다.

　　하지만 전쟁이 시작되고 맞이한 첫번째 겨울, 뉴욕 주변을 돌아
다니면서 맥브라이드가 받은 인상은 혁신적인 작품에 대한 익숙한 저
항이 아니었다. 오히려 파리의 "야만인들"이 갑자기 5번 애비뉴를 장악
한 듯 보였다. 과거 보수적이었던 몽트로스갤러리Montross Gallery의 세
전시실에는 마티스의 작품이 가득 걸려 있었다. 더 멀리 떨어진 외곽에
서 어느 프랑스 이민자가 운영하는 부르주아갤러리Bourgeois Gallery는 브

라크와 드랭, 그리고 다수의 미국 모더니스트들의 작품과 나란히 반 고흐와 세잔의 작품을 소개했다. 워싱턴스퀘어갤러리는 칸바일러로부터 간신히 한 차례 작품을 위탁받는 데 그쳤지만, 코디와 브레너의 노력으로 뉴욕에 그리스와 디에고 리베라를 처음으로 자세히 살펴볼 기회를 제공했고, 이스트 44번 스트리트, 사교계의 젊은 여성 해리엇 브라이언트가 새로 문을 연 캐럴갤러리Carroll Galleries에서는 반 고흐부터 피카소에 이르는 프랑스 모더니즘의 흐름을 훑고 있었다.

어리둥절해진 맥브라이드는 독자들을 향해 이렇게 물었다. "과연 누가 입체주의의 귀환을 두고 사업성이 떨어진다 말할 수 있을까?" 그는 캐럴갤러리로 길게 줄지어 들어가는 "페르시아풍 옷차림에 하얀 구레나룻을 기른 신사와 사랑스러운 숙녀들"의 행렬을 지켜보았다. 스티글리츠의 291을 자주 드나들던 이들과는 다른 사람들이었다. 파리에서 도착한 가장 대담한 최신의 회화와 드로잉을 얼마간 소개한 브라이언트의 전시는 같은 거리에 있는 뉴욕 주류사회의 보루인 델모니코Del-monico를 자주 방문하는 미드타운 군중들을 끌어당겼다. 맥브라이드의 표현에 따르면, 사람들은 5번 애비뉴로 가려는 생각으로 레스토랑에서 일어났지만 "어떤 보이지 않는 힘"이 그들을 브라이언트의 아방가르드 갤러리로 끌어들였다. "이상하지 않은가?"[1]

어느 모로 보나 갑작스러운 갤러리 붐은 현대예술을 뉴욕에 들여오려는 퀸과 그의 친구들이 기울인 노력에 대한 강력한 승인이었다. 일부는 전쟁의 영향도 있었다. 퀸의 친구 그레그가 『배니티 페어』에서 주장했듯이, 새로운 예술에 관한 한 파리와 모스크바, 베를린이 "폐업 상태"가 되면서 뉴욕이 "회화와 조각 작품이 보여지고 논의되고 구매되는 곳"으로 자리매김한 것이다.[2] 동시에 피카비아와 뒤샹 등 아직 소수에 불과하지만 점차 그 수가 늘어가는 외국인 예술가들이 미국에서 종전을 기다리기로 결정하면서 이 나라를 비상한 새로운 예술로 안내했다. 한때 풍경화가였던 데이비스는 너무 많은 아이디어를 흡수한 나머지, 맥브라이드에 따르면 "후기인상주의, 입체주의, 역동주의, 심지어 해체주의까지 (……) 한 그림 안에 전부" 집어넣었다.[3] 더하여 새롭게 등장한 갤러리들은 현대예술작품에 대한 세금을 폐지한 퀸의 운동에도 큰 빚을 지고 있었다. 퀸의 노력이 유럽에서 온 새로운 회화와 조각 작품의 전시와 판매를 가로막는 중요한 장벽을 하룻밤 사이 제거해 준 터였다.

하지만 대중의 취향을 변화시키고 그러한 상황을 지속시키는 "보이지 않는 힘"에 대해서는 설명하기가 훨씬 힘들었다. 스티글리츠는 여러 해에 걸쳐 이들 중 많은 예술가들의 작품을 소개했으나 거의 판매하지 못했고, 〈아모리 쇼〉 또한 많은 관심을 받았음에도 상업적인 성공은 거두지 못했다. 그런데 이제 뉴욕 사람들이 새로운 회화 작품을 소개하는 수많은 전시회에 다닐 뿐 아니라 작품을 적극적으로 구입하기 시작한 것이었다. 변화의 속도가 너무나 빨라 그레그는 퀸이 의회에서 내놓은 예측이 이미 실현되고 있다고 다급히 결론 내리고, 『배니티 페어』의 기사를 통해 뉴욕이 이제 "세계의 새로운 예술 중심지"라 선언했다.

사실 이 붐의 또다른 원인이자 보다 간단한 이유는 다름 아닌 퀸의 활약이라 해야 할 것이다. 그즈음 퀸은 뉴욕에서 〈아모리 쇼〉를 지원하고 거의 혼자의 힘으로 미국 정부의 세법 개정을 이끌어낸 인물, 즉 현대예술을 선도하는 후원자로서 명성을 떨치고 있었다. 그해 겨울과 봄 내내 뉴욕 사람들이 현대미술 전시회의 폭발적인 증가와 새로운 갤러리의 급증, 뉴욕으로 몰려드는 외국인 예술가들, 더불어 이러한 상황과 관련한 진보적인 잡지와 비평가들의 보도에 경탄하는 동안, 거의 모든 부분에서 퀸의 영향력을 어렵지 않게 찾아낼 수 있었다. 〈아모리 쇼〉에서 그랬듯 퀸은 전시를 띄워주었고, 비평가 친구들에게 부탁해 전시에 대한 글을 쓰게 했으며, 전시를 보도하는 현대적인 매체에 보조금을 지급했다. 미국으로 온 유럽의 화가들에게 일거리를 찾아주고 저녁을 대접하고 필요할 경우 자금을 대준 사람도 퀸이었다. 뒤샹의 경우, 퀸은 그가 뉴저지 해변에서 일주일의 휴가를 보낼 수 있게 해주었다(퀸은 이렇게 회고했다. "뒤샹이 너무 말라 보여서 나는 그를 스프링레이크로 초대했다"[4]).

그렇지만 퀸이 시장을 움직이는 주요 원동력이라는 사실을 어느누구도 깨닫지 못하는 것 같았다. 몽트로스갤러리가 대규모 마티스 전시를 개최했을 때 퀸은 비평가 친구들을 설득해 전시에 대해 글을 쓰게 했을 뿐 아니라 전시된 작품 중 가장 중요한 두 점을 구입해 집으로 가져왔다. 다른 작품은 거의 판매되지 않았지만 그의 구매로 인해 이 전시는 상업적인 성공을 거둔 듯 여겨졌다. 한 달 뒤 몽트로스갤러리를 다시 찾은 퀸은 당시 현대미술작품의 가격치고는 어마어마한 금액인 2800달러를 데이비스와 쿤, 찰스 프렌더개스트, 모턴 스챈버그 등의 작품 구입에 투자하며 홀로 이 도전적이고 새로운 미국 미술전을 구해냈다. 이와 같은 대규모 구입은 그해 봄 내내 이어졌으니, 몽트로스갤러리 전시를 찾은 다른 사람들도 있었지만 작품을 구입한 사람은 퀸 한 명뿐이었다.

워싱턴스퀘어갤러리에서도 퀸의 지원은 생명줄과도 같았다. 갤러리가 막 문을 연 1914년 봄, 이미 퀸은 코디와 브레너가 칸바일러로부터 처음 들여온 드랭과 피카소의 판화 시리즈를 구입한 터였다.[5] 그리고 얼마 지나지 않아 브라크의 입체주의 정물화 몇 점과 그리스가 수학적 영감에 힘입어 제작한 「카페의 남자」, 드랭의 자화상을 구입했다.[6]

더하여 퀸은 브란쿠시의 조각 작품 한 쌍—곧 세계에서 가장 중요한 아방가르드 조각 작품 컬렉션을 이루는 토대가 될—을 포함해 스티글리츠에게서도 점차 더 많은 수의 작품을 구입하고 있었다. 하지만 맥브라이드의 호기심을 강하게 불러일으킨 고급 전시장인 캐럴갤러리에서 그의 활동은 더욱 열정적이었다. 2월 캐럴갤러리가 미국의 모더니스트 모리스 프렌더개스트의 전시를 개최했을 때 퀸은 한 번에 열여섯 점의 회화 작품을 집으로 가져옴으로써 전시의 성공을 어느 정도 보장했다. 이어 3월과 4월에는 라울 뒤피의 야수주의 작품 네 점과 뒤샹의 「체스 두는 사람들」, 입체주의 이론가 알베르 글레이즈의 작품 한 점, 자크 비용의 입체주의 회화 세 점을 구입했는데, 이 모두가 거의 한 전시에 나온 작품이었다.[7]

　　때때로 퀸의 광적인 작품 구매는 시장 그 자체를 의미했다. 스티글리츠의 동료로 1911년 피카소의 전시를 조직했던 데 사야스는 1915년 중반 모던갤러리Modern Gallery를 개관하기로 마음먹었다. 그는 일군의 새로운 거래상들이 거둔 확실한 성공을 주시하며 291과는 달리 자신의 갤러리가 최고의 새로운 예술을 주류 컬렉터들, 또는 그의 말마따나 "구매력 있는 대중"에 제공함으로써 "빚 없이 운영"되리라 확신했다. 경제적 지원을 받은 데 사야스는 반 고흐, 피카소, 브라크, 드랭, 브란쿠시, 마리 로랑생—우아하고 길쭉한 외모로 잘 알려진 아방가르드 화가이자 전쟁 전 브라크와 피카소 그룹의 일원이었던—에 집중하여 무척 인상적인 일련의 작은 전시들을 개최할 수 있었다. 하지만 "구매력 있는 대중"에 대한 그의 기대는 오판이었다. 그는 훗날 다음과 같이 말했다. "갤러리를 운영한 3년 사이 단 두 사람만이 작품을 구입했다. 갤러리가 그림을 구입하는 장소임을 잘 아는 데이비스, 그리고 그저 작품을 사고 또 사는 퀸이었다."[8]

1915년 봄, 캐럴갤러리에서 있었던 피카소 작품의 대량 구매만큼이나 새로운 거래를 촉진하기 위한 그의 노력을 제대로 보여주는 사례는 찾기 힘들 것이다. 그 규모는 정말이지 미스터리할 정도였다. 전쟁이 시작되었을 즈음 피카소의 작품은 미국에서 전혀 주목을 받지 못했다. 스티글리츠가 기획한 1911년 전시는 여든한 점의 미판매 드로잉을 남기며 무참히 실패했고, 그로부터 2년 뒤 〈아모리 쇼〉에서도 작은 수채화 한 점이 데이비스에게 판매되는 데 그쳤다. 1914년 가을에 스티글리츠는 망명한 화가 피카비아로부터 입수한 피카소와 브라크의 새로운 작품 시리즈를 전시했지만, 역시 결과가 형편없어서 궁색한 변명을 내놓을 수밖에 없었다(그는 전무한 판매 실적을 "백만장자들이 모두 시 외곽으로 이사간" 탓으로 돌렸다[9]).

　　하지만 이듬해 3월 둘째 주에 브라이언트는 프랑스 현대예술을 소개하는 매우 야심 찬 전시를 개막했다. 갤러리측의 설명에 따르면, 이는 "그 기원부터 오늘날에 이르기까지 입체주의의 발전에 대한 완벽한 개관"을 제공하기 위해 기획된 전시였다.[10] 다소 거창한 구석이 없지 않은 표현이긴 하지만, 전시장은 과연 뉴욕에 거의 알려지지 않은 예술가들의 혁신적인 작품으로 가득했다. 반 고흐와 고갱의 후기인상주의 회화 작품 몇 점으로 시작된 전시는 로제 드 라 프레네, 알베르 글레이즈, 장 메챙제, 비용 등을 포함한 선도적인 입체주의 예술가 여섯 명의 동시대 작품들로 나아갔다. 하지만 가장 중요한 작품은 피카소의 특별한 작품군이었다. 청색시대부터 분석적 입체주의에 이르는 이 작품들 모두가 미국에서는 처음 소개되는 것들이었다. 전쟁 전 파리에서 피카소를 만나려다가 실패했던 맥브라이드는 놀라지 않을 수 없었다. 그는 『선』에 기고한 칼럼을 통해 "일곱 점의 피카소 작품이 포함된 대중 전시의 중대성"에 대한 관심을 촉구했다.[11]

깊은 인상을 받은 것은 맥브라이드만이 아니었다. 수많은 비평가들과 방문객들이 이 전시에 모여들었다. 뉴욕 최고의 인쇄업자가 찍어낸 멋진 장정의 도록에는 일곱 점의 피카소 작품에 대해 쓴 그레그의 글이 수록되었다("이 작품들의 고유한 아름다움과 힘을 보지 못하는 사람이 있다면, 그에게는 매우 안된 일이다"[12]). 더욱 놀라운 것은 전쟁중에 갤러리가 파리에서 이처럼 최신의 작품들(드로잉이 아닌 회화 작품)을 들여오는 데 성공했다는 사실이었다. 그럼에도 불구하고, 입체주의를 향한 과거 뉴욕의 반응을 고려하자면 피카소의 작품이 판매될 가능성은 낮았다. 분명 이 전시는 판매를 낳기보다는 대중과 낯을 트는 기회에 그칠 것이었다.

하지만 깜짝 놀랄 일이 일어났다. 전시 개막 직후 캐럴갤러리가 일곱 점의 피카소 작품 중 다섯 점이 이미 익명의 컬렉터에게 판매되었다고 발표한 것이다. 뉴욕 예술계 사람들은 놀라움을 금치 못했다. 피카소 작품 한 점을 구입할 미국인을 찾기도 매우 힘든 형편인데 비평가와 대중이 작품을 보기도 전에 일군의 작품이 판매되었다니, 상상할 수도 없는 일이었다. 심지어 경쟁 거래상들도 몹시 당황했다. 미국 전체를 통틀어 퀸과 데이비스처럼 20세기 현대예술을 진지하게 다루는 컬렉터들은 극소수에 불과했고, 그들이 누구인지는 이미 잘 알려진 터였다. 최근 피카소 작품 거래로 실패를 맛보았던 스티글리츠는 이 수수께끼를 풀고자 하는 마음에, 3월 중순의 어느 날 브라이언트를 직접 만나보기로 했다.

로젠베르그가 센강 우안에 낸 상점과 칸바일러가 뤼 비뇽에 낸 가게 앞에 딸린 공간의 차이만큼이나, 실내장식과 고객이라는 측면 모두에서 캐럴갤러리는 스티글리츠의 291 전시장과 달랐다. 한때 디자인 스튜디오가 자리잡았던 널찍한 공간에 조성된 캐럴갤러리는 세련되고 화려한 분위기를 짙게 풍겼다. 291이 무시무시한 프로메테우스라면 이곳은 매혹적인 페이토 같았다. 벽에는 회색 실크가 둘리고, 작품들은 널찍한 두 개의 주요 전시실에 여유롭게 배치되었다. 전시를 위해 세심하게 계획된 일종의 풍요로움이 갤러리 전체에서 느껴졌다. 맥브라이드는 그곳을 방문한 뒤 다음과 같은 글을 남겼다. "은빛 벽에 걸린 색색의 그림들은 자세히 살피기도 전에 그것들이 아주 맵시 있고 중요하며 '진짜'인 듯한, 설명하기 어려운 분위기를 띠고 있었다."[13] 모든 면에서 반상업적 순수주의를 표방하는 스티글리츠와는 정반대의 모습이었다.

동시에 스티글리츠는 이 갤러리의 젊고 기획력 있는 경영자 브라이언트에게 감탄하지 않을 수 없었다. 키가 크고 늘씬하며 말쑥하게 차려입은 인물, 한 세기 뒤 세계적인 화랑계를 이끄는 터줏대감이자 선구자가 될 브라이언트는 당시 뉴욕에서 활동하는 사실상 유일한 여성 거래상이었다. 예술계 경력이 없음에도 그는 놀라운 성공을 거둔 듯 보였다. 스티글리츠는 노력을 기울여보았으나 피카소 작품 판매의 수수께끼에 대해 조금도 알아내지 못했다. 이어 다른 동료를 보내 알아보도록 했을 때, 브라이언트는 구매자 이름을 밝히지 말아달라는 철저한 당부를 받았다고만 대답했다.

스티글리츠가 브라이언트에게서 캐내지 못한 정보를 퀸은 가까운 친구 비평가 허네커에게 은밀히 털어놓았다. 전시가 개막하고 며칠 뒤 퀸은 그에게 보낸 편지에 이렇게 적었다. "자네가 피카소 작품을 보았으면 하네. 순전히 우리끼리 얘기인데, 내가 그 전시 작품 가운데 다섯 점을 구입했어."[14] 퀸을 아는 사람들에게 이는 다소 이해하기 어려운 일이었을지도 모른다. 어쨌든 현대예술계에서의 그의 활동은 오랫동안 널리 알려져왔고, 그 자신 또한 홍보에 결코 반대한 적이 없으니 말이다. 더욱이 퀸은 이 전시에 세간의 관심이 모이기를 갈망했다. 가능한 한 많은 지인들을 설득해 전시장을 찾게 했고, 도록을 여러 권 발송하며 피카소에 대한 글을 칭찬하는 한편, 거기 전시된 작품들이야말로 "올 겨울 뉴욕에 소개된 것들 중 최고의 그림"이라 평가하기도 했다. 하지만 그레그와 허네커, 그리고 소수의 가까운 친구들을 제외하면 퀸은 누구에게도 전시 개막이 아직 2주 넘게 남은 시점이었던 2월 말 자신이 다섯 점의 피카소 작품을 구입하기로 결정했다는 사실을 밝히지 않았다.[15]

사실 퀸이 피카소 작품 구입을 비밀로 한 것에는 그럴 만한 이유가 있었다. 다른 갤러리에서도 그는 뉴욕의 주요 고객으로 재빠르게 자리잡은 상태였다. 하지만 이번 경우에는 그에게 더 큰 역할이 주어져 있었다. 전시에 앞서 작품을 구매했다는 사실이 분명하게 보여주듯이, 퀸은 브라이언트가 전시할 작품에 대해 미리 알고 있었다. 그는 갤러리 작품 판매 매출의 대부분을 책임졌을 뿐 아니라 갤러리 운영에 대해서도 세세하게 관여했다. 퀸이 피카소 작품을 일찍 구입할 수 있었던 것은, 그 자신이 직접 파리의 볼라르에게서 어렵게 구해 그것들이 미국에서 전시될 수 있도록 주선했기 때문이다. 캐럴갤러리에서 퀸은 단순히 주요 고객이 아니었다. 〈아모리 쇼〉에서 그랬듯, 그는 이 갤러리의 주요 후원자였다.

—

퀸이 브라이언트의 사업에 관여하기 시작한 건 1914년, 5번 애비뉴에 현대예술을 전시하는 영구적인 전시 공간을 설립하고자 했던 첫 계획이 수포로 돌아가고 몇 달 지나서부터였다. 그해 봄 그는 매력적인 실내장식가로 도심에서 자신의 디자인 스튜디오를 경영하던 브라이언트를 만났다. 브라이언트의 침착함과 풍부한 감식력에 깊은 인상을 받은 퀸은 그의 스튜디오를 새로운 유형의 갤러리로 바꾸는 일에 동참하기로 마음먹었다. 브라이언트는 예술계 경험이 부족했지만 두 사람의 협력은 상당한 이점을 제공했다. 퀸은 파리에 연줄이 있었고, 많은 예술가들과 알고 지냈다. 반면 브라이언트는 부유층과 편안하게 어울렸으며, 세련되고 매혹적인 공간을 만드는 일에 재능이 있었다. 그가 갤러리의 관리 업무를 맡는 동안 퀸은 배후에서 운영을 감독했다. 퀸은 현대예술 전문가를 추가적으로 투입하면서 파치를 이 일에 끌어들였다. 파치는 〈아모리 쇼〉 당시 퀸과 데이비스를 도운 신임 받는 동료로 파리를 잘 알았다. 갤러리를 퀸이 처음에 구상했던 미술관 같은 공간으로 만들 수야 없겠지만, 이 새로운 모험은 살아 있는 예술을 전혀 새로운 관객에게 소개하는 기회를 제공할 것이었다.

하지만 이때 전쟁이 발발하여 이들의 계획은 무산될 위기에 처했다. 믿을 수 없게도 독일군이 몇 주 만에 파리 외곽에 도달했고, 이내 영국과 프랑스의 사상자가 수만 명에 이르게 되었다. 퀸은 유럽의 친구들로부터 참혹한 상황에 대한 소식을 전해듣기 시작했다. 전쟁은 또한 퀸이 소개하고자 했던 예술가들을 전혀 새로운 방향으로 이끌었으니, 당시 예술가들 중 많은 수가 전쟁에 참여한 터였다. 퀸은 참전한 화가와 조각가들을 위한 기금 조성을 준비하던 런던의 현대미술협회장에게 편지를 보냈다. "전쟁은 정말 끔찍하고, 비극적이며, 말로 표현할 수 없을 정도로 공포스럽습니다. 기금을 모으고자 하는 당신의 계획이 실현 가능해질 경우, 나 또한 내가 할 수 있는 몫을 하겠습니다."[16]

상황을 고려하면 파리에 있는 작품을 모은다는 것이 불가능한 일로만 여겨졌다. 하지만 퀸은 미국에서의 전시 개최가 위협에 처한 예술가들을 지원하는 또다른 방법이 되리라 생각했다. 프랑스가 마른강에서 독일의 침공을 저지한 이후, 그는 상황이 충분히 진정되었으며 따라서 파치를 유럽으로 보낼 수 있겠다고 판단했다(경비를 절감하고자 그들은 몽트로스갤러리와 비용을 나누어 부담했고, 파치는 몽트로스갤러리를 위해 마티스 작품을 선별하기로 했다). 전쟁중에 유럽으로 파견되는 것은 실로 위험한 일이었으니, 퀸은 파치에게 미국의 전 대통령 루스벨트의 소개장과 함께 1100달러를 제공했다.[17] 여정은 순조로웠지만, 대다수의 갤러리가 문을 닫고 예술가들 또한 대부분 전쟁터에 나가 있었기에 파치는 작품을 구하는 데 상당한 어려움을 겪었다. 파치의 첫 파리 소득이 "병아리 눈물" 정도에 지나지 않다고 불평하면서, 퀸은 결국 볼라르에게 피카소와 다른 회화 작품을 양도해달라고 부탁했다. 이 작품들과 다른 곳에서 확보한 작품들을 바탕으로 그해 겨울 브라이언트는 프랑스 미술 전시를 세 차례 개최할 수 있었다.[18]

캐럴갤러리는 독특한 외관뿐 아니라 그 내용으로도 즉각적인 주목을 끌었다. 첫 전시에서 브라이언트는 새로운 예술을 "생기 없는 미술관이나 단조롭고 평범한 갤러리"가 아닌 "삶 자체와 사람들이 생활하는 공간을 암시하는 환경 안에" 두는 것을 목표로 삼고자 한다고 선언했다.[19] 사교적인 경영자에 의해 갤러리의 분위기는 더욱 고조되었고, 맥브라이드 같은 비평가들이 이 점을 알아차렸다. 퀸과 로젠베르그의 만남은 몇 년 뒤에나 이루어지지만, 아방가르드를 미국에 받아들이려는 그와 브라이언트의 노력은 로젠베르그가 한 해 앞서 파리에서 시작했던 일과 대단히 유사했다.

일곱 점의 피카소 작품이 포함된 세번째 프랑스 미술 전시회가 개최될 무렵, 캐럴갤러리는『배니티 페어』나『퍽Puck』같은 잡지들뿐 아니라『타임스』『선』『이브닝 포스트』등 일간지로부터도 주목을 받고 있었다. 브라이언트는 퀸과 점점 더 많은 시간을 보내게 되어, 그해 2월 입체주의 전시를 계획할 때는 퀸이 브라이언트를 리틀 이탈리아에서 열리는 마리오네트극에 데려갔고, 이어 뉴욕 라이로 떠나는 자동차 여행에도 모건의 희귀 도서 컬렉션을 담당하는 뛰어난 사서이자 책임자인 벨 다 코스타 그린과 함께 그를 초대했다. 브라이언트는 퀸과 그의 친구들과 함께 소규모로 저지 해변에서 휴가를 보내기도 했으니, 그해 봄 두 사람이 가까워지자 어느 순간 퀸은 그 진위여부와는 상관없이 두 사람이 연인 관계라는 소문을 잠재울 필요가 있다고 느꼈다.[20]

하지만 갤러리는 작품을 거의 판매하지 못하고 있었다. 브라이언트가 거둔 작은 성공은 압도적으로 퀸 개인의 구매 덕분이었다. 하나의 전시가 끝날 무렵이면 갤러리는 수많은 작품을 떠안았고, 그러면 다시 퀸이 그것들 중 많은 수를 구입하는 일이 반복되었다. 다섯 점의 피카소 작품을 구입하고 두 달 뒤, 퀸은 다시 전시장을 방문해 남은 두 점 중 빼어난 입체주의 회화 한 점을 추가로 구입했다. 또 한 전시 시즌이 끝날 무렵 브라이언트가 여전히 많은 양의 미판매 작품을 들고 있을 때도 퀸이 달려들어 앙드레 드 세곤자크의 작품 다섯 점과 레몽 뒤샹비용의 조각 다섯 점, 뒤피의 작품 아홉 점, 조르주 루오의 도자기 패널 한 점과 나체상, 회화 두 점, 오귀스트 샤보의 작품 세 점을 구입했다. 샤보는 퀸이 후순위로 꼽은 예술가였지만, 그럼에도 그는 샤보가 전장에서 싸우고 있으니 그를 지원해야 한다고 생각했다(퀸은 파치에게 다음과 같이 말했다. "이것이 그림을 사는 옳은 방식이 아니라는 건 나도 잘 압니다"[21]).

늦은 봄 퀸은 진보적인 예술작품을 무서운 속도로 모으고 있었다. 거의 매주 많은 수의 새로운 작품이 그의 9층 아파트로 배달되었다. 구입한 그림들은 손님방에 쌓였고, 조각들은 복도를 따라 줄지어 서 있거나 책상과 테이블에 어수선하게 놓였다. 브라이언트에게서 작품을 구매하는 속도에 불이 붙는 동안 다른 곳에서의 구매도 늦추지 않았다. 퀸은 캐럴갤러리에서 피카소 작품을 구입한 일을 모르고 있던 스티글리츠에게서도 주저하지 않고 작품을 자주 구매했다. 그해 여름 그는 스티글리츠로부터 또 한 점의 중요한 작품을 구입했으니, 피카소가 '아프리카' 시기의 초기 입체주의 양식으로 그린 수채화였다.[22] 퀸은 볼라르에게 보낸 편지에 이렇게 적었다. "올해 미국에서 나보다 현대예술작품을 많이 구입한 사람은 없을 겁니다."[23]

하지만 훨씬 인상적인 점은, 퀸이 그리 대단치 않은 재원으로 이러한 지배력을 손에 넣었다는 사실이다. 전설적인 업무 능력을 갖춘 월스트리트 최고의 변호사였던 퀸은 동급의 다른 변호사들에 비해 몇 배까지는 아니더라도 상당한 금액의 보수를 받았고, 때로는 한 건에 1만 달러가 넘는 돈을 벌어들이기도 했다. 그렇지만 구매력으로 따지자면 필라델피아의 컬렉터 앨버트 반스나 워싱턴 D.C.의 후원자인 필립스 같은 인물에 견줄 만한 수준은 아니었다. 그는 동업자에게 돈을 지불해야 했고, 꾸준히 돈을 벌기는 해도 전방위적인 문화 후원과 작품 구입—대체로 몇 천 달러를 넘지 않는 수준이었지만—을 종종 간신히 감당할 수 있는 형편이었다. 심지어 나중에 소득이 늘어났을 때도 그는 "르누아르 작품은 내가 감당할 수 있는 수준을 넘어선다"며 불평했다.[24] 실제로 볼라르에게 성공을 자랑하며 보낸 편지에서, 퀸은 그해 봄 2만 1500프랑(약 3800달러)에 구입한 여섯 점의 피카소 작품에 대한 첫 할부금을 "한두 달" 뒤에나 낼 수 있으리라고 알렸다. 퀸은 다음과 같이 설명했다. "이곳에서의 수집은 상당히 더디게 진행되고 있습니다."

비록 싼값에 이루어졌지만 퀸의 구매는 극적인 결과를 낳았다. 전쟁 탓에 사실상 여행이 불가능한 상황에서 그는 놀라운 속도로, 비록 그 수준이 들쑥날쑥하긴 하지만 대체로 뛰어나다 할 만한 아방가르드 예술작품들을 수집하고 있었다. 볼라르의 피카소 작품들만으로도 특별한 대어를 잡은 셈이었다. 여기에는 청색시대의 주요 작품뿐 아니라 장밋빛 시대의 걸작, 중요한 입체주의 작품도 두 점이 포함되었다. 동시에 퀸 본인의 예술 학습도 빠른 속도로 진척되었다. 〈아모리 쇼〉 기간에는 피카소와 브라크의 신선한 추상과 드랭과 마티스의 눈부신 색채에 불분명한 매력을 느끼는 정도에 그쳤다면, 이제 퀸은 이 예술가들이 예술 그 자체를 위한 중요하고도 새로운 경로를 제시하려 한다는 점을 이해하기 시작했다. 그가 한 지인에게 설명했듯이, 캐럴갤러리에서 전시되는 작품들은 이해하기 어렵지만 더이상 쉽고 편안한 진실이 없는 시대의 복잡성을 포착한 것들이었다. 퀸은 다음과 같은 글을 남겼다. "그 작품들은 이야기를 하는 그림이 아니다. 교훈을 말하지도 않는다. '정신 고양' 활동의 일부가 아니다. 이 예술가들은 회화나 조각 말고는 외부의 어떤 움직임에 대해서도 관심이 없다. 하지만 그들의 작품은 살아 있다."[25]

　　이제 퀸은 자신의 광범위한 전략이 과연 성공을 거두었는지에 대해 의심을 품기 시작했다. 미국의 여러 예술가에게는 자신의 작품 구입 활동이 종종 궁핍에서 벗어나게 해주는 유일한 수단임을 그는 잘 알고 있었다. 그해 여름 국외로 추방당한 조각가 제이컵 엡스타인에게 보낸 편지에서 퀸은 이렇게 말했다. "진보적인 사람들, 용기 있고 젊고 진취적이고 정직한 사람들의 작품이 전혀 판매되지 않고 있습니다. 그들 중 일부는 내가 지난해 예술계를 구했다고 말하더군요."[26] 유럽 예술가들에게 잔인한 진실은, 〈아모리 쇼〉 이후에도 미국의 다른 컬렉터들은 그들의 작품에 돈을 쓸 준비가 거의 되어 있지 않다는 점이었다. 퀸은 볼라르에게 말했다. "당신도 알다시피 이곳의 부유한 이들은 소위 옛 거장의 작품을 구입합니다. 반면 올해 현대예술작품을 판매하는 일은, 불가능하지는 않았을지언정 매우 어려웠지요."[27] 그동안 기울인 모든 노력에도 불구하고 퀸은 더이상 시장을 확장하지 못했다. 그가 곧 시장이었다.

　캐럴갤러리라는 경험은 특히 환상에 불과했다. 뉴욕 사교계를 매료시켰던 브라이언트의 매력은 그만큼 빠른 속도로 잊히는 듯 보였다. 퀸이 작품을 구매해주었지만 그는 많은 예술가들에게 여전히 돈을 지불하지 못했고, 갤러리는 곧 재정적인 문제를 겪게 되었다. 사람들이 캐럴갤러리에 매료된 요인은 상당 부분 우아한 공간에서 비롯한 것들이었는데, 그 공간에 드는 경비가 엄청났으니 브라이언트는 임대를 유지하기 위해 발버둥치다가 6월 첫 시즌을 겨우 마친 뒤 42번 스트리트의 공간을 비우고 시내의 더 작고 저렴한 장소를 찾아야 했다.[28] 한편 퀸도 골치가 아프기는 마찬가지였다. 유럽의 예술가 친구들을 달래는 일이 점점 그를 무겁게 짓누르기 시작한 것이다. 그들 대부분이 캐럴갤러리에 기여했지만 종종 아무 대가도 받지 못한 터였다. 이는 퀸과 브라이언트, 그리고 현대예술작품 거래에 얽힌 길고도 힘겨운 이야기의 시작이었다.

—

1915년 늦봄, 유럽의 전쟁이 미국에도 영향을 미치기 시작했다. 캐럴갤러리의 입체주의 전시가 끝나고 몇 주 지나지 않아 퀸은 그레고리 부인의 조카 휴 레인을 만났다. 젊고 뛰어난 영국계 아일랜드인 미술 거래상으로 프랑스의 현대예술을 아일랜드로 들여오고자 애쓰던 레인은 당시 업무차 뉴욕에 와 있었다. 두 사람은 금세 가까워져, 레인은 퀸에게 "내 맞수"라는 애칭을 붙여주기도 했다. 뉴욕에 머무는 두 주 동안 레인은 퀸과 그의 친구들과 어울려 식사를 하거나 경매장에 다니고, 브라이언트와 함께 슬리피 할로로 드라이브를 하며 예술에 대해 끊임없이 이야기를 나누었다(레인은 퀸이 구입한 피카소 작품에 대해 회의적이었지만, 퀸의 표현을 빌리자면 "샴페인이 어느 정도 효력을 발휘한 이후" 고갱 작품에 대해서는 공감을 표했다[29]). 레인이 떠나기 전날 밤 두 사람은 다시 식사를 함께했고, 그때 퀸은 레인에게 귀국 일정을 연기하고 더 오래 머물라며 그를 설득했다. 레인은 루시타니아호를 탈 계획이었는데, 워싱턴에 있는 연줄을 통해 독일이 이 영국 정기선에 대한 어뢰 공격을 암시했다는 소식을 들었다는 것이었다. 결국 두 사람은 그처럼 극단적인 일은 일어나지 않으리라 결론 내렸지만, 일주일 뒤 루시타니아호는 침몰했고 레인은 다른 1100여 명의 승객들과 함께 익사했다.[30]

이 끔찍한 사건이 퀸을 매우 힘들게 했다. 그는 레인의 죽음에 대해 자책하는 한편 독일에 거칠게 등을 돌려 결코 가라앉지 않을 증오심을 키우기 시작했다. 이후에는 독일의 현대예술작품 구매도 거절했는데, 그의 뛰어난 수집 활동에서 이는 보기 드문 맹점이 되었다. 동시에 루시타니아호 참사는 과거 어느 때보다도 그를 더욱 확고하게 프랑스 진영으로 이끌었다. 퀸은 프랑스와 영국을 원조하지 않는 윌슨 정부에 격노했고, 자신이 옹호해온 예술가들 중 많은 수가 전장에서 목숨을 걸고 있다는 사실을 점점 더 선명하게 의식했다. 브라이언트는 그해 봄 개최한 입체주의 전시 서문에서 다음과 같이 밝혔다. "전시에서 소개하는 아홉 명의 생존 예술가들 가운데 스페인인 피카소는 전쟁터에 나가지 않았다. 그러나 다른 여덟 명 중 여섯 명은 (……) 예술의 영토를 위해 힘겹게 싸우고 있다." 일부 예술가들은 이미 부상을 입은 상태였다. "드랭은 부상으로 인해 참호로 돌아갔고, 벌써 두 차례 부상을 당한 드라 프레네는 아직 병상에 누워 있거나 전쟁터로 복귀했을 것이다." 이어 브라이언트는 "이들 중 누가, 또는 이들 모두가 이 전쟁에서 죽지 않고 살아남을지" 모르겠다고 덧붙였다.[31]

10 전쟁중의 입체주의자들

1914년 가을 피카소의 오랜 서클은 파국을 맞았다. 당시 동료 화가들 대부분이 전쟁터로 떠났고, 떠나지 않은 이들은 많은 경우 피카비아처럼 프랑스에서 도망쳤다. 피카소로서는 그간 프랑스에서 한 번도 맞닥뜨리지 못한 상황이었다. 「아비뇽의 여인들」을 그릴 당시 가장 가까운 친구들과 멀어지긴 했지만, 이제는 아예 멀어질 친구조차 없었다. 이 고립감에 더하여 이민자라는 신분이 그를 더욱 불안하게 만들었다. 파리에 살면서 작업한 지 10년이 되었지만 피카소는 여전히 스페인 국민이었고, 프랑스를 위해 싸우지 않는 징집 연령대의 남성인 그를 사람들은 국가 질서에 기여할 정당한 지위를 갖지 못한 자로 의심했다. 남부의 다른 지역에 갇힌 같은 스페인 출신 동료 그리스는 추방의 위협까지 받고 있었다.[1]

하지만 다른 무엇보다 예술 세계에서 피카소의 삶을 지탱해오던 특별한 합의가 무너졌다. 피카소와 구엘은 아비뇽에 남아 프랑스군의 전쟁 준비를 지켜보며 매일같이 칸바일러로부터 연락이 오기를 기대했지만 아무 소식도 들리지 않았다. 피카소와 브라크의 작품을 찾는 컬렉터가 전무할 때에도 칸바일러는 여러 해에 걸쳐 두 예술가가 입체주의를 더욱 발전시킬 수 있게끔 보조금을 지급해온 터였다. 또한 피카소는 칸바일러가 보내오는 편지와 매일의 방문, 꾸준한 작품 구입뿐 아니라 가끔은 어지러운 개인사에 대한 효율적인 관리에도 의지하고 있었다. 2년 전 올리비에와 헤어지고 브라크와 칸바일러에게만 그 소식을 전한 뒤 홀연히 구엘과 피레네산맥으로 도망쳤을 때에도 칸바일러가 올리비에의 아파트에서 그의 물건을 옮겨왔고, 브라크는 피카소가 아끼던 스패니얼과 셰퍼드의 잡종견인 프리카를 데려와 그가 머물던 세레로 보내주었다.[2] 하지만 이제 칸바일러는 피카소에게 큰돈을 빚진 채 해외 어딘가에서 연락이 끊겨버렸다. 피카소로서는 하루아침에 유일한 안전의 원천을 잃은 셈이었다.

그사이 구엘의 건강이 악화되었다. 구엘은 오랫동안 편도염인지 기관지염인지 모를 막연한 질병을 앓고 있었다. 그 병은 결국 암으로 밝혀졌고, 그해 초 수술을 받았지만 결과가 그리 성공적이지 않은 듯했다.[3] 10월이 되자 불안감이 더욱 커져, 두 사람은 치료를 위해 파리로 돌아갈까 의논하기 시작했다. 피카소는 거트루드에게 보낸 편지에서 다음과 같이 말했다. "이곳 의사에게 진료를 받았지만 내가 잘 모르는 사람이라 완전히 믿지는 못하겠습니다." 마침내 11월 중순, 그들은 파리로 돌아왔다. 파리는 완전히 달라져 있었다. 구엘이 미리부터 걱정했듯이 "저녁 8시 이후에는 거리에서 인적을 찾아볼 수 없는 유령 마을 같았다".[4]

예술계는 특히 더 암울했다. 전쟁이 시작되고 몇 주 사이 독일군이 매우 빠른 속도로 파리로 다가오자 프랑스군은 택시기사들을 징집해 병사들을 전선으로 실어나르게 했다. 9월 1일 밤 수도 파리가 위협받는 가운데 프랑스 관리들은 루브르를 비우는 전례없는 조치를 취했다. 큐레이터들은 몇 시간 만에 「모나리자」와 니콜라 푸생의 「사비나여인들의 약탈」을 비롯해 가장 중요한 회화 및 조각 작품 770점을 남쪽의 안전한 피난처로 지정된 툴루즈행 특별열차에 실었다. 정부는 미술관의 모든 창문을 모래 자루로 틀어막게 하고, 이후 화학전의 위험에대비해 직원들에게 방독면을 나누어주었다. 루브르는 5년 뒤에나 전면재개방을 하게 된다.[5] 루브르의 작품 대피 이후 프랑스 정부는 파리를떠나 보르도에 임시 본부를 세웠다. 국가 사기 측면에 있어 나라의 지도자와 소중한 보물의 도피는 많은 이들에게 큰 충격을 안겼지만, 동시에 프랑스의 예술이 전쟁에 얼마나 깊이 연루되어 있는지를 보여주었다. 이어 3주가 채 지나지 않아 독일군이 포격해 들어와 13세기에 지어진 랭스대성당을 크게 훼손했고, 이는 문화 파괴의 악명 높은 상징이되었다.

미술관들처럼 파리의 갤러리들 역시 문을 닫았고, 갤러리와 일하는 예술가들은 물론 징집 연령대의 거래상들까지 모두 전쟁에 동원되었다. 로젠베르그는 새로운 대형 갤러리에 경력을 건 지 불과 몇 달만에 프랑스군 사령부로 배치되었고, 이미 입체주의의 중요한 후원자가 되어 있던 형 레옹스는 비행대에 들어갔다. 루브르의 선례를 따라많은 거래상들이 보유 작품들을 보호하고자 파리 밖으로 내보냈다. 마티스를 위시한 현대예술가들을 대변하는 베른하임죈갤러리Galerie Bern-heim-Jeune는 그림들이 담긴 상자 54개를 보르도로 보냈으며,[6] 볼라르는피카소의 작품을 뉴욕의 퀸에게 판매하는 한편 신중을 기해 결국 많은수집품을 루아르 계곡에 보관하기로 결정했다.

칸바일러는 대체 어떻게 되었을까? 뤼 비뇽에 있는 그의 상점은다른 갤러리들이 그렇듯 굳게 잠겨 있었다. 하지만 무언가 이상했다. 칸바일러는 내내 돌아오지 않았고, 그가 거래하던 프랑세즈은행의 갤러리 계좌는 텅 비어 있었다. 피카소는 곧 다른 거래상들이 보관하던 작품들과 달리 자신이 초여름에 보낸 뒤 아직 대금을 지불받지 못한 가장 최근작들을 포함해 칸바일러가 보유한 많은 작품들이 파리에 남아 있음을 알게 되었다. 그는 돈을 받지 못한다면 그림이라도 돌려받아야겠다고 결심했다. 하지만, 그토록 가까운 곳에 있음에도 피카소를 포함해 어느 누구도 그 작품들에 접근할 수가 없었다.

전쟁 발발 당시 로마에서 발이 묶인 칸바일러는 처음에는 이 시기를 잘 넘길 수 있으리라고 생각했다. 그러나 곧 프랑스와 독일 양쪽으로부터 추방당했다는 사실을 깨닫고 이탈리아 체류를 연장한 뒤 가족들을 시에나의 보다 저렴한 숙소로 보내 그해 가을을 지냈다. 상황이 묘했다. 프랑스에 있는 예술가들이나 독일과 동유럽의 고객들과 단절된 그에게는 돈이 거의 없었다. 독일인 병역기피자인 그는 만일 자신의 활동이 독일 당국에 알려질 경우 기소당할 위험을 각오해야 한다는 점을 알고 있었다. 심지어 독일에 있는 친척들과도 제삼자를 통해 소통해야 했다. 그럼에도, 그는 파리에 남아 있는 자신의 귀중한 작품들만은 안전하리라 여겼다. 그의 갤러리에는 그동안 기울인 노력의 총체가, 자신의 모든 경력을 걸고 과감히 선별한 예술가들의 아방가르드 회화 작품 수백 점이 보관되어 있었다. 그는 폭격을 염려하지 않았다. 임대료만 계속 치르면 모든 일이 순조롭게 마무리될 것이라고 생각했다. 브레너에게 한 말처럼, 전쟁 동안 자신이 어떤 어려움에 직면하든 그의 작품들은 갤러리에서 그를 기다리고 있을 터였다.

이는 크나큰 오판이었다. 기관총과 독가스 같은 기술혁신과 더불어, 세계대전은 현대예술작품을 포함한 사유재산의 처분이라는 측면에서도 일종의 분수령이 되었다. 반세기가 넘는 기간 동안 국제조약과 서구의 법규는 개인 사업이 신성불가침의 영역이요 외국인의 자산은 평시처럼 전시에도 침해될 수 없다는 원칙을 지지했다. 한 법학자의 말마따나, 문명국가들 사이에서 분쟁중 사유재산을 몰수하는 관행은 "적국의 여성과 아이들을 노예화하는 것만큼이나 시대에 뒤떨어진 일"로 간주되었다.[7] 하지만 1914년 독일은 다른 어떤 국가보다 해외에서 수많은 재정적 이익을 얻고 있었으며, 연합국 정부는 독일이 보유한 경제력을 핵심적인 위협 요소로 보았다. 전쟁에 돌입한 지 겨우 일주일이 지났을 때, 영국은 적국이 소유한 자산의 몰수를 목표로 삼은 일련의 법안들 가운데 첫번째 법을 통과시켰다. 그리고 9월 말 프랑스 정부는 특별히 프랑스에 있는 독일의 사업체와 자산을 대상으로 한 자체 법령을 발표했다. 1917년 가을에는 미국 역시 적국과의 무역에 관한 법안을 통과시킴으로써 이 흐름에 동참하는데, 그중 일부는 퀸에 의해 구체화되었다. 전쟁이 끝날 무렵 이 법령은 독일과 오스트리아가 소유한 5억 달러에 가까운 자산을 몰수하는 데 사용되었다.[8]

칸바일러는 독일 국적을 가지고 있었기에 그가 소유한 모든 것, 즉 갤러리와 은행 계좌, 개인 재산 및 회화 작품까지 전부 동네북 신세가 되었다. 물론 프랑스 정부가 파리에 있는 독일의 자산을 추적하기까지는 얼마간 시간이 걸렸으니, 그사이 칸바일러는 자신의 수집품을 구하고자 친구들과 협의를 시도할 수도 있었을 것이다. 하지만 그는 꼼짝도 하지 않았다. 몰래 프랑스 주변을 돌아다녀야 한다는 게 마음이 들지 않았던 것이다. 그는 이렇게 말했다. "나는 법을 존중하느라 어리석은 짓을 했다."[9] 작품들을 뉴욕으로 옮기자는 브레너의 제안을 거절한 지 몇 달이 지난 12월, 결국 프랑스 당국이 뤼 비뇽에 있는 그의 부동산과 그 안에 포함된 모든 것을 몰수했다.[10] 피카소와 브라크의 입체주의 정물화와 독일 군산복합체의 관계가 얼마나 미약한지와는 무관하게, 칸바일러의 창고에 있는 마지막 작품 한 점까지 이제는 모두 프랑스 정부의 소유가 되었다. 1914년 여름에 몰수된 작품의 수는 그 규모가 믿기 힘들 정도였다. 브라크 작품 135점, 피카소 작품 132점, 드랭 작품 111점, 블라맹크 작품 215점을 비롯해 그리스와 페르낭 레제의 작품 수십 점과 마놀로의 조각, 네덜란드계 프랑스인 예술가 케이스 판 동언의 작품이 포함되었다. 아방가르드 예술시장, 특히 입체주의 작품 시장이 매우 작았던 시절이라 사실상 경제적 가치가 그리 높은 것들이라고는 할 수 없었으나, 후대의 시점에서 보면 그야말로 놀라운 노획물이었다. 만일 칸바일러가 이 작품들을 지켰다면, 그의 전략은 역사상 가장 훌륭한 예술 도박으로 기록되었을 것이다. 칸바일러의 생애 말년에 이를 무렵, 전쟁 전에 모은 이 작품들의 가치는 10억 달러를 상회했고 그중 많은 것들이 전 세계의 미술관에 소장되었다. 훗날 올리비에는 다음과 같이 썼다. "전쟁이 일어나지 않았다면 칸바일러는 파리에서 가장 중요한 거래상이 되었을 뿐 아니라 엄청난 부를 얻었을 것이다."[11]

하지만 당시 칸바일러는 전쟁이 자신의 재산에 얼마나 큰 타격을 미쳤는지 알지 못했다. 그는 언젠가 이 작품들이 높은 평가를 받게 될 것이라는 확신을 바탕으로 자신과 일하는 예술가들의 작품을 7년에 걸쳐 모두 구입했고, 대부분을 보관했다. 그의 귀중한 수집물에는 입체주의와 야수주의의 전개 양상, 어떤 의미에서는 20세기 예술의 기초가 담겨 있었다. 파리 아방가르드가 예술의 역사를 바꾸어놓은 결정적인 시기에 이 선구자들이 제작한 핵심적인 작품은 유통되지 못했고, 그러한 상황은 이후 근 10년 동안 변하지 않았다. 심지어 제2차세계대전 때에도 하나의 화파 전체가 이와 같은 방식으로 사라진 사례는 없었다.

칸바일러의 예술가들은 대부분 전쟁에 휘말려 그의 갤러리에 무슨 일이 일어났는지 거의 알지 못했다. 파리에서 방황하던 피카소만이 분노했다. 자신의 작품을 돌려받지 못했을 뿐 아니라 사실상 시장이 거의 죽은 상태에서 새 작품의 판매도 가로막힌 터였다. 그는 칸바일러에게 모든 책임을 돌리며 압류 상태의 작품을 꺼내기 위해 프랑스 변호사에게 도움을 구하려 했으나 아무 소득도 얻지 못했다. 피카소가 파리로 돌아온 지 몇 주 지났을 때, 칸바일러는 가족을 이탈리아에서 중립국인 스위스로 이주시켰다. 베른에 있는 친구의 도움을 받아 전쟁 동안 스위스에 머물 생각이었다. 이때까지도 칸바일러는 전쟁이 끝나면 자신의 작품을 되찾고 예술가 그룹을 재조직할 수 있으리라는 기대를 놓지 않았다. 하지만 그에겐 피카소에게 지불할 돈이 없었고, 전쟁이 시작되고 몇 달 만에 가장 중요한 예술가인 피카소는 그에게 등을 돌렸다.

—

칸바일러와의 문제를 겪는 가운데 피카소는 암울해지는 전쟁 상황을 목도했다. 파리의 거리에는 부상당한 군인들이 넘쳐났고 잦은 공습도 이어졌다. 전쟁 초기 몇 달 동안 30만 명가량의 프랑스인이 목숨을 잃었다. 피카소는 전해 12월 말 포병연대로 들어간 기욤 아폴리네르에게 편지를 썼다. "나는 그저 이 전쟁이 끝나 자네와 우리의 모든 친구들이 건강히 돌아오기만을 바랄 뿐이네."[12] 하지만 전쟁은 끝나지 않았고, 곧 피카소는 흩어진 동료들 사이에서 우울한 소식을 전달하는 처지로 전락했다. 4월, 피카소는 참호 안에 있던 아폴리네르에게 편지를 보내 "드랭도 (……) 곧 전장으로 떠나야 한다"는 소식을 전했다. 전쟁이 발발하기 몇 주 전 아비뇽에서 만났던 "화가 두세는 목숨을 잃었다".[13] 훗날 아폴리네르가 포탄 파편에 맞아 부상을 당했을 때, 피카소는 가슴 뭉클한 목탄 드로잉으로 무공 십자 훈장을 단 채 머리에 붕대를 감고 있는 아폴리네르를 묘사했다.

피카소가 누구보다 걱정한 사람은 브라크였다. 브라크는 열정적인 애국심으로 전쟁을 받아들여 기관총사수 훈련을 받았으며 빠르게 두각을 드러냈다. 1915년 봄에는 벨기에 국경 근처에서 소대를 이끌기도 했다. 하지만 5월에 그의 부대원들은 총격전을 맞닥뜨렸고, 독일 포탄의 파편이 브라크의 헬멧을 정확하게 관통해 두개골에 박혔다. 충격으로 의식을 잃은 브라크는 양편 사이의 무인 지대에 쓰러졌다. 그의 부하들은 그가 죽었다 확신하고 군 지휘부에 알렸다.[14] 이후 만 하루가 지난 뒤, 들것을 운반하던 이들이 의식은 없으나 아직 숨을 쉬고 있는 브라크를 우연히 발견했다. 그가 과연 살아남을 수 있을지 그 누구도 확신할 수 없었다.

피카소는 파리의 군 고위 지휘부에 탄탄한 인맥을 가진 친구 로셰에게 편지를 써서 "브라크가 부상을 입었고, 그게 내가 아는 전부"라며 무슨 일이 일어났는지 알아봐달라고 간청했다. "당신은 브라크와 나의 우정에 대해서 잘 알지 않습니까."[15] 곧 알게 된 바, 브라크는 부상 때문에 일시적으로 시력을 잃었고 안압을 줄이기 위해 두개골에 구멍을 뚫어야 했다. 그가 마침내 파리의 병원으로 이송되자 겁에 질린 아내 마르셀은 피카소에게 브라크를 보러 같이 가달라고 부탁했다. 브라크의 상태는 결국 호전되었지만, 1년 동안 그림을 그리기는커녕 붓조차 들 수 없었다.

전쟁에 휩싸인 예술가들의 근심스러운 행보를 살피는 사람은 피카소만이 아니었다. 뉴욕에서 현대 회화 작품을 다량으로 구매하고 있던 퀸은 그 제작자인 예술가들 대다수의 출신 국가가 분열되고 있음을 날카롭게 간파했다. 전쟁이 시작된 지 몇 달 지났을 무렵, 그는 한 지인에게 말했다. "나는 다른 어떤 것도 읽거나 생각할 수 없습니다."[16] 퀸은 일손이 부족한 프랑스 야전병원에서 자원봉사를 하던 아일랜드인 친구 모드 곤으로부터 "심각한 부상을 입어 망가진 불쌍한 사람들"이 임시 처치만 받고 전쟁터로 돌려보내진다는 끔찍한 소식을 전해 들었다. 곤은 퀸에게 쓴 편지에서 이렇게 말했다. "이것은 인류의 자살행위입니다. 1킬로미터 전진할 때마다 공격군은 3만 명, 수비군은 그 절반의 인명을 잃습니다." 퀸은 사상자 중 많은 수가 자신이 열광하는 작가들 및 예술가들과 같은 세대라는 사실 또한 잘 알고 있었다. 5월, 곤은 퀸에게 다시 다음과 같은 내용을 써 보냈다. "프랑스의 젊은 예술가들과 지성인들까지 모두 전선에서 죽임을 당하고 있습니다."[17]

전쟁으로 퀸은 깊은 갈등에 빠졌다. 그는 프랑스의 용맹함에 감탄했고, 연합국 합류를 거부한 윌슨 대통령을 증오했다. 이 가혹한 교착상태가 몇 년 안에 끝나지 않을 것 같았으니, 자신이 옹호해온 예술가들을 포함해 많은 젊은이들이 전쟁에서 희생될 것이었다. 퀸은 곤에게 이렇게 써 보냈다. "아름다움을 창조하는 모든 예술가들이 이 순간 군인이 되어 있다니, 너무나 끔찍한 일입니다."[18] 뉴욕에서 열정적으로 작품을 구입하던 1915년 봄에 이미 그는 자신의 활동을 전쟁 관련 지원책의 한 가지 방법으로 보고 있었다. 그는 전장에 나간 예술가들에게 지지의 메시지를 때로는 돈과 함께 보냈다.

6월 초, 아방가르드 조각가이자 소대장인 앙리 고디예브제스카가 비미 고지의 악취가 진동하는 참호 안에 몸을 웅크리고 있었다. 3주 전 브라크가 공격을 받은 곳에서 불과 몇 킬로미터 떨어진 장소였다. 이제 막 스물셋이 된 그는 이미 두 차례 진급했을 뿐 아니라 독일 전선을 대담하게 기습한 공로를 인정받아 훈장까지 받은 터였다. 하지만 며칠에 걸쳐 격렬한 전투를 벌인 끝에 독일인들이 기계화된 대포를 가져왔고, 그때부터 그는 시시각각 부대원들을 잃기 시작했다. 고디예브제스카는 친구 파운드에게 보낸 짧은 편지에서 이렇게 말했다. "죽은 사람들이 곳곳에 널려 있는 소름 끼치는 곳이야." 독일의 기관총이 주변에서 땅땅 소리를 울려대면 그는 때때로 일어나 점차 줄어들고 있는 수류탄을 하나씩 던졌다. 쉴새없이 이어지는 근거리 전투로 인해 그는 감각이 무뎌지는 것을 느꼈으며, 자신이 손쉬운 표적이 될 수 있다는 걱정에 휩싸였다. 그러나 마음속에는 다른 생각도 자리하고 있었다. 런던에 남겨둔 자신의 조각에 관심을 보였던 뉴욕의 독불장군 변호사가 떠오른 것이다. 그는 자문했다. "퀸을 통해 성공을 거둘 수 있지 않을까?" 이것이 고디예브제스카가 남긴 마지막 몇 마디 중 하나였다. 이틀 뒤 그는 독일 경계선에서 돌격을 이끌던 중 머리에 총상을 입고 즉사했다.[19]

—

브라크와 고디예브제스카 같은 사람들이 사상자가 되는 동안에도 전쟁은 이들의 예술에 자양분을 공급했다. 전쟁 후 처음 맞이한 겨울의 어느 추운 밤, 피카소와 구엘은 거트루드, 토클라스와 함께 파리의 불바르 라스파유를 따라 걷고 있었다. 한 프랑스군 트럭이 큰 대포를 싣고 그들 곁을 지나갔다. 덜커덩 소리를 내며 나아가는 트럭을 보면서 피카소는 대포의 모습에 놀랐다. 대포는 분석적 입체주의를 거칠게 모방한 방식에 따라 회색과 녹색의 얼룩이 포개져 채색되어 있었다. 그는 외쳤다. "바로 우리가 저런 작업을 했습니다!"[20]

아주 틀린 말은 아니었다. 전쟁 초기에 프랑스군에서 일군의 예술가들이 대포를 위장하기 위해 모더니즘 기법을 실험하기 시작했고, 1915년 여름 이 노력은 세계 최초의 위장부대Section de Camouflage 창설로 이어졌다. 위장부대는 프랑스군의 장비를 위장하는 일을 담당했는데, 부대의 지휘를 맡은 한 예술가는 입체주의의 혁신이야말로 이 과업에 가장 적합한 것이라 생각했다. 그의 표현을 빌리자면 "입체주의는 대상을 보이는 그대로 그리지 않기" 때문이었다.[21] (피카소는 그 일에 흙색이 썩 효과적이지 않으며, 그보다는 색채가 풍부한 자신의 작품을 모방하는 게 좋았을 거라고 결론 내렸다. 전쟁터에 나가 있는 아폴리네르에게 보낸 편지에 그는 이렇게 썼다. "회색으로 칠한다 해도 형태가 유지되기 때문에 비행기에서는 대포류를 금방 알아볼 수 있어. 그보다는 마치 광대처럼 빨간색, 노란색, 초록색, 파란색, 흰색을 조금씩 사용해 밝은 색채 조각들로 만드는 편이 좋을 거야."[22])

퀸 또한 이 새로운 위장에 강한 흥미를 느꼈다. 고디에브제스카가 세상을 떠나고 몇 달 지났을 때 그는 과거 캐럴갤러리에 작품을 전시했던 세곤자크와 편지를 주고받기 시작했다. 전쟁터에 나가 있던 세곤자크가 퀸에게 그곳에서의 경험을 그린 드로잉을 보내면 퀸은 늘 그랬듯 국제정세에 대한 두서없는 논설로 답장했고, 그러는 사이 두 사람은 곧 가까워졌다(세곤자크가 훗날 전한 바에 따르면 퀸이 보내온 편지는 소대에서 아주 인기가 높았는데, 전쟁 소식에 있어 그가 프랑스 신문에 나오는 것보다 훨씬 더 객관적인 견해를 전해주었기 때문이다[23]). 1915년 말 세곤자크가 위장부대에 배치되었다는 소식을 전하자 이 부대에 매력과 호기심을 느낀 퀸은, 예술가들로 채워진 여단이라는 점에서 안전이 염려스럽긴 하지만 그래도 그의 예술이 "유용함"을 발휘하게 되어 기쁘다고 말했다.[24]

독일군도 현대예술의 군사적 잠재력에 주목했으니, 세곤자크가 프랑스의 무기 위장에 대해 배우던 때와 거의 같은 시기에 독일 표현주의자 프란츠 마르크는 서부전선 근처의 건초 다락에 숨어 군용 방수 외투를 자연을 모방한 무늬로 채색하고 있었다. 아내에게 보낸 편지에서 밝혔듯이, 그는 2000미터 떨어진 곳에서 독일의 무기를 알아볼 수 없게끔 "모네부터 칸딘스키에 이르기까지" 자신이 배운 모든 지식을 적용하는 데 여념이 없었다.[25] 그로부터 몇 주 뒤 마르크는 베르됭에서 전사했다. 한편 스위스계 독일인 예술가 파울 클레는 뮌헨 근처의 군 비행장에 배치되었는데, 이곳에서 그는 독일의 복엽비행기에 마름모꼴 무늬를 그려넣어 비행기가 하늘과 조화를 이루도록 만드는 일을 담당했다.[26] 피카소에게서 영감을 받은 대포가 클레가 그림을 그려넣은 복엽기를 공격한다니 오늘날에는 도무지 상상하기 어려운 일이지만, 현대 유럽 문화 가운데 문명을 뒤엎은 이 전쟁의 영향에서 자유로운 영역은 없었던 모양이다. 프랑스 정부는 칸바일러가 소장한 입체주의 회화를 적의 자산으로 간주해 동결하는 와중에도 입체주의의 개념을 무기에 활용했고, 실제 입체주의 예술가들을 소대의 지도자로 변신시켰다.

—

파리로 돌아온 피카소는 1915년의 상당 기간을 개인적인 비극과 싸우며 보냈다. 연초에 두번째 수술을 받은 이후 구엘의 건강은 계속해서 악화되었다. 2월에 피카소는 아폴리네르에게 소식을 전했다. "구엘이 거의 한 달 동안 병원에 입원해 있는데 (……) 매우 걱정스러워." 그리고 그해 늦가을, 구엘은 불로뉴숲 근처의 한 요양원에서 평소처럼 아무런 불평 없이 가만히 누운 채 숨을 거두었다. 긴 인생의 여정 중 많은 지점에서 피카소의 자기 몰두는 그 자신을 대단히 무심한, 심지어 냉담한 사람으로 만들었다. 하지만 구엘에 관한 일에서만큼은 달랐다. 구엘의 건강이 쇠하는 동안 그는 최고의 진료를 찾아다녔고, 병이 말기에 접어들었을 땐 구엘과 시간을 보내기 위해 매일 아침 지하철을 타고 파리를 가로질렀다. 피카소는 구엘 곁에 앉아 죽음을 눈앞에 둔 그의 모습을 그렸다. 불안감을 자아내는 기하학적이면서도 인상적인 초상화로, 그림 속에서 구엘은 생기의 흔적이 모두 사그라든 듯 보였다.[28] 이후 구엘은 눈을 감았다. 피카소는 거트루드에게 이렇게 전했다. "가여운 구엘이 세상을 떠났습니다."[29]

베르됭전투가 시작되었을 때 피카소는 인생에서 가장 암울한 시기로 접어들고 있었다. 결코 그룹을 이루겠다 마음먹은 적이 없음에도 그는 언제나 무리의 중심에 있었다. 하지만 그해 겨울 피카소는 저녁 무렵 닳아 해진 갈색 비옷을 입고 로통드 카페에 나타나 홀로 구석 탁자에 앉은 채 아무 말 없이 사람들이 오가는 것을 지켜보았다.[30] 불과 1년 반 전만 해도 그와 구엘은 브라크와 드랭 부부와 함께 아비뇽의 행복한 세상 속에 살고 있었다. 이제 그의 친구들은 전쟁터로 나갔고, 작품 거래상은 사라졌으며, 연인은 세상을 떠났다. 피카소는 더이상 작업을 할 수도, 구엘과 함께 지내던 작업실에 머물 수도 없다는 사실을 깨달았다. 곧 그는 몽파르나스를 완전히 떠나 교외에 집을 구했다. 그곳을 방문한 한 지인은, 피카소가 "입체주의를 완전히 내다버릴" 것이라 생각했다.[31]

—

이 생각은 틀렸다. 하지만 피카소의 세계가 변하고 있다는 점만은 분명했다. 피카소조차 전쟁이 끝난 뒤에 알게 된 사실이긴 하지만, 그는 이미 대서양 건너편에서 중요한 새 후원자를 얻은 참이었다. 볼라르가 소장한 일련의 피카소 작품을 포함하여 예술품 구매에 있어 기록적인 시즌을 보내고서 1년 뒤, 예술에 대한 퀸의 생각은 중대한 방향 전환을 시작했다. 그때까지는 수준이 천차만별인 미국과 유럽 예술가들의 작품을 엄청난 규모로 구입해왔으니, 퀸 자신도 비평가 허네커에게 "너무 많다"고 말할 정도였다. 뉴욕의 갤러리에 돈을 쏟아붓고, 현대적인 언론매체에 자금을 대고, 프랑스에 돈을 보내고, 전선에 나간 예술가들에게 편지를 쓰는 사이 빚이 쌓여가 이제는 지급에 대해 걱정하지 않을 수 없었다. 그는 자신이 "거의 파산 상태"에 이르렀다고 털어놓았다.

이제 퀸도 자신이 너무 광범위하게 그물을 놓은 것은 아닌지 의문을 품기 시작했다. 그동안 구입한 작품들 대다수가 위대한 예술이라는 이상을 촉진하기보다 '예술가들을 돕는' 일에 더 많은 기여를 해온 것 같았다. 그가 매우 대담한 새로운 미국 예술가들 중 일부를 지원한 것은 사실이다. 추상주의자 존 머린을 가리켜 "당대 가장 지적인 화가"라고 인정하기도 했다. 하지만 한 걸음 뒤로 물러나 생각해보면, 결국 그 모든 일에 무슨 의미가 있는지 불분명했다. 선택에 있어 엄밀함이 부족했다. 범위를 좁히고 새로운 작업을 이어가는 화가와 조각가들을 훨씬 더 엄격한 기준으로 선택해 그들에게만 집중해야 했다. 그중에는 포스터가 〈아모리 쇼〉에 대해 쓴 논평에서 지목했던 예술가들뿐 아니라, 파운드를 통해 비미 고지에서 맞이한 그 비극적인 죽음에 대해 전해들은 이후 자신이 한층 맹렬하게 추구해온 고디예브제스카와 같은 인물도 포함되었다. 퀸은 궁극적으로 중요한 예술가들은 이들이요, 이들의 예술이야말로 명멸하는 흥미 이상의 주목을 받을 것이라고 생각했다. 그가 허네커에게 말했듯이 "피카소와 마티스는 기억될 것"이었다.[32]

하지만 그의 노력에도 불구하고 이들은 미국에서 거의 진전을 이루지 못하고 있었다. 퀸은 몽트로스갤러리에서 마티스 작품을 구입한 거의 유일한 사람이었고, 캐럴갤러리에서 피카소 작품을 구입한 유일한 사람이었다. 심지어 고디예브제스카는 짧은 생애 동안 유럽에서조차 조각 작품을 한 점도 판매하지 못했다. 브라이언트가 뉴욕 사람들에게 소개하고자 한 입체주의의 경우, 가장 중요한 작품은 프랑스 정부에 몰수되었고 예술가들은 전쟁터에 나가 있었다. 폭력적인 상황을 멈출 방도가 보이지 않는 가운데 뉴욕에서 펼친 "홍보 작업"이 더딘 진행을 보이자, 좌절한 퀸은 새로운 계획을 구상하기 시작했다. 그는 현재 시점에 맞추어 예술을 홍보하기보다는 미래를 위해 가장 대표적인 사례를 보존하는 일에 초점을 맞추기로 마음먹었다.

11 | 새로운 시작

"세상에! 나는 당신이 나이든 노부인일 거라 생각했는데요!" 퀸은 문을 열자마자 이렇게 내뱉었다.[1] 그의 앞에는 로랑생 작품에서 튀어나온 듯한 30대 중반의 흠잡을 데 없이 매력적인 여성이 서 있었다. 휴전하고 몇 주가 지났을 무렵 퀸은 포스터를 처음 만났다. 그동안 교류는 없었지만, 예이츠의 늙은 아버지를 간호해 회복시켜준 포스터의 노력에 대한 감사 인사로 저녁식사에 그를 초대한 터였다.

유럽에서의 전쟁이 끝나갈 즈음 예이츠의 아버지 존은 중병에 걸렸다. 퀸은 스페인독감일 수 있다는 생각에 그를 돌볼 최고의 간호사를 채용했다. 여든 살에 가까운 존은 자존심이 센 사람이었고, 돌봄 받는 생활을 완강히 거부했다. 대신 친구이자 시인인 포스터와 함께 있겠다고 고집하여, 퀸은 포스터에게 전화해 존을 돌봐달라고 부탁했다.[2] 이후 두 사람은 존의 회복 상황을 살피며 거의 매일 통화했지만, 그때껏 퀸은 포스터가 존보다 두 세대쯤 어리다는 사실을 알지 못했다.

퀸의 집 현관에 선 포스터는 즐거웠다. 그동안 숱한 이야기를 들어온 천재적인 사냥꾼이 자신의 눈앞에 선 채 말을 더듬고 있었다. 나중에 퀸 자신도 고백했듯이, 존이 펜과 잉크로 사랑스럽게 묘사한 포스터의 초상 스케치를 보내주었지만 그는 그림을 믿지 않았고, 그저 나이든 노인이 상상해 그린 것이겠거니 생각했다. 하지만 실제로 본 포스터는 그림보다 훨씬 더 사랑스러웠다.[3] 퀸은 포스터를 집 안으로 안내했다. 그들은 복도에 서 있는 브란쿠시의 「포가니 양」과 다른 매끈한 대리석 조각상들, 새로 도착한 책 무더기, 벽에 기대어 줄지어 선 회화 작품들을 지나갔다. 그러곤 마침내 이야기를 나누기 시작했다.

두 사람은 거의 즉각적으로 서로를 알아보았다. 포스터는 퀸의 서클에 속한 아일랜드, 영국, 미국의 작가 대부분을 만난 터였다. 그리고 퀸이 지원한 아일랜드 연극과 그가 출판을 도운 책, 그가 소유한 조각 작품에 대해 글을 쓰기도 했다. 포스터는 더블린을 방문한 적이 있었고, 퀸보다 파리에 대해 더 잘 아는 듯했다. 또한 매우 예리한 사고력을 갖추었으며 유창한 프랑스어를 구사했다. 존이 포스터와 함께하기를 갈망한 것도 놀라운 일은 아니었다. 그동안 절실하게 필요로 하던 새로운 시작이 눈앞에 있는 것 같았다.

전쟁이 끝날 무렵까지 일과 개인사가 더욱 빠르고 복잡하게 뒤얽히며 퀸은 녹초가 되었다. 아집이든 아니든, 그는 이제 법, 정치, 재정, 문학, 예술에 관한 각종 의무와 기대라는, 머리가 여럿 달린 뱀을 의식하고 있었다. 윌슨 행정부가 마침내 연합국 가입(퀸이 1915년부터 요구해온 조치였다)을 준비하면서 그는 전시 군수산업의 조세정책 협상부터 독일 소유 기업에 대한 제재 계획에 이르기까지, 일련의 대규모 정부 프로젝트들을 담당하게 되었다(미국이 전쟁에 참여한 바로 그날 퀸은 프랑스의 철학자 앙리 베르그송, 영국 대사 세실 스프링라이스 경과 함께 영국 대사관에서 점심을 먹고 있었다). 또한 여전히 아일랜드 독립 투쟁에 몰두하여 중요한 아일랜드인 두 사람, 비평가 러셀과 정치인 호레이스

플런켓을 고용해 새롭고 이상적인 아일랜드 헌법을 다루는 183페이지짜리 논문을 작성했고, 이 논문은 영국의 총리 데이비드 로이드 조지와 막강한 힘을 가진 외무장관 아서 밸푸어에게 전달되었다.[4] 한편 워싱턴에서는 그 자신의 오랜 "예술 투쟁"에 갖은 노력을 기울였다. 의회가 전쟁 재원을 마련하고자 1913년 퀸이 쏟아부은 노력을 무효화하고 예술 과세를 복구하려는 기미를 보이는 터였다. 더하여, 영국에 대해 점차 확장되는 인맥과 상당한 수사학적 능력을 바탕으로 그는 뉴욕에서 연합국의 대의에 대한 정치인들과 주요 사업가들의 지지를 결집시키기 위해 연설을 해오고 있었다.

그의 문화 행동주의도 변함없이 계속되었다. 허네커에게 시야의 폭을 좁히겠다는 결심을 밝히긴 했지만, 여전히 퀸은 수혜자가 당황스러워할 정도로 사방의 전시를 지원하는가 하면 파산한 갤러리와 화가들을 구제하고 있었다. 파운드는 퀸에게 이렇게 말했다. "당신은 분명 당신과 무관한 예술가의 빚을 갚으며 수표책을 손에 든 채 죽음을 맞이할 겁니다."[5] 퀸은 막 자신의 출판사를 시작한 크노프에게 유럽에서 발견한 작가들의 일을 맡기고자 공을 들였다(크노프는 퀸으로부터 엘리엇의 「J. 앨프리드 프루프록의 연가The Love Song of J. Alfred Prufrock」 인쇄본을 받고 며칠 뒤 다음과 같은 편지를 보냈다. "이 시가 훌륭한지는 잘 모르겠지만, 대단히 흥미롭다는 사실은 알겠습니다. 나는 이 시가 마음에 듭니다"[6]). 조이스의 작품에 대한 흥미를 불러일으키기 위해 『배니티 페어』에 미국 최초로 『젊은 예술가의 초상』 감상문을 기고하기도 했다.

뛰어나지만 장삿속과는 전혀 거리가 먼 마거릿 앤더슨이 유럽의 파운드로부터 종종 도움을 받아 발간하는 현대적인 저널 『리틀 리뷰The Little Review』는 특히 매력적인 매체였다(이 잡지의 모토는 "대중의 취향과 타협하지 않기"였다). 앤더슨의 주요 후원자였던 퀸은 주나 반스, 미나

로이, 윈덤 루이스, 예이츠, 셔우드 앤더슨의 작품 등 영어로 쓰인 매우 새롭고 예리한 산문 일부를 지원하기 위해 계속해서 수표를 발행했다. 더하여 퀸은 이른바 외설적인 소설을 출판해 검열법을 위반한 여러 건과 관련해 법정에서 『리틀 리뷰』를 변호하는 일이 잦았다. 1917년 가을 한 아일랜드인 친구는 퀸에게 이렇게 충고했다. "친애하는 퀸, 당신의 초를 너무 빨리 태우지 않기를. 우리는 모두 각자 하나의 초만 갖고 있을 뿐이니."7

그해 겨울 결국 일이 닥쳤다. 몇 주 동안 퀸은 위경련을 앓으면서도 과로 탓이라고 여겨 무시했다. 하지만 1918년 1월 상태가 심각해져 그는 직장출혈로 고통을 겪다가 마침내 시간을 내 전문의에게 진찰을 받았고, 결과는 끔찍했다. 아랫배에서 악성종양이 발견된 것이다. 처음에 퀸은 이 결과를 믿으려 하지 않았지만 다른 의사의 진단도 동일했다. 최대한 빨리 종양을 제거하는 것 말고는 선택의 여지가 없었다. 퀸은 겨우 닷새 만에 수술을 준비해야 했다. 수술을 한다 해도 차도가 없을지 몰랐다. 생각을 정리할 시간이 거의 없다시피 했다.

퀸에게는 상상도 할 수 없을 만큼 끔찍한 상황이었다. 불과 몇 달 전까지만 해도 거의 천하무적이라 느낄 정도로 강건한 마흔일곱 살의 사내 아니었던가. 이제 그는 임박한 죽음을 직시하는 한편 자신의 지난 삶을 찬찬히 돌아보았다. 뛰어나고 다양한 경력에도 불구하고 그가 씨를 뿌린 정원은 결정적인 혼돈에 놓여 있었다. 가장 소중히 여기던 계획과 프로젝트들 중 많은 수가 실패하거나, 미완이거나, 심지어 전혀 시작되지 않은 상태였다. 독립을 선택하여 중요한 판사직과 정치 직책을 거절하고 자신의 관심사를 추구했건만, 영속적인 유산은 거의 남기지 못한 채 힘든 자금 업무만을 맡아온 터였다. 문화적인 야망에 있어 그는 미국에서 현대예술을 위한 영구적인 교두보를 만들지도, 자신이 추구한 특별한 개인 컬렉션을 형성하는 데 다가가지도 못했다. 낭만적인 연애에도 불구하고 감정과 애정에 거칠게 저항한 까닭에 늘 고독했다. 그는 한 친구에게 유럽의 섬뜩한 참호전을 언급하며 자신이 "홀로 돌격하는 병사처럼" 느껴진다고 말했다. 뒤에서 지원하는 소대 없이, 그는 외로이 죽음을 응시하고 있었다.[8]

수술을 앞둔 며칠 동안에도 퀸은 일을 정리하느라 바쁜 시간을 보냈다. 짧은 유언장을 작성하던 그는 남은 친족인 여동생과 여동생의 어린 딸에게 가능한 한 많은 것을 남겨주겠다고 결심했다(유언장은 수녀원에 들어간 다른 여동생에게 맡겼다). 그의 부동산은 애처로울 정도로 변변치 않았다. 변호사 업무로 후한 보수를 받았지만 수입의 대부분을 문화 활동에 쏟아부은 탓에 재정 상태는 늘 지불액의 압박에 놓여 있었다. 그럼에도 그는 예술작품과 저작물 컬렉션을 확장해나갔다. 이미 미국에서 가장 중요한 현대 회화와 조각 작품들을 수집했으나 그 전체가 영원히 지속되리라 생각하지는 않았다. 동생과 조카에게 무언가라도 남기기 위해서는 작품들을 모두 판매하는 것이 나을 것이었다. 퀸은 유언 집행인에게 자신이 죽을 경우 컬렉션을 모두 정리하라고 지시했다.

결국 유언은 집행될 필요가 없었다. 적어도 아직은 아니었다. 뉴욕에서 가장 뛰어난 의사가 집도한 수술은 예상외로 성공적이었고, 종양은 제거되었다. 2주 뒤 퀸은 콘래드에게 보낸 편지에서 "기적과도 같은 성공적인 수술"이라 전했다.[9] 그렇다 해도 병원에서 5주를 보내고 이후 집에 와서도 몇 달간 더딘 치료의 시간을 보내며 길고 고통스러운 회복기를 거쳐야 했다. 다시 온전한 일상을 회복한 뒤에도 전해에 경험한 감정의 여파에서 좀처럼 벗어날 수 없었다. 그는 예이츠에게 이렇게 말했다. "나라는 사람이 완전히 변해서 엉터리 시인을 발견하는 족족 죽이고, 연극에 무관심하고, 예술가나 작가에 대한 흥미를 모두 접고,

억압받는 이들의 옹호자가 되기를 포기했으며, 워싱턴 광장 전체가 기소되고 재판에 넘겨져 유죄를 선고받는다 해도 전혀 개의치 않는다는 소문을 퍼뜨려준다면 내게 큰 호의를 베풀어주는 셈입니다."[10] 우주는 유한했다. 이제 그는 자신의 에너지를 아껴 중요한 것들만을 추구하기로 더욱 단단히 마음먹었다.

현관 앞에 서 있는 포스터를 만난 건 그의 육체와 마음이 이러한 상태에 있을 때였다. 당시 포스터 역시 과도기에 있었다. 전쟁 보도 이후 그녀는 뉴욕으로 돌아와 시집 두 권을 연달아 출간했고 (두번째 시집 『어제의 이웃들Neighbors of Yesterday』은 예이츠에게 깊은 인상을 남겼으니, 그는 이 시집을 앉은 자리에서 단숨에 읽고 포스터에게 "당신은 할말이 있군요"라고 말했다[11]), 우크라이나 출신의 10대 시인으로 몇 십 년 뒤 퓰리처상을 받게 될 마리아 자투렌스카를 발굴하여 지도하면서 문학 후원자가 되었다. 포스터는 늙고 병든 남편이라는 부담을 계속 지고 살았지만, 사실상 이들의 결혼생활은 오래전부터 간헐적인 부양 수준으로 축소되어 있었다. 포스터는 이 부양의무로부터 최대한 멀리 도망치고자 했으니, 전쟁이 끝난 지금 유럽과 다시 관계를 맺을 수 있기를 몹시 갈망했다.

대화를 나누면서 포스터는 퀸의 강렬한 열정에 매료되었다. 퀸이 런던과 파리에서 보내온 새 작품을 출간할 만한 출판사를 찾는 데 도움을 줄 수 있는지 묻자, 포스터는 곧바로 그러겠다 대답했다. 이후 몇 달 동안 두 사람은 엘리엇과 파운드 및 다른 작가들에 대해 논의하면서 서로의 또다른 공통점을 발견했다. 이미 퀸의 미학 세계에 발을 걸치고 있던 포스터는 곧 그의 판단력에 대한 전반적인 확신을 얻었으며, 새로운 모든 것을 받아들이는 빠른 흡수력, 그리고 법조계에서의 뛰어난 평판과 평범한 삶과의 끊임없는 부조화에 이내 마음을 빼앗겼다. 한번은 퀸이 포스터에게 친구 콘래드의 자전적인 단편 「개인적인 기록A Personal Record」을 보여주었다. 포스터는 콘래드의 "누구와도 견줄 수 없는" 재능과 "감정으로부터의 해방"에 동의하면서, 그가 "주로 열정 이상의 열정을 가진 사람들을 위해" 글을 썼다고 평했다.[12] 이러한 평은 아마 퀸에게 해당하는 이야기였을지도 모른다.

종종 자신을 능가할 정도로 잠시도 가만있지 못하는 활동적인 정신과 날카로운 세계관을 지닌 사람을 발견하자 퀸은 무장해제 되었다. 그는 과거의 연애에서 많은 특별한 여성들을 만났다. 유명한 사회철학자의 쾌활한 딸이자 미국의 대표적인 신문 편집인의 누이였던 서스비는 미국과 유럽에서 유목민처럼 자란 사람이었고, 귀족적인 극작가요 아일랜드 르네상스의 본보기인 그레고리는 퀸보다 무려 열여덟 살이나 연상이었다. 기량이 뛰어난 현대 디자이너로 미술공예운동의 주창자인 윌리엄 모리스의 딸도 만났다. 하지만 그때껏 포스터처럼 순전히 자신의 힘으로 운명을 개척한 사람을 본 적은 없었다. 포스터는 순수하게 투지만으로 가난한 산골 소녀에서 문화의 최첨단으로 올라섰다. 포스터에게 새로운 예술과 문학은 단순한 스포츠가 아니요, 불안한 정신을 위한 양식이었다. 포스터는 퀸에게 이렇게 이야기했다. "삶이 당신을 구속할 수 없어요. 당신은 자유로운 사람입니다."[13]

처음에는 문학을 중심으로 협업을 이어가다가 점차 회화와 미술로 그 범위를 확장하면서 포스터는 이내 퀸의 비밀 병기가 되었다. 거칠고 조급한 성격과 때로 불가능한 수준을 요구하는 까다로움을 가진 퀸에 비해 포스터는 차분함과 침착함을 갖춘 사람이었고, 여러 회의적인 출판사와 돈을 지급받지 못한 거래상들을 제대로 설득해낼 수 있었다. 더하여 포스터는 프랑스어를 구사하고 대서양을 수시로 횡단한 경험이 있어 전후 부상하는 국제정세에 대한 놀라운 통찰을 제공해주었다. 때로 포스터는 아침식사 자리에서 소송사건을 정리한 문서를 읽어 주면서 퀸의 법률 일도 살폈다. 법정에 메모 없이 서는 것을 선호하는 퀸은 그의 도움을 받아 소송사건을 암기했다. 어느 송사에서는 포스터 가 퀸과 협력 관계에 있던 프랑스 법률 팀을 감독하기도 했다(포스터는 파리에서 다음과 같이 보고했다. "이 변호사들은 당신을 매우 두려워하는 것 같군요"[14]). 포스터가 성인이 된 이후 포스터 주변의 남자들 대부분은 기혼여성인 그의 육체와 정신을 탐하려 들었다. 하지만 퀸은, 자아가 강한 사람임에도 불구하고 포스터의 독립적인 정신을 소중히 여겼다. 포스터가 나이든 남편을 돌보기 위해 잠시 그를 떠나 스케넥터디로 가게 되었을 때, 퀸은 "지옥에 있는 사람처럼 몸부림치고 있"지만 자신에게 화를 낼 권리가 없음을 안다고 말했다. 이에 포스터는 퀸에게 그가 자신의 전부라고 말했다. "당신이 나를 사랑하든 않든 상관없어요. 당신을 발견했다는 것만으로 내겐 충분합니다."[15]

포스터는 자신이 퀸의 후원 경력에서 핵심적인 새로운 국면으로 그를 이끌고 있음을 서서히 자각하기 시작했다. 두 사람이 만나고 몇 달이 지났을 때, 얼마 전 프랑스 군대에서 제대한 화가 세곤자크로부터 편지 한 통이 도착했다. 그 시기 퀸은 전쟁에서 잃은 예술가들과 작가들을 쓰라린 마음으로 기록하던 중이었는데, 그중에는 고디예브제스카와 전쟁이 끝나가던 참에 스페인독감으로 사망한 시인 아폴리네르, 퀸이 세계에서 가장 뛰어난 조각가로 꼽았던 뒤샹의 형 뒤샹비용도 포함되어 있었다. 뛰어난 입체주의자 드 라 프레네와 같은 예술가들은 살아 돌아왔지만 몸이 워낙 쇠약해져 다시 작업을 할 수 있을지조차 불분명 했다. 하지만 세곤자크는 무사히 돌아와 피카소와 브라크, 드랭, 잘 회복한 레제를 만났으며, 순수주의Purisme라 불리는 새로운 화파가 생겨나고 있다는 소식을 그에게 전해주었다.

퀸은 이 소식에 매료되었다. 당시 그는 드랭과 피카소의 회화 작품 다수와 브라크의 입체주의 정물화 몇 점을 소유하고 있었고, 레제의 작품 또한 익히 알고 있었다. 전적으로 직관적인 수준이긴 했지만, 그는 이들이 회화의 규칙을 전복하고 있으며 "예술 발전의 역사"에 있어 새로운 장을 써나가는 예술가 그룹의 일부라는 점을 이해했다.[16] 세곤자크가 받은 인상이 얼마나 단순화된 것이었는지와는 무관하게, 퀸은 전쟁의 잔해로부터 새로운 화파가 "탄생했다"는 소식에 흥분했다.[17] 바로 이것이 그가 뉴욕에서 갈망한 창조의 드라마였다. 하지만 동시에 그는 자신이 이 예술가들 중 누구와도 개인적인 관계를 맺지 못했으며 여전히 이들의 작품을 거의 보지 못했다는 사실을 실감하고 위축되었다.

퀸에게 부족한 것이 파리에는 있었다. 유럽에서 입지를 다지지 않은 채로 뉴욕에서 자신의 활동을 뒷받침하는 예술가, 비평가, 거래상들과의 우정을 유지하기란 매우 어려웠다. 하지만 동시에 그는 이것이 불가능하다는 사실을 알았다. 전쟁 전에도 쉴새없이 이어지는 업무로 인해 대서양을 넘나드는 여행이 매우 엄격히 제한되지 않았던가(관세 개정안이 통과된 뒤 퀸은 하원의원 언더우드에게 보낸 편지에서 다음과 같이 말한 바 있다. "굳이 이곳에 있을 필요가 없다면, 나는 파리로 가기 위해 모든 것을 내려놓을 겁니다"[18]). 게다가 유럽을 마지막으로 방문한 지 거의 7년이 지난 지금, 그는 위태로운 건강상태로 인해 다시 발이 묶여 있었다. 그에게 필요한 것은 이미 파리에 있는 사람, 즉 사람들과 관계를 맺는 재능과 명확한 취향, 새로운 예술과 예술가들에 대한 기대에 찬 관심을 공유할 수 있는 사람이었다. 포스터조차 많은 재능에도 불구하고 그런 일을 할 수는 없었다. 더욱이 퀸은 포스터가 자신 옆에 있기를 바랐다.

이후 1919년 늦여름, 퀸은 뜻밖의 흥미로운 사실을 알게 되었다.

전쟁중 뉴욕에서 만난 어느 특별한 프랑스인이 고국으로 돌아가려는 참이었다. 키가 크고 붉은색 머리칼을 가진 30대 후반의 남성 로셰는 프랑스 정부를 위한 전시경제 임무를 받아 미국에 파견되어 있었다. 하지만 그의 주요 관심사는 다른 곳을 향했다. 세상 물정에 밝은 그는 여러 언어를 구사했고, 상대방을 무장해제 시킬 만큼 성실하고 열정적인 사람이었다(그는 영어로 대화할 때 모든 말을 "좋아요, 좋아요, 아주 좋아요"로 마무리하는 습관이 있었다). 로셰는 또한 파리의 예술계에 대해서도 많이 알고 있는 듯 보였다. 9월 초 어느 일요일 퀸은 로셰를 점심식사에 초대했다.

처음 만났을 때 로셰는 퀸이 현대예술에 특별한 관심을 보인다는 것을 알았지만 뉴욕에 파견되어 있는 상황에서는 그를 도울 만한 일이 거의 없었다. 하지만 이제는 다시 파리로 돌아갈 터였고, 이에 퀸은 자신이 수집해온 회화 작품과 그와 관련한 어려운 상황에 대해 이야기하고 싶었다.[19]

퀸의 입장에서 로셰는 도무지 있을 것 같지 않은 이상적인 파트너였다. 그는 현대예술에 대한 퀸의 깊은 관심을 공유할 뿐 아니라 사람들을 상대하는 능력도 지니고 있었고, 파리에 있는 거의 모든 사람을 아는 것 같았다. 뉴욕에 오기 전에는 드랭, 브라크와 정기적으로 경기를 치르는 권투 파트너였으며, 피카소와는 그가 세탁선에서 페르낭드와 함께 지내던 시절부터 친하게 지냈다. 1905년 스타인 남매를 피카소의 작업실에 처음 데려간 사람도, 브라크가 전선에서 총상을 입었을 때 피카소를 도와 그의 안위를 확인한 사람도 로셰였다. 그는 또한 피카소가 궁핍할 때 유명한 파리의 패션디자이너 자크 두세에게 그를 소개하여 작품 몇 점을 구입하도록 설득하기도 했다.[20] 로셰는 사교적인 성향과 함께 지적으로도 넓은 영역을 아울러, 프랑스에서든 어디에서든 그의 관심권 밖으로 벗어난 예술가나 작가는 없는 듯했다. 거트루드의 관찰에 따르면 "그는 많은 훌륭한 일들을 했다. 그는 오스트리아 사람들과 함께 오스트리아 산에 올랐고 독일 사람들과는 독일에 갔으며, 헝가리 사람들과는 헝가리에, 영국 사람들과는 영국에 다녀왔다. 다만, 파리에서 러시아 사람들과 함께 지내긴 했지만 러시아에는 가본 적이 없었다".[21]

그 모든 여정에 있어 로셰는 또다른 위대한 소명을 추구했으니, 다름 아닌 여성이었다. 로셰는 50년 넘게 거의 매일 꼼꼼히 쓴 일기에 자신의 엄청난 성생활을 놀랄 만큼 솔직하게 기록했다. 퀸을 만날 무렵 그는 다음과 같이 적었다. "나에게 바람이 있다면, 그것은 언젠가 나의 인생 이야기를 카사노바처럼, 하지만 다른 방식으로 쓰는 것이다."[22] 일기에서 그는 자신의 성기를 '작은 남자'라는 의미인 "p.h.petit homme"로 지칭했으며, 다양한 상대의 이름을 위젤, 빅아이, 마호, 클리뇌르(깜빡이는 사람) 같은 암호명으로 나타내는 복잡한 지칭 체계를 발전시켰다 (그는 성기를 "나의 신"이라고 부르기도 했다). 하지만 자기 자신을 정복자로 여기지는 않았으니, 그보다는 관계와 관계의 복잡성에 매료되어 여러 상대와의 애정 관계를 많은 경우 수년에 걸쳐 유지했다. 관계가 식은 지 몇 년이 지난 뒤에도 옛 연인과 우정을 이어나갔다는 점에서는 퀸과도 아주 유사했다. 또한 친구들과 파트너를 공유하기를 좋아해서, 스타인은 이런 말을 하기도 했다. "그는 확실히 사랑을 하는 사람이고, 많은 사랑을 하는 사람이다. 사랑을 나누는 데 있어 아주 많은 사람들에게 상냥하기 그지없다."[23]

가끔은 예사롭지 않은 애정욕 때문에 난처한 상황에 처하기도 했다. 전쟁 전 로셰는 특히 독일에서 장기간 체류하며 가까운 친구인 독일 작가 프란츠 헤셀과 여자친구들을 공유했다. 또 그의 파리 아파트에서는 종종 외국인들을 볼 수 있었는데, 이러한 친구나 연인 들과 그는 종종 독일어로 편지를 주고받았다. 이에 전쟁이 발발하고 몇 주 뒤 로셰는 스파이로 오인받아 고발되었고, 반역죄 미결 혐의로 악명 높은 프랑스 감옥 콩시에르주리로 끌려가 결백이 증명될 때까지 2주 동안 감금되었다(사기꾼과 걸인, 알자스인 웨이터와 함께 갇힌 로셰는 곧 이들과 친구가 되었다. 그는 다음과 같은 글을 남겼다. "열흘째 되는 날 우리는 벽을 두드리는 소리를 통해 전쟁이 문제없이 진행되고 있다는 소식을 들었다. 하지만 그 대가로 옆방의 죄수들은 담배를 원했다"[24]).

프랑스 당국은 로셰의 특별한 재능이 전쟁 준비에 유용하리라고 판단했다. 로셰는 프랑스 군사령부에서 근무한 뒤 미국으로 파견되어 프랑스계 미국인 산업 장교를 보좌했다. 그러다 정부 일에 싫증이 나자 곧 전쟁 시기의 뉴욕 예술계에 뛰어들어 뒤샹과 친구가 되었고, 추방당한 화가 피카비아와 체스를 두었으며, 후원자이자 살롱 주인인 루이즈 아렌스버그와 사랑에 빠지는가 하면, 자유분방한 젊은 미국인 베아트리스 우드와 함께 단명한 다다 잡지 『블라인드 맨』을 발간하기 시작했다. 이런 활동이 한창 펼쳐지고 있던 1917년 봄에 로셰는 퀸이 주최한 예술가와 작가들의 대규모 모임에 참석했고, 그로부터 2년이 지난 지금 두 사람은 마침내 제대로 가까워지게 된 것이다.

—

식탁에 앉기 전 퀸은 로셰에게 자신이 소장한 회화 작품을 보여주었다. 아파트를 둘러본 로셰는 깜짝 놀랐다. 방마다 가구는 거의 없고, 벽을 향해 돌려세워진 채 두텁게 열 지어 늘어선 그림들만 보였다. 정면 침실에는 그가 젊은 시절에 수집한 아일랜드의 바다 풍경화가 있었고, 또 다른 방에는 오거스터스 존의 대형 작품과 다른 영국 동시대 예술가들의 회화들이 있었다. 머린, 찰스 프렌더개스트, 월트 쿤 같은 미국 신예 화가들의 회화도 대단히 많았다. 이어 그는 몇 개의 뒤편 침실에서 퀸의 컬렉션 중 핵심이라 할 만한 프랑스와 유럽 현대예술가의 회화 작품 수십 점을 발견했다. 퀸은 반 고흐와 고갱, 세잔의 작품을 그리 많이 갖고 있지는 않았지만 로셰에게는 그 한 점, 한 점이 모두 걸작으로 보였다. 그런 다음 아마도 가장 놀라운 컬렉션이 나왔다. 로셰 자신이 파리에서 알고 지내던 화가들인 브라크, 마티스, 드랭, 뒤피, 피카소의 중요한 작품 수십 점이 거기 있었다. 훗날 그가 표현한 바에 따르면 이는 "전쟁의 캔버스", 다시 말해 그것을 두고 전투를 벌일 만한 작품들이었다.[25]

하지만 퀸은 매우 불만스러워했다. 로셰에게 다양한 그림들을 보여주면서, 그는 자신이 소장한 작품들 중 많은 수가 이류라고 생각한다고 털어놓았다. 특별한 작품을 꺼내면서도 여러 차례 로셰에게 "나는 이 작품의 더 나은 버전을 원합니다"라고 말했다. 이어 자신이 바라고 필요로 하는 일련의 뛰어난 작품을 언급하며 로셰에게 자신을 도와줄 수 있는지 물었다. 그의 '정보원'으로 그림을 찾아 알려주고 그가 구입하는 각 작품에 대해 수수료를 받으면 어떻겠냐는 것이었다. 로셰가 적은 규모이지만 자신이 수집한 이들과 중복되는 상당한 예술가들의 작품을 수집했음을 알았기에, 퀸은 로셰 자신이 사고 싶은 그림을 골라 보여주되 그에게 먼저 작품 구입의 기회를 제안해주면 좋겠다고 덧붙였다. 이는 로셰의 취향에 대한 아첨 섞인 지지이자 일방적으로 그 자신에게 유리한 거래 방식이었다. 로셰는 할말을 잃었다. 그는 이미 파리의 폭넓은 인맥을 발판 삼아 예술가들과 컬렉터들을 연결하는 방식으로 현대예술품 거래에 손을 댄 참이었다. 한편 전시에 정부를 위해 맡은 임무를 마친 참이니 새로운 직업이 필요하기도 했다. 그리고 분명이 변호사는 스스로 바라는 바를 확실하게 인지하고 있었다. 하지만 로셰 자신이 과연 얼마만큼 해낼 수 있을지 불분명했다. 퀸이 원하는 회화 작품 중 일부는 너무 희귀하거나 예술가의 작업실에 깊숙이 숨겨져 있어서 구하기 어려울 것 같았다.

점심식사를 마친 뒤 로셰는 제안에 감사를 표하며 계속 연락을 주고받기로 했다. 이후 프랑스로 떠나기 전날 밤, 그는 퀸으로부터 편지를 받았다. 협력에 대한 의지를 재차 밝히는 내용이었다. "나는 가능한 한 본보기가 되는 일류 작품만을 구입하고자 합니다. 미술관 소장품 수준의 작품이나, 소위 '스타 작품'이라 불리는 것들 말입니다." 더하여 그는 작품 제안 과정에 대한 대략적인 개요를 설명했다. 로셰가 예술가들을 발굴하고 뛰어난 작품을 식별하여 퀸에게 자세한 설명과 함께 흑백사진을 보내면 퀸이 스스로 판단하는 방식이었다. 그는 로셰가 제안하는 작품 대부분을 거절할 수도 있다는 사실도 미리 경고했다. "당신이 글로 설명해준 작품들 중 많은 것들에 내가 관심을 보이지 않을 수도 있습니다." 나아가 그들의 협업이 어떤 결과를 낳든 로셰가 자신의 서클에 속하게 되었다고 암시한 뒤, "편할 때 소식을 전해준다면 기쁠 것"이며 그가 "최대한 삶을 즐기기"를 바란다는 말과 함께 편지를 맺었다.[26]

이튿날 아침 로셰는 배가 뉴욕항을 떠나기를 기다리면서 퀸의 편지를 다시 읽어보았다. 퀸이 제안한 내용은 어처구니없을 정도로 비현실적이었다. 그는 대부분의 제안을 탐탁잖게 여기는 까다로운 미국인 컬렉터를 대신해 일을 해야 할 뿐 아니라, 주요한 파리의 예술가들과 거래상들을 설득해 파리에는 와보지도 않고 그저 제안받은 작품에 대해 판단을 내리는, 심지어 그 판단에 몇 달이 걸릴지 모를 이 뉴욕 사람이, 그의 손에 작품을 들리기를 갈망해야 할 만큼 중요한 인물이라고 생각하게 만들어야 할 터였다. 하지만 퀸의 아파트를 방문했던 로셰는 그의 취향이 자신의 취향과 얼마만큼 닮아 있는지를 잘 알았고, 또한 퀸이라는 인물이 그가 소유한 작품들만큼이나 흥미롭다는 사실을 감지했다. 배가 아직 부두에 있을 때, 그는 급히 짧은 답장을 쓴 뒤 우편낭에 넣었다. "당신의 계획에 동의합니다."[27]

미국에서 미술관 수준의 진보적인 현대예술 컬렉션을 만들겠다는 퀸의 야망이 개인적인 걸림돌에 부딪쳤다는 사실을 로셰는 알지 못했다. 한편 포스터는, 퀸을 만나기 시작할 즈음 그의 건강상태가 그리 좋지 않을지 모른다는 생각을 했다. 질병과 죽음에 대해 병적인 두려움을 갖고 있던 퀸은 누구에게도 자신의 암에 대해 말하지 않았다. 그러나 보호대를 착용해야 했고, 그 자신의 표현을 빌리자면 궤양 수술 혹은 "문제"라는 간단한 단어로 지칭한 처치를 받아야 했다. 포스터는 분명 그 이상의 무언가가 있으리라 확신했고, 그와 만난 지 몇 달 뒤 담당 의사들에게 문의하자 그에게 남은 시간이 길어야 6년 정도일 것이라는 대답이 돌아왔다.[28] 퀸의 말마따나, 그가 맡아온 다른 어떤 일보다 "더욱 많은 시간과 더욱 큰 인내심"을 요할 계획을 위해서는 너무도 짧은 시간이었다.[29]

로셰가 파리에 돌아오고 몇 주가 지난 어느 날, 프랑스의 대표적인 보수 일간지 『랭트랑지장L'Intransigeant』의 기자 조르주 마르탱은 센강 우안의 세련된 거리를 걸어 약속 장소로 향했다. 특유의 잿빛 구름이 도시를 지붕처럼 뒤덮은 채 비를 뿌리고 있었지만, 그럼에도 마르탱은 걸음을 멈추고 이 거리의 부르주아적인 분위기에 감탄하지 않을 수 없었다. 근처의 작은 양품점과 반듯한 아파트들 사이에는, 프루스트의 성실한 가정부 셀레스트 알바레가 주인을 위해 "초콜릿이 들어간 무언가"를 사느라 밤늦게 찾곤 했던 라탱빌 제과점이 있었다.[1] 이 거리를 따라 더 올라가면 강화 콘크리트로 루이 16세 양식의 신고전주의를 표현한 현대적인 공연장 살레 가보Salle Gaveau가 나왔고, 프랑스의 전문 엘리트들을 위한 콩도르세고등학교Lycée Condorcet도 몇 분 떨어진 거리에 자리잡고 있었다.

고전적인 양식의 6층짜리 오스만 건물에 도착한 마르탱은 로비로 들어가 현대적인 엘리베이터를 타고 4층으로 올라갔다.[2] 한 층 전체를 차지한 아파트의 문이 열리더니 하녀가 그를 맞이하며 만나기로 한 사람이 금방 나올 것이라고 알려주었다. 마르탱은 식당으로 안내되었다. 쪽모이 세공을 한 바닥에 루이 필리프풍 원형 탁자가 놓여 있고 창문에는 거즈 커튼이 달린 곳이었다. 사이드 테이블 위의 새장에는 잉꼬한 마리가 있었고, 벽에는 밝은 색채의 그림들이 화려하게 장식된 금박 액자에 담겨 조심스럽게 걸려 있었다. 마르탱이 보기에는 집 전체가 괴로울 만큼이나 세련된 유행을 따른 듯했다. 마치 파리 잡지 『보그』의 조르주 르파프가 그린 삽화 같았다.

　하지만 금색 직사각형 안에 담긴 그림은 이 아름다운 주거지에 어울리는 장식적인 장면이 아니라, 놀랍게도 입체주의 추상화였다. 몇 분 뒤 활력 넘치는 작은 남성이 실크 잠옷 차림으로 모습을 드러냈다. 갓 면도한 얼굴에 짙은 색 앞머리가 이마를 덮고 있었다. 피카소는 전쟁이 일어나기 한참 전부터 파리에서 자신의 첫 개인전을 개최하려는 계획을 품어왔고, 마르탱은 이 전시에 대해 그와 이야기를 나누러 온 참이었다.

　피카소는 서른여덟 살이었지만 마르탱의 눈에는 10년쯤 더 어려 보였다. 그야말로 젊은 거장이었다. 피카소는 곧장 한 쌍의 문을 지나 두 개의 방이 연결된 커다란 공간으로 마르탱을 안내했다. 이곳에서도 역시 대형 창과 우아한 몰딩 장식이 눈에 들어왔다. 각각의 방에는 키 높은 거울이 얹힌 대리석 벽난로가 설치되어 있었다. 하지만 세심하게 정돈된 식당과 달리, 이 방은 완전히 무질서한 상태였다. 두 사람은 작업실로 들어갔다. 캔버스 더미 위에 중세 스페인 교회에서 가져온 것인 양 울퉁불퉁하고 말라비틀어진 나무로 대충 만든 예수상이 놓여 있었다. 세네갈이나 폴리네시아에서 온 듯한 고대 조각상들도 보였는데, 그 모든 것이 일련의 기이한 입체주의 작품들과 대화를 나누고 있는 것만 같았다. 그리고 이 혼돈 전체를 지배하는 것이 있었으니, 젊고 창백한 여성을 그린 대형 초상화였다. 머리 중앙에서 조심스레 가르마를 타고 부채를 든 채 의자에 앉은 여자의 모습은 기묘하리만치 형식적으로 묘사되어 있었다.

마르탱은 방을 살피며 피카소에게 작업에 대한 질문을 던지기 시작했다. 피카소는 활기차면서도 묘하게 차분한 말투로 진정된 자기 삶의 이야기를 들려주었다. "성공은 조금씩 다가왔습니다. 나는 작품을 거래상들에게 판매했고, 이제 모스크바만큼이나 멀어 보였던 마티스와 세잔의 작품 옆에 내 그림이 걸려 있지요." 지저분한 세탁선에서 보낸 위태로운 초기 시절은 언급하지 않았다. 당시 그는 외상으로 끼니를 때우고 개를 먹이기 위해 쓰레기통을 뒤졌다. 또한 전시에 출품했던 경험이나 전쟁 시기의 고군분투, 지난 5년 중 상당 기간 동안 자신의 작품을 거래하는 거래상이 전혀 없었다는 사실에 대해서도 말을 아꼈다. 그의 입체주의 회화 작품 중 대다수가 1914년 프랑스 정부에 의해 몰수되어 몇 년간 아무도 볼 수 없었다는 이야기도, 「아비뇽의 여인들」이 전쟁중 개최된 한 단체전에서 잠시 소개되었지만 대중의 관심을 끌지 못했다는 이야기도 하지 않았다(당시 『르 크리 드 파리Le Cri de Paris』는 다음과 같은 기사를 냈다. "그는 다섯 명의 여성을 그렸다. 아니, 되는대로 물감을 발랐다. 사실을 말하자면, 그 여성들은 모두 난도질당했다"³). 피카소의 이야기에 따르면 그는 파리에 도착한 순간부터 훌륭한 취향을 가진 권위자들 사이에서 꾸준히 명성을 얻었다. 그는 유쾌하게 말을 이어갔다. "드로잉 전시가 곧 이 근처 뤼 라 보에티의 갤러리에서 열릴 예정입니다."⁴

피카소는 만족에 겨워 있었다. 전쟁의 암울했던 시기에 입었던 낡은 갈색 비옷, 헐렁한 녹색 스웨터, 맞지 않은 파란색 바지는 이제 사라졌다.⁵ 급진적인 시인들, 수상한 스페인 사람들, 주변을 맴도는 아방가르드 기식자들도 사라졌다. 그는 지난 2년 동안 거트루드와 대화를 나누지 않았다. 심지어 오랜 입체주의 동료들과도 연락하지 않았다. 내가 아는 사람이 맞나? 브라크는 옷차림이 달라진 피카소의 사진을 보고는 놀라 큰 소리로 물었다.[6] 피카소의 집에서는 피레네 양치기 개 로티가 프리카의 자리를 이어받은 지 오래였다. 그리고 조용하고 겸손한 구엘의 자리에는 매력적인 아내 올가 코클로바가 있었다. 코클로바는 러시아 출신의 발레리나로, 마르탱이 눈을 떼지 못했던 대형 초상화 속 모델이었다.

거의 모든 면에서 피카소라는 존재는 전쟁 전과 백팔십도 달라져 있었다. 그의 작품세계에서 「아비뇽의 여인들」이 그랬듯, 매우 극적인 변모였다. 이러한 변화는 그의 삶에 들어온 새로운 인물, 즉 새로운 거래상 로젠베르그로부터 비롯되었다. 피카소와 코클로바를 우안 사교계의 중심부로 옮기고, 뤼 라 보에티의 아파트를 구해주고, 이후 치밀하게 계획된 연출에 따라 대중에게 피카소를 다시 소개한 사람이 바로 로젠베르그였다. 전쟁 전 피카소의 세계가 금욕적이고 반부르주아적이며 언론의 관심을 꺼리는 칸바일러에 의해 유지되었다면, 이제는 대중의 취향에 영향을 미치는 흥행사 로젠베르그에 의해 만들어졌다. 로젠베르그는 피카소의 옆집에 살고 있었다.

피카소는 놀라운 속도로 로젠베르그 전략의 핵심이 되었다. 1914년 봄에 대형 갤러리를 개관한 것은 시기적으로 대단히 부적절한 결정이었지만, 로젠베르그는 전후 파리 예술계의 재건에 희망을 걸고 자신의 자리를 세심하게 선정했다. 전후 호황이 도래하리라 확신한 그는 군복무를 마치자마자 이를 준비하기 시작했다. 1917년, 미술관은 여전히 문을 닫은 상태였지만 대중은 문화를 갈망하고 있었다. 로젠베르그는 장애를 얻은 참전용사들을 위한 기금 마련을 위해 고전적인 회화 작품들로 이루어진 화려한 전시회를 개최했고, 이 계획은 눈부신 성공을 거두었다. 세잔, 장바티스트카미유 코로, 마네, 르누아르, 반 고흐를 비롯한 화가들의 뛰어난 작품이 특징을 이룬 이 전시에는 로젠베르그의 군대 상관들이 참석했다. 전시는 로젠베르그의 인지도를 높이는 데 크게 기여했다. 로젠베르그는 자신의 위치를 재정립하면서 더욱 확실하게 20세기 예술로 진입하기 시작했고, 그러한 움직임 속에서 피카소와 힘을 합쳤다.

전쟁이 끝날 무렵 피카소는 파리에서 상당한 인지도를 얻었지만 그의 중요한 작품 중 많은 수는 여전히 잘 알려져 있지 않았다. 피카소의 친구이자 전기작가인 피에르 데가 훗날 회고했듯이 그는 "유명한 무명인"이었다.[7] 전쟁 동안 피카소는 로젠베르그의 형 레옹스로부터 얼마간 도움을 받았다. 하지만 칸바일러의 망명 이후 한동안 입체주의 시장을 장악하고자 했던 레옹스의 노력은 아무런 소득도 거두지 못했다. 붕괴되다시피 한 피카소의 옛 서클과 피카소의 작품을 수집한 소수의 감식가들을 제외하면, 초기의 청색시대와 장밋빛 시대 작품 이후로 그의 작업에 대해 아는 사람이 프랑스에도 거의 없었다. 그러다 피카소가 새롭게 등장할 준비를 마쳤을 때, 형보다 시장에 대해 훨씬 날카로운 판단력을 가진 로젠베르그는 기회를 잡았다. 그는 피카소에게 다음과 같이 말했다. "우리는 더 자주 만나게 될 겁니다."[8]

피카소는 준비된 파트너였다. 옛 동료 그룹의 해체, 칸바일러와의 결별, 희생된 친구들로 인한 절망감, 특히 구엘의 죽음은 그에게 큰 타격을 주었으니, 그는 전쟁 기간 중 많은 시간을 자신의 삶을 다잡는 데 써야 했다. 처음에 피카소는 자신이 아는 유일한 방법으로 여성들에게 성급한 접촉을 시도했고, 결과는 늘 좋지 않았다. 1년 사이 두 명의 여성에게 청혼했지만 두 사람 모두 보다 안정적인 배우자가 필요하다며 직접적인 거절을 표했다(그중 한 여성은 친구에게 이런 편지를 써 보냈다. "피카소가 나와 결혼하고 싶어해. 나는 그가 썩 미덥지 않은데 말이야"[9]). 마르티니크 출신의 세번째 여성은 피카소의 우울함을 극복하지 못하고 몇 주 만에 그를 떠났다.[10] 서른다섯 살의 피카소는, 한때 몽마르트르의 모든 시인들과 화가들을 끌어모으고 주변에 여자가 끊이지 않던 자신이 결국 독신으로 살아야 할 운명인가 의구심을 품기 시작했다.

하지만 이후 피카소는 유럽 대륙에 마지막으로 남은 경박한 고급문화의 보루에서 가망 없어 보이기만 했던 새로운 출발의 기회를 얻었다. 구엘이 세상을 떠나고 몇 달 뒤, 젊고 부유한 시인이자 파리의 멋쟁이요, 고집스러운 성격으로 유명한 장 콕토가 전쟁중 휴가를 받아 파리로 돌아와 있는 동안 피카소의 작업실을 찾았다. 콕토는 전해 여름에도 피카소를 만났지만, 이번에는 꽤나 화려한 제안을 들고 왔다. 세르게이 디아길레프의 발레단 발레 뤼스Ballets Russes를 설득해 자신이 쓴 현대 발레 작품 〈퍼레이드〉를 제작하기로 했는데, 피카소가 무대디자인에 참여해줬으면 한다는 것이었다. 파리의 사교계를 겨냥한 발레 뤼스는 피카소가 자주 어울리던 보헤미안 무리와는 너무도 다른 세계의 존재였다. 전쟁중 재정적인 어려움을 겪었고 특히 미국 순회 때는 외설 혐의를 제기한 경찰로 인해 거의 공연을 하지 못했으나, 당시 문화적 관심을 일으키는 몇 안 되는 곳 중 하나로 이미 유럽 전역에 명성을 떨치고 있었다. 콕토가 제안한 무대디자인 작업은 그에게 얼마간의 수입을 가져다줄 것이었다. 점차 피카소는 콕토의 구상에 매력을 느꼈고, 결국 1917년 초 두 사람은 작업을 시작하기 위해 발레단과 함께 로마로 떠났다.

피카소에게 이 계획은 새로운 인생의 씨앗이 되었다. 로마에 도착하자마자 그는 발레 뤼스의 젊은 무용수 코클로바에게 빠졌다. 상트페테르부르크에서 온 코클로바는 가냘픈 몸매에 짙은 머리칼과 고전적인 외모를 지닌 여성으로, 몇 년 전 바츨라프 니진스키에 의해 단원으로 선발된 재능 있는 신인이었다. 또한 코클로바는 가까이 다가가기 어려운 사람이기도 했다. 제정러시아의 대령의 딸로 발레단의 다른 무용수보다 사회적으로 높은 신분 출신인 그는 남자 무용수들과 늘 일정한 거리를 유지했다. 피카소의 관심을 눈치챈 디아길레프는 그의 부모가 결코 허락하지 않을 것이라고 주의를 주었지만, 피카소는 굴하지 않았다. 4월 말 발레단이 일련의 공연을 위해 나폴리로 이동할 때, 그는 베수비오산 근처에서 장시간 이어진 마차 여정 내내 코클로바와 동행했다. 두 사람은 오랜 약혼 기간을 거친 뒤 1918년 여름 파리에서 비공개 예식으로 결혼식을 올렸다.

하지만 진정한 변화는 신혼여행과 함께 시작되었다. 여행 동안 피카소와 코클로바는 남프랑스에서 칠레의 사교계 명사 에우헤니아 에라수리스의 손님으로 지냈다. 예술과 디자인에 있어 특히 전위적인 취향을 가진 까다로운 여성이었던 에라수리스는 피카소가 발레 뤼스를 위한 무대디자인 작업을 막 시작하려던 시기에 그를 만났고, 그가 코클로바에게 구애할 때에도 결정적인 도움을 주었다. 코클로바는 피카소에게 전혀 새로운 사람이었다(그는 한 카탈루냐 친구에게 이렇게 말했다. "코클로바는 차와 캐비아, 페이스트리 같은 것을 좋아해. 나는 소시지와 콩을 좋아하지"[11]). 결혼식을 올리고 몇 주 동안 비아리츠에 자리한 호화로운 에라수리스의 저택에 머물며, 피카소는 곧 자신의 삶을 지배하게 될 사교계 사람들과 처음으로 지속적인 만남을 가졌다. 그들 중에는 패션디자이너인 코코 샤넬, 옛 거장들의 작품을 거래하는 조르주 월덴스탱, 그리고 월덴스탱의 이웃이자 때때로 사업 파트너로 협력하는 로젠베르그가 포함되어 있었다.

마치 춤을 추듯 활력에 넘쳐 에라수리스의 부유한 친구들에게 현대예술을 권하는 로젠베르그의 모습에 피카소는 즉시 매료되었다. 그는 아폴리네르에게 다음과 같이 전했다. "로젠베르그는 루소 작품을 전부 팔았어."[12] 루소는 피카소가 흠모하는 예술가였다. 전쟁에 시달린 프랑스에서 뒤늦게 미술을 독학한 루소의 작품으로 활발한 사업을 펼칠 수 있는 사람이 있다니, 그에게는 그저 놀랍기만 했다. 또한 그의 입장에서 보기에 이는 시의적으로 필요한 일이기도 했다. 코클로바와 결혼한 지금, 더이상 에라수리스 부인 같은 사람들의 지원금과 어쩌다 한 번 있는 작품 판매에만 기대어 살아갈 수 없었다. 피카소에게는 고정적으로 작품을 판매해주는 거래상이 절실했다. 그는 곧 로젠베르그와 윌덴스탱에게 대규모 입체주의 정물화부터 아마도 샤넬에게 영감을 받았을 화려한 그림 「수영하는 사람들」과 장엄한 신고전주의적 작품 「피에로」 등 최근의 작품들까지 모두 보여주었고, 나아가 이 거래상들의 부인을 그려주기로 했다.

　　윌덴스탱 부인과 로젠베르그 부인의 초상화를 그리는 일은 그에게 매우 까다로운 작업이었다. 파리를 대변하는 이 우아한 여성들은 에라수리스에 비해 모험심이 덜했고, 만약 이들이 그림을 마음에 들어 하지 않을 경우 거래상들과의 협업 가능성을 망칠 수도 있었다. 피카소는 보수적인 방식으로 '실수'해야 한다는 사실을 감지하여, 윌덴스탱 부인을 앵그르의 「오송빌 백작 부인」 속 모습처럼 그렸으며, 포동포동한 어린 딸 미셸린(미셰)을 무릎에 앉힌 로젠베르그 부인은 르네상스 회화의 성모자상부터 르누아르에 이르기까지 온갖 작품을 끌어온 듯 한층 화려한 분위기로 완성했다. 이는 그가 다룰 수 있는 범위와 기술을 노골적으로 드러내는 작업이었고, 과연 효과가 있었다. 아내의 초상화가 완성되자마자 로젠베르그는 그림을 파리로 가져갔고, 그곳에서 이 작품은 파문을 일으켰다. 그는 피카소에게 다음과 같은 편지를 보냈다. "피카소가 내 부인과 딸을 그렸다는 사실을 모두가 알고 있습니다."[13] 이제 피카소는 새로운 거래상을 갖게 되었다.

—

로젠베르그의 입장에서 피카소와의 협업은 결코 쉬운 결정이 아니었다. 피카소 작품을 거래할 수 있는 시장은 여전히 아주 작았고, 전쟁과 혁명으로 인해 칸바일러의 중요한 고객들 중 많은 수가 더이상 활발한 움직임을 보이지 않았다. 한때 아방가르드의 광신자로 볼셰비키 정권에 의해 강제추방 된 슈킨이 프랑스로 피신해 왔지만 이전과 완전히 달라진 모습이었다. 재산을 몰수당하고 잠시 감옥에도 갇혔던 그는 자신의 궁핍한 처지를 부끄럽게 여겨, 전하는 말에 따르면 거리에서 마티스를 보고 반대편으로 건너갔다고 한다.[14] 더욱이 입체주의 자체가 파리에서 널리 호응을 받지 못했으며, 어떤 종류의 현대예술이 전후 대중을 상대로 성공을 거둘지에 대해 합치된 견해가 전혀 없는 상황이었다. 로젠베르그의 형 레옹스는 전쟁 사이 피카소와 그의 동료들에게 투자했다가 거의 파산 지경에 이르러 있었다. 대규모 갤러리 전시와 지속적인 홍보를 수반하는 로젠베르그식 거래는 전쟁 전 칸바일러가 운영하던 방식에 비해 훨씬 큰 비용이 들었다. 로젠베르그가 피카소에게 들인 투자금이 회수되기 시작하고 (순전히 로젠베르그의 추측이긴 했지만) 궁극적으로 시장이 형성되기까지 몇 년이 걸릴지 알 수 없었다.

그럼에도 불구하고 로젠베르그는 피카소에 대해 확신을 가졌고, 자신이 선호하는 방식에 따라 칸바일러와는 완전히 반대되는 접근법을 모색했다. 우선, 그는 피카소가 완성한 모든 작품을 구입하는 대신 작품에 대한 우선적인 거부권을 갖기로 했다. 피카소는 로젠베르그가 구입하는 작품에 대해 후한 대가를 받겠지만 어떤 작품을 시장에 내놓고 판매할지는 로젠베르그가 결정하는 방식이었다. 동시에 로젠베르그는 빈번한 이벤트성 전시를 중심으로 사업을 운영했는데, 이때 어떤 작품을 언제 전시할지와 관련해서도 광범위한 재량을 요구했다. 피카소와 제휴를 맺은 직후 로젠베르그가 그의 입체주의 회화 작품을 다량으로 구입했지만 첫 개인전에서는 신고전주의 양식으로 그린 드로잉과 수채화에 집중하기로 결정했다는 사실은 꽤나 의미심장하다. 로젠베르그는 이 예술가의 급진성을 인정하면서도, 그가 일반 관람객들에게 호소력을 발휘할 만한 재능 또한 갖추었다고 믿었다. 보다 도전적인 작품들은 이후 적절한 시기에 뒤를 이을 수 있을 터였다. 때때로 로젠베르그는 피카소에게 무엇을 그려야 할지에 대해 구체적인 지시를 내리기도 했으니, 두 사람이 제휴한 이후 맞이한 두번째 겨울에는 그를 설득해 광대 그림 연작을 제작하게끔 했다. 이 작품들이 경계심을 풀지 않는 대중을 좀더 끌어당길 수 있으리라 생각했던 것이다.

하지만 무엇보다 특별한 점은, 그가 피카소의 개인적인 삶을 연출했다는 사실이다. 그는 자신의 집과 가까운 뤼 라 보에티의 아파트에 피카소와 코클로바를 입주시켰을 뿐 아니라, 두 사람이 그곳에 걸맞은 상류층의 생활방식을 누릴 수 있도록 큰 노력을 기울였다. 로젠베르그가 피카소의 작품을 주의깊게 살피는 사이 그의 아내 마고 로젠베르그는 그들에게 가정관리와 사교 접대의 고급 기술을 가르쳤다.[15] 로젠베르그 부부는 피카소 부부를 오페라와 연극 공연장 등 사람들 앞에 데리고 다니는가 하면 집 내부의 장식과 가구를 제안했고, 어디에서 물건을 구입해야 하는지 조언하며 필요한 것들을 살폈다. 피카소가 해변에서 시간을 즐겨 보낸다는 사실을 알고 마고는 그에게 에스파드리유* 몇 켤레를 보내기도 했다. 1919년 피카소와 코클로바가 발레 뤼스와 함께

* 끈을 발목에 감아 신는 캔버스화. 프랑스에서는 주로 해변에서 신는다.

런던에 갔을 때는 로젠베르그 부부가 두 사람이 키우는 잉꼬를 돌봤다(불행하게도 부부는 현대예술가에 비해 열대 조류를 보살피는 일에 크게 미숙했으니, 잉꼬는 며칠 만에 급사했다. 로젠베르그는 피카소에게 새의 목숨을 유지하고자 할 수 있는 모든 노력을 기울였다고 주장하면서 다음과 같이 편지를 보냈다. "당신이 직무태만이라며 나를 비난할까봐 두렵습니다"[16]).

마르탱이 『랭트랑지장』을 통해 피카소를 소개할 무렵, 피카소는 현대예술사에서 사실상 전례를 찾아볼 수 없는 거래상과의 제휴를 한층 강화한 참이었다. 원래 성격대로라면 피카소는 무엇을 그리고 어디서 어떻게 살아야 할지 일일이 정해주는 이 거래상에게 적대감을 느끼는 게 옳았을 것이다. 그러한 관계는 근 2년간 보여준 그의 반항적인 보헤미안주의에 반하는 것이었을 뿐 아니라, 작업 활동 내내 이어진 예술 시장에 대한 불신과도 상충되었다(1918년 가을 로젠베르그의 갤러리에 합류한 순간에도 피카소는 로젠베르그의 형 레옹스에게 "거래상은 적입니다"라고 말했다[17]). 하지만 전쟁이 피카소를 크게 바꾸어놓았다. 결혼한 그는 재정적인 안정을 간절하게 필요로 했고, 예술계에서 자신의 존재를 다시 드러낼 수 있는 기회를 무척이나 갈망했다. 로젠베르그의 경제적 지원 덕분에, 피카소는 다소 온건한 작품으로 갤러리의 새로운 관객과 만나면서도 개인적인 차원에서 급진적인 실험을 지속해나갈 수 있었다. 거래상의 강력한 지원을 확보하는 것이 유리 상자 안의 꼭두각시 인형 같은 삶을 의미한다 해도, 피카소는 기꺼이 거래를 할 준비가 되어 있었다.

코클로바 또한 그 나름의 이유로 로젠베르그가 이들 부부를 위해 설계한 연출된 삶의 양식을 받아들였다. 상트페테르부르크의 보수적인 가정에서 태어난 코클로바는 피카소가 지난 시절 만났던 자유분방한 구엘이나 올리비에에 비해 중상류층과 훨씬 친근하게 어울렸다.

하지만 그는 피카소의 전기작가들이 주장하는 것처럼 욕심 많은 이류 무용수가 아니었다. 연구자이자 기록물 보존가인 토마 셰너가 최근 언급했듯이, 코클로바의 성격에는 그 자신이 극복하고자 노력해온 개인적인 비극이 중요하게 작용했다. 그가 피카소와 만났을 때 러시아에서는 볼셰비키혁명의 여파가 한창이었고, 이러한 배경이 그가 나고 자란 조국의 비참한 파괴와 더불어 당시 전쟁의 반대편에 섰던 백계러시아인 가족들과의 단절을 가져온 터였다. 코클로바는 최악의 상황을 두려워하면서도 여러 해 동안 가족과 연락을 시도할 수 없었다.[18] 그런 그에게 결혼은 그 자체로 위로가 되었으며 정신없는 파리 사교계 또한 반가운 존재였다. 그리하여 피카소와 코클로바는 곧 로젠베르그의 궤도 안에 안착하게 되었다.

사실 로젠베르그가 품은 계획은 뤼 라 보에티의 살롱을 크게 뛰어넘는 것이었다. 세계시장에 대한 해석에 있어 칸바일러와 거의 정반대되는 입장을 갖고 있었지만, 로젠베르그 역시 과거의 칸바일러처럼 다른 국가들로 시선을 돌렸다. 전쟁이 끝날 무렵 중유럽과 동유럽은 현대예술품 거래의 전망이 그리 밝지 않아 보였다. 독일은 파산했고 러시아는 공산주의국가 건설에 한창이었으니 말이다. 그와 반대로 북유럽과 런던의 시장이 성장하고 있는 듯했다. 더하여 전쟁 기간 내내 로젠베르그가 관심 있게 지켜본 나라가 있었으니, 바로 미국이었다. 그가 잘 알듯이 미국의 컬렉터들은 수십 년에 걸쳐 유럽의 옛 회화 작품에 상상할 수 없는 액수의 돈을 써왔고, 이제는 19세기 모더니스트들에게도 관심을 갖기 시작한 참이었다. 미국은 또한 예술 그 자체에 매료된 듯 보였다. 1920년 미국의 미술관 수는 건국 이래 두 배 이상 증가했고, 자부심을 가진 거의 모든 도시들이 재원이 풍부한 공립미술관을 짓느라 바빴다.[19] 물론 여전히 역사적인 작품을 강조하는 경향이 두드러지

긴 했지만, 로젠베르그는 유럽의 가장 중요한 현대예술작품 역시 이들
미술관에 걸리지 못할 이유가 없다고 생각했다.

　　1920년 초여름, 로젠베르그는 미국을 향한 대대적인 도전을 구
상하기 시작했다. 특유의 성격대로 야심 넘치고 과도한 계획이었다. 그
는 미국의 대표적인 도시 한 곳에서 피카소 작품을 소개하는 획기적인
전시를 조직하고자 했다. 이 전시는 단 한 번의 맹공으로 피카소에 관
한 대중의 관심을 모으고 미국 시장을 정복할 것이었다. 로젠베르그는
이 전시에 입체주의와 비입체주의 작품 모두가 포함될 것이며, 뉴욕의
메트로폴리탄이나 시카고미술관 같은 기관과도 협력할 것이라고 피카
소에게 설명했다. "미국에서 가장 아름다운 미술관 중 한 곳에 안드레
아 델 베로키오와 안토니오 델 폴라이우올로를 비롯해 과거의 위대한
걸작들과 나란히 당신이 작품이 걸릴 겁니다. 이 전시가 가져올 반향에
대해 생각해보세요." 실은 미국의 파트너들과 함께 구상을 떠올리는 단
계일 뿐이었고, 따라서 이는 아직 터무니없는 환상에 불과했다. 그럼에
도 여름 내내 로젠베르그는 피카소와 이 계획에 대해 논의했다. 피카소
는 코클로바와 함께 남프랑스의 쥐앙레팽에 머물고 있었는데, 로젠베
르그는 7월 중순 그에게 편지를 보내 다음과 같이 말했다. "그간 잘 쉬
었기를 바랍니다. 미국에서 계획하고 있는 대규모 전시를 위해 많은 수
의 회화 작품이 필요하니까요." 그는 늘 그랬듯 과장법을 구사하며 이
렇게 덧붙였다. "나는 지금 그림 100점을 주문하는 겁니다. 작품은 모
두 올가을에 받아야 해요!" 몇 주 뒤에는 다시 편지를 써서 "미국 전시
를 잊지 말아요!"라며 더 많은 작품을 보내달라고 청했다. 8월 말이 되
도록 피카소가 파리로 돌아오지 않자 그는 불안해했다. "[쥐앙레팽의]
소나무를 더 만끽해야 하는 겁니까? 미국의 모든 미술관이 전시장을 비
워둔 채 피카소 작품이 오기만을 학수고대하고 있다는 걸 잊지 말아

요."[20]

　피카소는 앙티브의 조용한 해변 마을에 빌린 수수하고 초목 무성한 집에서 로젠베르그의 편지를 읽으면서도 이 웅대한 계획에 큰 의미를 부여하지 않았다. 코클로바의 임신 사실을 막 알게 된 두 사람은 뤼 라 보에티의 사회적 압박에서 벗어나 행복한 해방감을 즐기는 중이었다. 피카소는 종종 바다에서 수영을 하며 사진을 찍고, 해변가의 머리가 쪼그라든 거대한 인물들을 초현실주의적인 방식으로 묘사하는 등 새로운 접근법을 유희 삼아 시험했다. 다른 대륙에 있는 유명한 미술관을 자신의 그림들로 채우겠다는 생각은 흥미로운 상상에 불과했으니, 그에겐 유럽 미술관에서 전시하는 기회조차 아직 주어지지 않았을뿐더러 작은 규모로나마 미국에서 시도했던 몇 안 되는 전시도 실패로 돌아간 터였다. 초조해하는 거래상이 무엇을 계획하고 있든, 아직 좀더 기다려야 할 것이었다. 휴가중 대부분의 시간 동안 피카소는 그리스신화에 나오는 사나운 켄타우로스인 네소스가 헤라클레스의 벌거벗은 아내를 겁탈하는 장면을 묘사한 생동감 넘치는 드로잉을 주로 그렸다.[21]

　아닌 게 아니라, 로젠베르그의 계획은 거의 터무니없다 할 정도로 그 실현 가능성이 희박했다. 그는 미국측에서 대규모 피카소 전시에 관심을 보이는지의 여부를 평가하려 하지 않았으며, 메트로폴리탄과 시카고미술관을 줄곧 지배해온 보수적인 세력에 대해서도 전혀 몰랐던 듯하다. 그러나 어리숙한 순진함에도 불구하고 피카소를 미국으로 가져가려는 결심만은 진심이었으니, 그는 이후 몇 년에 걸쳐 이 계획에 대한 노력을 구체화하게 된다. 로젠베르그는 피카소의 작품을 세계적으로 홍보하고자 윌덴스탱과 동업 관계를 맺은 상태였다. 윌덴스탱은 옛 거장들의 작품만 취급할 뿐 아방가르드 예술에는 관심이 없었기에, 실제로 피카소를 관리하는 사람은 로젠베르그였다. 하지만 윌덴스탱이 내놓을 수 있는 것이 있었다. 바로 그가 운영하는 뉴욕 지점 갤러리였다. 미국에서 피카소 작품 홍보의 발판이 될 미술관을 찾지 못할 경우, 월덴스탱이 그 갤러리를 제공해줄 것이었다. 그에 앞서 로젠베르그는 자신의 구상을 지지해줄 새로운 미국인 몇 사람을 찾아야 했다. 그가 미술 중개상으로 활동하며 때때로 함께 일을 해보았던 로셰로부터 편지 한 통을 받은 것은 바로 그 무렵이었다. 로셰는 뉴욕에 있는 한 특이한 친구에 대해 이야기했다. 듣자 하니 그는 미술 거래상들을 경계하지만 이미 상당한 규모의 아방가르드 회화 작품을 소장하고 있으며, 천천히 최고의 컬렉션을 모아가는 중이었다. 로셰는 이렇게 말했다. "그가 파리에 오면 당신에게 데려가 소개하지요. 그의 이름은 존 퀸입니다."[22]

13 | 피카소의 정원에서

전화가 울렸을 때 로셰는 이전에 사귀었던 한 여자와 점심식사를 하던 중이었다. 여자의 집이었지만 로셰에게 걸려온 전화였다. 전화를 건 사람은 그의 어머니였고, 어머니는 "퀸 씨가 파리에 있다"고 전했다. 퀸이 오후 2시에 로셰를 만나고 싶어한다는 것이었다.

로셰는 깜짝 놀라 말을 잃은 채 수화기만 들고 서 있었다. 거의 2년에 걸쳐 퀸과 편지를 주고받았지만 퀸은 유럽 여행에 전혀 관심을 보이지 않았다. 몇 주 전에도 로셰가 퀸에게 편지를 보내 자신의 예술가 동료들을 만나러 프랑스로 오라고 열심히 권했지만 답장이 없었다.[1] 그런데 바로 지금, 1921년 7월 매우 무더운 화요일 오전에 그가 정말로 파리에 나타난 것이다. 로셰는 재빨리 식사를 마치고 양해를 구한 뒤 급히 달려나갔다.[2]

퀸을 위한 작품을 찾는 일은 로셰에게 일종의 소명이 되어 있었다. 그리고 파리에서 이 일은 오랜 우정을 되살리고 새로운 우정을 쌓는 구실이자, 까다로운 후원자의 마음에 드는 특별한 작품을 식별하기 위한 취향 교육이 되었다. 일찍이 퀸에게도 말했듯이, 로셰는 자신이 그를 만족시키는지 여부에 따라 퀸이 겨누거나 겨누지 않을 "어떤 큰 새들"을 찾는 사냥개가 된 기분이었다.[3] 하지만 벌이의 문제도 그 못지않게 중요했다. 그의 세속성에도 불구하고 마흔두 살이 되도록 줄곧 어머니와 함께 살아온 로셰에게 이 일은 결국 자신의 복잡하고 화려한 개인 생활을 통제하는 수단이었다.

유럽으로 돌아온 이래 로셰의 삶은 특히 두 여성을 중심으로 돌아갔다. 그중 하나는 오랜 시간 프랑스의 동료였던 제르맹 보나르 (Mno)로, 로셰는 그와 대체로 편안하고 개방적인 연애 관계를 맺었다. 그리고 다른 한 명은, 폭풍처럼 거세게 갈등을 빚었으나 그가 깊이 사랑했던 독일의 기자 헬렌 헤셀(Luk)이었다. 금발의 강인한 여성인 헬렌은 로셰의 가까운 친구요 작가이자 번역가인 프란츠 헤셀의 아내였다. 로셰는 뮌헨 근처의 마을에서 헤셀 부부와 그들의 어린 자녀와 함께 몇 달을 보냈다(이들의 삼각관계는 훗날 로셰의 소설『쥘과 짐』, 그리고 이 소설을 바탕으로 프랑수아 트뤼포가 만든 영화의 소재가 된다). 로셰는 헬렌과의 사이에 아이가 생기기를 원하면서도, 그러기에는 자신의 재정 상태가 너무 불안정해 두려움을 느끼고 있었다. 하지만 퀸의 일을 통해 그는 새로운 희망을 갖게 되었다. 지난가을 퀸에게 피카소의 가장 중요한 최근작 몇 점을 소개한 뒤 그는 일기장에 이렇게 썼다. "퀸이 작품을 모두 구입하고 있다. 마침내 나도 돈을 벌게 되었다. 곧 '아버지가 될 권리'를 갖출 것이다."[4]

사실 퀸이 파리에 도착할 무렵 로셰는 그 원대한 계획에 막 시동을 걸려던 참이었다. 그해 여름 헬렌은 헤셀과의 이혼에 합의했고, 헤셀은 로셰에게 두 사람이 "옳다"고 생각하면 밀고 나가서 헬렌과 아이를 가지라고 말했다. 로셰는 어머니의 승락을 얻어내고, 약간의 어려움은 있었지만 보나르를 비롯해 다른 애인들과의 관계를 청산하겠다고 맹세했다. 이혼이 마무리되는 대로 독일로 가서 헬렌과 함께 지낼 생각이었다. 프랑스에서 저축한 금액의 상당 부분을 독일 마르크화로 환전해놓기까지 했다. 퀸이 피카소의 작품에 중독된 덕분에 무사히 독일에 정착할 수 있을 것 같았다. 하지만 그러려면 퀸이 부를 때 언제라도 즉각적으로 응할 수 있어야 했다. 이후 6주 동안은 그 외에 다른 어떤 일도 하지 않을 작정이었다.

어머니의 전화를 받은 직후 로셰는 베른하임죈갤러리에서 미국의 후원자 퀸을 만났다. 퀸은 포스터 부인이라고 소개한 매력적인 여성과 함께 마티스의 작품을 보고 있었다. 로셰는 곧장 호기심을 느꼈다. 그는 일기에 다음과 같이 기록했다. "착하고 상냥한 여자다. (두 사람은 결혼을 할까?)" 하지만 퀸에게는 일이 전부였다. 로셰의 일기에 따르면 "일, 갤러리, 회화 작품"뿐이었다.[5] 거의 10년 만에 유럽에 온 퀸은 가능한 한 많은 예술가들과 작가들을 만나고자 했다. 한편 포스터 또한 그만의 명랑하고 우아한 방식으로 만만치 않은 인물이었다. 포스터는 파리를 잘 알았고, 연극계에 대해서도 많이 알았다. 프랑스어 자료를 통해 연극계를 흥미롭게 지켜본 그는 이미 퀸에게 "몽마르트르의 어리석은 주문형 자유분방함"에 대해 불만을 털어놓고 있었다.[6] 로셰의 삶에서 가장 강렬한 몇 주가 시작된 참이었다.

이후 며칠에 걸쳐 세 사람은 드랭과 뒤피, 세곤자크, 뒤샹의 작업실을 방문했다. 로셰의 친구이자 퀸이 지난 몇 년 동안 작품을 구입해온 로랑생도 만났다. 이들은 또한 괴짜 작곡가 에릭 사티와 저녁식사를 함께했고, 미술비평가이자 무정부주의자인 펠릭스 페네옹과 차가운 독주를 마셨으며, 볼라르와 함께 후기 세잔 작품을 살펴보았다. 그리고 어느 날 아침, 세 사람은 덜컹거리는 택시를 타고 파리 외곽의 이시레물리노로 가서 마티스를 만났다. 마티스는 이들과의 대화를 힘들어했다. 그는 딱딱하게 격식을 차린 태도로 자신의 집을 보여주었는데, 예술작품과 오래된 가구, 바이올린으로 가득한 공간이었다. 퀸이 뉴욕의 아파트에 소장한 수많은 마티스 작품에 관해 털어놓자, 마침내 그도 긴장을 풀고 니스에서 보낸 겨울에 대한 이야기를 시작했다. 오후 내내 작업하고 해가 지면 잠자리에 드는 습관 때문에 니스 사람들이 그를 제정신이 아니라고 생각했다는 것이었다. 마티스는 이렇게 말했다. "나는 태양을 따를 뿐입니다."[7]

세 사람은 드랭의 작품을 보았고, 그의 활기찬 부인 알리스도 만났다. 퀸은 알리스가 "매우 아름다운 여인"이라 말했다. 이들은 드랭 부부와 함께 은퇴한 영국 광대가 운영하는 유명한 나이트클럽 푸티트 바Foottit's Bar에서 밤을 보냈다. 또한 15세기에 쓰인 프랑수아 비용의 시를 바탕으로 현대적인 오페라 곡을 쓰려 하는 파운드와 값비싼 점심식사를 즐겼으며, 어둡고 초라한 아파트에서 『율리시스』를 완성하기 위해 고군분투하는 조이스와도 짧은 만남을 가졌다. 로셰는 조이스를 가리켜 "지독한 염세주의자"라고 결론 내렸다.[8] 일련의 방문을 이어가는 동안 브라크는 이들에게 자신의 최신작과 독일 포탄의 파편을 맞아 생긴 두개골의 함몰 부위를 보여주기도 했다(브라크는 퀸에게 "손가락을 넣어보세요"라 말했고, 이에 퀸은 함몰 부위가 새끼손가락을 넣을 수 있을 만큼 깊다는 사실을 알게 되었다[9]).

어느 날 저녁, 로셰는 퀸과 포스터를 센강 좌안의 막다른 골목 앵파스 로장에 자리한 브란쿠시 작업실로 데리고 가서 저녁식사를 함께했다. 퀸은 〈아모리 쇼〉 때부터 이 조각가에게 매료되었고, 전쟁중에는 재빠르게 그의 가장 중요한 후원자가 된 터였다. 브란쿠시와 자주 편지를 주고받으며 때때로 건강이나 생계가 염려될 때마다 선금을 보내는가 하면, 최근에는 로셰의 도움에 힘입어 그의 작품 구입 속도를 높여왔으나 지금껏 퀸이 그와 직접 얼굴을 마주한 적은 없었다. 골목 끝자락, 무질서하게 뻗어 있는 건물에 살던 브란쿠시는 이들이 나타났을 때 숲처럼 빽빽히 솟은 나무기둥과 대리석 덩어리들 한가운데 서 있었다. 넓은 어깨와 흰색이 줄무늬처럼 섞인 수염, 단단한 네모꼴 머리를 덮은 숱진 검은색 곱슬머리. 브란쿠시의 외모는 그의 작품만큼이나 인상적이었다. 포스터의 표현에 따르면 "나이든 파우누스* 같았다". 브란쿠시 역시 음식과 술을 좋아해서, 손수 만든 작업실 난로 위에 푸짐한 수프와 닭고기를 익혀 손님들을 대접했다. 이들은 커다란 돌 탁자에 둘러앉아 음식과 함께 그라파와 와인, 코냑을 들었고, 로셰의 통역을 통해 농부와 로마 건축, 루마니아에서 보낸 브란쿠시의 유년 시절 이야기를 들었다. 식사는 이름 없는 샴페인으로 마무리되었는데, 샴페인 잔이 부족하자 브란쿠시는 기름병에 술을 따라주었다.[10]

타들어가는 듯한 무더운 토요일 아침, 퀸과 포스터와 로셰는 퐁텐블로를 향해 차를 몰았다. 피카소와 코클로바가 여름 동안 집을 빌려 머물던 곳이었다. 유럽은 기록적인 가뭄에 시달리고, 남부의 농부들은 이미 마른 밭을 추수하기 시작한 참이었다. 퐁텐블로숲을 가로지른 지 몇 시간쯤 지나자 높은 벽으로 둘러싸인 평범한 석조 주택이 나타났다. 차를 세우니 누군가 창가에 나타나 이들을 향해 손을 흔들면서 벽에 난 녹색 문을 가리켰다. 문을 통해 들어가니 담장 안에 마른 분수대와 큰 개오동나무가 있는 정원이 보였고, 곧 창가에 있던 남자가 나타났다. 피카소였다.[11]

잠시 뒤 부드러운 파란색 가운 차림에 장밋빛 립스틱을 바른 짙은 색 머리의 여성이 합류했다. 환하게 빛나는 코클로바는 최근 출산한 여자답지 않게 너무도 늘씬했다.

* 로마신화 속 숲의 신. 남자의 얼굴에 염소의 다리를 지녔다.

하지만 포스터는 그 아름다운 외모 너머에 드리운 취약한 분위기를 감지할 수 있었다(그는 일기에 "예민한 신경, 섬세한 마음"이라고 적었다). 로세가 피카소의 말을 통역해주었다. 하지만 피카소와 달리 미국을 직접 경험했던 코클로바는 영어를 어느 정도 할 줄 알았다. 피카소 연구자들 대부분이 간과한 사실이지만, 1916년 디아길레프가 발레 뤼스 단원들을 미국으로 데려갔고, 이때 코클로바는 대서양 연안과 중서부를 가로지르며 수많은 도시에서 공연을 한 터였다. 코클로바는 "뉴욕, 보스턴, 세인트폴, 세인트루이스, 클리블랜드" 등 자신이 여행한 곳들을 언급했으니,[12] 이것이 오하이오 출신의 퀸과 상트페테르부르크에서 온 발레리나를 연결하는 흥미로운 지점이 되었다. 물론 피카소는 미국 중산층에 대해 거의 관심이 없었지만, 자신의 가장 안목 높은 후원자요 뉴욕의 수수께끼 같은 인물을 마침내 만나게 되어 매우 흥미로워했다.

놀랍게도 피카소 작품에 대한 퀸의 관심은 극단적이라 할 만큼 다양한 양식으로까지 확장되어 있었다. 그 전해에만 퀸은 피카소의 가장 중요한 걸작 「바이올린을 든 광대」와 「후프를 든 소녀」를 포함한 네 점의 입체주의 회화 작품에 더하여 그것들과는 전혀 다른 작품, 피카소가 최근 추구하기 시작한 기념비적 양식의 가장 중요한 선언이라 꼽은 「벌거벗은 두 사람」―실물 크기에 가까운 대형 작품―도 구입했다(퀸은 피카소에게 이 작품을 "브론즈 여인들"이라 부르고 싶다고 말했는데, 강인한 조각상 같은 인물의 형태가 고대 그리스 조각을 연상시키기 때문이었다). 초기 입체주의 시기의 작품뿐 아니라 센트럴파크 웨스트에 모아둔 뛰어난 청색시대와 장밋빛 시대 수작들에 이 작품들까지 더해지면서 1921년에 퀸은 세계 최고의 피카소 컬렉터로 자리잡았다.[13] 이제 퀸에게 피카소의 부단하고 지속적인 발전은 그 자체로 중요했다.

그해 여름 퐁텐블로에서 피카소는 동시에 몇 가지 양식을 탐구했으니, 세 사람이 방문했을 때는 고풍스러운 대형 작품 「샘가의 세 여인」에 힘을 쏟고 있었다. 매우 고전적인 예술로부터 영감을 받은, 단순한 조각과도 같은 형태의 그 기념비적 인물들에게서는 활력 넘치는 지중해의 흙빛이 흘러넘쳤다(로셰는 훗날 다음과 같이 평했다. "태양 아래서 자유롭게 살아온 사람의 살빛이다"[14]). 피카소는 또한 전쟁 말엽 발전시킨 종합적 양식에 콜라주와 같은 앙상블로 새로운 우아함과 서정미를 더한 놀라운 입체주의 걸작 「세 악사」의 다른 두 버전을 제작할 계획도 갖고 있다고 했다. 지금은 코클로바와 새로 태어난 아이에게서 영감을 받아 '모성'을 주제로 한 회화 연작을 포함해 제삼의 작풍으로 다른 작업들을 진행중이었다.

대화가 이어지는 동안 사람들은 탁자 주변에 모여 차와 오리 간 요리, 럼을 넣은 카스텔라를 먹었다. 코클로바가 이제 다섯 달 된 파울로를 데리고 나오자 피카소의 얼굴이 환해졌다. 눈앞에 펼쳐진 이 가정적인 전원시의 한복판에서 로셰는 헬렌을 떠올리지 않을 수 없었다. 아침에 파리를 떠나기 전 헬렌으로부터 프란츠가 며칠 안에 정리될 이혼에 대해 새로운 불안감을 내비쳤다는 걱정스러운 편지를 받은 터였다. 로셰는 두 사람이 이혼 절차를 마쳤는지, 퐁텐블로의 피카소 부부에게 느껴지는 이 만족감을 헬렌과의 생활에서도 찾을 수 있을지 궁금했다. 그는 다음과 같은 글을 남겼다. "내가 피카소를 보며 감동을 받은 걸까……?" 퀸은 달랐다. 피카소의 가족과 그가 누리는 평온함을 감탄하며 바라보긴 했지만 그 지속성에 대해서는 회의적이었다. 그는 나중에 로셰에게 이렇게 말했다. "친애하는 로셰, 당신도 그와 같이 되기를 권하지 않습니다. 그것은 어려운 문제입니다. 성공한다면 대단한 행복을 얻겠지만 실패하면 지옥일 거예요."[15]

프랑스에 체류하는 동안 퀸은 수집에 대한 야망을 마음속에 확실하게 새겨놓고 있었다. 그는 브라크로부터 매우 훌륭한 입체주의 정물화 두 점을 구입했다. 드랭의 작업실에 가서는 포스터의 초상화를 제작해달라 부탁했고, 이에 드랭은 그 자리에서 스케치를 시작했다. 퀸은 볼라르에게서 세잔의 「생트빅투아르산」 한 점을 구입했으며, 뒤피의 다른 연작과 세곤자크의 작품 몇 점도 구입했다. 그리고 페네옹에게는 특별한 쇠라 작품을 한 점 찾아달라고 부탁했다. 며칠 뒤 베른하임죈갤러리를 다시 찾은 퀸은 마티스의 또다른 대형 작품 한 점, 그리고 이젤 앞에 앉아 옆쪽 의자에 걸터앉은 나체 여성을 주의깊게 관찰하며 그림을 그리고 있는 뒷모습이 담긴 자화상을 구입했다.[16] 그런 뒤, 곧 화가 피카소의 경력을 가다듬어준 두 사람, 즉 로젠베르그와 칸바일러와의 만남이 이어졌다.

　퀸이 이 여행에서 염두에 둔 중요한 목적 중 하나는 로젠베르그의 갤러리를 방문하는 것이었다. 전해에 그는 로젠베르그를 피카소의 작품과 현대예술 시장 자체를 연결하는 결정적인 중계 지점으로 여기게 되었다. 다른 많은 경쟁자들과 달리 로젠베르그는 영어를 구사했고, 퀸과 만난 적이 없음에도 그만의 독특한 거래 방식에 동의해주었다. 즉 멀리 떨어진 곳에서 구매하고, 대금은 할부로 지불하며, 작품이 기준에 미치지 못할 경우에는 돌려보내거나 교환할 수 있다는 요청을 받아들였다. 로젠베르그 또한 대단히 자신감 넘치는 이 뉴욕 사람에게 매료되어, 미국에서 현대예술을 소개하려는 자신의 계획에 있어 그를 잠재적인 협력자로 여기기 시작한 참이었다.[17]

　퐁텐블로를 방문하고 며칠이 지난 뒤, 퀸과 로셰는 뤼 라 보에티로 무대를 옮겼다. 로젠베르그는 늘 그렇듯 매우 활기차게 이들을 맞이한 뒤 곧장 그림을 꺼내기 시작했다. 갤러리를 자주 방문했던 로세가 보기에, 그는 자신이 소장한 피카소 작품을 모두 보여주려는 것 같았다. 하지만 정작 로젠베르그의 마음속에는 다른 생각이 숨어 있었다. 두 사람이 회화 작품을 보고 있을 때, 그는 전해 여름에 계획한 미국 전시, 즉 뉴욕이나 시카고에서 주요한 피카소 전시를 개최하려는 계획에 대해 이야기하고는, 맨해튼에 갤러리 분점을 여는 방안에 대해 생각중인데 이에 대해 퀸은 어떻게 생각하는지 물었다.

퀸은 그답게 직설적으로 대답했다. "뉴욕은 너무 비싸서 감당할 수 없을 겁니다." 큰 손해를 보고 급히 문을 닫은 캐럴갤러리의 경험을 떠올리며 그는 그 매력적인 지역의 임대료가 믿기 힘들 정도로 높다는 사실을 지적했다. 운영비에만 막대한 돈이 들어간다고, 전쟁중에 문을 연 갤러리는 한 번도 이익을 내지 못한 채 문을 닫았다는 얘기였다. 그의 추산에 의하면 로젠베르그는 "한두 해 사이 2만 5000에서 5만 달러의 자본을 완전히 잃고 거의 아무것도 남기지 못하게 될 것"이었다.[18] 전후 미국 경제가 불황에 접어들고 컬렉터들의 형편이 대체로 급변하기 쉬운 상황이라 피카소 전시를 열기에는 시기가 좋지 않았다. 그는 로젠베르그에게 1년 정도 기다리되, 갤러리 분점을 열기보다 기존의 뉴욕 갤러리들을 통해 준비할 것을 권했다. 로젠베르그는 조언에 감사를 표했고, 두 사람은 계속 연락하기로 했다. 로젠베르그의 모험적인 계획에서 퀸이 보유한 피카소 작품은 그 자체만으로도 이목을 끄는 결정적인 요소가 될 수 있었다.

로젠베르그가 미국 시장 진출을 계획하는 사이 피카소의 오랜 거래상 칸바일러는 온갖 고생을 겪으며 재기의 발판을 마련하고 있었다. 1920년 2월, 스위스에서 5년 넘게 망명생활을 이어간 끝에 칸바일러는 마침내 파리로 돌아왔다. 그는 언제나 그랬듯 체계적인 계획을 세운 뒤 오랫동안 인연을 이어온 예술가들 중 최대한 많은 이들과 다시 접촉하면서 준비를 시작했고, 이후 프랑스 동업자와 함께 새로운 갤러리인 시몽갤러리Galerie Simon를 열었다. 로젠베르그의 갤러리와 불과 몇 블록 떨어진 곳이었다. 재정 상황이 여의치 않았지만 그간 연을 이어온 많은 사람들이 변함없는 신의를 보여주어 칸바일러는 드랭과 블라맹크의 작품을 구입할 수 있었고, 브라크와 그리스, 레제의 몇몇 작품을 대리하기 시작했다. 그리고 파리에 도착하기 직전 그는 피카소에게 긴 편지를 써서 화해하고자 노력했으나, 적어도 처음에는 성공적이지 않았다.[19] 한편 그는 프랑스 정부가 몰수한 작품들을 돌려받고자 함께 일하는 예술가들 일부와 프랑스 친구들을 모아 협상을 시도했다. 1914년 당시 전쟁의 가능성을 믿지 않으려 했듯이, 프랑스 정부가 끝내 그 작품들을 돌려주지 않으리라고는 상상조차 하지 않았다. 칸바일러는 전처럼 집요하게 자신을 재건하기 시작했다.

하지만 유난히 잔인했던 전쟁의 여파 때문인지, 프랑스 관리들은 독일의 자산을 회복시켜줄 마음이 전혀 없는 듯했다. 1920년 독일과의 전쟁배상금 문제가 교착상태에 빠져 있던데다 베르사유조약이 적의 재산 정리를 인정했기에, 단호한 반독일 기조를 보이던 프랑스 정부는 압수한 재산을 판매하여 최대한 수익을 올리기로 결정했다. 그렇지만 독일을 위해 싸운 적 없는, 게다가 정부 재원에 영향을 끼칠 가능성이 지극히 낮은 입체주의 작품을 소장한 이 평화주의자 미술 거래상에게 취한 보복 조치의 이유는 오랫동안 풀리지 않는 문제였다. 사실 그 이면에는 더 많은 이야기가 있었다. 피카소 연구자인 베란 타소가 최근 밝혀낸 바에 따르면, 1920년 봄 프랑스 몰수위원회는 칸바일러가 전쟁 중에 독일의 스파이로 "이탈리아와 스위스에서 의심스러운 활동"을 했으며, 따라서 "프랑스의 위험한 적"이라 주장했다. 이런 보고가 나오고 얼마 지나지 않아 1921년 1월, 프랑스 정부는 일련의 공개경매에서 칸바일러의 회화 작품들을 정리하려는 계획을 승인했고,[20] 몇 달 뒤 전문 감정인으로 레옹스를 임명해 판매를 감독하게 했다.

이론상 레옹스는 당연히 칸바일러의 협력자가 되어야 했다. 나이 터울은 두 살밖에 나지 않았지만 레옹스는 동생 로젠베르그와 완전히 다른 인물이었다. 호리호리하고 연약하며 짙은 색 머리를 가진 로젠베르그와 달리 레옹스는 키가 크고 건장한 체구에 금발을 지녔다. 로젠베르그가 사업에 대한 타고난 본능을 가지고 대중이 받아들일 만한 수준으로 전시를 조율했던 반면, 레옹스는 판매 전망과 상관없이 최신의 예술작품들을 보여주기로 결심한 비타협적인 이상주의자였다. 칸바일러처럼 레옹스 역시 지적이었으며 입체주의에 열렬한 관심을 보였다. 전쟁 직전 그는 피카소 작품 스무여 점과 브라크 작품 열 점, 그리스 작품 다섯 점을 구입하면서 칸바일러의 몇 안 되는 주요 프랑스 고객 중 한 명이 되었고, 이후 칸바일러가 망명했을 때는 한동안 피카소를 포함해 칸바일러와 일하던 많은 예술가들을 도와주었다. 시장이 거의 전무한 상황에도 불구하고 예술가들과 계약을 맺었으니, 칸바일러조차 그의 노력을 칭찬할 정도였다.

하지만 입체주의 작품을 구입하려는 사람이 없어 전쟁이 끝날 무렵 레옹스는 거의 파산 지경에 이르러 있었다. 정부가 무자비한 결정을 내려 칸바일러의 재고 작품을 정리하기로 결정했을 때, 그는 중요한 입체주의 전문가로서 최고 감정인 역할을 맡게 되어 기뻤다. 칸바일러 작품 경매가 입체주의에 대한 새로운 관심을 불러일으키고 시장에 다시 불을 지필 것이라 생각했던 것이다. 더하여 또다른 동기 역시 간과할 수 없었다. 입체주의 예술가들에게 크게 투자해온 레옹스는 칸바일러의 재기 노력을 지켜보면서, 만일 그가 몰수된 작품을 되찾을 경우 자신을 능가하게 될 것임을 직감했다. 로젠베르그는 이 상황을 난처하게 여겨 경매뿐 아니라 형과도 거리를 두었다. 하지만 피카소에 대한 그의 통제력이 점차 커지고 있었으니, 정부가 내린 결정의 가장 큰 수혜자는 로젠베르그가 될 것이었다. 이를 통해 그는 피카소에 관한 한 가장 강력한 경쟁자를 크게 앞설 수 있었다.

칸바일러는 대중 앞에서 고개를 숙였지만 개인적으로는 몹시 격분했다. 그는 드랭에게 다음과 같이 말했다. "로젠베르그 형제, 이 녀석들!"[21] 적어도 레옹스에 관한 한 다른 예술가들도 그의 생각에 동의했다. 퀸이 프랑스에 도착하고 몇 주 지난 뒤 진행된 첫번째 경매에서, 브라크는 레옹스가 도착하자마자 매우 화를 내며 사람들이 모두 보는 앞에서 그의 얼굴에 주먹을 날렸다(이를 목격한 마티스도 "브라크가 옳다! 저 남자가 프랑스를 약탈했다!"라고 외쳤다[22]). 설상가상으로 국가경제가 여전히 휘청이고 있던 시기에 진행된 이 경매의 결과는 참담하기 그지없어서, 입체주의는 실패한 운동이라는 보수적인 비평가들의 관점을 확인시켜주는 듯 보였다.

하지만 칸바일러는 포기하지 않았다. 몰수위원회 당국은 칸바일러의 입찰을 금지했으나 그는 자신을 대신해 입찰할 친구들을 모아 상당수의 작품들을 다시 손에 넣었다. 또한 그는 결코 피카소를 단념할 생각이 없었다. 그리하여 사이가 틀어진 자신의 옛 예술가에게 더 대담한 제안을 건네는 한편 독자적으로 새로운 전략을 짜기 시작했다. 로젠베르그의 갤러리를 방문하고 며칠이 지난 뒤, 로셰는 퀸과 포스터를 데리고 시몽갤러리에서 칸바일러와 만났다(로셰는 전쟁 시기의 반감을 의식하여 퀸에게 주의를 주었다. "그는 지적이지만 독일 사람입니다"[23]). 칸바일러는 최근에 겪은 좌절의 흔적을 드러내지 않은 채 전처럼 근면하고 진지한 태도로 임했고, 퀸은 자신이 좋아하는 많은 예술가들에 대한 그의 깊은 지식에 강한 흥미를 느꼈다. 그가 소장한 브라크와 드랭의 작품을 살펴보던 퀸은[24] 마침내 미술과 연극이 혼합된 주목할 만한 물건을 360프랑(약 26달러)에 구입하기로 했다. 사티의 부조리주의 무용극 〈메두사의 함정〉의 한정판 악보에 브라크가 입체주의 양식의 목판화로 삽화를 수록한 작품이었다.[25] 이미 사티와 브라크 두 사람을 모두 만나본 그는 새로운 예술의 확장성을 드러내는 이 작품을 무척이나 반겼다(사 반세기가 지난 뒤 블랙마운틴칼리지Black Mountain College에서 이루어진 존 케이지, 머스 커닝햄, 벅민스터 풀러의 공연으로 미국에서는 이 작품을 추종하는 집단이 생겨나게 된다). 칸바일러는 아직 퀸이 찾고 있는 대형 회화 작품을 많이 가지지 못한 상태였으나 로셰와 친밀한 관계를 맺었고, 이 방문은 언젠가 퀸의 컬렉션에 결정적인 역할을 하게 될 우정을 굳건하게 다져주었다.

퀸과 포스터 커플과 함께한 빽빽한 일정이 끝나갈 즈음, 로셰 역시 인생의 전환기를 맞이하게 되었다. 퐁텐블로를 방문하고 며칠이 지난 어느 날 아침 헬렌이 프란츠와의 이혼 절차를 마쳤다는 소식을 전해온 것이다. 하지만 헬렌의 전보에는 불안감이 가득했고, 로셰는 다시 보나르와 자주 만나고 있었다. 독일에서 재회할 때까지 충실히 헬렌만을 생각하겠다고 약속하긴 했지만, 사실 헬렌 자체가 신뢰할 수 없는 사람이었던 반면 보나르는 충실하고 부드러우며 이해심 많은 여성이었다. (파리로 돌아온 뒤 비술에 흥미를 느껴 손금 읽는 법을 배운 포스터가 로셰와 브란쿠시에게 손금을 봐주겠다고 제안했다. 지극히 실증적인 사람이었던 퀸이 이를 어떻게 생각했는지 알기란 어렵지만, 로셰는 일기에 포스터가 "두 여인을 보았는데, 한 사람은 아이가 없으나 평온하고 행복한 여인이요, 다른 사람은 아이가 있지만 평온이나 행복은 없는 여인"이었다고 기록했

다.[26]

　　마음의 결정을 내리지 못해 무기력해진 로셰는 점차 이 미국인 친구들과 함께 탈출구를 모색하기 시작했다. 그는 퀸에게, 정확히는 퀸의 태도와 취향의 힘, 절제된 감정, 예술이나 예술가와 맺는 깊은 관계, 현대예술의 가장 특별한 사례가 되는 작품을 미국으로 가져가고자 하는 계획에 더욱 빠져들었다. 로셰는 다음과 같은 글을 남겼다. "나는 그에게 담백하고 깊은 우정을 느낀다." 동시에 그는 포스터가 매우 특별한 사람임을 알게 되었다. 이들은 점점 더 많은 시간을 함께 보냈는데, 퀸이 처리해야 할 다른 일이 있을 때 종종 그들만 남겨둔 채 자리를 비워 단둘이 함께하는 경우도 잦았다. 어느 날 로셰는 이런 일기를 썼다. "F 부인과 단둘이서 아름다운 대화를 나누었다. (……) 정말 아름답고 착하고 너그러운 여인이다. 나는 그를 매우 좋아한다."[27] 포스터 역시 로셰의 진심어린 세련된 태도에 점점 매료되어, 그와 긴 드라이브를 마친 뒤 다음과 같이 썼다. "부드럽고 너그럽고 우아하다. 그의 얼굴에 비치는 햇살 (……) 프랑스 신사."[28] 퀸은 포스터와 자신이 신뢰하는 친구가 서로 친해지는 것을 기꺼워하여 두 사람이 함께 시간을 보내도록 권했다. 또다시 로셰는 복잡한 삼각관계에 놓인 셈이었으니, 그의 사회관계는 이러한 상황에서 오히려 제대로 작동하는 것만 같았다. 로셰는 퀸과 포스터 모두와 가까워지면서 두 사람의 강한 유대감과 함께 그 안에 도사린 모종의 불완전함을 간파했다(퀸의 파리 체류가 끝날 즈음 그는 이렇게 적었다. "그 역시 나처럼 괴로워하고 있다. 내가 루키와 아이를 가지려 하는 것처럼 그는 F 부인과 아이를 갖고 싶어한다."[29]).

　　출국 날이 가까워오자 퀸은 셋이 함께 베르됭으로 차를 몰고 가서 전쟁의 참상을 직접 살펴보자고 제안했다. 전쟁으로 황폐해진 풍광은 특히 퀸에게 강렬한 인상을 남겼다. 그는 훗날 쓴 글에서 다음과 같이 회고했다. "내가 본 중 가장 인상적인 장면이었다." 무더위에 시달리며 힘들게 자동차를 몰아 도착한 곳에서 마주한 전쟁의 잔해, 파묻힌 참호와 무너진 요새는, 퀸의 표현대로 "이루 말할 수 없으며 잊을 수도 없는 끔찍한 것들이었다".[30] 이들은 힌덴부르크 전선과 아르곤숲을 방문하고 뼈대만 남은 랭스대성당을 살핀 뒤 1만 명 이상의 미국 전사자들이 묻힌 묘지에서 잠시 걸음을 멈췄다. 퀸에게 이 여행은 그가 처음부터 가져온 생각, 즉 프랑스의 전쟁은 궁극적으로 미국의 전쟁이라는 인식을 더욱 확고하게 만들었다.

8월 중순, 6주 가까이 해외에서 머문 뒤 마침내 퀸은 뉴욕행 배에 올랐다. 자신이 열정을 쏟아온 예술가들을 거의 모두 만나고, 중요한 새로운 우정을 맺고, 놀라운 회화 작품을 구입하고, 미래의 정복을 위한 희망적인 계획을 세운 시간이었다. 또한 피카소와 중요한 관계를 구축했으니, 그의 작품은 퀸의 컬렉션의 시금석으로서 그 지위를 더욱 확고히 했다. 특히 퀸은 로젠베르그와 칸바일러뿐 아니라 볼라르, 베른하임죈, 노르웨이 출신의 망명자 발터 할보르센 등 현대예술을 취급하는 파리의 거의 모든 거래상들과의 관계에서 특권적인 지위를 누리게 되었다. 1919년 퀸이 로셰에게 개략적으로 설명했던 것, 즉 파리 아방가르드를 대표하는 예술가들의 가장 비범한 작품을 소장하고자 하는 계획은 이제 그럴듯한 것으로 보이기 시작했다. 그가 짐작했듯이, 미국의 대중이 마침내 새로운 예술을 수용할 준비가 되었을 때 그 일은 가능할 것이었다.

그럼에도 그는 불길한 예감에 시달리고 있었다. 오랜 시간을 떠나 있다가 돌아온 퀸은 금융시장의 새로운 불확실성, 그리고 밀린 일더미와 함께 고된 시기에 직면해야 했다. 게다가 포스터가 여전히 파리에 머물고 있었으니, 이제 부당하게도 두 사람은 서로 떨어져 지낼 수

밖에 없었다. 가정이 있는 포스터에게 가해지는 사회적 제약 탓에 그들
은 자신들의 관계를 공공연하게 밝히지 못하는 처지였다(두 사람의 마지
막 포옹을 지켜본 로셰는 일기장에 다음과 같이 썼다. "그는 떠나면서 F 부인
에게 키스했다. 아름다운 장면이었다"[31]). 퀸은 꿈속에 머물다 깨어난 기분
이었다. 아주 오랜 시간이 지나기 전에는 그러한 자유를 다시 누릴 수
없을 것 같았다. 또한 과연 자신에게 계속해서 싸울 있는 힘이 있는지
도 의심스러웠다. 긴 여행에서 돌아온 뒤 유럽의 친구에게 보낸 편지에
서 퀸은 다음과 같이 말했다. "다들 내가 일에 미쳐 있고 바쁜 생활을
즐기는 활력 넘치는 사람이라 생각하지. 하지만 사실은 그 정반댈세."[32]

　　스스로는 아직 알지 못했지만, 퀸은 곧 그의 이력에서 가장 큰
예술 투쟁과 맞닥뜨리게 될 것이었다.

14 | KKK 비평

뉴욕은 6주 전 파리로 떠났을 때의 뉴욕과 전혀 다른 곳 같았다. 지난해 겨울 이래 미국 경제는 흔들리면서 침체기로 접어들었고, 1921년 8월 말에는 폭락했다. 독감의 대유행과 전시산업의 단계적 축소라는 이중의 압박이 심각한 생산 감소를 야기했으니, 주식시장은 1년 반 사이 거의 반토막이 나면서 바닥을 쳤다. 기업의 새로운 대혼란 상태가 다가오자 퀸은 갑자기 고객들에게 수수료를 받기가 힘들어졌다. 심지어 연방정부마저, 그해 2월 미국 대법원에서 적성국교역법의 합헌성을 성공적으로 방어한 퀸에게 지불해야 할 거액의 보수를 크게 삭감했다.[1] 유감스럽게도 퀸은 자금 부족으로 인해 파리에서 할보르센이 보여주었던 특별한 마티스 작품 두 점을 거절해야 했다. 그는 『리틀 리뷰』의 마거릿 앤더슨에게 1000달러를 더 주지 못하는 이유를 설명하면서 이렇게 말했다. "지금은 공황기입니다."[2]

다른 측면에서도 미국 사회는 혼란에 빠졌다. 퀸이 돌아오고 며칠 뒤 웨스트버지니아에서 1만 명의 무장한 광부들이 노조 봉기를 일으켜 연방군과 닷새간 총격전을 벌였다. 신문은 남부에서 증가하는 KKK

폭력 사태 및 모스크바 공산주의 통치의 "부패와 테러"에 대한 이야기로 도배되었다. 공산주의이데올로기를 들여오고 노동불안을 조장한다는 의심 속에, 동유럽에서 온 새로운 이민자들에 대한 분노와 추악한 외국인 혐오가 시작되었다. 유럽 대륙에 대한 적대감이 커지면서 의회는 유럽의 재화에 부과하는 관세를 인상했고, 수십억 달러의 전쟁 채무를 회피하고 있다며 영국과 프랑스를 비난했다(베르됭의 대대적인 파괴를 목격한 퀸은 이에 반대하여 미국이 전쟁 채무를 탕감하고 프랑스에 회복의 기회를 주어야 한다고 주장했다).

하지만, 적어도 퀸이 보기에 미국은 마침내 현대예술을 받아들이기 시작한 듯했다. 파리로 떠나기 몇 달 전 퀸과 그의 친구 데이비스는 메트로폴리탄과 함께 대성공을 거둔 터였다. 블리스와 휘트니의 도움으로 두 사람은 이 대표적인 보수적 기관이 진보적인 프랑스 회화 작품을 대여해 전시를 개최하도록 설득했다. 메트로폴리탄 개관 이후 최초의 현대미술전이었으나, 〈인상주의와 후기인상주의 대여전Loan Exhibition of Impressionist and Post-Impressionist Paintings〉이라는 무미건조한 제목에서 드러나듯이 그리 급진적이지는 않았다. 작품을 대여해준 주요 인물인 퀸이 입체주의 회화 작품을 다수 포함하도록 미술관 큐레이터 버로스를 설득하려 노력했지만 결국 실패로 돌아간 까닭이었다. (버로스가 작품을 고르기 위해 아파트에 찾아왔을 때 퀸은 다음과 같이 불만을 표했다. "피카소의 청색시대 작품 세 점으로는 (……) 조금도 대표성을 띠지 못하리라 생각합니다. 특히, 아름답고 장식적인 피카소의 추상 작품을 한 점도 포함시키지 않는 한 말이지요."[3])

그럼에도 불구하고 퀸은 중요한 다수의 소장 작품, 즉 고갱 두 점과 반 고흐의 자화상, 툴루즈로트레크의 작품 한 점, 드랭 여섯 점, 블라맹크 한 점, 마티스 네다섯 점, 피카소의 초기 청색시대 연작과 대담한 1906년 작품「머리를 땋는 여성」을 전시에 포함시키는 데 성공했다. 블리스가 대여한 훌륭한 세잔 및 후기인상주의 컬렉션 덕분에 작품 구성이 한층 강화되면서 전시는 전반적으로 매우 높은 수준을 보여주었다. 전시가 개막된 5월 퀸은 파운드에게 보낸 편지에서 다음과 같이 알렸다. "이 전시에 수준이 떨어지는 쓰레기 같은 작품은 없습니다. '아주 작디작은 작품'이나 '작고 예쁜 작품' 없이, 모두 중요한 것들로만 구성되었지요."[4] 전시 도록에서 버로스는 입체주의에 대한 불만에도 불구하고 피카소를 "비범한 기술과 흡입력을 지닌 예술가"로 묘사했다. 처음으로, 미국의 가장 중요한 미술관이 퀸의 소장품을 진지하게 받아들이는 것 같았다.

퀸이 아는 한 뉴욕 시민들도 이 작품들을 받아들였다. 적어도 그가 유럽으로 떠날 땐 도시 전체가 이 전시에 매료된 듯 보였다.『뉴욕 타임스』는 전시 개막식에 1400명이 넘는 사람들이 참석했고, 그중 많은 이들이 후기인상주의 회화 작품을 처음 접했다는 사실을 보도했다.『타운 앤드 컨트리Town and Country』의 한 필자는 전시에 "남은 여름 내내 논의거리를 제공할 만큼 풍성한 자료"가 있다고 평가하면서, 이 작품들에 불안을 느끼는 이들을 향해 "이집트의 일상생활을 보며 안정감을 느낄 수 있는 전시장이 안쪽에 늘 준비되어 있다"고 조언했다. 미술 언론은 훨씬 더 강력한 상찬의 논조를 보였으니,『아츠The Arts』지는 다음과 같이 선언했다. "놀라운 전시다. 현대 프랑스 미술을 소개하는 이보다 더 훌륭한 대중 전시는 세상에 없었다."[5] 전시에 쏟아지는 관심은 그해 봄 미술관이 퀸과 데이비스를 채용해 현대예술작품 구입을 돕도록 해야 한다는 진보적인 비평가 포브스 왓슨의 요청을 지지하는 듯 보였다. 마침내 세잔과 반 고흐의 추종자들에 대한 미국의 오랜 적대감이 무너지고 있었다.[6]

그러나 유럽에서 돌아온 지 일주일쯤 되었을 때, 퀸은 자신이 얼마나 잘못된 판단을 하고 있었는지 깨달았다. 노동절 다음날 "시민들과 메트로폴리탄 후원자들"을 자칭하는 한 무리가 『뉴욕 타임스』 지면을 통해 전시에 대해 가차없는 공격을 시작했다. 공들여 인쇄한 네 페이지 분량의 성명서 '메트로폴리탄이 보여주는 퇴폐적인 모더니즘 작품 전시에 대한 항의'에서 이 시민-시위대는, 19세기 말과 20세기 초의 현대예술이 자연의 규칙을 전복시키고 공공의 도덕을 위협하는 위험한 수입품이요 일탈적이고 병적인 존재라는 익숙한 유언비어를 다시 불러들였다(이들은 주장을 뒷받침하기 위해 대통령 윌슨의 치료를 담당했던 유명한 신경과의사 프랜시스 X. 더쿰과 펜실베이니아대학교의 정신질환 전문 교수인 찰스 W. 버 같은 의학 전문가들을 인용했다. 버는 이런 작품을 보는 것이 보는 이에게 "건강에 해로운 감각"을 유발할 수 있다고 경고했다).

들끓는 흥분 속에 시위자들은 새로운 내용도 추가했다. "우리는 이와 같은 소위 예술형식이 전반적인 움직임의 하나의 징후라고 생각한다. (……) 그 움직임은 법과 질서의 해체와 우리 사회 전체 체계의 파괴를 목적으로 한다." 여기서 거론한 문제의 "움직임"은 다름 아닌 볼셰비즘이었다. 그들은 메트로폴리탄이 이 그림들을 전시하면서 유럽의 거래상 "패거리"가 순진한 대중들에게 들이대는 "볼셰비키 선전"의 한 형식을 무의식적으로 홍보하고 있다고 주장했다. 본질적으로 전시는 "메트로폴리탄을 포함한 미국 미술관들의 영향력과 권위"를 활용해 "퇴폐적인" 예술을 홍보하려는 유럽의 음모의 일부였다. 현대예술이 주요 공론장에서 20세기 초의 급진적인 정치 및 인종 타락에 대한 사회이론과 연결된 일은 아마도 이것이 처음이었을 것이다.[7]

다른 때 같았으면 이 성명서가 담긴 팸플릿은 조잡한 음모론으로 일축될 수도 있었다. 우선 여기에는 서명이 없었고, 따라서 일부 주변인들의 히스테리성 작품일 가능성이 높았기 때문이다. 자신과 파리에서 식사를 함께한 예술가들이 프랑스의 애국자가 아닌 볼셰비키의 첩보원이라니, 퀸에겐 더없이 기이한 생각이었다. 그는 예이츠에게 다음과 같이 말했다. "어느 누구도 드랭보다 더 프랑스인다울 수 없습니다. 그는 파리에서 태어났고 파리를 자랑스러워합니다. 브라크는 노트르담대성당 코앞에서 태어났고요. (……) 마티스는 프랑스인 중의 프랑스인이고, 세잔은 페르디낭 포슈나 앙리 푸앵카레만큼이나 프랑스인다웠습니다."[8] (여기에 피카소의 아내 코클로바는 러시아 황제 집안 출신이며 그의 가족들은 실제 볼셰비키의 박해를 받고 있다는 이야기를 덧붙였을 수도 있다.)

하지만 1921년 가을 미국은 외세에 의한 전복에 대해 편집증적 반응이 확산되기 쉬운 상황이었고, 금세 중요한 문화계 인물들이 이 항의운동에 참여하기 시작했다. 성명서가 배포된 다음날, 미국예술문예아카데미American Academy of Arts and Letters의 극단적 보수주의자 조지프 페넬이 『타임스』와의 인터뷰에서 전시에 대해 매우 충격적인 평을 내놓았다. "후기인상주의는 결코 인상주의의 자연스러운 소산이 아니라 퇴화일 뿐이며, 전쟁을 초래한 것과 동일한 형태의 타락이다." 페넬은 퀸을 전시 뒤에 숨어 동력을 불어넣는 인물로 지목하면서 그가 미국의 가치를 훼손하고 있다고 비난했다. "나는 퀸 씨에게 무엇을 구입해야 하고 무엇을 구입하지 말아야 하는지 지시하려는 게 아니다. (……) 하지만 분명한 건, 이런 형식의 전시가 미국의 예술교육에 위험한 영향을 끼친다는 사실이다."[9]

페넬의 비난이 오히려 퀸을 냉정하게 만들었다. 그는 자신이 지지하는 작가들을 검열하고 자신이 수집하는 예술가들을 폄하하려는 노력에 놀라지 않았다. 하지만 후기인상주의 전시에 대한 항의는 더 멀리까지 나아갔다. 미국을 20세기 문학과 예술의 최전선으로 이끌고자 몇 년에 걸쳐 부단히 애써온 퀸은 기성 문화계의 중추적 인물로부터 맹비난을 받고 있었다. 한편 미술관측은 전시가 거의 막바지에 이르렀으며 지금까지는 이런 항의운동을 초래한 적이 없었다는 소극적인 반응만 내놓을 뿐 대체로 침묵을 지켰다. 메트로폴리탄이 뒤늦게나마 현대예술을 받아들였음을 공표하려 했다가 전시가 원치 않는 논란을 야기하자 슬그머니 발을 빼는 모양새였다. 시카고에서 벌어진 〈아모리 쇼〉에 대한 공격 이후 퀸이 단속적으로 직면해온 반동의 움직임이 마침내 번성하며 널리 퍼지고 있는 것 같았다. 미국의 비타협적인 미술관이 과연 변할 수 있을지, 퀸은 의문을 품기 시작했다.

사실 페넬과 시위자들은 모두 미국에 뿌리내린 보수적인 사상의 특성에 기대고 있었다. 퀸이 사회 경험을 쌓기 시작할 무렵에도 이미 문화적 타락이라는 사이비 과학적인 개념이 미국에 널리 퍼져 있었다. 1892년에 발표되어 큰 영향력을 끼친 책 『타락Entartung』에서 헝가리 출신의 의사이자 지식인인 막스 노르다우는 니체와 헨리크 입센, 졸라의 사상부터 프랑스 인상주의자들의 작품에 이르기까지 모더니즘 문화 모두 19세기 말의 사회적·인종적 타락의 결과라 주장했다. 그 억지스러운 설명에 따르면, 현대 도시 생활의 빠른 속도—"철도여행의 충격(……) 대도시 거리에 울려퍼지는 지속적인 소음과 다양한 장소들(……) 신문의 끊임없는 예측"—가 시간의 흐름에 따라 인구의 물리적인 타락으로 이어졌고, 이 과정이 결과적으로 전복적이고 새로운 형식의 문화 표현을 포함해 범죄의 만연과 중독, 그리고 일탈 행위를 낳았다는 것이었다.[10] 실제로 모더니즘 작가와 예술가들이 빠르게 확장하는 도시의 거북한 생활과 가속화되는 속도에 영감을 받은 것은 사실이었다. 하지만 노르다우는 이들의 작품을 그저 병적인 것으로 치부했다.

그는 560페이지에 달하는 책을 다음과 같은 내용으로 시작한다. "타락한 이들이 모두 범죄자이거나 매춘부, 무정부주의자, 정신병자로 선고된 사람들은 아니다. 그들은 종종 작가와 예술가다."[11]

노르다우의 논지는 유럽에서도 상당한 주목을 받았지만 그 글에서 언급된 "타락한" 예술가들과 사상가들의 존재가 거의 알려져 있지 않았던 20세기 초 미국에서 가장 많은 독자를 확보했다. 60만 부 이상 판매된 미국판 『타락』은 1890년대 말과 1900년대 초에 큰 영향을 끼친 책 중 한 권으로 꼽혔고, 미국 지식인들 사이에 미국의 가치를 위협하는 "타락한" 유럽의 영향에 대한 지속적인 두려움을 제공했다. 혼란스럽고 기이한 현대예술과 아방가르드 예술은 자연스럽게 이런 우려의 대상이 되어, 심지어 〈아모리 쇼〉가 시작되기도 전에 한 뉴욕 비평가는 이 전시에서 소개될 예술작품을 가리켜 "가장 낮은 바닥으로 떨어진 유럽의 지적 퇴보"라 경고하기도 했다.[12] 초판이 출간되고 스무 해가 지나도록 노르다우 이론의 인기는 식지 않았으니, 퀸의 친한 친구이자 비평가인 허네커도 1915년 노르다우를 다루는 긴 분량의 기사를 잡지에 기고할 정도였다.[13]

이 논의에 걸린 판돈은 적지 않았다. 허네커가 기사를 쓸 당시 노르다우의 개념은 인종적 순수성에 대한 미국의 불안감을 토대로 섬뜩한 공감을 얻고 있었다. 『타락』을 읽고 영감을 받은 미국 작가들 중에는 환경보호 활동가이자 우생학자이며, 제1차세계대전 동안 인종 위생학을 다루어 큰 영향력을 미친 책 『위대한 인종의 소멸The Passing of the Great Race』의 저자이기도 한 매디슨 그랜트가 포함되어 있었다.[14] 후기 인상주의 전시가 개최된 무렵 강제 불임, 이민 통제, 인종 분리를 이용해 인간의 타락을 방지해야 한다고 강조한 우생학 운동은 미국의 대학들과 심지어 정부에도 널리 받아들여졌다. 퀸이 메트로폴리탄에서 "퇴폐적인" 예술에 대한 항의와 맞서고 있던 그 순간, 뉴욕의 다른 우수한 박물관인 미국자연사박물관American Museum of Natural History은 수십 개 국가의 학자들이 우생학에 대한 새로운 연구를 발표하기로 계획된 대규모 국제 우생학 학술대회를 준비하고 있었다. 이 행사를 기념하여 주최측에서는 실물 크기의 조각상 「평균적인 미국인」의 제작을 의뢰했는데, 이는 예술을 활용해 유럽 인종 퇴보의 결과를 보여주기 위한 것이었다.

퀸이 보기에 메트로폴리탄 전시에서 소개된 특별한 회화 작품들을 문화적·인종적 퇴보와 연결하려는 노력은 혐오스럽기 그지없었다. 그는 뉴욕의 한 친구에게 말했다. "북극 탐험에 동행할 무리를 선택할 때 마티스, 브라크, 드랭보다 더 낫거나 강한 세 사람을 구할 수 있을지 모르겠네. 그런데도 페넬 같은 고루한 늙은이들은 이들을 타락한 사람들이라고 부르지."[15] 하지만 퀸은 전시를 옹호하는 사람이 사실상 그 자신뿐이라는 사실도 알고 있었다. 진보적인 예술비평가들은 대부분 뉴욕 외부에 있는 듯했고, 작품을 빌려준 블리스와 같은 동료들은 논란에 휘말리기를 꺼렸다. 대응은 전적으로 그에게 달려 있었다. 페넬과의 공개적인 불화로는 얻을 것이 없다는 사실을 알았기에, 퀸은 익명의 시위자들을 향한 반격에만 집중했다.

『타임스』『헤럴드』『트리뷴』과 가진 일련의 인터뷰에서 그는 모든 중요한 예술운동은 당대에 공격을 받았다는 사실을 언급했다. "진실을 말하고 아름다움을 묘사하는 새로운 방식은 언제나 누군가에게는 불명예가 됩니다." 그는 시위자들의 극단적인 언어를 개탄하며, 그들이 그들 자신이 비난하는 것과 동일한 경향을 전시하고 있음을 암시했다. 퀸은 시위자들의 익명성과 싸웠다. 시위가 시작된 날 『뉴욕 월드New York World』는 큐 클럭스 클랜Ku Klux Klan(KKK)과 이 단체의 인종테러 운동에 대한 획기적인 여러 편의 폭로 기사를 발표하기 시작했는데, 여기서 퀸은 다소 과장스럽지만 꽤 적절한 비유를 본 터였다. 그는 『타임스』와의 인터뷰에서 다음과 같이 말했다. "이것은 말하자면 KKK의 예술비평입니다. 이 KKK 예술비평이 일어나 스스로 가면을 벗게 합시다. (……) 그런 다음, 만일 그럴 가치가 있다면 말이지만, 그들은 대답을 들을 것입니다." 메트로폴리탄 전시에 대한 공격과 관련해 개인적인 폭력을 겪은 사람은 없었지만, 당시의 요동치는 긴장 상황 속에서 퀸의 말은 기대했던 효과를 거두는 듯 보였다. 시위자나 페넬로부터 더이상의 이야기는 나오지 않았고 논란은 곧 사그라들었다.[16]

한동안은 퀸과 그의 지지자들이 우세해 보였다. 로셰는 파리에서 그에게 다음과 같은 편지를 보내왔다. "우리 친구들의 예술을 가리켜 퇴폐적이라고 지적한 글을 읽으며 한바탕 웃었습니다. 하지만 당신의 대답을 읽고는 훨씬 더 크게 웃었죠. 그 대응이 분명 적들을 궤멸시켰을 겁니다."[17] 퀸은 다음과 같이 답했다. "예, 효과가 있었던 것 같습니다."[18] 그럼에도 불구하고, 시카고에서 벌어진 마티스 작품의 화형 사건처럼 메트로폴리탄 전시에 대한 논란 또한 현대예술과 관련한 불길한 선례를 남겼다. 논쟁에 겁을 먹은 미술관 이사들이 현대예술에 더 많은 기회를 주는 데 거의 관심을 보이지 않아, 메트로폴리탄은 몇 년이 지난 뒤에야 다시 이런 유형의 작품 전시를 시도하게 된다. 현대예술계가 볼셰비즘과 인종적·도덕적 타락이라는 비난으로 위협받는 사건은 그 한 번에 그치지 않았다. 최근 몇십 년 동안 학자들이 압도적으로 나치 독일에 초점을 맞춰왔으나, 사실 미국에서 현대예술에 대한 인종차별적인 공격은 히틀러가 새로운 얼굴로 나타나기 한참 전부터 시작되었다.

퀸에게 보다 즉각적으로 큰 실망감을 안겨준 것은 따로 있었다.

바로 후기인상주의 전시가 새로운 후원자들을 현대예술로 끌어오는 데 확실하게 실패했다는 점이었다. 10월에 퀸은 레옹스로부터 편지 한 통을 받았다. 그는 판매되지 않아 보유하고 있는 입체주의 회화 작품의 재고 처리를 위해 해외 구매자를 찾는 데 혈안이었다. 특히 그는 이 전시에 작품을 빌려준 이들 가운데 입체주의 작품 구입을 고려할 만한 사람이 없을지 궁금해했다. 몇 주 뒤 퀸은 절망적인 답장을 보냈다. 해리 페인 빙엄 부인은 "매우 부유하지만" 세잔과 마네 작품 "이후에 제작된 작품은 구입하지 않"고, 메트로폴리탄 미술관장인 윌리엄 처치 오즈번은 "당신의 관점에서 볼 때 전혀 가망이 없"으며, 조지 밴더빌트 부인은 "작품에서 보석과 옷만을 볼 뿐 예술을 알지는 못한다"는 내용이었다. 해리 페인 휘트니의 경우, "훌륭한 폴로 선수이자 부자이고 개인적으로는 나의 친구로 (……) 많은 종류의 작품을 구입하기는 하지만 입체주의 작품은 구입하지 않는다"고 그는 말했다.[19]

모더니스트를 자처하는 퀸의 작은 그룹 안에서도 아방가르드 예술작품을 구입하는 사람은 찾아보기 어려웠다. 그해 겨울 퀸과 함께 뉴욕의 가장 모험적인 컬렉터로 꼽혔던 발터 아렌스버그는 심각한 재정 손실을 겪고 캘리포니아로 이주했다(퀸은 로셰에게 다음과 같이 말했다. "그의 불행을 듣고 몹시 유감스러웠습니다. 이곳에서 현대예술작품을 구입할 돈과 용기를 가진 몇 안 되는 사람 중 하나였는데요."[20]). 데이비스는 수집을 이어갔지만 쓸 수 있는 자금이 한정적이었다. 그리고 퀸의 부유한 친구 블리스는, 자신이 소장한 화려한 세잔의 작품과 현대예술을 향한 관심에도 불구하고 피카소와 마티스에 대해서는 망설였다. 필라델피아의 앨버트 반스도 그리 다르지 않았다. 반스는 르누아르와 세잔, 마티스의 작품을 두루 구입하고 있었지만 입체주의는 몹시 싫어했는데, 퀸은 질투심에서였는지 순전한 혐오심에서였는지, 반스를 그저 분별력 없는 폭군으로 치부했다(그는 반스가 파리 시장을 "초토화"시켰다는 소식을 듣고 로셰에게 불평을 토로했다. "야만적인 반스의 돈을 내가 갖고 있었다면……"[21]). 그가 이야기할 수 있는 선에서 미국 컬렉터들의 당시 "경작 현황"은 단순히 새로운 예술에 대해 준비가 되어 있지 않은 상태라기보다 새로운 작물 자체를 "아예 보지 못하는" 상황이었다.[22]

사실 퀸은 몰랐지만, 메트로폴리탄 전시는 적어도 미국의 한 청년에게 일종의 도화선으로 작용했다. 전시가 개최되었을 당시 앨프리드 바 주니어는 선명한 기억력과 분류학에 대한 관심을 갖춘 지적인 프린스턴대학교 학부생이었다. 예술을 가까이하며 성장하지는 않았으나 그는 최근 미술사를 전공하기로 결심하여 수강할 수 있는 교과과정을 빠르게 섭렵하던 중이었다. 다른 학교들과 마찬가지로 프린스턴대학교도 19세기 이후의 보다 최근의 예술에 대해서는 가르치지 않았다. 하지만 그의 지도교수였던 프랭크 매더는 전직 일간지 비평가로 프린스턴의 기준에서 보자면 다소 급진적인 인물이었다. 그는 학생들이 강의실에서 흡연하는 것을 허용했고, 20세기 예술에 대해 상당한 호기심을 보였다. 또한 회화 작품 분석에 특별한 재능을 드러내고 이미 서양미술사의 많은 부분을 흡수한 듯 보이는 바에게 특별한 호감을 품었으니, 학기말에 매더는 이 우수한 젊은 제자를 데리고 뉴욕의 후기인상주의 작품을 보러 가기로 결심했다.

메트로폴리탄을 둘러본 매더는 전시에 나온 최신의 작품에 회의적인 반응을 보였다. 그는 마티스의 작품을 "무책임한 악몽"으로 무시했고, 초기 피카소 작품에 대해서도 과거 자신이 "음울한 힘"이라 부르던 경향을 인정하되 그리 너그러운 태도를 보이지 않았다. 하지만 바에게 이 전시는 전혀 다른 경험이었다. 그는 세잔의 뛰어난 풍경화와 초상화에 감동을 받았다(훗날 그는 세잔 작품의 복잡성을 17세기 프랑스의

대가 푸생에 비교했다). 그뿐 아니라 후기 회화 작품, 즉 드랭이 그린 창
문의 특이한 색채와 마티스의 「시클라멘」 속 단순한 선, 피카소의 「머
리를 땋는 여성」의 납작한 원근법에도 흥분했다. 그곳에는 계속해서 진
화하는, 아직도 그 이야기가 끝나지 않은 예술이 있었다. 메트로폴리탄
의 큐레이터 버로스가 도록에 썼듯이 "아직 삶과 작업 모두에서 전성기
를 누리고 있는 마티스, 드랭, 피카소 같은 후세대 화가들에 대한 논쟁
은 여전히 불확실한 판단과 함께 활발하게 진행중"이었다. 전시를 본
바는 이 화가들과 이들이 벌이는 전투에 대해서 더 알고 싶어졌다. 당
시에는 그 자신도 몰랐지만, 바는 몇 년 뒤 이 전투에 직접 뛰어들게 될
것이었다.

15 | 위험한 접촉

11월 말 어느 오후, 로셰는 뤼 라 보에티의 아파트로 피카소를 만나러 갔다. 몇 달간 떠나 있다가 이제 막 파리로 돌아온 그는 7월 퐁텐블로에서 만난 뒤로 피카소가 어떤 작업을 진행하고 있는지 몹시 궁금했다. 퀸과 포스터 커플과 함께한 모험 이후 로셰는 독일로 가 마침내 프란츠와 이혼한 헤셀을 만나 격정적이고 에로틱한 관계를 추구하며 가을을 보낸 터였다. 서로 다툼을 벌이듯 쓴 일기와 편지에서 드러나듯 문학적인 이인무로 승화된 이들의 관계는 동시에 매우 불안정했고, 결국 로셰는 거의 무일푼 상태에 마음의 깊은 갈등을 겪으며 홀로 파리로 돌아왔다. 헤셀이 자신의 아이를 가졌는지 여부도 확실히 알지 못하는 상태였다(로셰가 떠난 직후 프란츠는 두 사람에게 다음과 같은 편지를 보냈다. "당신들의 사랑은 너무나 완벽해서 아이를 가질 수 없을 겁니다")[1].

출구를 찾던 로셰는 다시 파리 예술계과 퀸을 위한 일에 착수했다. 하지만 이조차 위태로운 상황이었다. 며칠 전 그는 긴 시간 이어진 어느 영미 언론 연회에 참석한 뒤 무도장에 갔다가 새벽 1시쯤 우연히 노르웨이 출신의 거래상 할보르센을 만났다. 할보르센은 퀸이 대형 마티스 작품 두 점을 구입하지 않기로 했다고 전했다. 로셰로서는 상당한 금액의 수수료를 잃게 되는 셈이었다. 그는 일기장에 다음과 같이 썼다. "내 돈이 사라져버렸다."² 그해 가을 내내 퀸은 편지 한 통 보내지 않았으니, 그의 예술 사냥이 간헐적인 후퇴기로 접어든 게 분명했다. 이제 로셰는 새로운 피카소 작품으로 이 변호사의 관심을 다시 불붙여야 했다.

로셰가 도착했을 때 피카소는 상태가 매우 좋아 보였다. 코클로바가 차를 대접하며 퀸과 포스터의 방문 당시 사진들을 몇 장 보여주었다. 그런 뒤 피카소와 로셰는 작업실에 들어가 그림을 살펴보기 시작했다. 피카소가 그림을 꺼내는 순간 퐁텐블로에서 가져온 작품들이 매우 다양하고 새롭다는 점을 분명하게 알 수 있었다. 매력적이고 색채가 풍부하며 콜라주 같은, 입체주의 양식으로 묘사된 광대 연주자들, 퀸이 이미 소장하고 있는 대작 「벌거벗은 두 사람」을 연상시키는 거대하고 건장한 세 고대인 여성의 그림처럼 굉장히 큰 작품에서부터, 아주 단순하며 직설적인 화풍으로 배와 물병을 그린 조그마한 작품도 있었다. 더하여 모자상 주제를 다양하게 변주한 작품도 있었는데 새로운 가정생활에서 영감을 받은 것이 분명해 보였다. 뤼 라 보에티로 돌아온 이후에도 피카소는 왕성한 작업을 펼쳐 거대한 신체를 단순한 형식의 회화로 그리는 실험을 이어갔다. 그 비율이 거의 무한에 가까운 느낌을 전달하며 캔버스 가장자리에 압박을 가하는 듯했다. 피카소는 또한 밝은 색의 평평한 띠를 활용해 입체주의 정물화에 대한 새로운 접근법을 시도하고 있었다.³

오후가 저물 무렵 로셰는 황홀감에 젖어 있었다. 그는 일기장에 이렇게 기록했다. "아주 큰 작품과 아주 작은 작품이, 너무나 마음에 들었다."⁴ 세탁선 시절부터 오랜 기간 피카소를 알아온 그는 그의 작업 방식에 익숙했다. 하지만 이처럼 새로운 생각들이 한꺼번에 분출하는 경우는 흔치 않았다. 몇 차례 더 방문한 뒤 로셰는 퀸에게 다음과 같이 보고했다. "피카소가 퐁텐블로에서 시작해 파리로 돌아와서도 훌륭한 작업을 진행하고 있습니다."[5]

하지만 새로운 작품을 많이 볼수록 무언가 잘못되었다는 느낌이 들기 시작했다. 왕성한 창조력에도 불구하고, 그의 작품들은 세상에 알려지지 못한 채 작업실에 쌓여 있었다. 한편 피카소는 갤러리가 바로 옆에 있는데도 불구하고 로젠베르그의 이름을 거의 입에 올리지 않았다. 그러다 마침내 그는 이 상황에 대해 로셰에게 털어놓았다. 로젠베르그가 작품 구입을 중단했기 때문에 작품이 쌓이고 있었던 것이다.

로셰는 놀랐다. 누구보다도 피카소의 이력에 기득권과 이해관계를 가진 사람이 어떻게 이처럼 중요한 다수의 작품을 무시할 수 있단 말인가. 로젠베르그는 피카소의 작업실에서 몇 분이면 닿을 거리에 있었다. 로셰가 보았던 작품을 보면 그 역시 무척 흥분할 터였다. 이 상황은 로젠베르그의 성격과도 맞지 않았다. 두 사람의 제휴가 시작된 이래 로젠베르그는 피카소에게 편지와 메시지를 퍼부었고, 작업 진행에 대해 계속 질문하면서 새로운 작품 한 점 한 점을 숨가쁘게 기다렸다. 지난 1월만 해도 그는 늘 하던 식으로 "잊지 마세요. 내 광대 그림!!!! 광대!!!! (……) 내게 그림이 필요하다는 사실을 명심하세요"라고 당부하지 않았던가.[6] 더욱이 로젠베르그 부부는 피카소 부부와 긴밀한 관계를 맺고 있었다. 지난봄 마고가 둘째 아이 알렉산드라를 낳고 몇 주 뒤 코클로바가 파올로를 낳았을 때, 피카소와 로젠베르그는 서로 상대방 자녀의 대부가 되어주었다. 5월 로젠베르그는 피카소의 전시를 개최했고, 얼마 전인 7월에도 퐁텐블로에 있는 피카소에게 편지를 보내 "많은 그림"이 필요하다고 말했다.[7]

하지만 피카소가 파리로 돌아온 뒤 그 달콤한 시기는 끝났다. 이후 석 달 가까이 지나도록 로젠베르그는 피카소의 작업실에 거의 오지 않았다. 피카소는 이러한 방치가 불안했다. 그의 가정경제는 전적으로 로젠베르그의 꾸준한 구입에 바탕을 두고 있었으니, 코클로바와의 생활은 로젠베르그 없이 지속 불가능했다. 로셰는 로젠베르그가 재정적으로 어려운 상황에 처했을 수도 있겠다고 생각했지만, 피카소는 그가 합의한 가격을 지불하지 않고자 수를 쓰는 거라고 의심했다. 피카소는 로셰에게 다음과 같이 말했다. "나는 내 그림의 가치를 압니다. 로젠베르그는 둔해서 이를 얼른 알아차리지 못하지요."[8]

사실 로젠베르그의 거리두기에는 다른 이유가 있었다. 피카소 작품을 미국으로 가져가려는, 거액이 걸린 전략이 지연되었던 것이다. 지난겨울 그가 작품을 빌리고자 했던 퀸이 실패의 가능성에 대해 언급한 이후, 로젠베르그는 1921년에 시카고미술관에서 피카소 전시를 개최하려던 애초의 구상으로부터 한발 물러섰다(퀸은 로셰를 통해 〈아모리 쇼〉가 시카고에서 어떻게 "농담과 비웃음, 조롱을 샀는지"를 자세히 전했다[9]). 로젠베르그는 대안을 세우기 시작했다. 퐁텐블로에 있던 피카소에게 "많은 그림"을 준비하라고 요청했을 때만 해도 그는 "올겨울 뉴욕에서" 개최하려는 전시를 위해 필요하다고 설명했다.[10] 하지만 편지를 보내고 나흘 뒤 로젠베르그는 파리에서 퀸과 로셰를 만났다. 퀸이 미국 경제 상황을 고려하여 시카고 전시를 시도하지 않는 게 좋겠다고 조언하자[11] 로젠베르그는 이를 받아들여 마지못해 자신의 모험적인 시도를 보류했고, 따라서 더 많은 피카소 작품에 투자해야 할 절박함을 더이상 느끼지 않게 되었다.

유럽 최악의 시장 상황과 미국에서 직면한 장벽을 고려하면 로젠베르그가 피카소에게 너무 큰 판돈을 건 것은 아닌가 생각한 것도 무리는 아니었다. 프랑스의 붕괴된 경제에 대해서라면 아무런 환상도 없었지만, 해외의 새로운 구매자를 찾는 일이라면 이야기가 달랐다. 그는 오랫동안 그 일에 기대를 걸어왔다. 만약 대규모 전시를 개최하여 피카소를 세계적인 예술가로 자리잡게 할 기회가 허락된다면, 미리 그의 작품을 대량으로 확보해두는 것이 타당했다. 하지만 2년 반에 걸쳐 이어온 투자와 끊임없는 홍보 활동에도 불구하고 그는 어떤 일도 할 수 없었다. 사실 로젠베르그는 이미 파리에서 몇 차례 전시를 개최하여 호평을 받았으며, 피카소는 그 어느 때보다 눈에 띄는 인물로 부상한 터였다. 그러나 작품 판매의 측면에서 따져보면 로젠베르그에게 중요한 고객은 단 한 사람, 퀸뿐이었다. 로젠베르그가 피카소에게 자주 말했듯 그의 사업은 "형편없었다".[12]

　　로젠베르그가 실패를 두려워한 반면 로셰는 기회를 보았다. 로셰는 퀸이 예술가들과 쌓아온 깊은 우정을 소중하게 여기고, 자신이 높이 평가하는 시인과 작가들의 작품이 출간되기 전 육필 원고를 받아보는 기회를 반긴다는 점을 알았다. 이와 비슷하게 퀸은 종종 예술가의 작업실을 찾아가 직접 작품을 구입하곤 한다는 것도 알았다. 퀸은 브란쿠시, 드랭과 이런 방식으로 일을 진행해왔고, 여름 내내 피카소와 개인적인 유대관계를 형성해왔으니 그의 그림도 이렇게 구매하기를 바랄 것이었다. 하지만 공식적으로 로젠베르그가 관리하고 있는 상황에서 이는 쉽지 않은 일이었다. 1월 초 피카소의 작업실을 방문한 로셰는 마침내 피카소에게 솔직히 물어보기로 마음먹었다. 최근 완성한 작품을 직접 퀸에게 보여주면 어떨까?[13]

　　피카소는 매우 큰 관심을 보였다. 경제적인 측면에서 새로운 불확실성에 직면해 있는데다, 뤼 라 보에티에서 3년을 지내고도 여전히 경제적 원조를 받아야 하는 처지라는 사실에 무력감을 느끼던 터였다.

로젠베르그가 보내는 통제의 시선이 있었고, 파리 사교계의 끊임없는 기대가 있었다. 그의 옛 서클 사이에서는 발레 무대와 사교계가 피카소에게서 최고의 작품을 쥐어짜내고 있다는 불평이 자주 튀어나왔다. 이와 대조적으로 퀸은 마치 다른 세계에서 온 사람 같았다. 사회적 이득보다는 개인의 열정을 추구하는 사람. 그는 로셰의 말마따나 장식용으로 컬렉션을 벽에 걸어두는 사람이 아니었고, 피카소 자신의 표현을 빌리자면 그저 "그림을 사랑하는" 사람이었다.[14] 바로 지금이 중요한 작품을 저 도전적인 감식가의 손에 쥐여줄 기회였다. 더하여 자신의 거래상을 배신할 수 있다는 가능성 또한 피카소의 타고난 장난기를 자극했을 것이다. 피카소는 로셰에게 기꺼이 그러겠다고 대답했다.[15]

피카소를 만난 뒤 로셰는 해냈다는 마음에 흥분하여 곧장 퀸에게 편지를 썼다. "피카소와 로젠베르그에 대한 가장 비밀스러운 사건을 전하고자 합니다." 그는 피카소가 보여준 특별한 작품과 로젠베르그의 작품 구입 속도가 더뎌진 현상황에 대해 알린 뒤 자신의 계획을 간략하게 설명했다. "그간 때때로 피카소를 만나 아직 그의 집에 있는 그림을 보고 또 로젠베르그의 상황을 살피다가, 마침내 당신에게 직접 작품을 판매할 수 있는 가능성에 대해 피카소와 이야기를 나눴습니다." 로셰는 이로써 퀸이 아무도 알지 못하는 작품에 접근할 수 있는 드문 기회를 얻게 된다는 점 외에도, 두 사람 모두 로젠베르그에게 지불하는 수수료를 아낄 수 있으리라고 말했다. "당신과 피카소 양쪽에 큰 이득이 될 겁니다."[16]

뉴욕에 있는 퀸은 이 생각에 금세 흥미를 느꼈다. 그는 로셰에게 답장을 보냈다. "언급했던 이런저런 이유로 올해는 그림을 많이 살 생각이 없었지만, 피카소의 경우라면 예외로 해도 좋겠군요."[17] 퀸의 관심을 얻은 로셰는 작품 몇 점을 고르기 위해 피카소의 작업실에 갔다. 피카소는 이미 세 점을 염두에 두고 있었다. 기념비적인「샘가의 세 여인」과「세 악사」의 첫번째 버전, 그리고 이보다 작은 크기의 입체주의 정물화였다. 피카소가 고른 작품들은 놀라웠다. 앞의 두 작품은 퐁텐블로에서 보낸 여름을 대표하는 걸작이었으며, 전쟁 이후에 완성한 것들 중에서도 가장 중요한 작품이 될 것이었다. 만일 로젠베르그가 본다면 분명 탐낼 만한 것들이었니, 피카소가 퀸에게 이 작품들을 은밀하게 제공하려 한다는 사실 자체가 퀸에 대한 그의 이례적인 존중을 암시하는 셈이었다. 작품의 가격도 매력적이었다. 피카소는「샘가의 세 여인」을 "퀸 씨에게 5만 프랑에 판매하고" 싶다고, 하지만 로젠베르그에게서 구입하면 "최소 7만 프랑"은 될 것이라고 말했다. 피카소는 퀸을 위해 모험에 뛰어들 준비가 되어 있었다.

하지만 로셰조차 퀸이 얼마나 까다로운 사람인지는 예측하지 못했다. 퀸은 작품에 대한 상세한 설명에 더하여 대형의 고해상도 흑백사진을 요구했다. 피카소는 이를 단호하게 반대했는데, 외부의 사진사가 아직 아무에게도 보여주지 않은 작품을 기록한다는 사실이 탐탁지 않았던 것이다. 게다가 전문 사진사가 작업실에 온다면 로젠베르그가 이를 알게 될 수도 있었다. 그는 로셰를 통해 퀸에게 다음과 같이 전했다. "작품을 마당에서 촬영해야 할 텐데, 로젠베르그의 방 창문이 이 마당을 향해 나 있습니다." 실내에서 촬영하는 것도 위험했다. 당장은 거리를 두고 있었지만 로젠베르그는 워낙 예측불가능한 인물이었다. 피카소는 "로젠베르그가 언제든 들이닥칠 수 있다"고 경고했다.[18]

반면 몇 년에 걸쳐 많은 이들과 불륜을 벌여온 로셰는 이런 위험성에 대해 낙관적이었으니, 어떻게든 퀸의 요구를 충족할 방법을 찾기로 결심했다. 그는 전쟁 동안 뉴욕에서 만난 재능 있는 젊은 미국인 예술가이자 사진가를 떠올렸다. 뒤샹을 중심으로 한 다다 세계의 일원이었던 만 레이가 얼마 전 파리에 정착하여 독립적으로 자활하기 위해 사진촬영 일을 하고 있었다. 로셰는 "조용히 입을 다물고 감광판과 인화본 모두 피카소에게 넘겨줄"만큼 철저하고 신중한 만 레이의 성격에 의지할 수 있겠다고 생각하여 그에게 이 일을 할 의향이 있는지 물었다.[19] 만 레이는 피카소를 만난 적이 없었지만 제안을 즉각 받아들여 며칠 뒤 그의 아파트에 나타났다. 다행히 로젠베르그의 방해는 없었고 사진도 만족스러웠다. 만 레이가 작품 촬영을 마쳤을 때 피카소는 자신의 초상사진 촬영을 허락했고, 두 사람은 친구가 되었다.[20]

그달 말, 로셰의 위험천만한 계획은 모든 악조건에도 불구하고 효과가 있는 듯 보였다. 마침내 피카소와 접촉하는 비공식 경로를 만들어낸 것이다. 그는 피카소의 가장 중요한 회화 작품 몇 점에 파격적인 가격을 책정하고 파리에서 가장 훌륭한 사진가의 협조로 그 작품들을 기록했다. 그리고 퀸에게 긴 평가서와 함께 만 레이가 촬영한 흑백사진을 보냈다. 사진의 뒷면에는 그와 피카소가 함께 작성한, 작품의 색채에 관한 설명이 꼼꼼히 적혀 있었다.[21] 그리고 이들은 그 모든 일을 이웃의 로젠베르그에게 비밀로 하는 데 성공했다. 수천 킬로미터 떨어져 있는 사람이 파리의 제일 강력한 거래상을, 말 그대로 그의 뒷마당에서 한발 앞지를 기회를 얻은 셈이었다. 현대예술의 후원자 중 이런 방식으로 일한 사람은 아무도 없었다.

하지만 퀸은 서두르지 않았다. 만 레이가 촬영한 사진을 보낸 뒤에도 로셰는 한동안 그의 답장을 받지 못했다. 그사이 로젠베르그가 피카소의 작업실을 다시 찾기 시작했다. 얄궂게도 그 역시 퀸에게 보여줄 새로운 회화 작품을 필요로 하고 있었다. 로셰는 퀸에게 편지를 썼다. "로젠베르그가 피카소를 찾아와 그림을 보여달라고 요청했습니다. 피카소는 당신의 결정을 기다리고 있는 상황이라 거절했지요. 물론 로젠베르그에게는 알리지 않았습니다." 하지만 피카소가 이 일을 자신의 거래상에게 영원히 비밀로 할 수는 없을 것이었다.[22] 3월 둘째 주에 로셰는 퀸에게 다시 전보를 보냈다. "피카소가 당신의 결정을 기다리고 있습니다."[23]

뉴욕에서 퀸은 여느 때처럼 급한 업무들로 정신이 없었다. 그와 포스터는 병마와 싸우며 죽음을 기다리고 있는 가까운 친구 존의 상태에 모든 관심을 집중했고, 그의 아들 예이츠를 비롯해 아일랜드에 있는 다른 가족들을 대신해 일을 살폈다(포스터는 이후 뉴욕주 북부에 있는 가족 묘지에 존을 매장하는 일을 도맡아 처리했다). 동시에 퀸은 다시금 법률 업무에 몰두하고 있었다. 피카소의 새 작품에 대한 결정을 미루는 와중에도 그는 몰수당한 칸바일러 소장품의 두번째 경매를 놓친 것에 아쉬움을 느끼고 있었으니, 2월 말 로셰에게 다음과 같이 말하기도 했다. "당신 재량껏 드랭과 브라크, 피카소의 중요한 작품을 구입하도록 부탁했어야 했는데 말입니다."[24] 하지만 정작 피카소의 작품을 얻을 특별한 기회가 주어지자 그는 주저했다. 그러다 로셰의 전보를 받고 몇 시간 뒤, 마침내 짧고 실망스러운 답을 보냈다. "세 사람을 그린 대형 그림과 정물화는 구입하지 않겠습니다."[25]

온갖 노력을 기울였건만 로셰는 빈손이었다. 그것이 얼마나 중요한 작품인지와는 무관하게, 퀸은 피카소가 개인적으로 그를 위해 선별한 작품 중 어떤 것도 받아들일 마음이 없었다. 사실 며칠 전 퀸은 로셰에게 편지를 보냈는데, 그 편지는 아직 파리에 도착하지 않은 상태였다. 편지에서 그는 만 레이가 찍은 흑백사진만 보고 입체주의 작품을 구입하기가 망설여진다고 설명했다. 또한 대형 작품의 크기에 대해서도 우려했다. "더이상 방이 없습니다. 그런 종류의 또다른 작품을 보관하기 위한 물리적인 공간이 부족해요." 퀸은 로셰에게 아직 결정되지 않은 미래의 작품 구입을 위해 피카소에게 3만 프랑을 선지급하는 안을 제안해달라고 요청했다. "나와 피카소 사이에 달라지는 건 전혀 없으리라 확신합니다."[26]

피카소는 당황해하면서도 흥미를 느꼈다. 스페인 사람의 도의에 따라 돈은 거절했지만, 자신의 유일한 후원자에 대한 새로운 존경심을 느낀 듯했다. 이후 몇 주에 걸쳐 피카소는 작업실 한쪽에 보관하던 기존의 회화 작품 수십 점을 로셰에게 보여주었다. 여기에는 누구에게도 제안한 적 없는 드문 초기 자화상과 다른 청색시대 작품들이 포함되어 있었다. 로셰는 퀸에게 편지를 보내 다음과 같이 알렸다. "피카소는 나를 통해 당신의 의견을 들을 때까지 그 작품들을 가지고 있겠다는군요."[27] 곧 이 세 사람은 전체 작품을 대상으로 한 복잡한 협의에 들어갔다. 5월, 로셰는 일기에 자신이 피카소와 퀸 사이의 "일 속에서 헤엄치고 있다"고 썼다.[28] 어느 순간 피카소는 구매에 대한 의무 없이 그저 퀸이 작품을 볼 수 있도록 뉴욕으로 「세 악사」를 보내겠다고 제안했다. 로셰는 퀸에게 "피카소와 그의 아내가 당신을 아주 좋아합니다"라고 전했다.[29]

피카소와의 협상이 진전되는 와중에도 퀸은 놀랍게도 계속해서 로젠베르그의 환심을 사고자 했다. 피카소와의 깊은 신의와 무관하게 퀸은 최고의 작품에 접근하기로 결심했고, 4월 초 로셰를 통해 로젠베르그가 다시 피카소 작품을 구입하기 시작했다는 사실을 알게 된 터였다. (특유의 성격대로 로셰는 양쪽 모두와 관계를 맺었다. 그는 종종 피카소의 작업실에서 곧장 로젠베르그의 갤러리로 갔으며, 로젠베르그는 그에게 최근에 입수한 작품들을 모두 보여주었다.) 늦은 봄, 퀸은 피카소와 로젠베르그 양쪽을 통해 작품을 좇았고, 결국 피카소로부터 그가 개인적으로 갖고 있던 초기 작품 여러 점과 함께 「샘가의 세 여인」을, 동시에 로젠베르그로부터는 퐁텐블로에서 완성된 다른 중요한 작품들과 초기 광대 작품 한 점을 구입했다. 다른 이들이 주저하는 사이 그는 예술가와 거래상 모두를 상대로 우선권을 확보하면서 사실상 피카소 작품을 독점해가고 있었다.

집중을 방해하는 많은 요소에도 불구하고 퀸은 파리에서의 활동속도를 높였다. 피카소 작품은 그중 일부에 불과했다. 그는 모든 작품에서 자신이 설정한 훌륭함의 기준을 만족시키는 극소수의 예술가 중하나인 브란쿠시로부터도 또다른 일련의 조각 작품들을 사들였고, 드랭과 브라크의 신작도 구입했다. 퀸은 로셰를 통하여 전해 여름에 만났던 대부분의 예술가들과 꾸준히 연락을 주고받는데, 그중 페네옹은 퀸을 위해 특별히 엄선한 쇠라 작품 한 쌍을 간직하고 있었다. 또한 포스터, 로셰와 함께 방문했던 프랑스의 뛰어난 감식가인 알퐁스 칸은, 훌륭한 작품으로 가득한 자신의 저택에서 가장 훌륭한 뒤피 작품 한 점을 내어주려고 준비중이었다. 몇 달 사이 루소의 주요 회화 작품 세 점을 손에 넣는 데 성공한 퀸은 루소의 다른 주요 작품을 수집하는 일에도 다시 노력을 기울이기 시작했다. 한편 먼 지역의 매우 비전통적인 토착 조각품에 대한 관심도 놓지 않았다. 스티글리츠와 로버트 코디의 선구적인 전시를 본 뒤 이 조각품들이 모더니스트의 작업과 짝을 이룬다고 생각했던 것이다. 훗날의 한 평가에 따르면, 1922년 퀸은 "세계의 어느 개인"보다도 최고 수준의 현대예술품을 많이 수집한 사람이었다.[30]

퀸은 역사의 무게에 비추어 자신의 컬렉션을 살피며 현대의 뛰어난 예술가들에 대한 보다 계획적인 구상을 다듬어가기 시작했다. 그는 개인적으로 계획한 현대예술 신전의 개요를 친구들에게 설명하면서 피카소와 마티스, 드랭, 브라크를 최상위에 세웠다. 바로 아래, 차상위에는 루오와 세곤자크, 뒤피의 작품과 함께 조각가로서는 독보적으로 브란쿠시의 작품이 포함되었고, 다시 그 아래로 입체주의자 드 라 프레네, 그리스, 메챙제, 비용, 입체주의의 영향을 받은 로랑생 등 뛰어난 모더니스트 그룹이 폭넓게 이어졌으며, 이들을 떠받치는 것은 세잔과 쇠라가 앞장서고 고갱과 반 고흐가 뒤를 이은 엄선된 모더니스트 선구자들이었다.[31] 여기서 가장 인상적인 점은 퀸이 세잔, 쇠라와 나란히 루소의 이름을 올렸다는 사실이다. 루소는 이들과 거리가 있는 듯 보였지만 퀸의 관점에서 그의 중요성은 그들에 못지않거나 오히려 능가했다. 그가 한 친구에게 이야기한 바에 따르면 루소는 "순진한 사람, 순수한 사람, 예술의 성인, 살아 있는 위대한 예술가들에게 엄청난 영향을 끼친 사람"이었다.[32]

21세기의 기준에서 볼 때 중요도순으로 예술가들의 등급을 매기는 오만함은 말할 것도 없고 현대적인 천재에 대한 퀸의 편협한 관점은 확실히 고루하게 여겨진다. 무엇보다 독일에 대한 증오심으로 인해 그는 파울 클레나 오스카 코코슈카, 바실리 칸딘스키를 비롯해 로셰가 예찬하고 훗날 널리 호평을 받게 되는 수많은 독일 및 오스트리아 모더니스트들의 혁신에 무관심했다. 하지만 그러한 위계가 없었던 때, 다시 말해 사실상 현대예술에 대한 체계적인 연구가 거의 전무했던 시절 퀸의 선택은 탁월한 예지력을 발휘했다 할 만하다. 퀸은 자신이 예측한 영속적인 운동의 핵심을 분명히 정의했고, 대부분 그가 옳았다. 또한 그는 수입이 허락하는 한 많은 주요 예술가들의 독보적인 작품을 추구함으로써 그 운동에 영향을 미치고 있었다.

—

1922년 봄, 퀸은 바다 건너편에 있었지만 파리에서 그의 존재감은 거의 마법과도 같았다. 2월, 피카소가 그를 위해 새로 그린 그림들 중 최고의 작품들을 보관하고 있을 때 이 도시의 다른 한쪽에서 조이스는 그에게 간결한 감사 인사를 담은 전보를 보냈다. "『율리시스』가 출간되었습니다. 정말 감사드립니다."[33] 퀸이 볼라르의 갤러리에서 구입을 고려중인 세잔 후기 작품에 대한 의견을 필요로 하면 드랭이 기꺼이 도왔고, 그가 아직 아무도 본 적 없는 피카소나 브라크 작품의 대형 사진을 필요로 하면 만 레이가 언제든 파리를 가로질러와 촬영할 준비가 되어 있었다.[34] 브란쿠시는 자신의 최근작에 대한 반응을 간절히 바라며 퀸의 편지를 한 줄 한 줄 정독했다. 어느 여름날 브란쿠시의 작업실을 찾은 로셰는 그가 퀸이 최근에 보내온 속달우편을 들고 있는 모습을 보았다. "사전을 든 채 머리를 긁적이고 대리석 덩어리에서 나무토막으로 이리저리 뛰어다니며, 격한 감정과 흥분 속에, 그는 편지를 정확하게 이해하고자 내게 다시 읽어달라고 부탁했다."[35] 퀸의 예술가 친구들은 그의 까다로운 취향을 알게 되면서 뉴욕에 있는 자신들의 작품에 대해 많은 고민을 하기 시작했다. 브란쿠시는 자신의 조각에 사용할 특별한 좌대를 디자인했고, 피카소 또한 퀸에게 보낼 그림과 완벽하게 어울릴 액자를 찾느라 골동품 시장에서 몇 시간이나 발품을 팔았다.[36]

세계 미술계에서 퀸의 컬렉션에 관한 전설은 점점 더 커졌다. 일본에서 손꼽히는 프랑스 미술 감식가인 고지로 마쓰카타가 그를 방문하는가 하면, 고갱의 아들 에밀 고갱이 아버지의 소유로 남아 있던 작품을 그에게 제안하러 오기도 했다(퀸은 자신이 소장한 고갱 작품이 더 낫다고 판단했다). 작은 규모이긴 하지만 점차 늘어나는 젊은 추종자들은 퀸의 피카소 작품을 볼 수 있는 기회를 놓치지 않았다. 젊고 야심 찬 예비 비평가이자 이후 현대예술 입문서의 표준이 될 책을 집필하기 시작한 셸던 체니는 퀸의 집에서 보낸 어느 저녁 시간에 대해 다음과 같이 기록했다. "가장 있을 법하지 않은 곳, 그 집의 작은 방 한구석에서 내 마음을 사로잡는 수십 점의 회화 작품이 나왔다. 피카소의 광대 그림, 청색시대 작품, 입체주의 작품(과 내가 높이 평가하는 다른 모든 입체주의 작품들), 색조는 거의 없이 거대한 구조물처럼 표현된 여성을 그린 작품이 있었다."[37]

정반대 방향의 예술을 추구하기로 맹세했지만, 뉴욕에서 개최되는 거의 모든 현대예술 전시회에서도 퀸은 줄곧 중추 역할을 담당했다. 그해 겨울 헝가리 출신의 거래상 조지프 브루머가 드랭과 블라맹크의 작품을 다루는 야심 찬 두 건의 전시를 개최하고자 했을 때 그에겐 작품을 공급해줄 수 있는 두 사람, 즉 파리의 칸바일러와 뉴욕의 퀸이 필요했다(칸바일러는 퀸을 통해 뒤늦게 미국의 잠재력, 적어도 뉴욕에 사는 한 컬렉터의 잠재력을 깨달아가는 중이었다). 늦은 봄에는 데이비스가 '조각가갤러리Sculptors' Gallery'라는 이름의 새로운 공간에서 기획한 〈현대 프랑스 예술Contemporary French Art〉전이 개최되었다. 사실상 퀸의 아파트를 급습한 결과물이라 설명하는 편이 더 적절할 그런 전시였다. 전시는 퀸이 소장한 브라크와 피카소, 드랭, 마티스의 작품에 더하여 브란쿠시 작품 스물세 점을 특별히 소개했다. 여기에 그 유명한 「금빛 새」도 포함되었으니, 파운드가 이미 『리틀 리뷰』에서 「금빛 새」에 대해 글을 썼고 곧이어 미나 로이가 『다이얼The Dial』지에 이 작품을 주제로 한 시를 발표한 터였다. 퀸의 소장품 중 대표적인 것들을 뽑아 소개한 이와 같은 포괄적인 전시는 프랑스에서 찾아볼 수 없는 것이었고, 이제는 로젠베르그마저 자신의 파리 전시를 더욱 돋보이게 만들기 위해 퀸에게서 작품을 빌리는 형편이었다.

로셰는 퀸의 회화 작품을 통해 자신의 삶에서 부족하다고 느껴온 영속성의 감각을 얻기 시작했다. 퀸과 함께 프랑스 예술계를 정복하던 그해 초여름, 그는 헬렌에게 버림을 받았다. 헬렌은 로셰의 아이를 지우고 이혼한 지 1년도 되지 않아 프란츠와 재결합했다. 로셰는 전과 다름없이 자신의 불안한 존재를 정박시켜줄 닻을 찾지 못하고 있었다. 하지만 대신 이제는 퀸과 함께 "우리의 컬렉션"을 추구하면서 영구적인 가치가 있는 무언가를 만들어가는 기분이었다. 이들이 센트럴파크 웨스트에 수집하고 있는 "미술관 수준의" 회화와 조각 작품들은 훗날 유명한 미국의 기관에 들어가게 될 것이 분명했다. 퀸이 피카소가 제안한 일부 작품의 크기를 두고 망설일 때, 로셰는 언젠가 피카소의 "명성이 상당한 수준에 이르면 미술관들이 그 작품들을 원할 수 있다"는 말로 그를 안심시켰다.[38]

　　하지만 퀸이 과연 그때까지 버틸 수 있을지는 불투명했다. 6월에 퀸의 건강상태가 다시 불안정해졌고, 그리하여 그는 파리에서 여름을 보낼 수 없게 되었다. 암수술을 받은 지 4년 반이 된 시점이었다. 퀸은 부정했으나 포스터는 그의 남은 시간이 점점 줄어들고 있다는 사실을 알았다. 그러나, 그 자신이 "프랑스 물건들"이라 부르는 작품들 중 최고의 것들을 간직할 수 있는 "파리 근교의 작은 시골마을"로 가겠다며 로셰에게 은퇴에 관한 계획을 모호하게 밝혔음에도, 일을 중단한다는 건 퀸에게 상상할 수 없는 일이었다.[39] 그해 여름 주치의가 두 달 동안 휴식을 취하라고 조언했을 때 퀸은 짧은 휴가를 떠나는 것조차 어려운 상태였다. 어찌어찌 포스터가 자란 애디론댁의 산자락에 가서 머무는 동안 그는 담배를 끊었고, 이후 근 몇 년 사이 그 어느 때보다 더욱 활기찬 모습으로 돌아와 나소 거리에서 다시 이를 악물고 굳은 결심으로 싸움에 뛰어들었다. 남은 시간 동안 그는 더욱 강해져야만 했다.

1923년 11월 로젠베르그가 뉴욕에 도착했다. 퀸과 로셰가 피카소에게서 작품을 직접 구입하기 시작한 지 1년 반이 지난 시점이었다. 로젠베르그는 피카소가 최근 완성한 대작을 스무 점 가까이 들고 처음으로 대서양을 건넜다. 마침내 이 화가를 미국에 진출시키겠다는 오랜 야망을 실현한 것이다. 그의 노력은 뉴욕의 윌덴스타인갤러리Wildenstein Gallery에서 3주에 걸쳐 이어지는 전시로 시작되었다. 이후 로젠베르그는 작품들을 시카고로 가져가 시카고아트클럽Arts Club of Chicago의 후원을 받아 예의 시카고미술관에서 전시를 개최할 계획이었다. 그로써 많은 사람들이 탐내고 있는 미국 예술시장의 열쇠라 여겨지는 두 대도시에서 대중의 관심을 불러일으키는 것, 그것이 로젠베르그의 목표였다.

하지만 이때까지도 로젠베르그는 맹목적인 자신감을 바탕으로 사업을 운영하고 있었다. 1921년에 비해 경제 상황이 한층 나아지긴 했지만 미국에서 20세기 현대예술에 대한 관심이 커지고 있다는 사실을 드러내는 지표는 여전히 거의 보이지 않았다. 로젠베르그 자신도 이제 곧 벌이려는 일과 관련해 특별한 준비를 하지 않았다. 파리에서야 유명했지만 미국에서 그는 피카소가 그렇듯 무명인에 가까웠고, 파리 상류 부르주아 관습의 중요한 세부 사항들은 확실하게 파악하고 있었으나 미국의 문화와 사회역학에 대해서는 아는 바가 별로 없었다. 그는 뉴욕의 유명 컬렉터들과 약속을 잡는 일에서조차 어려움을 겪었다. 한편 재정 상태의 격변으로 인해 프랑스 프랑화가 급락하면서 이미 상당한 금액이 소요된 여행 경비가 감당할 수 없을 정도로 치솟을 조짐이 보였다. 도착하고 며칠 뒤, 크게 낙담한 로젠베르그는 피카소에게 편지를 보내 자신이 "향수병에 빠졌고" 피카소의 작품을 보며 "뤼 라 보에티에 있는 나 자신의 모습을 상상"하는 것에서 위안을 얻고 있다고 털어놓았다.[1]

하지만 전시에 관해서는 아직 몇 가지 유리한 점이 있었다. 먼저, 그는 월덴스타인갤러리를 통해 신생 아방가르드 현장과 떨어져 있는 기성 뉴욕 관객들과 접촉할 기회를 얻었다. 동시에 입체주의를 전적으로 제외하기로 결정하여 피카소의 레퍼토리 중 곡예사와 광대 및 다른 전형적인 인물들을 묘사한 대규모 신고전주의 회화 연작을 중심으로 전시를 구성하였으니, 계산된 아름다움과 세련미를 바탕으로 한 이 작품들은 맨해튼의 어떤 저택과도 잘 어울릴 터였다. 무엇보다 그에게는 퀸과 쌓은 우정이 있었다. 그는 퀸이 미국 동시대 예술계에서 중요한 역할을 맡고 있다는 사실을 잘 알았다. 퀸의 도움을 받는다면 분명 전시는 성공할 것이었다.

—

로젠베르그가 뉴욕에 도착했을 당시 퀸은 평소보다 화를 내는 일이 훨씬 잦았다. 그해 여름에는 오랜 친구였던 콘래드와 끔찍한 다툼을 벌였고, 이에 콘래드는 미국을 방문하는 동안 아예 퀸을 만나지 않았다. 이 일로 퀸은 크게 마음이 상해, 수집품은 절대 팔지 않겠다는 원칙을 깨고 자신이 아끼던 콘래드의 육필 원고를 모두 경매로 처분하기로 마음 먹었다(포스터는 퀸과 콘래드 모두와 친구였던 작가 포드 매덕스 포드에게 편지를 보내 콘래드와 말도 섞지 말라며 "퀸과의 관계가 더는 예전 같지 않다"고 전했다[2]). 그사이 변호사 업무 때문에 워싱턴과 올버니를 여러 차례 힘들게 오간 터라 건강 또한 아주 좋지 못한 상태였다. 가을 동안 체중이 줄었고, 먹을 수 있는 음식도 매우 제한적이었다.

전반적인 피로와 육체의 고통에도 불구하고 그는 포스터, 로셰와 함께 또 한번의 매우 힘든 유럽 여행을 마쳤다. 2년 전 여름 파리와 퐁텐블로를 여행한 이후 처음이었다. 결과적으로 이 여행은 주목할 만한 성과를 거두었으니, 피카소의 많은 작품들과 마티스의 대형 정물화, 루소의 주요 작품들 그리고 세잔이 아버지를 그린 놀라운 초상화가 그의 손에 들어왔다. 그중 세잔의 초상화는 퀸이 너무 지쳐서 갤러리를 둘러보지 못한 어느 날 오후 포스터가 베른하임죈갤러리에서 선택한 작품이었다. 더하여 이들은 불로뉴의 숲에서 사티와 브란쿠시에게 골프 게임을 소개하는 일에도 성공했다(재킷 차림에 중절모를 쓰고 우산을 든 사티는 단호하고 정확하게 공을 치는 브란쿠시를 지켜보면서 농담을 던졌고, 이후 퀸은 브란쿠시에게 골프채 한 세트를 사주었다[3]). 하지만 이 여행으로 퀸의 체력은 고갈되었다. 포스터는 이번에도 퀸을 홀로 보낸 뒤 파리에 계속 머물렀다.

이런 와중에도 퀸은 다양한 방법으로 로젠베르그를 도왔다. 프랑화가 폭락하자 그는 로젠베르그에게 최근 구매한 작품 대금을 달러로 지불하겠다고 제안했는데, 재정적으로 쪼들리는 거래상에게 이는 큰 횡재나 다름없었다. 퀸은 또한 로젠베르그가 갤러리를 뉴욕의 회사로 설립하여 미국 내 판매를 용이하게 하는 한편 부담스러운 과세를 피할 수 있게끔 전문 법률 지식을 나누어주었다. 전시가 진행중일 때 로젠베르그는 그만의 독특하고 과장스러운 영어로 퀸에게 "당신이 돌봐준 것에 대해 어떻게 감사를 표할 수 있을지 모르겠다"며 감사 인사를 전했다.[4] 하지만 로젠베르그는 뉴욕에서 피카소 작품을 소개하는 방식에 대한 퀸의 제안을 무시했다. 앞서 퀸은 그에게 다양한 양식의 "대표적인" 피카소 작품들을 선별해 소개하고 가격이 비교적 낮은 드로잉도 포함할 것을 설득했는데, 이것이 충분한 지식이 없는 일반대중의 관심을 얻을 수 있는 더 나은 기회가 되리라 생각했던 것이다. 더하여 그는 로젠베르그에게 주로 옛 거장들의 작품으로 유명한 월덴스타인갤러리를 이용하지 말라는 충고도 건넸다. "그 갤러리 고객은 피카소까지는 학습받지 못한 사람들입니다." 로젠베르그는 이 조언이 얼마나 옳았는지 고통스러운 속도로 깨닫게 될 것이었다.[5]

월덴스타인갤러리는 밴더빌트가로 알려진 5번 애비뉴의 5층짜리 저택에 자리잡고 있었다. 애스터와 밴더빌트, 록펠러 가문이 소유한 넓은 부지로 둘러싸인 이 구역은 도금시대 상류사회의 중심지였다. 렘브란트나 홀바인의 작품을 판매하는 사람들에게는 이보다 더 나은 곳이 없겠지만, 피카소 작품의 경우는 사정이 전혀 달랐다. 자신의 예술가를 인기 배우로 길들이려는 로젠베르그의 노력에도 불구하고, 월덴스타인의 부유한 고객들은 좀처럼 다가오지 않았다. 로젠베르그는 피카소에게 보낸 편지에서 다음과 같이 말했다. "파리였다면 방문객들로 가득했을 텐데, 600만 명이 살고 있는 이 도시에서는 매우 극소수의 사람들만이 갤러리에 들어옵니다." 한편 피카소의 작품에 대해 이미 알고 있던, 로젠베르그의 표현을 빌리자면 이 도시의 "몽파르나스 주민들"인 소수의 뉴욕 시민들은 전시의 단조로움에 당혹감을 느꼈다. 로젠베르그에 따르면 그들은 "누군가 그들의 피카소를 바꾸어놓았다고 생각했다".[6]

전시가 지속될수록 로젠베르그의 걱정은 점점 더 커졌다. 그는 퀸이 필요하다는 사실을 깨달았다. 그의 모더니스트 그룹과 친구가 된다면 전시에 대한 관심을 불러일으킬 수도 있을 듯했다. 오래지 않아 로젠베르그는 자신이 비집고 들어갈 방법을 찾아냈다. 그러잖아도 오랫동안 퀸의 미술품 컬렉션을 보고 싶어했는데, 그들이 함께해온 모든 일들을 고려하건대 퀸 또한 기쁜 마음으로 이에 응할 것이었다. 이런 만남이 그가 계획한 미국의 피카소 모험에 퀸을 다시 참여시킬 기회를 제공하리라는 기대가 생겼다. 로젠베르그는 퀸에게 연락하여 컬렉션을 구경시켜달라고 부탁했다. 퀸은 로셰에게 말했다. "내 작품들을 볼 수 있기를 정말이지 너무나 간절히 원하더군요." 처음에는 피로와 과도한 업무를 이유로 들어 초대를 미루었지만 전시가 막바지에 이르자 퀸도 로젠베르그가 더이상 기다릴 수 없는 처지임을 알게 되었고, 그리하여 마지막 순간 자신의 아파트에 로젠베르그와 친구들 몇 명을 위한 작은 만찬 자리를 준비하기로 마음먹었다.

12월 초 비가 내리는 어느 수요일 저녁, 특유의 쾌활함을 지닌 일군의 사람들이 모였다. 퀸이 변호했던 음란죄 혐의와 관련한 법정 공방을 책으로 펴낸 대담한 영국계 미국인 출판인 미첼 케널리, 희귀 서적 판매상이자 세계적인 애서가요 박식가인 A. S. W. 로젠바흐 박사, 시인이자 기자로 프랑스에서 여러 해를 보내며 조이스와 가깝게 지냈던 무리엘 치올코프스카, 〈아모리 쇼〉 시절로 거슬러올라가는 모더니스트 그룹에서 퀸의 협력자로 일했던 '엘 그레코' 그레그. 그리고 이 무리를 완성하는 두 명의 유명한 거래상이 있었으니, 월덴스타인갤러리의 뉴욕 지점을 경영하는 망명한 프랑스인 펠릭스 월덴스탱과 로젠베르그였다.

금주법 이전에 만들어진 2쿼트짜리 샴페인으로 윤활유를 바른 이 만찬은 순조롭게 진행되었다. 공직을 마다하고 꾸준히 유럽 여행을 다니며 런던과 파리 서적 경매를 둘러본 로젠바흐는 아주 특별한 이야기꾼이었고, 그와 함께 온 치올코프스카 부인 또한 남자들뿐인 무리 사이에서 자신의 자리를 잘 지키고 있었다. 퀸이 프랑스 정치와 아일랜드 작가들에 대한 신랄한 논평을 내놓는 동안 그레그는 자기만의 악마적인 재치를, 케널리는 음란한 유머를 곁들였다. 미술 거래상들 역시 이자리를 즐기고 있었다. 퀸은 로젠베르그의 파리 동료이자 월덴스탱의 사촌 펠릭스를 이날 처음 만났다. 펠릭스는 붙임성 좋고 세상 경험이 풍부했으며 다른 사람들과 쉽게 어울렸다. 로젠베르그 역시 세계에서 가장 중요한 피카소 컬렉터의 친구들 사이에 있게 되어 기쁜 듯 보였다.

하지만 사실 로젠베르그는 전혀 편하지 않았다. 영어에 능숙하긴 하나 빠른 속도로 흘러가는 잡담을 따라가기가 어려웠던 것이다. 밤이 깊어질수록 불안이 점점 커졌다. 처음에 그는 대화가 하나의 주제에서 다음 주제로 전환될 때 얼른 끼어들어 예술계에 대한 이야기로 끌고 가고자 했다. 그것이 쉽지 않자, 이번에는 퀸에게 직접 말을 걸어 자신이 파리에서 가져와 월덴스타인갤러리에서 보관중인 회화 몇 점에 대해 이야기하기 시작했다. "퀸 씨, 굉장한 세잔 부인 초상화가 있는데 한번 보러 오지 않겠습니까?" 몇 분 뒤 그는 다시 시도했다. "퀸 씨, 훌륭한 툴루즈로트레크 작품을 보러 오지 않겠습니까?" 퀸은 냉랭했다. 그는 저녁식사 자리에서 '영업' 이야기를 꺼내는 것을 견디지 못했다. 그럼에도 로젠베르그는 물러나지 않았다. 퀸의 불쾌함을 산만함으로 오해한 로젠베르그는 그의 주목을 확실히 끌어보기로 마음먹고 다시금 불쑥 끼어들어 이렇게 말했다. "아름다운 브라크 작품은 어떻습니까?" 이제 다른 손님들도 그에게 주목하기 시작했다. 로젠베르그는 작품에만 집착하여 다른 것에 대해서는 아예 이야기할 수 없는 것 같았다.[7]

사실 로젠베르그는 일촉즉발의 위기에 직면해 있었다. 월덴스타인갤러리 전시는 성과를 내지 못했고, 그의 고급화 전략은 실패로 판명났다. 어느 누구도 피카소 작품을 구입하지 않았으며, 퀸을 따라 현대 예술로 진입할 준비가 되어 있다 여겨졌던 수십 명의 미국인 컬렉터 집단은 실질적으로 형성되지 않은 상태였다. 그 쓰라린 실망감을 도무지 감출 수 없었으니, 그는 피카소에게 보낸 편지에서 이렇게 감정을 드러내기도 했다. "당신의 전시는 대성공입니다. 다른 성공 때와 마찬가지로 우리는 한 점도 판매하지 못했어요!"[8] 그럼에도 곧 판매 가능성이 훨씬 더 낮은 시카고로 가야 하는데다, 프랑스 프랑화의 폭락으로 적자는 더욱 커지고 있었다. 식사를 마치고 퀸이 작품을 보여주기를 기다리는 동안, 로젠베르그는 거의 필사적이었다. 이것이 퀸을 움직일 마지막 기회일지도 몰랐다. 하지만 뉴욕 전시에 대해 그랬듯, 그는 이 집의 주인에 대해서도 치명적인 오판을 범한 셈이었다.

9시 30분이 되어서야 퀸은 익숙한 의식을 시작했다. 그가 소장한 최고의 그림들 중 많은 수가 뒤편의 침실 두 곳에 보관되어 있었다. 그는 거기서 보여주고 싶은 작품들을 한 점씩 가지고 나오되 이번에는 매우 조심스럽게 선택했다. 피카소에게 직접 구입한 작품을 로젠베르그에게 보여주고 싶지 않았으니, 이후 있을지도 모를 그와 같은 계약의 가능성을 지켜야 했기 때문이었다. 그는 또한 파리의 다른 개인적인 인맥으로 구입한 최근 작품에 대해서도 로젠베르그가 알기를 원하지 않았다. 그중에는 쇠라가 마지막으로 그린 극적인 회화 「서커스」도 포함되어 있었는데, 시장에 나온 적 없는 이 작품을 퀸은 쇠라를 계승한 폴 시냐크와의 길고 비밀스러운 협상 끝에 손에 넣는 데 성공한 터였다. 케널리와 그레그는 「서커스」에 대해 알고 있었지만 퀸은 이들에게 발설하지 말라고 당부했고, 그렇게 그날 저녁 내내 쇠라의 작품은 덮개에 싸인 채 뒷방에 남아 있었다. 하지만 퀸이 몇 해 전 구입한 피카소 작품 중 일부와 다른 많은 작품들을 갖고 나오자 로젠베르그는 흥분한 기색이었다. 결국 그는 퀸을 향해 몸을 돌리고서는 정말로 하고 싶었던 마음속 말을 꺼냈다.

"퀸 씨, 데이비스 씨는 왜 제가 개최한 피카소 전시를 보러 오지 않는 겁니까?" 로젠베르그가 자신의 오랜 친구를 겨냥하여 난처한 질문을 던지자 퀸은 놀라고 불쾌함을 느꼈다. 그는 데이비스가 그 전시를 보러 갈지 자신으로서는 모르겠다고 대답했다. 이에 로젠베르그는 한발 더 나아갔다.

"왜 당신은 그를 데리고 오지 못하는 건가요?"

"나는 어떤 곳에도 데이비스를 데리고 가지 못합니다." 퀸은 톡 쏘아붙였다. "가거나 가지 않는 것은 그의 선택이에요."

로젠베르그는 당황했다. 퀸의 친구라면 응당 피카소의 새 작품을 보고 싶어할 텐데. 잠시 후 퀸이 더 많은 작품들을 꺼내오자 로젠베르그는 다시 시작했다. 그는 퀸에게 블리스 양을 전시에 데려올 수 없겠냐고 물었다. 이제 퀸의 속은 부글부글 끓어올랐다.

"나는 블리스 양을 데려가지 않을 겁니다."

다른 손님들이 이 불편한 갈등 상황을 지켜보는 가운데 모임의 분위기는 점점 가라앉았다. 언쟁 이후 로젠베르그는 결국 한발 물러섰지만, 이 일은 두 사람 관계의 전환점이 되었다. 퀸과의 대화를 망친 로젠베르그는 도무지 이해하기 힘든 뉴욕의 사회 관례를 깨뜨릴 수 없으며 전시의 향방 또한 돌려놓을 수 없다는 사실에 한계를 느끼며 그 자리를 떠났다. 퀸의 아파트에서 엘리베이터를 타고 내려오면서 그는 케널리에게 작품을 거의 팔지 못했으며 이제 "미국이라면 넌더리가 난다"고 털어놓았다.

하지만 정작 화가 난 쪽은 퀸이었다. 로젠베르그는 전시에 대한 퀸의 조언을 무시했고, 광대 그림이 걸릴 만한 거실을 갖춘 몰개성한 사람들에게만 집중하여 작품 가격을 지나치게 높게 책정했다. 그럼에도 퀸 자신은 로젠베르그의 갤러리 설립을 돕고, 그에게 달러로 후하게 지불했으며, 더는 사람들을 초대하지 않겠다는 결심까지 깨고 그를 불러 친구들과 함께 만찬을 나누면서 컬렉션을 보여주지 않았는가. 그런데 손님인 로젠베르그는 자기 전시를 도와달라며 그를 압박하다니! 피카소 작품을 두고 감행한 모험으로 애를 먹는다면, 그건 로젠베르그의 문제였다. 퀸은 이제 손을 떼기로 했다.

이튿날 아침 퀸은 분노에 휩싸여 로셰에게 편지를 썼다. 골자를 뺀 채 그날 저녁의 일을 담은 그 편지에서, 그는 느닷없이 아일랜드계 미국인 노동자계급 청년 시절의 추악하고 원시적인 사고방식으로 돌아갔다. 처음에는 파리에 있는 포스터의 소식을 얼마나 기다리고 있는지 이야기하면서 상냥하게 시작했다. "포스터에게서 전보나 편지 한 장 받지 못했습니다." 포스터가 곧 돌아오리라는 건 알았지만, 이번만큼은 서로 떨어져 있는 시간이 평소답지 않게 그의 가슴을 찢어놓았다. 이어 그는 만찬 자리에 대한 이야기로 넘어가, 자신이 마지못해 로젠베르그를 위한 모임을 마련했다고 밝히면서 로셰가 관심을 가질 만한 손님들을 하나하나 소개했다. "로젠바흐는 매우 훌륭하고 유쾌한 사람입니다. 케널리 역시 그렇죠. (……) 월덴스탱은 완벽한 신사고요. 하지만 로젠베르그는 천박하고 소심한 유대인의 천성을 그대로 드러냈습니다."[9]

천박하고 소심한 유대인. 퀸은 당시의 보이지 않는 편견을 직접적으로 들추어냈다. 진보적인 인물이자 작가들과 예술가들의 범세계주의자 친구, 혁신의 투사, 미국의 편협성과 아일랜드계 미국인 동료들의 미개한 세계관을 맹비난하던 국제주의자, 음란법에 맞서 싸우고 가톨릭교회의 편협함을 꼬집고 보수적인 미국 예술비평가들의 우생학적 사고를 비웃던 용감한 모더니스트 퀸이, 자신의 집으로 교양 있는 유대인들과 이방인들을 불러모아 마련한 식사 자리에서 지난 시간 그토록 많은 활동을 통해 저항했던 관념을 스스로 드러내며 동일한 고약한 문화적 태도에 굴복하고 만 것이다.

사실 이러한 경향은 미국 사회 깊숙이 흐르고 있었다. 1920년대 초 문화적·인종적 불안감 속에 유대인 학생 수를 엄격하게 제한하기 시작한 엘리트 학교에서부터 배타적인 부동산 규약, 부활한 KKK에 이르기까지—KKK의 많은 지부들이 흑인에 대한 테러 운동과 함께 반유대주의를 조장했다—광범위하게 퍼진 반유대주의 정책과 함께 유대인들은 고약한 고정관념의 주요 표적이 되었다. 특히 퀸이 활동하던 뉴욕주 변호사 세계는 인종차별로 악명이 높아, 주로 거대한 신교도 회사들이 기업법 분야를 지배했으며 유대인 회사들은 그 하위 단계에서 운영되었다. 미국에는 앞서 수십 년에 걸쳐 안정적으로 융화된 서유럽 이민자들과 문화적으로 거리가 먼 동유럽권 출신의 유대인 이민자들이 꾸준히 유입되고 있었다. 20세기 초 퀸이 뉴욕에 온 이후로 150만 명 이상의 유대인 이민자들이 뉴욕의 다섯 개 자치구에 정착하면서 지역의 인구통계를 근본적으로 바꾸어놓았고, 이 현상은 엘리트들 사이에서 새로운 반이민주의를 불러일으켰다.

퀸처럼 세상을 많이 아는 이라면 그처럼 편협한 태도에 개탄을 표해야 마땅했다. 물론 아일랜드계 미국인들은 다른 집단들 못지않게 편견을 갖기 쉬웠다. 그들 자체가 와스프*의 무시를 받는 처지였음에도 '히브리인'과 다른 이들을 폄하하는 오랜 전통을 습득했으니 말이다. 하지만 지방 출신으로 자신의 뿌리에서부터 먼 곳까지 나아온 퀸은 이와 같은 가톨릭의 편협성에 대한 반

* WASP, 앵글로색슨계 미국 신교도를 줄인 말로, 미국 주류 지배계급을 뜻한다.

감을 숨기지 않는 사람이었다. 그는 예술가, 출판인, 감독, 비평가 들과 어울려 사는 삶을 추구했으며, 그들 중 적지 않은 수가 유대인이었다. 또한 퀸은 스티글리츠의 가장 중요한 고객 중 하나이자 조각가 엡스타인의 초기 후원자였고, 크노프에게는 문학의 논쟁 상대였다. 또한 메트로폴리탄오페라의 단장 오토 칸과 오랫동안 교우하며 다양한 문화 프로젝트를 구상하는가 하면, 뉴욕필하모닉의 지휘자 요제프 스트란스키와도 친분을 쌓아 1921년 메트로폴리탄 후기인상주의 전시 때 그에게서 작품을 빌리기도 했다. 파리의 로젠베르그는 베른하임 부부, 칸바일러를 포함해 퀸이 오랫동안 인연을 맺어온 미술 거래상들 중 하나요, 퀸 자신이 세계에서 가장 안목 높은 미술품 컬렉터라 인정한 명문 은행가 출신의 알폰스 칸을 키워낸 인물이었다. 불과 1년 전만 해도 퀸은 스위스의 비평가이자 독일어로 피카소에 대한 책을 집필중이었던 알베르트 드레퓌스의 작업을 열정적으로 지원했다. 당시 퀸만큼 많은 유대인 친구를 가진 비유대인은 찾아보기 힘들었다.

그럼에도 불구하고 퀸 역시 편견에서 완전히 벗어나지는 못했으니, 순간순간 시대의 가장 잔인한 인종 비유에 가담했다. 그는 로셰에게 유럽의 경제 재건을 좌절시키는 주범이며 "세계 금융을 의미하는 또 다른 단어인" 유대인에 대한 불만을 털어놓았다. 아일랜드인 친구들이나 파운드와 같은 신랄한 친구들에게는 보다 노골적인 표현을 썼다. 그는 뉴욕을 점령한 "그저 걸어다니는 욕망덩어리인 100만 명의 유대인들과 80만 명의 스페인계 사람들, 20만 명의 슬로바키아인들, 6만 명의 크로아티아인들, 8000명의 독일인들"을 비난했다.[10] 이는 퀸의 결함이자, 모더니스트 1세대 사이에서 놀라울 정도로 만연한 결함이기도 했다. 새로운 예술가들과 작가들은 언어를 바꾸고 회화를 재발명하겠다고 맹세하면서도 다른 이들이 그러듯 종종 편협한 태도를 받아들였다.

엘리엇은 반유대주의 시를 썼고, 파운드는 이탈리아 파시즘으로 향했다. 프랑스 예술가들 사이에서도 반유대주의 경향은 19세기 말의 드가와 르누아르에서 시작해 야수주의 화가 블라맹크까지─그는 훗날 비시 정권을 지지한다─이어졌다. 1919년 말 어느 날 블룸즈버리그룹의 비평가이자 모더니스트 탐미주의자인 클라이브 벨은 로젠베르그의 파리 갤러리에서 르누아르의 사망 소식을 전해들었다. 로젠베르그가 감정적인 반응을 보이자 벨은 이후 정부인 메리 허친슨에게 다음과 같이 편견에 가득찬 폭언을 퍼부었다. "그 시커먼 유대인이 뺨 위로 더러운 눈물을 흘리더군."[11] 아마 그는 로젠베르그가 말년의 르누아르와 매우 친했다는 사실을 몰랐을 것이다. 한쪽에는 유대인 후원자를 두고 마음속으로는 반유대주의적 편견을 품은 채 살았던 르누아르의 복잡한 삶을 생각하면 벨의 말은 꽤나 역설적으로 여겨진다.

퀸의 집에서 있었던 저녁식사 이후에도 로젠베르그는 자신의 피카소 프로젝트를 용감하게 이어가 일주일 뒤에는 시카고행 열차에 몸을 실었다. 하지만 이미 전시에 대한 기대는 거의 사라져, 그는 목적지에 도착하기도 전에 피카소의 기대감을 누그러뜨리기 시작했다. 피카소에게 보낸 편지에 따르면 이 두번째 행선지는 "사람들을 만나" 피카소의 작품을 소개하는 기회 정도에 불과했다. 판매는 불가능해 보였다. 완전한 실패의 기색이 역력한 계획을 어떻게든 좋게 이야기하고자 그는 안간힘을 썼다. "과연 그곳에서도 뉴욕에서와 같은 성공을 거둘 수 있을지 의문입니다."[12]

이번만큼은 그의 예상이 옳았다. 작품은 한 점도 판매되지 않았다. 시카고를 떠날 무렵 로젠베르그는 미국 문화에 대한 분노를 숨기기 어려웠다. 떠나기 직전에 피카소에게 쓴 편지에서 그는 다음과 같이 말했다. "어서 당신과 만나 이야기하며 생각을 나누고 싶습니다. 이곳 사람들은 어리석기 짝이 없어요!"

　해가 바뀔 무렵 다시 유럽으로 향하는 로젠베르그에게는 엄청난
비용을 투자한 대서양 횡단 모험의 결과로 보여줄 것이 거의 전무했다.
스티글리츠의 시도 이후 만 12년이 지난 지금, 전시를 위해 뉴욕으로
옮겨졌던 피카소 작품은 전혀 팔리지 않은 채 또다시 파리로 돌아가고
있었다. 심지어 이번에는 드로잉보다 중요한 회화 작품들이 많았고, 걸
린 판돈도 훨씬 컸다. 결국 미국은 현대예술에 적합하지 않은 곳 같았
다. 로젠베르그는 피카소에게 불길한 예언과도 같은 글을 적어 보냈다.
"당신의 작품을 판매할 수 있는 곳은 뤼 라 보에티가 유일합니다. 신대
륙의 분위기는 새로운 회화에 우호적이지 않아요. 이곳에는 과거의 예
술이 더 어울립니다."[13]

17 | 최후의 전투

1924년 2월의 첫날, 로셰는 독일을 대표하는 아방가르드 잡지 편집장인 헤르만 폰 베데르코프와 함께 콕토의 아파트에서 점심으로 대하를 먹고 있었다. 이곳이 뤼 라 보에티와 멀지 않았기에 로셰는 피카소를 만나러 가기로 마음먹었다. 다른 무엇보다『돈 후안』독일어판에 싣기로 약속한 삽화에 대해 물어보고 싶었다. 하지만 로셰가 도착했을 때 피카소는 훨씬 중요한 다른 일에 정신이 팔려 있었다. 누군가의 지하실에서 발견된, 아주 크고 아직 아무에게도 알려진 바 없는 루소의 작품을 본 참이었다. 그는 이것이 루소 최고의 작품이라면서, 그 그림을 보고 퀸이 생각났다고 말했다.[1]

로셰에게는 실로 가슴 뛰는 소식이었다. 그와 일을 시작한 이후로 거의 4년 가까이 퀸은 특별한 루소 그림을 찾던 터였다. 퀸은 루소의 소박한 초상화와 순수하고 수수께끼 같은 정글 그림에 매료되었으며, 루소가 피카소와 그의 그룹에 끼친 막대한 영향을 안 뒤로는 그 매력에 한층 빠져들었다. 그 예술가들 모두가 생애 말년에 이른 루소를 존경하고 있었다. 그때껏 퀸은 중요한 루소 작품 몇 점을 구하는 데 성공했지만, 뛰어나고 결정적인 회화 작품은 아직 채워지지 않은 상태였다. 이에 로셰는 거래상들의 의견을 묻고 개인적인 단서를 추적하며 공식적으로 판매되지 않은 작품들에 접근했으나 만족스러운 작품을 발견하지는 못하고 있었다. 그는 피카소가 보았다는 작품을 당장 확인하고 싶었다.

　　이 수수께끼 같은 작품은 발견된 장소부터 매력적이었다. 이것은 루소 자신이나 파리의 루소 전문가들이 내놓은 작품이 아니었다. 작품은 부족한 자본력을 뛰어난 감식안으로 보충하던 칸바일러의 수중에 있었다. 그리고 그는 이것을 피카소에게 제일 먼저 보여주기로 했다. 전쟁이 끝나고 파리로 돌아온 이후 칸바일러는 피카소와의 관계 회복을 위해 꾸준한 노력을 보였고, 이는 결실을 이루었다. 그의 갤러리와 피카소의 집이 멀지 않은 곳에 있어서 피카소는 종종 갤러리에 들러 그와의 대화를 즐기곤 했으며, 지난해 여름에는 칸바일러에게 새로운 석판화 연작을 제작해주었다(퀸은 두번째 파리 여행중 칸바일러에게서 그 일부를 구입했다[2]). 칸바일러는 또한 피카소가 루소 작품을 아낀다는 사실을 알고 있었으니, 그에게 이 보기 드문 그림을 소개하는 것은 자신의 변함없는 신의를 드러내는 또다른 방법이었다. 이는 시기적으로 매우 적절한 제안이었다. 바로 몇 주 전 로젠베르그가 크게 실패한 뉴욕과 시카고 여행에서 돌아왔고, 피카소는 자신이 로젠베르그의 요청에 따라 신고전주의 양식으로 그린 대형 광대 그림 중 단 한 점도 판매되지 않았다는 사실에 몹시 화가 나 있었다. 미국에서 또다시 아무것도 얻지 못한 것이다. 그는 로젠베르그를 크게 비난하며, 이 거래상이 가격을 높게 책정하는 바람에 자신이 "큰 해를 입었다"고 말했다.[3] 물론 로젠베르그와의 관계를 포기할 마음은 없었지만, 그럼에도 로젠베르그의 가장 중요한 미국인 고객인 퀸을 칸바일러에게 보내며 그는 짓궂은 만족감을 느꼈다. 이후 로셰가 퀸에게 말했듯이, 피카소는 칸바일러에게

다시 "추파를 던지고 있었"던 셈이다.[4]

더 얘기할 필요도 없었다. 피카소의 아파트에서 뤼 다스토르에 자리잡은 칸바일러의 갤러리까지는 채 5분도 걸리지 않았다. 대화가 끝나자마자 로셰는 서둘러 갤러리로 향했다. 작품은 아직 갤러리의 지하 창고에 있었고, 칸바일러는 그를 아래로 데려가 작품을 보여주었다. 처음에는 큰 기대감이 들지 않았다. 캔버스는 돌돌 말린 채였고, 몇 년 동안 창고에 보관되어 온 터라 거미줄도 걸려 있었다.[5] 칸바일러가 조심스럽게 작품을 펼치자 로셰는 비로소 눈앞에 보이는 것을 서서히 흡수하기 시작했다. 텅 빈 사막, 저멀리 보이는 산맥, 밤하늘, 잠든 여성 그리고 거대한 사자. 형언할 수 없이 강렬한 장면이었다. 그림에서 뜨거운 열기가 발산되는 것만 같았다. 이 그림을 보면서 로셰는 후에 "사랑의 번개"라 묘사한 것에 사로잡혔다.[6]

정신을 차린 그는 피카소의 판단이 옳다고 확신했다. 이것은 퀸의 품으로 가야 했다. 로셰가 보기에 이 작품은 다이너마이트처럼 엄청난 폭발력을 지니고 있었다. 당장이라도 먼지를 깨끗이 닦아낸 뒤 갤러리 위층으로 가져가 전시를 하면 파리 전체가 이 작품 이야기로 들썩일 터였다. 칸바일러가 제시한 가격은 17만 5000프랑, 약 9000달러였다. 하지만 20만 프랑을 불러도 쉽게 팔 수 있으리라. 그렇다면 이제 어떻게 해야 할까? 9000달러라면 퀸의 기준에서 꽤 높은 금액이긴 하나 아예 엄두를 못 낼 수준은 아니었다. 퀸이 지난번 파리에 왔을 때부터 로셰는 그를 매우 좋아하고 존중했으니, 이제 자신의 설득 기술을 총동원해 칸바일러를 설득하기 시작했다. 작품을 공개하기에 앞서 사진을 찍은 뒤 퀸에게 먼저 보내줘야 한다고 주장-고집-했다. 사진을 보면 퀸은 틀림없이 환불받지 않는 조건으로 계약금을 걸고 일정 기간 작품의 구매권을 가질 거라고 그는 말했다. 칸바일러는 동의하는 듯 보였고, 어쨌든 당장은 로셰로서도 이 거래상의 구두약속을 믿을 수밖에 없었다.

그날 저녁까지도 로셰는 루소의 작품에 대한 생각을 멈출 수 없었다. 다음날, 일어나자마자 그는 퀸에게 편지를 썼다. "어제 루소의 작품 한 점을 보고 정말이지 놀라움을 금할 수 없었습니다. 칸바일러가 막 손에 넣은 작품인데, 피카소가 그의 갤러리에서 먼저 보고는 당신을 떠올렸다면서 나더러 당장 가서 보라더군요." 도무지 작품을 묘사하기가 어렵다고 말하면서도 그는 단어 몇 개를 썼다가 줄을 그어 지워가며 어떻게든 시도해보았다. "전경에 한 여자가 누워 사랑을 꿈꾸고 있습니다. 그 얼굴은 그야말로 '전무후무'해요. 그리고 사자가 있는데, 여자를 잡아먹을 것 같지만 어쩌면 그대로 떠나버릴 것처럼 보이기도 합니다." 색채에 대해서는 하나의 구성물과도 같다고 적었다. "이상하리만치 단순한 시 같아요." 그러곤 사진을 받는 대로 보내주겠다고 약속하며 경고하듯 덧붙였다. "이 작품은 전시되는 즉시 팔려버릴 겁니다." 마지막으로 그는 자신이 받은 느낌이 얼마나 강렬한지를 전달하려 애썼다. "내 모든 가치와 당신의 신뢰를 걸고 이 그림을 보증합니다."[7]

칸바일러는 무엇보다 피카소의 추천으로 퀸의 관심을 불러일으키게 되어 기쁜 눈치였다. 하지만 이들은 빠른 속도로 움직여야 했다. 당분간 전시 계획이 없긴 했지만, 칸바일러는 이 작품이 특별한 관심을 받으리라는 것을 알았고, 따라서 오래 기다리지 않을 터였다. 로셰가 알기로 편지와 사진이 뉴욕에 닿기까지는 일주일쯤 걸릴 것이고, 처음 보냈던 전보에도 아직 아무런 응답이 없는 상태였다. 하루가 지나고 또 하루가 지났다. 칸바일러는 작품을 예약하고 싶으면 퀸이 1만 프랑(약 500달러)의 계약금을 걸어야 한다며 서서히 그를 압박했다. 로셰는 다시 뉴욕으로 전보를 쳤다. 이번에는 스스로를 삼인칭으로 지칭하며 강조했다. "피카소에 따르면 이것은 루소 최고의 작품이다. (……) 로셰는 이보다 확실한 그림을 본 적이 없다."[8]

여전히 답은 없었다. 슬슬 걱정이 되기 시작했다. 우려했던 대로 칸바일러는 그림을 깨끗이 닦고 액자에 넣어 갤러리에 걸기로 결심했고, 벌써부터 작품은 주목을 받기 시작했다. 로셰는 이 소식을 퀸에게 전하며 루소의 그림이 "모두에게서 돌풍을 일으키고" 있다고, 사진을 아직 받지 못했겠지만 과감하게 예약금을 걸라고 재촉했다. 하지만 이번에도 답은 없었다. 로셰는 일기에 다음과 같이 적었다. "퀸에게 매일 전보를 치고 있다. 이 불안에 대한 응답은 없다."[9]

그렇게 작품을 처음 본 뒤로 일주일이 지나, 마침내 칸바일러가 최후통첩을 보내왔다. 퀸이 이튿날 정오 전까지 예약금을 걸지 않으면 작품을 공개하겠다는 얘기였다. 로셰는 어떻게든 퀸의 주의를 끌어야 했다. 그날 오후에 그는 브란쿠시를 데리고 가서 작품을 보여주기로 마음먹었다. 그의 의견이 아주 중요할 것이었다. 하지만 브란쿠시는 너무나 태평했다. 로셰가 그의 작업실에 도착했을 때 브란쿠시는 스테이크를 굽고 싶어했고, 점심식사가 끝난 다음에는 은행에 가야 한다고 말했다. 두 사람은 은행에 들러 브란쿠시가 퀸으로부터 받은 달러 수표와 관련한 복잡한 문제를 처리했다. 벌써 오후였다. 로셰는 줄곧 그 작품에 대해 생각하고 있었다. 하지만 브란쿠시는 새로운 외투가 필요하다고 했다. 두 사람은 퀸의 수표를 바꾸어 생긴 돈을 가지고 불바르 데 카퓌신으로 가 영국식 재단으로 유명한 올드잉글랜드에서 멋진 외투를 구입했다. 그곳은 칸바일러의 갤러리와 30분 거리에 있는 오페라극장 근처였다. 그림을 보고 퀸에게 전보를 치려면 서둘러 갤러리로 가야 했다. 마침내 두 사람은 파리 중심부를 가로질러 뤼 다스토르에 도착했다. 안으로 들어가자 로셰는 곧장 커다란 그림 앞으로 브란쿠시를 안내했다. 브란쿠시는 몇 분쯤 작품을 바라보더니 로셰에게 정말 감동적이라고 말했다. 이 작품이 결국 누구의 손에 들어가야 하는지에 대해서는, 브란쿠시 역시 피카소와 같은 의견이었다. 갤러리에서 나오자마자 로셰는 퀸에게 전보를 보냈다. "브란쿠시의 감상을 전합니다. 매력적이고 독창적인 루소의 작품. 친구 퀸을 위한 작품."[10]

　　이튿날 아침 칸바일러가 지정한 마감 시점이 되기 몇 시간 전, 퀸이 마침내 침묵을 깼다. 그 몇 주간 그는 긴장하고 위축된 상태였다. 12월 말 파리에서 돌아와 부두로 마중나온 퀸을 만났을 때, 너무나 야윈 그의 모습에 포스터는 깜짝 놀랐다. 이후 포스터는 줄곧 퀸과 함께 지냈고, 퀸은 꿋꿋이 일을 해나갔다. 다른 모든 활동을 중단했음에도 그는 계속해서 쇠약해졌다. 그에겐 매주 일요일 포스터와 팰리세이즈 협곡이나 화이트 플레인스 근처 언덕으로 산책을 나가는 습관이 있었다. 때때로 친구 그레그도 함께했다. 하지만 포스터는 산책 거리가 점점 짧아지고 있다는 사실을 알아차렸다.[11]

　　시야를 좁혀가면서 회화 작품에 대한 그의 흥분도 점차 잦아드는 듯했다. 그는 아직 칸바일러의 사진이나 작품을 묘사한 로셰의 편지를 받지 못했고, 심지어 작품의 주제에 대해서도 전혀 알지 못하는 상태였다. 퀸의 답은 차갑고 모호했다. "사진을 보기 전에는 결정할 수 없습니다. 예약금으로 1만 달러를 내기가 꺼려지는군요. 액수가 너무 높습니다."

　　그럼에도 불구하고 퀸은 로셰가 작품에 대해 이처럼 신경을 쓰는 경우를 본 적이 없었으니, 그것이 다른 사람에게 판매되는 상황을 막기 위한 방안과 관련해 다른 대안을 제시해달라고 부탁했다. "예약금으로 4250프랑까지는 지불할 용의가 있습니다." 이후 로셰에게 보낸 두번째 '비밀' 전보에서 그는 비록 "이번만은 예외로 둘 수" 있겠지만 사실 그렇게 큰 금액의 구매를 할 "의도는 없었으며" 그렇게 하다가는

"재원에 무리가" 될 것이라고 밝혔다. 안심이 되는 답은 아니었으나, 적어도 최종적인 거절도 아니었다. 로셰는 칸바일러에게 대안을 전달하고 그의 답을 기다렸다.[12]

이튿날 로셰는 패션계의 거물이자 아방가르드 예술 후원자인 자크 두세의 집으로 점심 초대를 받았다. 당시 70대 초반이었던 두세는 수천 점에 이르는 현대문학 원고와 책에 더하여 피카소, 드랭, 아메데오 모딜리아니를 비롯한 현대예술가들의 작품으로 가득한 저택에 살고 있었다. 예술과 산문에 대한 진보적인 취향을 가진 파리의 예술 애호가로서 그는 퀸에 견줄 만한 인물이었다. 또한 뛰어난 루소 찬미자로 가장 호평받는 루소의 작품「뱀 부리는 여인」을 두고 퀸을 누른 전적이 있었으니, 로셰는 그가 칸바일러의 소장작에 대해 어떻게 생각하는지 궁금했다. 이는 아주 민감한 문제였다. 두세의 재산은 퀸을 크게 능가했으며, 루소의 작품을 볼 경우 그 역시 작품을 구입하고 싶어할 것이기 때문이었다. 그러나 이미 로셰가 협상을 상당히 진행해왔고, 퀸의 우선권에 대해 확실한 합의가 이루어지지는 않았을지언정 칸바일러가 명예를 잃어가면서까지 퀸을 배신할 것 같지는 않았다. 더욱이 두세가「뱀 부리는 여인」을 구입한 상황에서 루소의 두번째 대작을 원할 가능성은 낮아 보였다. 결국 로셰는 두세의 객관적인 의견을 듣는 너무도 좋은 기회를 포기할 수 없다고 결론 내렸다. 그리하여 두세에게 칸바일러가 갖고 있는 그림에 대해 이야기했고, 점심식사를 마친 직후 두 사람은 작품을 보러 갔다.

갤러리에서 보인 두세의 반응은 로셰에게도 충격이었다. 이 노회한 디자이너는 자신이 소장한「뱀 부리는 여인」보다 "훨씬 더 중요하고 경이롭다"며 이 작품에 흠뻑 빠져들었다.[13] 로셰는 서둘러 다시 전보를 쳤다. "가장 뛰어난 걸작이라 알려진 루소의 작품을 소장한 사람이 이 새 그림을 보고 자신의 것보다 더 낫다고 평가했습니다." 같은 날 오후 칸바일러는 사진이 뉴욕에 도착하기 전이니 일단 4250프랑의 예약금을 받아들이겠다고 전했다. 이제 모든 것은 퀸에게 달려 있었다. 로셰는 뉴욕으로부터 답이 오길 기다리면서 매일 칸바일러의 갤러리에 가서 작품을 봤다. 열흘째 되는 날, 그는 칸바일러의 사진이 배달중 어느 지점에서 지연되었을 가능성을 우려하여 만 레이에게 사진을 다시 찍어달라고 부탁한 뒤 퀸에게 편지를 보냈다. "당신이 이 그림을 소장한다면 컬렉터로서 누릴 수 있는 가장 큰 기쁨을 누리게 되리라 기대하고 믿습니다."[14]

피카소가 로셰에게 루소의 작품에 대해 알려주고 2주가 지난 2월 15일, 사진이 마침내 퀸의 아파트에 도착했다. 사진을 살펴보던 퀸은 당황했다. 흑백사진은 그에게 큰 설득력을 발휘하지 못했다. 작품의 구성이 어떤 힘을 갖고 있든, 사진으로는 도무지 제대로 드러나지 않았다. 게다가 지난가을 작품 구입에 너무 많은 돈을 지출했던 그로서는 또다른 대규모 구입을 진행할 만한 준비가 되어 있지 않았다. 퀸은 작품을 구입하지 않기로 마음먹었다. 하지만 그가 로셰에게 이 소식을 전하기 전에 파리에서 또다른 전보가 도착했다.

2월 중순, 그동안 알려지지 않았던 루소의 대형 작품에 대한 소문이 프랑스 예술계에 빠르게 퍼져나가고 있었다. 매일 수십 명의 사람들이 그것을 보기 위해 칸바일러의 갤러리를 찾아왔고, 일군의 열성적인 지지자들은 루브르에 이 작품을 기증하기 위한 기금을 모으기 시작했다. 로셰의 모든 노력에도 불구하고 루소의 작품은 금방이라도 달아날 것만 같았다. 하지만 그가 아직 자문을 구하지 않은 한 명의 감식가가 남아 있었다. 그의 견해는 어느 누구의 것보다 큰 무게를 지닐 것이었다.

앙투안 빌라르는 부유한 풍경화가로 루소에 대해 집착에 가까운 열정을 키워온 사람이었다. 시간이 흐르면서 그는 루소의 작품 열두 점을 모아 세계에서 가장 크고 뛰어난 컬렉션을 이루었다. 로셰도 지난봄 빌라르를 만난 뒤 퀸에게 그가 "루소에 미쳐 있고 루소를 사랑하며 그와 그의 작품에 대해 끊임없이 이야기한다"고 전한 터였다.[15] 마침내 로셰는 빌라르를 설득해 그가 소장한 루소 작품 전체를 만 레이에게 촬영하게 했다. 루소의 작품에 집착하고 그로써 큰 즐거움을 느끼는 빌라르는 칸바일러가 가진 그림에 대해 어떻게 생각할까? 그에게는 빌라르의 평가가 필요했고, 결국 촬영을 마친 그날 당장 함께 작품을 보러 가기로 설득하는 데 성공했다. 퀸에게 보낸 새 전보에서 로셰는 빌라르의 반응을 다음과 같이 전했다(이 전보는 퀸이 사진을 살피고 있을 때 도착했다). "빌라르는 이 그림이 가장 훌륭한, 기적과 같은 작품이라고 단언했습니다. 당장 이 작품을 소장하지 못한다는 사실에 절망하더군요."[16]

퀸은 이 전보와 다른 전보를 다시 읽었다. 로셰의 편지도 다시 읽었다. 사진도 다시 살펴봤다. 평소답지 않게 퀸은 난감함을 느꼈다. 그는 포스터에게 전화를 걸어 시내로 산책을 나가자고 청했다. 두 사람은 퀸의 나소가 사무실에서 몇 블록 떨어진 브로드웨이로 내려갔다. 트리니티교회를 지나자 비가 내리기 시작했다. 그들은 고가철도 아래서 비를 피했다. 폭우가 쏟아지는 가운데 철도 아래 선 퀸은 루소의 그림 이야기를 꺼내며 파리에서 온 전보에 대해 들려주었다. 그는 자신의 건강이 온전치 않음을 알았고, 그래서 포스터에게 대신 결정해달라고 부탁했다. 포스터는 퀸을, 그의 야윈 몸과 지친 얼굴을 바라보았다. 그러곤 말했다. "사요."[17]

퀸은 행복했다. 어쩐지 포스터가 자신의 진정한 욕구를 이해한 것만 같았다. 두 사람은 왔던 길을 다시 걸어 돌아왔다. 퀸은 사무실로 들어가 로셰에게 전보를 친 뒤 은행에 전화를 걸어 17만 5000프랑을 다음날 칸바일러에게 보내달라고 했다. 퀸은 그 작품을 보지 못했고, 그는 물론 심지어 로셰도 작품의 제목을 알지 못했다. 구입 결정을 내리고 6주가 지난 뒤에야 루소가 이 작품을 「잠자는 집시」라 불렀다는 사실을 알게 되었지만, 완성된 이후 스물다섯 해 동안의 작품 이력에 대해서는 칸바일러조차 전혀 모르고 있었다.[18]

파리에서는 퀸이 이루어낸 대성공에 대한 소식이 빠르게 퍼져나갔다. 피카소와 브란쿠시를 비롯한 여러 친구들로부터 축하인사가 쏟아졌다. 로셰는 황홀해했고, 칸바일러는 퀸에게 작품이 "제대로 감상할 수 있는 이의 컬렉션에 속하게 되어" 기쁘다는 편지를 보냈다.[19] 근현대 전체를 통틀어 가장 중요한 회화 중 하나로 꼽히는 작품이, 이를 경외하는 예술가 군단과 이를 몹시 갈망하는 수많은 전문가들과 이를 기꺼이 소장작으로 받아들였을 세계적인 미술관이 자리한 파리라는 도시에서 사라진 것이다. 대신 작품은 그곳으로부터 수천 킬로미터 떨어진, 현대예술에 대한 애증이 여전히 버티고 있는 뉴욕이라는 도시의 한 아파트로 향했다. 퀸이 적절한 가격에 이 작품을 손에 넣을 수 있었다는 사실이야말로 한 미국인과 그가 지닌 야망의 영향력을 보여주는 비범한 증거라 할 수 있을 것이다.

작품이 도착한 다음날 아침, 퀸은 로셰에게 편지를 보냈다. 그는 이 작품을 "영광스러운 승리"라고 불렀다. 루소의 작품이 더해지면서 퀸의 컬렉션은 이제 뛰어난 보배와도 같은 놀라운 통일성을 이루었다. 최고의 쇠라 작품과 최고의 루소 작품, 세잔과 고갱, 반 고흐의 수작, 거의 모든 주요 단계들을 아우르며 본질을 드러내는 피카소의 작품, 마티스의 결정적인 연작, 폭넓은 브란쿠시 작품, 드랭과 브라크, 블라맹크, 뒤샹을 비롯한 다른 많은 예술가들의 뛰어난 작품이 그의 컬렉션을 채우고 있었다. 하지만 역설적인 측면을 보지 않을 수 없다. 퀸의 거실에 「잠자는 집시」가 등장했다는 사실은 온 파리를 경외감으로 휩쓴 반면, 뉴욕에서는 거의 주목받지 못한 채 지나갔다. 쇠약해진 퀸은 개인적인 차원에서 작품을 공개하였으니, 이 소규모 축하 만찬 자리에는 지인 몇 사람만 초대되었다. 그리고 퀸은 아직 몰랐지만, 「잠자는 집시」는 그와 로셰가 치른 마지막 전투가 되었다.

—

루소의 작품이 도착하고 몇 주가 지나는 내내 퀸은 전쟁을 치르듯 힘겹게 일상을 살아갔다. 한 자세로 오랫동안 앉아 있기조차 힘들었지만 그는 여전히 기어가다시피 매일 사무실에 나가 몇 시간씩 업무를 보았다. 거의 매일 저녁 포스터가 와서 그와 함께 이야기를 나누었고, 퀸은 자신이 할 수 있는 한 파리와 뉴욕에서 벌어지는 일들을 눈여겨보려 애썼다. 4월 말 한 친구가 편지를 보내 듀빈갤러리Duveen Gallery에서 개최된 이탈리아 르네상스 전시 소식을 전하자 퀸은 화를 내며 투덜거렸다. "빌어먹을, 이 미개한 시골 나라는 아직도 렘브란트와 초기 이탈리아 예술을 넘어서지 못하는군. 그런 작품들은 이탈리아의 예술이지, 20세기 뉴욕의 예술이 아니란 말이야."[20]

　　몇 주 뒤 퀸은 간암이 진행되었다는 뒤늦은 진단을 받았다. 그는 5월 말부터 사무실 출근을 중단했고, 모든 여름 계획을 취소했다. 북부에 있는 가족들을 방문한 뒤 뉴욕의 아파트로 돌아온 포스터는 거의 해골처럼 앙상해진 퀸을 보고 충격을 받았다. 이후로 포스터는 그의 곁을 떠나지 않았다. 퀸은 자신이 가장 찬탄하는 그림들을 주변에 둔 채 침실에 은거했다. 「잠자는 집시」는, 늘 그랬듯 굳이 벽에 거는 대신 침대 옆 동쪽으로 난 두 창문 사이의 탁자 위에 올려놓았다. 그러면 센트럴

파크 위로 떠오르는 태양빛이 점차 작품을 채워나가는 모습을 볼 수 있었다.[21]

　　6월 말, 퀸은 모든 이에게 긴 마지막 편지를 보내며 로셰에게 전하는 글을 다음과 같이 받아쓰게 했다. "당신에게 개인적인 소식을 전합니다. 나는 간경변을 앓고 있습니다." 자기가 보기엔 의사가 생각하는 만큼 대단히 심각한 것 같지 않지만 어쨌든 모르핀을 투여받고 있다고 그는 말했다. 이어 자신이 주문한 「잠자는 집시」를 촬영한 만 레이의 사진 사본을 추가로 유럽의 친구들인 피카소, 브랑쿠시, 사티, 로베르 들로네, 빌헬름 우데, 빌라르, 두세에게 나누어준 것에 대해 고마움을 전했다. 그리고 피카소 작품가를 올리는 로젠베르그의 "교활함"에 대해 다시금 꼬집은 다음, 자신의 건강상태를 감안할 때 반년에서 1년 정도는 작품을 구입할 수 없을 것 같다고 말했다(하지만 그는 이렇게 덧붙였다. "물론 브라크의 작품이라면 예외입니다. 그가 작업을 잘 진행하여 진짜 걸작을 탄생시킨다면 말이지요"). 마지막으로 그는 로셰에게 자신에 대해 걱정할 필요 없으며 이 편지를 통해 밝힌 모든 일은 비밀로 해달라고 당부했다. "내 상태가 다른 사람들에게 알려지는 것은 원치 않습니다. 브랑쿠시에게도요."[22] 그러곤 언젠가 다시 "아주 긴 도보여행과 게임을 함께하고 야외로 나가 즐거운 시간을 보내기를" 바란다며 호기로운 작별인사로 편지를 마무리했다.

　　퀸의 기력이 사라져가자 포스터는 이성을 잃었다. 두 사람이 함께한 시간은 잔인할 정도로 짧았으니, 그들은 두 번의 유럽 여행에서만 진정으로 자유로울 수 있었다. 1921년 처음으로 퀸과 파리를 돌아본 뒤 혼자 그곳에 남았을 때 포스터는 편지를 통해 그의 삶에 있어 "잃어버린 세월", 즉 강요된 뉴욕 생활에서 벗어나지 못하는 상황에 대한 아쉬움을 토로하곤 했다. 또한 이때 포스터는 "당신이 평생에 걸쳐 쌓아올린 업적을 무너뜨릴 기회를 '늑대들'에게 주지 않을 것"이라 약속했다.[23] 하지만 이제 퀸을 잃을 상황에 직면하자 그는 퀸 평생의 업적, 그의 모든 계획과 꿈, 그들이 함께한 몇 년 동안 그를 떠밀어 앞으로 나아가도록 했던 열정에 회의를 느끼기 시작했다. 늑대들은 여전히 그곳에 있었다.

퀸은 자신이 수집한 작품들로 무슨 일을 하고 싶은지에 대해 많은 이야기를 하지 않았다. 포스터와도 이 문제를 논의한 적이 없었다. 그에게는 살아 있는 친척이 거의 없었고, 포스터는 법적으로 퀸과 아무런 관계가 없는 사람이었다. 하지만 어느 날 잠자리에서 뒤척이던 퀸은 포스터를 향해 몸을 돌리고는, 만약 자신에게 무슨 일이 생겼을 때 자기가 소장한 작품들이 판매되어 흩어진다면 끔찍할 것이라고 말했다. 그러곤 2주 뒤, 퀸은 눈을 감았다.

PART 2

1926년 1월 앨프리드 바는 몇 점의 그림을 보기 위해 프린스턴에서 뉴욕으로 향했다. 이스트 56번 스트리트에 자리한 2층짜리 전시장인 아트센터Art Center에, 짧은 기간이나마 세계에서 가장 특별한 한 개인의 예술품 컬렉션을 훑어볼 수 있는 드문 기회가 마련된 터였다. 전시에 소개된 100여 점의 작품 중 많은 수가 미국에 잘 알려져 있지 않은 예술가들의 작품이었고, 그중에서도 상당수는 현대예술의 경향을 보여주는 가장 독특한 것들이었다. 바에게 이것은 결정적인 기회였다.

　　메트로폴리탄에서 개최되어 많은 논란을 불러일으킨 후기인상주의 전시를 통해 마티스와 피카소를 처음으로 아주 짧게 접한 이후 4년 반이 흐른 지금, 바는 야심만만한 현대예술 연구자가 되어 있었다. 이제 막 대학을 졸업했지만 그는 재기와 조용한 급진주의로 프린스턴과 하버드에서 명성을 얻었으며, 대학원 과정을 겨우 1년 밟고 치른 지난봄 종합시험에서는 시험관들을 깜짝 놀라게 했다. 한 시험관은 다음과 같은 글을 남겼다. "생각이 깊으며 전 영역에 대해 폭넓은 시야를 지녔다는 인상을 받았다."[1] 하지만 바는 교육과정에 지루함을 느꼈고, 동시대 예술을 무시하는 대학들에 대해 불만을 공개적으로 드러내기 시작했다. 그가 1년 동안 연구 조교 장학금을 받고 있는 프린스턴대학교에는 여전히 20세기 현대예술 강의가 없었고, 하버드대학교는 후기인상주의를 완전히 무시하고 있었다.[2] 사실 미국에는 이 예술가들의 작품을 소장한 미술관이 거의 없었고, 바는 대개『다이얼』이나『배니티 페어』과 월호를 통해 단편적인 지식을 얻었다.[3] 그러던 어느 날 뉴욕의 한 전시장이 이 예술가들의 회화 작품들로 가득하다는 소식을 접하게 되었다.

아트센터에 도착한 그는 전시가 자신의 기대를 뛰어넘는다는 점을 곧바로 알아차렸다. 전시는 막스 웨버, 앨프리드 마우러, 존 머린, 마스던 하틀리, 찰스 실러 등 가장 흥미롭고 대담한 생존 미국 예술가들의 작품 수십 점과 함께 시작되었다. 그것들만으로도 훌륭했지만, 이번 전시에서 그 작품들은 다른 작품들을 예고하는 서곡에 불과했다. 안쪽으로 더 들어가자 눈앞에 반 고흐, 쇠라, 세잔, 고갱, 툴루즈로트레크, 드랭, 블라맹크, 뒤피, 루오, 드 라 프레네, 피카소 등 하버드에서는 다루지 않는 모더니스트들의 놀라운 회화 작품이 펼쳐졌다. 커다란 바이올린과 키 높은 촛대의 윤곽에서 드러나는 녹색과 회색의 조각난 덩어리들로 이루어진, 안팎이 완전히 뒤집힌 브라크의 작품, 그리고 기하학적인 구조와 대담한 색띠로 변형된 거대한 마티스의 정물화가 눈에 들어왔다. 이 작품들 사이에는 재기 발랄한 추상성을 띠는 뒤샹비용의 청동 여성상, 브란쿠시의「금빛 새」가 놓여 있었다. 그리고 어느 순간 바는 사자와 잠든 여인을 그린 매우 기이한 작품에 빠져들었다. 루소의 그림이었다. 이 작품과 만난 순간을 그는 결코 잊을 수 없었다. 거의 30년이 흐른 뒤, 바는 다음과 같이 회고했다. "뛰어난 작품들을 소개한 그 전시에서 다른 어느 작품보다도 루소의 회화가 내게 깊은 인상을 남겼다."[4]

—

훗날 알게 될 테지만, 바가 퀸이 후원한 예술을 한자리에서 보는 것은 이것이 처음이자 마지막 기회였다. 〈존 퀸 컬렉션 대표작 기념전The Memorial Exhibition of Representative Works Selected from the John Quinn Collection〉이라는 제목이 붙은 이 전시는 18개월 전 퀸이 세상을 떠났을 때 그의 아파트에서 발견된 작품들 중 일부를 추린 작고 불완전한 표본이었다. 전시에는 쇠라, 피카소, 마티스, 브란쿠시, 고디에브제스카의 가장 중요한 작품이 빠진 채였고, 대신 퀸이 초반에 수집한, 중요성이 덜한 영국과 아일랜드 작품들이 포함되었다. 하지만 전시를 주의깊게 살핀 바는 퀸이 세운 계획의 대담함을 알아차렸다. 퀸은 단순히 자신이 좋아하는 작품을 구입하는 이상의 목표를 품고 있었다. 바가 훗날 생각했듯이, 퀸은 현대예술을 추구한 짧은 기간 동안 "최고 예술가들의 최고 작품들을 최대한 많이" 모으는 데 성공했다.[5]

이 전시에 깊은 인상을 받은 사람은 바만이 아니었다. 캔자스 출신의 쾌활한 비평가 머독 펨버튼은 해럴드 로스의 새로운 『뉴요커』에 기고한 글에서 다음과 같이 말했다. "검정과 불타는 빨강, 그리고 녹색으로 채워진, 8제곱미터에 달하는 마티스의 작품, 밧줄 같은 갈기와 엉덩이 사이로 불쑥 튀어나온 코가 달린 루소의 거대한 사자, '피카소의 모성', 오딜롱 르동이 구사하는 색채가 자아내는 잊을 수 없는 멜로디." 한편 몇 년 앞서 퀸을 만났던 예술 전문 작가 체니는 『뉴욕 타임스』에 이렇게 썼다. "미국에 '안전한' 다양성을 확보한 훌륭한 예술 컬렉션은 많다. (……) 그들 사이에서 존 퀸은 영웅서사시의 주인공과도 같은 인물로서 단연 돋보인다." 저명한 예술 전문지 『아츠』의 편집장 포브스 왓슨은 사설에서 "현대예술작품을 소장하고자 하는 미술관은 모두" 아트센터의 회화 작품을 부러워해야 할 거라고 주장했다. "퀸 씨는 현대 예술이라는 대의에 적극적으로 임한 예술가들과 함께 먹고, 마시고, 논쟁하고, 놀고, 생활했다."[6]

　　이 전시는 한 개인이 지닌 특별한 취향의 독특한 힘을 전달하는 동시에 미국 예술계의 한계에 대한 직관적인 깨달음을 바에게 안겨주었다. 비평가들의 각광에도 불구하고 관심은 금세 사그라들어, 전시는 겨우 3주 만에 막을 내렸다. 이 행사는 뉴욕 문화계에 컬렉션을 확고히 정착시키려 하기보다는, 그저 한자리에서 다시 볼 수 없을 일군의 작품들을 전시하고자 했던 퀸의 친구들이 벌인 마지막 노력의 결과에 불과했다. 아트센터 전시가 시작되고 며칠 뒤 『뉴욕 타임스』는 고인이 된 컬렉터가 유산으로 남긴 다수의 쇠라 작품과 함께 52점의 피카소 작품이 파리의 한 거래상에게 판매되었다고 보도했다.[7] 그리고 몇 달 후에는 세잔과 드랭, 마티스, 그리스, 르동, 루오의 작품을 포함해 퀸의 가장 중요한 프랑스 회화 작품 중 많은 수가 드루트호텔의 경매를 위해 프랑스로 보내졌다. 루소의 비할 데 없는 작품 「잠자는 집시」와 퀸이 마지막으로 구입한 작품들 중 일부 역시, 미국에 온 지 2년도 되지 않아 미국을 떠날 예정이었다. 아닌 게 아니라, 펨버튼은 독자들에게 다음과 같이 강조한 터였다. "이 전시를 보기를 권한다. 여기 모인 컬렉션이 흩어지면 먼 곳을 여행하지 않고는 볼 기회가 없을 것이기 때문이다. 뉴욕에는 한 점도 남아 있지 않을 것이다."

　　지난 1년 반 동안 퀸의 친구들은 이러한 결과를 막기 위해 온갖 노력을 기울였다. 이미 퀸이 사망한 다음날 그레그는 뉴욕 『선』지에 이 컬렉션이 "온전히 보존될 만한 공간을 찾아야 한다"고 주장했다.[8] 파운드는 퀸의 법률 비서에게 편지를 보내 그림들이 미국에 남아 대중에 공개될 수 있도록 해달라고 설득했고, 데이비스와 맥브라이드, 파치를 비롯해 퀸의 서클에 속한 다른 사람들도 이에 호응했다. 워싱턴 D.C.의 유명 컬렉터이자 필립스컬렉션Phillips Collection의 설립자인 덩컨 필립스 또한, 비록 퀸을 잘 모르긴 했으나 한발 더 나아가 그 컬렉션이 "현대미술관"으로서 온전히 보존되어야 한다고 말했다.[9]

하지만 이상하게도 퀸은 자신의 마지막 계획을 미결정 상태로 남겨두었다. 퀸의 뉴욕 친구들이 그랬듯 파리에 있던 로셰도 오랫동안 자신들이 수집해온 그 대작들이 "메트로폴리탄이나 미국의 다른 미술관으로" 가게 되리라 생각했었다. 하지만 퀸은 죽기 2년 전에 그런 생각을 버렸다. 그는 로셰에게 전쟁 이후로 모아온 핵심적인 현대 및 아방가르드 작품들을 그대로 보존하고 싶다고 말했다. "나는 미술관 소장 수준의 중요한 프랑스 작품들만을 가려 뽑고자 합니다. 내가 결코 내놓지 않을 그림들 말이죠." 또한 그는 현대예술을 위한 오랜 투쟁 끝에 미국에 대한 믿음을 잃었다는 얘기도 했다. 어쨌든 메트로폴리탄이 이 작품들을 받아들일 가능성은 희박해 보였다. 퀸은 이렇게 말했다. "내가 가진 피카소 작품들은 프랑스의 것입니다."[10]

그러나 프랑스에서든 미국에서든 자신의 가장 중요한 작품을 지키고자 했던 퀸의 바람을 사람들은 제대로 이해하지 못했다. 그의 자산 처리에 활용된 주요 문서는 1918년 암수술을 받을 때 급하게 작성되었다가 죽기 직전에 수정된 유언장이었다. 이 문서에는 회화와 조각의 구분 없이, 그가 소유한 모든 작품이 그의 여동생과 조카에게 이득이 되도록 정리되어야 한다고 밝혀져 있었다.[11] 이는 그가 로셰와 함께 아방가르드 회화와 조각 들로 응집력 있는 작품군을 만들어낸 생애 마지막 6년을 고려하지 않은 듯한 내용이었다. 한편 메트로폴리탄에서 "퇴폐적인" 예술을 둘러싼 논쟁이 벌어지고 미국 예술계에 대한 환멸이 점차 커져가는 동안 퀸은 유언장에 자신의 소장품을 정리하겠다는 생각과 상충되는 듯 보이는 몇 가지 사항을 추가했는데, 그중에는 쇠라의 계승자인 시냐크에게 약속했듯이 쇠라의 마지막 걸작 「서커스」를 루브르로 보내고 싶다는 내용이 있었다. 하지만 자신이 특별히 소중하게 여기던 많은 뛰어난 작품, 즉 피카소의 서정적인 후기입체주의 걸작들과 고풍스러운 누드화, 한때 〈아모리 쇼〉 관람객들을 분개하게 만든 마티스의 「푸른 누드」, 브랑쿠시의 「금빛 새」, 드랭의 「백파이프를 연주하는 사람」과 「서커스」, 그리고 임종 때 그의 옆에 세워져 있던 「잠자는 집시」 등에 대해서는 언급하지 않았다.

사실 퀸은 자신의 가장 중요한 회화와 조각 작품을 함께 유지하고자, 그의 표현에 따르면 "있을 수 있는 만일의 사태"를 대비한 대강의 계획을 별도의 지침을 통해 구상해두었다. 만일 그의 절친한 친구인 데이비스가 25만 달러를 모금하여 이 유산을 구입할 수 있다면, 컬렉션의 핵심인 수백 점의 회화와 조각은 공익을 위한 신탁물로 보존될 수 있으리라는 내용이었다.[12] 25만 달러는 퀸이 수집에 쓴 금액의 절반 정도에 불과했지만, 이렇게 되면 그가 오랫동안 꿈꾸었던 현대미술관의 초석을 다지는 동시에 여동생과 조카의 생활도 보장할 수 있을 터였다. 렘브란트나 토머스 게인즈버러의 그림 한 점이 이보다 몇 배나 높은 가격에 판매되던 시절이니 결코 과한 금액은 아니었다. 그리고 데이비스는 퀸의 친구 블리스와 메리 설리번을 포함해 퀸이 남긴 유산의 중요성을 이해하는 부유한 여성 몇 사람을 알고 있었다.

데이비스는 열정적인 주장을 펼쳤다. 데이비스와 퀸의 협력은 〈아모리 쇼〉로 거슬러올라간다. 그는 오랫동안 퀸의 예술 정복 여정을 함께했다. 전쟁 기간 뉴욕에 예술 붐이 일었을 때는 퀸과 함께 거의 매주 갤러리들을 순회하며 그림을 골랐고, 이후에는 퀸의 회화와 조각 작품들을 모아 조각가갤러리에서 선보이는 1922년 전시를 조직했으며,

퀸의 임종을 몇 달 앞두고는 그의 컬렉션 중 핵심이라 할 「잠자는 집시」를 공개하는 만찬 자리에도 참석했다. 데이비스는 이 작품들이 함께 모여 있기를 간절히 바랐다. 하지만 그의 계획은 공감만을 얻었을 뿐, 부유한 여성들의 자금을 끌어들이는 데는 실패했다.

한편 퀸의 유산은 어지럽게 뒤얽혀 있었다. 그 한 가지 이유는 퀸이 자신이 소장품 목록을 작성하려 하지 않았다는 것인데, 따라서 어느 누구도 그의 아파트에 어떤 작품이 있는지 제대로 알지 못했다. 퀸의 유언 집행인들 역시 현대예술에 특별한 관심이 없었다. 퀸은 자신의 법률 비서로 일하며 오랫동안 작품 구입 업무를 수행했던 토머스 커틴이 지침을 내리도록 지정했지만 커틴은 퀸이 죽고 여섯 달 뒤 사망했으며, 퀸과 오랫동안 알고 지내온 뉴욕주 변호사이자 유언 집행인은 퀸의 미적 취향을 공유하지 못했다. 그리고 퀸이 오랫동안 법률고문역을 담당했던 국립상업은행측에서는 급진적인 회화 작품보다 금전신탁을 훨씬 편하게 여겼고, 따라서 최대한 빨리 작품들이 처분되기를 원했다. 한 은행 간부는 퀸의 친구에게 이렇게 말했다. "월스트리트가 우리를 입체주의 은행이라 비웃는 것은 정말이지 원치 않아요."[13]

—

동시에 퀸의 여자관계도 문제를 낳았다. 퀸은 포스터 말고도 오랜 기간에 걸쳐 사귀었던 몇몇 여성들에게 금융 유산을 남겼다. 그중 하나인 도러시 코츠는 퀸이 사회생활 초기에 불규칙적으로 관계를 맺었던 학교 교사로, 이후 몇 년 동안 퀸을 따라다녔다(포스터는 코츠를 "용dragon"이라 불렀고, 퀸은 병이 말기에 이르렀을 때 포스터와 간병인에게 어떤 구실로든 코츠가 자신을 만나러 오지 못하게 해달라고 부탁했다). 유언장이 공개된 직후 코츠는 폭탄과도 같은 주장을 내세우며 나서기 시작했다. 자신이 퀸과 사실혼 관계에 있었으며, 따라서 그의 재산 중 훨씬 더 많은 지분에 대한 권리가 자신에게 있다는 것이었다. 또한 그는 "퀸이 구입한 모든 그림과 그 역사를 알고 있다"는 터무니없는 이야기도 덧붙였다. 이 사건은 결국 유언 검인 법정에서 기각되었지만, 이미 자극적인 헤드라인을 장식한 뒤였다(『타임스』는「퀸의 재산을 받지 못한 여인」이라는 제목으로 이 일을 보도했다[14]).

다른 대안이 없었기에, 집행인들은 컬렉션을 매각하기로 결정했다. 처음에 그들은 퀸이 가장 우려했던 바로 그 일, 즉 모든 작품을 대규모 경매에 내놓는 방법을 고려했다. 포스터는 퀸이 컬렉션 자체를 하나의 작품으로 여겼으며 자신에게 공감하지 못하는 세상에 그것들이 흩어져버릴까 두려워했다는 사실을 누구보다 잘 알고 있었다. 그는 마지막 투병 기간 동안 포스터에게 다음과 같이 말했다. "내게 무슨 일이 생겨서 내 그림들이 판매되면, 그건 학살이나 마찬가지야." 그는 자신의 예술가들을 사랑했지만, 쓰라린 쇠락의 순간 이들이 1920년대 미국에서 아무런 의미가 없다는 사실을 감지했다. 포스터에게 "피카소의 대형 누드화들은 기증받을 곳조차 찾기 힘들겠지"라고 말하기도 했다. 절망에 빠진 포스터는 유언 집행인들에게 처분 계획을 미루어달라고 애원하면서 퀸이 소장한 회화 작품 중 많은 수가 "대중의 취향보다 50년 앞선 것"이라는 경고조의 편지를 보냈다.[15] 하지만 포스터에게는 퀸의 유산에 대한 법적 지위가 없었고, 따라서 그의 영향력은 제한적이었다.

그래도 아직 로셰가 있었다. 우연히도 로셰는 북미를 순회하던 유명한 프랑스 연출가를 돕기 위해 뉴욕에 몇 달간 머무르게 되었다. 포스터는 로셰에게 퀸의 작품들의 운명이 불확실성 속에 놓여 있으며, 그의 뉴욕 여행이 유언 집행인을 만나고 그 결과에 영향을 미칠 완벽한 기회가 될 것이라고 말했다. 로셰와 퀸의 긴밀한 협력 관계, 그리고 파리 시장에 대한 그의 전문적인 지식을 알고 있던 집행인들은 그의 도움을 반겼다. 뉴욕에서 로셰를 만난 그들은 컬렉션 중 가장 중요한 작품들을 평가해달라고 요청했고, 더하여 자신들의 처리 과정에 대해서도 조언을 받길 원했다.

　　그해 겨울 로셰는 퀸의 아파트에서 자신이 구입을 도왔던 그림들에 둘러싸인 채 홀로 며칠을 보냈다.[16] 그들이 함께 수집한 작품들이 빚어내는 앙상블을 처음으로 보게 된 것이다. 쌓여 있는 그림 더미를 헤치고 한 점 한 점 넘겨보자니 퀸에 대한, 그리고 그의 선택과 그가 감수한 위험에 대한 존경심이 점점 더 커졌다. 그는 다음과 같은 글을 남겼다. "이런 간결함과 활력을 지닌 컬렉션은 세상 어디에도 없다."[17] 포스터와 마찬가지로 로셰도 뉴욕에서 이 작품들을 경매에 내놓는 것이 처참한 결과를 낳으리라는 점을 잘 알았다. 이 작품들의 진가는 유럽에만 알려져 있었다. 그는 유언 집행인들에게 판매 계획을 미루고 대신 파리에서 판매를 진행하는 방법을 고려해보라고 조언했다.

　　이후 퀸이 소장한 피카소 작품들을 모두 살핀 로셰는 한 가지 생각을 떠올렸다. 퀸이 포스터에게 말했듯이, 미국에는 피카소의 대형 누드 작품과 입체주의 정물화는커녕 심지어 그의 청색시대와 장미빛 시대 걸작조차 받아들일 준비가 되어 있는 사람들이 거의 없었다. 하지만 로셰는 피카소의 작품에 깊은 관심을 지녔으며 파리 예술계에서 보여준 퀸의 행적을 오랜 기간 유심히 관찰해온 예술 전문가를 적어도 한 사람 알고 있었다. 또한 그가 알기로, 피카소와 다른 예술가들의 작품 가격이 전반적으로 하락한다면 이 남성 역시 거의 퀸의 유산만큼이나 큰 재산을 잃게 될 것이었다. 로셰는 기회만 주어진다면 그 사람이야말로 퀸의 피카소 작품에 대해 어느 누구보다도 관심을 보이리라 확신했다. 다름 아닌 로젠베르그였다. 로셰가 로젠베르그와 유언 집행인 사이의 수의계약을 도모한다면 어떨까?

　아닌 게 아니라, 로젠베르그는 퀸의 부고를 들은 뒤로 그 컬렉션에 눈독을 들이고 있었다(1924년 가을 로젠베르그는 피카소에게 보낸 편지에 다음과 같이 썼다. "당신도 알겠지만 퀸이 죽었고, 그의 그림들을 판매한다는 이야기가 떠돌고 있습니다"[18]). 그는 로셰의 계획에 흥미를 느꼈고, 1925년 초 로셰는 집행인들과 접촉하여 거래 가능성에 대해 논의하기 시작하는 한편 로젠베르그에게 편지를 보내 이렇게 알렸다. "당신이야말로 퀸의 유산과 합치되는 재정적 이해관계를 지닌 유일한 사람이라고 소개했습니다."[19]

　유언 집행인들이 결정을 내리기까지 시간이 걸리긴 했지만 결국 이 전략은 효과가 있었다. 아트센터에서 기념전이 개최되었을 무렵, 집행인들은 최대한 조용히, 그리고 효율적으로 작품들을 처분하기만을 바라고 있었다. 로셰의 말을 듣고 로젠베르그가 곧 닥칠 위기로부터 자신들을 구해주리라 여긴 이들은, 퀸이 갖고 있던 거의 모든 피카소 작품을 비롯해 중요한 쇠라 작품 및 다른 걸작들을 상당히 할인된 가격에 로셰에게 넘겨주었다. 로젠베르그에게 이는 놀라운 혁명이나 마찬가지였다. 오랜 기간 미국에서 피카소 작품을 홍보하는 최선의 방법을 두고 퀸과 싸웠던 그가 최종적인 결정권을 획득한 것이다. 가까운 미래에 피카소 작품의 중심지는 센트럴파크 웨스트가 아니라 뤼 라 보에티가 될 터였다.

　퀸의 친구들 중 일부는 피카소 작품의 판매 소식을 듣고 몹시 분노했다. 그것이 앞서가는 현대예술가의 역사를 드러내는, 더없이 중요한 작품들이었기 때문이다. 퀸의 컬렉션 중 핵심적인 작품들을 미국에 보존한다면, 다른 무엇보다 피카소의 작품들이 남아야 했다. 하지만 지금 그 작품들을 도려내어 바다 건너편으로 다시 돌려보내려는 참이었다. 맥브라이드는 『다이얼』에서 "로젠베르그 씨가 퀸의 컬렉션에서 어마어마한 노획품을 약탈하여 다시 파리로 가져가고 있다"[20]며 분개했고, 그레그는 『인디펜던트The Independent』에 퀸의 회화 작품을 잃음으로써 "25년 전으로 후퇴하게 될 것"이라고 썼다.[21] 하지만 로셰는 자신이 옳은 일을 했다고 확신했다. 미국은 피카소 작품을 받아들일 준비가 되어 있지 않았다. 퀸 본인도 그렇게 말하지 않았던가. 이 작품들을 로젠베르그에게 넘김으로써 또다시 미국인들의 당혹감 속에 놓인 피카소의 작품들을 구해냈으니, 로셰는 퀸과 그의 유산을 위해 자신이 할 수 있는 최선을 다한 셈이었다. 더하여 이 거래를 통해 상당한 수수료도 받을 수 있을 것이었다.

그해 가을 퀸의 유언 집행인들이 프랑스로 돌려보낸 다른 후기 인상주의자들과 아방가르드 예술가들의 걸작이 동일한 파리 경매사에서 경매에 부쳐졌다. 몇 년 전 칸바일러의 방대한 입체주의 작품 컬렉션이 경매로 판매되어 뿔뿔이 흩어졌던 바로 그 장소였다. 경매 도록에는 피카소의 친구 콕토가 쓴 서문이 실렸다. "존 퀸은 약동하는 모든 것, 감동적인 모든 것을 알아본, 전 세계에서 꼽히는 네다섯 명 가운데 하나였다." 루소의 「잠자는 집시」와 마티스의 「푸른 누드」에 힘입어 경매는 엄청난 관심을 끌었다. 재닛 플래너는 『뉴요커』에 보낸 첫번째 프랑스발 특보에서 다음과 같이 소식을 전했다. "국립미술관에 있어야 할 존 퀸 컬렉션이 재판매로 경매장에 나왔다. 파리 드루트호텔의 경매장에서 그 훌륭한 통일성은 해체되고 말았다." 이어 그는 이렇게 덧붙였다. "그리고 파리에서, 단 마흔여덟 시간 만에, 퀸 씨는 뉴욕에서 쌓았던 명성을 능가하는 명성을 얻었다."[22]

플래너의 이야기는 틀리지 않았다. 소수의 모험적인 구매자들만이 그와 그의 수집품에 관심을 보일 뿐 미국에서 퀸은 여전히 수수께끼 같은 인물이었다. 컬렉션의 정수가 유럽에서 판매된 이듬해인 1927년 초, 남은 800점의 회화와 조각 작품이 뉴욕에서 열린 나흘간의 경매를 통해 판매되었을 때 상당한 주목을 끌고 판매액 또한 9만 1570달러라는 높은 액수를 기록하긴 했지만, 이는 순전히 경매에 오른 품목 수 덕분이었다. 이후 몇 년 동안 미국에서 열린 경매 중 가장 수익성이 좋은 판매로 기록되었으나 게인즈버러나 페르메이르 작품 한 점의 가치와 비교하면 여전히 미미한 금액이었고, 무엇보다 퀸이 남긴 유산의 해체가 드러내는 미국 문화의 우울한 현실은 부정하기 어려웠다. 뉴욕에서 입체주의와 미래주의의 일부 작품은 점당 7.5달러라는 헐값에 판매되었다. 로셰는 이것이 구입한 가격의 절반에 불과하다면서 이 경매를 "대학살"이라 불렀다.[23]

평가절하되고 흩어진 많은 작품들은 이내 완전히 자취를 감추었다. 수십 년 뒤 퀸이 수집했던 회화와 조각 들의 현 위치를 추적하고자 했던 한 미술사가는 작품 중 4분의 3가량은 더이상 찾을 수 없다는 결론에 이르렀다.[24] 컬렉션이 해체되자 퀸이 남긴 흔적은 놀라울 정도로 전무해졌다. 나이 많은 남편과 아버지를 보살펴야 했던 포스터는 『리뷰 오브 리뷰스』를 그만두고 스케넥터디의 가족들에게로 물러나 그곳에 퀸을 위한 작은 제단을 마련했다. 로셰는 파리에서 다시 복잡한 삶으로 돌아갔다. 그는 마침내 차분하고 인내심 있는 보나르와 결혼하기로 결심했지만 독일의 골칫거리인 헬렌과의 관계도 완전히 포기하지 않았다. 퀸이 작품을 보관해두었던 아파트가 임대한 것이라는 사실이 밝혀졌으며, 작품들로 가득한 동굴 같은 방을 촬영한 사진도 남은 것이 없었다. 곧 퀸의 뛰어난 업적은 그의 집에 초대되거나 아트센터 전시를 보는 행운을 누린 뉴욕 사람들, 그리고 외국인들 사이에서 그저 빛바랜 추억이 되었다.

하지만 적어도 바에게 아트센터의 특이한 전시는 끝이 아닌 시작이었다. 그는 대부분의 새로운 예술이 전혀 호응을 얻지 못하던 시절에 가장 흥미로운 새로운 예술을 발견한 퀸의 "놀라운 능력"에 깊은 인상을 받았다. 퀸의 선택에는 전통적인 통념과 문화적 제약으로부터 벗어난, 새로운 예술가들의 것과도 같은 짜릿한 자유의 감각이 있었다. 전시를 되돌아보면서, 바는 퀸을 미국에서 "가장 자유로운" 예술 컬렉터라고 불렀다. 그는 또한 퀸의 동기에 대해서도 감명을 받았다. 그의 컬렉션을 살펴보면 가장 영감 넘치는 예시들로 드러내는 프랑스 현대 예술에 대한 폭넓은 시야, 즉 세잔이나 쇠라 같은 이들부터 시작해 마티스와 피카소를 거쳐 현재로 이어지는 광범위한 조망을 확인할 수 있었다. 이는 미국의 미술관에서 완전히 빠져 있는 이야기요, 바 자신이 필사적으로 들려주고 싶은 이야기였다.

19 | 매우 현대적인 앨프리드 바

퀸의 추모전이 열리고 바가 이 작품들을 보았을 때만 하더라도, 이후 그가 미국 예술계를 바꿔놓으리라 짐작할 수 있는 사람은 거의 없었을 것이다. 허약하다 싶을 정도로 왜소한 체구에 커다랗고 둥근 안경, 소년 같은 생김새 때문에 바는 스물셋이라는 실제 나이보다도 훨씬 더 어려 보였다. 그는 내성적이고 학구적이었으며, 말 한마디를 하더라도 아주 긴 침묵 끝에 신중하게 입을 열곤 했다. 학업 외에는 오르간 연주회에 가거나 체스를 두거나 가끔 테니스를 치는 등 건전한 취미만 즐겼고, 연애는 하지 않았다. 그는 종종 건강상태가 좋지 못했다. 하버드대학교 동기들 대부분이 부와 특권을 누리는 집안 출신인 반면, 바는 목사관에서 성장한 장학생이었다.

놀랍게도, 그는 자신이 가장 흥미로워하는 예술을 직접 접해본 경험조차 거의 없었다. 뉴욕과 보스턴에는 현대적인 아방가르드 예술가들의 작품이 여전히 드물었고, 바의 유럽 경험이라 해봐야 대학교를 졸업할 무렵 어린 시절의 친구와 함께 얼마 안 되는 돈을 들고 이탈리아와 프랑스로 떠난 관광 여행이 전부였다(퀸의 첫번째 프랑스 여행 때처럼 바는 샤르트르대성당을 방문했다). 대학원에 입학한 뒤 어머니에게 털어놓았듯 현대 회화에 대한 그의 지식은 "한심할 정도로 피상적"이었으니, 칸딘스키의 추상회화를 실제로 볼 드문 기회를 얻었을 때는 이를 "대마초"라며 무시했다.[1]

하지만 퀸이 그랬듯 바 역시 일찍부터 예사롭지 않은 문화 대변동이 진행되고 있음을 감지했고, 주류의 반발은 그로 하여금 변화를 위한 투쟁에 더욱 열중하게 만들었다. 언젠가 그는 다음과 같이 말했다. "이것은 (……) 약자에 대한 연민이다. 나는 그들이 승리하는 것을 보고 싶다."[2] 또한 바에게도 새로운 모든 것에 통달하고자 한 퀸의 끈질긴 자기 추진력과 결단력이 잠재되어 있었다. 1926년, 그는 자신이 구한 책과 잡지 및 다른 자료들로부터 흡수하는 정보로는 충분치 않음을 깨닫고 얼마 전 베를린에서 온 현대미술 거래상인 J. B. 노이만에게 유럽의 출판물을 수입해달라고 부탁하기 시작했다. 많은 동기들과 교수 몇몇은 바의 지적 조숙함을 다소 두렵게 여겼다. 퀸의 오랜 친구였던 영국의 모더니스트 루이스는 20대 후반의 바를 만난 뒤 "마치 성직을 박탈당한 스페인 예수회 수사 같다"고 평했으며,[3] 당시 다소 산만한 하버드 학부생이었던 필립 존슨은 그에게서 "거의 신에 가깝다"는 인상을 받았다.[4]

루이스가 언급한 교파는 아니었지만, 바에게 종교적인 배경이 있는 것은 사실이었다. 1902년 디트로이트에서 태어난 앨프리드 해밀턴 바 주니어는 17세기로 거슬러올라가는 장로교 성직자 가문 출신이었다. 바가 아홉 살 때 가족은 볼티모어로 이주했고, 그곳에서 그의 아버지는 제일장로교회First Presbyterian Church의 목사가 되었다. 바는 보수적인 라틴어 소년 학교에 다니며 우수한 학생으로 두각을 나타냈지만, 일찍부터 그를 사로잡은 것은 종교가 아니라 자연 세계였다. 대단히 분석적인 사고와 분류학에 대한 열정을 지녔던 바는 나비 수집과 탐조 활동에 흥미를 느꼈다. 자신이 편집부원으로 있던 고등학교 신문에서는 스스로를 가리켜 "기이하고 기괴하고 신비스러운 대상에 대한 진실한 욕망을 가진 타고난 과학자"라 소개했다. 그는 또한 원대한 전략을 좋아하여 거실 마루에 게티즈버거와 워털루 같은 중요한 전투를 재연하곤 했다. 열여섯 살 때 바는 "수석 학생"으로 졸업하여 프린스턴대학교에 장학생으로 입학했다.[5]

대학교에서 고생물학을 공부할 계획이었지만, 2학년 때 중세미술 강의를 들은 이후 그는 화석을 포기했다. 혁신적인 학자 찰스 루퍼스 모리가 지도하는 이 강의는 바의 과학적인 성향에 딱 들어맞았다. 모리는 예술을 국가의 역사로 보고 회화와 조각에 한정된 일반적인 이해를 거부하며 광범위한 시간과 공간을 아우르면서 모든 예술형식의 공통적인 전개 과정을 추적하고자 했다. 이 급진적 계획의 중심에는 1000년에 걸친 거대한 수렁, 즉 당황스러울 정도로 복잡하며 제대로 이해되지 못한 중세 예술 세계를 단일한 계보학적인 서술로서 체계화하고자 하는 시도가 자리잡고 있었다. 이를테면 예술에서 천문학의 케플러법칙과 같은 일반적인 법칙을 정립해보고자 하는 접근법이었다.[6]

경험주의적 태도를 지녔으나 시각적인 자극에 민감한 바에게 이 수업은 매우 깊은 인상을 남겼고, 곧 그는 전공을 미술사로 바꾸었다. 무엇보다 바의 흥미를 자극한 것은 모리가 제안한 도구를 현시대에 적용하는 작업이었다. 잡지에서 읽은 기사와 메트로폴리탄의 후기인상주의 전시에서 영감을 받은 그는 유럽의 새로운 예술운동에 대해 가능한 한 많은 정보를 찾기 시작했다. 하버드대학원에서 공부한 지 1년이 되어갈 무렵, 그는 고대와 중세는 물론 르네상스, 바로크 등 중요한 예술 시대의 대부분을 이미 "훑었"고 이제 아무도 가르치지 않는 시대, 즉 현대에 주요한 관심을 두고 있었다. 그는 기금 지원을 신청하며 다음과 같이 밝혔다. "동시대 예술은 당황스럽고 혼란스럽다. 하지만 우리에게 살아 있는 중요한 예술이다. (……) 놀랍지만 아주 명료하지는 않은 우리 문명의 징후로서 말이다."[7] 퀸처럼 바도 "살아 있는" 예술이 종종 역사적인 걸작보다 더욱 강력한 이야기를 할 수 있다는 사실을 감지하기 시작했다. 현대예술 역시 케플러가 나타나기를 기다리고 있었다.

사교 활동을 그리 즐기지 않는 성격이었으나 하버드대학원 시절 그는 모더니즘에 대한 열정을 공유하는 야심 찬 젊은이들과 차츰 어울리기 시작했다. 1925년부터는 파리에서 음악을 공부한 젊고 뛰어난 피아니스트이자 물리학자인 제레 애벗과 각별한 우정을 쌓아, 애벗 또한 그의 권유로 하버드대학원에서 미술사를 공부하기로 결심했다. 케임브리지에서 두 사람은 같은 방을 쓰며 늘 함께했다. 바의 천재성에 감탄한 애벗은 현대예술에 대한 그의 생각을 재빨리 받아들였고, 때때로 바가 강의하는 곳에 가서 그의 학생들을 위해 다리우스 미요와 이고르 스트라빈스키의 다조多調 작품을 연주하기도 했다.

하지만 바를 지도한 교수들의 생각은 달랐다. 바가 하버드에서 수강한 한 수업에서는 피카소를 조롱의 대상으로 삼았다. 바는 "킥킥대는 웃음소리가 가라앉자 교수는 세 가지 재미있는 일화를 들려주었다"고 불평했다.[8] 또다른 유명한 교수는 현대예술을 뉴욕의 미술관에서 완전히 배제하고자 오랫동안 노력을 기울인 사람이었다. 바는 처음으로 학내 전시를 기획했으나 현대예술운동을 주창한 이들의 작품을 단 한 점도 설치할 수 없었다. 『하버드 크림슨The Harvard Crimson』에 기고한 격한 논조의 글에서 그는 다음과 말했다. "세잔, 반 고흐, 쇠라, 고갱 등 전 세계에서 존경받는 거장들의 작품 한 점을" 찾아보기가 "실질적으로 불가능하다".[9]

곧 바는 "젊은 자코뱅당원"이라는 평판을 얻었다. 그가 웰즐리 칼리지Wellesley College에서 시작한 20세기 예술 강의는 많은 논란을 빚어냈다. 이는 미국 최초의 현대예술 강의였다. 서로 짝이 맞지 않는 정장 상하의를 입고 나타난 바는 학생들에게 예술서가 아닌 조이스나 루이지 피란델로를 읽고 미술관 대신 공장과 기차역을 찾아가라고 권했다(그가 수업에서 낸 한 가지 과제는 케임브리지에서 매우 드문 모더니즘 건축물 중 하나인 네코Necco 사탕 공장을 연구하는 것이었다). 지역 비평가들은 바의 급진적인 모더니즘과 지역문화 폄하에 대한 반응으로 그를 "케임브리지와 웰즐리의 매우 현대적인 바 씨"라며 조롱하기 시작했다.[10]

퀸처럼 바 역시 논쟁을 즐기는 듯 보였다. 논쟁 이후에는 친구에게 "현대예술을 두고 꽤 괜찮은 다툼을 벌였다"고 말하기도 했다.[11] 하지만 그 거침없는 열정은 하버드 교수들의 환심을 사지 못했다. 흥미로운 주요 작품 대부분을 미국에서는 찾아볼 수 없는 까닭에 그에게는 필수적이라 할 만한 유럽 여행을 다녀오고자 보조금을 구하러 다녔지만, 거의 모두가 그의 청을 거절했다. 1920년대 말 그는 "하루 벌어 하루 먹고사는" 처지라며 불만을 토로했다. 미국 최초의 현대예술 학자가 되겠다는 결심은 정말로 가망 없는 일로 보이기 시작했고. 그는 다음과 같은 글을 남겼다. "여행은커녕 책과 자료 구입을 위한 기금도 받지 못했다."[12]

그렇지만 그에게는 적어도 한 명의 강력한 조력자가 있었으니, 하버드포그미술관Harvard's Fogg Museum의 부관장 폴 J. 삭스였다. 골드만삭스 은행가 출신의 이 작고 점잖은 인물은 여느 교수들과 달랐다. 국제금융 분야에서 15년간 일한 뒤 하버드대학교에 온 그는 스스로를 학자라기보다 감식가로 여겼고, 유명한 판화 컬렉터이기도 하여 유럽 예술계에 넓은 인맥을 갖고 있었으며, 부자들의 보물을 위한 케케묵은 저

장소가 되어버린 미국 미술관의 상황에 깊이 우려했다. 삭스는 강의실 대신 하버드 근처, 19세기에 지어진 본인 소유의 대형 건축물 셰이디힐 Shady Hill에 자리한 기다란 응접실에서 수업을 진행하곤 했다. 그곳에서 그는 자신의 컬렉션 가운데 잘 알려지지 않은 오브제들을 보여주며 학생들에게 놀라움을 안겼고, 이 선구적인 '미술관 강의'를 통해 새로운 세대의 예술 학자들에게 감식안 훈련과 업무 전문지식, 사교 기술을 종합적으로 제공하기 시작했다. 바가 일부 부유한 동료 학생들에 비해 침착함이 부족하긴 하지만 비범한 재능을 지니고 있다는 점을 삭스는 알아보고 얼른 그를 제자로 받아들였다.

바의 입장에서는 현대예술에 대한 삭스의 개방성이 결정적으로 작용했다. 삭스는 입체주의와 추상을 그리 가까이 하지 않았으나 유럽의 현대미술 거래상 몇몇과 친분이 있었고, 이 거래상들이 홍보하는 운동이 미국에 더 잘 알려져야 한다고 생각했다. 퀸을 제외하고는 피카소 작품을 좇는 이가 거의 없었던 1920년에 이미 그는 로젠베르그에게서 피카소의 드로잉 한 점을 구입한 터였다. 그 일을 계기로 두 사람은 대양을 가로질러 우정을 쌓기 시작했는데, 그들의 관계는 훗날 둘 모두 상상하지 못한 방식으로 중요한 역할을 하게 된다. 한편 삭스는 바에게 유럽 예술계를 직접적으로 접할 기회가 필요하다는 사실을 이해했고, 바가 기금 확보에 어려움을 겪자 개인적으로 비용을 지원하기도 했다.

1927년에서 1928년까지 1년에 걸친 유럽 여행은 예술에 대한 바의 이해를 완전히 뒤집어놓았다. 당시 평범한 미국의 학자에게 서유럽의 예술 중심지를 방문하는 것은 그리 특별한 일이 아니었다. 하지만 바는 런던과 파리에서 몇 주일을 보내는 동안 관심사를 그 너머로 확장했다. 퀸이 당대의 가장 중요한 예술가들을 식별하고 지원하려 했다면, 바는 이 예술가들이 문명을 어떻게 바꾸고 있는지 자신의 눈으로 직접 확인하고자 했다. 자비를 들여 애벗을 합류시킨 바는 곧 데스틸* 운동을 통해 진보적인 디자인과 건축이 번영하던 네덜란드로 떠났다. 하지만 더욱 중요한 시기는 네덜란드보다 멀리 떨어진 동쪽의 두 나라에서 보낸 몇 달이었다. 한 세대 전, 칸바일러가 아방가르드 예술시장을 일구었던 독일과 러시아였다.

바이마르공화국과 새로 결성된 소비에트연합에서 모더니즘의 영향력은 미국에서는 거의 상상할 수 없는 수준으로 강력했다. 바가 방문한 독일의 거의 모든 지역에 진보적인 미술관이 있었다. 바와 애벗은 데사우의 바우하우스Bauhaus에서 나흘간 머물며 발터 그로피우스와 다른 예술계 지도자들 대부분을 만났다. 그로피우스는 새로운 미학과 디자인의 원리를 러그의 패턴부터 문손잡이의 형태에 이르기까지 모든 요소에 적용하고자 했다. 그런가 하면 모스크바에서는 아방가르드 연극연출가인 프세볼로드 마이어홀드가 자신의 입체주의 무대장치를, 세르게이 예이젠시테인이 최근 제작한 혁명적인 영화 「10월Oktyabr」의 편집 과정을 보여주었다. 두 사람은 또한 전쟁 전에 형성된 슈킨 컬렉션을 국유화한 제1호 현대서양화미술관을 방문했다. 세계에서 가장 큰 규모의 피카소와 마티스 작품 컬렉션이 소장되어 있는 곳이었다. 바는 이들 나라를 예의 주시했다. 미국의 가장 큰 도시들도 아직 현대 회화와 조각 작품을 받아들이지 못한 시기에 "할레와 에르푸르트, 에센, 만하임 같은 독일의 소규모 산업도시와 비텝스크, 하루키우 같은 러시아 도시들에는 현대예술을 주요하게 다루는 갤러리들이 있었다".[13]

하지만 바와 애벗은 모스크바에서 또다른 사실도 깨달았다. 바로 현대예술이 정치적 자유에 크게 의존한다는 점이었다. 때는 스탈린

* De Stijl. 몬드리안과 반데스버그, 리트벨트 등이 모여 만든 잡지명에서 유래한 이름. 네덜란드에서 생겨난 신조형주의 운동이자 추상미술의 유파를 가리킨다.

이 소련에서 권력을 이제 막 강화하던 시기였다. 이들이 머무는 동안 당의 주요 반대파에 대한 대대적인 축출 작업의 일환으로 레온 트로츠키가 체포되어 열차에 태워져 카자흐스탄으로 추방되는 일이 일어났다. 일반 시민 사이에서 이념적 경직이 아직 뚜렷하게 나타나기 전이라 두 사람은 소련 이곳저곳을 자유롭게 돌아다닐 수 있었지만, 이미 예술계에도 냉기가 드리워 아방가르드 예술은 충분히 사회주의적이지 못한 것으로 여겨졌다. 러시아혁명이 일어나기 전 몇 년 동안 모스크바는 세계에서 가장 역동적인 예술계 중 하나였다. 카지미르 말레비치, 나탈리아 곤차로바 같은 화가들과 알렉산더 아르키펭코 같은 조각가들이 러시아를 추상예술의 선두로 이끌어나가고 있었다. 하지만 바와 애벗이 방문했을 땐 소련의 주요 예술가들 중 많은 수가 망명하거나 작업을 완전히 중단한 뒤였다. 로드첸코는 두 사람에게 "모두 과거의 일"이라고 말했다.[14] 예이젠시테인과 마이어홀드의 흥미진진한 작품에도 불구하고 이들은 영화와 연극, 일반 전시에 검열의 그림자가 확산되고 있음을 감지했다. 아닌 게 아니라, 바와 애벗은 러시아 아방가르드의 황혼의 마지막 순간을 목격하고 있었다. 두 사람이 소련을 떠난 직후 슈킨미술관은 폐쇄되었고, 이 미술관에 소장된 마티스와 피카소 작품 대부분이 봉인되었다. 이후 몇 년에 걸쳐 스탈린이 사회주의리얼리즘을 외치며 현대예술을 공식적으로 거부하는 사이 수많은 현대예술가들과 작가들이 박해를 받았다. 예이젠시테인은 얼마 지나지 않아 영화 제작에 어려움을 겪었고, 마이어홀드는 결국 처형되었다.[15]

　　유럽 체류를 통해 바는 새로운 예술의 가능성과 위험성을 동시에 보았다. 그는 새로운 미학적 개념이 문화 전반으로 확산되는 과정에 매료되었고, 곧 웰즐리칼리지 학부에서 소련 영화와 바우하우스에 대해 강의하기 시작했다. 또한 그에게 유럽 여행은 현대적인 예술과 반민주주의 정치 사이의 충돌을 처음 경험한 기회이기도 했다. 스탈린의 부상과 전체주의 체제의 출현이 진보적인 예술 문화를 일궈온 사회에 미치는 결과를 가까이에서 목격하는 것이 이번이 마지막은 아닐 터였다. 몇 년 뒤 바는 "회화와 조각은 문화적 폭압에 가장 먼저 굴복한 예술이었다"고 회고했다.[16]

1928년 여름, 바는 여러 가지 생각들을 품고 미국으로 돌아왔다. 그간 경험한 모든 것에 비추어 현대예술을 공부하겠다는 결심은 어느 때보다도 확고했다. 하지만 그는 곧 이것이 얼마나 어려운 일인지 깨달았다. 과중한 강의 부담을 안고 있던 바에겐 박사학위 과정을 시작할 여유는 둘째치고 자신이 목도한 것을 소화할 시간조차 없었다. 더욱 불길한 것은, 바를 지도한 교수들이 그가 계획한 논문 주제, 즉 피카소 작품을 중심으로 살피는 현대예술의 '원시적인' 경향에 대해 그리 공감하지 않는다는 점이었다. 그해 가을, 우수한 성적과 독일과 러시아에 대한 남다른 지식에도 불구하고, 하버드와 프린스턴 모두 그에게 기금 제공을 거절했다. 너무나 실망스러운 일이었다. 바는 자신의 계획을 완전히 재고해야 할지도 모르겠다고 생각했다.

이때 삭스가 다시 한번 도움의 손길을 내밀었다. 삭스는 1929년 초에 바에게 편지를 보내 "실패에 낙담할 필요가 없다"고 말했다.[17] 먼저 그는 바에게 독특한 연구 주제를 지원할 가능성이 더 높은 뉴욕대학교로 옮기라고 조언했다. 몇 달 뒤, 삭스의 지원으로 바는 뉴욕대학교에서 1년짜리 카네기 연구비를 받아 논문을 시작할 수 있게 되었다. 하지만 편입을 준비하던 중 삭스가 뉴욕에서 훨씬 더 특별한 기회, 존 퀸이 이루지 못한 유산의 핵심이라 할 만한 기회를 제안했다. "자네, 현대예술에만 오롯이 집중하는 새로운 미술관을 운영해보고 싶지 않은가?"

뉴욕 현대미술관의 기원에 대한 이야기는 헨리 모턴 스탠리가 데이비
드 리빙스턴을 만나 아프리카 탐험이 시작되었다는 오랜 전설을 연상
시킨다. 1929년 초 주식시장이 아찔한 정점에 도달했을 때, 두 뉴욕 사
교계 여성이 각각 북아프리카와 중동에서 겨울을 보내고 있었다. 이집
트 남부의 한 작가가 기록한 바에 따르면 "신전과 피라미드 사이에서"
혹은 또다른 작가에 따르면 "모래사막에서" 두 사람은 우연히 만났다.
와디할파의 누비아족에서 시작된 이들의 화제는 곧 반 고흐와 마티스
에 대해 끊임없이 과민증을 보이는 메트로폴리탄으로 옮겨갔다.[1] 두 사
람은 어떤 일이 일어나야 한다고 결론을 내렸다. 이후 유럽에서 돌아오
는 배의 일등석 다실에서 이들 중 한 여성은 열성적인 모더니스트이자
상속인인 또다른 친구와 우연히 마주쳤는데, 그 친구 역시 하루빨리 새
로운 미술관을 시작할 때라는 의견에 동조했다. 그해 봄 세 '불굴의 여
성들'은 맨해튼에서 재회하여 순조롭게 계획을 이어갔고, 여섯 달 만에
그 일은 결실을 맺었다. 고대 세계의 폐허 속에서 최신의 예술을 위한
공간이 탄생한 것이다. 틀림없이 매혹적인 이야기지만, 사실 이중 정확

한 사실은 거의 없다. 물론 뉴욕의 세 친구, 블리스와 애비 앨드리치 록펠러, 그리고 설리번이 실제로 가장 모험적인 미술관 창설의 원동력이 된 것은 사실이다. 하지만 미술관 설립 계획은 기자*의 그늘 안에서 이루어진 우연한 만남으로부터 탄생하지 않았다(블리스와 록펠러 일행이 우연히 만난 것은 사실이나 그 장소는 이집트가 아닌 훨씬 평범한 하이파의 항구였고, 파라오의 기념물 같은 건 근처에 없었다²). 또한 이 계획은 록펠러의 참여가 암시하는 무한한 후원을 얻지도 못했다. 이들이 몇 년에 걸쳐 미술관 설립에 대해 의견을 주고받긴 했지만, 훗날 "거대한 계획" 이라 불리게 된 그 일을 촉진하는 데 훨씬 더 중요하게 작용한 것은 1926년 뉴욕 예술계를 수치스럽게 만든 한 사건, 다름 아닌 퀸의 컬렉션이 공중분해된 일이었다. 보다 구체적으로 말하자면, 미술관 설립 계획은 퀸의 오랜 친구이자 협력자인 데이비스의 갑작스러운 죽음이라는, 마치 친구의 죽음을 반향하는 듯한 섬뜩하고도 바로크적인 상황 속에서 보다 적극적으로 시작되었다.

　　　이야기의 시작은 퀸의 개인적인 관계로 거슬러올라간다. 블리스는 1921년 후기인상주의 전시를 포함해 〈아모리 쇼〉 때부터 퀸의 고군분투를 조용히 지원해왔다. 급진적인 취향을 지니지 않았음에도 그는 피카소까지 과감히 나아갔고, 훌륭한 세잔 작품 컬렉션을 통해 뉴욕의 가장 중요한 현대예술 후원자로 자리잡았다. 40대 후반의 설리번은 퀸과 더욱 밀접한 관계를 맺었다. 인디애나폴리스의 아일랜드 이민자 부모 밑에서 자란 그는, 퀸과 마찬가지로 엘리트 출신이 아니었지만 뉴욕에서 성공을 거두었다. 프랫인스티튜트Pratt Institute의 선구적인 미술교육자이도 했던 설리번은 퀸의 하버드 동창과 결혼했고, 여러 해 동안 퀸의 아방가르드 후원을 열심히 뒤

* Giza. 이집트 북동부, 나일강 서쪽 기슭에 있는 도시.

따랐다. 퀸은 이 두 여성이 자신의 생각에 흥미를 느낀다는 점을 충분히 의식했으니, 유언 집행인들을 통해 친구 데이비스에게 25만 달러를 모금해 새로운 미술관의 토대가 될 컬렉션을 지키라고 지시했을 때 바로 그들, 블리스와 설리번을 염두에 두고 있었다.

두 여성 모두 기금을 내놓지 못했지만 퀸의 쇠라와 루소, 피카소 작품이 유럽 시장에 흩어지는 것은 뉴욕에 오점이 되리라는 사실을 재빨리 알아차렸다. 당시 블리스는 이미 60대 초반이었고, 퀸처럼 그에게도 직계 상속인이 없었다. 메트로폴리탄의 견고한 보수주의를 지켜보며 그는 자신이 수집한 컬렉션의 운명에 대해서도 분명 회의를 느꼈을 것이다. 실제로 퀸과 그의 친구들의 몇 년에 걸친 지원활동에도 불구하고, 새로운 예술에 대한 태도라는 측면에서 맨해튼에 자리잡은 이 미술관은 〈아모리 쇼〉 시절과 비교해 조금도 나아가지 않은 상태였다. 1928년 뉴욕의 가장 진보적인 미술 거래상 중 하나인 밸런타인 두덴싱은 다음과 같이 고백했다. "나는 피카소 작품(들)을 원하지 않습니다. 그것들을 어디에 팔아야 할지 모르기 때문입니다."[3]

위기의식을 느낀 사람은 블리스와 설리번만이 아니었다. 사회적으로 잘 알려진 이들의 친구 애비 록펠러 역시 마찬가지였다. 록펠러는 뉴욕에서 오랫동안 진보적인 운동을 이끌어왔다. 퀸이 세상을 떠날 무렵 현대예술에 눈뜬 그는 퀸의 유산에서 드로잉 몇 점을 구입했다. 1927년에는 데이비스와 친구가 되었는데, 아마 그에게서 퀸이 유언으로 남긴 계획과 실패에 대해 들었을 것이다. 처음에는 록펠러가 할 수 있는 일이 거의 없는 듯했다. 그의 남편은 미국에서 가장 부유한 인물이었으나 엄격하고 유머라고는 없는 성격에 현대예술을 혐오하는 존 D. 록펠러 주니어였다. 중세 태피스트리와 중국 청나라 강희제 시기의 대형 도자 컬렉터인 그가 8층짜리 저택의 응접실에 새롭고 이상한 회화 작품을 걸겠다고 나설 리 없었다. 또한 그는 아내가 현대예술에 쓸 수 있는 돈을 엄격하게 제한했으니, 어느 순간 이 억만장자의 아내는 자신이 작은 마티스 작품 한 점만 소장하고 있는 이유를 프랑스 문화 공무원에게 설명해야 하는 상황에 놓여 있음을 깨닫게 되었다. 그는 공무원에게 다음과 같이 말했다. "내가 더 많은 작품을 갖지 못하는 이유는 단하나, 그것들을 구매할 수 없다는 겁니다."[4]

그러던 중 1928년 10월, 데이비스가 피렌체에서 퀸의 것만큼이나 복잡한 예술작품과 여자관계라는 유산을 남긴 채 심장마비로 세상을 떠났다. 뉴욕에 부인과 자녀가 있었지만 데이비스는 오랫동안 비밀관계를 유지한 정부 에드나 포터와 여행을 다녔고, 그와의 사이에서 아이 하나를 낳았다. 그의 가장 가까운 친구였던 블리스는 이 사실을 세상에 은폐하는 일에 휘말렸다(당황한 포터가 조언을 요청했을 때 블리스는 "데이비스의 아내에게 사실대로 털어놓아야 한다"고 말했다. 곧 서로 한 번도 만난 적 없던 포터와 데이비스의 아내는 이 이야기가 기사화되는 것을 막기 위해 힘을 합쳤다[5]). 블리스와 그의 친구들은 데이비스가 수집한 예술품 컬렉션의 운명에 대해서도 다시 한번 큰 절망감을 느꼈다. 그 컬렉션에는 퀸이 추구했던 피카소와 마티스, 드랭 등의 작품이 포함되어 있었다. 하지만 퀸의 죽음 당시 그랬듯 데이비스가 모은 작품들도 확실한 보관처를 구하지 못해 결국 경매에서 처분되어 흩어지고 말았다. 이는 뉴욕에 현대예술을 들여오기 위해 오랫동안 헌신해온 퀸 그룹의 처참한 결말을 시사했다.

—

데이비스의 갑작스러운 죽음이 블리스와 그의 친구들에게 적극성을 불어넣었다. 퀸의 사망 이후 데이비스가 촉구했던 계획을 마침내 행동에 옮겨야 할 때였다. 블리스의 조카딸은 이후 다음과 같이 말했다. "이 여성들에게 미친 데이비스의 영향력이 모든 일의 시발점이었다."[6] 블리스와 록펠러, 설리번은 그해 봄 록펠러 저택의 수수한 샹들리에 아래 모였다. 이들은 자신들이 직면한 도전의 규모를 재빠르게 파악하기 시작했다. 퀸의 컬렉션이 보존되어 있고 데이비스가 그들 곁에 있었더라면, 이들은 세계에서 가장 훌륭한 현대미술관을 설립했을 것이다. 하지만 지금 이들에게는 둘 중 무엇도 없었다. 소장할 작품이 전혀 마련되어 있지 않은 상태에서 완전히 새로운 미술관을 처음부터 시작하는 작업이란, 록펠러라는 이름이 포함된 세 결단력 있는 여성들에게조차 벅찬 일이었다.

하지만 설리번이 퀸의 피카소 작품 중 하나와 다채로운 이력을 가진 버펄로 출신의 한 미술관 관계자에 대해 이야기했다.[7] 전직 대령으로 목재 및 철도 사업을 통해 거대한 부를 일군 A. 콩거 굿이어는, 버펄로의 대규모 미술관이자 1920년대 중반 메트로폴리탄과 더불어 미국의 가장 뛰어난 미술관 중 하나였던 올브라이트아트갤러리Albright Art Gallery의 이사로 오랜 시간 활동해온 터였다. 5000톤이 넘는 메릴랜드산 대리석으로 지어진 올브라이트갤러리는 기원전 5세기의 아테네 건축물 에레크테이온을 환기하고자 하는 의도를 담은 20세기의 화려한 신전이었으니, 이곳보다 기둥 수가 더 많은 건축물은 미국의 국회의사당이 유일했다. 미술관의 전시장은 유럽의 고전적인 회화와 조각 작품들로 점점 더 야심 차게 채워졌으며, 특히 자연광이 드는 거대한 안뜰에는 이집트와 인도, 캄보디아에서 가져온 고대 작품이 주를 이루었다. 하지만 굿이어는 현대예술에 대한 남다른 취향을 지닌 사람이었다. 그는 이 미술관에 더 많은 작품을 들여오고자 했다.

퀸의 컬렉션이 사방으로 흩어지던 시기에, 굿이어는 우연히 뉴

274

욕에 머물고 있었다. 그의 시선을 가장 강력하게 사로잡은 작품은 피카소의 「화장」이었다. 「아비뇽의 여인들」보다 불과 1년여 앞서 제작된 작품이지만 그 둘은 너무나 달랐다. 우아하고 고요한 분위기의 전신상 작품인 「화장」에는 무심히 머리를 묶는 젊은 여성의 누드와 파란색 긴 가운을 입은 채 이 여성을 위해 거울을 들고 있는 또다른 여성의 옆모습이, 온화하지만 거의 추상화된 배경 앞에 묘사되어 있다. 피카소가 올리비에와 함께 피레네산맥의 고솔에서 유난히 평온한 여름을 보내며 완성한 이 그림은 붉은 색조가 주조를 이루는 자연주의의 절정으로, 훗날 앨프리드 바가 관찰한 바 아테네의 조각상에서 직접적으로 영감을 받은 듯 한 쌍의 반#여신을 절제되지 않은 우아함과 아름다움으로 포착해낸 작품이다.[8] 굿이어가 「화장」을 발견했을 때 작품은 퀸의 유산을 두고 벌어진 논란 많은 거래를 통해 로젠베르그에게 막 판매된 뒤였다. 일반적인 수순대로라면 이 역시 다른 피카소 작품들과 함께 파리로 돌아갔을 것이다. 하지만 「화장」을 손에 넣기로 마음먹은 굿이어는 올브라이트갤러리의 새 관장 윌리엄 헤킹의 도움을 받아 서둘러 구매를 준비했다. 헤킹은 현대예술에 대한 굿이어의 관심에 공감했다. 당시 미국 주요 미술관 가운데 피카소의 회화를 소장한 곳은 하나도 없었으니, 굿이어와 헤킹은 이 작품이 올브라이트의 컬렉션을 과감하게 보강해주리라 생각했다.[9]

하지만 버펄로에서 「화장」이 공개되자 순식간에 대혼란이 벌어졌다. 다른 몇몇 이사들에게 이 누드화는 다소 과한 작품으로 비쳤고, 논란은 곧 올브라이트의 소장작을 현대예술로 확장하고자 한 굿이어의 더 큰 계획으로까지 번졌다. 굿이어의 아들은 훗날 다음과 같이 회고했다. "피카소뿐 아니라 굿이어의 영향으로 소장된 다른 작품들까지도 그들은 불쾌하게 여겼다." 보수파를 이끄는 세력은 아테네식 기둥을 설계한 미술관의 건축가와 기둥 제작에 상당한 비용을 지불한 올브라이트 가족이었다. 굿이어의 이사직 갱신 시점이 도래하자 이들은 그를 내보냈다. 거의 같은 시기에 굿이어는 이혼을 겪었고, 버펄로의 작은 세계에서 그의 명예는 땅으로 떨어졌다. 곧 그는 도망치듯 뉴욕으로 갔다.[10]

피카소 작품을 버펄로에 가져오려 한 굿이어의 노력이 록펠러와 그의 친구들에게는 전혀 다른 방향으로 작동했다. 그들은 정확히 그가 꿈꾸는 예술을 위한 미술관을 만들고자 했으니, 초기 피카소 작품을 경계할 이유가 전혀 없었다. 설리번이 제안했듯이 굿이어는 그들이 필요로 하는 사람일 수 있었다. 5월 말 이들은 굿이어를 초대해 자신들이 계획하고 있는 새 미술관의 관장을 맡을 의향이 있는지 직접적으로 물었다. 이들 중 미술관 경영에 대해 조금이라도 아는 사람이 없는데다 컬렉션이나 건물, 직원 그리고 자금도 마련되어 있지 않은 상황을 고려하면 다소 엉뚱하게 여겨질 법한 계획이요, 100만 달러짜리 올브라이트 갤러리와는 아예 거리가 한참 먼 이야기였다. 하지만 버펄로를 떠나온 굿이어는 할 일이 없었고, 사회적으로 유명한 후원자들에게 호기심이 발동하기도 했다. 다음날 그는 제안을 받아들였다.

하지만 굿이어는 큐레이터가 아닌 경영자였다. 미술관을 지휘할 현대예술 전문가, 즉 가능한 한 최고 수준의 전시를 조직할 수 있는 사람이 필요했다. 당시 많은 미술관들이 퀸이 수집한 회화 작품에 겁을 먹었을 뿐 아니라 큐레이터들도 현대예술에 무지한 경우가 많았다. 미국은 물론 유럽에서도, 진정한 전문지식은 예술시장에서, 더하여 그와 관련한 거래상과 감식가들로부터 생산되었다. 뉴욕의 유명한 비평가는 퀸의 유산이 공중분해될 때 다음과 같은 글을 썼다. "퀸 씨는 예술가들의 조언을 받았다. 우리의 미술관에는 누가 조언할 것인가?"[11]

굿이어와 록펠러는 추가적인 도움을 구하기 위해 삭스를 영입했다. 그는 미국의 어느 누구보다 미술관에 대해 많이 아는 사람이었다. 삭스가 보기에 전망이 그리 좋지는 않았다. 미국의 기관들은 현대예술에 유난히 취약했다. 물론 독일의 선진적인 미술관 관장을 채용할 수도 있었지만 이런 실험적인 모험에 뛰어들 사람은 거의 없을 듯했다. 그러던 중, 그는 하버드 출신의 특이한 제자를 떠올렸다. 앨프리드 바. 경험이 부족한 것은 사실이나, 그는 1년에 걸쳐 유럽의 최신 박물관과 미술학교를 조사했고 현대미술에 대해 많은 것을 알았다. 게다가 바 자신이 이미 수업을 통해 아방가르드 예술을 역사적인 선례와 동등한 지위에 올려놓고자 노력을 기울이고 있었다. 삭스는 굿이어와 록펠러에게 "아주 젊은 사람"을 반대하지 않는다면 완벽한 후보가 있다고 말했다.

처음에 록펠러는 실망했다. 처음 바를 만난 뒤 그는 굿이어에게 바가 "더 인상적인 외모"를 갖고 있지 않아서 맥이 빠졌다고 말했다.[12] 그렇지만 바의 지적 능력에는 깊은 인상을 받았으니, 곧 심층면접을 위해 메인주 실 하버의 록펠러 저택으로 그를 다시 불렀다. 이어리Eyrie라는 이름으로 알려진 이 광대한 저택에는 100여 개의 방과 스물두 명의 직원이 딸린 반목조 튜더양식의 '오두막'이 있었다. 녹음이 우거진 언덕 위에 자리하여 바위투성이 벌판이 바다까지 이어지는 극적인 풍광을 내려다볼 수 있는 곳이자, 바우하우스에 대해서 이야기하기에는 다소 부담스러운 장소였다. 그곳에서 미술관 설립 계획에 대해 듣던 바는 록펠러의 열정에 무척 놀랐다. 그는 중국에서 영감을 받은 정원을 록펠러와 함께 긴 시간 산책하며, 예술가와 예술운동, 유파, 유럽에서의 경험에 대한 생각과 심지어 조명과 벽지 상표에 대한 논평까지 낱낱이 이야기했다. 이미 그의 마음속에는 독일에서 발견한 진보적인 예술 문화를 위한 실험실이 될 새로운 미술관에 대한 구상이 자리잡은 터였다.

또한 그는 현대예술에 대해 이야기할 수 있는 특별한 작품들로 이루어진 선구적인 컬렉션을 그리고 있었다(이론적으로 이 부분은 어려움 없이 호응을 이끌어낼 수 있었다. 록펠러는 "우리는 최고의 전시만을 보여주어야 한다"고 말했다[13]).

그러한 구상에 대해 어떻게 생각했든, 록펠러는 바의 활력과 지식에 확신을 가지고 그를 채용했다. 심지어 바는 하버드대학교에서 오랫동안 함께 생활한 헌신적인 친구인 애벗도 실 하버로 부르도록 설득했고, 이에 록펠러는 짧은 면접을 본 뒤 애벗에게 바의 보좌직을 제안했다. 애벗은 일류대학의 교수 자리를 맡을 예정이었지만 보좌직을 위해 기꺼이 그 일을 포기했다(그는 바에게 이런 내용의 전보를 보냈다. "내가 알고 있는 다른 어떤 일보다 너와 함께하는 그 일을 원해"[14]). 불과 몇 달 전까지만 해도 박사학위 취득을 위한 연구비조차 확보할 수 없었던 학생에게 이는 놀라운 전환이었다. 하지만 축하할 시간이 없었다. 이미 8월이었고, 록펠러와 그의 친구들은 그해 가을에 미술관을 개관하기로 결심한 터였다. 그리고 이들은 여전히 미술관의 공식적인 사명을 정의할 필요가 있었다. 다시 한번 바는 퀸과 함께 생겨난 개념의 도움을 받았다.

그해 여름 바가 작성한 입장문 초안은 뉴욕이 직면한 위기에 대한 진단으로 시작되었다. 이전 시대에는 부자와 왕 들이 가장 혁신적인 예술가를 받아들였다. "교황은 미켈란젤로에게 허리를 굽혔고, 황제는 티치아노에게 허리를 굽혔다." 이와 대조적으로 현대의 주요 화가들은 "경멸과 조소"를 받아왔다. 그러다 새로운 예술의 가장 중요한 사례들을 갈망하는 세계적인 컬렉터와 비평가 들의 수가 점점 늘어가면서 이러한 태도가 서서히 바뀌기 시작했다. 바는 10년 전 퀸이 쇠라의 「서커스」를 불과 7000달러에 구입한 반면, 만약 이 작품을 기증받은 루브르에서 다시 판매한다면 그 가치는 "15만 달러 이상"이 될 거라고 언급했다. 하지만 뉴욕은 퀸의 수집품을 거절했다. 16년 전 〈아모리 쇼〉가 개최되었을 당시 퀸이 토로했던 불평을 놀라우리만치 비슷하게 반복하면서, 바는 "미국 최고의 미술관인 메트로폴리탄에서 (오래전에 사망한) 반 고흐나 고갱, 쇠라, 툴루즈로트레크의 작품을 찾아볼 수 없으며, 살아 있는 예술가들 중 마티스나 피카소, 세곤자크, 드랭의 작품 또한 볼 수 없다"는 사실을 상기시켰다. 오랜 편견 중 일부가 여전히 남아 있는 셈이었다. 심지어 이 순간에도 "둔감한" 관객들은 모더니스트 전통을 따르는 예술가를 계속해서 "미친 사람, 타락한 사람, 그리고 (정말이지 터무니없게도) 볼셰비키"라 여겼다. 이런 규모의 문제는 새로운 미술관만이 다룰 수 있었다.[15]

　　1914년 '현대미술관'에 대한 첫 계획을 구상했을 때 퀸은 파리의 룩셈부르크미술관을 모델로 삼았다. 그는 최신의 예술을 소개할 뿐 아니라 최고의 대표작들로 영구 컬렉션을 구성하는 공공미술관을 요구했다. 이는 역사적인 지향성이 강한 미국의 기성 미술관과는 전혀 다른 개념이었다. 이후 그는 직접 진보적인 현대예술 컬렉션을 만들기 시작했고, 그 컬렉션이 보여주었던 "놀라운 통일성"의 해체가 무엇보다 록펠러와 그의 친구들에게는 자극제가 되었다. 그해 가을 대중에 새로운 미술관을 소개하면서, 바와 창립위원회는 다시금 동일한 원리에 기댔다. 바는 이미 작품을 대여받아 진행하는 지속적인 전시 프로그램을 가동시키는 한편, 퀸처럼 가장 중요한 예술가들의 최고작을 수집하는 미술관을 꿈꾸고 있었다. 그는 『배니티 페어』에 기고한 글에서 다음과 같이 말했다. "룩셈부르크미술관은 (……) 현재 뉴욕이 직면한 것과 매우 유사한 문제를 해결하기 위해 설립되었다." 이제 그들은 "이상적인 룩셈부르크미술관을 염두에 두고서 현대미술관의 설립을 향한 놀라운 진

전"을 이루어나가고 있었다.[16]

퀸을 직접적으로 언급하지는 않았지만, 바는 이 모험이 "1913년 세상을 떠들썩하게 한 신기원을 열었던 〈아모리 쇼〉의 여파에서 비롯했다는 사실을 분명히 했다. 그들의 미술관은 퀸의 컬렉션이 해체되며 일어난 위기를 개선하는 일에 착수했을 뿐 아니라 퀸이 한때 옹호했던 형식을 받아들였다. 수십 년의 세월이 지난 뒤 미술관 설립을 회고하면서, 바는 한 걸음 더 나아가 퀸이 그 계획에 관여했다면 어땠을지 상상했다. "그가 10년만 더 살았더라면 얼마나 훌륭한 현대미술관 관장이 되었을까요."[17]

그러나 이 계획은 만만찮은 도전에 직면했다. 그들에게는 퀸의 존재만이 아니라 퀸이 소장했던 작품도 없었다. 몇 년 전까지만 해도 록펠러의 저택에서 불과 3킬로미터도 떨어져 있지 않은 한 아파트에 자리했던 수십 점의 피카소와 브란쿠시 작품 중 단 한 점도 남아 있지 않았다. 퀸의 「서커스」와 「잠자는 집시」 같은 작품이 이들에게는 없었다. 당분간은 필요한 작품들을 대여해야 했다. 또한 바가 데사우와 모스크바에서 목도했던 미술과 건축, 영화, 디자인 분야의 새로운 예술운동은 차치하더라도, 록펠러와 그의 친구들이 바를 좇아 입체주의의 후기 국면으로 진입할 준비가 되어 있는지조차 불분명한 상황이었다. 관장직을 수락했을 때 바는 삭스로부터 다음과 같은 충고를 들었다. "자네, 이 점을 반드시 기억하게. 우리가 원하는 것을 단번에 모두 얻을 수는 없다네." 또한 그는 이사회에 대해 이야기하며 "가장 저항이 적은 방식을 따라야" 할 것이라고 덧붙였다.[18]

여전히 경제는 호황을 누렸고, 오랜 기간 지연되었던 미술관 설립이 예술계에서 폭넓은 지지를 얻으리라는 여러 징후가 보였다. 그해 8월에 바는 다음과 같이 기록했다. "뉴욕은 열정과 관심이 넘쳐나는 곳이다. 이런 것들이 부족하지는 않을 것이다." 석 달 뒤 미술관이 개관할 때 세계가 얼마나 달라져 있을지, 그는 전혀 알지 못했다.[19]

바가 새로운 일을 시작한 지 석 달 반쯤 지났을 때, 이탈리아인 대학원생 데이지 스콜라리가 추수감사절 주말 동안 친구 애그니스 린지를 뉴욕으로 초대했다. 스콜라리는 로마 출신의 늘씬한 검은 머리 여성으로 뉴욕대학교에서 미술사 연구비를 받아 공부하는 중이었으며, 린지는 래드클리프칼리지에서 학위를 받은 뒤 바사칼리지에서 강의를 하는 젊은 박사였다. 두 사람 모두 57번 스트리트에 엄청난 흥분을 몰고 온 새로운 미술관에 대한 이야기를 들었기에 직접 가서 보고 싶었다. 몇 주 동안 미술관은 구경 온 사람들로 장사진을 이루었다. 관람객이 어찌나 많았는지, 며칠 앞서 미술관은 미술을 공부하는 학생들을 위한 특별 시간을 추가적으로 마련해 스케치 작업을 할 수 있게 하겠다고 공지한 터였다. 린지가 함께 미술관에 갈 것을 제안하여 어느 날 아침 두 사람은 미드타운으로 향했다.[1]

위치만 보자면 현대미술관은 세계의 어느 공공미술관과도 달랐다. 당시 이상적인 미국 미술관은 주로 신고전주의 양식의 신전을 변형한 형태를 띠었고, 주변 환경으로부터 물러난 곳이나 공원 안에 자리잡고 있었다. 이와 대조적으로 새로운 미술관이 자리한 곳은 헤크셔빌딩 Heckscher Building으로 알려진 미드타운 고층 건물이었다. 이 건물에는 담배 회사와 은행, 인테리어디자인 회사 몇 곳이 임대해 들어와 있었다. 게다가 미술관의 위치는 1층이 아니었다. 『타임스』에서 설명했듯이, "전시장에 가려면 엘리베이터를 타고 12층까지 올라가야" 했다.[2]

스콜라리와 린지가 입구에 도착했을 땐 엘리베이터를 기다리는 줄이 5번 애비뉴까지 이어져 있었다. 마침내 건물 12층에 도착하자, 미술관의 입지만큼이나 특이한 일련의 공간들이 이들을 맞이했다. 다른 미술관의 경우, 일반적인 취향에 맞는 호화로운 환경을 조성하기 위해 정교한 몰딩과 기둥, 패널을 특징으로 삼고 벽은 진한 빨간색이나 짙은 녹색 비단으로 덮는 것이 통례였다. 하지만 이 미술관에서는 모든 것이 정반대였다. 깨끗하고 간결한 전시장에는 회화 작품을 제외한 장식과 색이 전혀 없었다. 스콜라리의 회상에 따르면 "벽은 모두 흰색 또는 완전히 중립적인 연회색이었다".[3] 심지어 카펫과 얼마 안 되는 가구 몇 점도 밝은 회색을 띠었다. 사실 이것이 언젠가 전 세계 예술계로 확산될, 소위 '화이트 큐브white cube'라는 접근법의 시작이었다. 전시장의 벽과 천장, 바닥을 모두 예술 자체에 대한 순수한 응시를 위한 중립적인 배경으로 삼는 이 접근법은 20세기 말에 이르러 과도하리만치 확산되어 격렬한 반발을 불러일으키게 되지만, 1929년 미국인들에게는 완전히 새로운 것이었다.

그리고 예술작품이 있었다. 미술관에 구획된 일곱 개의 작은 전시실에 100여 점에 이르는 세잔과 쇠라, 고갱, 반 고흐의 작품이 펼쳐졌다. 모두 현대예술운동의 창시자들이었지만 뉴욕에서 이들의 작품을 볼 수 있는 기회는 여전히 드물었고, 더구나 이 정도 규모로 전시된 적은 없었다. 더하여 두 젊은 미술사가들에게는 작품 자체만큼이나 작품이 걸린 방식도 인상적이었다.

20세기 초 많은 미술관들은 회화 작품을 대중적인 '살롱 양식'에 따라 전시했다. 즉 작품들은 크기에 따라 수직 방향으로 대칭을 이루어 길게 나열되었고, 때로는 천장까지 닿을 만큼 높이 올라가는 경우도 있었다. 벽지와도 같은 장식적 효과를 주는, 그러나 작품을 보는 입장에서는 끔찍한 방식이었다. 하지만 이 미술관에서는 작품이 눈높이에 맞추어 한 줄로 걸려 있어서 연속적인 서사를 전달했다. 심지어 벽에 붙은 라벨까지 흥미로웠는데, 단순히 제목과 제작 연도를 열거하는 것이 아니라 작품의 중요성과 의미에 대한 핵심적인 정보를 제공해주었다. 스콜라리는 "이전에 본 적 없는 방식이었다"고 회고했다.

하지만 신선한 외관에 비해 전반적인 운영의 열악함을 보여주는 징후가 있었다. 우선 전시장들 모두 작고 혼잡했으며 환기가 제대로 되지 않았다. 창문은 벽지로 막았고, 그림을 걸 만한 곳을 확보하고자 칸막이를 설치했음에도 여전히 공간이 부족해 세잔의 자화상 두 점과 반 고흐의 실내 풍경화 한 점은 닫힌 문 위에 걸렸다. 그리고 작품들은 모두 대여받은 것으로, 전시가 끝나면 다시 본래의 소장처로 돌려보낼 예정이었다. 미술관은 이러한 사실을 은폐하는 데 용케 성공했다.

보다 큰 전시실로 걸음을 옮기던 린지는 이 전시를 기획한 호리호리한 젊은 남성을 알아보았다. 앨프리드 바였다. 두 사람은 하버드 재학 시절 때부터 알고 지냈으며, 린지 역시 삭스의 미술관 수업을 들었다. 린지는 달려가 인사를 건네고 한동안 이야기를 나누다가 그에게 친구 스콜라리를 소개했다. "스콜라리 알지?" 스콜라리 또한 하버드 출신의 뉴욕대학교 동문이요 학업 대신 미술관 일을 선택한 이 젊은 인습타파주의자에 대해 이미 많은 이야기를 들은 터였다. 그 두 사람도 대화를 나누기 시작했다. 바는 워낙 말수가 적은데다 흥분한 상태였고,

그림에 대한 군중들의 반응을 의식하느라 대화에 집중할 수 없었을 것이다. 그러나 스콜라리가 재미있는 사람이라는 건 알 수 있었다. 그에게는 바의 말을 예상하는 그 나름의 방식이 있었다. 바는 스콜라리에게 다시 만나자고 말했고, 스콜라리와 린지는 자리를 떠났다.

—

적어도 겉으로 보기에 바의 첫번째 전시는 전혀 뜻밖의 성공을 거두었다. 헤크셔빌딩의 엘리베이터는 관객들로 만원이었고, 비평가들 또한 거의 만장일치로 긍정적인 의견을 표했다. 『아트 뉴스Art News』는 "전시에서 결함을 찾자면, 지나치게 큰 힘을 발휘했다는 점"이라고, 『타임스』는 "그 질적 수준이 모든 것을 덮고도 남는다"고 표현했다. 『네이션 The Nation』은 마침내 모더니즘이 "훌륭한 사회에 수용되는 광경"을 확인할 수 있었다고 언급하면서 이 새로운 미술관이 〈아모리 쇼〉 이래 지속되어온 "현대예술을 위한 길고 쓰라린 투쟁"의 끝을 보여준다는, 다소 극적인 논평을 냈다. 그들의 평에 따르면, 퀸의 전투는 마침내 승리를 거둔 셈이었다.[4]

하지만 바의 생각은 달랐다. 크게 볼 때 이러한 반응은 그와 굿이어가 작품 선정에 기울인 특별한 관심에 힘입은 바가 컸다. 이들은 가장 뛰어난 작품만을 고집했으며, 바는 심지어 잠재적인 후보작에 등급을 매기기까지 했다(바를 제외하고 세잔의 일부 작품에 B등급을 준 큐레이터가 또 있을까?). 하지만 그가 정확하게 인식했듯이 또다른 설명도 가능했다. 요란하게 울려대는 팡파르에도 불구하고, 헤크셔빌딩을 가득 채운 작품들을 가리켜 아주 현대적이라 평하긴 어려웠다. 미술관이 보여준 건 퀸이 한때 "죽은 자들"이라 표현했던, 이미 세계적으로 인정받는 19세기 말의 화가 네 사람의 작품이었으니, 〈아모리 쇼〉에서 격렬한 전투를 야기했던 강렬한 입체주의와 미래주의 작품과는 분명 달랐다. 바는 진보적인 20세기 예술을 해석하는 것이 미술관의 주요 임무라고 보았지만, 그런 20세기 예술을 대중이나 미술관 이사들이 그와 동일한 방식으로 수용하리라는 보장은 없었다. 게다가 미술관은 임대한 공간을 사용했고, 거의 전적으로 대여한 작품에 의존했다. 많은 면에서 미술관이라 말하긴 어려운 형편이었다.

한편 미국이 맞이한 갑작스러운 위기 상황이 바의 계획에 특히 위협적으로 다가오고 있었다. 현대미술관은 1929년 11월 8일에 문을 열었다. 미국 역사상 가장 큰 규모의 주식 폭락이 발생한 지 정확히 열흘 뒤였다. 단 하루 만에 시장은 140억 달러를 잃었고 11월 초에는 시장 총액 중 거의 절반가량이 사라졌다. 보다 광범위한 영향력을 예측하기는 어려웠지만, 상당한 금액을 투자한 사람 누구에게나 그 여파는 즉각적이었다. 더욱이 장기적인 가치가 매우 불확실한 예술 분야에 대한 투자라면 말할 것도 없었으니, 새로운 미술관을 시작하기에 이보다 전망이 더 어두운 순간을 상상하기란 어려울 것이었다.

폭락이 발생하기 전 굿이어는 모두 합쳐 스무 명에 이르는 부유한 기부자들을 모아 운영 첫해에 필요한 7만 6000달러를 조성하는 데 성공했다. 하지만 이것으로는 직원 다섯 명의 월급과 그리 높지 않은 임대료를 지불하기에도 빠듯했다. 만약 록펠러와 친구들의 계획이 몇 달만 미루어졌어도 과연 미술관이 문을 열 수 있었을지 의심스러운 상황이었다.

이 심각한 뉴스를 접한 바는 회의에 빠졌을 것이다. 박사학위를 포기한 것이 과연 옳은 결정이었을까? 뉴욕대학교에 있었다면 기금을 받고 미국에서 점차 성장해나가던 미술사 분야의 박사학위와 연줄을 통해 정년직을 얻을 수 있었을 테니 말이다. 하지만 이제 그의 운명은 전적으로 미술관 기부자들과 그들의 지속적인 지원 의지에 달려 있었다. 심지어 경제위기가 닥치기 전에도 설립자들은 개관 후 첫 두 해 동안은 미술관이 전적으로 외부 작품 대여에 의존해야 하리라 생각하고 있었다. 개관전에서 그랬듯 앞으로도 개인 컬렉션과 거래상으로부터 빌려온 회화 작품 위주로 전시가 구성될 예정이었고, 전시가 끝나면 작품을 가능한 한 빨리 되돌려보내야 했다. 또한 미술관은 비좁은 헤크셔 빌딩에 연간임대로 입주해 있었으니, 재정 상황이 뒷받침되지 않을 경우 전체 운영 계획은 시작할 때 그랬듯 빠르게 무너질 수 있었다.

그러나 당시 경제위기는 바가 직면한 도전 중 하나에 불과했다. 바는 미국 최초의 본격적인 현대미술관을 세우기 위한 노력을 기울이는 가운데 이사들의 생래적인 보수주의와도 싸워야 했다. 록펠러와 블리스를 비롯한 설립자들은 뉴욕의 기준에 근거해 자신들이 현대적인 취향을 지녔다고 생각했을지도 모른다. 하지만 이들은 바가 독일과 러시아에서 목도한 새로운 조류는 말할 것도 없고, 여전히 퀸을 따라잡지 못한 상태였다. 네 명의 모더니즘 '조상'으로부터 시작하기로 결정하면서 미술관은 이사들의 개인 컬렉션에서 작품을 선별할 수 있었다. 하지만 입체주의 콜라주와 초현실주의 회화 작품을 구하는 일은 쉽지 않았다. 설립자 중 가장 전향적인 블리스조차 피카소 작품은 단 두 점만을 갖고 있었는데, 그나마도 하나는 신고전주의 양식으로 그린 「흰옷을 입은 여성」이었다. 굿이어 역시 드로잉만 몇 점 갖고 있을 뿐이었다. 바가 자신이 원하는 전시를 시도하려면 심지어 그를 고용한 사람들부터 설득해야 했다.[5]

그가 아는 바, 하버드대학교의 오랜 서클 중 몇 사람은 적어도 지적 대담성에 있어 그보다 훨씬 앞서 있었다. 지난 몇 년 사이 하버드 현대예술회Harvard Society for Contemporary Art라 불리는 신생 단체가 하버드 광장에 살아 있는 아방가르드 예술가들을 다루는 전시를 조직하기 시작했다. 바의 제자였던 뛰어난 학부생 링컨 커스틴과 다른 두 학부생이 협회를 이끌었는데, 그 규모가 훨씬 작긴 해도 이들은 바와 매우 비슷한 야망을 갖고 있었다. 현대미술관이 세잔과 고갱의 작품으로 문을 연 날, 하버드현대예술회는 드랭과 피카소, 마티스의 작품으로 구성된 전시를 시작했다. 미국에서 그들의 주요 작품을 찾기 어려운 만큼 규모가 무척 작고 작품 수준도 고르지 않았지만, 놀랍게도 이 전시에는 퀸이 소장했던 드랭의「백파이프를 연주하는 사람」과 피카소의 신고전주의 대작「수영하는 사람들」같은 주목할 만한 작품이 포함되어 있었다. 이들이 로젠베르그로부터 어렵게 빌려온 것들이었다. 전시를 소개하면서, 커스틴은 피카소에 대해 바가 썼을 법한 예리한 평가를 내렸다. "50년 뒤의 비평가들만이 피카소가 20세기 첫 사반세기의 유럽 회화를 얼마나 깊이 변화시키고 지배하고 동질화했는지 충분히 이해할 것이다."[6]

바가 보기에, 현대미술관을 통해 예술에 대한 미국인의 사고방식을 바꾸려면 무엇보다 이사회의 소심함을 극복하는 일이 급선무였다. 그해 겨울 세번째 전시를 위해 그는 마침내 브라크, 루오, 블라맹크, 마티스, 피카소를 포함한 살아 있는 주요한 현대예술가들에 대한 개관을 제시했다. 하지만 이번에도 대부분은 이사들과 그들의 친구들에게 빌려온 작품들, 그것도 현대예술에 대한 특유한 보수적 관점을 보여주는 것들이었다. 프랑스의 비평가이자 예술가인 자크 모니는 전시를 본 뒤『아츠』에 다음과 같이 썼다. "미국의 컬렉터들은 가장 강력하고 가장 특징적인 피카소의 주장을 다소 두려워하는 듯하다. 마치 프루니에의 굴 요리점을 방문해서는 햄샌드위치를 주문하는 관광객 같다."[7]

바는 모니의 비판에 동의했다. 그는 이미 피카소 작품을 충분히 소개하는 더욱 야심 찬 전시를 구상하기 시작한 상태였다. 하지만 그의 다른 생각이나 계획과 마찬가지로, 이는 '미국에서 가능한 범위'라는 엄격한 한계에 의해 제한을 받았다. 바에게 필요한 작품 대부분은 유럽에 있었다. 어찌 보면 퀸과 그의 친구들이 브란쿠시와 루소의 작품을 찾아다니던 시절과 달라진 것이 거의 없는 셈이었다. 바는 파리로 가야 했다.

다만 이보다 먼저 해결해야 하는 훨씬 더 중요한 일이 있었으니, 개관전 때 만난 스콜라리였다. 그 만남 직후 바는 그를 미술관 근처의 찻집으로 초대했고, 며칠 뒤에는 한 중국식당에서 저녁식사 자리를 마련했다. 그다음부터는 스콜라리가 미술관으로 오기 시작했다. 거의 모든 면에서 두 사람은 정반대였다. 바가 매우 신중하게 말을 고르는 반면 스콜라리는 뜸들이는 법이 없었다. 바는 내성적이고 전략적인 반면 스콜라리는 활발하고 분방했다. 바는 신체적으로 약했지만 스콜라리는 운동능력을 타고났다. 또한 거의 완벽한 기억력을 갖추었으나 외국어에는 서툴렀던 바와 달리, 스콜라리는 기억력이 다소 산만했지만 4개 국어를 유창하게 구사했다. 거의 즉각적으로 두 사람은 깊은 인연을 맺기 시작했다. 두 사람 모두와 친했던 한 친구는 훗날 다음과 같이 회상했다. "이 커플만큼 배경과 타고난 감성과 외적 태도에서 판이하게 다른, 그러면서도 상대의 행복에 헌신하며 서로에게 의지하는 이들은 본 적이 없다."[8]

마거릿 스콜라리피츠모리스는 1901년 로마에서 베네토의 골동품상과 귀족 출신의 아일랜드인 개신교도 어머니 사이에서 태어났다. 사춘기 초기에 전쟁이 시작되어 열다섯 때 아버지가 세상을 떠나고 어머니는 군병원에서 자원봉사를 했으니, 그는 전쟁을 직접적으로 경험한 셈이었다. 그럼에도 스콜라리는 자유분방한 청년 시절을 보냈다. 남

녀공학 고등학교에 다니며 많은 친구들을 사귀었고, 이후 로마대학교
에 진학해 의학과 언어를 잠시 공부했다. 그는 그리스어를 독학했고,
프루스트 작품을 읽었으며, 미술사 과목을 수강했지만 학위를 마치지
는 못했다. 대신 두 개의 언어를 구사하는 비서로서 미국대사관에 일자
리를 얻었다.

1922년 로마에서 무솔리니의 진군을 목격한 스콜라리는 곧 파시
즘을 혐오하게 되었으나, 이 새로운 정권으로부터 거의 영향을 받지 않
았다. 그는 다음과 같이 회상했다. "나는 멋진 옷을 갖고 있었고, 춤을
아주 좋아해서 일주일에 서너 번, 오후와 밤 시간에 춤을 추었다." 종종
친구들과 알프스에 가 스키를 타기도 했다. 그러다 몇 년 뒤, 더 큰 야
망을 품고 대사관의 연줄을 통해 바사칼리지에 일자리를 구했다. 학부
여학생들에게 이탈리어를 가르치는 일이었다. 이후 그는 이렇게 이야
기했다. "로마에서 젊은 남자들과 줄기차게 연애하며 복잡한 삶을 누리
다가 여성들만의 세계에 자리잡은 일은 참 특별한 경험이었다. (……)
그것이 썩 좋았다고 말하기는 어렵다."

바사칼리지에서 미술사 수업을 듣기 시작한 스콜라리는 이내 미
술사에 매료되었다. 그의 학습 속도는 눈에 띄게 빨랐다. 학사를 마치
지 않은 상태였지만 연구를 통해 석사학위를 취득했고, 바를 만나기 몇
달 전에는 뉴욕대학교의 카네기 연구비를 받았다. 1930년 봄, 매사추세
츠주 노샘프턴의 스미스칼리지는 스콜라리의 뛰어난 능력에 주목하여
미술사 교수직을 제안하면서 이듬해 스미스칼리지미술관Smith College
Museum 관장이 은퇴하면 차기 관장직을 주겠다고 약속했다. 미술관 경
력이 부족하다는 점과 상관없이, 이는 그가 미국 최초의 여성 미술관장
직에 오르리라는 의미였기에 주목할 만한 제안이었다. 3월, 스콜라리는
제안을 받아들여 가을부터 관장직을 맡기로 했다. 그는 로마에서 홀로

살고 있는 어머니를 데려와 모실 수 있는 널찍한 방이 딸린 큰 아파트도 구했다.

하지만 바로 이런 시기에, 그는 바에게 진지한 관심을 갖기 시작했다. 그해 겨울 내내 스콜라리는 헤크셔빌딩을 찾았고, 12층에서 긴 하루를 보낸 다음 바의 무리, 즉 애벗과 존슨, 테네시주 출신의 젊고 잘생긴 시인인 캐리 로스, 독일 출신의 미술 거래상 노이만과 함께 어울렸다. 이들의 토론은 흥미진진하고 자유분방했을 뿐 아니라, 금융위기와 미술관에 대한 엄청난 제약에도 불구하고 도취적인 분위기로 가득했다. 스콜라리는 다음과 같이 회상했다. "믿을 수 없을 정도로 가슴 떨리는 설렘이 있었다. 바가 중심이 되긴 했지만 (……) 모두 각자가 기여할 수 있는 바를 보탰으며, 서로에게 상황을 상기시키며 '우리는 이런 일을 할 수 있어' '우리는 저런 일을 할 수 있어'라고 말했다."

바는 헤아리기 어려운 사람이었으나 그 역시 스콜라리와 함께 있는 시간을 즐기는 것 같았다. 자기 의견이 뚜렷한 그는 스콜라리의 이름에 대해서도 자신의 생각을 보탰다. 둘이 함께 미술사 학회에 참석했을 때, 행사 계획표에서 스콜라리의 이름을 본 그는 "마거릿Margaret"의 마지막 세 철자에 줄을 그어 "마가Marga"로 만들었다. "이렇게 하는 게 어때?" 자신만의 서투른 방식으로 표현한 깊은 애정을 받아들여, 이후로 스콜라리는 오랜 친구들을 제외한 모든 이들에게 "마가"라고 스스로를 소개했다.

두 사람은 떨어질 수 없는 사이가 되었다. 마가는 "우리는 서로에게 미친듯이 빠졌다"고 말했다. 마가는 스물아홉 살로, 당시 미혼여성치고는 그리 젊다 할 수 없는 나이였다. 그러나 그들의 관계에는 불확실성이 드리워 있었다. 바는 마가를 향한 자신의 감정을 인지하고도 무엇을 해야 할지 확신이 없는 듯 보였다. 마가의 회상에 따르면 "아주

당연하게도 그는 결혼에 대해, 또는 나와 결혼하는 것에 대해 몹시 망설였다". 마가도 잘 알듯이 바는 여자와 사귀어본 경험이 많지 않았고, 그와 가까운 친구들 대다수가 공개적으로 밝힌 또는 어느 정도 공개된 동성애자였다. 건축사가 헨리러셀 히치콕과 존슨 모두 마가에게 동성 연인에 대한 고민을 털어놓았다(그해 봄 존슨은 마가에게 보낸 편지에서 로스를 언급하며 "로스와 나의 관계에 대해 알고 있는 사람은 당신뿐"이라고 말했다°). 뉴욕에서 바는 줄곧 헌신적인 친구 애벗과 한 아파트에서 살았는데, 미술관의 관장과 부관장이라는 그들의 관계를 생각하면 꽤나 특이한 상황이었다. 또한 바에게는 대단한 열정이 있었으니, 결혼이 자신의 일에 제약을 가하지 않을까 염려했다. 마가는 "그에게 깊이 동감했다"고 회상했다.

그랬으니 마침내 5월 초 마가와 바가 약혼을 발표했을 때는 모두가 놀랄 수밖에 없었다. 그들이 만난 지, 그리고 미술관이 개관한 지 채 반년이 안 되었을 때였다. 바는 갑자기 새로운 소명의식과 새로운 삶을 찾은 듯 보였다. 하지만 이 변화는 마가에게 훨씬 더 극적이었을 것이다. 마가는 결국 스미스칼리지에 교수직을 거절하겠다고, 그리고 더욱 중요하게는 미술관 운영을 포기하겠다고 전했다. 마가의 어머니는 계속해서 로마에 머물게 되었다. 그 자신이 회상하듯, 마가는 "모든 것을 포기해야 했다". 이제부터 그는 바와 그의 미술관에 헌신할 것이었다.

남녀의 야반도주까지는 아니었지만, 바와 마가의 파리 결혼식은 전통적인 방식이라 보기 어려웠다. 1930년 5월 중순 파리에 홀로 도착한 마가는 결혼 막바지 준비를 하는 동안 저렴한 호텔에 묵었다. 두 사람은 결혼식과 관련해 아직 아무런 소식도 알리지 않았고, 마가에게는 웨딩 드레스조차 없어 그해 여름 유럽에 와 있던 젊은 건축사가 히치콕과 함께 생토노레가를 오르락내리락하며 기성복 드레스와 모자를 구입해야 했다("이 여성분의 결혼 상대는 내가 아닙니다." 붉은색 화려한 수염을 기른 히치콕은 상점 점원들에게 유창한 보스턴식 프랑스어로 말했다. "나는 들러리예요"[1]).

마침내 바가 도착했고, 두 사람은 결혼식 준비를 서둘렀다. 바의 아버지를 만족시키기 위해 그들은 케도르세에 있는 미국인 교회에서 종교의식을 치르기로 했지만 교회는 보수 작업을 이유로 문을 닫은 상태였다. 결국 선선한 어느 화요일 오후, 이들은 교회 목사의 거실에 모였다. 피로연 참석자는 로마에서 기차를 타고 온 마가의 어머니와 히치콕, 그리고 우연히 유럽에 와 있던 로스가 전부였다.[2]

결혼식이 끝난 뒤 로스와 히치콕이 마가의 어머니를 극장으로 데려갔고, 신혼부부는 불로뉴 숲 근처의 새로 지은 평지붕 도시주택을 보러 갔다. 1920년대 후반, 프랑스 건축가 로베르 말레스테방이 시멘트를 바른 직선형 주택으로 파리 전체에 파장을 일으키던 시기였다. 자주색 제라늄과 핑크색 수국을 심은 가공정원은 주택 디자인의 오랜 규칙을 무시하는 듯했다. 『아키텍츠 저널The Architects' Journal』의 한 비평가는 "전통적인 건축 애호가들에게 충격을 주는 데 이보다 더 훌륭하게 계획된 건축물은 찾아보기 어려울 것이다"라고 평했다. 바는 말레스테방이 르 코르뷔지에 수준은 아니라고 결론 내렸지만 어쨌든 즐거운 산책이었고, 이 주택이 히치콕, 존슨과 함께 준비하고 있던 현대건축 전시에도 영감을 주리라 생각했다. 전시를 위한 탐구의 기회를 본 이상, 바는 결혼 때문에 일을 중단할 사람이 아니었다. 마가는 이튿날 아침부터 "업무가 시작되었다"는 메모를 남겼다.[3]

현대미술관 관장으로 유럽에 처음 손을 뻗치기 시작한 시기, 바는 작품 대여 문제로 크나큰 압박감을 느끼고 있었다. 마천루에서 감상하는 예술작품이라는 참신함, 그리고 군중의 즐거움에 힘입어 현대미술관은 첫 시즌은 예상치 못한 갈채를 받았다. 하지만 컬렉션을 갖추지 못한 미술관은 대여가 가능한 작품의 수준 이상으로 훌륭해질 수 없었고, 바는 이사들이 소장한 최고의 작품 대부분을 빠르게 소진했다. 이미 『뉴요커』의 펨버튼은 미술관이 설립자들의 개인 컬렉션에 의존하고 있다는 점을 언급하며, 미술관 전시가 "우리에게 좋아 보이는 그림 몇 점과 관장들이 구입한 그림 몇 점"을 모아놓은 듯하다고 언급한 터였다. 파리에서 바는 이 상황을 바꾸겠다 결심했다. 이후 6주 동안 1년 치의 전시를 위한 대여 작품들을 모을 작정이었다.[4]

이는 우스우리만치 벅찬 과제였다. 물론 파리는 부유한 컬렉터들과 연줄 좋은 감식가들에게 기꺼이 문을 열어주는 곳이었으며, 로젠베르그 같은 거래상들은 모네나 르누아르의 훌륭한 작품에 후한 금액을 지불할 준비가 되어 있는 미술관이 있는지 늘 세심하게 살폈다. 하지만 바는 실질적으로 알려진 인물이 아니었던데다 작품에 쓸 자금도 부족했다. 그가 아직 너무 젊고 프랑스어를 할 줄 모른다는 사실도 불리하게 작용했다. 현대미술관장이라는 직함은 영향력을 발휘하지 못했다. 마가의 말에 따르면 "현대미술관이라는 이름에는 아무 힘이 없었다. 많은 이들이 그런 미술관은 처음 들어본다고 했다".[5] 루브르측과 약속을 잡는 일에도 조언자인 삭스의 편지가 필요했다. 게다가 작품을 구할 수 있는 경우에도 많은 컬렉터들이 작품을 바다 건너편에 대여한다는 것에 우려를 표했으니, 당시로서는 그것이 매우 이례적인 일이었기 때문이다.

바는 좌절하지 않고 접근법을 바꾸어 오히려 더 크게 판을 벌렸다. 이러한 방식은 곧 그가 기획한 전시의 특징이 될 것이었다. 먼저 그는 잡지, 사진, 도록 및 다른 자료들에서 자신이 관심을 느끼는 예술가 개인이나 주제의 가장 중요한 사례들을 확인했다. 그런 다음 해당 작품의 소유자가 얼마나 엄청난 인물이든, 혹은 그에게 얼마나 반발심을 드러내든 상관하지 않고 그 작품을 찾아냈다. 퀸이 그랬듯 바 역시 특정 작품을 확보할 수 없게 되면 그것을 얻어내기로 더욱 굳게 마음먹었다. 결국 자신이 원하는 작품을 얻을 수 없을 경우에는 그보다 수준이 떨어지는 작품을 받아들이느니 차라리 전시를 취소하는 편을 택했다. 이는 성공할 경우 놀라운 결과를 낳을 수 있는 절대주의적 태도였다. 그해 여름 바는 루브르와 베를린의 국립미술관이 사상 최초로 미국의 미술관에 작품을 대여하도록 설득해내는 데 성공했다. 이로써 실패의 위험 또한 그만큼 더 커지겠지만 당장은 경쟁이 거의 없는 상황이었다. 마가는 바가 보여주는 비타협적인 태도와 불굴의 의지에 무척 놀랐다. 그는 다음과 같은 글을 남겼다. "대부분의 경우 '행운의 여신은 용감한 자의 편'이다."[6]

바의 계획은 그 범위에 있어 거의 알렉산더대왕에 필적했다. 먼저 그는 파리와 런던의 주요 컬렉션을 공략하여 코로와 도미에의 블록버스터급 작품 한 쌍을 확보했다. 코로와 도미에는 일반적으로 알려진 것보다 훨씬 더 급진적인 19세기의 '조상'이었다. 이후 바는 빠르게 독일로 진출해 열두 곳 이상의 미술관으로부터 중요한 독일 현대예술작품을 엄선하기로 마음먹었다. 독일 현대예술은 미국에 거의 알려지지 않은 분야였기에, 그는 이에 대한 정교한 옹호론을 펼쳐야 했다. 동시에 세계 현대건축과 관련한 획기적인 조사 연구 작업에도 관심을 기울여, 고도의 예비조사를 위해 히치콕과 존슨을 네덜란드와 독일로 보냈다. 이곳에서 두 사람은 존슨의 코드Cord사 컨버터블 자동차를 타고 이곳저곳을 질주하며 공장과 병원, 노동자 숙소, 빌라 및 다른 잠재적인 목표물을 기록했다. 그때까지 파리와 유럽에서 작품 대여를 진행해본 경험이 없다는 점을 고려하면, 바는 이 복잡한 전시 기획들 중 단 하나만을 성공시키기 위해서라도 여름의 모든 시간을 쏟아부어야 했을 것이다. 하지만 바에게 이 모든 일들은 더 큰 목표를 향한 서곡에 불과했으니, 그의 궁극적인 목적지는 바로 피카소였다.

이미 20대 중반 이후로 바는 피카소를 "현대예술에서 가장 독창적인 지성"이라 여기고 있었다.[7] 당시 이런 평가는 미국에서, 심지어 현대에 열광하는 사람들 사이에서 널리 공유되는 견해와는 거리가 멀었다. 퀸과 데이비스를 비롯해 오직 소수의 감식가들만이 입체주의를 받아들였을 뿐, 로젠베르그가 1923년에 쓰라리게 경험했듯이 제대로 이해받지 못한 피카소의 신고전주의 양식에 완강하게 저항하는 이들은 그가 아방가르드를 포기하는 것이라 우려하며 흥미를 거두었다. 마티스의 장식적인 실내 풍경은 점점 더 많은 미국 관람객들의 마음을 사로잡기 시작한 반면, 피카소의 끊임없는 변화는 사람들의 이해에 맞서는 듯 보였다. 〈아모리 쇼〉 이래 피카소의 작품을 지켜봐온 미국의 가장 훌륭한 현대예술 옹호자인 맥브라이드조차 "피카소는 항상 어려웠고 앞으로도 늘 그럴 것"이라고 밝혔다.[8]

하지만 바가 볼 땐 바로 이 불가해함, 다시 말해 기존 질서뿐 아니라 스스로의 작업과 부단히 맞서는 방식이야말로 피카소의 중요성을 분명하게 드러내는 것이었다. 피카소의 모든 작업 단계를 주의깊게 지켜본 퀸과 마찬가지로, 바 역시 피카소를 이해하기 어렵고, 복잡하며, 세차게 약동하는 현대예술의 핵심이라 판단했다. 피카소는 고대 그리스와 근대 이전의 아프리카에서부터 엘 그레코와 세잔에 이르기까지 과거의 모든 예술을 흡수하고 변형하는 한편, 현대예술을 향한 일련의 새로운 길을 닦는 예술가였다. 동시에 그저 자신의 내적 충동만을 좇는 듯 보이기도 했다. 바에게 이는 20세기 예술가를 규정짓는 특징인 자유의 구현이었다. 훗날 바는 다음과 같은 글을 남겼다. "사회적인 압력, 즉 민주주의, 집산주의, 자본주의의 압력이 특출한 개인의 자유를 제한하는 세계에서 피카소의 예술은 예술의 중요성을 크게 뛰어넘는 의미를 지닌다." 피카소를 제외하고 현대예술에 대해 이야기하기란 불가능했다.[9]

파리에서 결혼식을 올릴 때부터 바의 생각은 피카소를 향해 있었다. 입체주의의 파피에콜레*든, 최근에 완성한 초현실주의 초상화든, 피카소의 끊임없는 시도야말로 자신이 기획하고자 하는 많은 전시에서 결정적인 위치를 차지하게 되리

* papiers collés. 신문지나 벽지 따위를 자유롭게 뜯어 붙여서 표현하는 방법으로 브라크와 피카소에 의해 도입되었다.

라는 것을 그는 알았다. 동시에 그는 현재 피카소가 바라보는 방향과 그 영향력, 그리고 피카소가 종종 중심을 차지해온 격동하는 예술계의 내부 역학에 대한 통찰을 얻고자 했다. 또한 다른 무엇보다 그가 바라는 것은, 이미 몇 달 동안 품고 있던 계획, 즉 피카소의 작품에만 오롯이 집중한 대규모 전시를 준비하는 것이었다. 마가는 다음과 같이 말했다. "현대미술관이 개관한 순간부터 바는 피카소 전시 개최를 소망했다."[10]

　　하지만 주목할 만한 일군의 작품을 모으는 것만으로는 충분하지 않다는 점 역시 그는 알고 있었다. 커스틴이 하버드광장에서 진행한 것과 같은 소규모 단체전으로는 피카소의 작품이 가진 힘을 포착할 수 없었다. 그리고 기존에 개최되었던 피카소의 개인전 중 몇몇 경우는 대중에게 혼란을 안겨주었다. 퀸이 사망했을 때도 미국은 세계에서 가장 뛰어난 피카소 컬렉션을 기꺼이 떠나보내지 않았던가. 초기 청색시대 작품 몇 점이 널리 알려지기 시작했지만, 다수의 미국인들에게 피카소는 여전히 현대예술에서 잘못된 모든 것을 대표하는 듯 여겨졌다. 심지어 프린스턴대학교 시절 바의 진보적인 조언자였으며 『현대 회화Modern Painting』를 쓴 프랭크 매더조차 피카소의 작품을 "해방을 위한 투쟁이라기보다는 널리 유행하는 양식에 대한 항의"라 일축한 터였다.[11]

　　문화적인 변화를 일으키는 데 성공하려면 한층 결정적인 무언가를 제공해야 했다. 모더니즘의 전개라는 드라마를 포착한 피카소 예술에 관한 순차적인 개관이 필요했다. 무엇보다 바는 피카소가 각 발전 과정에서 해결하고자 했던 문제가 무엇인지 이해시킬 수 있는 도구를 관람객에게 제공하고 싶었다. 그는 피카소의 방대한 작업, 즉 놀라울 정도로 다양한 매체로 제작된 수천 점의 작품 가운데 수십 점의 수작을, 각각의 작품과 관련 있는 자료들과 함께 모으기로 마음먹었다. 분류하고 정리하려는 평소의 습관적인 충동을 바탕으로, 그는 피카소의 작업 단계를 뚜렷하게 구별되는 열세 개의 단계로 나눈 뒤 중요성에 따라 각각의 등급을 매겼다. 전쟁 시기의 입체주의와 최근의 '초현실주의'가 별점 세 개의 최고등급을 받았고, 디아길레프를 위해 제작했던 발레 무대는 별점을 하나도 받지 못했다. 바는 「아비뇽의 여인들」처럼 다소 모호하며 과도기적인 회화 작품과 잘 알려져 있지 않은 조각 작품까지 전면에 내세울 계획이었다. 관람객을 위해 세심하게 배치된 이 전시가 피카소 작업의 종잡을 수 없는 대조적인 경향과 갑작스러운 변화를, 현대적인 발견의 흥미진진한 이야기로 바꾸어놓을 것이었다.

　　50여 년 뒤 바의 접근법은 어느 누구도 이의를 제기하지 않을 만큼 매우 자명한 것으로 받아들여졌다. 하지만 1930년에는 살아 있는 화가를 대상으로 이런 식의 전시를 시도하는 사람이 아무도 없었다. 유럽에서도 마찬가지였다. 피카소의 작품이 영원히 살아남을 것이라고, 또는 바의 말마따나 "예술적인 중요성을 크게 뛰어넘는" 의미를 갖는다고 어느 누가 말할 수 있었을까? 독일의 미술관이 오랫동안 해온 방식으로 현대예술작품을 보여주는 것과 작품을 엄격하고 정확한 분석과 함께 소개하는 것은 전혀 다른 일이었다. 독일의 미술사가 에르빈 파노프스키는, 르네상스의 대가들을 지켜온 기존 학자들에 맞서 수많은 논란을 불러일으키는 생존 예술가에게 동일한 중요도를 부여하고자 하는 바의 의지에 탄복했다.[12] 하버드대학교의 지도교수들에게 "오늘날의 예술이 중국 송대나 심지어 15세기의 예술보다 더 흥미롭고 감동적"이라는 점을 알게 되었다고 말했을 때 바는 매우 진지했다. 그는 수 세기 동안 예술의 기초가 되었던 토대에 도전하는 살아 있는 예술가들이 있다면, 그들을 과거의 조상들만큼이나 진지하게 고려해야만 한다고 생각했다.[13]

현대미술관이 개관했을 즈음 바는 미국의 어느 누구보다 피카소에 대해 많이 알고 있었다. 애벗과 함께 소련을 방문한 지 채 2년도 지나지 않은 시점이었다. 그는 발전하는 피카소의 예술 세계를 폭넓게 감지하고 있었을 뿐 아니라, 슈킨 컬렉션을 통해 전쟁 전 피카소의 폭발적인 약진을 접한 소수의 미국인 중 하나이기도 했다(바는 모스크바 일지에 다음과 같이 썼다. "특히 피카소의 초기작은 역사적으로 가치가 있다. 다른 어떤 작업보다 이 작품들이 입체주의의 발전을 잘 설명해준다"[14]). 하지만 그런 바마저도 피카소의 최근작에 대해서는 아는 바가 거의 없었다. 아주 중요한 작품들은 유럽의 개인 컬렉션에 숨어 있었고, 다른 많은 작품들은 퀸이 활동했던 시절에 그랬듯 미술가 자신이 소유하고 있었다. 무엇보다 바는 피카소를 만난 적이 없었고, 로젠베르그와도 특별한 친분을 맺지 못했다. 성공 가능성을 확보하기 위해서는 그 두 사람의 도움이 반드시 필요했다.

23 | 피카소가 모든 경주에서 승리하면

1930년 여름은 잘 알려지지 않은 미국 미술관의 젊은 관장이 파리에서 가장 유명한 예술가의 전시를 시도하기에 딱히 좋은 시기라 할 수는 없었다. 우선 뉴욕과 달리 파리는 국제 금융위기의 첫 몇 달 동안 그리 큰 피해를 입지 않았고, 급성장하는 예술계는 10년 전 퀸이 알았던 친밀한 세계와 크게 달라져 있었다. 1920년대 중반 이후로 해외 자본의 유입과 현대예술에 대한 수그러들 줄 모르는 인기가 파리의 예술 지구를 갤러리와 멋진 상점들이 가득한 밀림으로 바꾸어놓았으니, 로젠베르그는 더이상 아방가르드 회화 작품의 고가 거래를 추구하는 유일한 인물이 아니었다. 뤼 라 보에티는 부유한 고객을 두고 여섯 명의 주요 거래상들이 경쟁하는 고급 주택가로 변모해 있었다. 파리의 유명한 예술비평가인 테리아드가 목격했듯이 "매우 화려한 상점들이 이 거리를 접수했다".[1] 파리의 예술 호황은, 자체적인 소장작은커녕 다른 예술품을 구입할 경제력도 지니지 못했으며 실제적으로 검증된 바 없는 뉴욕의 모험에 새로운 도전을 추가했다.

이론상 로젠베르그는 바의 피카소 전시 계획을 환영해야 마땅했다. 이미 10년 가까이 피카소의 작품을 대서양 건너편, 미국의 중요한 미술관으로 가져가기 위해 노력을 기울여오지 않았던가. 하지만 바가일에 착수했을 때 로젠베르그는 더이상 미국에 대해 생각하지 않은 채 파리에서의 삶에만 오롯이 집중하고 있었다. 1923년 뉴욕과 시카고에서 피카소 작품을 선보이려 했던 노력이 큰 실패로 돌아간 이후, 파리에서 로젠베르그의 상승세는 두드러졌다. 그로부터 2년 뒤 그는 피카소에게 자랑스레 말했다. "세계의 온갖 고객들이 파리로 몰려와 아침부터 밤까지 나를 찾습니다."[2] 그는 곧 칸바일러의 오랜 주요 주자들인 브라크와 레제를 자신의 갤러리로 불러들여 피카소와 합류시키는 한편, 2차 시장을 통해 마티스와 드랭의 작품을 점차 많이 확보해나갔다. 새로운 유럽 시장에서 탄력을 받아 선구적인 아방가르드 세대로까지 지배력을 확장한 로젠베르그는 전쟁 전 이 분야를 독점했던 칸바일러와 경쟁하기 시작했다. 20세기 후반 퀸이 갖고 있던 피카소 작품을 모두 매입해 도로 파리로 가져온 결정은 시류를 재빠르게 간파한 판단으로 드러났다. 지난봄 『랭트랑지장』의 비평가는 다음과 같이 썼다. "현대예술에서 큰 명성을 날리는 예술가 다섯 명의 작품이 현재 로젠베르그의 갤러리에서 전시중이다."[3]

　　뉴욕에서 감행한 모험과는 대조적으로 파리에서의 활동은 그에게 큰 수익을 가져다주었다. 브라크는 로젠베르그의 갤러리에서 첫 전시를 개최한 뒤 알파로메오Alfa Romeo사의 로드스터를 구입했고, 로랑생은 로젠베르그가 꾸준히 작품을 구입해준 덕에 그동안 집착해온 샤넬 의상을 입을 수 있었다. 피카소는 지난 10년 동안 모은 돈으로 파리 북쪽 지조르에 있는 성을 구입했다. 그리고 로젠베르그 자신은 최근 순종 경주마를 들인 참이었다. 그는 피카소에게 말했다. "얼마 전 암망아지를 여러 마리 구입했습니다. 이제 내겐 열 마리의 말이 있지요."[4]

바의 경쟁 상대는 프랑스 예술시장만이 아니었다. 파리에서 로젠베르그는 사업적 감각뿐 아니라 큐레이터로서의 재능으로도 유명했다. 칸바일러와 달리 그는 지적인 사람이 아니었다. 피카소 작품의 원천이나 브라크의 입체주의의 발전에 대해 분석하려는 열망 같은 것도 없었다. 다만 그는 자신의 안목과 날카로운 본능을 따를 뿐이었다. 그럼에도 여러 측면에서 로젠베르그의 혁신적인 전시는 바가 뉴욕에서 개최하고자 힘을 쏟아붓는 바로 그 전시를 예견하는 듯 보였다. 20대 중반의 젊은 나이에 개최했던 대규모 피카소 전시에서 그는 이미 일반적으로 사용되는 화려한 장식의 금박 액자 대신 매끈하고 현대적인 액자를 도입해 작품에 깔끔하면서도 균일한 배경을 제공했다. 또한 바와 마찬가지로 회화 작품을 전통적인 방식에 따라 수직으로 쌓아올리기보다는 한 줄로 나란히 거는 것을 선호했다. 로젠베르그는 새로운 예술을 소개하는 도전적인 전시와 고전적인 현대회화를 독특한 방식으로 소개하는 전시를 번갈아가며 진행했는데, 이 또한 현대미술관이 초기 몇 시즌에 걸쳐 착수했던 방식과 동일했다.

파리에서 로젠베르그는 점차 프랑스 문화를 만드는 사람으로 인식되었다. 바와 마가가 파리에 도착한 직후, 비평가 루이 보셀은 『엑셀시오르Excelsior』의 1면 특집기사에서 다음과 같이 주장했다. "로젠베르그 갤러리의 전시는 지난 몇 년 동안 본 것 가운데 가장 아름다운 회화 전시였다."[5] 로젠베르그는 미술 거래상으로는 이례적으로 레지옹 도뇌르 훈장을 받기도 했다. 바가 코로와 도미에 전시를 위해 작품의 행방을 필사적으로 수소문하던 그해 여름, 그는 뤼 라 보에티에서 획기적인 코로의 회고전을 열고 유명한 프랑스 미술사가 엘리 포레의 글이 실린 도록을 제작했다. 이것은 그때껏 개최된 코로의 전시 중 가장 중요한 전시로 여겨졌으니, 6월 초에는 프랑스 대통령과 미술 담당 비서관이 개인적으로 방문해 관람할 정도였다. 퀸은 〈아모리 쇼〉에서 루스벨트에게 깊은 인상을 남기는 데 실패했지만, 로젠베르그의 전시는 프랑스의 지도자들을 움직이기에 충분했다.[6]

그러나 바의 피카소 전시 계획에 있어 가장 큰 걸림돌은 보다 개인적인 차원의 문제였다. 외적인 성공에도 불구하고 로젠베르그와 피카소 모두 개인적인 삶에서 혼란을 겪고 있었으니, 그 혼란이 뤼 라 보에티에 새로운 긴장을 가져오고 두 사람의 협력 관계에도 새로운 격변을 불러온 터였다. 첫번째 문제는 피카소의 흔들리는 결혼생활이었다. 지난봄 로젠베르그가 소개한 피카소의 새로운 그림을 보고 『랭트랑지장』의 비평가가 감지해낸 "고통에 찬 낭만적 성향"은 틀린 이야기가 아니었다. 여러 해에 걸쳐 피카소는 자신의 요동치는 정신과 부르주아 가정의 기대를 융화시키는 데 실패해왔다. 코클로바는 피카소에 반발하면서 점차 고립되었고 버려졌다. 발레 뤼스에서 활동하며 유럽과 북미 곳곳을 돌았던 무용수로서의 경력은 결혼 직전 다리 부상으로 가혹하게 끝나버리고, 소련에서 발버둥치고 있는 가족과는 사실상 단절된 상태였다. 신체적·심리적 문제를 겪기 시작한 그는 한 번에 몇 달씩 치료를 받았다.

피카소와의 관계가 위태로워지자 코클로바는 차갑게 정돈된 집, 곧 그 자신의 영역에 힘을 쏟아붓기 시작한 반면, 피카소는 위층의 넓은 새 작업실로부터 탈출을 꾀했다. 두 사람은 격렬한 말다툼을 벌였다. 코클로바는 흥분해 불같이 화를 내는 반면 피카소는 뒤로 물러나 무심하게 거리를 두었다. 로젠베르그가 설정해놓은 생활양식에 갑갑함을 느낀 그는, 부당하게도 코클로바를 억압의 화신이라 여겼다.

그러다 1927년 초에 피카소는 라파예트백화점에서 마리테레즈 발터를 만났다. 스웨덴과 독일 출신 부모 사이에서 태어난 발터는 매우 어린 나이에 묘한 매력을 지닌 금발 여성이었다. "내가 피카소입니다." 그는 이렇게 자신을 소개했다. 당시 발터는 열일곱 살이 된 지 반년이 지났을 뿐이었고 피카소의 나이는 마흔다섯이었다. 발터는 피카소를 전혀 몰랐다. 그럼에도 다시 만나자는 그의 제안에 동의했다. 이후 발터는 "나는 그에게 마음을 빼앗겼다"고 회상했다. 곧 그림의 모델로서 피카소의 작업실에서 오랜 시간을 보내기 시작한 그는 여름 무렵(훗날 발터는 당시 자신이 열여덟 살이었다고 주장했는데) 피카소와 열정적인 관계를 맺기 시작했다. 발터는 이렇게 회고했다. "그는 내가 자신의 삶을 구해주었다고 말했다. 하지만 나는 그 말을 이해하지 못했다."[7]

오늘날의 관점에서는 발터의 어린 나이도 그들의 나이차도 경악 어린 시선으로 바라보지 않을 수 없다. 나중에 발터가 밝힌 바, 그는 피카소와 깊은 사랑에 빠졌으며 피카소가 엄청난 통제력을 행사한 것은 사실이나 두 사람의 관계는 거의 10년 동안 별다른 문제없이 유지되었다. 하지만 당시에도 피카소는 자신의 삶에서 발터의 존재를 완벽한 비밀로 유지하기 위해 매우 조심했다. 그는 파리의 사교 생활에서 거의 완전히 물러나 새로운 열정과 이 열정으로부터 영감을 얻은 개인적인 예술에서 탈출구를 찾았다(로젠베르그는 1927년 여름 피카소에게 애원에 가까운 편지를 보냈다. "새로운 피카소 작품을 좀 보여주세요." 하지만 그 "새로운 피카소"는 어느 누구에게도, 심지어 그의 작품 거래상에게도 알리고 싶지 않은 한 젊은 여성의 이미지에 지배되고 있었다[8]). 몇 년 전 디아길레프 발레 공연과 사교 파티에 늘 모습을 드러내던 피카소는 사실상 사라졌다. 바와 마가가 도착하기 몇 주 전 보몽 백작은 다음과 같이 불평을 늘어놓았다. "그는 좀처럼 편지에 답하는 법이 없다. 전화를 걸어도 그가 집에 없다는 대답만 돌아올 뿐이다."[9]

발터를 만나고 3년 반이 지난 1930년 여름, 피카소가 파리에서 보내는 시간은 더 줄어들었다. 그해 봄 피카소는 지조르에 자리한 커다란 시골집을 구입했다. 파리에서 60킬로미터 이상 떨어진 곳이었다. 부아주루성Château de Boisgeloup이라 불리는 이 집은 허름하고 난방도 되지 않았지만 피카소에게는 안성맞춤이었다. 새로운 열정의 대상이 된 조각 작품을 제작할 공간이 충분했을 뿐 아니라, 파리 생활의 끊임없는 방해를 피할 수 있었기 때문이다. 이곳은 코클로바뿐 아니라 로젠베르그로부터도 도망칠 수 있는 은신처였다. 로젠베르그는 부아주루를 "질투의 나무Bois Jaloux"*라고 부르기 시작했다. 이제 피카소는 긴 시간 동안 로젠베르그의 눈에서 사라져버리곤 했다(로젠베르그는 피카소에게 편지를 보내 세계대전 당시 예술가들의 위장 기술을 언급하며 불평을 늘어놓았다. "마치 아무것도 보이지 않게 만드는 입체주의의 색으로 당신 자신의 존재를 가려버린 것 같군요"). 뉴욕 전시를 성사시키고자 하는 바의 입장에서 이는 좋은 징조가 아니었다.[10]

뤼 라 보에티에서 벌어진 가정의 위기는 두 갈래로 나뉜 피카소의 사생활에만 해당하는 이야기가 아니었다. 최근의 성공에도 불구하고, 로젠베르그 또한 변덕스러운 이웃만큼이나 복잡한 그 나름의 개인적인 문제에 직면했다. 로젠베르그가 갤러리와 예술가들에게 힘을 쏟아붓는 몇 년 사이 아내 마고의 불만은 점점 커져갔다. 로젠베르그보다 열한 살 아래에 고등교육을 받은 마고는 아주 매력적인 사람이었다. 1918년 피카소가 그린 초상화는 멋진 광대뼈와 녹색을 띠는 커다란 눈, 고대 조각상 같은 우아한 코를 가진 젊고 눈부신 브뤼네트**의 모습을 잘 드러낸다. 헐렁한 평상복 차림에 무릎에 어린아이를 앉히고 있지만, 진주목걸이를 건 그의 자태는 더없이 섬세하고 우아해 보인다.

* bois jouloux의 발음은 '부아 줄루'로 '부아주루'와 유사하다.
** brunette. 흑갈색 머리칼과 눈동자를 가진 백인 여성.

로젠베르그 부인은 사회적 지위를 갈망했다. 그는 오페라를 좋아했고, 자신에게 감탄을 표하는 많은 사람들과 교제했다. 몇 년 뒤 로젠베르그는 아내에게 이렇게 말했다. "당신은 아름다웠고, 모두가 당신을 재미있는 사람이라 생각했지. 많은 남성들이 당신을 구애와 욕망의 대상으로 삼았어."[11] 처음에 마고는 예술계의 생활을 받아들였지만 현대예술에 대한 남편의 열정은 공유하지 못했고, 전력을 다해 일하는 남편의 습관에 빠르게 지쳐갔다. 왜 자신들은 이웃 월덴스탱 부부처럼 살 수 없냐고 그는 묻곤 했다.

뤼 라 보에티 57번지에 자리잡은 월덴스탱의 갤러리는 코메디프랑세즈Comédie-Française와 오데옹극장Théâtre de l'Odéon의 건축가인 샤를 드 와일리가 설계한 18세기 후반의 신고전주의 건축물이었다. 값비싼 옛 거장의 작품을 전문으로 취급하는 월덴스탱도 로젠베르그와 마찬가지로 예술작품을 거래하는 유대인 가정 출신이었지만, 두 사람의 기질과 성격은 취향만큼이나 달랐다. 로젠베르그가 작고 몹시 신경질적이며 의욕이 넘치는 반면, 월덴스탱은 체구가 크고 자기주장과 특권의식이 강했다. 로젠베르그는 건강을 위협받을 정도로 쉴새없이 일하며 신중하게 계산했지만, 월덴스탱은 왕성한 사교 생활을 통해 예술품 거래 사업의 일상적인 압박을 이겨냈다. 그는 또한 로젠베르그보다 열 살 아래로, 프랑스에서 가장 성공적인 경마 마사를 소유한 사람이었다.

1918년 이래 두 사람은 피카소 작품을 세계적으로 판매하기 위한 사업적 협력 관계를 맺고 있었다. 로젠베르그가 피카소에 대한 모든 책임을 지는 대신 월덴스탱은 추가적인 자본을 제공하고 자신의 뉴욕 갤러리를 사용할 수 있게 했다. 하지만 이 제휴는 아무런 성과를 내지 못했다. 미국이 피카소를 받아들이기에는 시기적으로 너무 일렀던 까닭이다. 그러다 파리에서 가까운 이웃으로 지내던 두 사람 사이에 새로운 긴장감이 생겼다. 월덴스탱은 로젠베르그를 지나치게 판매에 열을 올리며 발버둥치는 사람이라 여겼고, 로젠베르그는 월덴스탱을 아버지의 막대한 재산을 등에 업은 바람둥이라 여겼다. 하지만 마고는 월덴스탱을 다르게 보았다. 로젠베르그의 손녀 안 생클레르는 다음과 같이 말했다. "할머니의 눈앞에는 월덴스탱 가족이라는 모델이 있었다."[12]

마고를 달래기 위해 로젠베르그는 절약하는 습관을 버리고 아내가 원하는 대로 운전기사와 요리사, 하녀, 옷을 제공해주었다. 또한 월덴스탱 부부가 자주 드나드는 세련된 리조트에 아내를 데려가기도 했다. 프랑스 남부의 한 리조트에서 그는 피카소에게 편지를 보내 불평을 늘어놓았다. "정말이지 천박한 생활입니다. 이곳에는 온통 고상한 체하는 속물들뿐이에요. 하지만 당신도 알다시피 마고가 이런 것을 좋아합니다." 그뿐 아니라 최신 경향을 따라잡기 위해 그는 집도 자주 새롭게 단장했다. 피카소에게 보낸 다른 편지에서는 다음과 같은 내용이 있다. "나는 내 업무만이 아니라 아파트 일도 살펴야 합니다. 나를 위해서가 아니라 아내를 위해서요. 마고가 이걸 원하거든요." 또다른 편지에서도 그는 "생활에 대단히 많은 비용이 든다"며 한탄했다.[13]

과시적인 생활에 필요한 비용을 대기 위해 로젠베르그는 갤러리 일에 더욱 매진했고, 결국 마고의 불행은 더 커질 뿐이었다. 더욱 안타깝게도 마고는 월덴스탱이 탁월한 능력을 발휘하는 경마의 세계에 관심을 갖기 시작했다. 1927년 여름 로젠베르그는 피카소에게 이런 내용의 편지를 보냈다. "마고가 도빌에 가고 싶어해요. 보아하니 그랑프리 경주를 구경하려는 것 같습니다. 동의는 하겠지만 나로서는 유감스럽군요." 그러잖아도 허약한 체질 때문에 늘 고생하던 로젠베르그는 이러한 생활을 유지해야 한다는 압박감에 궤양을 얻었다. 하지만 멈추기에는 이미 너무 멀리 와버린 뒤였다. 그는 경마 마사를 만들기로 결심했

고 월덴스탱을 위해 말을 몰았던 유명한 기수를 쓰기 시작했다.[14]

브르타뉴 출신으로 작지만 뛰어난 솜씨를 지닌 기수 프랑수아 에르베는 1928년 폭우가 쏟아지는 가운데 켄터키 경마의 프랑스판이라 할 만한 자키 클럽에서 클럽상을 수상함으로써 불후의 명성을 얻은 사람이었다. 곧 월덴스탱과 로젠베르그는 1929년 봄까지 그의 재능을 놓고 치열한 경쟁을 벌이기 시작했다. 에르베는 두 소유주 모두에게 승리를 안겨주었으니, 4월 두 번의 주말 동안 로젠베르그의 프럴롱 2세를 몰아 파리 서쪽의 생클루 경마장에서 승리를 거두었고 이후 다음 두 번의 주말에는 트랑블레에서 월덴스탱의 칸타나를, 불로뉴의 숲 롱샴에서 샤를마뉴를 몰아 우승했다. 그런 뒤 5월 19일, 롱샴으로 돌아온 에르베는 같은 날 두 주인을 위해 경주를 펼쳐, 칸타나를 타고 암망아지 경주 1600미터 코스에서 2위를, 프럴롱 2세를 타고 수망아지 1600미터 코스에서 3위를 기록했다. 초보 주인인 로젠베르그로서는 인상적인 추격전을 펼친 셈이다.[15]

하지만 경주 시즌의 절정은 8월 말에 열리는 도빌 그랑프리였다. 이 경마대회는 화려한 세계적인 사교 행사로 아르투르 루빈스타인부터 아가 칸에 이르기까지 세계적인 인사들이 그 초대 명단에 이름을 올렸다. 경기장에는 로스차일드 남작 소유의 말 두 마리를 비롯해 프랑스 최고의 마사에서 온 수많은 말들이 있었지만, 결국 세 마리의 말을 데려온 월덴스탱이 1위와 2위를 차지하며 파리 신문 1면의 머리기사를 장식했다. 개인적으로 도빌의 풍경을 증오했던 로젠베르그에게 이는 분명 대단히 짜증나는 일이었을 것이다. 큰 비용을 들여 말에 투자했건만 결국 그는 경쟁자를 따라잡을 수 없었다. 그랑프리 직후 로젠베르그는 피카소에게 편지를 보내 경마로 인해 자신의 정신이 망가졌으며, 이제 피카소가 그린 디나르 그림을 보며 마음을 누그러뜨리고 싶다고 전했다. "아마 나는 이곳이 아닌 다른 어떤 곳에서 행복해지기 위해 이 지옥을 통과하고 있는 것이겠죠." 그럼에도, 로젠베르그는 이미 다음 경마 시즌 계획을 세우고 있었다. 새 말의 이름은 자신과 함께 일하는 예술가의 이름을 따서 지을 생각이었다. 다소 필사적인 태도로 그는 말했다. "피카소가 모든 경주에서 승리하면 당신 작품에도 훌륭한 홍보가 될 겁니다."16

—

그해 여름 피카소를 만나기 위해 나섰을 때, 바는 뤼 라 보에티에 일고 있던 이 질투의 소용돌이에 대해 전혀 알지 못했다. 그럼에도 그는 본능적인 경계심을 품은 채 파리의 거물 거래상 두 사람을 대했고, 로젠베르그의 개입 없이 피카소에게 접근할 수 있는 길을 찾으려 했다. 다소 순진한 생각이지만, 예술 순수주의자인 바는 현대미술관이 독립적인 기관으로 확고히 서게 될 것이며 파리의 거래상들과는 거리를 둘 수 있으리라 여겼다. 또한 그는 피카소의 가장 중요한 작품 중 일부는 시장에서 중요성을 전혀 인정받지 못하고 있다는 점, 그리고 과거 로셰와 피카소가 퀸을 위해 은밀하게 작품을 골랐을 때 그랬듯 그의 작업실에 여러 작품들이 판매되지 않은 채 남아 있다는 사실을 알고 있었다. 피카소와 직접 접촉하고 로젠베르그에 대해서는 나중에 걱정하는 것이 최선의 방향인 것 같았다.

처음에 이 전략은 대단히 성공적으로 보였다. 결혼식을 올리고 며칠 뒤 바는 예술가이자 지난해 현대미술관을 방문했던 『아츠』의 특파원 모니에게 접근했다. 겸손하고 사려 깊은 모니는 피카소와 사이가 좋아, 다른 사교계 친구들과 달리 그와 자주 연락을 하고 있었다. 모니는 피카소가 여름을 보내기 위해 곧 파리를 떠나겠지만 어떻게든 바가 있는 동안 만남을 주선해보겠다고 말했다. 놀랍게도 피카소 쪽에서도 만남에 동의하여, 6월 중순에 두 사람은 뤼 라 보에티로 갔다.[17]

1920년대 말엽 피카소의 작업실은 지나치게 장식적인 주변 환경과 당황스러울 정도로 대조적이었다. 코클로바와 뤼 라 보에티의 아파트에 정착한 지 얼마 되지 않아 피카소는 거실에 차린 작업실에서 답답함을 느끼기 시작했고, 1924년 초에는 자신의 거래상이 있는 동네를 완전히 떠나고 싶다는 생각에 그에게 없어서는 안 될 존재인 로셰와 집을 구하러 다니기도 했다. 하지만 바로 그 이듬해에 로젠베르그가 뤼 라 보에티 23번지, 즉 피카소와 코클로바가 살고 있는 아파트 바로 위층에 두번째 아파트를 빌려 작업실로 쓸 수 있게 해주었다. 새로운 공간과 자유를 얻은 피카소는 재빨리 그곳을 자기만의 은신처로 바꾸어놓았다.

모니와 함께 5층 작업실에 도착했을 때 바의 눈에 들어온 것은 여전히 부르주아적인 몰딩이며 대리석 벽난로와 거울이 달린 선반으로 장식된 방, 그리고 일렬로 늘어선 창문을 통해 저멀리 에펠탑 쪽으로 이어진 굴뚝과 지붕 들이 내려다보이는 인상적인 전망이었다. 가구는 거의 없었고, 대신 작업 과정에서 생겨난 잡동사니들, 즉 책더미와 오래된 신문, 붓, 물감, 물통, 종잇조각, 담배꽁초, 오래된 우편물 그리고 첩첩이 놓인 캔버스가 방을 가득 채우고 있었다. 그날 바는 피카소가 보관하고 있던 수많은 작품들을 모두 훑어보았을 것이다. 또 피카소는 그들에게 겨울에 그린 작고 뛰어난 그림 「십자가형」을 보여주었을 것이다. 종교적인 주제를 다룬 이 드문 그림을 바는 피카소의 가장 특별한 작품이라 생각했다(훗날 그는 다음과 같이 썼다. "기이한 양식의 혼합, 폭력적인 왜곡, 풍부한 창조력, 농축된 색채의 강렬함. 모든 것이 작품이 갖는 특별한 의미를 암시한다[18]).

젊고 말수 적은 이 미국인은 피카소에게 꽤나 기묘한 인물로 비쳤을 것이다. 마가의 회상에 따르면 "당시 [바는] 검은 머리에 매우 독특한 외모와 기품을 지녔으며, 조용하면서도 날카로운, 또한 반응이 빠른 표정과 눈을 갖고 있었다".[19] 바의 말수가 적다는 사실, 그와 피카소 사이에 공통의 언어가 없다는 사실도 상황을 어렵게 만들었다. 마침내 모니의 통역을 통해 바는 뉴욕 현대미술관에서 그의 작품을 소개하는 주요 전시에 대해 어떻게 생각하는지 물었다. 피카소는 분명 놀랐을 것이다. 사실 그에게 이 신생 미술관은 아무런 의미가 없었으니 말이다. 그럼에도 그는 흥미를 느꼈다. 퀸의 죽음 이후 젊은 시절 느꼈던 미국과 미국인에 대한 호감이 새삼스레 떠오른데다, 재즈시대의 주역들로 코트다쥐르에 거주하는 제럴드나 사라 머피와의 교제, 래그타임과 탭댄스, 루이 암스트롱 등이 그 매력을 한층 배가한 터였다. 앞서 실패를 경험했으니, 이번에는 자신의 작품이 더 많은 미국의 관람객들과 만날 수 있기를 그는 바랐다. 기쁘게도 피카소는 바의 제안에 동의를 표하며 전시를 하겠다고 대답했다.

피카소의 집을 나서며, 바의 마음은 미래를 향해 질주하기 시작했다. 이제 저 예술가의 도움에 힘입어 유럽의 중요한 후원자이자 스위스계 독일인 기업가인 G. F. 레버 박사를 만나볼 수 있을 것이었다. 레버는 퀸의 사후에 로젠베르그를 통해 퀸의 소장작 몇 점을 포함하여 매우 많은 수의 피카소 작품을 구입했으며, 로잔의 자택에 피카소와 그리스, 브라크, 레제의 작품을 수십 점 가지고 있었다. 그의 컬렉션은 아방가르드 작품 수집의 중심축이 유럽으로 다시 이동하고 있음을 보여주는 강력한 상징이었다. 입체주의에 대한 광적인 관심을 차치하더라도 레버는 개인적으로 피카소를 존경했고, 따라서 피카소가 참여하는 어느 전시든 후원해줄 것 같았다. 바의 직감은 옳았다. 그가 편지를 보내자 레버는 열정적인 반응을 보이며 자신의 작품을 대여해주겠다고 전했다. 그는 또한 뉴욕으로 돌아가기 전에 들르라며 스위스에 있는 자신의 집으로 바 부부를 초대했다.

아직 바는 피카소의 작품을 거래하는 로젠베르그나 다른 주요 거래상들의 후원을 얻지 못한 상태였다. 하지만 이미 인상적인 전시가 구체화되고 있다는 느낌이 들었다. 피카소와 레버의 후원으로 미술관은 피카소의 개인적인 소장작을 포함해 그의 입체주의 작품을 망라한—사실상 접근이 금지된 러시아를 제외하고—세계에서 가장 뛰어난 컬렉션을 손에 넣을 수 있게 된 것이다. 6월 17일 바는 흥분에 차서 굿이어에게 전보를 쳤다. "훌륭한 피카소 전시 개최가 가능할 것 같습니다. 피카소가 갖고 있는 작품들과 레버의 컬렉션을 빌리기로 했어요. 여기에 로젠베르그의 컬렉션을 추가할 수 있을 겁니다." 더이상 설득의 말은 필요 없었다. 굿이어는 다음과 같이 회신했다. "아주 바람직한 전시가 되겠군요."[20]

남은 여름 대부분의 시간 동안 바는 자신이 계획중인 다른 전시에 정신이 팔려 피카소에 대해 생각할 틈이 거의 없었다. 하지만 뉴욕으로 돌아가기 전 급히 로잔에 다녀오는 것은 잊지 않았다. 레버의 베투시성Château de Béthusy은 도시 높은 곳 커다란 공원에 자리잡은 18세기 건축물로, 질서정연하게 늘어선 가로수에 둘러싸인 모습이 마치 프랑스 왕정시대에서 튀어나온 듯 보였다. 저택 내부의 가구와 크리스털 상들리에, 쪽모이 세공 마루, 페르시안 카펫은 다른 시대의 것이었지만 벽은 온전히 입체주의가 차지하고 있었다. 서재에 가지런히 정리된 책 위에는 그리스의 회화 연작이, 음악실의 그랜드피아노 위에는 피카소의 아주 커다란 후기입체주의 작품 「물고기가 있는 정물」이 걸려 있었으며, 식당 벽면은 거대한 레제의 벽화로 채워져 있었다.[21] 레버의 안내를 받아 컬렉션을 살펴보면서, 세 사람은 뉴욕 전시에 대해 대화를 나누었다. 레버는 전적으로 설득된 듯 보였다. 그는 피카소와 로젠베르그와의 친분에 대해 이야기하고, 자신의 컬렉션에서 바가 원하는 작품은 어떤 것이라도 전시를 위해 가져가도 된다고 말했다. 바는 뉴욕에 있는 애벗에게 전보를 쳤다. "레버가 열정적인 반응을 보이며 피카소 작품 서른 점을 빌려주기로 했네. 믿을 수 없는 일이지."[22]

스위스를 떠날 무렵, 불가능하게만 여겨졌던 바의 신중한 전략은 효과를 거두는 듯 보였다. 이 여행을 시작할 때만 해도 바는 피카소를 만난 적이 없었고 파리에 연줄도 전무했다. 그런 그가 이제 피카소와 그의 가장 중요한 후원자 모두로부터 세계 최초의 회고전을 개최할 수 있도록 지원하겠다는 약속을 받아낸 참이었다. 나아가 레버와 피카소는 이듬해 가을이라는 전시 일정에도 동의했다. 이로써 바는 1년이 넘는 준비기간을 확보했으며, 어려운 일들은 이미 많이 진척된 상태였다. 이들이 지원하기로 한 이상 로젠베르그 역시 홀로 남겨지길 원하지 않을 테니 바가 필요로 하는 다른 작품들을 빌려줄 것이었다. 결국 룩셈부르크미술관측에서 피카소에 관심을 갖지 않아 로젠베르그는 자신이 원하는 전시를 개최할 수 없었으니 말이다.

바와 피카소가 만난 지 1년쯤 되었을 무렵인 1931년 6월 중순, 파리에서 가장 영향력 있는 거래상들이 각자 배우자를 동반하고 마들렌 근처에서 개최된 화려한 개인 연회에 모였다. 야회복을 입은 이들은 서른 명이 앉을 수 있도록 준비된 거대한 테이블에 둘러앉아 다양한 크기의 크리스털 잔에 담긴 다양한 종류의 고급 포도주를 즐겼다. 이들이 앉은 의자 바로 뒤쪽에 버티고 선 사방의 벽에는 시끌벅적하고 여유로운 정물화와 생생한 초상화, 기대어 누운 인물의 누드화, 시선을 사로잡는 오달리스크*화 등 마티스의 회화 작품 열두어 점이 걸려 있었다. 200점이 넘는 마티스의 다른 작품과 함께 이것들은 지금껏 개최된 살아 있는 현대예술가의 전시 중 가장 크고도 새로운 유형의 전시에 특별히 포함될 예정이었다. 피카소나 바는 초대받지 않았지만, 만찬과 만찬이 기념하는 대규모 전시는 두 사람 모두에게 큰 영향을 미칠 것이었다.[1]

뤼 드 세즈에 자리한 대규모 전시장인 조르주프티갤러리Galeries Georges Petit의 대표들이 주최한 이

---

* odallisque. 옛 튀르키예 궁정에서 왕의 시중을 들던 여성 노예.

만찬은 파리의 예술품 거래와 도시 주요 예술가들 사이의 협력 관계에 새로운 지평을 열었다. 사실 조르주프티갤러리는 갤러리가 아니라 파리 증권거래소에 상장된 영리회사로, 규모와 자금 면에서 가장 의욕적인 개인 갤러리가 할 수 있는 어떤 일도 한없이 작아 보이게 만들었다. 말하자면 파리와 런던의 가장 큰 미술 거래상 몇 사람이 모여 만든 협력체였으니, 이들의 목표는 현대예술작품이 대중에게 소개되는 방식을 바꾸는 것이었다. 본질적으로 이들은 하나로 결집된 자신들의 시장 지배력을 활용해 아주 거대한 규모의 미술관급 전시를 만들고자 했다. 전시는 바가 뉴욕에서 추구하고 있던 바로 그 예술가들의 작품들로 채워질 것이었다. 게다가 이들은 상업적인 목적을 전면에 내세우면서 그 일을 하고 있었다. 말하자면 이들은 한 차원 높은 로젠베르그인 셈이었다.

　　이날 밤 저녁식사에 초대된 손님들의 면면이 이 회사의 야망을 분명하게 드러내었다. 긴 테이블 한쪽 끝에는 조르주프티사의 대표격이자 만찬의 주최자인 에티엔 비누가 앉아 있었다. 탄탄한 체구에 콧수염을 기른 그는 예술시장의 원동력으로 알려진 뤼 라 보에티 사람이었다. 그리고 그의 사업 동료들이 손님으로서 자리를 잡았다. 베테랑 거래상 형제인 조 베른하임과 가스통 베른하임 드 비예는 매우 유명한 후기인상주의 회화 작품들을 소유하고 있었고, 조직의 예술 책임자인 스위스계 브라질인 조르주 프레데리크 켈레는 세계적으로 큰 영향력을 행사하는 예술시장의 큰손이었다. 영국의 거래상 덩컨 맥도널드와 A. J. 맥닐 리드의 리드&르페브르갤러리Reid&Lefevre Gallery는 프랑스 현대예술을 다루는 런던의 중요한 화랑이었다. 저마다 상당한 영향력을 지녔으며, 중앙 유럽에서 북아메리카까지에 걸쳐 수많은 고객들을 거느린 인물들이었다. 이 만찬 자리에서 이들은 힘을 한데 모았다.

중앙에는 마티스가 앉아 있었다. 눈에 띄는 흰 수염을 기르고 둥그런 뿔테안경을 착용한, 여전히 그 속을 알 수 없는 이 영예로운 예술가는 자신의 작품들, 그리고 자신의 작품을 미개발된 자본으로 보는 사람들에게 말 그대로 둘러싸여 있었다. 하지만 마티스 바로 곁을 차지한 손님은 큰 영향력을 지닌 거래상이 아니라 이 행사를 위해 뉴욕에서부터 바다를 건너온 특별한 인물, 체스터와 모드 데일 부부였다.

1920년대 말과 1930년대 초 데일 부부는 대서양 건너편 사교계의 거의 모든 자리에 모습을 드러냈다. 모드는 우아한 50대의 여성으로 늘 고급 맞춤 여성복 차림에 우아한 모자를 착용하고, 예술에 대한 글을 쓰며, 이따금씩 뉴욕의 윌덴스타인갤러리에서 전시를 조직했다. 크게 성공한 기업 사냥꾼인 체스터는 부인 모드보다 일곱 살 아래에 키도 몇 센티미터 작았지만, 그의 강인한 성격은 불타는 듯한 빨간 머리와 강렬한 푸른 눈과 함께 어느 곳에서든 커다란 존재감을 드러냈다. 뉴욕에서 이들은 매우 화려한 아르데코양식 고층 건물 칼라일Carlyle의 꼭대기 두 개 층을 차지하고 살았다. 또한 기사가 모는 컨버터블을 타고 도시를 돌아다니는 취미로 유명했는데, 이 차는 모드의 디자인을 따라 안트베르펜에서 주문제작된 것이었다(뒷좌석에도 속도계가 달려 있어 모드는 늘 운전 속도를 지켜볼 수 있었다). 하지만 바에게 이 부부는 다른 의미로 중요했으니, 체스터가 바로 현대미술관의 이사인 까닭이었다.

바가 선구적인 피카소 전시 계획을 발전시키기 시작할 때부터 데일 부부는 없어서는 안 될 요소였다. 작품 구입을 시작한 지 몇 년 만에 그들은 이미 미국에서 19세기 후반과 20세기 초 프랑스 현대예술의 가장 중요한 컬렉션을 수집했다. 그동안은 이들의 취향을 딱히 모험적이라 할 수 없었지만, 최근 부부의 관심은 피카소의 초기작으로 강하게 쏠리기 시작했다. 게다가 이들은 파리 예술시장에 부러움을 살 만한 연줄을 갖고 있었다. 지난해 부부는 피카소 작품을 엄청나게 구입하여, 로젠베르그의 갤러리에서만 8만 1000달러를 썼다. 바의 1년 치 예산에 맞먹는 상당한 금액이었다. 하지만 마티스 연회에서 볼 수 있듯이 데일 부부는 다른 집단에도 충실했다. 체스터는 현대미술관의 이사이자 조르주프티사의 지분을 가진 사람이었다. 그는 곧 바의 협력자가 아닌, 가장 큰 골칫덩이가 되었다.

—

조르주프티의 만찬이 있기 몇 주 전 유럽으로 떠난 바와 마가는, 여름 대부분의 시간을 그해 가을 개막이 예정된 대규모 피카소 전시에 걸 작품을 선정하는 데 쓰게 되리라 생각했다. 경제위기가 점차 깊어가며 이 계획의 많은 요소들이 위태로워진 상태였다. 봄에 미국 은행의 줄도산이 이어졌고, 금융 충격이 미술관을 짓눌렀다. 이미 이사들 대부분은 공적인 기금 조성 활동을 중단했는데, 그런 활동이 시대의 흐름을 읽지 못하는 행위라 생각했던 것이다. 록펠러에게서 자금이 나오지 않자 바는 불만을 털어놓으며 그의 남편이 현대예술에 "돌처럼 완고한 무관심"을 보인다고 말했다. 바가 파리에 머물며 다음 전시를 구상하는 동안, 이사들은 미술관의 적자를 모면하기 위한 계획을 짜내야 했다. 굿이어는 "현재의 비상사태"를 언급하면서 삭스에게 "미술관 활동을 전면중단"해야 할지도 모른다고 경고했다. 개관한 지 1년 반 만에 현대미술관은 파산 직전에 처했다.[2]

　　이런 상황에서 바는 획기적인 피카소 전시가 특별한 중요성을 갖게 되리라는 점을 감지했다. 굿이어 또한 오랫동안 미술관의 존재를 정당화할 수 있는 "매우 인상적인 전시"를 계속해서 만들어내야 한다고 강력히 조언해온 터였다.[3] 피카소의 작품을 둘러싼 논란과 바의 야심 찬 계획을 고려할 때, 피카소 전시야말로 미술관의 독특한 가치를 주장할 수 있는 프로젝트가 될 것이었다. 바는 이 전시를 통해 피카소 작품을 해석하는 동시대 현대예술의 몇 가지 주요 흐름을 정면으로 짚어낼 계획이었다. 이사들은 공식적으로 이러한 계획에 동의했다. 이미 일정이 정해졌고, 그들 모두 바가 약속한 작품들을 내놓으리라 생각하며 가을 시즌의 주요 행사를 기대하고 있는 상황이었다.

6월 초 바와 마가가 튈르리궁 건너편에 자리한 콘티넨털호텔에 투숙했을 때만 해도 모든 것이 괜찮은 듯 보였다. 전해 여름 이미 피카소가 구두로 동의를 표했고, 레버 또한 겨울에 미국을 방문하여 전시에 대한 열정을 다시 확인시켜주면서 거래상들도 도와주리라고 바를 안심시켰다. 뉴욕을 떠나기 몇 주 전 바는 다음과 같은 내용의 편지를 썼다. "중요한 거래상들에 관해 말하자면, 나는 우리가 윌덴스탱측과 비뉴측의 지원을 확보했다 믿고 이제 로젠베르그의 지원을 기대하고 있습니다."[4] 하지만 짐을 풀고 얼마 지나지 않아 그는 자신이 얼마나 순진한 생각을 하고 있었는지 깨달았다. 우선 피카소부터 문제였다. 그가 미술관에 몇 점이나 빌려줄지 하는 얘기가 아니었다. 그와 아예 연락이 닿지 않았다. 뤼 라 보에티로 메시지를 보내고 전화를 걸어봤지만 아무런 답이 없었다. 마치 사라져버린 것 같았다. 사실 이 시기 피카소는 대부분의 시간을 부아주루에 숨어 지냈고, 파리로 돌아올 때에도 극도로 대외 활동을 자제하고 있었다.

무슨 일을 해야 할지 불확실한 상황에서 초조함을 느끼던 바는 로잔의 레버에게 전보를 보냈다. 지난겨울 뉴욕에서 했던 약속과 달리 레버가 피카소와 더이상 이야기를 진척시키지 않았다는 사실이 드러났다. 하지만 레버는 평소의 자신감 넘치는 태도로 곧장 파리에 와 일을 해결하겠다고 나섰다. 장담했던 대로 그는 파리에 도착한 즉시 피카소에게 연락을 취했다. 하지만 피카소는 다른 데 정신이 팔려 있는 것 같았고, 그다음주 내내 달리 진전이라 할 만한 것이 없었다. 이제 바는 더욱 불안해졌다. 여름이 다가오고 있건만 두 사람으로선 예술가와 다시 이야기를 나누기 전까지 작품을 대여해줄 다른 이들과 협의를 시작할 수 없었다. 그래도 바는 이미 피카소의 동의를 얻은 상태이며, 결국 자신들이 피카소를 만날 수 있으리라 생각했다.

그사이 조르주프티갤러리에서 마티스의 전시가 열리고, 이는 곧 화제의 이벤트로 떠올랐다. 이 대규모 전시는 141점의 회화와 100점의 드로잉을 개괄하는, 사실상 생존 화가의 전시로는 전례를 찾아볼 수 없는 엄청난 행사였다. 그뿐 아니라 스무 해 만에 파리에서 개최되는 마티스의 첫 전시이기도 했다. 공적인 영역으로부터 물러나 있던 피카소가 자신의 존재감을 드러낸 것은 바로 이 전시에서였다. 그는 개막식에 참석해 주의깊게 작품을 감상했다. 일부 비평가들은 거래상들이 시장 친화적으로 작품을 선정한 것 같다는 부정적인 평가를 내놓았지만, 규모 자체만으로 볼 때 전시가 뿜어내는 듯한 위엄 있는 발언을 무시하기란 어려웠다. 유명한 예술비평가 테리아드는 『랭트랑지장』에 다음과 같이 썼다. "화가의 명성, 즉 위대한 화가의 명성뿐 아니라 열정적인 실험과 시대 전체의 명예도 확실하게 각인시킨다."[5]

마침내 6월 20일, 레버는 피카소와 긴 만남을 갖는 데 성공했다. 피카소는 마티스 전시를 언급하지 않았지만, 갑자기 현대미술관에 대해서 확고한 입장을 밝혔다. 어떤 일이 있어도 이듬해에는 뉴욕 전시에 참여하지 않겠다고 한 것이다. 현재 중요한 일련의 신작을 작업하는 중이며, 다른 무엇보다 그 작업을 완성하는 것이 시급하다는 이유였다. 레버는 이 대화를 바에게 전하면서 최대한 그를 안심시키고자 했다. 피카소는 그저 전시 일정을 연기했을 뿐이라고, 이후에 전시를 하게 되면 기꺼이 나설 것이라고, 다만 자신으로선 피카소가 지지하지 않는 전시에 소장작을 한 점이라도 빌려줄 수 없다고 그는 말했다. 그런 뒤 레버는 로잔으로 돌아가버렸다.

바는 궁지에 몰렸다. 지금껏 시도한 것 중에서도 가장 중요한 전시를 불과 몇 달 앞둔 시점에 주요 후원자 두 사람을 한꺼번에 잃은 터였다. 피카소의 이탈로 그의 작업실에 보관되어 있는 조각 작품과 콜라주, 많은 중요한 회화 작품을 확보하지 못하게 되고, 레버의 이탈로 피카소 예술을 진지하게 소개하는 일에 핵심적인 요소가 될 입체주의 작품 다수가 빠지게 된 상황이었다. 게다가 피카소가 이렇게 나오니 로젠베르그 역시 작품 대여를 거절할 것이 뻔했다. 신중하게 계획을 세웠음에도 결국 전시는 취소되었다. 이제 바는 그 전시가 가을 시즌을 단단히 잡아주리라 기대하고 있는 이사들과 대면해야 했다. 아닌 게 아니라, 굿이어가 피카소를 만나 작품의 최종 선택을 돕기 위해 파리로 오는 중이었다.

이제 어떻게 해야 할까? 피카소의 급변한 태도에 바는 큰 충격을 받았다. 마가와 함께 마티스 전시회를 찾아가 거래상들의 접근법과 그것이 불러일으키는 듯 보이는 특별한 관심을 관찰하며 상황을 곰곰이 생각하던 바는, 이내 피카소가 뉴욕 전시를 거절한 것이 새로운 작업 때문만은 아님을 깨달았다. 거기에는 마티스도 있었다. 스무 해 넘는 기간 동안 두 예술가는 공생의 라이벌 관계를 이루며 종종 상대의 도전에 응수하곤 했다. 일찍이 1907년 봄, 피카소가 「아비뇽의 여인들」을 급진적으로 방향으로 밀고 나갔던 것은 악명 높았던 마티스의 「푸른 누드」에 대한 반응이기도 했다. 피카소의 입장에서 대규모의 조르주프티 전시(그리고 마티스에게 현대예술의 주관자라는 명예로운 왕관을 씌워주는 듯한 분위기)는 다소 과도해 보였을 것이다. 몇 해 전 로젠베르그의 갤러리에서도 마티스의 주요 전시가 개최되지 않았던가. 그에게는 시시하고 심지어 유치하기까지 한 전시였지만, 그렇다고 이를 그냥 보아 넘길 수는 없었다.

하지만 그에게도 기회가 찾아왔다. 비누와 조르주프티사 임원들은 이미 다음 대상을 물색하던 중이었으니, 피카소가 뉴욕 전시 계획에서 손을 떼기로 하고 며칠 뒤 비누가 그에게 대규모 개인전 개최를 제안해온 것이다. 피카소는 선뜻 동의했다. 로젠베르그로 말하자면, 조르주프티사의 주주가 아니었지만 비누와 친분이 있었고, 예술시장이 위축된 지금 자신의 예술가를 더 널리 알리는 기회가 될 조르주프티 전시에 힘을 보태지 않을 이유가 없었다. 비누 또한 로젠베르그와 피카소에게 전시 조직에서 중요한 역할을 맡길 준비가 되어 있었다. 따라서 바가 씨름하는 대상은 단순히 준비되지 않은 한 명의 예술가가 아니었다. 그는 파리의 경쟁 기관과 마주하고 있었으며, 그곳 임원들은 피카소에 대해 바보다 훨씬 더 큰 영향력을 갖고 있는 듯 보였다. 그리고 그도 곧 알게 될 테지만, 더 심각한 것은 현대미술관의 이사들 중 한 사람이 기관을 적극적으로 돕고 있다는 사실이었다.

현대미술관의 초기 이사들 가운데 체스터만큼 대담하고 실리적이며 이기적인 사람은 없었다. 고등학교를 마치지 못한 자수성가형 백만장자인 그는 사실 미술관 이사회에 썩 어울리는 인물이 아니었다. 블리스나 록펠러 부부가 속한 상류층 세계와는 관계가 없는, 변덕스러운 성격과 매우 강한 자아를 가진 사람. 여러 회사를 인수해 매우 수익성 높은 기업으로 만든 체스터는 자신이 통제할 수 없는 기관을 가만 앉아 지켜보고 있을 인내심이 없었다. 훗날 그와 함께 일했던 자선가 폴 멜론은 체스터를 두고 "말투가 딱딱하고 독한 마티니를 좋아하는 고집 센 주식중개인"이라 표현했다. 맥브라이드가 볼 때 체스터는 그저 버릇없는 아이였다.[6] 그럼에도 불구하고 그간 수집한 대규모 현대예술 컬렉션 덕분에 체스터는 미술관에 매력적인 인물이 되었고, 현대미술관 개관 직전에 굿이어가 그를 가입시켜 집행위원회에 합류시킨 이유도 바로 그것이었다.

바에게 데일 부부는 사람을 아주 미치게 만드는 난제였다. 자신의 계획을 가지고 로젠베르그와 비누, 다른 거래상들을 설득하라고 하면 그로서는 얼마든지 할 수 있었다. 하지만 이들 부부는 달랐다. 그들은 미술관에 전혀 관심이 없는 듯 보였다. 모드는 직접 기획한 전시를 조직하고자 애쓸 뿐 바에게는 좀처럼 인내심을 보이지 않았고, 체스터는 자신이 미술관을 운영하는 주요 세력의 부속물이 되는 것을 견디지 못했다. 더욱이 파리에서 누리는 아첨 섞인 관심과 비교하면 예술작품에 투자할 돈이 없는 신생 기관의 일상적인 업무는 이들에게 별 매력이 없었다. 여름이 되자 바는 데일 부부가 자신의 계획을 거부할 뿐 아니라 적극적으로 방해하고 있다는 의심을 품기 시작했다. 피카소가 비누의 구애를 받고 있다면 그의 사업 협력자인 체스터가 모를 리 없었다.

하지만 데일 부부의 반란에 대처하기도 전에 훨씬 더 긴급한 위기가 닥쳤다. 벌써 파리 예술계 사람들이 바가 피카소와 관련해 겪고 있는 문제에 대해 쑥덕이기 시작한 것이다.[7] 바에게는 미술관의 가을 주요 행사를 위해 피카소를 대체할 만한 대상이 필요했고, 그것도 대단히 발 빠르게 찾아내야 했다. 이 무렵 어느 날 조르주프티 전시장에서 바와 마가는 우연히 마티스를 만났다. 마티스는 성인이 된 딸 마르그리트와 함께였다. 그와 대화를 나누던 중 마티스는 미국에 대해 이야기했다. 아들 피에르가 뉴욕에서 미술품 거래상으로 일하는 터라 그 자신도 지난겨울 미국을 짧게 방문했다는 것이었다(뉴욕에서 록펠러 부부를 만났을 때 존 록펠러가 정중하고도 완벽한 프랑스어로, 아내의 열정에도 불구하고 자신은 현대예술을 좋아하지 않는다고 말해 그는 깜짝 놀랐다[8]).

그렇게 마티스의 작품이 가득한 방에 서서 그와 대화를 나누는 동안 바에게 한 가지 생각이 떠올랐다. 피카소가 뉴욕 전시를 원하지 않으니, 그 대신 마티스의 회고전을 가져가면 어떨까? 거래상들이 기획한 전시를 그대로 가져가 현대미술관에서 개최한다니, 원칙적으로는 그가 질색할 만한 생각이었다. 바에게 미술관의 사명이란 예술시장을 부채질하는 것이 아니라 대중을 교육하는 것이기 때문이었다. 하지만 피카소에 맞설 만한 예술가가 있다면 그건 마티스가 유일했고, 바는 자신이 더욱 엄격하게 작품을 선정하여 파리에서보다 훨씬 발전된 전시로 바꿔놓을 수 있음을 알고 있었다. 마티스는 반가워했다. 파리 전시의 거래상들이 선정한 작품들이 그리 만족스럽지 않기도 했고, 과도하리만치 온건한 전시 때문에 자신의 명성에 흠이 될까 염려하던 터였다. 바라면 이러한 상황을 바로잡아줄 것이었다. 심지어 비누도 기꺼이 돕겠다고 나섰다. 조르주프티갤러리의 이름을 걸고 미국의 새로운 고객들에게 마티스를 소개할 수 있는 전시라면 그에게도 좋은 일일 수밖에 없었다.

그렇다 해도 일을 진행하기 위해서는 먼저 이사회의 승인을 받아야 했다. 이미 늦은 시점이었으니 여기서 더 지체하는 것은 치명적일 수 있었다. 바는 굿이어의 지지를 확신했지만, 보다 단단한 기반 위에 서려면 애비 록펠러의 승인이 필요했다. 피카소와 레버가 마지막으로 만난 날로부터 닷새가 지난 6월 25일, 바는 급히 메인주 실 하버에 있는 록펠러의 여름 별장으로 짧은 전보를 보냈다. "피카소 전시 연기, 마티스 전시를 제안함. 찬성하십니까?" 사실 이때 록펠러는 뉴욕시에 있었고, 그리하여 전보는 처음의 주소지에 전달된 다음 웨스트 54번 스트리트의 집으로 재발송되었다. 전보를 받은 록펠러는 즉시 동의했다. 오

히려 그에게는 피카소보다 마티스의 작품이 훨씬 마음 편했다.[9]

믿기 힘든 구원책이었다. 피카소로부터 거절당하고 며칠 만에 피카소를 대신할 만한 파리 아방가르드의 대표적인 인물을 섭외하다니. 결국 미술관은 최초의 대규모 개인전, 다시 말해 바가 실질적으로 피카소와 동일한 존경심을 갖고 바라보는 한 예술가에 대한 전면적인 평가를 제시할 기회를 얻었다. 이미 1925년에 바는 피카소와 마티스를 모더니즘의 대조적인 두 흐름을 대표하는 인물로 꼽았으니, 이제 피카소를 떠올리며 구상했던 것과 동일한 권위를 마티스에서 유래하는 다른 갈래에 부여하며 전시 준비에 착수할 수 있을 것이었다. 바의 대응 조치가 얼마나 능숙했는지, 수십 년 뒤 마티스의 전기작가들조차 이 획기적인 전시가 마지막 순간 다급하게 결정된 대체전이었다는 사실을 제대로 파악하지 못했다.[10]

여름 사이 전시 준비는 놀라운 속도로 진척되었다. 피카소와 달리 마티스는 효율적이고 체계적인 사람이었으며, 특별한 회화 작품을 구하는 일도 어렵지 않았다. 조르주프티 전시에 걸린 것보다 훨씬 많은 수의 후보 작품을 확보한데다, 마티스 본인은 물론 미국와 독일, 영국 등지의 다른 컬렉터들로부터 결정적인 작품을 보강했다. 데일 부부가 파리 전시에 포함시킨 네 점의 마티스 작품 중 세 점을 빌려주지 않겠다고 했지만 바는 전혀 개의치 않았다.

바는 전시에서 소개할 작품 수를 파리 전시의 절반 정도인 일흔여덟 점의 특별한 회화들로 제한하되, 마티스의 진화하는 예술 세계에 대해 한층 설득력 있는 관점을 제시하고자 했다. 여느 거래상들의 전시와 달리, 그는 당황스러운 작품 「푸른 누드」와 대담한 추상화 「모로코 사람들」(1916)을 포함한 초기 야수주의 작품들, 그리고 간결한 전쟁 시기 회화들을 특별히 강조했다. 「푸른 누드」는 20여 년 전 시카고 예술학도들의 거센 저항을 야기한 작품이었고, 「모로코 사람들」은 바가 마티스의 "가장 훌륭한 성취"로 꼽는 작품이었다. 그는 또한 마티스 작업 이력의 여러 국면을 아우르는 열한 점의 인상적인 브론즈 조각상을 비롯해 다른 매체로 이루어진 실험들도 추적했다.

그해 가을 뉴욕에서 전시가 개최될 무렵에는 더이상 누구도 피카소에 대해 생각하지 않는 듯 보였다. 우아하고 신중하게 정제된, 그럼에도 도발적인 이 전시는 열광적인 찬사를 받으며 바의 능력을 훌륭하게 증명해냈다. 평소처럼 마가는 결정적인 방식으로 도움을 주었다. 옅은 빨간색 천으로 제본된 전시 도록에는 바의 날카로운 서문과 함께 마가가 유려한 솜씨로 번역한 마티스의 「화가 노트」가 실렸으니, 이것이 그 글의 첫 영문 번역본이었다(마티스는 "내가 삶에 대해 갖는 느낌과 그 느낌을 표현하는 방식을 나는 구분할 수 없다"고 썼다). 기민한 관찰자들은 조르주프티의 회고전과 대조적인 요소를 놓치지 않았다. 맥브라이드는 뉴욕 『선』지의 칼럼에 "이 전시가 파리 전시보다 훨씬 더 큰 충격을 준다"고 썼다. 마티스 자신은 뉴욕 전시를 보지 못했으나 작품 거래상인 아들 피에르 역시 이에 동의하는 듯했다. 그는 아버지에게 "바는 최선을 다했고, 내 기대를 훌쩍 뛰어넘는 성공을 거두었"다고 전했다.[12]

—

마티스 전시로 잠시 숨통이 트였지만 바는 여름에 쏟아부은 노력을 포기할 수 없었다. 그는 피카소 전시 계획을 다시 시작하기로 마음먹었고, 이제는 그 일이 예상보다 훨씬 더 어려워지리라는 점을 분명하게 인지했다. 피카소의 갑작스러운 취소로 거래상들의 영향력에 대한 새로운 이해를 얻었을 뿐 아니라, 경쟁자인 마티스의 전시를 진행하며 자신이 현대예술과 전 세계의 대중을 두고 파리의 예술시장과 더욱 큰 싸움을 벌이고 있음을 감지한 터였다. 레버에게 설명했듯이, 비누는 앞서 피카소와 레버가 미술관 편에 서 있다고 보았기에 미술관의 피카소 전시를 지지할 준비가 되어 있었지만 "세력을 조직할" 시간이 부족하다 여겼다. 그러다 피카소가 전시 일정을 미루자, 로젠베르그와 바의 추측에 따르면 일종의 "중립지대"에서 "힘의 균형을 확보"하기 위해 "일시적인 제휴"를 구축할 작정인 듯했다. 재원도 컬렉션도 부족한 미술관은 조르주프티사와 그 강력한 연합에 비해 크게 불리한 위치에 있었다. 하지만 바는 얼마 전 리델 하트가 교묘하고 간접적인 전쟁 이론에 관해 설명한 『역사 속 결정적 전쟁Decisive Wars of History』을 읽고 존슨과 긴 시간 논의를 벌인 참이었다(마가의 관찰에 따르면 "두 사람 모두 전략과 전쟁에 흥미를 느꼈다"). 바는 미술관측에 유리하게 작용할 전략적인 장점을 찾을 수 있으리라 생각했다.[13]

12월 중순 마티스 전시가 끝나고 약 일주일이 지난 뒤, 바는 피카소에게 현대미술관에서 개최되는 대규모 전시 참여를 요청하는 공식 초청장 초안을 작성했다. 예술가들의 경쟁 관계를 계산한 노림수로 마티스 전시에 주의를 환기한 것이다. 바는 피카소가 전시를 연기한 뒤에야 마티스 전시를 조직했으나 그럼에도 전시는 "뛰어난 성공"을 거두어 비평가들에게 깊은 인상을 남겼으며, 3만 6000명이 넘는 관객을 불러모았다고 언급했다. 또한 이것은 "폭발적인 성공"의 서곡에 불과하니 미술관은 이제 피카소를 소개하는 일에 더욱 큰 확신을 갖게 되었다면서, 피카소의 작품이 미국에 제대로 소개된 적이 없다는 사실을 강조했다. 피카소와 마티스의 일대일 구도가 파리에서 그랬듯 뉴욕에서도 잘 작동하리라는 믿음으로, 그는 만일 피카소가 거절한다면 마티스가 미국 예술계를 지배하게 될 거라고 암시했다.[14]

하지만 그 편지는 결국 보내지지 않았다. 굿이어의 승인을 기다리는 사이, 미술관은 비누가 그해 봄 파리에서, 아마도 로젠베르그와 데일의 지원을 받았을 대규모 피카소전을 추진하고 있다는 사실을 확인했다. 일정상 현대미술관이 먼저 전시를 개막할 수는 없는 상황이었다. 바의 입장에서 미술관은 너무도 곤란한 상황에 처한 셈이었다. 2년 연속으로 조르주프티의 전시를 따라간다면 파리의 거래상들이 이 미술관을 좌우하고 있다는 인상을 주게 될 것이었다. 바와 비슷한 고민에 빠진 굿이어가 데일에게 연락해 조르주프티사가 봄에 피카소 전시를 진행할 경우 현대미술관은 이를 "비우호적인 행위"로 간주하겠다고 전하자, 데일은 이사회에서 물러나겠다고 답했다. 거래상들의 명백한 승리였다. 바의 모든 노력에도 불구하고 조르주프티사는 미술관보다 한 발 앞서 피카소 전시를 선점했고, 그나 굿이어 또는 다른 누구도 이를 막기 위해 할 수 있는 일이 없었다.[15]

하지만 이러한 생각에 공감하는 사람은 많지 않았다. 사실상 굿이어를 제외한 이사들은 조르주프티 전시 이후에 뉴욕에서 피카소전을 개최하는 것이 그리 심각한 문제라고 보지 않았다. 삭스와 록펠러를 만난 뒤 굿이어는 바에게 "그 두 사람 모두 (……) 이것이 우리에게 정말로 중요한 문제라고 생각하지 않는다"고 말했다. 컬렉터인 두 사람은 바가 기획자로서 품고 있는 순수주의와 예술시장에 대한 회의를 공유하지 않았다. 그들은 또한 비누와 로젠베르그가 유럽의 대표적인 예술가들을 상대로 발휘하는 비상한 영향력에 훨씬 덜 민감했다. 궁지에 몰린 바는 결국 거래상들에게 굴복해 그들이 먼저 전시하도록 양보해야 하리라는 사실을 기꺼이 받아들였다.[16]

하지만 결국에는 그조차 불가능했다. 사실 현대미술관의 이사들이 피카소 전시 계획에 등을 돌리게 된 것은 파리의 거래상들이 아니라 그보다 훨씬 더 가까운 문제, 즉 세계적인 금융위기 때문이었다. 점점 더 어두워지는 경제 전망에 직면한 그들은 미술관의 재정을 지탱하고 불필요한 위험을 피하기 위해 필사적이었다. 마티스 회고전의 성공에도 불구하고, 유럽의 대여 작품들에 의존해야 하는데다 엄청난 비용이 들어갈 것이 분명한 또다른 전시는 부적절한 계획으로 보이기 시작했다. 결국 1월 말 이사들은 냉정한 결정을 내렸다. 바는 피카소에게 보낸 공식 서신에서 이 상황을 정중하게 설명했다. "현대미술관의 관장과 임원들이 당신에게 다음과 같은 소식을 전해달라고 요청했습니다. 대단히 유감스럽지만, 미술관은 지난 1년 동안 한층 더 심각해진 금융위기에 맞닥뜨려 미술관에서든 다른 어느 곳에서든 전시를 조직하는 것이 바람직하지 않으며 비현실적이라 생각합니다."[17]

그는 "미래에" 이 전시를 다시 추진할 수 있기를 바란다고 덧붙였지만 전체적인 메시지는 분명했다. 피카소 전시는 무기한 연기되었다. 바는 개인적으로 커다란 충격에 휩싸였다. 3년 가까이 고군분투했건만 기념비적인 피카소 전시를 개최하고자 한 노력이 결국 수포로 돌아간 것이다. 비누가 그를 앞질렀고, 데일은 방해했으며, 레버는 믿을 수 없는 사람으로 판명되었고, 피카소는 무관심했다. 그리고 미술관 이사들은 그를 포기했다. 미국에 피카소 작품을 들여오려다가 실패한 사례의 기나긴 목록에 이 전시도 추가될 예정이었다. 한편 바는 자신이 신뢰하는 파리의 중개인 모니와도 멀어졌다. 모니가 이 일로 개인적인 수치심을 느낀 것이다. 그해 봄, 모니는 바에게 쓴 편지에서 이렇게 밝혔다. "나는 그 이후로 피카소와의 만남조차 피하고 있습니다. 당신도 작년의 그 불쾌한 모의를 계속할 필요가 없다는 점에 안도해야 할 겁니다." 바는 전혀 안도하지 않았다. 더구나 모니의 마지막 말을 보니 도무지 위안이나 안도의 감정 같은 것을 느낄 수 없었다. "앞으로도 당신은 프랑스 거래상들의 영향으로부터 완전히 자유로울 수 없을 겁니다."[18]

25 | 실패

피카소 전시가 물거품이 된 이후 몇 주, 그리고 몇 달이 지나도록 바는 제정신이 아니었다. 평소에도 육체적으로 강건한 사람은 아니었지만 이제 그의 양볼은 움푹 꺼졌고 눈도 붉게 충혈되었다. 불면에 시달리고 피로감으로 맥을 못 추어, 굿이어에게 일하기 힘들다고 불평을 늘어놓기도 했다. 늦봄 무렵에는 오랜 조언자인 삭스와의 점심식사도 간신히 마칠 수 있을 정도로 쇠약해졌다. 삭스는 굿이어에게 개인적인 메모를 전달해 바가 "신경쇠약 직전" 상태로 보인다고 알렸다.[1]

1932년 6월 초 록펠러 역시 바의 모습을 보고 깜짝 놀라 그를 자신의 주치의에게 보냈다. 주치의는 정밀검사 끝에 "기관상"의 문제—당시 신체적 질병을 가리키던 용어다—는 없다고 확인해주었다. 하지만 다른 문제를 배제할 수 없다고 판단하여 그를 신경과 전문의에게 보냈고, 신경과 전문의는 그 나름의 분석을 통해 다소 모호하나 경각심을 불러일으킬 만한 진단을 내렸다. 그에 따르면 바는 심각한 신경쇠약을 겪고 있었다. 의사는 바에게 즉시 일을 중단하고 최근에 소개된 바르비투르산염계 약물인 산도프탈을 처방받으라고 지시했다. 또한 1년 동안 충분히 휴식을 취해야 한다고도 말했다. 바는 충격을 받았지만 진단에 의심을 품지는 않았다. 그는 록펠러에게 "의사의 말이 맞는 것 같다"고 전했다.[2] 이사들로서는 난감한 상황이었다. 미술관이 설립된 이후 2년 반 내내 바가 거의 모든 일을 이끌어온 터였다. 전시를 기획하고, 작품을 찾고, 준비된 작품을 대중의 눈높이에 맞추어 정제한 사람이 그였다. 도미에와 세잔 작품을 전시할 때도 다른 어떤 갤러리들보다 돋보일 수 있었던 것은 타협 없는 바의 기준과 전시에 대한 그의 천재적인 감각 덕분이었다. 그는 사전준비 없이 즉석에서 일을 하면서도 열여섯 개의 놀라운 대여전을 개최했다. 게다가 그 대부분이 호평을 받았고, 그중 많은 수는 획기적인 전시로 회자되었다. 바 없이 일을 지속해나간다는 건 상상하기 어려웠다. 록펠러의 말처럼 "바가 곧 미술관"이었다.[3]

　　대공황이 한창인 시기라 미술관에 대한 재정 압박도 계속해서 커져갔다. 그해 봄 미술관은 헤크셔빌딩을 떠나 웨스트 53번 스트리트의 록펠러 저택 내 비어 있던 5층으로 이사했다. 이곳은 더 넓을 뿐 아니라 연 임대료도 8000달러로 전에 비하면 상당히 저렴한 수준이었다 (이 공간에서 아무런 수익도 나지 않던 참이라 존 록펠러 주니어는 아내에게 파격적으로 할인한—그러나 무료는 아닌—임대료를 제시했다). 그럼에도 미술관 운영은 그 어느 때보다 위태로웠다. 록펠러는 바가 조수들에게 주급으로 20달러 이상 지급할 수 없다는 사실을 알고 너무나 놀랐다. 존슨을 비롯한 많은 직원들이 무보수로 일하고 있었다. 그 와중에 휴직 중인 바에게 돈을 지급하는 것은 너무나 큰 부담이었으며, 더구나 1년 뒤 그가 복귀할 수 있을 정도로 건강을 회복할 것인지도 확실치 않은 상황이었다. 불안한 마음에, 미술관은 결국 바를 집으로 돌려보내기로 결정했다. 바에게 임금의 절반을 지급하고, 남은 절반으로는 한시적이나마 그를 대체할 인건비를 충당할 수 있기를 바랐다.[4]

—

바의 급격한 건강 악화는 복합적인 이유에서 비롯했다. 부분적으로는 연속적인 실패에 따른 압박감에서 기인했을 것이다. 미술관이 받은 찬사에도 불구하고 바 자신의 미래 전망은 암울했다. 바는 종종 자신이 이사들의 비위를 맞추고 있다고 느꼈다. 미술관에 대해 품었던 그의 커다란 비전은 거의 실현되지 못했으니, 회화와 조각 부문에서 초현실주의나 구성주의 같은 최근의 경향은 고사하고 아직 입체주의조차 제대로 검토하지 못한 형편이었다. 이사진은 또한 영화와 산업 및 그래픽디자인, 연극, 사진 등 이미 1920년대 말에 바가 웰즐리칼리지 학부생들에게 소개했던, 폭발적인 혁신이 이루어진 분야를 무시했다. 더욱 대담한 예술이 뉴욕의 여러 갤러리에서 소개되고 있는데 말이다.

더욱 실망스러운 것은 영구 소장품 문제였다. 미술관 설립을 앞둔 시점에서 퀸의 회화와 조각 작품 컬렉션이 공중분해 되면서 바는 현대 걸작의 본질을 정의할 수 있는 일련의 대표작들을 재구성하는 것이야말로 자신의 가장 중요한 임무라고 오랫동안 생각해왔다. 감질나게도, 컬렉션의 초기 구성이 마침내 가시권에 들어오긴 했다. 지난겨울 블리스가 세상을 뜨면서 드가와 쇠라, 툴루즈로트레크의 여러 작품들, 그리고 소수의 드랭, 마티스, 피카소 작품과 함께 스물여섯 점의 세잔 작품을 미술관에 남긴 것이다. 아방가르드 회화는 극소수에 불과했으나 블리스는 자신의 소장품을 거래하여 다른 작품을 확보해도 괜찮다고 허락했다. 그 컬렉션이 미술관에 훌륭한 기초를 제공해줄 것이었다. 하지만 미술관은 결국 이 회화들에 대한 권리를 주장할 수 없었는데, 블리스가 내세운 까다로운 조건 때문이었다. 그 조건에 따르면 이사들은 먼저 100만 달러의 기부금을 모아야 했다. 블리스는 미술관이 건전한 재정 기반 위에 서 있어야 한다는 올바른 판단을 내렸고, 자신의 회화 작품을 촉매로 그것이 가능하리라 보았다. 하지만 안타깝게도 그는 대공황의 심각성을 예측하지 못했다. 당시 미술관은 당장의 운영조차 감당하기 어려운 형편이었다.

무엇보다 바의 건강에 큰 영향을 미친 것은 피카소 전시를 성사시키지 못했다는 사실이었다. 피카소 예술 30년 이력의 결정적 순간들을 한자리에 모아 보여주는 최초의 전시는 현대예술의 이야기를 세계에 알리고자 하는 미술관의 야망을 분명하게 드러내는 선언이 되었을 터였다. 비록 피카소 작품을 소장하지는 못했을지언정, 이 전시를 통해 현대미술관은 20세기의 가장 중요한 예술가에 대한 선도적인 해석가로서의 입지를 주장할 수 있었으리라. 하지만 바는 거래상들로부터 농락당했고, 이후 미술관 자체의 재정적 취약성에 의해 완패했다. 새로운 긴축정책이 시작된 지금, 그런 전시를 언제 다시 시도할 수 있을지 불투명했다. 그해 봄 바가 피카소의 일로 너무나 큰 압박감에 시달려 마가는 그 이야기를 꺼내기조차 두려울 정도였다.

한편 바의 우울증이 악화된 건 그 자신의 개인적인 위기 때문이기도 했다. 피카소 전시가 취소되고 몇 주 뒤 애벗이 다른 미술관에서 일자리를 제안받았고, 돈을 절약하고 싶었던 이사들은 그 제안을 받아들이기를 권했다. 결국 애벗은 미술관을 떠나 스미스칼리지미술관의 관장직, 마가가 1년 반 전에 거절했던 바로 그 자리로 갔다. 모두에게 역설적인 상황이었다. 마가가 바와 바의 미술관을 지원하기 위해 그것을 포기했던 반면, 물론 이사들에 의해 떠밀리긴 했지만 애벗은 그것을 위해 바를 버렸으니 말이다. 애벗의 입장에서는 바의 결혼이 자신과 바의 관계에서 걸림돌로 작용했다고 여겼던 건지도 몰랐다. 이제 그는 자신의 길을 가야 할 때라고 결심한 듯했다.[5]

바는 큰 충격을 받았다. 지난 여섯 해 가까이 애벗은 그에게 가장 중요한 사람이었다. 두 사람은 하버드대학교에서 함께 방을 썼고, 웰즐리칼리지에서 함께 강의했으며, 유럽 전역을 함께 여행했다. 현대미술관도 함께 만들었다. 1926년 삭스를 설득해 하버드대학원 과정에 애벗의 입학 허가를 받아낸 사람도, 그로부터 3년 뒤 록펠러를 설득해 애벗을 참모로 고용한 사람도 바였다. 애벗 또한 바가 재정적인 어려움을 겪던 시절 그를 돕고자 아버지에게 편지를 썼다. "바의 집세를 지불해주는 것이 그와의 우정에 대한 일종의 금전적 보상이라고 생각합니다. 그는 제 친구예요. 부족한 저보다 훨씬 뛰어난 그의 능력에 저는 줄곧 의지해왔지요. 그의 친절한 도움으로 전 진입하기 어려운 일에 뛰어들 수 있었어요."[6] 이러한 개인적이고 지적인 유대감이야말로 바의 삶에서 해소되지 않는 긴장을 다스리는 결정적 요소였다.

바가 결혼하기 전까지 하버드 친구들 중 일부는 그의 성정체성에 의구심을 품었다. 웰즐리칼리지에서 강의하던 시절 많은 여학생들이 젊은 그를 따랐지만 그가 친하게 지내는 사람들은 대부분 남성이었다. 특히 존슨과 각별했으니, 존슨은 바를 "알포Alfo"라 불렀고 편지를 쓸 땐 "사랑을 담아, 피피"라고 서명했다. 건축사가 헨리러셀 히치콕과 곧 미술관에 없어서는 안 되는 일꾼으로 자리잡은 캐리 로스, 작곡가 버질 톰슨, 『하운드 앤드 혼Hound & Horn』의 탁월한 편집장이자 하버드 현대예술회의 공동대표인 링컨 커스틴 등 동성애자 친구들도 많았다. 애벗은 성정체성을 밝히지 않았으나 여성에게 도무지 관심이 없었다. 누가 보아도 애벗과 바는 친구 이상의 관계로 여겨졌다. 히치콕은 이들을 "이상한 부부"라 불렀고, 존슨은 애벗을 바의 신봉자라고 생각했다. 그들이 플라토닉한 관계가 아니었다는 증거는 없지만, 어쨌든 서로가 각자에게 그 의미가 특별했던 것은 사실일 것이다.[7]

한편 마가와 바의 관계 역시 평범하지 않았다. 그들은 상대에게 깊이 헌신했고, 바는 곧 미술관 일에서 마가의 타고난 사교성과 언어능력에 의지하게 되었다. 하지만 이들이 일상에서 친밀감을 다질 시간은 거의 없었다. 두 사람은 상당한 시간을 떨어져 지냈다. 결혼식을 올리고 불과 몇 주 뒤 마가는 로마에 있는 어머니를 만나러 떠났고, 그사이 바는 존슨, 히치콕, 로스 등 모두 남성으로만 이루어진 무리와 함께 모더니즘 전시를 보기 위해 독일로 갔다(바는 베를린에서 마가에게 이런 편지를 보냈다. "로스는 놀라운 친구고, 존슨과 히치콕도 다정한 코끼리 같은 사람들이야! 맙소사!"[8]). 기묘한 신혼여행이라 할 만했다. 그저 친한 친구에 지나지 않더라도 이 남성들의 존재는 바의 삶에 정서적 불협화음이 드리워 있었으며, 그것이 결혼생활로까지 이어졌음을 암시한다. 그리고 1년 반이 지나 피카소 전시가 어그러지고 애벗이 미술관을 떠난 지금, 바는 진정으로 부부관계의 어려움을 깨닫게 된 듯했다.

건강이 나빠지고 1년쯤 지났을 때, 바는 마가에게 보낸 긴 편지를 통해 자신의 문제를 넌지시 밝혔다. 당시 마가는 전해에 이어 여름 동안 홀로 유럽에 머물던 중이었고, 바는 버몬트주 그린즈버러에 있는 부모님의 오두막에서 요양을 하며 근처에 사는 젊고 매력적인 여성이자 두 사람 모두의 친구인 버지니아와 자주 어울렸다. 그는 이렇게 썼다. "밤에 종종 일종의 알몸 목욕을 하느라 (버지니아를) 자주 만나게 돼. 당신 말마따나 멋진 몸과 아주 예쁜 가슴을 가진 여자야." 버지니아는 함께 수영하자고 조르곤 했는데, 이를 두고 바는 마가가 버지니아를 부추겼으리라 생각했다. "뱀 같은 당신이 버지니아에게 나를 유혹하라고 한 거야?" 그렇지만 그는 자신이 이에 응할 수 없으며, 그런 욕구조차 느끼지 못한다고 털어놓았다. 마가나 다른 여성과의 관계에서 자신의 부족함을 깨닫고 괴로워하던 바는, 마침내 마가를 아내로서의 의무에서 놓아주었다. "나는 더이상 메디슨가에서 달콤한 밤을 보냈을 때의 내가 아니야. 밤일에 썩 훌륭하지 못하지. 아마 일부는 내가 결코 극복하지 못할 전반적인 피로감 때문이기도 하고, 일부는 부수적인 상황 때문이기도 할 거야."

설령 버지니아와 함께하는 한밤의 알몸 수영을 통해 기력을 회복하고자 마음먹는다 해도, 같은 시기 피카소로 하여금 디나르 해변에서 발터와 밀회를 나누고 「수영하는 사람」이라는 놀라운 작품으로 새로운 경지에 이르게 한 사티로스와 같은 충동은 바에게 아무런 영향을 미치지 못하는 듯했다. 피카소의 예술에서 그토록 강력하게 느껴지던 관능의 세계가, 바 자신에게는 스스로의 결핍과 정서적 분리를 인지하는 남성성의 시험대에 가까운 것 같았다. "내가 프리아포스*의 강건한 정력을 얻을 수 있다면 그것은 나 자신의 온전한 정신이나 기쁨을 위해서가 아니라, 내 팔 안에서 당신이 느끼는 환희가 내게 그 무엇보다 달콤하기 때문일 거야."⁹

—

피폐해진 정신상태의 원인이 무엇이었든, 바는 피카소에게서 벗어날 수 없었다. 1932년 6월 휴직을 시작하고 수면제와 휴식이라는 새로운 생활습관에 적응하는 동안 그는 스트레스로 가득한 뉴욕을 떠나 그린즈버러로 가기로 마음먹었다. 하지만 6월 16일, 휴직 시점과 거의 동시에 비누와 로젠베르그가 파리의 조르주프티갤러리에서 대규모 피카소 회고전을 개최했다. 바의 뉴욕 전시 계획을 수포로 돌린 바로 그 전시였다. 마티스 전시 때와 마찬가지로 이 거래상들은 더없이 화려한 개막 행사를 치렀고, 유럽의 언론들은 전

* 그리스신화에 등장하는 번식과 다산의 신.

시의 거대한 규모와 광범위한 작품 구성에 크게 환호했다(피카소는 그답게도 규모 면에서 마티스를 능가하고자 총 225점의 회화 작품을 전시했을 뿐 아니라 작품 설치에도 직접적으로 관여했다). 바가 볼 때 이 전시는 지난해의 고군분투를 새삼 상기시키는 사건이었지만, 동시에 반드시 관람해야 할 행사이기도 했다. 상대의 능력을 가늠하고 피카소의 최신작에 대한 중요한 통찰을 얻을 기회였다. 또한 향후 계획을 위해서라도, 다시 말해 미술관의 존재를 부각시키고 피카소의 궤도에 자리한 다양한 참가자들과 관계를 맺기 위해서라도 전시 관람은 필수적이었다. 문제는, 당장 어떤 여행도 불가능한 상황이라는 점이었다. 그때 마가가 떠올랐다. 마가는 갈 수 있었다. 두 사람은 이미 바가 어느 정도 회복되어 여행을 할 수 있게 되면 휴직 기간 중 얼마간은 유럽에서 시간을 보내자고 의논한 터였다. 바가 버몬트주에서 쉬고 있는 동안 마가가 먼저 출발한다면 종료가 임박한 전시를 놓치지 않을 수 있을 것이었다.

마가는 계획을 세울 시간도 없이 아파트 문을 잠그고 프랑스로 향했다. 파리 예술계에서 공식적인 직함 없이 홀로 미술관을 대표하는 일이 그에게 달려 있었다. 어느 정도는 흥분이 느껴지기도 했다. 그는 늘 유럽에서 더 행복했고, 바에게서 벗어나면 자신의 많은 매력과 판단력을 발휘할 수 있게 되리라 생각했다. 대형 프랑스 정기선을 타고 대양을 건너는 동안 마가는 과거의 사교성을 되찾아 일등석 라운지에 들어가서는 부유한 미국인들로부터 예술계 소식을 알아내는가 하면, 교양 있는 프랑스 구두 상인과 버지니아 울프며 캐서린 맨스필드에 대해 긴 대화를 나누었으며, 귀향중인 젊고 건장한 파리 사람들 한 무리와 갑판 테니스도 쳤다(그는 바에게 이 소식을 전했다. "함께 테니스를 친 세 사람이 내 음료값을 얼마나 내주고 싶어하던지. 나는 하루에 레모네이드 한 잔밖에 안 마시는데 말이야"[10]).

실패

하지만 파리에서의 업무는 섬세한 외교술이 필요한 일이었고, 마가는 급히 오는 바람에 전략을 논의할 시간이 없었다. 그는 어떻게든 바의 질병과 미술관의 위태로운 재정에 대한 언급을 피하면서 바를 대신해 거래상들과 미래의 가능성을 모색해야 했다. 미술관측에서 여행비를 지급하지 않았기에 불필요한 절차들은 모두 생략했다. 마가는 돈을 아끼기 위해 친구 톰슨의 아파트에 묵었고, 이제 막 출간된 크리스티앙 제르보스의 『피카소 전작 도록Catalogue raisonné des œuvres de Pablo Picasso』 제1권을 바에게 사주기 위해 다른 모든 사치품을 포기했다. "이 책을 샀다고 잔소리하면 안 돼. 옷은 하나도 사지 않고 있어." 무엇보다 그는 전시에서 최대한 많은 것을 흡수해야 했다. 그는 바에게 약속했다. "편지봉투에 내 눈을 담아 보낼게."[11]

마가는 파리에 도착하자마자 조르주프티갤러리로 향했다. 전시가 이미 엄청난 주목을 끌어 모든 전시실이 방문객들로 가득했다. 하지만 마가는 당혹감을 느꼈다. 전시에는 분명한 조직원리가 없었으며, 작품 설치도 뒤죽박죽이었다. 바가 싫어하는 방식이었다. 너무 많은 작품들이 벽을 수직으로 가득 채우고 있었다. 한 전시실의 벽지는 산만하기 그지없었으니, 마가는 그 빛깔을 두고 "유독한 붉은색"이라 묘사했다. 게다가 많은 작품이 지나치게 큰 금박 액자에 담겨 있었다. 마가는 바에게 "벽걸이 장식이 끔찍하다"고 썼다.

그러다 가장 큰 전시실에 들어서자 스무 점가량의 대형 회화 작품이 눈앞에 나타났다. 모두 겨울 이후에 제작된 최근작이었다. 입체주의도, 사실주의도 아닌 이 작품들 속에서는 압도적인 형태의 인체가 화면을 가득 채우고 있었다. 어깨까지 내려오는 밝은 금빛 머리를 가진 익명의 젊은 여성을 반복해서 묘사한 작품들. 다양한 형태로 잠들어 있는 이 여성의 얼굴과 팔다리가 배경의 평면적인 벽, 그리고 곡선형 안락의자와 뒤섞이며 꿈결 같은 에너지를 발산하는 듯했다. 이 작품들에서 마가는 그동안 피카소의 어떤 작품에서도 감지하지 못했던 자발성을 발견했다. 정말이지 눈을 뗄 수 없을 만큼 매혹적이었다. 그는 다음과 같이 적었다. "서정적이면서도 관능적인 작품들이야. (부드러운 색과 강렬한 색이 즉각적인 대조를 이루는) 그 색채는 피카소의 작품에서 완전히 새로운 측면이지."[12]

이제는 모두가 알다시피, 이 놀라운 새 연작에 영감을 준 것은 발터였다. 5년이 넘는 기간 동안 피카소는 연인의 존재를 조심스레 숨겨왔고, 심지어 전시에서도 그 정체는 알려지지 않았다. 하지만 대중은 처음으로 발터의 이미지와 그 이미지로부터 영감을 얻은 생동감 넘치는 작품을 볼 수 있었다. 그해 겨울과 봄 몇 주에 걸쳐 피카소는 발터를 주제로 매일 새로운 그림을 그렸다. 그중 하나인 「잠」은 1월의 어느 날 낮잠을 자고 있는 발터 앞에서 세 시간 만에 완성한 작품이다.[13] 발터에 대해 아는 사람은 거의 없었지만 그의 존재는 조르주프티 전시에서 강렬한 존재감을 발산했다. 마가는 바에게 보낸 편지에서 이렇게 말했다. "이제 피카소는 그 자신의 인생에서 가장 창조적인 충동에 의해 움직이는 것 같아."[14]

거의 일주일 가까이 마가는 매일 아침 조르주프티갤러리를 찾았고, 오후에도 다시 방문했다. 비누는 작품 판매를 기대하며 전시장 곳곳에서 영어와 프랑스어로 사람들과 열정적인 대화를 나누고 있었는데, 그 모습이 "아주 애교 많은 고양이" 같다고 마가는 전했다. 마가는 비누와의 대화를 통해 그와 로젠베르그, 피카소가 일주일 만에 이 작품들을 설치했다는 사실을 알게 되었다. 그리고 우연히 레버와도 마주쳤다. 바와 약속했던 것과 달리 레버는 비누에게 많은 그림을 빌려주었다. 마티스도 만났는데, 물론 그는 이 전시의 진정한 동기와 관련해 순진한 환상 같은 것은 아예 품지 않았다(이후 마티스는 아들 피에르에게 다음과 같이 말했다. "나로서는 피카소의 전시에 반응할 필요가 없어. 그 전시가 내 전시에 대한 반응으로 이루어진 거니까"). 하지만 전시장에서 피카소의 모습은 한 번도 볼 수 없었다. 짐작건대 "피카소는 자기만의 성에 틀어박혀" 있는 것 같았다.[15] 그리고 전시가 끝날 무렵, 비누는 마가를 작품 철수 자리에 초대했다. 마가가 갤러리에 도착했을 때 전시장은 거의 비어 있는 상태였고, 일부 작품은 바닥으로 내려와 벽에 기대여 있었다. 비누는 갤러리의 다른 쪽 끝에서 누군가와 이야기를 나누는 중이었다. 마가는 곧 그 눈을 알아보았다. 비누가 마가를 향해 손짓하더니 피카소를 소개하고 두 사람을 남겨둔 채 자리를 떠났다. 피카소는 마가에게 물었다. "사람들이 그러는데, 당신은 이탈리아 사람이라고요?" 몇 분 뒤 두 사람은 함께 전시장을 둘러보기로 했다. 주요 전시장에 들어섰을 때 마가는 자신에게 가장 큰 관심을 불러일으켰던 신작 한 점을 가리켰다. 「거울 앞의 소녀」로, 전신거울 앞에 서서 그 안에 비친 자신의 모습을 끌어안고 있는 여성을 표현한 매우 복잡한 그림이었다. 피카소는 자신이 아주 좋아하는 그림 중 하나라고 인정했지만, 여느 때처럼 의도에 대해서는 대단히 모호하게만 답했다. 마가는 다른 그림에 대한 이야기로 좀처럼 나아가지 못하다가, 마침내 그의 1932년 작품들을 보면 조르조네의 작품이 떠오른다고, 이 연작의 "반복적인 관능성"에 매혹되었다고 말했다. 그 말이 다른 어떤 질문들보다 피카소를 기쁘게 만든 것 같았다.

　계속해서 함께 전시장을 돌아보던 중 마가는 불쑥 미국에 대한 이야기를 꺼냈다. 혹시 미국에 반감이 있는 거냐고, 한번 방문해볼 생각은 없냐고. 피카소는 미국이 싫은 게 아니라 여행을 좋아하지 않는다고 대답했다. "독일에도 가본 적이 없는걸요." 그는 프랑스어로 의사소

통이 가능한 이 아일랜드계 이탈리아 여성을 꽤나 마음에 들어하는 것 같았다. 하지만 마가는 미국 예술계에 대한 피카소의 경계심을 느낄 수 있었다. 두 사람이 대화를 나누는 사이 누군가 비누에게 다가가 말을 걸었다. 피츠버그의 카네기연구소Carnegie Institute에서 온 사람으로, 당시 현대예술에 대한 전향적인 태도로 잘 알려져 있던 여성이었다. 그는 자신이 계획하고 있는 전시에 피카소의 신작 몇 점을 빌려줄 수 있는지 물었다. 이에 비누가 피카소를 곁으로 불렀다. 하지만 이야기를 나누던 피카소는 어느 순간 비누를 차갑게 바라보면서 내뱉었다. "나는 아무 작품도 빌려주지 않을 겁니다. 내 말 알아들었습니까? 아무것도!" 비누는 포기했다.[16]

전시 철수가 마무리될 때까지 마가가 아직 만나지 못한 사람이 있었다. 바로 로젠베르그였다. 바의 예상대로 로젠베르그는 비누를 비롯한 조르주프티사의 거래상들과 흔쾌히 협력 관계를 맺었다. 그에게는 이것이 자신의 대표적인 예술가를 큰 무대에서 보여줄 수 있는 흔치 않은 기회였다. 로젠베르그는 전시 조직에서 핵심적인 역할을 맡았고, 피카소를 제외하면 누구보다 가장 많은 작품을 내주었을 뿐 아니라 전시에서 소개된 여러 신작들을 관리하게 될 것이었다. 하지만 그는 전시에 오지 않았다. 사실 그는 파리에 없었다. 7월 셋째 주에 로젠베르그는 피카소에게 이례적으로 간결한 편지를 보내 자신이 "산으로 떠날 예정"이라고 알렸다. 그러고서 며칠 뒤 다시 편지가 왔다. 이번에는 스위스로 갈 예정이라고, 떠나기 전에 피카소를 보지 못해 아쉽다고 전하면서 "한동안, 아마도 긴 시간 머물 자신의 주소지"라며 한 호텔 이름을 알려주었다.[17] 두 단락으로 이루어진 이 편지는 침울하면서도 간단했으니, 오랫동안 피카소와의 소통에서 넘쳐났던 장난스러운 농담과 과장된 분위기는 찾아볼 수 없었다. 그의 가족에 대한 언급도, 그동안 다른

실패

편지에서 강조했던 "우리"라는 단어도 없었다. 그는 오직 자기 자신에 대해서만 이야기했다.

1932년, 로젠베르그 가정의 긴장 상태가 결국 폭발하고 말았다. 로젠베르그는 아내가 윌덴스탱 가족과 그들의 경주마에 집착하게 된 다른 이유가 있다는 사실을 뒤늦게 깨달았다. 마고는 윌덴스탱과 바람을 피우고 있었다. 두 사람의 관계가 언제 시작되었는지는 불분명했지만, 아마도 몇 년에 걸쳐 지속되어온 듯했다. 로젠베르그는 훗날 자신이 죽은 뒤 읽어달라며 마고에게 열 장짜리 자필 편지를 썼는데, 그중 이런 내용이 있다. "1923년, 삶은 나에게 고문이었어. 나는 당신을 진심으로 사랑했고 동시에 당신을 잃고 있다고 느꼈지." 로젠베르그의 짐작이 옳다면 두 사람의 만남은 그의 첫 미국 여행 당시, 즉 1923년 가을 뉴욕과 시카고에서 참담한 두 달을 보내던 때 시작되었을 것이다. 그와 윌덴스탱이 긴밀하게 협력하던 시기였다. 그가 윌덴스탱의 뉴욕 갤러리에서 그리 성공적이지 못한 피카소 전시를 여는 동안 파리에서 윌덴스탱은 그의 아내를 유혹하고 있었던 것이다. 관계가 진전되면서 윌덴스탱은 마고에게 남편을, 그러니까 로젠베르그를 떠나면 결혼하겠다고 약속한 것 같았다.[18]

파리에서 피카소가 최고의 대중적 승리를 거두기 시작한 바로 그 순간, 로젠베르그는 충격과 혼란 속에 도망치듯 파리를 떠났다. 그는 즉시 윌덴스탱과의 사업적 제휴를 중단했다. 다시는 그와 말도 섞지 않을 생각이었다. 마고는 이혼을 원했고, 자녀들은 친척집으로 보내졌다. 하지만 로젠베르그는 자신이 완전히 떠날 수 없다는 사실을 알고 있었다. 강력한 사회적·가족적 문제들이 작용하는데다 예술계에서 그의 미래마저 위험에 처한 터였다. 프랑스의 혼인법상 이혼한 부부에게는 모든 재산이 균등하게 분배되었다. 즉 이혼은 그의 가족만이 아니라 그의 재산을, 더하여 그에게는 정체성의 기반이라 할 수 있는 갤러리와 개인 컬렉션 역시 찢어놓을 것이었다. 피카소와 브라크, 레제, 마티스의 작품, 모네와 르누아르, 반 고흐의 귀한 그림들을 포함해 그가 쌓아올린 모든 것이 위협받고 있었다(음흉하게 해석해보자면, 월덴스탱이 이와 같은 재산 분할을 의도했을 수도 있다. 만일 갤러리의 작품들 중 마고의 지분을 손에 넣게 되면 현대예술에 대한 그의 영향력은 극적으로 확장될 터였다[19]).

결국 로젠베르그 부부는 얼음처럼 냉랭한 휴전에 이르렀다. 마고는 월덴스탱을 포기했지만 이후 남편의 예술계 생활에도 일절 관여하지 않았다. 그들은 함께 살아도 떨어져 지냈다. 이혼은 하지 않았으나 이러한 상황은 로젠베르그에게 큰 영향을 미쳤다. 특히 미국에서 그가 쏟아부은 노력이 위험에 처해 있었다. 미국에서 그는 월덴스탱과 제휴해 회사를 설립한 상태였다. 1923년 퀸이 그를 위해 설립해준 회사였다. 사태가 수면 위로 드러난 뒤 사업 파트너였던 두 사람은 작품을 나누어 가졌고, 로젠베르그는 결국 월덴스탱의 지분을 20만 달러에 사들였다. 하지만 월덴스탱과의 결별은 그의 미국 전략에 있어 주춧돌과 같았던 뉴욕의 월덴스타인갤러리를 더이상 사용하지 못한다는 사실을 의미했다.[20]

이제 로젠베르그는 미국 시장에 진출하기 위한 새로운 방법을 찾아야 했다. 설상가상으로 그사이 대공황이 뒤늦게 프랑스에 닥쳐와 그림 판매가 크게 줄어들었다. 1920년대 말에 누렸던 사치스러운 생활방식은 포기할 수밖에 없었다. 그는 자신의 종마들을 팔았다. 당분간은 보유한 작품들을 보호하는 것이 그가 할 수 있는 전부였다. 로젠베르그가 꿈꾸었던 마사馬舍는 '피카소'라 이름 붙인 말이 출발 게이트에 서보기도 전에 사라져버렸다.

파리에 있던 마가는 피카소가 그린 수수께끼 같은 뮤즈의 정체에 대해 아는 바가 없듯이 로젠베르그가 처한 곤란한 상황에 대해서도 전혀 몰랐다. 하지만 피카소의 최초의 대규모 미술관 전시가 뉴욕이든 다른 주든 미국에서는 개최될 계획이 없다는 사실은 곧 알게 되었다. 그 전시는 스위스에서 열릴 예정이었다. 파리의 전시가 진행되는 동안 비누는 그해 가을 유럽의 대표적인 현대미술관 중 한 곳인 취리히미술관Kunsthaus Zürich에서 전시를 이어갈 수 있도록 준비했다. 아닌 게 아니라, 스위스 사람들은 창작 통제권을 미술 거래상들에게 넘겨주는 것에 대해 바가 느꼈던 불안감을 전혀 갖고 있지 않았다. 스위스 전시 소식을 듣자마자 마가는 바에게 편지를 썼다. 유럽에 와서 그 전시를 보라는 내용이었다. "당신이 취리히에 가기만 하면 올해의 피카소에 대해 중요한 글을 쓸 수 있을 거야. 아, 하지만 내가 지금 대체 무슨 소리를 하고 있는 걸까? 당신은 쉬어야 하는데."[21]

마가가 급히 파리로 출발한 지 두 달 만에 바가 유럽으로 건너와 합류
했다. 1년의 병가 기간 중 남은 시간을 유럽에서 둘이 함께 보낼 작정이
었다. 요양원의 인기가 절정에 달한 1930년대 초, 원인이 불분명한 건
강 문제가 있는 이 모더니즘 감식가에게 유럽은 많은 경우 세련된 휴양
시설처럼 지어진 기관에서 가능한 다양한 치료법을 제시해주었다. 1년
앞서 흰색 벽면에 밝은 빛으로 가득한 네덜란드 힐베르쉼의 요양원 조
네스트랄 사나토리움Zonnestraal Sanatorium은 모더니즘의 전성기에 걸맞
은 건강관리의 새로운 기준을 세웠고, 당시 핀란드의 건축가 알바 알토
는 핀란드 남서부에 결핵 환자를 위한 요양원을 설계하여 이 분야에 독
자적이고 세련된 방식의 모델을 제공했다.

실제로 현대의 많은 예술가들과 작가들, 그리고 예술 후원자들
이 회복을 돕는 치료소에서 시간을 보냈다. 엘리엇은 1921년 로잔에서
신경질환으로부터 회복하던 기간에 『황무지』의 상당 부분을 집필했고,
바우하우스의 구성원들은 마조레 호수 위의 산으로 향했으며, 프란츠
카프카는 스위스와 독일과 오스트리아의 요양원에 수차례 머무르며 야

외에서 다양한 치료법을 실험했다. 궤양으로 고생하던 로젠베르그 또한 비텔을 비롯해 프랑스와 스위스의 조용한 곳에서 끊임없이 '치유법'을 찾았다. 몇몇 유럽인들은 토머스 만의 『마의 산』에 등장하는 젊은 기술자 한스 카스토르프처럼 결코 시설을 떠나지 않을 듯 보였다. 최신 치료, 혁신적인 식단, 충분한 햇빛, 자연 그대로의 환경과 더불어, 일상의 스트레스와 압박에서 벗어나는, 즉 세상과 멀리 떨어진 곳으로 갈 수 있는 기회가 이러한 요양시설의 이점 가운데 중요한 하나였다.

하지만 바는 이런 의료문화에 접근하기가 쉽지 않았다. 예산이 너무나 빠듯한 그와 마가에게 요양원 이용은 불가능한 일이었다. 마가는 바가 복용하는 수면제인 산도프탈이 스위스에서는 뉴욕의 절반 가격에 판매된다는 것을 알고 안도했다. 두 사람은 돈을 절약하기 위해 로마에서 가을을 보내기로 결정했다. 그곳에서는 마가의 어머니와 함께 지낼 수 있기 때문이었다. 이후 그들은 오스트리아나 독일에서 바의 치료를 시도하려 했다. 하지만 돈 문제와는 전혀 별개로, 이탈리아나 유럽의 다른 나라에서는 1932년에서 1933년으로 넘어가는 가을과 겨울 사이 세계 곳곳에서 벌어지는 일들로부터 한시적인 자유조차 누릴 수가 없었다. 5년 전 소련 여행의 기묘한 반향 속에, 바와 마가는 20세기 예술과 정치의 가장 폭력적인 격변을 목격하고 있음을 재빨리 깨달았다.

—

9월 말 나폴리에 도착한 바의 최우선 과제는 건강 회복이 아니라 막 취리히에서 개막한 대규모 조르주프티 전시를 보는 것이었다. 이 전시를 관람하며 바는 아이러니를 느꼈다. 취리히미술관은 거래상들의 호화찬란한 피카소 전시를 받아들이되 새롭고 일관성 있는 배치와 엄격한 작품 선정을 통해 사실상 미술관 자체의 특별 전시로 만들었고, 이는 그에게 현대미술관의 마티스 전시를 연상시켰다. 깨끗한 흰색 벽면과 눈높이에 맞추어 한 줄로 걸린 작품을 특징으로 삼는 세련되고 현대적인 설치 방식도 마찬가지였다. 전시는 입체주의를 중점적으로 다루었으며, 다소 당혹스러운 면이 있긴 했지만 피카소의 작업 이력에 대한 꽤 균형 잡힌 시각을 제공했다.

결점이 없는 것은 아니었다. 파리 전시와 마찬가지로「거트루드 스타인의 초상」과「아비뇽의 여인들」같은 핵심적인 작품들이 빠져 있었고, 조각 작품은 단 네 점에 불과했는데 그나마도 모두 초기에 제작된 것들이었다. 게다가 조르주프티 전시 때 그랬듯 수많은 작품들이 판매목록에 올라, 이 전시가 상업성에 기반하고 있다는 점이 분명하게 드러났다. 바는 많은 회화 작품을 냉정하게 평가해 등급을 매기고 이를 전시 도록에 메모했다. 무수한 작품에 B-를 주었고 소수의 작품, 특히 보다 전통적인 청색시대의 일부 작품에 대해서는 C와 D를 매기기도 했다. 전시에 소개된 221점의 유화 가운데 12퍼센트 미만인 단 스물여섯 점에만 A등급을 주었는데,「아비뇽의 여인들」시기의 누드화 한 점, 입체주의 정물화 몇 점, 두 가지 버전의「세 악사」와「거울 앞의 소녀」가 이에 포함되었다(그가 얼마나 까다로웠는지, 장차 바 자신이 피카소의 가장 중요한 작품 중 하나로 꼽게 될 1925년의 핵심적인 회화「세 무희」마저 B+로 평가했다). 그럼에도 그는 이 전시가 자신이 비누와 로젠베르그와의 협력을 바탕으로 뉴욕에서 목표로 삼았던 전시에 대단히 근접해 있음을 확인할 수 있었다.[1]

바는 두 번, 한 번은 파리의 거래상들에게, 또 한번은 취리히미술관에 패했다는 느낌을 지울 수 없었다. 이제 다시 피카소 전시를 시도하고자 한다면 전혀 새로운 계획을 내놓아야 했다. 몇 주 뒤 굿이어가 바에게 편지를 보내 1933년에 피카소 전시 계획을 재개하자고 제안했을 때 바는 이를 거부했다. "내년에는 피카소 전시를 열고 싶지 않습니다. 피카소가 가장 중요한 생존 예술가라는 점은 확실하지만, 바로 그 이유로 그도 미술관도 기다릴 수 있어요."[2]

취리히 전시는 독일어권 유럽에서 현대 아방가르드의 위상에 일종의 전환점으로 작용한 듯했다. 더하여 스위스의 미술관이 조직하고 파리의 거래상들과 피카소 자신뿐 아니라 레버를 비롯한 스위스 및 독일의 컬렉터들에게서 대여받은 작품을 바탕으로 진행된 만큼, 중앙 유럽이 현대예술에 발휘하는 변함없는 지도력을 의기양양하게 증거한 셈이었다. 전시장을 찾은 관람객 수는 기록적이었다. 독일과 스위스의 다른 미술관들이 이후 전시를 이어받고자 했으나 실패했다.

그러나 비판적인 반응도 일었다. 한 지역신문은 피카소를 "전형적인 부르주아 데카당"이라고 비판하면서 전시에 보조금을 지급한 시 당국을 비난했다.[3] 전시가 끝날 무렵 유명한 스위스의 정신분석학자 칼 구스타프 융은 취리히의 주요 일간지 『노이에 취르허 자이퉁Neue Zürcher Zeitung』에 피카소 예술에 대한 장문의 비난 글을 기고했다. 이 글에서 융은 피카소가 정신장애를 앓고 있다고 진단했다. "내 경험에 비추어보건대, 적어도 그의 작품 속 표현에서 찾아볼 수 있는 것에 한해서는 피카소의 정신적 문제가 내 환자들의 문제와 정확히 맞아떨어진다고 말할 수 있다." 융의 과장된 평가에 따르면 피카소는 "선과 아름다움이라는 용인된 이상이 아닌 악과 추악함이라는 악마적인 매력을 추구"했다. 융은 피카소가 정신분열증을 앓고 있으며, 감상자에 대한 "역설적이고 무감각하며 기괴한 무관심"이 그 특징이라고 결론 내렸다. 「거울 앞의 소녀」 같은 다시점 작품에서 융은 "균열의 선"이 병적인 "빛과 어두운 아니마의 결합"을 분명하게 나타낸다는 점을 확인했고, 곧 논의를 보다 확장해 이 작품들에 대한 대중의 강력한 반응으로부터 현대사회에 만연한 "극도의 부패"를 감지해냈다. "2만 8000명의 사람들이 그의 그림을 보러 온 만큼, 피카소와 그의 전시는 곧 시대의 징후"였다.[4]

　　융의 기사는 피카소 지지자들의 비웃음을 샀으니, 많은 사람들이 현대 회화에 대한 그 한심할 정도의 무지를 지적했다. 하지만 정신분석학적 용어로 가득한 이 비판은 새로운 예술이 일탈과 사회 쇠퇴의 위험한 징후라는, 반모더니스트 비평가들이 사용한 낯익은 수사에 크게 기대고 있었으며, 융의 승인으로 이러한 주장은 특별한 무게를 가지게 되었다. 한 비평가는 그의 주장을 다음과 같이 표현했다. "현대예술가 일반에 대한 강력한 한 방." 사실 융의 비난은 그보다 훨씬 더 급격한 독일인들의 태도 변화를 암시하는 전조였다. 바와 마가가 곧 목격하게 되듯이, 이 변화는 맹렬한 속도로 공공연하게 분출할 터였다.[5]

—

로마에서 몇 달을 지낸 뒤 바는 종종 모든 일을 중단하고 자신을 위해 마련된 어두운 방에 틀어박혔다. 크리스마스 때 두 사람을 방문한 마가의 오랜 친구는 다음과 같이 회고했다. "바는 늘 지쳐 있었고 신경질적이었다. 마가와 나는 여행을 떠나곤 했지만 바는 좀처럼 바깥출입을 하지 않았다. (……) 그는 너무나 지친 상태였다, 너무나."[6] 바와 마가는 로마를 떠나기로 결심하고 티롤 알프스에서 몇 주를 보냈다. 그곳에서 마가는 바에게 스키를 가르쳐주기도 했다. 하지만 바의 수면장애가 나아지지 않아 두 사람은 걱정에 싸였다. 바는 프로이트派의 치료를 받고자 빈으로 가볼까 생각했다. 2월 초, 그는 록펠러에게 보낸 편지에서 다소 근심스러운 어투로 전했다. "유럽의 지인들은 명확한 생리학적 원인이 없는 경우 불면증을 치료하려면 정신분석을 거쳐야 한다고 생각

하더군요." 그러던 중 스키 초급반에서 한 독일 여성이 그에게 슈투트
가르트의 유명한 "정신분석 전문의"를 추천했다. 특이 장애에 대한 혁
신적인 치료로 저명한 오토 가테 박사로, 얼마 전 유명 바이올리니스트
의 무대공포증을 치료했다는 것이었다. 이 여성은 가테 박사가 바를
"탈진상태에서 회복"시킬 수 있으리라 확신했다. 바 부부는 박사를 만
나기 위해 독일행 기차를 타기로 결정했다.[7]

처음에 가테 박사는 이상적인 해법으로 보였다. 조각가와 결혼
하고 많은 예술가들과 친분을 유지하는 이 매력적이며 연륜 깊은 박사
는 스위스의 요양원에서나 볼 수 있을 법한 개화된 전문가였다. 그는
새로운 기법에 개방적일 뿐 아니라 근원적인 문제에 대한 통찰력 있는
이해도 갖추어 개인의 사회적·물리적 환경에 대한 세심함을 발휘하며
총체적인 접근법을 시도했다. 바 부부의 예산이 빠듯하다는 것을 알자,
박사는 자신의 지인이 운영하는 하숙집을 소개했다. 소박하지만 잘 관
리되고 있는 이 하숙집 주인 여성은 우연히 세잔과 개인적인 인연을 맺
게 된 사람이었다. 한편 박사의 집과 병원은 마치 모더니즘의 오아시스
인 양, 독일 디자인의 선구자 리하르트 헤레가 디자인한 의자와 탁자,
러그 등의 시제품으로 꾸며져 있었다.[8]

슈투트가르트는 회복을 돕는 매력적인 환경을 갖춘 곳이었다.
조용하고 정돈된 지방의 주도인 이 도시는 그리 크지 않았지만, 바가
일찍이 독일을 방문했을 때 접했던 진보적인 갤러리와 현대디자인으로
가득한 모더니즘의 온실과도 같았다. 1913년에는 지역의 한 갤러리가
칸바일러의 기획을 받아들여 피카소의 입체주의 작품을 소개하는 최초
의 유럽 전시를 개최하기도 했다. 1920년대 말, 이 도시에는 현대 회화
에 주력하는 두 곳의 시립미술관과 현대 조각에 초점을 맞춘 한 곳의
시립미술관이 있었다. 또한 유럽에서 가장 선진적인 병원에 더하여, 르

코르뷔지에, 루트비히 미스 반데어로에, 발터 그로피우스, J.J.P. 오우트 등이 참여한 선구적인 주택단지로 유명한 바이센호프Weissenhof도 이곳의 자랑거리였다. 바는 바이센호프를 가리켜 "전후 현대건축사에 있어 세계에서 가장 중요한 주택단지"라 주장했다.[9]

하지만 이들이 예상하지 못한 것이 하나 있었다. 전쟁이 끝난 이후 독일에서 유지되어온 취약한 사회민주주의 질서의 붕괴였다. 경제위기가 발생하고 몇 년이 지난 1933년 초, 바이마르공화국은 위기에 처했다. 공산주의 좌파와 더불어 우파 국가사회주의독일노동당이 무서운 속도로 성장했다. 불확실성 속에 몇 주가 흘렀고, 마침내 1월 말 독일의 대통령이자 전쟁 영웅인 파울 폰 힌덴부르크가 국가사회주의독일노동당원인 아돌프 히틀러에게 베를린의 보수 연립정부를 이끌도록 임명했다.

처음에 이 사건의 의미는 불분명했다. 바와 마가도 국가사회주의독일노동당의 극단주의적 수사와 폭력성에 대한 악명을 어렴풋하게나마 들은 바 있었지만, 내각에서 이들은 소수파에 불과했고 당은 대중을 결집하는 데 초점을 두고 있는 듯 보였다. 게다가 슈투트가르트에서는 나치에 대한 열광적 반응을 거의 접할 수 없었다. 가테 박사와 그의 친구들은 진보주의자들이었으며, 하숙집을 운영하는 헤트비히 하그 부인은 현대예술 애호가인 교양 있는 여성이었다. 함께 묵고 있던 이들도 나치당을 지지하는 것 같지 않았다. 주요 지방 일간지는 확고한 중도보수의 성향을 띠었고, 바 부부가 접한 정치구호 대부분도 "강한 중도"를 요구했다.

하지만 점차 도시의 분위기가 바뀌기 시작했다. 하숙집의 하그 부인이 라디오 하나를 얻어와 많은 손님들이 밤마다 라디오 주변에 모여서 히틀러의 연설을 들었다. 바와 마가에게 히틀러의 연설은 그다지 흥미롭지 않았지만 특유의 고음의 짧고 날카로운 어조나 극적인 휴지가 인상적이라는 점은 알 수 있었다. 또한 나치의 연설이 다른 손님들에게 미치는 효과도 그들은 확인하게 되었다. 그곳에 도착하고 몇 주가지난 뒤, 마가는 자신이 관찰한 바를 다음과 같이 적었다. "그들은 도무지 그 사람에게 질리지 않았다."[10] 2월 말 독일 의회가 불탔을 때, 대부분의 사람들은 나치의 노선을 좇아 그것이 공산주의자들의 음모라고 말했다.

곧 상상도 할 수 없는 일이 일어났다. 나치가 이끄는 정부가 의회 화재를 둘러싼 공포 분위기를 이용해 반대파를 무자비하게 탄압하는가 싶더니, 엿새 뒤 엄격하게 통제된 의회 총선에서 44퍼센트의 득표를 얻어 보다 넓은 권력의 길로 향할 수 있는 발판을 마련했다. 여전히 과반에는 미치지 못했으나 히틀러는 확고하게 의회를 장악해갔고, 마침내 3월 23일, 반대파 대부분이 침묵하는 가운데 수권법*을 강행했다. 이제 그는 의회 없이도 통치할 수 있게 되었다.

처음에는 나치 계획의 많은 부분이 모호했다. 이 정당이 악랄한 반유대주의로 알려지긴 했지만 뉘른베르크법 발효는 아직 2년 뒤의 일이었으니, 많은 독일계 유대인들은 정권의 다른 반대자들과 마찬가지로 나치당 또한 이 권력을 오래 유지하지 못하리라 생각했다. 히틀러 자신도 본격적인 군국주의를 아직 분명하게 드러내지 않던 시기였다. 그의 군국주의는 1935년에 이르러 공표될 것이었다. 하지만 바이마르 공화국을 파괴하려는 결심은 처음부터 분명했다. 전국에서 공산주의자들과 사회주의자들이 체포되고 수감되었다. 심지어 의회 화재가 발생하기 전 『뉴욕 타임스』는 1면에 "히틀러, 민주주의에 선전포고를 하다"라 제목의 기사를 실었다.[11]

슈투트가르트에서 바와 마가는 민주주의에 대한 이 전쟁이 얼마

* 행정권에 법률 제정의 권한을 위임하는 법.

나 빠르게 승기를 잡는지 지켜보며 충격을 금할 수 없었다. 곧 갈색 셔츠를 입은 사람들이 거리를 행진하는 모습과 하켄크로이츠 깃발이 발코니에 매달려 있는 광경이 눈에 들어오기 시작했다. 밤에 하숙집으로 돌아올 때면 많은 가정에서 흘러나오는 호르스트 베셀의 나치 당가와 히틀러 혹은 괴벨스의 쉰 목소리가 요란하게 복도를 울렸다. 어느 순간 파시스트 경례를 하는 엄숙한 얼굴의 히틀러 엽서가 모든 진열창을 도배한 것 같았다. 소름 끼치는 규율과 실력행사로 새로운 정치 질서가 확립되고 있었다. 바는 다음과 같이 말했다. "슈투트가르트는 매우 침착하게 혁명을 받아들였다."[12]

적어도 바 부부는 이 도시의 융성한 현대예술계로 피신하여 위안을 얻을 수 있으리라 생각했다. 의회 화재 직후에 그들은 슈투트가르트의 가장 유명한 생존 예술가인 오스카어 슐레머의 회화전을 보러 갔다. 전시는 도시의 주요 공공미술관 중 하나인 뷔르템베르크예술협회 Württembergischer Kunstverein에서 막 개막한 참이었다. 바는 1927년 바우하우스에서 슐레머를 만난 바 있었고, 이제 그의 신작을 보게 되어 대단히 흥분했다. 전시 작품 가운데 특히 그의 감탄을 자아낸 것은 대형 회화인 「바우하우스 계단」이었다. 바우하우스에 대한 품위 있고 신비로운 찬사를 담은 이 작품은, 발레리나처럼 우아하면서도 흡사 유령 같은 인물들이 데사우에 자리한 그로피우스의 바우하우스 건물 중 유리로 된 전면부의 콘크리트 계단을 오르며 점점 멀어지는 모습을 보여준다. 바와 마가는 전시가 대단히 마음에 들었고, 폐막까지 아직 몇 주 남아 있었기에 곧 다시 보러 오기로 마음먹었다.

하지만 며칠 뒤 뷔르템베르크예술협회를 다시 찾았을 때 미술관의 모습은 완전히 바뀌어 있었다. 아직 전시 기간이 남아 있는데도 모든 회화 작품이 철수되어 전시장이 텅 빈 상태였다. 관장이 보이자 바는 물었다. "슐레머의 작품은 모두 어디에 있습니까?" 관장은 조용히 그들을 전시장 끝으로 데리고 가더니 문을 열어 한 쌍의 밀실로 안내했다. 그곳에 회화 작품들이 조심스럽게 쌓여 있었다. 저편 벽에 기대어 세워진 「바우하우스 계단」도 눈에 들어왔다. 관장은 다른 선택지가 없었다고 말했다. 주요 나치 일간지인 『국가사회주의지National-Sozialistiches Kurier』가 한 기사에서 전시를 비난하며 미술관에 대한 은근한 위협을 드러냈다는 것이었다. "국가가 제정신을 찾아가는 이때 슐레머의 전시가 왜 개최되어야 하는가에 대한 논쟁이 일어나고 있다. 이 전시는 아마도 대중이 볼셰비키 회화 작품을 볼 수 있는 마지막 기회가 될 것이다."

바는 충격을 받았다. 슐레머는 독일에서 가장 유명한 예술가였고, 세심하게 주의를 기울여 제작된 그의 기하학적인 작품은 베를린에서 벌어지는 사태와 전혀 무관한 것으로 보였다. 바는 다음과 같은 글을 남겼다. "슐레머 작품의 주제 가운데 아주 미약하게라도 정치적인 의미를 띠는 것을 찾아내기란 너무나 어렵다."[14] 그럼에도 슐레머는 1921년 퀸의 메트로폴리탄 전시 당시 미국의 현대예술 반대파들이 내놓았던 것과 동일한 비방을 받고 있었다. 게다가 미국에서와 달리, 이러한 공격의 뒤에는 지금껏 선진 모더니즘의 보루였던 국가의 지지가 있는 듯했다. 하룻밤 사이 국가사회주의자들이 지방정부를 장악한 탓에, 미술관장은 전시를 중단하지 않으면 일자리를 잃게 되리라는 두려움을 느꼈던 것이다.

바가 금세 알아챘듯이 슐레머 전시에 대한 검열은 우연이 아니었다. 전시가 취소된 직후 독일 전역에서 유사한 조치에 대한 소식이 들려오기 시작했다. 4월 초 슈투트가르트의 주요 미술관인 주립미술관은 현대예술작품을 철수하라는 명령을 받았다. 바는 다음과 같이 기록했다. "독일의 가장 유명한 모더니스트 예술가 다섯 명의 회화 작품이 벽에서 떼어졌다."[15] 라이프치히와 드레스덴에서는 공무원들이 훨씬 더 큰 규모의 현대 회화 작품을 철수시켰고, 프랑크푸르트에서는 아예 현대예술 전시장을 폐쇄해버렸다. 예술가들에 대해 취해진 조치는 훨씬 더 충격적이었다. 클레와 오토 딕스는 가르치던 학교에서 쫓겨났고 슐레머는 무기한 휴직에 처했다. 이 예술가들을 지원한 미술관장들도 비슷한 운명을 맞았다. 프랑크푸르트, 카를스루에, 뒤셀도르프, 쾰른, 함부르크, 켐니츠, 울름의 미술관장들이 현대예술을 지원했다는 이유로 해고당하거나 휴직 조치에 처해졌다.

이와 같은 일은 예술계에만 국한되지 않았다. 나치가 권력을 잡고 몇 주 지나지 않은 어느 날 저녁, 가테 박사는 자신의 집에서 바와 마가에게 리하르트 되커를 소개했다. 그는 바이센호프 주택단지에서 미스 반데어로에와 함께 일하기도 한 젊은 건축가였다. 되커는 자신이 설계한 개인주택과 관련해 시 건축 검사관의 사무실로 불려갔던 일에 대해 들려주었다. 프로젝트를 이미 반쯤 마친 상태였는데, 검사관은 평지붕을 경사진 게르만식 박공지붕으로 교체해야 한다고 통보했다. 독일에서 창안된 새로운 건축양식의 가장 특징적인 요소 중 하나로 네덜란드와 프랑스에서도 널리 사용되던 평지붕이 이제는 사실상 금지되었다는 것이었다.[16]

바는 이와 같은 공격에 당황했다. 미국의 보수주의자들과 러시아의 공산주의자들의 아방가르드 회화에 대한 적대감을 직접 목격하긴 했지만, 그 자신이 슐레머의 작품에서 느꼈듯 이 현대적인 운동은 특정 이데올로기와 무관하다고 생각한 터였다. 그와 마가가 가을을 보냈던 이탈리아 역시 파시즘의 득세하에 있었으나 무솔리니 정권은 현대적인 예술과 건축을 단순히 용인하는 차원을 넘어 포용하고 장려하지 않았던가. 파리의 조르주프티 전시를 관람했을 때 마가는 한 파시스트 공무원이 피카소에게 다가가 여름에 개최될 베니스비엔날레에 작품을 빌려 달라고 설득하는 모습을 보기도 했다. 일군의 이탈리아 건축가들은 파시스트 정부의 지원을 받아 자신들만의 고유한 국제양식 모더니즘을 발전시키고 있었다. 하지만 나치는 권력을 잡은 지 며칠 만에 현대예술과 건축을 공격하기 시작했다.

슐레머 전시가 문을 닫고 한 달이 지난 뒤, 바와 마가는 슈투트가르트의 한 대중극장에서 개최된 나치 문화정책 발표 자리에 참석했다. 극장에 들어선 두 사람은 "새로운 제국의 문화정책"이라는 제목을 단 팸플릿을 받았다. 연사 중에는 새로 임명된 지방 교육부 장관도 포함되어 있었다. 이 장관은 다음과 같이 선언했다. "국가 혁명을 단순히 정치적이고 경제적인 혁명으로만 여긴다면, 그것은 오해입니다. 국가 혁명은 무엇보다도 문화적인 혁명입니다." 그는 "음흉한 외국의 영향"과 사회주의사상의 조종을 받는 모더니즘이 나라를 파괴하고 있다고 강력하게 주장했다. 바가 간파했듯이 슐레머가 비방당한 것은 나치가 유토피아적인 사회주의와 국제적인 모더니즘의 위험한 온상이라 간주한 바우하우스와의 관련성 때문이었다. 정치적 의도 같은 건 없었지만, 그는 지난여름 데사우 지역의 나치당이 폐쇄한 바우하우스 학교에 대한 작별인사로 「바우하우스 계단」을 제작한 터였다.[17] 교육부 장관은 예술적 자유라 하더라도 그것이 현대예술이라는 형태로 귀결된다면 거부되어야 마땅하다고 주장했다. 그는 "독일 예술을 나약하게 만들고 파괴하려는 자들을 위한 자유는 없다"고 외친 뒤, 새로운 정권은 "독일의 예술을 다시 독일답게 만드는 데" 온 힘을 기울일 것이라고 덧붙였다.[18]

사실 바 부부는 4년 뒤 뮌헨에서 개최될 악명 높은 〈퇴폐미술전 Die Ausstellung Entartete Kunst〉에서 절정에 이르는 현대예술과 건축에 대한 전면적인 공격의 시작을 목도하고 있었다. 새로 수립된 정책은 예술작품 자체를 훌쩍 뛰어넘어 이 작품을 지지하는 시민문화 전체를 겨냥했다. 히틀러 정권은 유대인을, 그리고 자신들이 원치 않는 다른 집단을 박해하고, 인간성을 말살하고, 궁극적으로 제거함으로써 독일 민족을 "정화"하려는 체계적인 노력과 더불어 모더니즘과 모더니즘 사상의 모든 흔적을 공격하고 제거함으로써 독일 문화를 바로 세우고자 했다. 심지어 정권을 잡은 첫 몇 주 사이, 다시 말해 나치즘의 진정한 공포가 알려지기 한참 전부터 바는 "회화 작품이 마치 정치적·인종적으로 새로운 정권에 혐오감을 주어 감옥에 갇히는 사람들처럼 취급되"고 있음을 관찰했다. 이는 현대예술과 예술가들이 히틀러가 물리치기 시작한 자유민주주의 세력과 얼마만큼 직접적으로 결부되어 있는지를 보여주는 놀라운 지표였다.[19]

봄이 지나면서 나치의 인종 정책은 더욱 강화되었다. 주변의 점점 더 많은 사람들이 새로운 정권의 압박을 받는 이들에 대한 소식을 접했고, 이제 유대인이 소유한 사업체마저 표적이 되고 있었다. 마가는 다음과 같이 회고했다. "우리는 최초의 유대인 박해를 보았다. 우리는 최초의 노란 별을 보았다. 우리는 최초의 백화점 폐쇄를 보았다. 우리는 매우 맹렬한 반파시스트가 되었다." 바 부부는 현대적인 환경에서 조용히 회복하고자 슈투트가르트를 찾아왔지만, 그 목적과는 반대로 나치의 대대적인 권력 탈취를 경험했다.[20]

4월 말 그들은 더이상 견딜 수 없는 지경에 이르렀다. 회복의 기미가 있긴 했지만 바는 여전히 쉽게 피곤해했다. 가테 박사의 권고로 부부는 슈투트가르트를 떠나 스위스의 아스코나로 향했다. 마조레 호숫가에 자리잡은 이곳은 예술가들과 작가들이 즐겨 찾는 휴양지였다. 마침내 이들은 지금껏 찾지 못했던 "회복을 위한 요양 문화"를 맛보게 되었지만[21] 이곳에서도 국가사회주의의 영향력을 벗어날 수는 없었다.
두 사람이 도착한 직후 독일을 여행하던 존슨이 찾아왔다. 존슨에게 바
는 오랜 친구이자 우상이었으니, 바가 그를 일류 건축 큐레이터로 만들
어준 터였다. 몇 주 앞서 슐레머 전시 폐쇄로 격분한 바는 존슨에게 전
보를 보내 「바우하우스 계단」을 나치의 망각으로부터 구출해야 한다며
실물 확인 절차를 건너뛰고 그 작품을 구입하도록 설득했다. 하지만 존
슨은 충동적인 사람이었고, 바의 강력한 도덕적 나침반이 그에게는 없
었다. 그는 자신의 예리한 디자인 감각과 강력한 힘에 대한 매혹을 추
구했다. 부유하고 외모가 준수하며 이미지에 집착하는 존슨은 나치 이
데올로기가 내포하는 어두운 측면을 몰랐거나 아예 관심이 없었던 듯
하다. 지난 몇 달 사이 그는 히틀러에 매료되었고, 아스코나를 찾았을
땐 새로운 정권과 소위 국가 부활에 대한 이야기로 흥분에 휩싸여 있었
다. 마가는 다음과 같이 회고했다. "그는 그것이 독일의 구원이 되리라
고 생각했다."[22]

　　　나치에 홀린 존슨에게 바는 큰 혐오감을 느꼈다. 그의 방문 기간
중 상당한 시간이 나치 정치에 관한 두 사람의 격렬한 토론으로 채워졌
다. 바는 자신과 마가가 목격한 상황, 즉 심상치 않은 정치적·인종적 박
해는 물론이요 슐레머 전시에 대한 비난, 평지붕 건축디자인의 금지,
국제 모더니즘을 향한 비방에 대해 자세히 이야기했다. 존슨 역시 바만
큼이나 바우하우스를, 또한 그 자신이 기획한 전시인 〈현대건축Modern
Architecture〉에서 중요하게 다루었던 바이센호프 주택단지를 알고 아꼈
다. 나치의 문화정책이 현대예술가들과 모더니즘의 가치에 실존적인
위협을 제기한 것은 누가 보아도 분명했으나, 놀랍게도 존슨의 태도는
요지부동했다.

　　　두 사람은 심지어 「바우하우스 계단」에 대해서도 엇갈린 평가를

내렸다. 바는 이 작품을 구입하는 것이 이른바 "망나니들을 괴롭히는" 방법이라 여긴 반면 존슨은 달랐다.[23] 그 역시 슐레머를 존경했지만 히틀러 정권이 유럽 문명에 위협을 가하고 있다고, 심지어 현대예술에 반대한다고 생각하지 않았다. 몇 주 뒤 그는 베를린에서 마가에게 편지를 보내 다음과 같이 알렸다. "이곳에는 평지붕에 대한 금지가 없고, 슐레머의 그림도 (베를린 국립미술관의 현대미술 별관인) 왕세자궁에 여전히 걸려 있습니다."[24]

나치의 정권 장악이 한창인 가운데 바와 존슨은 모더니즘에 대한 매우 대조적인 견해를 분명하게 표현하기 시작했다. 한 사람은 자유와 진리의 근본적인 원칙으로 충만했고, 다른 한 사람은 순수하게 미학적이었다. 수십 년이 지난 뒤 존슨이 비범한 자기인식을 통해 밝혔듯, 바가 일종의 "도덕적 사회주의"에 의해 이끌렸다면 존슨 자신은 "순수하게 양식을 추구"했던 셈이다. 처음에는 이 엇갈리는 견해가 두 사람의 우정에 균열을 내지 않았지만, 곧 존슨은 나치에 대한 집착으로 미술관을 완전히 떠나게 되었다.[25]

존슨이 떠난 뒤 바는 쉴 기분이 아니었다. 마가는 다음과 같은 글을 남겼다. "바는 일광욕을 하는 대신 매일 장시간에 걸쳐 글을 쓴다. 그는 몹시 화가 나 있다." 바는 슈투트가르트에서 본 것을 기록하기로 결심하고 나치의 문화정책에 대한 연재 기사를 쓰기 시작했다. 그는 예술과 건축, 영화, 음악, 문화 등 각 분야에 미치는 나치의 영향력에 관한 기사를 구상했다. 가능한 한 빨리 발표하여 미국인들에게 주의를 주어야 했다.[26]

하지만 일광욕을 포기하고 독일에서 일어나는 현대 문화의 파괴를 기록하자니, 한편으로는 미국 현대 문화의 미래에 대한 걱정도 일었다. 오랫동안 새로운 예술작품 수집에 가장 적극성을 보였던 독일 미술관에서 현대예술이 사라지고 있다면 언젠가 그가 기획할 전시에 있어 유럽의 도움을 기대하기가 더욱 힘들어질 터였다. 바는 나치의 문화정책에 대한 글과 함께 이사들을 위한 긴급한 내부 메모를 작성했다. 미술관의 소명에 대한 글로 서두를 연 뒤 그는 곧장 핵심을 짚어냈다. "우리 미술관은 그 근본취지 가운데 어느 하나도 완수하지 못했습니다." 그랬다. 미술관은 "현대 회화를 대표하는 컬렉션"이라는 목표를 전혀 이루지 못했다.

　바는 컬렉션의 조직 방식에 대해 대단히 급진적인 생각을 제시했으니, 평소 흥미를 느껴온 군사전략을 이용해 극적인 비유를 내놓았다. "영구적인 컬렉션은 시간을 관통하는 어뢰라고 볼 수 있습니다. 코는 꾸준히 앞으로 진격해가고, 꼬리는 끊임없이 과거를 향해 멀어지지요." 그 의미를 설명하기 위해 그는 자신이 생각한 이상적인 미사일의 모습을 그려넣었다. 여기서 진보적인 모더니즘의 핵심적인 조상들은 뒤쪽 엔진 부분에, 가장 급진적인 최신의 작품, 즉 피카소와 마티스를 비롯하여 그들을 좇는 파리 예술가들의 작품은 앞쪽의 탄두 부분에 위치하고 있었다.

　현대예술에 대한 이해라 하기에는 당황스럽고 심지어 폭력적이기까지 한 방식이었지만, 고속으로 움직이는 이 미사일은 사실상 바가 생각하는 핵심적인 특징을 상당 부분 포착해냈다. 미술관이 유의미한 존재가 되려면 현대예술의 기원에서부터 오늘에 이르기까지의 이야기를 모두 보여주되, 그 방식은 새롭고 강력한 진보의 기술을 흡수하고 투사할 수 있는 추진력을 갖추어야 했다. 어뢰가 미래를 향해 돌진해가면서 점점 좁아지는 뒷부분은 가장 중요한 고전적 현대예술을 제외한 나머지를 모두 지나간 자취 속에 남겨둘 수밖에 없는 반면, 탄두는 언제나 더 새로운 혁신을 흡수할 수 있었다. 그해 가을 완성된 바의 메모는 곧 "어뢰 보고서"라는 별칭과 함께 미술관의 전설로 남게 된다. 이 메모는 또한 20세기 현대예술 개념에 대한 그의 가장 주목할 만한 공헌으로 평가받을 것이었다.[27]

그러나 보고서가 작성된 정황에 대한 주목도는 훨씬 낮았다. 예술 어뢰를 고안하는 내내 바는 나치 독일에서 목격한 것, 즉 현대예술에 다가오는 새로운 위협에 대해 생각하지 않을 수 없었다. 어뢰가 어느 곳을 향하고 있는지 구체적으로 명시되지는 않았으나 의식적인 목표가 미국 대중이라는 점은 분명했다. 가장 급진적인 새로운 예술조차 수 세기 전 유럽과 비유럽 예술 모두에서 촉발된 힘의 추동을 받았다는 점을 보여줌으로써, 미술관의 예술 어뢰는 "교육을 받지 않은 관람객이 비자연주의적인 유형의 예술에 대해 갖는 편견을 파괴하거나 약화시킬" 것이었다. 1933년 여름, 현대예술은 바에게 전쟁과 같은 것이 되어 있었다.

그는 계속 스위스에 머물며 나치의 문화정책에 대한 기사를 『뉴 퍼블릭The New Republic』『애틀랜틱The Atlantic』『뉴욕 타임스』『네이션』 등의 매체에 보내기 시작했다. 미술관을 이끌어온 4년 동안 종종 신문과 잡지에 현대예술에 대한 기사를 써왔으니, 이번에도 자신이 독일에서 목격한 특별한 사건들에 대해 사람들이 큰 관심을 가지리라는 기대가 있었다. 하지만 신문과 잡지 들은 그의 글을 거절했다. 그들이 떠나 있던 1년 사이 미국은 자체적인 혁명을 겪고 있었다. 그해 봄 경제 혼란 속에서 취임한 프랭클린 루스벨트 대통령은 일시적으로 은행 시스템을 폐쇄했고, 이후 최대한 많은 구제 법안을 통과시키기 위해 석 달의 특별의회 회기를 공표했다. 뉴딜정책의 시작이었다.

이러한 격변 속에 미국은 히틀러 치하의 독일에서 현대예술이 처한 운명에는 특별한 관심을 갖지 않았다. 아직은 때가 아니었다. 그럼에도 어뢰는 제작되어야 했다.

바가 유럽을 떠날 무렵 프랑스에도 경제위기가 닥쳤다. 파리의 대표적인 갤러리들에 흥분을 몰고 왔던 1920년대 말엽의 장면은 이제 먼 추억이 되었다. 칸바일러는 몇 달 동안 그림을 단 한 점도 판매하지 못했고, 1920년대를 용케 버텨온 로젠베르그의 형 레옹스마저 파산했다. 1년 전까지만 해도 건재해 보였던 비누의 조르주프티사도 문을 닫았다. 세간의 이목과 국제적인 인맥에도 불구하고, 이 단체는 대규모 피카소와 마티스 전시로 수익을 창출하는 데 실패했다. 비누는 미국의 지인에게 다음과 같이 전했다. "베를린은 파탄 났고, 런던은 하락중이며, 파리는 거의 절망적입니다."[1] 다른 모든 이들과 마찬가지로 컬렉터들은 잔뜩 겁을 먹었다.

　국제적인 영향은 아직 감지되지 않았지만 파리 예술계에도 나치 정권에 대한 우려가 퍼지기 시작했다. 칸바일러처럼 독일과 밀접한 관계를 맺고 있는 사람들의 경우, 현대예술에 대한 히틀러의 탄압은 특히 피부에 와닿았다. 베를린의 거래상 친구들은 강제로 사업장을 닫았고, 추방된 독일 예술가들이 칸바일러의 갤러리에 얼굴을 비쳤다. 그는 화가 블라맹크에게 "이런 일이 비단 독일에만 국한되지는 않을 것"이라고 말했다.[2] 라인강 건너편에서 일어나는 일을 지켜보며 그는 불안을 느끼지 않을 수 없었다. 추산에 따르면 파리의 예술작품 거래 가운데 8할 이상이 유대인들에 의해 이루어지고 있었다.[3]

로젠베르그에게 국제정세는 1932년 그에게 당면한 심각한 개인적·사업적 혼란을 가중시켰다. 1920년대 말 큰 성공을 안겨주었던 파리에서의 활동은 막을 내렸고, 유럽 전역의 사업도 소멸 위기에 놓여 있었다. 압도적인 홍보에도 불구하고 조르주프티 전시에 빌려준 피카소 작품 중 판매된 것은 극소수에 불과했다. 1933년 초 피카소 작품 시장의 상황은 매우 어려웠다. 1928년에 제작된 대형 걸작, 복잡하고 유쾌한 방식으로 추상화된 후기 입체주의 작품 「화가와 모델」이, 그보다 중요성이 훨씬 떨어지는 작고 전통적인 마티스의 실내 풍경화와 맞교환될 정도였다. 로젠베르그는 다음과 같이 말했다. "마티스 작품은 곧바로 판매가 가능한 반면, 피카소의 것은 30년이 주어진다 해도 판매할 수 없을 작품이었다."[4]

모든 곳의 상황이 좋지 않았지만 줄곧 로젠베르그의 관심을 끄는 한 나라가 있었다. 바로 미국이었다. 1930년대 초 그는 체스터와 활발히 사업을 벌였고, 대공황에도 불구하고 몇몇 미국 도시에서는 연신 새로운 미술관이 문을 열고 있었다. 미국에서 회화전을 열 수 있는 가능성은 여전히 남아 있었다. 비록 과거에 실패를 겪었으나, 그는 적절한 미술관의 후원을 받으면 피카소 작품이 폭넓은 미국 관객들과 만날 수 있으리라는 기대를 결코 버리지 않았다.

그리고 마침내 기회가 왔다. 1934년 봄, 대규모 도미에 전시를 계획하던 루브르의 큐레이터들이 광범위한 국제적 네트워크를 가진 19세기 프랑스 미술 전문가 로젠베르그에게 미국 내 컬렉션의 작품 대여 주선을 도와달라고 부탁해온 것이다. 로젠베르그로서는 프랑스 최고 기관의 지원을 받아 미국의 연줄을 재건할 수 있는 기회였다. 불운했던 1923년의 여행으로부터 정확히 10년이 되는 그해 11월 말, 그는 뉴욕으로 떠났다.

그러나 로젠베르그는 미국의 시장 또한 사지에 몰려 있음을 알게 되었다. 이미 다수의 컬렉터들이 작품 구입을 중단했고, 많은 기관에서 새로운 긴축정책이 시작되고 있었다. 바로 몇 주 전 바가 이사들에게 세계 제일의 현대예술 컬렉션에 대한 비범하고도 열정적인 주장이 담긴 '어뢰 보고서'의 최종본을 제출했으나, 이즈음 현대미술관은 영구 컬렉션을 완전히 포기하기 직전이었다. 11월 초 미술관에서 가장 큰 영향력을 지닌 이사 중 하나이자 고지식한 예술 컬렉터요 재봉틀 회사 싱어Singer의 상속자인 스티븐 클라크는 블리스로부터 유증받은 회화 작품들을 포기하는 안을 제안했다. 미술관이 설립된 지 3년 가까이 지났건만 여전히 수십만 달러의 기부금이 부족한 상황이었다. 다른 이사들도 클라크의 제안을 지지하는 것 같았다. 바는 깜짝 놀라 록펠러에게 비밀 편지를 써 보냈다. "내가 모금에 관여하면 안 된다는 것은 압니다. 하지만 지금은 비상상황이에요."[5]

뉴욕에서 기회를 거의 찾지 못했지만, 로젠베르그는 미국 내 다른 지역의 상황을 살피고 놀라움을 금치 못했다. 일군의 거래상들과 함께 비행기를 타고 1500만 달러 규모의 넬슨앳킨스미술관Nelson-Atkins Museum의 개관을 보러 간 그는 인디애나 석회암과 피레네산맥의 대리석으로 지어진, 중서부의 기념비적인 아크로폴리스를 목격했다. 눈으로 보면서도 믿기 어려울 정도였다. "나는 캔자스시티에 있습니다." 그는 피카소에게 편지를 썼다. "이곳의 상황이 다른 곳보다 나을 것은 없지만 (……) 그럼에도 미국은 여전히 매우 부유합니다."[6] 하지만 무엇보다 그의 흥미를 끈 곳은 뉴욕과 훨씬 더 가까운, 작은 규모의 도시였다. 그는 자신이 루브르 전시를 위해 빌리고 싶은 도미에 작품 한 점이 코네티컷주 하트퍼드의 워즈워스아테니움Wadsworth Atheneum에 소장되어 있다는 사실을 알고 이 미술관에 연락했다. 그곳 관장 또한 그를 급히 만나고 싶어했는데, 피카소와 직접적으로 관련된 다른 용건이 있다는 것이었다. 크리스마스를 며칠 앞둔 어느 날, 그는 뉴욕에서 하트퍼드행 기차에 올랐다.

—

역사와 규모 면에서 하트퍼드는 현대예술의 중심지로서의 가능성이 보이지 않는 곳이었다. 그곳에는 유럽인들이 거의 없었고, 피카소는 하트퍼드라는 지명조차 들어보지 못했다. 인구 17만—보스턴 인구의 2할이요, 뉴욕 인구와 비교하자면 극히 일부에 불과한 숫자였다—의 이 도시는 부유하지만 그리 화려하지 않은, 미국 보험의 중심지 정도로 알려져 있었다. 하트퍼드 사회에는 전통적인 뉴잉글랜드 취향과 특유의 완고한 편협성이 뚜렷이 어려 있었다. 현대예술을 혐오하는 모건이 바로 이곳 하트퍼드의 유서 깊은 가문 출신이었다. 미국의 가장 오래된 공립미술관 중 하나이자 도시의 주요 미술관이기도 한 워즈워스아테니움은 1920년대 말 이후 식민지 시대의 가구와 미국의 풍경화, 그리고 지역 총기 개척자인 새뮤얼 콜트의 아내가 기증한 희귀 총기 컬렉션으로 널리 이름을 알렸다. 어느 모로 보나, 한 세대 전 퀸이 맞서 싸웠던 동부 해안 지방주의의 요새라 할 만했다.

하지만 이것도 1927년 어느 세련된 젊은이가 워즈워스아테니움을 넘겨받기 전까지의 이야기였다. 아서 에버렛 '칙' 오스틴 주니어. 훤칠한 키에 짙은 색 머리를 가진 보스턴 사람. 무성영화에 등장하는 스타 같은 외모와 파급력 있는 활력, 전통예술뿐 아니라 현대예술에 대한 폭넓은 경험을 갖춘 인물이었다. 또한 연예인의 기질을 타고난 그는 워즈워스아테니움에 온 지 몇 달 만에 조용한 미술관을 미국에서 가장 활발한 새로운 예술의 중심지로 바꾸기 시작했다. 1929년 현대미술관이 이미 오래전에 세상을 떠난 일군의 후기인상주의자들을 통해 조심스레 대중 앞에 나섰을 때, 워즈워스아테니움은 프리츠 랑의 「메트로폴리스」를 상영하고 스트라빈스키와 아르놀트 쇤베르크의 음악 연주회를 개최했다. 오스틴은 종종 아이디어를 얻기 위해 바에게 의지했는데, 워즈워스아테니움미술관은 이러한 프로그램들을 실현하는 데 있어 현대미술관보다 훨씬 나은 장비를 갖추고 있었다. 오스틴이 고용된 해에 미술관은 작품 소장을 위한 자금으로 100만 달러를 유증받았고, 이에 오스틴은 틴토레토의 「헤라클레스와 안타이오스」부터 피에르 루아의 초현실주의 걸작 「시골의 전화」에 이르기까지 다양한 회화 작품을 구입하는 데 매년 6만 달러 이상의 금액을 사용할 수 있었다.

거의 동시대인이었던 바와 오스틴은 놀랍도록 유사한 궤적을 그려왔다. 바와 마찬가지로 오스틴도 하버드대학교에서 삭스의 제자였으며, 삭스의 도움을 받아 놀라우리만치 젊은 나이에—워즈워스아테니움의 일자리를 제안받았을 때 그의 나이는 스물여섯에 불과했다—미술관을 지휘하는 자리에 올랐다. 바가 그랬듯 오스틴도 현대예술에 특별한 관심을 갖고 있었다. 그는 회화를 넘어 영화와 음악, 연극, 디자인으로 관심을 확장해나갔고, 자신의 일을 예술이 대중에게 다가가는 방식을 재창안하는 기회라 여겼다. 또한 그 역시 모호한 성정체성을 가지고 있었다. 두 사람이 공통적으로 속했던 하버드 서클의 많은 이들이 오스틴에게서 특별한 매력을 느꼈으니, 존슨은 "그를 만나면 즉시 사랑에 빠지게 된다"고 회고했다.[7]

하지만 이를 제외한 다른 모든 면에서 두 사람은 정반대였다. 한 사람은 절제하고 깊이 숙고하는 반면 다른 사람은 활기차고 저돌적이었다. 바가 조용한 매력으로 사람을 끌고 명석함과 통찰력으로 외경심을 불러일으켰다면, 오스틴은 항상 가장 흥미진진하고도 새로운 일의 중심에서 흥분을 자아내는 인물이었다. 두 사람은 출신 배경도 달랐다. 매우 높은 특권계층 출신인 오스틴은 기회와 가능성을 타고났지만 바는 모든 것을 스스로의 손으로 일구어야 했다. 단 한 번, 1년의 빠듯한 일정으로 해외여행을 하며 지식을 보충한 바와 달리, 오스틴은 몇 곳의 유럽 국가에서 풍부한 경험을 쌓으며 성장했고 느슨하게 학업을 이어갔다. 그는 가족의 재산과 인맥을 통해 수단의 쿠시왕조 사원을 발굴하는가 하면, 시에나의 숙달된 위조범 밑에서 도제 생활을 하기도 했다.

두 사람은 미술관 운영 방식에서도 뚜렷한 대조를 보였다. 바는 최고 수준의 미적 가치와 명쾌한 주제를 고려하여 전시를 기획했으나, 오스틴은 한 주제에서 다른 주제로 거침없이 미끄러지듯 흘러가면서 관람객들을 즐겁게 했다. 그가 관심을 두는 바는 무엇이든 자신이 그 누구보다 먼저 시도하는 것이었으며, 이 바람은 대체로 성공을 거두었다. 더하여 워즈워스아테니움에서 오스틴은 비교적 순응적인 이사회로부터도 혜택을 보았다. 요령 있는 기회주의자인 그는 미술관을 한층 대담한 방향으로 줄기차게 밀어붙이는 순간에도 화려한 대가들의 작품을 대상으로 한 공격적인 수집이 보수적인 이사들의 불안을 누그러뜨릴 수 있다는 점을 잘 알고 있었다. 워즈워스아테니움 대표의 조카이자 모건의 사촌을 아내로 맞이했다는 사실도 도움이 되었다(바와 마찬가지로 오스틴도 미술관 업무를 시작한 직후 파리에서 결혼식을 올렸다. 다만 그의 경우에는 플라자아테네호텔에서 치른 화려한 샴페인 파티와 벨기에와 베네토로 이어지는 신혼여행이 추가되었다. 부부는 여행지에서 앞으로 살 주택의 기초가 될 르네상스 빌라 건축을 연구했다).

바와 달리 오스틴은 미술관 운영에 거래상들을 직접 개입시키는 것에 전혀 거리낌이 없었다. 1931년 그는 선구적인 초현실주의 전시를 개최했는데, 이 전시의 상당 부분은 그동안 뉴욕 갤러리 전시를 준비해온 거래상 줄리언 레비에 의해 구성되었다. 언젠가 전시 일정에 갑작스러운 공백이 생겼을 땐 전설적인 옛 대가의 작품을 거래하는 조지프 듀빈에게 연락해 그의 수집품 중 120여 점에 이르는 이탈리아 르네상스 작품을 빌리기도 했다. 거래상들에게는 미술관 전시를 도우려는 강력한 동기가 있었다. 미술관은 이들의 중요한 고객이었다. 미술관에 수많은 작품을 판매한 레비는 다음과 같이 말했다. "칙과의 사업도 우정도, 어처구니없이, 그러면서도 행복하고 보람차게 이어졌다."[8]

—

로젠베르그가 미국을 방문했을 때, 오스틴은 어느 때보다 그 귀추에 많은 것들이 달려 있는 급박한 상황에 처해 있었다. 70만 달러가 들어간 별관 에이버리기념관Avery Memorial의 개관을 앞둔 시점이었다. 미국 최초의 모더니즘 전시 공간을 선보이는 행사였으니, 단연코 그의 경력 중 가장 큰 일이라 할 만했다. 언뜻 소박한 석조건축물로 보이는 이 건물은 새하얗고 기하학적이며 매끈한 외관에, 바우하우스처럼 캔틸레버*로 된 중앙홀과 지하의 작은 극장을 갖추고 있었다. 극장에는 마르셀 브로이어 스툴과 크롬 다리가 달린 베이지색 돼지가죽 벤치가 좌석으로 마련되었고, 오스틴의 사무실은 미스 반데어로에로부터 영감을 받은 문손잡이와 흰색 고무 바닥, 르 코르뷔지에의 장의자가 특징을 이루었다. 오스틴은 심지어 화장실

* 한쪽 끝만 고정되어 있고 다른 쪽은 받쳐 지지 않은 보.

설비에 대해서도 존슨과 상의했다. 바와 그의 친구들이 사진과 탁상용 모델을 통해 국제양식 건축을 소개했다면, 오스틴은 이제 자신의 미술관을 실제로 작동하는 하나의 프로토타입으로서 보여주는 셈이었다.

하지만 에이버리기념관에 너무 열중한 나머지 개관전을 위한 작품을 충분히 확보할 수가 없었다. 그는 주요 개막 행사로 거트루드와 톰슨의 아방가르드 오페라 〈3막의 네 성인 이야기〉의 세계 초연을 계획했다. 거의 이해가 불가능한 거트루드의 대본에 기반한 작품으로, 이 오페라가 처음 만들어진 5년 전에는 아예 무대에 올릴 수조차 없었다. 하지만 1933년 거트루드가 예상 밖의 성공을 거둔 베스트셀러 『앨리스 B. 토클라스의 자서전』을 통해 일약 전국적인 유명인사로 떠오르자 오스틴은 언제나 그랬듯 절묘한 타이밍 감각을 발휘해 이 재치 있으면서도 극도로 기이한 작품을 상연하면 큰 주목을 끌 수 있으리라 생각했다. 세상을 깜짝 놀라게 만들 연출을 위해 그는 파리에서 톰슨을, 런던에서 영국의 안무가 프레더릭 애슈턴을 데려왔다. 톰슨은 맨해튼의 모더니스트 예술가 플로린 스테트하이머에게 의상과 무대디자인을 맡겼다. 레오폴드 스토코프스키의 대리가 오케스트라 지휘를 위해 필라델피아에서 왔고, 할렘의 흑인으로만 구성된 합창단이 공연을 위해 모였다.

그렇지만 오스틴에게는 무엇보다 새 전시장을 채울 적절한 수준의 도발적인 전시가 필요했고, 몇 주 전 뒤늦게야 피카소를 낙점한 터였다. 거트루드가 피카소와 특별한 관계를 맺고 있기도 하고, 논란 많은 피카소의 회화 작품이 초현대적인 에이버리기념관을 소개하는 특별하면서도 적절한 방식으로 작용하리라는 계산이었다. 또한 피카소 회고전을 개최한 미국 미술관이 없다는 사실도 그는 예리하게 파악하고 있었다. 피카소 전시는 그가 '최초'로 기록될 수 있는 또하나의 기회가 될 것이었다. 하지만 전시를 위한 토대를 전혀 마련해놓지 못했기에, 그는 이것이 능력에 부치는 일임을 이내 깨달았다.

처음에 오스틴은 거트루드의 컬렉션에 집중하여 전시를 준비하고자 했다. 하지만 이는 피카소에 대한 거트루드의 강한 경쟁심을 고려하지 못한 계획이었다. 피카소의 명성이 치솟는 몇 년 사이 거트루드 또한 자신의 모더니즘 작품을 출판하기 위해 고군분투해온 터였다. 마침내 인정을 받은 지금, 그는 피카소의 전시가 자신에 대한 관심을 분산시키도록 내버려두지 않을 생각이었다. 그는 오스틴에게 보낸 편지에서 다음과 같이 말했다. "나는 내가 가진 그림들을 내놓을 마음이 없습니다. 당신도 이해하겠지요."9

곧이어 오스틴은 윌덴스탱과 접촉했다. 윌덴스탱의 뉴욕 지점과 거래한 적이 있으니 그가 자신을 도와주리라는 생각이었다. 하지만 이번에도 그가 모르고 있던 것이 있었다. 윌덴스탱과 로젠베르그의 협력 관계가 깨졌으며, 윌덴스탱은 더이상 피카소에 대한 영향력을 발휘하지 못한다는 사실이었다. 윌덴스탱은 파리에서 자신이 할 수 있는 일을 하겠다고 말했지만 이는 의미 없는 약속이었다. 새로운 가능성을 찾던 오스틴은 모스크바에 있는 슈킨 컬렉션의 작품 대여를 도와달라고 국무부에 요청했다. 슈킨의 소장품이 결코 소련을 떠난 적 없으며 바와 애벗이 1927년에 겨울 모스크바를 방문한 이후 서방에서 그것을 본 사람이 아무도 없음에도 불구하고, 루스벨트의 외교적 승인이 떨어지면 그 작품들을 대략적으로 탐색할 수 있으리라 생각한 것이다. 물론 이는 그의 착각이었다.

하지만 여느 때처럼 운좋게도, 오스틴은 세계에서 피카소 작품을 가장 많이 보유한 사람, 즉 로젠베르그가 미국에 있다는 사실을 알게 되었다. 로젠베르그는 전시 소식을 알자 흥분했고, 오스틴은 논의를 위해 곧장 그를 코네티컷으로 초청했다. 워즈워스의 신관 개막을 불과 7주 앞둔 시점, 해외에서 들여오는 회화들로 구성된 복잡한 전시를 위해 작품을 선별하고 준비하기에는 턱없이 짧은 기간이었다. 게다가 파리로 돌아가기에 앞서 로젠베르그는 루브르를 위한 도미에 작품 대여 건을 마무리지어야 했다.

하트퍼드에서 오스틴은 로젠베르그를 성대하게 환영했다. 그의 방문이 지역 일간지에 보도되었고, 오스틴은 새로운 건물과 국제양식의 전시장을 미리 둘러볼 수 있게끔 그를 안내하며 〈3막의 네 성인 이야기〉 공연에 대해서도 설명했다. 로젠베르그는 매료되었다. 워즈워스 아테니움은 옛 대가의 작품들과 현대 회화 컬렉션을 빠른 속도로 갖추어가고 있었을 뿐 아니라 대중을 끌어들이는 방식도 대단히 혁신적이었다. 이후 로젠베르그는 오스틴에게 편지를 보내 "자신이 몸담은 기관에 그토록 큰 활기를 불어넣을 수 있는 큐레이터를 만나게 되어" 무척 놀랐다고 말했다.[10]

피카소에 대해 논의하면서, 오스틴은 로젠베르그가 가진 작품을 중심으로 전시를 꾸리고 싶다는 점을 분명히 했다. 이것이야말로 로젠베르그가 10년 넘게 찾아 헤매던 미국에서의 기회, 즉 그에게 상당한 통제력이 쥐어진 미국 최고 미술관의 획기적인 피카소 전시였다. 대담하게도, 로젠베르그는 자신이 가지고 있는 가장 중요한 피카소 작품을 대여하는 수준에서 여러 걸음 더 나아갔다. 개인적으로 소장한 최고의 작품들에 더하여 피카소가 소장한 작품들, 그리고 유럽과 미국에 있는 여러 컬렉터들의 중요한 작품들까지 대여받을 수 있게끔 주선하겠다고 밝힌 것이다. 아닌 게 아니라, 하트퍼드를 방문하기 전에 그는 이미 피카소에게 편지를 보내 전시 참여를 권한 참이었다. "예술에 대한 관심이 엄청나다군요. 여기 당신이 공략할 큰 시장이 있습니다."[11]

그러나 몇 주 뒤 로젠베르그가 파리로 돌아갈 즈음 프랑스의 상황은 급격히 바뀌어 있었다. 그가 미국에 있는 동안 프랑스 정부는 부패 스캔들에 휩쓸렸고, 야당은 가두시위에 나섰다. 한편 피카소는 하트퍼드에 전혀 관심이 없었다. 그는 자신의 소장 작품을 보낼 생각이 없다며 단호한 거절의 의사를 표했다. 새 미술관 개관을 2주일 앞두고 로젠베르그는 오스틴에게 전보를 쳤다. "미안합니다. 피카소가 작품 대여를 취소했습니다." 같은 날 오후 파리에서 광범위한 폭력 사태가 발생했다. 우익 세력인 악시옹프랑세즈Action Française의 추종자들이 하원 앞에서 경찰과 충돌하고 수천 명의 공산주의자들이 바스티유에서 폭동을 일으켜, 그날 날이 저물 무렵에는 750여 명의 사람들이 체포되었다.

하트퍼드에서 오스틴과 그의 동료들은 공황에 빠지기 시작했다. 피카소가 작품을 빌려주지 않고 불안한 정세로 인해 로젠베르그의 작품이 파리 밖으로 나올 수 없게 되면 전시는 와해될 것이었다. 하지만 이들은 로젠베르그를 과소평가했다. 바로 다음날, 그에게서 전보가 왔다. "신문이 과장하고 있는 것이니 걱정하지 마십시오." 그는 이미 식당에 걸려 있던 그림들을 상자에 담아둔 터였다. 뤼 라 보에티에는 악시옹프랑세즈 폭동의 영향권 밖에 있었다. 피카소 개인 소장 작품의 경우, 로젠베르그가 재빨리 거래상의 특권을 활용해 세 점의 그림을 추가로 구입함으로써 공백을 메웠다. 그 그림들 중에는 바와 마가가 찬탄했던 1932년의 걸작 「거울 앞의 소녀」가 포함되어 있었다.[12]

폭동이 발생하고 이틀이 지난 뒤 로젠베르그는 여객선 일드프랑스호에 몸을 싣고 뉴욕으로 향했다. 서른 점에 가까운 피카소 작품과 함께였다. 열아홉 점은 그 자신의 것이었고, 파리의 컬렉터들로부터 일곱 점, 피카소로부터 세 점의 신작을 모았다. 그는 적절한 시기에 파리를 떠난 셈이었다. 2월 초 극우단체들이 콩코르드광장에서 다시금 폭동을 일으켜 파리는 전면적인 대혼란에 빠져들었고, 결국 열다섯 명의 사망자와 2000여 명의 부상자가 나온 뒤에야 다시 질서가 회복되었다.

한편 하트퍼드에서 오스틴은 거트루드의 오페라와 새로운 건물에 과도하게 몰두한 나머지 피카소 전시에 그리 많은 관심을 쏟을 수 없었다. 대신 그는 뛰어난 대리인 제임스 스롤 소비에게 많은 일을 맡겼으니, 상냥하고 호기심이 무한한 이 청년은 금세 현대예술을 향한 오스틴의 야심에 있어 아주 중요한 병기가 되었다. 그는 공중전화와 시가 회사를 운영하는 부호의 아들로 오스틴과 바보다 몇 살 아래였는데, 1920년대 말 뉴욕의 어느 갤러리에서 마티스와 드랭을 접하지 않았더라면 아마 조용한 교외 생활에 안주하여 컨트리클럽과 박람회를 즐기며 살았을 것이다. 그러나 소비는 새로운 예술에 매료되어 아방가르드 회화 작품을, 이웃들이 경악할 정도로 많이, 그야말로 닥치는 대로 구입하기 시작했다. 1932년 대공황이 절정일 때도 1만 6000달러라는 엄청난 금액을 들여 피카소의 작품 「앉아 있는 여인」을 구입할 정도였다. 곡선으로 표현된 인물과 그 그림자를 연구한, 섬뜩하다 싶을 만큼 강렬한 작품이었다. 소비는 다음과 같이 말했다. "나는 그 작품을 보고 죽을 만큼 겁이 났지만, 그럼에도 그것이 좋았다." 그의 아버지와 친한 한 은행가가 얼마나 손해를 보든 작품을 돌려주라고 조언했지만 소비는 전혀 귀담아듣지 않았다.[13] 그는 현대예술을 열정적으로 공부하여 곧 미술관에서 오스틴을 돕기 시작했다. 피카소 전시를 위해 다른 중요한 작품들을 확보하는 한편, 이를 본격적이고 성공적인 회고전으로 만들기 위해 최선을 다했다.

로젠베르그가 회화 작품들과 함께 코네티컷에 도착했을 때 소비와 오스틴에게는 전시를 준비할 시간이 남아 있지 않은 상태였다. 결국 개막 전날 스미스칼리지의 애벗과 히치콕을 포함한 이웃한 미술관 직원들이 있는 대로 불려와 오스틴의 끊임없는 농담을 들으며 일흔 점이 넘는 회화 작품을 걸어야 했다. 일은 자정 무렵에야 끝났다.

　개막식에서 거트루드의 오페라는 압도적인 주목을 받았다. 오스틴은 홍보 효과를 최대화하기 위해 개막식의 저녁 손님들을 주로 뉴욕에서 온 예술계 지인들로 채웠다. 1월에 하버드대학교의 모든 동문들에게 편지를 보내 공연 예산 지원과 개막식 입장권 구입을 요청한 터였다. 바도 마가와 함께 개막식에 참석했다. 하지만 그는 거트루드의 오페라 공연을 기틀 삼아 피카소의 작품으로 나아가는 오스틴의 방식에 실망감을 감추지 못했다. 이후 바는 오스틴에게 회의적인 태도로 이야기했다. "보통의 미술관장이라면 둘 중 하나로 만족했을 겁니다."[14] 오스틴은 또한 전국적으로 활동하는 비평가들과 사회 칼럼니스트를 대거 초청했다. 많은 이들이 오페라의 비선형적인 구조와 무의미한 가사에 당혹감을 느끼면서도 감성 충만한 할렘 합창단과 타악기를 두들기는 듯한 거트루드의 언어, 셀로판과 타조 깃털로 된 나무며 주황색과 노란색 천으로 만든 거대한 사자를 비롯한 스테트하이머의 화려한 무대장치에 매료되었다. 한 칼럼니스트는 다음과 같이 썼다. "위스키 반란과 하버드 버터 폭동 이후 이런 일은 없었다. 복잡하면서도 즐겁고 감미롭다."[15] 그 칼럼니스트는 훗날 워싱턴의 소식통이 되는 조지프 올숩이었다. 299석의 극장을 가득 채운, 올숩이 "선택받은 관객들"이라 이름 붙인 사람들에게 개막식은 말하자면 미국식 〈봄의 제전〉이라 할 만한 전설적인 분위기를 선사했다.

　위층 전시장에 걸린 피카소의 작품은 거트루드의 오페라가 보여준 엄청난 볼거리에 대한 열띤 반응으로 거의 잊혔다. 초연이 끝난 직후, 오스틴은 외지에서 온 손님들을 자신의 집에 준비한 샴페인 파티로 초대했다. 작품 앞에 서 있을 시간은 거의 없었으니, 개막식에 온 많은 이들에게 피카소의 그림은 흥미로운 부속 행사에 지나지 않았다. 결국 『타임스』가 이 새로운 건축물에 대해 논평하며 내놓은 짧은 언급을 제외하면 미국 잡지 중 어느 매체도 피카소의 작품에 대해 보도하지 않았다. 거트루드로서는 목적을 제대로 이룬 셈이었다.[16]

바는 전시를 보고 부러움과 묘한 쾌감이 뒤섞인 복잡한 감정을 느끼지 않을 수 없었다. 당시의 상황적 제약을 감안하면 어쨌든 이러한 전시를 성사시켰다는 사실 자체가 인상적인 일이라 할 만했다. 하지만 그 결과는 바가 계획했던 광범위하고 포괄적인 프로젝트를 희미하게 모방하는 데 그쳤다. 입체주의의 다양한 단계와 「아비뇽의 여인들」처럼 일종의 지표가 되는 작품에 대한 감각뿐 아니라, 피카소의 개인 소장작, 즉 바 자신이 확인한 피카소의 작업 전개에 있어 변곡점을 이루는 중요한 지점들이 빠져 있었다. 전시는 지역 대중 사이에서도 많은 관심을 모으지 못했다. 외지 손님들이 돌아간 이후로는 은행가, 변호사, 보험회사 임원, 주부, 의사, 학교 교사 등 하트퍼드의 중산층에 전적으로 기대야 했으니, 열광적인 반응은 눈에 띄게 잦아들었다. 전시를 완전히 외면하는 사람도 적지 않았다. 소비의 말에 따르면 "하루에 고작 몇 명의 관객만 드는 날들이 이어졌다".[17]

〈3막의 네 성인 이야기〉가 오스틴 마법의 절정을 보여주었다면 피카소전의 시도는 그 역시 결국에는 쇠락할 운명이라는 사실을 드러냈다. 하버드 친구들에게 깊은 인상을 남기긴 했지만, 오스틴은 대공황 시대 미국의 주류 취향에 그리 민감하지 못했다. 심지어 그 자신이 속한 도시에 대해서도 그랬다. 하트퍼드의 보험회사 임원들과 상류사회 여성들 중 많은 수가—초기 서커스 그림에 담긴 비애감에는 불편함을 표하지 않았건만—피카소의 최근작들에 큰 당혹감을 드러냈다. 그들에게 이 그림들은 왜곡되었다는, 혹은 저속하다는, 혹은 양쪽 모두의 인상을 주었다.[18] 한편 과시적인 개막 파티 소식을 읽은 일반인들은 유럽 모더니즘이 자신들과 유리되어 있는 미국 동부 지역 엘리트들의 영역이라는 견해에 대한 확증을 어렵지 않게 찾을 수 있었다. 그해 봄 유럽의 아방가르드를 분석한 『모던아트Modern Art』를 출간해 『하트퍼드 쿠랑Hartford Courant』에서 극찬을 받은 미국의 예술비평가 토머스 크레이븐은 피카소와 "미국 삶의 현실" 사이에 "어떤 연결고리도 없었다"고 주장했다.[19]

로젠베르그는 이 모험에 좋은 이미지를 씌우고자 최선을 다했지만, 앞선 미국 진출 시도와 비교해 딱히 성공적이라고 보기는 어려웠다. 특히 워즈워스아테니움은 「거울 앞의 소녀」를 포함한 여러 작품을 선택할 수 있었음에도 불구하고 단 한 점의 그림도 구입하지 않았다. 전시가 끝난 뒤 그는 뉴욕의 뒤랑뤼엘갤러리에서 자신이 보유한 인상적인 브라크와 마티스의 작품에 더하여 많은 피카소 작품을 짧게 선보였다. 맥브라이드는 『선』지에서 이를 가리켜 "아직 미국에서 소개되지 않은 가장 훌륭한 현대예술 컬렉션"[20]이라 언급했지만, 그 외에는 뒤랑뤼엘의 전시에 주목한 사람이 거의 없었다. 로젠베르그는 결국 다시금 작품을 싸들고 파리로 돌아가게 되었다. 오스틴보다 훨씬 열심히 하트퍼드 전시를 준비했던 소비에게 이는 자신의 경력에 있어 결코 잊을 수 없는 실패 중 하나였다. 그는 다음과 같이 말했다. "1934년에 그와 같은 대규모 피카소 회고전이 그 정도로 실패하리라고는 생각지 못했다. 현대예술의 쓰라린 시절이었다."[21]

하트퍼드 전시는 피카소의 작품이 미국의 일반 대중에 얼마나 호소력
을 발휘하지 못하는지 보여주는 또하나의 증거였다. 또한 이는 바에게
새로운 사실을 강력하게 시사했으니, 위기의 시대에 현대예술에 대한
전국적인 관심을 형성하기 위해서 미술관은 더이상 이사들이나 그들을
위해 일하는 노련한 하버드 무리의 취향과 열정에만 기댈 수 없다는 점
이었다. 새로운 예술은 평범한 사람들의 고군분투, 더하여 일종의 돌파
구를 찾고자 하는 그들의 갈망과 결부되어야 했다. 루스벨트 행정부는
이미 만연한 실업과 산재한 고난의 시기에 예술의 사회적 가치를 간파
하여 1933년 공공예술작품프로젝트Public Works of Art Project를 시작한 참
이었다. 이는 수천 명의 실직 예술가들에게 도서관과 학교, 우체국 등
공공건축물을 장식하는 일을 맡기고 재정적으로 지원한 WPA(공공사업
진흥국)의 전신이었다. 미국장면회화, 즉 평범한 노동자와 지역산업, 미
국의 역사적 사건들에 대한 사실적 묘사가 예술을 지배했고, 대중은 이
를 즉각적으로 받아들였다. 하지만 과거 록펠러가의 저택이었던 곳에
자리잡은 채 절정에 이른 유럽 모더니즘에 집중하고 있는 사립미술관

에 이 과제는 훨씬 더 까다로웠다.

　1935년 봄, 바는 우연히 뜻밖의 해답을 발견했다. 다름 아닌 반 고흐였다. 지금으로서는 이 네덜란드 예술가가 그린 붓꽃과 해바라기가 아이폰 케이스와 우산을 장식하지 않고, 그의 밤하늘이 무드음악과 조화를 이룬 '몰입형' 테마파크 프로젝션 경험에 활용되지 않았던 시기를 상상하기 어렵다. 아닌 게 아니라, 최근 수십 년 동안 반 고흐보다 더 광범위하게 통용되는 문화 인물은 찾아보기 힘들다. 하지만 대공황이 시작될 무렵의 미국에서 반 고흐는 비교적 알려지지 않은 상태였고, 심지어 현대예술의 지지자들 사이에서도 그리 존경받지 못하는 인물이었다.

　적어도 퀸이 소장한 반 고흐의 「자화상」이 유럽의 거래상들로부터 빌린 소수의 풍경화, 정물화와 나란히 전시되었던 〈아모리 쇼〉 이후, 이 19세기 말의 예술가는 현대예술과 반대편에 선 이들에게 가장 손쉬운 표적이 되어 있었다. 소용돌이치는 침엽수, 연엇빛이 감도는 실내 정경, 녹색과 주황색으로 얼룩진 얼굴과 대면한 많은 감상자들은 이성적 인식의 포기를 목격하고 충격을 받았다. 1920년 뉴욕의 몽트로스갤러리가 미국에서는 드물게도 반 고흐에 집중한 전시를 조직했을 때 그림은 단 한 점도 판매되지 않았고, 1920년대 말 반 고흐의 작품가가 세계적으로 급등하며 현대미술관 이사 몇몇을 포함해 소수의 안목 있는 미국인들이 그의 작품을 수집하기 시작했을 때도 미국의 미술관에서는 여전히 그의 작품을 찾아보기 어려웠다.[1]

　이러한 거부감의 일부는 예술가의 개인사와 관련이 있었다. 반 고흐는 자신의 귀를 자르고 생레미드프로방스의 정신병원에서 고통스러운 1년을 보낸 뒤 자살한 화가로 알려져 있었다. 사실 그가 보인 심각한 이상 증상의 분명한 원인을 찾고자 하는 노력은 오랫동안 이어져왔다. 바와 편지를 주고받은 지인이 언급했듯이 반 고흐는 "전반적인 착란 상태를 동반한 심한 조병躁病", 뇌전증 환각, 일광 중독, 수막뇌염, 매독으로 인한 마비, 오이디푸스콤플렉스-리비도-동성애-자아도취, "알코올성 간질" 등 다양한 진단을 받았다.[2] 현대예술 비평가들에게 반 고흐의 정신질환은 노르다우 등이 보급한 '문화 타락' 개념에 대한 손쉬운 도구였다. 현대예술이 정신착란이나 정신병리학과 밀접한 관계가 있음을 그의 사례가 반박할 수 없는 증거로 나타난 것이다. 1921년 메트로폴리탄에서 개최된 후기인상주의 전시에 대한 논쟁 당시 퀸의 반대편에 선 이들은 반 고흐가 자신의 작품 중 많은 수를 "정신병원에 입원한 환자"로서 제작한 것이라 주장했으며, 영국의 비평가 C. J. 홈스는 "반 고흐 말년의 광기가 후기인상주의자의 적들에게 값싼 무기를 들려주었다"고 인정했다. 전통적인 미국 가치관의 결정권자들이 보기에 반 고흐는 위험한 인물이었다.[3]

　　현대미술관이 개관할 즈음에는 이 논쟁도 대부분 잦아든 상태였으나, 1930년대 중반 특별한 책 한 권이 반 고흐에 대한 보다 폭넓은 관심을 불러일으켰다. 1920년대 말 파리로 이주한 미국의 작가 지망생 어빙 스톤은 로젠베르그의 갤러리에서 열리고 있던 반 고흐의 전시를 우연히 접했다. 그는 반 고흐에 대해 전혀 알지 못했지만 강하게 매료되었다. 훗날 스톤은 그것이 "살면서 겪은 가장 강렬한 감정적 경험"이었다고 말했다.[4] 그는 이 예술가의 이야기를 소설로 각색하기 시작했고, 몇 년 동안 출판을 거절당한 끝에 마침내 1934년 가을 『빈센트 반 고흐: 열정의 삶』을 출간하게 되었다. 스톤의 서사시적인 이야기 속에서 이 네덜란드 화가는 자신의 예술을 위해 모든 것을 희생한 비극적이고 성스러운 영웅이었다. 엄청난 정신적 압박 속에서 힘든 무명생활을 보내고 단 한 점의 작품도 판매하지 못한 채 이른 나이에 자살로 생을 마

작업을 위해 목숨을 걸다

감한 예술가. 결정적으로 스톤이 그린 반 고흐는 그의 「감자 먹는 사람들」에서 묘사된 인물들, 궁핍을 겪는 노동자, 농부, 소박한 시골 사람 중 하나이기도 했다. 스톤은 다음과 같이 썼다. "이제 그는 광부들과 같은 집에서 살고, 같은 음식을 먹었으며, 같은 침대에서 잠을 잤다. 그는 그들 중 하나였다."⁵ 심지어 반 고흐의 작품을 접하지 못한 미국의 독자들마저 이 이야기에 큰 매혹을 느꼈다. 소설은 갑작스러운 돌풍을 일으키며 출간된 지 나흘 만에 베스트셀러에 올랐고, 이후 20세기에 가장 큰 성공을 거둔 책 중 한 권이 되었다(더 나중에는 커크 더글러스가 주연을 맡아 큰 인기를 누린 영화에도 영감을 주게 된다⁶).

이렇게 반 고흐에 대한 관심이 고조되는 가운데, 바는 오랫동안 품어온 야망을 추구하기로 결심했다. 1927년 가을 유럽에서 연구년을 보내는 동안 그는 헬레네 크뢸러뮐러의 컬렉션을 견학한 터였다. 크뢸러뮐러는 독일계 네덜란드인 여성으로, 헤이그에 있는 그의 집에는 90여 점의 회화 작품과 200여 점에 이르는 드로잉 등, 세계에서 가장 뛰어난 반 고흐 컬렉션이 갖추어져 있었다.⁷ 바는 또한 암스테르담에 있는 반 고흐의 조카에게도 많은 수의 그림이 있다는 사실을 알고 있었다. 다른 작품들과 함께 이 두 컬렉션에서 가장 중요한 작품들을 빌릴 수 있다면 대단히 획기적인 전시를 개최할 수 있을 것이었다. 1935년 3월, 바는 이 계획을 현대미술관 이사들에게 제안했고 이사들은 흔쾌히 동의했다.

하지만 승인이 떨어지자마자 미술관의 자문위원회에서 공식적인 이의제기가 들어왔다. 하버드대학교 서클의 많은 동료들을 포함해 비교적 젊은 사람들로 이루어진 이 위원회는 오랫동안 바의 급진적인 생각을 지지하여 보수적인 이사회에 대한 일종의 균형추 역할을 담당해왔다. 하지만 이번에는 격렬한 반대의 의견을 내놓은 것이다. 이들은 개관 이래 바가 줄곧 미술관이 충분히 현대적이지 않다는 견해에 맞서 왔으며, 이번 반 고흐 전시는 이곳이 퇴보적이라는 세평을 한층 강화하리라고 주장했다. "반 고흐는 45년 전에 죽었고, 현대 회화에 미치는 그의 영향은 이미 약화되었다." 위원회는 또한 대규모 반 고흐 전시의 단조로움에 대해서도 우려했다. "그 모든 회화 작품의 이면에는 하나같이 유사한 충동이 자리잡고 있다. 개인전은 생각만큼 큰 관심을 받지 못할 것이다." 결정적으로 이들은 이 전시에 들어갈 터무니없는 비용에 대해 우려하고 있었다. 위원회는 강력한 결의를 보이며 이사회에게 "반 고흐 전시를 포기하라"고 요청했다.[8]

바는 이러한 비판에 민감했다. 지난 5년간 미술관을 건축과 산업 디자인, 심지어 영화 분야로 진출시키는 일에서 괄목할 만한 진전을 이루긴 했지만, 회화와 조각이라는 핵심 영역을 보자면 20세기의 결정적인 사조에 거의 손도 대지 못한 상태였다. 지난여름 『뉴요커』의 비평가 루이스 멈포드는 현대미술관이 미국의 현대예술 분야에 있어 "확실한 선두"를 차지하는 데 대체로 실패했다는 충격적인 평가를 내놓았다. 그는 피카소 전시가 뉴욕이 아닌 하트퍼드로 넘어간 일을 언급하며 "현대미술관은 메트로폴리탄이 취했던 것과 동일한 태도, 즉 현대예술에 대한 조심스럽고 모호한 입장에 머물러 있다"고 주장했다.[9] 정확히 메트로폴리탄이 할 수 없는 일을 하기 위해 계획된 사업이라는 측면에서 볼 때, 현대미술관으로서 이보다 더 신랄한 비난은 생각하기 어려웠다.

자문위원회는 공식적인 권한 없이 오직 권고만 할 수 있었다. 그러나 그들의 우려 앞에서 바는 보다 현대적인 주제 대신 반 고흐를 추구하는 일에 경계심을 느낄 수밖에 없었다. 당시 반 고흐 전시를 시도한 미술관은 없었고, 이 화가의 가장 중요한 작품들은 유럽에 남아 있었다. 만약 위원회의 뜻대로 되었다면 미국의 현대미술사는 상당히 달라졌을지도 모른다.

그럼에도 결국 바는 반 고흐의 중요성에 대한 위원회의 의견에 강하게 반대하고 나섰다. 국가와 함께 미술관이 직면한 더 큰 어려움을 고려하던 중 드문 기회의 가능성을 간파했던 것이다. 반 고흐의 열정적인 그림, 더하여 정신질환에 맞선 감동적인 분투에는 현대예술에 대한 평범한 미국인들의 관념을 바꿀 만한 미개척의 잠재력이 있었다. 1929년의 개관전 당시 미술관은 반 고흐의 작품을 다른 세 명의 시조, 즉 세잔과 쇠라와 고갱의 작품과 짝지어 전시했고, 그때 이미 바는 그의 그림이 일반 관람객들에게 발휘하는 특별한 매혹의 방식을 직감으로 알아차린 터였다. 그는 한 작품에 대해 다음과 같이 썼다. "나무줄기의 근육이 땅속으로 뿌리를 박으면서 불거져나온다. 반 고흐는 포도송이들이 뿜어내는 특유의 에너지를 그림으로 나타낸다. 이처럼 억누를 수 없는 치열함으로 세상을 보았기에, 그는 그림을 그리는 행위만으로도 고통에서 벗어날 수 있었다."[10] 반 고흐의 작품을 적절한 환경에서 소개한다면, 색과 형태에 대한 그의 새로운 접근법이 촉발하는 원초적인 힘을 전달할 수 있을 것이었다. 이는 다른 많은 현대예술가들이 할 수 없는 일이었다.

게다가, 당시 미국에서는 거의 주목받지 못했으나, 바는 자신이 목격한 나치 독일과 그들이 장악한 반현대적인 세력을 다시금 제압할 수 있는 가능성도 발견했다. 독일 예술을 깊이 있게 공부했던 그는 반 고흐가 독일의 모더니스트들에게 일종의 길잡이로 존재해왔다는 사실을 알고 있었다. 프랑크푸르트의 「가셰 박사의 초상」, 베를린국립미술관의 「도비니의 정원」 등 독일 미술관에는 다수의 중요한 반 고흐 작품들이 포진해 있었다. 20세기 초 영어권 세계가 그의 작품에 당혹감을 느끼고 있을 때, 독일의 예술가와 작가와 비평가 들은 그 불꽃같은 그림들로부터 영감을 받았다. 게오르크 하임은 자신의 시에서 반 고흐를 환기하며 "그는 색을 내가 보는 것처럼 본다"고 말하기도 했다. 세계대전 이전부터 독일은 반 고흐의 작품을 모으기 시작했다. 바이마르공화국 시절에 이미 반 고흐에 대한 열광이 커지며 전시와 출판물이 급증했고, 심지어 그의 삶에 바탕을 둔 연극도 상연되었다(독일 출신으로 디트로이트미술관Detroit Institute of Arts을 관리했던 빌헬름 발렌티너는 다른 미국 미술관보다 훨씬 앞선 1920년대 초에 반 고흐 작품 구입을 밀어붙였다[11]).

독일에 일었던 반 고흐 유행의 중심에 그의 비극적인 일대기가 놓여 있었다는 점은 실로 의미심장했다. 미국이나 영국과 반대로, 독일인들은 반 고흐의 심리적인 고투를 그 천재성의 원천으로 보았다. 전쟁전에 이미 에른스트 루트비히 키르히너, 에리히 헤켈 같은 표현주의 화가들이 반 고흐의 광기에 매료되었으며, 다른 많은 화가들도 자신들의 작품에서 반 고흐의 여과되지 않은 감정을 모방하고자 했다. 철학자 칼야스퍼스는 1912년 쾰른에서 개최된 뛰어난 존더분트Sonderbund, 즉 분리파 전시를 평하면서, 반 고흐가 그룹 가운데 "유일하게 비의도적으로 미친 사람"인 반면 표현주의자들은 "스스로 제정신이 아니기를 바라지만 사실 너무나 건강한 이들"이라고 말했다.[12] 이 전시에서는 특히 반고흐의 뛰어난 작품 108점이 독일 추종자들의 수많은 작품과 함께 소개되었다.

1920년대 무렵 독일 대학들에서는 예술과 정신질환에 대한 연구가 꽃피고 있었다. 미국인들이 후기인상주의자들을 가리켜 "시각적 혼란"에 시달리는 "타락한 자들"이라 경고하던 시기와 거의 같은 때에, 하이델베르크의 정신과의사 한스 프린츠혼은 정신질환이 예술 자체를 위한 새로운 길을 열어줄 수 있음을 증명했다. 그는 1922년에 발표하여 큰 영향력을 미친 책 『정신질환의 예술적 효과Bildnerei der Geisteskranken』

에서 정신이상자들이 만든 5000여 점의 선구적인 컬렉션을 활용하여
이들의 작품이 미학적인 평가를 받을 수 있다는 사실을 보여주었다. 그
는 또한 이 작품들이 인간의 지각과 창조력에 대한 새로운 통찰력을 제
공해준다고 주장했다. "반 고흐의 왕성한 잠재력이 그가 질병을 앓는
동안 증대되었으며 그의 작품을 이전에 도달할 수 없었던 수준으로 끌
어올렸다는 점에 대해서는 그 누구도 이의를 제기하지 못할 것이다."[13]

프리츠혼의 책을 읽고 감탄한 바에게 광기의 연구는 창작 과정
에 대한 중요한 통찰을 가져다주었다. 독일의 표현주의자들뿐 아니라
파리의 초현실주의자들 역시 정신장애를 겪는 사람들이 인습적인 지각
의 한계를 깨뜨리는 방식에 깊은 관심을 갖고 있었다. 수많은 편지가
암시하듯이 반 고흐에게 자기 정신과의 싸움은 예술의 강력한 원천이
었다. 동시에 이는 그를 평범한 사람들도 공감할 수 있는 매우 큰 영감
을 주는 인물, 즉 스톤이 『빈센트 반 고흐: 열정의 삶』에서 그린 인물로
만들어주기도 했다. 미국인들이 반 고흐의 작품을 그의 생애사와 같은
방식으로 받아들이도록 할 수만 있다면, 미국 문화에서 현대예술의 지
위를 바꾸어놓는 것 또한 가능할 터였다. 하지만 다른 많은 전시에서
그랬듯 모든 것은 그가 유럽에서 얼마나 많은 작품을 확보할 수 있는지
에 달려 있었다.

처음에 바는 승산에 대해 확신했다. 크뢸러뮐러는 작품 대여에
대체로 호의적이니, 그는 굿이어와 함께 순회전시가 가능하도록 준비
하고 미국의 다른 미술관과 대여 비용을 분담하면 될 것이었다. 하지만
바는 보다 복잡한 문제를 간과하고 있었다. 크뢸러뮐러가 더이상 반 고
흐 작품을 소유하고 있지 않았던 것이다. 최근 몇 년간 크뢸러뮐러 부
부는 네덜란드 내륙의 대규모 자연보호구역에 미술관을 짓고자 애쓰고
있었다. 하지만 1930년대 중반에 이들은 파산 위기에 내몰려, 바가 전

시를 계획하기 시작한 지 몇 주 되지 않았을 무렵에는 미술관 건립 비용을 대가로 전체 컬렉션의 소유권을 공식적으로 네덜란드 정부에 양도했다. 6월 중순 바는 암스테르담에서 굿이어에게 편지를 보내 다음과 같이 알렸다. "불과 3주 전에 네덜란드 정부가 크뢸러뮐러의 컬렉션을 구입했다는군요."[14]

다행히 미술관이 아직 지어지기 전이라 반 고흐의 작품은 여전히 크뢸러뮐러의 집에 있었다. 바에게 이것이 실낱같은 기회였다. 그와 굿이어는 미 국무부에 도움을 요청하기로 했다. 굿이어가 국무장관 코델 헐에게 직접 호소하여, 외교적인 개입과 당시 크뢸러뮐러 컬렉션을 관리하고 있던 재단에 7500달러를 지불하겠다는 약속과 함께 이 이례적인 협상은 마무리되었다(바는 수수료를 비밀에 부칠 것을 주장했는데, 이는 대여자가 미술관을 상대로 대여비 지불을 강요하는 선례를 만들지 않기 위해서였다). 하지만 아직 끝이 아니었다. 진짜 드라마는 작품 선정 과정에서 펼쳐졌다.[15]

—

굿이어에게 편지를 보내고 며칠 뒤, 바 부부는 헤이그에 도착해 택시를 타고 크뢸러뮐러의 집으로 갔다. 한 기품 있는 중년 부인이 이들을 맞아 대단히 넓은 거실을 천천히 구경시켜주었다. 거실은 반 고흐의 작품으로 가득했지만 실내가 너무 어두워 그 면면을 제대로 살피기 어려웠다. 바는 부인에게 작품 일부를 자연광에서 볼 수 있는지 물었다. 부인이 집사 버나드를 부르자 그가 벽에서 작품을 한 점씩 떼어 정원으로 가져가기 시작했다. 곧 작품들은 다듬어진 울타리에 기대어 세워졌고, 그 줄은 아주 길게 이어졌다. 수십 점의 반 고흐 작품이 야외에 그런 식으로 진열된 것은 이때가 유일했을 것이다. 강한 아침 햇살 아래 그림

속 색채가 눈부시게 빛났다. 심지어 비교적 평범한 작품조차 놀랄 만큼 활기를 띠었다. 이 순간 바는 작품을 선택하는 일이 얼마나 큰 과제인지 깨달았다. 그와 마가는 결국 며칠 동안 그곳에 머물게 되었다.

암스테르담에서 이들은 가족들 사이에서 '엔지니어Engineer'라 불리는 V. W. 반 고흐를 만났다. 그는 테오의 아들이자 빈센트 반 고흐의 조카로 또다른 훌륭한 컬렉션을 물려받아 소장하고 있었다. 엔지니어의 집을 방문한 바 부부는 반 고흐의 자화상 중 한 점을 빼닮은 마흔다섯 살의 남성을 맞닥뜨렸다. 다행히도 그는 유창한 영어를 구사했다. 엔지니어가 소장한 유화와 드로잉을 살피는 동안, 반 고흐를 탐색하는 일에 흠뻑 빠져 있던 바는 그에게서 삼촌에 대한 이야기를 끌어내려 애썼다. 엔지니어는 온갖 정보들을 알고 있었다. 그는 자기 어머니의 생생한 기억을 바탕으로 반 고흐의 발전 과정은 물론, 마가의 표현을 빌리자면 "불안정한 정신과 자살의 드라마"에 관한 정보를 기꺼이 나누어주었다.[16]

바는 크뢸러뮐러 부인과 엔지니어의 소장작들을 연구하면서 자신이 작성할 도록의 글에 대해 생각했다. 글을 준비하기 위해 반 고흐가 테오에게 보낸 편지를 읽고 또 읽었다. 온갖 작품과 편지에 몰입한 그를 지켜보던 마가마저 남편을 사로잡은 반 고흐의 영향력에 감동을 느낄 정도였다. 마가는 다음과 같이 말했다. "정확한 소묘와 진부한 색채의 의도적인 위반으로 드러난 그의 강렬한 감정을 느끼기 위해, 바는 작품을 제작하던 당시 예술가가 지녔던 정신 속으로 뚫고 들어간다. 정말 감동적인 모습이다." 심리적인 위기를 헤쳐온 바는 내적 혼란을 경험한 이 네덜란드 목사의 아들에게 강렬하게 매료되었다. 훗날 그가 말했듯이 반 고흐의 작품은 "사실과 느낌 사이의 전쟁터"였다.[17]

마침내 바는 급진적인 결정을 내렸다. 일반적인 소개글 없이, 테오에게 보낸 반 고흐의 편지가 스스로 말하게 하기로 한 것이다. 자신의 예술과 삶, 질병, 가난 그리고 천재성에 대한 감정을 털어놓는 반 고흐의 말을 전시 도록에서 그대로 인용할 생각이었다. "테오, 나는 내 안의 힘을 느껴. 그리고 그 힘을 끌어내 자유롭게 풀어주기 위해 내가 할수 있는 일을 하지." 이 전시에서는 반 고흐가 자신의 이야기를 들려줄 것이었다. 대단히 비정통적인 접근법이지만, 이를 통해 예술가는 직접 관람자에게 말을 건넬 수 있을 터였다. 바는 반 고흐 형제의 관계에 깊은 감동을 받아 전시 도록을 테오에게 헌정했다. 냉정함과 엄격성을 지닌 큐레이터로서는 대단히 개인적인 감정 표현이었다.[18]

며칠간의 면밀한 검토 끝에 그는 마침내 크뢸러뮐러 컬렉션 중최고의 회화 서른 점과 수십 점의 드로잉 및 수채화를 선별했고, 이어 엔지니어의 소장작 가운데 열세 점의 회화와 여러 점의 드로잉을 골라냈다. 미국 내 개인 컬렉션에서 고른 회화 작품들과 함께, 이제 현존하는 가장 뛰어난 반 고흐 작품들이 한자리에 모이게 된 것이다. 그사이 보스턴, 클리블랜드, 샌프란시스코, 필라델피아의 미술관들에서 뉴욕 전시를 이어받기로 서명했다. 처음으로 현대미술관이 전국적 영향력을 가진 전시를 조직할 예정이었다. 아쉬운 것이 있다면, 독일에 있는 다수의 반 고흐 작품들이 제외되었다는 점이었다. 그 컬렉션은 아예 접촉이 금지되어 있었다. 나치 정부의 새로운 규제로 인해 프랑크푸르트의 슈테델미술관Staedel Museum 관장은 「가셰 박사의 초상」을 뉴욕으로 보내줄 수 없었다.[19]

10월 중순, 『뉴욕 타임스』는 전시 작품이 네덜란드의 원양 정기선 스타텐담호를 타고 뉴저지주 호보켄에 도착했다는 소식을 보도했다. 기사는 반 고흐의 명성을 강조하면서 이 작품들의 가치가 100만 달러에 달한다고 추정했는데, 사망할 당시 사실상 무명에 가까웠던 화가의 작품으로는 실로 놀라운 금액이 아닐 수 없었다. 더하여 『뉴욕 타임스』는 대중에 알려진 예술가의 이미지에 크게 기대어, "정신병원에서 그린 여섯 점의 그림"을 포함해 반 고흐 화업의 "모든 시기"가 소개되리라고 덧붙였다. 기사는 1890년 7월 반 고흐가 자살하기 전 테오에게 쓴 마지막 메모로 마무리되었다. "나는 작업을 위해 목숨을 걸고 있어. 그 때문에 내 정신의 절반이 무너졌지." 몇 주 후 전시가 개막되자, 뉴욕 사람들은 "미친 네덜란드 예술가"의 작품을 보기 위해 물밀듯이 몰려들었다.[20]

압도적인 관심을 고려하여 굿이어와 이사들은 처음으로 입장료를 받기로 결정했다. 그럼에도 불구하고 웨스트 53번 스트리트의 미술관으로 몰려드는 군중을 통제하기 위해서는 경찰의 힘을 빌려야 했다. 이 군중은 바가 과거 전시에서 보았던 관객들과 다른 사람들이었다. V. W. 반 고흐에게 보낸 편지에서 그는 다음과 같이 말했다. "수천 명의 사람들이 미술관으로 몰려들고 있습니다. 내가 보기에 이들은 과거 회화 전시를 한 번도 본 적이 없는 사람들 같습니다."[21] 개막한 지 한 달이 되었을 때 『뉴욕 타임스』는 영부인 엘리너 루스벨트가 무려 다섯 번이나 전시장을 방문했다는 소식을 보도했다. 전시는 대중적인 매력을 발했지만, 그렇다고 반 고흐의 예술을 지나치게 단순화하려는 시도 같은 것은 찾아볼 수 없었다. 관람자는 네덜란드 광부와 노동자를 묘사한 단색조의 초기 습작에서 시작해 파리 인상주의자들과의 만남과 일본 판화와의 조우를 거쳐 "프로방스의 색채와 햇빛에 도취된" 말년에 이르기까지, 반 고흐가 밟아간 복잡한 발전 과정의 여러 단계들을 따라갔다. 더하여 바는 반 고흐가 읽고 꼼꼼하게 기록한 책들, 놀랄 만큼 광범위한 그 목록을 연도별로 나열함으로써 그의 문학적 상상력을 보여주었다(이 목록에는 졸라, 발자크, 디킨스, 에드거 앨런 포, 브론테 자매, 해리엇 비처 스토, 토머스 칼라일, 귀스타브 플로베르, 이반 투르게네프, 하인리히 하이네 등 퀸에게 깊은 인상을 주었을 만한 이름들도 포함되어 있었다). 현대 미술관이 19세기에 머물러 있다고 비난했던 멈포드는 그 주장을 철회 하면서 『뉴요커』에 이 전시를 소개했다. "〔미술관이〕 지금까지 개최한 것 중 가장 완전하고 모범적이며 자극적인 현대회화 전시다."²²

　　전시는 전국을 순회하면서 전설을 만들어내기 시작했다. 서해안 지역에 이를 무렵에는 삼엄한 경비 속에 작품이 운송되는 과정 자체가 하나의 사건이 되어 있었다. 『샌프란시스코 크로니클San Francisco Chroni-cle』은 다음과 같이 보도했다. "부두에서 오토바이를 탄 여섯 명의 경찰 관과 산탄총의 짧은 총신을 내민 두 대의 순찰차가 〔운송품을〕 맞이했 다. 이들은 이 쇠약한 네덜란드 화가가 결코 처분할 수 없었던 것을 탐 하여 훔치려는 사람들을 처단하기 위해 그곳에 있었다." 열네 달에 걸 친 순회 기간 동안 거의 90만에 이르는 사람들이 반 고흐의 작품을 보 러 왔고, 샌프란시스코에서만 22만 7000명이 전시를 관람했다. 쇄도하 는 요청에 현대미술관은 작품 대여 기간을 여섯 달 연장하여, 뉴욕에서 앙코르 전시로 마무리하기 전 캔자즈시티, 미니애폴리스, 시카고, 디트 로이트, 토론토로 순회지를 확장했다. 다른 열다섯 개 도시의 추가 요 청은 거절할 수밖에 없었다. 테오와 반 고흐 편지의 편지를 모은 책이 보급판으로 출간되었고, 『빈센트 반 고흐: 열정의 삶』은 두 차례의 재 판을 거쳤으며, 『리더스 다이제스트Reader's Digest』에는 소설 요약본이 실렸다. 20세기 중반의 비평가 러셀 라인스는 다음과 같이 말했다. "반 고흐의 전시만큼 대중의 취향에 즉각적으로 영향을 미친 전시는 없었 을 것이며, 사실상 상상조차 할 수 없다." 당시에는 이러한 현상을 지칭 하는 용어가 없었지만 훗날 영국 공군 폭격대가 나치 치하의 도시에 투 하한 고성능 폭탄에 사용한 용어를 미리 당겨쓰자면, 이 전시는 20세기

최초의 "블록버스터"로 기록될 것이었다.[23]

　　바가 직접 보았듯이, 분명 반 고흐의 작품에는 미국인들의 정서를 건드리는 무언가가 있었다. 미국 역사상 최악의 경제위기 속에서 열정적인 정신과 강한 햇살을 흠뻑 머금은 이 그림들은 예술가의 고통을 드러내는 듯한 감각적인 에너지로 미국인들의 공감을 얻었다. 유럽 모더니즘의 "자의적인 왜곡과 선정적인 색채"에 저항하여 남성적인 미국 지역주의 양식을 내세웠던 나라에서 이는 예사롭지 않은 변화였다. 1934년 12월까지만 해도 『타임』지는 캔자스시티의 존 커리, 아이오와의 그랜트 우드, 미주리의 토머스 하트 벤턴 같은 "대지에 뿌리내린 중서부" 화가들의 승리에 대한 표지 기사를 실었다. 모두 "그들이 거주하는 지역에서 볼 수 있는 것"을 선호하며 유럽의 영향을 거부하던 이들이었다.[24] 하지만 이제 전국의 일반 대중이 네덜란드에서 온 대표적인 후기인상주의 화가의 급진적인 작품에 반응을 보이고 있었다. 마침내 현대예술이 미국 문화의 더 큰 흐름 속에 진입하는 순간이었다. 이 전시는 또한 시기적으로도 절묘한 때에 이루어졌다. 크뢸러뮐러미술관의 개관 이후 네덜란드가 이와 같은 특별한 일군의 회화 작품들을 국외로 내보내는 일이 다시금 허용될 가능성은 대단히 낮을 터였다.

　　한편 반 고흐의 전시는 유럽의 더욱 암울한 전망을 나타내는 전환점이기도 했다. 그의 작품이 뉴욕에 도착하기 불과 한 달 전, 실패한 예술가인 히틀러는 1935년 뉘른베르크 집회를 통해 현대예술과 그 지지자들에 대한 전면적인 전쟁을 선포했다. "그들이 벌이는 모든 개인적인 논쟁은 결국 감옥이나 정신병원으로 그들을 이끌 것이다. 병적 상상력의 창조물이 자신들 내면의 경험을 표현한다고 그들은 진심으로 믿기 때문이다."[25] 이후 「도비니의 정원」과 「가셰 박사의 초상」은 독일 미술관에 걸려 있던 2만여 점의 다른 현대예술작품과 함께 몰수당해 해외로 판매되었다. 점점 더 강경해지는 나치 정권에 의해 추방된 어느 독일 예술사가는 이를 다음과 같이 표현했다. "게르만계 화가는 오직 잘리지 않은 귀로 그림을 그린다."[26]

1920년대 이후 상황은 극적으로 바뀌었다. 미국에서는 반 고흐가 성공을 거둔 반면, 독일은 현대예술을 그 병적인 영향을 이유로 "타락"했다고 선언하고 있었다. 미국인들이 수 세대에 걸쳐 독일 모더니스트들에게 영감을 준 예술가에 대해 알아가기 시작할 때 독일의 현대적인 운동들은 모두 궤멸되었다. 하지만 미국인들이 과연 반 고흐를 이어받은 계승자들의 한층 혼란스러운 예술에 대해서도 호의적일까? 생레미의 사이프러스는 여전히 아비뇽의 여인들과 멀리 떨어져 있었다.[27] 그리고 바가 익히 알듯이, 많은 유럽 예술가들이 이미 위험에 처한 상태였다. 1년 전 바와 마가는 네덜란드 도착에 며칠 앞서 나치 치하의 독일에서 일주일을 보냈고, 그사이 독일 밖으로 도망치고자 필사적이었던 쿠르트 슈비터스와 미술관장 몇 사람을 만났다. 나중에 알게 된 사실이지만, 독일에 머무는 내내 게슈타포가 이들을 미행했다.[28]

바는 1년에 걸쳐 미국 곳곳으로 이어진 반 고흐 전시의 어지러운 여정에 동행하지 않았다. 1936년 1월 뉴욕에서 첫번째 전시가 끝났을 때, 그는 이미 아파트에 틀어박혀 한층 더 까다로운 프로젝트를 마무리하느라 애쓰고 있었다. 바의 휴가가 끝난 뒤 그들 부부는 비크먼 플레이스 2번지에 있는 새로운 아르데코풍 건물로 이사했다. 당시 비크먼 플레이스는 훗날의 독보적인 특성을 아직 갖추지 않은 상태였으나 미술관과 불과 몇 블록 떨어진 거리에 있었고, 눈부신 햇살과 이스트강의 아름다운 풍경을 제공해주었다.

　　바의 엄격한 디자인 원칙에 따라 두 사람은 집을 간결한 바우하우스양식으로 정돈했다. 가구는 의자 몇 개와 둥근 관처럼 생긴 철제 다리가 달린 테이블—바 부부로서는 구입할 여력이 없었던 마르셀 브로이어의 모델을 미국의 디자이너 도널드 데스키가 복제한 제품이었다—그리고 팔걸이 없는 벤치 같은 작은 소파와 존슨이 두 사람을 위해 디자인한 좁다란 붙박이 선반으로 제한되었다. 바에게는 생각을 마음껏 펼쳐놓을 만한 넓고 단순한 공간이 필요했고, 채광 좋은 거실 바닥은 그가 좋아하는 실험실이 되었다. 그는 이제 바닥에 쭈그리고 앉아 조르조 데 키리코의 텅 빈 거리 풍경, 칸딘스키의 반짝이는 수채화, 한스 아르프의 아메바 같은 부조, 알렉산더 콜더의 가늘고 길쭉한 모빌, 슈비터스의 '폐물' 구조물, 뒤샹의 곤충을 닮은 기계, 곤차로바의 무지 갯빛 무대장치, 프레더릭 키슬러의 알루미늄 조명, 슐레머의 기하학적인 발레 의상 등 수백 장의 사진들을 들여다보았다. 마가가 고양이를 따라다니며 사진들 위로 지나가지 못하게 하려고 애쓰는 동안, 바는 이이미지들을 배열하고 또 배열하여 논리정연한 서술로 구성하고 있었다.

이것은 실로 엄청난 일이었다. 6주 뒤 미술관은 〈입체주의와 추상예술Cubism and Abstract Art〉전을 개막할 예정이었다. 거의 모든 매체를 아우르는 400여 점의 작품들이 준비되었으니, 이것이야말로 바의 경력에 있어 가장 큰 전시이자 지적으로 가장 도전적인 전시가 될 것이었다. 미술관이 설립된 이래 바는 한 명의 예술가, 혹은 하나의 국가나 지역, 또는 벽화나 건축, 산업디자인 등 특정 장르의 작품만을 다루었다. 20세기 현대예술 자체의 주요 줄거리, 즉 연속적으로 이어진 화파와 운동, 그리고 그것을 형성한 근원적인 힘을 제시하고자 한 적은 없었다. 어떤 미술관도 그런 지형도를 그려보고자 한 바 없었으며, 더구나 하나의 전시 안에서 시도한 경우는 분명코 없었다.

바에게 이 일은 특별히 긴급한 프로젝트이기도 했다. 1931년과 1932년에 계획했던 피카소 전시가 실패로 돌아가면서 결과적으로 현대미술관은 바가 20세기 회화의 추이에서 핵심적인 중요성을 갖는다고 생각했던 입체주의 예술의 탄생과 발전을(이후 바는 피카소를 언급하며 입체주의는 "무엇보다도 형태를 다루는" 새로운 언어라고 설명했다') 전혀 다루지 못한 셈이었다. 또한 현대미술관은 러시아 구성주의, 이탈리아 미래주의, 프랑스 초현실주의 같은 다른 운동들도 등한시해왔다. 1935년이 되었다고 해서 미국인들이 1929년에 비해 그리스의 신문 콜라주나 말레비치의 부유하는 흰색 정사각형을 쉽게 이해할 리 없었다. 입체주의라는 개념이 많은 미국 화가들에게 끼친 영향에도 불구하고, 심지어 박식한 비평가들조차 입체주의를 근래의 예술과 거의 상관없는 "폐기된 일탈"로 여겼다.[2] 현대예술의 가장 핵심적인 업적 중 하나가 대중에게는 결코 일어난 적 없는 일이었던 셈이다. 바는 웰즐리칼리지에서 강의하던 시절부터 품어온 생각을 바탕으로, 이미 한참 전에 시작되어 계속 이어지는 과정 속에 자리한 입체주의의 중요성을 되찾고 싶었다.[3]

하지만 그로 하여금 거실 바닥에 앉아 사진들 위로 몸을 숙이게 만든 또다른 요인도 있었다. 바로 정치적 위협이었다. 독일과 러시아에서, 바는 세계 최고의 예술과 디자인 문화가 권위주의 정권에 의해 무너지는 모습을 목격했다. 그의 전시가 자취를 더듬어가는 운동과 예술가들이 이 두 나라에서 침묵을 강요받고 있었다. 더욱이 이제는 서유럽마저 극우파들의 위협에 놓이기 시작했으니, 파리의 칸바일러는 동료 예술가들에게 "파시즘이 (……) 우리 모두의 작업을, 또는 우리의 작품 전시를 중지시킬 것"이라고 경고했다.[4] 그리고 반 고흐의 놀라운 성공에도 불구하고 미국에서 현대예술은 여전히 의심의 시선을 받았으며, 심지어 반미국적인 것으로 여겨졌다. 아방가르드 화가들이 압력을 받지 않는 곳을 찾기가 점점 더 어려워졌다. 바는 현대예술을 세계와 단절된 양식의 발전으로 보는 형식주의적인 접근을 취했지만, 그럼에도 자신이 추적하는 운동들이 민주주의와 전체주의 사이의 거대한 투쟁에 관련되어 있다는 점을 점차 인식하지 않을 수 없었다. 나치의 예술 정화를 경계한 몇 안 되는 미국 작가 중 하나였던 멈포드가 관찰했듯이, "어떤 상황에서는 브라크가 그린 과일 한 그릇이 자유의 여신상으로 여

겨질 수도" 있었다.[5]

　　바는 20세기 현대예술의 더 큰 그림을 대중에게 보여주기 위해 거대하고도 야심 찬 한 쌍의 전시를 구상했다. 첫번째 전시 〈입체주의와 추상예술〉은 입체주의 운동을 일탈이 아닌 현대예술의 두 주요 흐름 중 하나의 중심에 자리한 발전의 동력으로 제시할 계획이었다. 1936년 가을에 이어질 두번째 전시는 다른 하나의 흐름인 초현실주의와 다다, 그리고 바가 "환상적 예술Fantastic Art"이라 부르곤 했던 사조에 초점을 맞출 계획이었다. 종합적으로 이 두 전시는 진보적인 예술의 추이와 그 중요성을 설명하는 명확하고 연속적인 이야기, 분명한 인과관계를 제공할 것이었다.

　　두 전시가 논란을 일으키리라는 사실을 바는 처음부터 알고 있었다. 많은 내용이 이해하기 어려운데다, 그러한 전시 자체가 존재하지 않았던 역사를 새로 쓰는 작업이기 때문이었다. 또한 그는 두 전시 모두 특히 한 예술가의 작품에 의존하게 되리라는 점도 알았다. 다름 아닌 피카소였다. 바가 알지 못했던 것은, 피카소의 작품에 접근하는 과정에서 전혀 새로운 걸림돌에 부딪히리라는 사실이었다. 그러니까 그것은 예술시장과 전혀 무관한 문제였다.

—

그 문제라는 것은 1935년 여름, 바와 마가 부부가 암스테르담과 헤이그에서 반 고흐와 관련된 일을 마치고 파리에 도착했을 때 시작되었다. 두 사람은 6주 동안 파리에 머물며 입체주의 전시에 필요한 대여 작품들을 집중적으로 준비할 계획이었다. 처음에는 모든 일이 순조로워 보였다. 파리에 도착한 마가는 "이제 현대미술관은 더이상 무명의 미술관이 아니며, 예술가들 대부분이 기대에 차 있"음을 느꼈다. 지난 6년 사이 바의 혁신적인 전시는 파리에서 점차 인지도를 쌓아, 앞선 예술가 세대는 물론 호안 미로, 알베르토 자코메티, 앙드레 마송 같은 후세대 추종자들까지 모두 전시에 참여하기를 열망했다. 바와 마가는 퀸이 한 세대 전에 누렸던 것과 같은 예술가와의 접촉을 처음으로 즐기기 시작했다.[6]

몽파르나스에서 두 사람은 네덜란드의 추상주의자 핏 몬드리안을 만났다. 그야말로 전시에 안성맞춤인 인물이었다. 자신의 기하학적 회화를 삶의 방식으로 전환한 듯, 몬드리안의 작업실은 필요 없는 사물은 모두 제거된 채 흰색으로 꼼꼼하게 칠한 배경에 몇 가지 원색으로만 장식되어 있었다. 게다가 그는 음식을 몇 개의 기본적인 범주로 구분한 헤이 다이어트*를 실천하고 있었다(마가는 "고기와 채소, 탄수화물과 채소를 함께 먹지만 세 가지를 동시에 먹지는 않는다"고 기록했다). 바가 보기에 몬드리안의 엄격한 예술은 관찰 가능한 현실에서 비롯된 개념으로부터 "순수한" 추상으로의 중대한 변화를 좇는 듯했다. 그는 다음과 같이 말했다. "초기의 추상적 구성 뒤에 숨어 있는 소와 바다 풍경과 무용수들은 (……) 자연의 세계에서 기하학의 세계로 떠나는 출발점이라는 것 말고는 중요한 의미를 갖지 않는다."[7]

스위스의 조각가 자코메티를 방문한 경험도 마찬가지로 강렬했지만 그 방식은 완전히 달랐다. 풍성하고 부스스한 짙은 머리에 헝클어진 모습의 자코메티는 두 사람에게 비좁고 어질러진 작업실을 보여주었다. 작업실에는 천장에 매달린 전구 하나만 켜져 있었고, 이리저리 튄 석고와 점토가 사방에 가득했다. 초현실주의자들과 연대한 자코메티는 상상력과 삶 양쪽으로부터 자극을 받아, 바의 표현을 빌리자면 "유기적 추상"에서 결정적인 돌파

* 탄수화물을 다른 음식과 동시에 먹지 않는 식이요법.

구를 만들기 시작한 참이었다. 자코메티는 전시를 위해 그럴싸한 제목이 붙은 석고상 「두상-풍경」을 제안했다.

　때로는 유럽의 암울해지는 정치 상황과 맞닥뜨리기도 했다. 오랫동안 망명생활을 이어오던 러시아의 예술가 미하일 라리오노프와 곤차로바는 바가 소비에트러시아에 대한 경험적이며 직접적인 지식을 갖고 있다는 점을 눈치챘고, 러시아 아방가르드의 운명을 추적하려는 그의 노력에 깊은 감동을 받았다. 이 예술가들은 과연 조국으로 돌아갈 수 있을지 확신하지 못하는 상태였다.

　하지만 대부분의 경우 예술가들은 그저 자신의 작품을 전시할 수 있다는 사실에 만족했다. 미로는 작업실에서 새 캔버스에 그림을 그리는 모습을 보여주었다(마가는 다음과 같이 기록했다. "그는 마치 연푸른 바탕에 검은 비단으로 수를 놓듯 반신상의 윤곽선 위에 장식을 하나씩 추가하며 그림을 그렸다"). 리투아니아 출신의 추상 조각가 자크 립시츠는 파리의 거리에서 이들을 우연히 만나자 작업실에 데려다주겠다며 자신의 차에 타라고 제안했다.

　기성세대도 바 부부를 환영했다. 두 사람은 몽수리공원 근처의 저택 겸 작업실에서 브라크를 만났다. 그곳은 브라크가 1920년대 후반 로젠베르그의 활발한 판매 덕분에 모은 돈으로 마련한 우아한 현대식 은둔처였다. 그는 여느 때처럼 노르만인 특유의 신중한 태도를 견지하면서도 자신의 초기 걸작인 「기타」를 빌려주는 데 동의했다. 세잔의 가르침을 받아 입체주의로 나아가는 여정을 보여주는 작품이었다. 그에 반해 레제는 유쾌하고 활발했다. 그는 바 부부에게 작품을 보여준 다음 작업실 근처의 유명한 식당으로 그들을 초대했다. 마가는 다음과 같이 기록했다. "그는 먹고 마시는 것을 좋아한다. 언어의 장벽에 전혀 구애되지 않는 듯 늘 크고 분명하게 말한다."

그런 뒤 바 부부는 마침내 피카소와 로젠베르그를 만났다. 당시 바에게는 두 사람 모두 자신의 계획을 지지하리라 추측할 만한 충분한 이유가 있었다. 이것은 지금껏 시도된 적 없는 전시였다. 입체주의와 그것이 이후 예술에 미친 영향에 대해 단계적인 설명을 제시하는 최초의 전시를 통해 바는 피카소의 작품(과 로젠베르그가 대표하는 다른 예술가인 브라크의 작품)을 20세기 모더니즘의 주요 흐름 중 한 원류로 자리매김시킬 작정이었다. 이를 위해서는 피카소가 개인적으로 소장한 입체주의 회화 작품과 더불어, 잘 알려지지 않은 콜라주와 조각 작품도 일부 구해야 했다.

피카소와 다시 접촉하면서 바는 오랫동안 미뤄온 그의 전시를 되살리고자 희망했다. 미술관에서도 피카소 전시를 목록에 올려둔 터였다. 여러 측면에서 〈입체주의와 추상예술〉전과 그와 짝을 이루는 〈환상적 예술, 다다, 초현실주의Fantastic Art, Dada, Surrealism〉는 피카소 전시를 예고하는 이상적인 서곡으로써, 미국에 피카소의 작품을 소개하고자 했던 앞선 시도에는 빠져 있던 중요한 배경을 관람객에게 제공해줄 것이었다. 지금이야말로 이후의 더 큰 협업을 위해 피카소의 가장 최근 작들을 찬찬히 살펴볼 수 있는 좋은 기회였다.

로젠베르그는 갤러리를 방문한 바 부부를 진심으로 환대했다. 미술 거래상에 대한 바의 꺼림칙한 마음과 미술관에 대한 로젠베르그의 회의에도 불구하고, 이제 두 사람은 서로를 꽤나 존중하고 있었다. 특히 바에게 로젠베르그는 작품 대여에 없어서는 안 될 원천이었다. 〈입체주의와 추상예술〉을 위해 로젠베르그는 전쟁 전에 제작된 중요한 브라크의 정물화에 더하여 자신이 소장한 레제의 뛰어난 걸작 「점심식사」를 빌려주기로 했다. 하지만 바의 요구는 거기서 끝나지 않았다. 마침내 그가 피카소에 대해 묻자 로젠베르그는 천장을 올려다보며 한숨을 쉬었다. "상상이 됩니까?" 그는 이렇게 말했다. "그는 그림을 그만 뒀어요!"

두 사람이 이야기를 나누고 있을 때 피카소가 갤러리에 들어왔다. 마가는 로젠베르그의 말이 사실일 거라고, 무언가 잘못되었다고 생각했다. 피카소는 불안해 보였다. 몇 년 전 조르주프티갤러리에서 마가를 안내했던 친절하고 바람기 많은 이베리아 사람 특유의 기운은 찾아볼 수 없었다. 이후 그녀는 피카소의 "정신상태가 불안정한" 것 같다고 썼다.[8] 그럼에도 불구하고 피카소는 바 부부가 이웃에 있는 자신의 작업실에 와주기를 간절히 바랐고, 이에 두 사람은 그를 따라나섰다.

처음에 피카소는 그들을 아파트로 데리고 갔다. 오래전 이들 부부가 파리를 방문했을 때 피카소와 코클로바는 뤼 라 보에티의 아파트에서 아이를 돌보는 유모 겸 가정부를 두고 우아한 생활을 이어가고 있었다. 또한 바는 미술관장이 되고 맞이한 첫 여름에 다시금 피카소의 작업실을 방문했었고, 그리하여 피카소가 영위하는 상류층의 생활환경에 대해 어느 정도 짐작하던 터였다. 하지만 피카소가 아파트 문을 열었을 때 전혀 예상치 못한 장면이 펼쳐졌다. 아파트에는 인적이 전혀 느껴지지 않았고 가구는 마치 누군가 뒤진 듯 마구 흐트러져 있었다. 그때 끈이 눈에 들어왔다. 옷장과 찬장, 서랍장이 모두 닫힌 채 끈으로 묶여 있었다. 어떤 것도 열거나 움직일 수 없었다. 끈마다 공식 직인이 찍힌 붉은색 밀랍이 달려 있는 것이, 흡사 범죄 현장 같아 보였다. 피카소는 두 사람을 이 방 저 방으로 안내하며 외쳤다. "그들이 내게 한 짓을 좀 봐요!"[9]

우연하게도 바와 마가가 파리에 도착했을 땐 피카소의 이혼 위기가 정점에 달한 시점이었다. 사실 봄부터 그들 부부 사이의 긴장이 고조되고 있었다. 여섯 달 전 발터가 피카소에게 임신 소식을 알렸고,

이에 피카소는 곧 태어날 아이를 사생아로 만들 수 없다는 생각에 코클로바와 이혼하고 발터와 결혼하기로 약속했다. 그해 봄, 그는 변호사를 선임하여 공식적인 절차를 밟기 시작했다. 하지만 이는 코클로바의 분노라는 요소를 고려하지 못한 결정이었다. 몇 년간 코클로바는 피카소의 외도와 부재, 학대에 가까운 침묵, 더하여 늘 그를 집어삼키는 정신적 혼돈을 애써 무시하며 격렬한 감정 폭발, 근원을 알 수 없는 질병, 만성적인 우울감에 시달리고 있었다. 그러다 마침내, 그는 노여움에 사로잡혀 피카소를 최대한 난처한 상황에 빠뜨리는 방법을 찾고자 변호사를 구한 참이었다.

바가 도착하기 며칠 전 이 소송은 결국 법정으로 갔다. 예비 심리에서 코클로바의 변호인들이 법원에 두 사람의 공동 자산 목록 작성을 요청했지만 정작 코클로바는 자신이 촉발한 상황에 미처 대비하지 못한 상태였다. 집행관이 아파트를 조사하기 위해 방문하자 코클로바는 기절했고, 피카소는 집행관을 쫓아보냈다. 곧 코클로바는 파올로를 데리고 몇 블록 떨어진 캘리포니아호텔로 가 돌아오지 않았다. 그사이 법원은 합의가 이루어질 때까지 아파트의 모든 세간을 통제하겠다는 조치를 내렸다.

이것이 끝이 아니었다. 뤼 라 보에티의 아파트 외에 부아주루의 저택과 다른 개인 재산도 있었다. 하지만 피카소의 머리를 떠나지 않는 가장 큰 위협은 자신이 소유한 그림들의 운명이었다. 피카소에게 이혼의 책임이 있을 경우, 프랑스 법에 따라 작품의 절반은 코클로바에게 넘어갈 수 있었다. 피카소는 혼란스러웠다. 로셰가 방 한구석에 쌓인 그림 더미를 살피기 위해 방문하던 시절부터 자신이 좋아하는 다수의 작품을 작업실에 보관해온 터였다. 이제 법원이 그 작품들에 대한 권리를 주장하며 자기 정체성의 가장 중요한 부분을 박탈하려 하고 있었다.

"그들이 내게 한 짓을 좀 봐요!" 이 외침으로 그는 바 부부에게 자신의 작품이 강탈당하고 있음을 알린 것이었다.

로젠베르그보다 피카소의 처지를 잘 이해하는 사람은 없었다. 그 또한 이혼 위기에 처해 자신이 소유한 방대한 규모의 회화 작품들을 해체시키기보다 차라리 불행한 결혼생활을 유지하는 쪽을 택하지 않았던가. 게다가 피카소의 작품 거래상이기도 했으니 그는 이 어지러운 문제에 말려들 수밖에 없었다. 마가는 다음과 같이 회고했다. "그는 거래상으로서 예술가들의 개인적인 문제에도 관여했다." 피카소 작품에 관한 비할 데 없는 지식을 바탕으로, 로젠베르그는 법원이 요구하는 피카소의 작품 목록을 만드는 데 동의했다. 불쾌한 일이었으나 그럼에도 반드시 거쳐야 할 과정이었다. 목록 작성이 마무리되어갈 즈음 그는 피카소에게 다음과 같이 말했다. "당신도 알겠지만, 나 역시 당신만큼이나 이 일을 하기 싫습니다."[10]

곧 이혼소송은 교착상태에 빠질 것이었다. 그러나, 최종 합의가 도출되지 않더라도 여러 측면에서 코클로바가 이미 승리한 셈이었다. 피카소는 바 부부에게 아파트를 보여준 뒤 위층에 있는 작업실로 그들을 데려갔다. 창문은 닦지 않아 더러웠고 먼지가 사방에 굴러다녔다. 가구가 없는 커다란 방은 벽을 향해 돌려세워진 오래된 캔버스들로 가득했다. 몇 달 동안 작업실을 사용하지 않은 것이 분명했다. 로젠베르그가 옳았다. 피카소는 그림 작업을 중단한 상태였다.

35년 가까이 한 번도 작업을 멈추지 않았던 예술가에게 이는 깜짝 놀랄 만한 휴지기였다. 하지만 피카소는 자신이 어떤 상황에 처했는지 전혀 깨닫지 못했다. 탈출을 모색하던 그는 오히려 자신이 만든 덫에 빠져 허우적대고 있었다. 별거중이지만 아직 이혼은 하지 않은 채 아들과 떨어져 지내야 했고, 집은 법원의 감시를 받고 있었다. 게다가 발터가 출산하기 전에 그와 결혼하거나 그를 공식적인 파트너로 인정할 자유도 없는 상태였다. 변호사는 소송이 끝나기 전에 발터와 함께 살아서는 안 된다고 주의를 주었다. 이런 상황에서 어느 누가 그림을 그릴 수 있을까? 이것이 피카소의 작품 속 코클로바의 얼굴과 몸이 잔인할 정도로 훼손된 이유를 설명해준다. 피카소는 훗날 이 시기를 두고 "인생 최악의 시절"이라고 말했다.

피카소의 결혼생활 위기 소식과 함께 그가 그림 그리기를 그만둔 이유에 대한 추측이 점차 무성해지고 있었다. 피카소는 시인이 되기로 마음먹었다고 주장했다. 동시에 법원이 자신의 모든 그림에 대한 소유권을 가질 수 있는 이 상황을 용납할 수 없다는 점도 분명히 했다. 바와 마가가 뤼 라 보에티를 방문한 지 몇 주 뒤, 칸바일러는 거트루드에게 편지를 보내 다음과 같이 알렸다. "그는 완전히 우울증에 빠져 있습니다. 그 사이사이 발작적인 행복감을 드러내기도 하는데, 우울한 상태일 때보다 지켜보기가 더 고통스럽습니다."[11] 사실 피카소는 작업을 그만두지 않았다. 그는 엄청난 격동의 사이코드라마라 할 수 있는 에칭판화「미노타우로마키」작업을 지속하고 있었다. 자신이 겪는 모든 일들을 고통스럽게 표현한 작품이었다. 훗날 그는 감사의 표시로 바에게 직접 서명한 희귀 판본을 주었다. 하지만 한동안은 다른 작업에 손대지 않았고, 그가 개인적으로 소장한 회화 작품과 조각 작품은 현대미술관은 물론 다른 누구에게도 접근이 금지되었다. 결국 바와 마가는 피카소에게서 아무런 약속도 받지 못한 채 파리를 떠날 수밖에 없었다.

뉴욕으로 돌아온 그해 겨울, 바는 거실 마룻바닥에서 긴긴밤을 보냈다. 그렇게 6주에 걸친 비상한 노력 끝에 전체 전시 구성과 총 249페이지 분량의 도록을 정리했다. 이것은 지난 반세기의 현대예술을 포괄하는 새로운 시각, 다시 말해 피카소가 가장 초기에 시도했던 입체주의 실험의 근원에서부터 슈비터스의 메르츠바우 건축, 미로의 즉흥적 구성, 콜더의 혼합적인 형태에 이르기까지 그 모든 것을 연결하는 하나의 실증주의적인 개관이었다. 전시가 보여주는 혼란한 다양성에도 불구하고, 바는 이것들을 어떻게든 설명하고 그에 대한 이론도 제시하고자 했다. 그는 현대예술의 전체 흐름, 또는 적어도 핵심적인 주요 줄기가 20세기 초 예술가들이 직면했던 근본적인 문제로 거슬러올라간다고 상정했다. "가시적인 외부 세계에 대한 회화적 정복은 완성되었다. 보다 모험적이고 독창적인 예술가들은 사실을 그리는 것이 지겨워졌다."[12] 그 결과 입체주의를 비롯해 추상예술을 향한 더 폭넓은 움직임이 생겨났다. 바는 자신의 이론을 언어로 설명하는 것에 만족하지 않고 거대한 순서도로 도식화하여 이를 전시 도록 표지에 실었다. 그가 그린 도표는 중요한 토대가 되는 네 명의 예술가, 즉 반 고흐와 고갱, 세잔, 쇠라에서 시작해 시간의 흐름에 따라 두 갈래로 나뉘었다. 오른쪽에서는 세잔과 쇠라에서 비롯한 "기하학적 추상예술"의 흐름이 입체주의와 구성주의, 바우하우스를 비롯한 여러 다양한 운동으로 발전되어나갔으며, 왼쪽에서는 고갱과 반 고흐에서 시작된 "비기하학적인 추상예술"의 흐름이 야수주의와 표현주의, 다다와 초현실주의를 거쳐 발전되었다. 그리고 이 두 갈래는 모두 추상으로 끝맺음 되었다.

　　꽤나 흥미롭지만 논란의 여지가 많은 시각이었다. 모더니즘에 내재하는 혼란에 질서를 부여하려 한 이러한 노력은 이후 수십 년에 걸쳐 남다른 자만의 행위로 비칠 터였다. 당시에도 비평가들은 바의 결정론적 형식주의를 문제삼았고, 바 역시 자신이 시작한 일이 애초부터 불가능한 과제였음을 알고 있는 듯 보였다. 도록에서 그는 이렇게 밝혔다. "물론 종종 이 두 흐름은 서로 뒤섞이고, 혹은 하나의 흐름 안에서 두 양상 모두가 보일 수도 있다."[13] 이것은 아마도 피카소를 염두에 둔 언급이었을 것이다. 피카소의 작품은 입체주의 전시뿐 아니라 이후에 개최될 초현실주의 전시를 위해서도 바에게 절실했다.

체계적인 구성에도 불구하고, 바는 전시를 둘러싼 국제적인 상황과 맥락을 인정하지 않을 수 없었다. 도록에 썼듯이 현대예술의 형식이 가장 번성했던 두 나라, 즉 러시아와 독일에서 현대예술과 모더니즘 문화에 반발한 운동이 진행중이었다. 전시를 준비하며, 바는 다급하게 추상예술을 정치적 자유의 한 형식으로서 방어했다. 전시에 참여한 아홉 명의 예술가들이 히틀러가 권력을 잡은 이후 독일을 떠나야 했다는 사실도 중요했다. 도록의 제2판이 발간되었을 때 그는 이 숫자가 열두 명으로 늘어났다고 밝혔다. "이 글과 전시는 정사각형과 원의 화가들 (……) 정치권력을 가진 속물들의 수중에서 고통을 겪고 있는 예술가들에게 바쳐지는 것이 마땅하다."

전시 〈입체주의와 추상예술〉은 현대예술의 이해에 있어 대중과 비평계 모두에 대단한 충격을 주었으며, 당시 미국에서 외면받던 추상예술에 새로운 중요성을 부여했다. 하지만 피카소에 관한 새로운 관심을 불러일으키려는 목적에는 실패했으니, 결국 바는 피카소의 전시 불참을 다른 여러 개인 컬렉션에서 확보한 스물한 점의 작품으로 보완해야 했다. 그나마도 「아비뇽의 여인들」은 파리의 소유주가 거부해 대여받을 수 없었고, 전시에 소개한 유일한 콜라주 작품도 원작을 확보하지 못해 사진으로 대체했다.

피카소의 불참으로 난항을 겪은 전시는 입체주의 전시만이 아니었다. 바에게는 더 큰 규모의 피카소 전시라는 끈질긴 문제가 남아 있었다. 이 전시는 다시 한번 연기되어야 했다. 입체주의 전시가 개막하는 순간에도 바는 이사들에게 가까운 미래에 피카소 전시가 성사될 가능성은 매우 낮다고 알렸다. 굿이어는 록펠러에게 상황을 다음과 같이 요약했다. "피카소 작품이 이혼 절차에 묶여 있어서 다음 시즌 전시에 맞추어 작품을 확보하기가 어려울 것 같습니다."[14]

유럽 전역에서 정치적·이념적 갈등이 고조되어 예술가들이 망명을 떠나고 그들의 작품이 미술관에서 철수되던 시기에, 피카소 작품의 미국행을 방해하는 것은 정치나 검열의 문제가 아니라 애정 문제였다. 이에 대해 바는 훗날 다음과 같이 말했다. "그 모든 게 류머티즘도 우울증도 스페인 전쟁도 작업 중단도 아닌, 그저 아내의 수중에 더 많은 작품이 들어가는 것을 막아야 한다는 강박 때문이었다."[15]

이혼 절차가 끝나지 않은 까닭에 피카소는 바의 거실에 펼쳐진 현대예술의 이야기에서 중심적인 역할을 맡을 수 없었다. 유럽에 맞서는 더 큰 세력이 바의 이야기와 피카소의 상황을 극적으로 돌려놓으리라는 사실은 아직 가시화되지 않은 상태였다.

1936년 9월 말 어느 오후, 플로르 카페에 들어선 마가와 한 젊은 친구
는 그곳에 홀로 앉아 있는 피카소를 발견했다. 뜻밖의 모습은 아니었
다. 결혼생활에 위기가 닥치고부터 몇 년 동안 피카소는 다시 파리 좌
안의 세계를 받아들였고, 초현실주의자들의 오랜 집합소였던 플로르
카페는 그가 규칙적으로 들르는 일상의 장소가 되어 있었다. 그는 자신
의 서클 멤버들이 카페를 오가는 동안 빨간색 가죽 장의자에 앉아서 골
루아즈 담배를 피우곤 했다. 그날 그의 앞에는 손을 대지 않은 생수 한
컵이 놓여 있었다. 마가가 그에게 짓궂은 인사를 건넸다. "혼자 있고 싶
은데 제가 인사를 하는 걸까요?" 피카소는 손짓으로 두 여성에게 합석
을 권했다.[1]

마가에게 이 만남은 아주 중요한 기회였다. 바는 12월에 〈입체주
의와 추상예술〉만큼이나 야심 찬 대규모 초현실주의 전시를 개최할 계
획이었고, 작품 대여 마무리를 위해 마가를 파리에 남겨둔 채 떠난 참
이었다. 특히 그가 원한 것은 피카소의 회화 작품 몇 점과 불안감을 자
아내는 작은 브론즈 조각 작품이었다. 하지만 마가에게는 또다른 동기

도 있었다. 두 달 전 스페인에서 내전이 발발했고 이미 히틀러와 무솔리니가 전투기와 대포로 프랑코의 반란을 지원하고 있었다. 예술가들과 작가들은 국제여단에 합류해 공화당 정부를 지키자며 목소리를 높였고, 스페인 공무원들은 전쟁에 국제적인 관심을 불러일으키고자 피카소를 스페인의 국립미술관인 프라도미술관 관장으로 임명하는 이례적인 조치를 취했다. 프라도측의 발표는 현대예술가들과 반파시스트 전선 간의 동맹에 있어 중요한 전환의 계기였으니, 마가는 피카소가 과연 마드리드에 가서 그 손을 들어줄 것인지 궁금했다.

　　하지만 피카소는 이상할 정도로 무관심해 보였다. 마가가 프라도에 관해 묻자 그는 심드렁하게 답했다. "우리는 이제 같은 업계에 몸담게 된 것 같군요." 다른 사람들처럼 피카소도 신문을 통해 자신의 관장 임명 소식을 접했다. 하지만 그는 마드리드에 갈 생각이 없었다. 마가로서는 믿을 수 없는 태도였다. 바르셀로나 거리에 유혈이 낭자했고, 피카소의 어머니와 여동생이 그 근처의 아파트에서 살고 있었다. 게다가 몇 주 전에는 프랑코의 군대가 마드리드에 잔인한 폭격을 시작한 터였다. 프라도의 보물들, 벨라스케스와 엘 그레코, 수르바란, 무리요, 고야의 작품을 비롯한 수백 점의 걸작들이 심각한 위험에 처해 있었다. 마가는 그에게 물었다. "당신의 권한을 딱 한 시간만 할애해 그 작품들이 안전하게 보관되어 있는지 확인할 수는 없는 건가요?" 피카소는 어깨를 으쓱이며 되물었다. "편지를 쓰고 전보를 보낸다 한들, 그것으로 뭘 해결할 수 있습니까?" 그는 작품들은 안전하다고, 설령 그것들이 파손되었다 해도 "언제든 내가 새 그림을 그릴 수 있다"고 덧붙였다.

　　전쟁에 대해 끊임없이 이야기하던 그의 친구들을 생각하면 피카소의 심드렁한 태도는 당황스럽기 그지없었다. 플로르 카페에서 이들은 곧 미로의 거래상인 피에르 뢰브와 합석했다. 뢰브는 미로가 가족들

을 탈출시키기 위해 스페인으로 떠났다고 말해주었다. 곧 『카이에 다르
Cahiers d'Art』의 출판인 제르보스와 그의 부인 이본도 카페에 왔다. 이들
은 전쟁에 위협받는 예술작품과 기념물을 기록하고 프라도미술관의 상
황을 조사하기 위해 바르셀로나와 마드리드에 갈 계획이었다. 여전히
피카소는 관심을 보이지 않았다. 대신 마가와 그의 친구가 떠나자 제르
보스 부부와 그해 여름 야심한 시각 미디의 거리를 배회하던 일에 대해
이야기를 나누기 시작했다. 마가는 바에게 다음과 같이 전했다. "제르
보스 부부는 역겨운 사람들이야. 스페인에서 그들은 서로 죽일 듯 으르
렁대고 제르보스는 매음굴에서 뒹굴겠지."

　　1936년 여름 무렵 피카소의 삶은 점점 더 불안정해졌다. 전해 가
을 발터가 딸 마야를 낳았지만 공식적인 아버지로 인정받지 못한 그는
딸의 세례식에 대부 자격으로 참석해야 했다. 하지만 마야가 태어날 즈
음 피카소는 카페 되 마고Deux Magots에서 만난, 짙은 머리칼에 엷은 눈
동자, 뚫어질 듯한 시선을 한 진지한 젊은 여성에게 반해 있었다. 도라
마르는 피카소의 절반에 불과한 어린 나이에, 치열하고 지적인 크로아
티아계 프랑스 사진작가이자 초현실주의자였다. 그해 겨울 두 사람은
마침내 서로를 소개받았고, 마르는 이내 피카소가 새롭게 불태우기 시
작한 열정적인 사랑의 대상이 되었다.[2] 이제 그는 한쪽의 도라, 다른 한
쪽의 발터와 젖먹이 딸 사이를 오가며 시간을 보냈다. 그러는 내내 코
클로바와의 값비싼 법적 분쟁이 계속되었고, 작업은 잘해야 지지부진
한 수준이었다.

　　그해 봄 로젠베르그는 세간의 이목을 끄는 전시를 개최함으로써
피카소의 공백기를 재빠르게 봉합했다. 전시장을 찾은 엄청난 인파를
상대로 그는 거래상의 강점을 십분 발휘했다. 피카소의 충실한 스페인
인 비서 하이메 사바르테스는 이렇게 기록했다. "로젠베르그는 이 그룹

과 저 그룹을 정력적으로 오가며 악수를 나누고, 질문을 듣고, 모든 이들을 돌보는 한편 조수들에게 끊임없이 지시를 내렸다." 칸바일러조차 피카소의 새 작품을 "미켈란젤로풍"이라 언급하며 로젠베르그의 마법을 인정하는 듯 보였다. 하지만 전시에 소개된 스물아홉 점의 작품은 사실 이혼 위기가 닥치기 전에 완성된 것들이었다. 피카소는 전시장에 나타나지 않았고, 심지어 전시가 끝나기도 전에 쥐앙레팽으로 달아나 버렸다. 로젠베르그가 피카소의 "새로운" 작품을 자랑스럽게 보여주던 바로 그 순간, 그는 사바르테스에게 보낸 편지에 반농담조로 이렇게 적었다. "나는 노래에만 전념하기 위해 회화, 조각, 판화, 시에서 손을 뗐다네."[3]

스페인에서 전쟁이 시작된 그해 여름 피카소는 다시금 먼 곳으로 떠났다. 이번에는 프랑스 남부의 무쟁이었다. 마르와 초현실주의 동료들이 그와 동행했는데, 이들의 마음 한편에는 전쟁이 늘 자리잡고 있었다. 마르와 폴 엘뤼아르는 대중 전선을 열렬히 지지하는 반파시스트였고, 롤런드 펜로즈는 영국이 반프랑코 항쟁을 지원하도록 촉구하고자 바르셀로나로 떠날 계획을 세우고 있었다. 이들은 무쟁에서 제르보스 부부를 만났다. 제르보스 부부는 훨씬 더 호전적이었다. 마르의 어머니는 휴가 기간 동안 딸에게 보낸 편지에서 "누구도 무관심할 수 없겠지. 가엾고 가엾고 가여운 사람들!"이라고 말했다.[4] 하지만 피카소를 움직이게 하는 것은 주로 해변에서의 수영과 끊임없는 연애 유희, 익살맞은 유머 속에서 탈출구를 찾고자 하는 충동이었다. 어느 날 점심식사 자리에서 이들이 최근 벌어진 일에 대해 논의를 벌이고 있을 때, 피카소가 왼손으로 검은 칫솔을 집어들더니 윗입술에 대고 오른팔을 쳐들었다. 히틀러에 대한 패러디였다.[5]

피카소는 결코 정치적인 태도를 보인 적이 없었다. 젊은 시절부터 그를 알아온 칸바일러는 종종 피카소를 가리켜 자신이 만난 예술가들 중 가장 정치성이 희박한 사람이라고 말했다. 1930년대 초 초현실주의 동료들 일부가 급진적인 정치성으로 프랑스 정부와 문제를 겪을 때, 파리의 구소련 대사관은 피카소를 부르주아라 여겨 그리 중요하지 않은 인물로 취급했다. 그는 전쟁 전 스페인에서 우익 성향인 팔랑헤당원의 구애를 받기도 했다. 1937년 봄, 그가 프랑코 쪽 사람이라는 소문이 돌자 비로소 피카소는 오해를 바로잡아야 할 필요성을 느꼈다. 그때까지 그의 예술은 종류를 막론하고 어떤 정치의식도 드러내지 않았다.

바와 마가가 볼 때 피카소의 자유로운 태도는 고단한 현실의 반영이었다. 바는 미술관 업무에 있어 본능적으로 피카소와 마찬가지로 비정치적인 관점을 견지했다. 피카소의 예술이 현재 벌어지는 사건들의 장 너머에 있는 듯 보였듯이, 현대 회화가 펼치는 이야기 또한 자기만의 방식으로 전개되는 양식과 형식이 끊임없이 진화하며 펼쳐내는 상호작용으로 여겨졌다. 그러나 동시에 바는 현대예술이 당대의 이념적 흐름에 얼마나 휘둘리고 있는지도 날카롭게 인식하고 있었다. 민주적 자유와 진보적인 모더니즘이 스탈린 치하의 러시아와 히틀러 치하의 독일에서 어떻게 짓밟혔는지를 직접 목격했으니 당연한 일이었다. 더하여 그는 사회주택이나 심지어 인종 관계 등의 문제에 대한 우려스러운 논쟁에도 몰두했다. 1935년, 바는 NAACP(전미유색인종지위향상협회)가 조직한 반反린치 전시를 후원하는 주요 미국인들과 연대했고, 2년 뒤 마가와 함께 흑인 차별 정책이 시행되던 남부를 여행하는 동안에는 버스의 비백인 좌석에 앉기를 고집했다.[6]

형식주의를 학습했음에도 예술과 정치에 대한 바의 생각은 점차 바뀌어갔다. 미술관 일에 대한 초기의 접근 방식은 하버드대학교 내부인이자 전직 은행가로 기득권층이었던 삭스의 영향을 받아 형성되었으나, 바는 1930년대 중반 급진적인 정치에 깊이 관여하던 뛰어난 젊은 미술사가 마이어 샤피로와 정기적으로 토론을 벌였다. 때때로 그리니치빌리지에 자리한 샤피로의 아파트에서 그는 뉴욕의 반스탈린주의·반파시스트 좌파의 주요한 인물들을 여럿 만났다. 이들에게 예술과 문화는 진보적인 민주주의를 지키는 또다른 무기였다. 샤피로는 영향력 있는 에세이를 통해 내적 양식의 발전으로 추동되는 "순수하게 미학적인 활동"이라는 바의 추상예술 개념에 이의를 제기하며, 현대미술은 다른 예술형식 못지않게 주변의 사회·정치적인 힘으로부터 결정적인 영향을 받아 형성된다고 주장했다. 또한 그는 바의 입체주의 전시에 대해 "경험에 영향을 받지 않는 '순수한 예술'은 존재하지 않는다"는 반응을 내놓기도 했다.[7]

바는 자신의 접근 방식을 포기하지 않았지만 점차 현대예술을 일소하려는 히틀러의 활동이 미국 대중의 태도를 바꾸는 데 중요한 계기로 작용한다는 점을 인식하기 시작했다. 아방가르드 예술은 외국의 전복적인 문화가 아니라 공세에 몰린 선진 민주주의의 상징으로 홍보될 수 있었다. 이후 바는 다음과 같은 글을 썼다. "전체주의 독재자들은 왜 현대예술을 혐오하는가? 이는 예술가가 다른 어떤 사회성원보다도 개인의 자유를 대변하는 이들이기 때문이다." 하지만 이러한 주장은 유럽의 뛰어난 현대예술가가 파시즘과의 갈등에서 벗어나지 않는 경우에만 성립될 수 있었다.[8]

마가가 목격한 바, 피카소는 스페인 공화주의의 상징이라기보다는 파리 데카당의 상징에 더 가까워 보였다. 일찍이 명성을 얻은 쉰네살의 피카소는 자신의 조국이 분열되는 동안 파리 좌안의 카페에 앉아 있었고, 보수적인 미국의 풍자만화에 등장하는 방종한 보헤미안이 될 위기에 놓인 셈이었다. 또한 마가는 프라도미술관을 위해 자신이 새 그림을 그리면 된다는 피카소의 농담을 듣고 혐오감을 느꼈다.

  과거에도 종종 그랬듯이 현대미술관이 피카소 작품을 어느 정도
나 확보할 수 있을지 불분명한 상태였다. 마가는 플로르 카페에서 별다
른 진전을 이루지 못했고, 시간은 점점 촉박해졌다. 결국 뉴욕으로 출
발하기 전날 그는 제르보스의 아내인 이본에게 전화를 걸었다. 이본은
그날 오후 『카이에 다르』 사무실에서 피카소를 만날 예정이니 그곳으로
오라고 했다. 서둘러 사무실로 가보니 곧 피카소가 밝은색 넥타이에 노
란색 양말을 착용하고 나타났다. 마가가 "그리 멋지지 않군요"라고 말
하자 피카소는 "맞는 말입니다"라 대답했다. 사무실에서 웃음소리가
터져나왔다. 피카소는 마가의 옆자리에 앉았고, 두 사람은 이야기를 나
누기 시작했다. 마침내 마가는 바가 원하는 작품 이야기를 꺼냈다. "그
작품들을 빌려주시겠어요?" 제르보스와 다른 사람들이 지켜보고 있던
터라 이번에는 피카소로서도 거절할 수 없어 중요한 작품 몇 점을 마가
에게 제안했다. 하지만 다음날 아침 마가가 이 협의를 마무리 짓기 위
해 찾아갔을 때 그는 나타나지 않았고, 결국 마가는 빈손으로 돌아가야
했다.[9]

  역설적이게도, 피카소의 소극적인 태도로 인해 바는 달리의 작
품에 기대야 했다. 현대예술계의 거의 모든 사람들과 반대로 달리는 프
랑코 정권에 온정적인 지지를 보내고 있었다. 마가는 바에게 편지를 보
내 다음과 같이 말했다. "피카소와의 협상이 무산된 건 (……) 결국 달
리의 작품 대여가 더욱 중요해졌다는 뜻이야."[10] 결렬의 이유는 더욱 복
잡해지는 피카소의 개인사와 해결되지 않은 이혼 때문이었을 수도, 혹
은 대규모 단체전에 대한 거부감 때문이었을 수도 있다. 이유가 무엇이
든, 바가 계획한 초현실주의 전시에 대한 그의 관심은 스페인 전쟁에
관한 관심보다도 크지 않은 듯했다. 세계는 아직 더 기다려야 했다.

—

그때껏 바가 기획한 것들 중 가장 급진적인 전시인 〈환상적 예술, 다다, 초현실주의〉는 엄청난 논쟁을 불러일으켰다. 수백 점의 작품 중에는 퀸의 오랜 친구 로셰가 빌려준 뒤샹의 작품, 즉 대리석으로 만든 '각설탕'으로 새장을 채운 「왜 로즈 셀라비는 재채기를 하지 않는가?」와 눈동자가 구름 낀 푸른 하늘로 가득한 거대한 눈을 그린 마그리트의 「잘못된 거울」, 전 연인인 리 밀러의 입술이 풍경 위에 떠 있는 장면을 묘사한 만 레이의 대형 회화, 그리고 가장 큰 논란을 빚어낸 작품으로 젊은 스위스 예술가 메레 오펜하임이 제작한 모피로 덮인 찻잔 세트가 있었다.[11] 바가 포함시킨 '비교 자료' 역시 마찬가지로 도발적이었다. 이 자료는 디즈니의 「아기 늑대 세 마리」에 등장하는 늑대 파시피에부터 아이들이 그린 드로잉과 로르샤흐검사의 잉크 얼룩에 이르기까지 비예술적인 원천들로 가득했다. 더하여 바는 '정신이상자의 예술' 섹션도 마련해, 자신이 볼 때 초현실주의자에게 중요한 원천으로 작용한 정신질환자의 드로잉을 소개했다.

　　선정적인 언론 보도에 힘입어 전시는 5만 명 이상의 관람객을 모았지만 이를 반 고흐를 환영했던 것과 같은 존경 어린 관심이라 보기는 어려웠다. 달리는 오늘날 너무도 유명한 '젖은 시계'로 관객에게 즐거움을 안겨주면서도 많은 경우 비웃음어린 관심을 샀다. 한 커플이 가정용품 폐기물과 동물의 배설물로 만들어진 조각 작품을 보며 발작적인 반응을 보이자 언론은 신이 나서 이를 보도했다. 한 칼럼니스트는 현대미술관이 "오락장"으로 변모했다고 썼다. 회원수가 6만 명에 이른다고 주장하는 자칭 '민주주의의 수호자들Defenders of Democracy'이라는 단체는 『뉴욕 헤럴드 트리뷴New York Herald Tribune』지에서 이 전시를 공산주의의 음모라고 비난했다. 심지어 바의 동료 모더니스트들 중 몇몇도 나서서, 하필 나치가 모든 현대예술을 "퇴폐적"이라 비난하고 있는 이때 정신질환자의 드로잉과 어린이의 작품을 포함시킨 것에 대해 문제를 제기했다. 아방가르드의 후원자인 캐서린 드레이어는 바에게 다음과 같이 말했다. "개인적으로 나는 이 전시가 미국 대중에 매우 위험하다고 생각합니다."[12]

가장 우려스러운 것은 미술관 이사들의 반응이었다. 대담하고 모험적인 취향으로 알려진 굿이어조차 크게 당황하여 미술관에 심각한 해를 끼치지 않을지 염려할 정도였다. 그는 록펠러에게 편지를 써서 다음과 같이 알렸다. "전시에는 우스꽝스러우며 예술에 대한 어떤 정의에도 포함되기 어려운 다수의 사물이 포함되어 있습니다." 록펠러는 굿이어보다 훨씬 더 걱정이 커서 처음으로 바의 지휘권에 대해 심각한 불안을 표했다. "내 생각에, 그는 육체적으로나 기질적으로나 미술관 관리의 복잡한 문제를 처리하기에 적절치 않은 인물인 것 같습니다." 이어 더 높은 상급 권위자가 그의 전시를 점검하기 시작해야 할 때라며 이렇게 덧붙였다. "우리에겐 전시를 제대로 감독할 관리직이 필요합니다."

바에게는 불길한 징조였다. 바를 고용한 이후 록펠러는 가장 충실한 지지자로서 그의 폭넓은 지식과 그가 기획한 전시의 영향력에 종종 경외심을 드러내곤 했다. 바가 육체적 쇠약에 시달리는 동안에는 그의 곁을 지키며 의사를 붙여주었고, 경제위기가 최고조에 달했을 때는 1년의 휴가를 허락했다. 건축, 영화, 사진 분야로의 과감한 확장을 승인했을 뿐 아니라 자신의 컬렉션에 대해 바의 조언을 구하기도 했다. 하지만 관리자로서 바는 록펠러에게 실망을 안겨주었다. 가장 실험적인 최신의 작품을 받아들이고자 하는 열정에 빠진 나머지 그의 신임을 잃기 시작한 것이다. 바가 미술관을 예술계의 선두로 밀고 나가는 순간, 그와 미술관의 주요 설립자 사이에 새로운 불화가 빚어졌다.

—

1936년에서 1937년으로 넘어가는 겨울, 유럽에서는 파시즘과의 군사적 대립이 점차 암울한 상황으로 치달았다. 바의 초현실주의 전시가 개최되기 전에 이미 프랑코의 군대가 마드리드를 포위하기 시작하여 잔인한 시가전이 벌어졌고, 독일 폭격기가 도시를 강타하고 있었다. 마가가 예견한 대로 민간인뿐 아니라 중요한 예술작품도 위협을 받았다. 11월 초 스페인 공무원들은 프라도미술관의 가장 중요한 회화 작품을 발렌시아로 이송하기 시작했고, 얼마 지나지 않아 미술관은 여러 차례 소이탄 폭격을 받았다. 피카소의 친구 엘뤼아르는 시사적인 시를 기피하는 초현실주의의 금기를 깨고 주요한 저항시를 썼다. "폐허를 건설하는 이들을 보라." 이후 2월 초, 프랑코의 군대가 피카소의 고향인 말라가를 점령했다. 피카소는 시인 호세 베르가민 등 스페인의 친구들을 통해 전선의 심상치 않은 소식들을 전달받고 있었다.[14]

　이런 사건들에도 불구하고 여름 이후 피카소의 태도는 거의 바뀌지 않았다. 피카소에 대한 글에서 종종 언급되는 바와 달리, 그리고 그의 많은 친구들이 열성적으로 개입해 있던 상황에도 불구하고, 전쟁이 시작된 이후 첫 아홉 달 동안 피카소의 정치적인 행보에 관한 증거는 거의 찾아볼 수 없다.[15] 그는 당시 도라 마르와 파리에서 몇 주를 지내다가 발터, 마야와 함께 주말을 보내곤 했다. 마야가 한 살 반이 된 그 무렵 발터 모녀는 파리에서 서쪽으로 차로 한 시간 거리인 트랑블레에 있는 볼라르의 농가에서 지내고 있었다. 피카소는 계속해서 평소 다니던 장소를 찾았고 카페에서 오랜 시간을 보냈다. 그해 가을 스페인에서 제르보스 부부는 바르셀로나에 있는 피카소의 어머니를 방문하고 젊은 군인들이 최전선으로 떠나는 모습을 지켜본 뒤 그 생생한 이야기를 피카소에게 전했다. "이렇다 할 감정 표현도, 눈물도, 슬픔의 기미도 없습니다. 오직 모두의 마음을 깊이 휘젓는 장엄한 위엄만 흐를 뿐입니다." 하지만 파리로 돌아온 제르보스 부부는 피카소가 전과 마찬가지로 전쟁에 대해 무심하다는 사실을 깨닫게 되었다. 제르보스는 다음과 같은 글을 남겼다. "오랫동안 그는 자신의 감정과 싸웠다."[16]

프라도미술관에서 부여한 공식적인 지위에도 불구하고 피카소는 작품 철수에 관여하지 않았다. 시작은 했으나 아직 마치지 못한 풍자만화 「프랑코의 꿈과 거짓말」과 스페인 국기를 흔드는 마르의 특이한 초상화를 제외하면 그의 작품에서도 전쟁의 흔적은 거의 찾아볼 수 없었다. 말라가가 함락되고 나흘 뒤, 그는 해변에서 장난감 배를 가지고 노는 로봇처럼 생긴 나신의 두 사람을 묘사한 부조리한 장면을 그렸다. 비평가 존 버거는 이를 두고 다음과 같이 말했다. "피카소는 농담을 건네고, 충격을 주려 하고, 모순으로 유희했다. 하지만 이는 달리 무엇을 해야 할지 알지 못하기 때문이었다."[17]

4월 말 어느 오후, 피카소는 플로르 카페에 가 늘 앉던 탁자에 앉았다. 스페인의 시인 후안 라레아가 택시에서 훌쩍 뛰어내려 그에게 다가와 말을 걸었다. 라레아는 스페인 공화국의 공보관이자, 몇 달 전 그해 여름에 개최될 예정인 파리 세계박람회의 스페인 파빌리온을 위한 대규모 벽화 제작 건으로 피카소를 설득했던 위원회의 일원이기도 했다. 벽화 주문을 마지못해 받아들인 피카소는 몇 달째 작업을 거의 진행하지 못한 상태였다. 이날 라레아는 바스크 대통령이 방금 라디오에서 발표했다는 내용을 전해주었다. 스페인 북부에서 상상할 수 없는 일이 일어났다는 것이었다. "스페인 반란군에 복무하는 독일 항공병이 게르니카를 폭격해 바스크의 주민들이 소중히 여기는 역사적인 마을을 불태웠습니다." 세부적인 정보는 아직 나오지 않았지만 이 공격에 마을 전체가 잿더미로 변했다고 했다. 라레아는 피카소에게 이 폭격을 벽화의 주제로 삼아달라고 강력하게 권했다.[18]

피카소는 확답을 주지 않았다. 이는 평소 그가 다루는 것과 성격이 다른 주제였다. 그로서는 폭격을 당한 도시가 어떤 모습인지 제대로 알지 못하는데다, 무슨 일이 일어난 것인지조차 아직 분명하지 않았다. 하지만 끔찍한 소식이 계속 이어졌다. 그날 저녁 피카소의 친구인 루이 아라공이 편집자로 일하는 신문『스 수아Ce soir』는 이 일을 가리켜 "전쟁의 가장 끔찍한 폭격"이라고 묘사했다. 다음날 아침 피카소가 정기적으로 읽던 공산당 기관지『뤼마니테L'Humanité』는 "히틀러와 무솔리니가 투하한 1000개의 소이탄이 게르니카를 잿더미로 만들다"라는 헤드라인으로 이 일을 보도했고, 다시 그다음날에는 "게르니카, 집 다섯 채를 제외하고 전부 사라지다"라는 제목의 기사가 실렸다. 이어, 마침내 충격적인 사진이 처음으로『르 피가로Le Figaro』와『스 수아』에 등장하기 시작했다.[19]

보다 상세한 소식이 전해지면서, 이 폭격이 치밀하게 계획되었으며 말할 수 없이 끔찍한 결과를 낳았다는 사실이 분명해졌다. 사실 무솔리니의 전투기는 개입하지 않았지만 초기 보도들은 파시스트에 대한 압도적인 공포감을 조성했다. 장이 서는 날 오후, 거리가 사람들로 가득한 시간에 맞추어 진행된 이 공격에서 하인켈 전투기와 그보다 크고 느린 융커스가 번갈아가며 마을을 소이탄으로 뒤덮었고, 도망가는 민간인들을 기관총으로 맹포격했다. 공격은 모든 지역이 잔해가 될 때까지 계속되었다. 마을의 나머지 부분은 사흘간 불탔다. 수백 명의 사람들이 사망했고 수천 명의 터전이 뿌리째 뽑혀버렸다. 이 끔찍한 사건에 스페인 전쟁의 모든 공포가 압축되어 있었다.

그 주말 피카소는 시골의 발터와 마야에게 가지 않았다. 대신 작업실에 들어앉아 스케치를 시작했다. 5월 1일에 여섯 점의 드로잉이 완성되었고, 그 숫자는 곧 열둘로 늘어났다. 손전등을 들고 있는 한 여성과 겁에 질려 몸부림치는 거대한 말, 늘어진 어린아이를 부둥켜안은 채 고통 속에 몸을 뒤틀며 하늘을 바라보는 여성, 전사한 군인, 뒤틀린 팔다리로 이루어진 끔찍한 무더기, 위협적인 황소, 겁에 질린 새가 등장했다. 그가 격렬하게 그림을 그리는 두 주 사이『뤼마니테』는 전쟁의 잔혹한 여파를 알리는 새로운 사진들을 실었다. 불에 탄 건물들과 죽은 동물들, 어린아이를 데리고 걸어서 게르니카를 탈출하는 난민들의 모습이었다.

피카소는 분노에 휩싸여 그림을 그려나갔다. 그의 "의분"에 도라 마르는 감동을 느꼈다. 만 레이 또한 세상일에 이렇게 격렬하게 반응하는 피카소를 처음 보았다. 그의 친구이자 시인인 베르가민은 이를 가리켜 "스페인의 분노"라 묘사했다.[20] 피카소는 더이상 지난 몇 주, 몇 달 전의 그 사람이 아니었다. 주변의 모든 이들이 이 점을 의식했다. 주민 전체를 희생자로 만든 그 특별한 비극의 어느 요소가 피카소를 흔들어 깨워 수동적인 태도에서 끄집어낸 것만 같았다. 그를 전쟁으로부터 보호해주던 감정의 댐이 갑자기 무너진 것이다.

모든 면에서 이 프로젝트는 피카소 자신에게 새로운 출발점이었다. 그는 정치적인 작품도, 공공 벽화도 제작해본 적이 없었다. 사실상 예술가로 활동한 수십 년의 시간과 부단히 이어온 실험에도 불구하고, 이 계획은 과거 어느 작품과도 연결점을 찾기 힘든 형식이었다. 규모만 놓고 보더라도 엄청난 도전이었으니 캔버스의 너비가 7.5미터, 높이는 3.5미터에 이르렀다. 인간과 동물이라는 주제는 이미 친숙했지만 이번에는 그것을 훨씬 더 큰 화면 위에 보여주어야 했고, 그 모든 것이 통합된 하나의 장면을 이루어야 했다. "아마 이번 작업은 끔찍하게 어려울 거야." 피카소는 마르에게 이렇게 말했다. "하지만 나는 하기로 결심했어. 우리는 다가올 전쟁 앞에 무장해야 해."[21]

그는 열흘 동안 쉬지 않고 스케치를 이어간 뒤 캔버스에 처음으로 전체 밑그림을 그렸다. 최종 구상의 상당 부분이 이 단계에서 이미 구체화되었다. 이어 거대하고, 어둡고, 밀실공포를 일으키리만치 답답한 중심 주제가 모습을 드러냈다. 색조는 그에게 영감을 준 보도사진처럼 회색과 검정, 흰색으로만 제한되었다. 결국 폭격당한 도시가 어떤 모습인지는 중요하지 않았다. 더 깊숙이 작동한 것은 인간의 폭력이었다. 피카소가 이후 매우 이례적인 공개 성명에서 밝혔듯이 "군대의 특권계급이 스페인을 고통과 죽음의 바다로 침몰시킨" 터였다.[22] 공포를 전달하기 위해 그는 고야, 아테네 비극, 중세 카탈루냐 예술, 투우, 십자가형의 도상, 입체주의 콜라주, 초현실주의의 생물형태주의biomor-phism, 끊임없이 전위되는 미노타우로스 등 그동안 일궈온 작업의 다양한 요소들을 총동원해야 했다.

피카소가 그림을 그리고 또 그리는 동안, 마르는 곁에서 이를 지켜보며 작품 제작의 시작부터 마지막까지의 과정은 물론 피카소의 놀라운 작업 속도까지 사진으로 포착해냈다. 뒤틀린 팔과 다리, 고통에 찬 인간과 동물의 얼굴이 담긴 화폭은 매일매일 진화를 거듭해 35일 만에 완성되었다. 다른 누구에게라도 힘들고 정신없는 작업이었다. 하물며 2년 전 그림에서 거의 완전히 손을 놓은 중년의 화가에게는 그야말로 놀랍고 기운찬 자기 변신의 위업이었다. 제르보스는 오랜 기간 스페인에서 일어난 사건들과 거리를 두었던 피카소의 붓이 이제 "고통과 비탄, 공포, 극복할 수 없는 상처, 대학살, 마침내 죽음에서 찾는 평화"로

폭발했다고 말했다.[23]

대형 회화 작품의 제작에 열중하는 한편 피카소는 공화당의 대의에 뛰어들었다. 벽화 주문과 함께 받은 돈은 스페인의 전쟁 구호활동에 기부했고, 프랑코 군대의 파괴 행위를 비난하며 프라도미술관에 각별한 관심을 드러냈다. 더하여 엘뤼아르와 다른 스페인 친구들의 도움을 받아 생애 처음으로 정치적인 성명을 내놓았다. 뉴욕의 반파시스트 단체인 미국예술가회의American Artists' Congress에 보낸 글에서 그는 다음과 같이 선언했다. "스페인의 투쟁은 국민에 대한, 자유에 대한 반동과의 싸움입니다." 갑자기 피카소는 바가 옹호하는 민주적 가치관에 공명하고 있었다. 하지만 그의 가장 중요한 성명은 결국 그림 그 자체라 할 수 있을 것이다.[24]

파리 세계박람회의 스페인 파빌리온은 곧 「게르니카」라는 제목이 붙을 거대한 작품에 제법 이상적인 환경이라 할 만했다. 젊은 카탈루냐 건축가 주제프 류이스 세르트가 설계한 이 건축물은 철골로 이루어진 단순한 형태의 유리 상자로, 전성기 모더니즘과 친공화당 선전이 대담하게 결합된 각종 전시물을 선보였다. 전시에는 「게르니카」와 함께 피카소의 조각 몇 점, 미로가 그린 또다른 벽화, 그리고 콜더가 제작한 분수가 특별히 포함되었다. 거기에 전쟁에 대한 사진과 문서, 그리고 아방가르드 영화감독 루이스 부뉴엘이 구성한 영화 프로그램도 더해졌다. 전반적으로 예술의 미학적 진보와 정치적 절박성을 동시에 보여주기 위해 계획된 듯했다. 그리고 이 전시는, 역사상 유래를 찾을 수 없을 정도로 많은 관람객을 만나게 될 것이었다.

하지만 파빌리온이 문을 열자마자, 「게르니카」가 사람들로부터 그리 사랑받지 못한다는 사실이 분명해졌다. 전 세계 수백만 방문객들이 세계박람회에 참석했건만, 거대하고 어두운 색조로 불안감을 자아내는 이 벽화 앞에서 긴 시간 머무는 사람은 거의 없었다. 건축가 세르트는 다음과 같이 말했다. "사람들은 벽화를 그저 보았을 뿐 이해하지 못했다. 수많은 이들이 작품을 그냥 지나쳐갔다."[25] 제한된 색조 때문인지 대부분의 관람객들은 벽화에 주목하지 않았다. 몇몇 이들은 작품의 추상적인 이미지를, 혹은 마을 자체나 파시스트 침략자에 관한 직접적인 언급이 없다는 점을 비난했다. 그해 여름 「게르니카」에 대해 논평한 몇 안 되는 미국인 기자 중 하나인 에밀리 제나워는 "작품을 본 대부분의 사람들이 그것을 이해하지 못했다"고 말했다. 르 코르뷔지에에 따르면, 벽화는 "방문객들의 뒷모습만을 보았다. 방문객들이 그 작품을 거부했기 때문이다".[26]

스페인 공무원들이라고 더 열광적인 반응을 보여주지는 않았다. 파리에 온 바스크 대표단은 이 작품을 바스크 주민들에게 헌정하겠다는 피카소의 제안을 신랄하게 냉대했다. 바스크의 예술가 호세 마리아 데 우셀레이가 내놓은 반응은 훨씬 더 퉁명스러웠다. "예술작품으로서 「게르니카」는 세계에서 가장 열등한 작품 중 하나다."[27] 라레아는 스페인 공무원들이 피카소 작품을 두고 "반사회적"이라 묘사하는 것을 듣기도 했다.[28] 「게르니카」가 스페인 파빌리온에서 얼마나 매도당했는지, 몇몇 공무원들은 이 작품을 철거하고 다른 작품으로 대체할 것을 제안했다. 모더니스트를 자인하는 인물이자 벽화 설치를 돕기도 했던 부뉴엘은, 자신을 비롯해 파빌리온에 있던 몇몇 사람들이 벽화를 매우 못마땅해했다고 말했다. "솔직히 말해서 우리 셋 모두 그 작품을 폭파시켜야 속이 시원할 것 같았다."[29]

극소수의 예외가 있긴 했으나 프랑스 언론도 「게르니카」를 전적으로 무시했다. 거의 매일 세계박람회에 대한 소식이 보도되는 가운데 『엑셀시오르』 『랭트랑지장』 『르 텅Le Temps』 『르 피가로』 『르 마탱Le

Matin』은 아예 이 작품에 대해 언급조차 하지 않았다. 사회주의 신문으로 피카소의 입체주의 회화를 종종 싣곤 했던『르 포퓔레르Le Populaire』도 마찬가지였다. 게르니카의 폭격에 대해 다른 일간지보다 훨씬 많이 보도하던『뤼마니테』마저 벽화에 대해서는 그저 간접적인 언급에 그쳤다.『스 수아』의 편집장인 아라공은 친구 피카소를 직접적으로 비판하고 싶지 않았기에 어떤 언급도 피했다. 전쟁에 대한 강한 성명으로서 의도되었던「게르니카」는 침묵과 맞닥뜨렸다.

피카소 작품의 가장 신중한 관찰자가 그해 여름 파리를 방문하지 않았다는 것이 사정을 더욱 어렵게 만들었다. 바에게 피카소의 정치적인 방향 전환은 극적인 중요성을 띠었을 것이다. 하지만 공교롭게도 1937년 바와 마가는 미국에서 여름을 보내고 있었다. 마가의 임신 때문이었다. 여러 해 동안 두 사람은 아이에 대해 양가적인 태도를 보여왔지만 이제 30대 중반에 이른 마가가 마침내 임신을 시도해보기로 마음먹었고, 그리하여 10월에 두 사람의 딸 빅토리아가 태어났다. 마가가 만삭이었을 때 파리에 있던 이들의 친구 하나가 스페인 파빌리온이 제작한「게르니카」그림엽서를 보내왔다. 하지만 가정 내의 긴급한 문제들에 둘러싸인 바가 그 작품에 대해 특별히 많은 생각을 했다는 증거는 찾아보기 어렵다.[30]

그럼에도 불구하고,『카이에 다르』의 제르보스와 그의 친구들은「게르니카」의 기원을 면밀히 좇으며 이 작품이 세계로 뻗어나가기를 간절히 소망했다. 피카소 연구자들은 이 영향력 있는 잡지가 프랑스 언론에 맞서 피카소의 거대한 반전 벽화에 관한 특별호를 두 차례에 걸쳐 펴냄으로써 국제적인 찬사를 받았다고 오랫동안 주장해왔다. 20세기 후반「게르니카」의 주요 연대기를 작성한 학자 허셜 B. 치프는 다음과 같은 글을 썼다. "「게르니카」를 향한 강력한 옹호론이 (……)『카이에 다르』서클의 예술가들과 작가들 그리고 시인들에 의해 거의 즉각적으로 결집되었다. 이들은 피카소의 친구들을 제외하면 사실상 아무도 모르고 있던 이 그림을 세상에 알렸다."[31]

하지만 이것은 오해다. 『카이에 다르』의 「게르니카」 특별호에 날짜가 적혀 있지는 않으나, 잡지사의 회계장부를 확인하면 그해 10월, 다시 말해 벽화의 공개 이후 거의 3개월이 지나 박람회가 막바지에 이르렀을 무렵까지 특별호가 발간되지 않았다는 사실을 분명하게 알 수 있다. 즉 그때까지 독자들은 특별호를 보지 못했다는 얘기다. 이 잡지가 「게르니카」를 향한 파리의 반응에 거의 영향을 미치지 못했다는 사실은 다른 곳에서도 뚜렷이 드러난다.[32] 그런데 아이러니하게도, 박람회 개막 당시 이 작품을 다룬 일반 대중용 간행물 중에는 나치의 세계박람회 안내서도 있었다. 물론 그들은 "어느 광인의 꿈, 네 살짜리 아이가 그렸을 법한 신체 부위들이 마구 뒤섞인 뒤죽박죽"이라고 작품을 소개했다.[33]

「게르니카」는 피카소 개인의 정치적 각성이자 놀라운 전환이었다. 그의 친구들이 보기에도 이것은 피카소의 삶에서 가장 강력한 작품이었다. 하지만 스페인 공화국을 지키기 위한 적극적인 요청으로서 이 작품은 아무런 성과를 내지 못했다. 그보다 앞서 전쟁에 대한 단편소설을 발표하여 호평을 받았으며 당시 파리의 국립파스퇴르고등학교 교단에서 학생들을 가르치던 장 폴 사르트르 또한 이 작품의 미미한 파급력을 지적했다. "그 작품이 스페인의 대의와 관련해 단 한 사람의 마음이라도 움직였다고 생각하는 이가 있을까?"[34] 그해 여름 피카소의 거대한 벽화가 대중적인 수준에서 거둔 성취라 해봐야 현대예술의 적을 화나게 만들었다는 사실이 전부였다. 작품의 공식적인 소유주는 스페인 공화당 정부였지만, 가을이 되어 박람회가 끝났을 때 「게르니카」는 피카소의 작업실로 보내졌다. 비참한 파리 데뷔를 고려하건대, 아마도 「게르니카」는 금세 사람들의 뇌리에서 잊힐 것 같았다.

"제발 누구에게도 말하지 말아주십시오. 누구에게도 사진을 보여주지 말고, 누구에게도 작품에 대해 언급하지 마십시오." 1937년 9월 14일 파리의 한 미술 거래상이 쓴 이 편지에는 곧 노르망디호에 실려 대서양을 건널 예정인 피카소의 한 대형 작품에 관한 당부가 담겨 있었다. 아, 물론 「게르니카」 이야기는 아니다.[1]

피카소의 거대한 반전 벽화가 스페인 파빌리온의 트로카데로 가든을 찾아온 방문객들에게 당혹감을 안겨주는 사이, 수십 년 전에 제작되었으나 일반 대중에 알려지지 않았던 다른 기념비적인 그림이 오랫동안 보관되어온 파리 교외의 개인 컬렉션으로부터 조용히 빠져나왔다. 프랑스가 본격적인 경제위기에 처한 지금, 거래상은 최고의 가격으로 이를 거래할 수 있는 기회가 미국에 있으리라 생각했다. 작품을 둘러싼 전설을 고려하여 그는 뉴욕에서 공개되기 전까지는 자신의 계획을 완전히 비밀에 부치고자 했다.

하지만 바가 곧 이 사실을 알게 되었다. 비밀의 작품은 다름 아닌 「아비뇽의 여인들」이었다. 높이 2.5미터에 이르는 캔버스에 당황스러운 매음굴 장면을 묘사한 이 그림에서, 스물다섯 살의 피카소는 이전 다섯 세기에 걸쳐 회화를 지배하던 규칙들을 모조리 집어던졌다. 파리의 아방가르드 세계에서는 숭배의 대상이 된 작품이요, 바 또한 「아비뇽의 여인들」을 최초의 입체주의 회화로 간주해온 터였다. 그는 이것이 마치 뉴턴의 세계에 나타난 아인슈타인과 같다고 여기며 이렇게 주장하기도 했다. "현대 작품 가운데 천재적 재능의 오만함이 이렇게 강력하게 발휘된 경우는 드물다." 그가 아는 한 지난 30년 동안 「아비뇽의 여인들」이 전시된 적은 없었다. 불과 1년 전 바는 기념비적인 전시 〈입체주의와 추상예술〉을 위해 이 작품을 빌리고자 필사적으로 노력했다. 하지만 작품의 오랜 주인이었던 파리 패션디자이너 두세의 아내는 그의 요청을 거절했다. 그런데 이제 미술관에서 채 5분 거리도 되지 않는 갤러리 셀리그만Seligmann & Co.에서, 전시가 아닌 판매용으로 이 작품의 포장이 벗겨지고 있었다.[2]

바는 흥분과 불안에 휩싸였다. 그가 미술관을 통해 보여주고자 하는 저항 정신을 구현한 단 한 점의 작품이 있다면, 「아비뇽의 여인들」이 바로 그것이었다. 미술관 컬렉션을 정의할 수 있는 그림, 다시 말해 바가 본질적으로 더 큰 세계에 가져다놓을 수 있는 그림 말이다. 정말이지 다시없는 기회였다. 하지만 셀리그만은 야심 차게도 작품에 3만 달러라는 가격을 책정했다. 오늘날의 가치로 환산하면 약 50만 달러쯤 되니 중요한 현대예술가의 최고 작품으로서는 무난한 액수로 여겨지겠지만, 당시 이는 다른 모든 현대 회화 작품을 훨씬 웃도는 엄청난 금액이었다. 이 금액은 또한 현대미술관이 그때껏 예술시장에서 쓴 돈을 모두 합친 것보다도 많았다.

그러나 무엇보다 중요한 것은 작품의 내용이었다. 뉴딜 공공예술 프로그램인 연방미술프로젝트Federal Art Project에 힘입어 미국에서는 사회참여적인 사실주의가 대형 회화의 지배적인 양식으로 자리매김하고 있었다. 1937년 가을, 예술가들은 미국 전역의 우체국과 도서관 등 공공건물을 농부나 공장노동자, 미국 역사의 한 장면, 미국에서 파란만장한 삶을 경험하는 평범한 사람들을 묘사한 벽화로 장식했다. 하지만 이 작품은 반대로 유럽 매음굴을 연상케 하는 역겨운 반추상의 장면을 보여주었다. 규칙을 파괴하는 난폭한 표현 방식이 다섯 매춘부와 그들이 취하고 있는 성교 직전의 음란한 자세를 말 그대로 감추고 있었으니, 스캔들이 반란 뒤에 숨은 셈이었다. 초현실주의 전시의 후유증에서 여전히 헤어나오지 못하고 있던 바는 이사회가 과연 어떤 선택을 내릴지 확신할 수 없었다.

—

뜻밖의 사건이긴 했지만, 사실 「아비뇽의 여인들」은 아주 적절하고도 결정적인 시점에 도착한 셈이었다. 이즈음 바는 마침내 자신의 전시를 통해 유럽의 아방가르드 운동을 보다 광범위한 대중에게 소개하기 시작했다. 저소득층 주택부터 둥근 톱에 이르기까지 온갖 것들이 그가 정의하는 현대예술의 범위에 포함되었다. 게다가 몇 년간 임시 거처에서 지내던 바와 직원들은 마침내 매우 현대적인 영구 주거지를 갖게 될 참이었다. 부부간의 기묘한 거래 덕분에 이사들이 웨스트 53번 스트리트에 있는 록펠러 소유의 부동산을 취득한 터였다. 존 록펠러 주니어가 이 부동산을 미술관에 기증하는 대신 25만 달러에 판매할 의향을 내비쳤고, 이에 애비 록펠러는 자신의 자금을 들여 미술관에 그만큼의 액수를 내주었다(현대예술에 관한 한 부부의 금전거래 문제는 피카소와 로젠베르그의 경우처럼 록펠러 부부에게도 중요했던 모양이다).[3] 이사회는 심지어 미술관을 국제양식으로 짓자는 의견에도 동의를 표했으나, 미스 반데어로

에를 고용하려던 바의 노력을 내치고 대신 미술관 이사인 필립 굿윈과 그의 젊은 동료 에드워드 듀럴 스톤의 보다 온건한 디자인을 선택했다.

이 고무적인 성과에도 불구하고 바의 가장 핵심적인 목표, 즉 20세기 회화와 조각 들로 이루어진 최초의 위대한 컬렉션을 조성하겠다는 계획은 부끄러울 정도로 진척이 없었다. 미술관 개관전이 열리기 한참 전에 바와 설립자들은 자신들의 "궁극적인 목표"가 "최고의 현대 예술작품 컬렉션"을 만드는 것이라고 발표했다.[4] 이는 퀸이 한 세대 전 로셰와 함께 성취하고자 했던 유토피아적인 야망이요, 바가 슈투트가르트에서 어뢰를 그리며 계획적인 이상으로 전환한 프로젝트이기도 했다. 바가 오랫동안 주장했듯이, 미술관이 20세기에 전개되는 이야기를 영속적으로 담고자 한다면 가장 위대한 예술가들의 가장 뛰어난 창작물, 다시 말해 "계속해서 전진하며 나아가는 현재"를 지속적으로 기대하게끔 하는 작품들이 있어야만 했다.

이사들은 바의 개념을 지지하면서도 이를 위한 예산 지원에는 거의 관심을 갖지 않았다. 1930년 초, 바는 쇠라의 걸작 「퍼레이드」를 그 토대로써 확보하고자 애쓰며 한 이사에게 다음과 같이 말했다. "건물은 돈으로 살 수 있지요. 하지만 이런 작품을 가질 기회는 (……) 결코 다시 오지 않을 겁니다." 그러나 이사들은 요지부동이었다. 이후 몇 년 동안은 일련의 훌륭한 아방가르드 회화 작품들을 대공황 시대의 가격으로 구입할 기회가 있었다. 중요한 걸작일 뿐 아니라 현대예술의 발전에 결정적이고 본질적인 기여를 한 작품들이었다. 그때도 바는 손이 묶여 어쩌지 못했다. 샤갈의 가장 뛰어난 작품이 1500달러라고? 하지만 1000달러 이상을 모을 수가 없었다. 미래주의운동의 정수라 할 수 있는 자코모 발라의 「줄에 매인 개」가 600달러? 불가능했다. 스무 해 앞서 퀸이 소개했던 드 라 프레네의 비할 데 없는 입체주의 걸작이

6000달러? "말해 뭐해? 미술관은 그 작품을 살 여유가 없어." 마가는 건조하게 말했다.[5]

바가 여러 예술가들의 전시를 성공적으로 기획했다고 해서 결과가 더 나아진 것도 아니었다. 획기적인 마티스의 회고전 이후에도 이사들은 미술관을 위해 단 한 점의 작품도 구입하지 않았다. 리베라를 비롯해 다른 많은 예술가들의 전시에서도 같은 패턴이 반복되었다. 마가는 1935년에도 여전히 똑같은 이야기를 하고 있었다. "미술관은 작품을 빌릴 뿐 결코 구입하지 않아." 반 고흐의 벼락같은 성공에도 불구하고 바는 뛰어난 현대 회화 작품 중 하나인 「론강의 별이 빛나는 밤」의 구입 건과 관련해 이사들을 설득하는 데 실패했다. 그 전시로 미술관이 드물게 수익을 거두었건만, 그들은 이 돈을 다른 목적에 사용해야 한다고 대답할 뿐이었다.[6]

이사들은 기증과 기부가 부족한 부분을 채워주리라 생각하는 것 같았다. 바가 끈질긴 로비활동으로 거래조건을 대폭 낮춘 끝에, 1934년 미술관은 블리스의 컬렉션을 뒤늦게 손에 넣었다. 하지만 그나마도 세잔, 드가, 고갱의 그림 등 19세기 후반의 작품이 대부분이었으며, 이 컬렉션에 속한 유일한 피카소의 입체주의 정물화와 다소 온건한 마티스의 실내 풍경은 아방가르드의 시작이라 보기 어려웠다. 그사이 기증된 현대예술품 역시 태부족이었다. 개관 5주년 무렵에야 마침내 미술관은 1920년대 후반에 제작된 중요한 작품 두 점, 브랑쿠시의 날렵한 브론즈 조각 「공간의 새」와 피카소의 「작업실」을 기증받았다. 「작업실」은 철사 조각 실험에서 영감을 받은, 획기적이라고까지는 할 수 없으나 제법 빼어난 추상회화였다. 그리고 거의 동시에 록펠러도 서른여섯 점의 회화 작품과 수십 점의 수채화를 기부했는데, 대체로 미국 예술가들의 작품이었다. 언뜻 바가 추구하는 위대한 컬렉션을 위한 토대가 마침내 마련되고 있는 듯 보였을 수도 있다. 하지만 아니었다. 한때 퀸은 비할 데 없는 쇠라와 루소의 작품, 그리고 미국 모더니스트들의 회화 수백 점에 더하여 브란쿠시와 피카소의 작품도 수십 점 갖추고 있지 않았던가.

피카소는 바에게 특별히 아픈 손가락이었다. 1934년 그는 유럽의 지인으로부터 첫 피카소 전시 계획을 지지했던 스위스계 독일인 컬렉터 레버가 파리 증권거래소에서 대대적인 손실을 입었다는 소식을 전해들었다. "나는 레버 박사의 상황을 속속들이 알고 있습니다. 그의 재정 상태가 매우 좋지 않다는군요. (⋯⋯) 그가 갖고 있던 작품이 모두 시장에 나와 있을 겁니다."[7] 이 소식에 바는 애를 태우기 시작했다. 레버는 엄청난 수의 그리스, 레제, 브라크의 작품과 함께 당시 최고라 할 수 있는 피카소 컬렉션을 갖고 있었다. 전쟁 동안 입체주의를 통과한 긴 여정의 웅장한 정점을 이루는 한 쌍의 회화 작품, 퐁텐블로에서 제작된 두 가지 버전의 「세 악사」 중 한 점이 바로 그에게 있었다. 레버는 「세 악사」를 7000달러도 안 되는 가격에 판매할 의향이 있었고, 그 사실을 알게 된 바는 작품을 얻기 위해 총력적인 공세를 펼치기 시작했다.

우선 그는 경제위기 동안 그나마 활발하게 작품을 구입해온 소수의 이사들 중 하나인 클라크부터 공략했다. 바는 일련의 편지와 전화를 통해 그의 취향과 그동안 미술관을 위해 기울여온 노력을 상찬하며 감언을 쏟아붓고는, 레버의 소식을 전하며 "가장 뛰어난 20세기 회화 작품 중 하나"를 "깜짝 놀랄 만한 헐값"에 입수할 수 있다고 말했다. 「세 악사」가 너무나 혁신적인 작품이며, 따라서 이번 구입 자체로 미술관이 "충분히 현대적이지 않다"고 비난해온 비평가들을 잠재울 수 있을 것이라고도 덧붙였다. 동시에 그는 록펠러에게도 편지를 써서 이 일에 자금을 댈 수 있는지 물었다. 깐깐하고 오만한 성격으로 이미 블리스의 유증을 거의 무산시킬 뻔했던 클라크는 이번에도 깊은 관심을 보이지 않았다. 「세 악사」가 마음에 안 드는 건 아니었지만, 이것은 돈이 오가는 거래였고 더욱이 작품에 두 가지 버전이 있었기에 그는 서두르지 않기로 했다. 한편 아들 로런스의 결혼 준비로 정신이 없었던 록펠러는 아예 답을 하지 않았던 듯하다.[8]

포기하고 싶지 않았던 바는 「세 악사」의 다른 버전을 소장한 인물이자 언제나 그랬듯 피카소에 관한 모든 일의 중심에 자리한 사람과 제2전선을 열었다. 바로 로젠베르그였다. 시장이 붕괴된 상황이었지만 이 거래상은 높은 가격을 고수했으니, 크기가 약간 더 큰 자신의 작품을 두고 레버가 제시한 가격보다 네 배 높은 금액을 불렀다. 하지만 이즈음 로젠베르그가 작품 판매에 어려움을 겪고 있다는 점은 분명했고, 중개인을 통해 바는 그가 협상에 열려 있다는 사실을 알게 되었다. 그해 겨울 바는 로젠베르그에게 미술관의 개관 5주년 기념 전시에 이 작품을 빌려달라고 설득하는 한편, 피카소의 "가장 뛰어난 입체주의 구성"이라며 작품에 대한 이사들의 관심을 키우기 위해 노력했다. 그러나 로젠베르그는 가격을 2만 달러 밑으로 내릴 생각이 없었다. 결국 그의 노력은 수포로 돌아갔다.

1936년 여름이 다가올 무렵, 바는 레버의 작품을 손에 넣기 위한 새로운 계획을 세웠다. 기적적으로 작품이 아직 팔리지 않은 상태였다. 바는 록펠러를 설득해 얼마 전 미술관에 피카소의 「작업실」을 기증한 젊고 대담한 자동차 기업 후계자인 월터 크라이슬러 주니어와 함께 이 그림을 공동으로 구입하게 만들 생각이었다. 이 논의는 구체제 양식이 물씬 풍기는 크리용호텔에서 이루어진 록펠러와의 만남을 포함하여(록펠러의 태도는 미온적이었으니, 마가에 따르면 "고무적이지도, 그렇다고 부정적이지도 않았다"), 뉴욕에서 파리로 이어졌다. 하지만 결국 바는 고작 4800달러를 모을 수 있을 뿐이었고, 이내 경쟁 컬렉터가 작품을 낚아챘다. 그는 이 일을 두고 "관장으로 일해온 7년 동안 경험한 일들 중 가장 최악의, 가장 실망스러운 상황"이라고 말했다.[9]

—

「세 악사」 구입이 실패로 돌아가고 만 1년이 흐른 뒤, 미술관 이사들은 새로운 시험대에 올랐다. 1939년 봄 현재의 전시장에 비해 거의 세 배 가까이 넓은 호화로운 새 건물의 개관을 앞두고 있건만, 이젠 빈털터리 꼴을 내보일 처지에 직면해 있었다. 스타 작품은 어디에 있는가? 록펠러가 부지 대금으로 남편에게 지급한 52만 달러는 10년 전 퀸 컬렉션의 가장 중요한 회화 작품 수백 점을 손에 넣을 수 있었던 금액과 맞먹었다. 새로운 미술관 건축에는 아낌없이 돈을 쏟아부었는데, 정작 그 안을 채울 특별한 20세기 작품은 여전히 극소수에 불과했다. 릴리 블리스의 후기인상주의와 록펠러의 미국 예술가 작품들로는 현대예술의 선두에 우뚝 설 수 없었다. 그동안 놓친 수많은 기회를 돌아보자니 바의 경고가 보다 현실적으로 다가오는 듯했다. "건물은 언제든 돈으로 살 수 있지요. 하지만 이런 작품을 가질 기회는 (……) 결코 다시 오지 않을 겁니다."

그럼에도 이들에게 「아비뇽의 여인들」은 만만치 않은 도전이었다. 셀리그만이 부른 금액은 불과 1년 전 미술관이 구입을 거절했던 「론강의 별이 빛나는 밤」의 가격과 동일했다. 대중에게 사랑받는 반 고흐의 고전적인 작품에도 3만 달러를 내놓지 않으려 했는데, 피카소가 "나의 매음굴"이라 부르곤 했던 이 급진적인 작품에 그만한 돈을 내놓는 게 옳을까? 주제가 너무도 비속한 나머지, 작품의 유일한 소유주인 두세도 작품 구입 당시 의구심을 품었다. 그는 피카소에게 자신의 아내가 이 벌거벗은 매춘부들을 거실에 두지 않으려 할 거라고 말했다(아르

데코양식의 욕실을 만들까 잠깐 고민하다가, 결국 그는 꼭대기 층 작업실로 올라가는 계단에 작품을 설치했다). 평단의 반응도 그리 좋지 않았다. 그림이 공개된 직후에는 보수 매체인 『뉴욕 헤럴드New York Herald』는 물론 『타임스』에서도 아무런 언급이 없었고, 『뉴욕 타임스』의 예술비평가는 이 작품을 "참고자료철에 숨겨두어야" 한다고 말했다.[10]

작품을 손에 넣기 위해서는 전투 전략이 필요했다. 바는 먼저 자문위원회를 찾아갈 작정이었다. 반 고흐 전시 때 반대 의사를 표하긴 했으나 자문위원회 구성원 대부분은 젊고 열정 넘치는 인물들로 대체로 그에게 지지를 보여왔으며, 이와 같은 특별한 작품을 위해서라면 힘을 합칠 가능성이 컸다. 자문위원회는 투표권이 없었지만 이사회에 공식적인 추천을 할 수 있었다. 「아비뇽의 여인들」이 전시되고 일주일쯤 지났을 때 그는 위원회에 열정적으로 주장을 펼치기 시작했다. 입체주의 발생의 진원지로서 갖는 독자성, 비유럽에서 유래한 소재의 급진적인 활용, 공간감과 양감 표현을 둘러싼 오랜 문제에 대한 놀랍고도 새로운 해답, 평면 위의 다시점 등 이 작품의 중요성을 거듭 강조했다. 바가 이후에 주장했듯이, 「아비뇽의 여인들」은 왼쪽의 인물로부터 오른쪽의, 거의 야만적으로 추상화된 인물에 이르는 극적인 변화를 통해 피카소의 개념이 "바로 우리 눈앞에서" 드러나는 과정을 보여주는 작품이었다.[11]

그의 주장은 많은 논의를 불러일으켰다. 아닌 게 아니라, 매우 큰 구매 건이기도 했다. 그런데 어느 순간 누군가 미술관이 중요한 회화 작품을 소장하지 않았다는 이유로 "너무 자주 비판받는다"는 점을 지적했다. 또다른 누군가는 1939년 새로운 건축물로 인해 촉발될 대중의 기대감을 언급하면서, 많은 수의 미술관이 한두 점의 뛰어난 예술작품으로 "매년 수천 명의 방문객을 맞이한다"고 말했다. 이어 바의 주장에 설득된 몇몇 위원들이 「아비뇽의 여인들」이야말로 "20세기의 가장 중요한 회화 작품"일 수 있다는 의견을 표했고, 마침내 위원들은 구입을 권하는 결의안을 통과시켰다.

이사회는 또다른 문제였다. 대담한 구매 건에 관한 한 그동안 매우 심드렁한 반응을 보여온데다, 자문위원회가 제안하는 것은 무엇이든 무시해온 터였다. 더욱이 록펠러와 클라크는 훨씬 더 가격이 낮은 「세 악사」를 위해 의견을 모으는 데 이미 실패한 전력이 있었다. 그러나 바에게는 새로운 카드가 있었다. 1929년 가을 두세의 임종을 몇 주 앞두고, 파리에 있던 굿이어는 두세의 시내 저택에 초대를 받았다. 그는 「아비뇽의 여인들」이 미국에 입성하기 전 이미 작품을 보고 찬탄했던 몇 안 되는 극소수의 미국인 중 한 하나였다. 굿이어 역시 작품이 몰고 올 스캔들에 대해서는 특별히 걱정하지 않았으니, 올브라이트갤러리를 위해 퀸의 소장작인 「화장」을 구입했을 때 대폭풍을 뚫고 지나간 그 나름의 경험이 있기 때문이었다. 바는 이번 일에 굿이어의 강력한 지원을 기대할 수 있음을 알았다. 그가 이사회 회의를 주도할 것이었다.

위원회의 권고가 있고 이틀 뒤 굿이어는 이사들을 소집했다. 바의 주장과 위원회의 압도적인 추천에 힘입어 그는 강력한 주장을 펼쳤다. 결국 바의 맹렬한 신념이 승리했다. 「아비뇽의 여인들」이야말로 미술관의 목적에 필수적인 작품이라는 점에 이사들도 동의를 표한 것이다. 이 작품의 주제가 정말로 무엇인지에 대해서는 아무도 눈치채지 못한 듯했다(35년 뒤 『아트 뉴스』에 미술사가 레오 스타인버그의 센세이셔널한 에세이가 실린 뒤에야 대중의 관심은 그가 말하는 피카소의 "벌거벗은 문제", 즉 작품의 중심에 놓인 육체적 만남이라는 극적인 장면으로 옮겨갔다). 이사회는 "「아비뇽의 여인들」이야말로 20세기 예술의 전환점이자 신기원을 여는 작품으로, 가능하면 이를 구입해 영구히 소장해야 한다"고

결의했다.[12]

하지만 여전히 문제가 남아 있었다. 작품의 특별한 지위와 중요성에 대해 이사회를 납득시켰으니, 이제는 작품값을 지불할 방법을 찾아야 했다. 열성적인 자문위원회의 지원 서약을 받았으나 전보다 더 충분한 재원이 확보된 상황은 아니었다. 이대로 「아비뇽의 여인들」이 손가락 사이로 빠져나가는 건 아닐까? 바로 이 시점에 바와 굿이어는 묘안을 떠올렸다. 지금껏 실행된 적은 없지만, 블리스는 자신의 유증과 관련해 먼 앞날을 내다본 조항을 덧붙여두었다. 컬렉션에 속한 회화 작품을 미술관에 적합하다 여겨지는 보다 중요한 작품과 교환할 수 있다고 명시한 것이다. 블리스의 컬렉션에는 미술관에 필요치 않은 19세기 회화 작품이 다수 포함되어 있었다. 그중 바가 어느 누구도 놓치고 싶어하지 않을 만한 작품, 즉 경마 장면을 그린 드가의 1884년 회화를 찾아내기까지는 그리 오랜 시간이 걸리지 않았다.

그사이 「아비뇽의 여인들」의 개인 구매자를 구하지 못한 셀리그만은 미술관측에서 제안하는 현금 없는 거래에 긍정적인 태도를 보였다. 그는 작품가를 2만 8000달러로 낮추었고, 여기서 드가 작품을 받는 대가로 다시 1만 8000달러를 감했다. 그런 뒤 놀랍게도, 그와 그의 동료는 남은 1만 달러를 미술관에 "기부"하기로 했다(셀리그만이 두 달 전 이 작품을 구입할 때 15만 프랑, 약 6천 달러를 지불했다는 사실을 감안하건대 이 "기부"는 전적으로 허구나 다름없다. 그와 동료는 드가 작품만으로도 이미 세 배의 이익을 얻었으니 말이다). 「아비뇽의 여인들」의 소유권이 넘어오려면 셀리그만이 먼저 드가의 작품을 판매해야 했기에 이들은 거래를 기다렸다.[13]

놀라운 승리였다. 마침내 바의 대담한 비전에 부응할 만한 작품이 미술관의 수중에 들어오려는 참이었다. 드가 작품이 판매되기를 기다리는 동안 「아비뇽의 여인들」에 대해서는 무엇도 공개적으로 발표할 수 없었다. 이는 바의 계획, 새롭고 중요한 작품들을 흡수하고 오래된 작품을 폐기하며 앞으로 나아가는 그 어뢰의 잠재력을 시사하는 첫 사건이었다. 이것이 바로 그가 오랫동안 그려온, 영구적이면서 동시에 발전하는 "신진대사" 미술관이었다. 하지만 이 일어날 것 같지 않았던 승리의 이면에는 또다른 진실이 있었다. 컬렉션에 대한 이사들의 태도는 근본적으로 변하지 않았다는 점이다. 그들은 미술관의 성장을 보며 기뻐할 뿐, 작품에 큰 금액을 쓰는 일은 여전히 꺼렸다. 바는 이런 작품을 더 많이 얻을 수 있는 새로운 방법을 찾아야 했다.

「아비뇽의 여인들」의 거래가 이루어지고 몇 주 뒤, 코안경을 쓴 나이 많은 여성이 바의 사무실을 찾았다. 두 사람은 만난 적이 없지만 여성은 그동안 바가 기획한 전시를 보러 자주 왔다면서, 자신이 구입해 미술관에 기증할 그림 한 점을 바가 직접 골라주면 좋겠다고 제안했다. "걸작"이기만 하면 바가 원하는 작품이 무엇이든 상관없다는 것이었다. 바는 깜짝 놀랐다. 그 여성이 미술관과 개인적인 관계가 전혀 없어 보였기 때문이다. 그러나 이 미지의 인물은 미술관을 설립한 솔로몬 구겐하임의 제수이자 대담한 예술 후원자 페기 구겐하임의 숙모인 시몬 구겐하임 부인으로 밝혀졌다. 그리고 바로 이것이 미술관 역사에서 가장 중요한 후원 관계의 시작이 되었다. 구겐하임 부인은 현금을 제공했고, 바는 작품을 선택했다.

막 「아비뇽의 여인들」을 확보한 지금, 바에게 이는 특별한 마티스 작품을 소장할 이상적인 기회로 여겨졌을지도 모른다. 또는 여전히 빈자리로 남아 있는 뛰어난 쇠라나 반 고흐 작품을 소장할 기회가 될 수도, 혹은 막스 베크만의 놀라운 삼면화 「떠남」을 위한 기회가 될 수도 있었다. 베크만의 작품은 불안한 알레고리를 통해 나치의 득세를 포착한 작품으로, 막 뉴욕의 한 갤러리에 도착한 참이었다. 한 손에 획기적인 피카소 작품을 쥐었으니 이제 또다른 뛰어난 선구자에게 집중할 시간일지도 몰랐다. 하지만 바의 생각은 달랐다. 여전히 그에게는 피카소가 더 중요했다. 퀸이 그랬듯, 바 역시 피카소의 가장 뛰어난 작품을 중심으로 미술관 컬렉션의 기반을 다지고자 했다. 피카소야말로 20세기 새로운 예술에 있어 핵심적인 예술가였다. 더하여 새로운 기회가 눈앞에 있었다.

얼마 전, 로젠베르그는 이따금 함께 일했던 뉴욕의 미술 거래상 두덴싱에게 「거울 앞의 소녀」를 보냈다. 1932년 파리와 취리히에서 바와 마가가 다른 어떤 작품보다 상찬했던 작품이었다. 바는 이 그림을 피카소의 핵심적인 작품 네다섯 점 중 하나로 꼽았다. 「세 악사」가 입체주의에서 갖는 지위가 그렇듯, 이 작품은 1932년 초 피카소가 발전시킨 곡선적인 양식의 매우 복잡한 종착점이라 할 만했다. 즉, 연속적으로 이어지는 현대예술의 정점을 정리하고자 하는 계획에 있어 그가 찾고 있던 다른 모든 작품들을 능가하는 작품이었다.

모두가 바의 견해에 동의한 것은 아니었다. 거울에 비친 자신의 모습을 끌어안은 작품 속 소녀는 많은 관람객들에게 마음을 어지럽히는 퍼즐로 비쳤다. 빛을 발하는 듯한 노랑과 초록, 주황, 빨강으로 정교하게 구성된 이 회화 작품은 흡사 마티스의 것처럼 풍부한 패턴을 보여주는 동시에, 기하학적 추상을 통해 불안을 자아내는 심리적 긴장감과 성적인 농담을 혼란스러운 다시점으로 연출하고 있었다. 바의 관찰에 따르면 그림 속 여성은 옷을 입은 동시에 벗은 상태로 X선 촬영을 하는 셈이었다. 엄밀한 의미에서 구겐하임 부인이 말한 "걸작"은 아닐지 모르지만, 어쨌든 로젠베르그는 이 작품을 1만 달러에 판매할 의향을 보였고, 부인은 충실하게 의무를 지켰다. 거래는 빠르게 마무리되었다.

그리하여 몇 주 사이 바는 피카소의 가장 중요한 회화 작품 두 점을 통해 신생 컬렉션의 토대를 놓았다. 수년에 걸친 좌절 끝에, 마침내 유럽 예술계를 향해 현대미술관이 그저 대여 작품전의 무대에 그치지 않는다는 사실을 내보일 수 있게 된 것이다. 하지만 아직 축하하기에는 일렀다. 바가 집에 돌아가 그들 부부 모두에게 개인적인 의미가 있는 작품인 「거울 앞의 소녀」를 구입했다고 전했을 때 마가는 소리쳤다. "당신 행복하지 않아? 너무 멋진 일 아니야?" 바는 침묵했다. 이미 그를 괴롭히는 또하나의 뛰어나면서도 논쟁적인 회화 작품이 마음속에 자리잡고 있었기 때문이다. 「아비뇽의 여인들」처럼 그 작품 역시 오랜 시간 유럽의 한 개인 컬렉션 속에 꽁꽁 숨어 있었다.[14]

—

「거울 앞의 소녀」를 구입하고 다섯 달이 지난 어느 날, 바와 마가는 취리히에 도착했다. 두 사람은 기차역에서 스위스미술관의 친구를 만났고, 친구는 부부를 차에 태워 45킬로미터 떨어진 퀴스나흐트로 데려다주었다. 루체른 호수 북쪽 기슭에 위치한 부자 동네인 이곳은 다른 무엇보다 빌헬름 텔이 오스트리아의 폭군 알브레흐트 게슬러를 석궁으로 죽여 14세기 스위스 독립의 길을 닦은 곳으로 유명했다. 하지만 바가 얼마 전 알게 된 바, 퀴스나흐트는 20대 초반 이래로 그의 뇌리를 떠난 적 없는 비밀스러운 그림의 보금자리이기도 했다.

퀸의 유산이 해체되며 빚어진 결과 중 가장 당황스러운 것은 루소의 작품 「잠자는 집시」의 운명이었을 것이다. 피카소와 로셰, 브란쿠시를 비롯한 친구들이 퀸을 위해 선택한 이 그림, 거대한 사자와 꿈꾸는 여인의 만남은 루소의 모든 작품을 열어주는 마법 열쇠였다. 「잠자는 집시」는 1926년 퀸의 기념 전시회에 간 바를 완전히 사로잡았고, 다시 파리로 돌아간 뒤에는 드루트호텔 경매에 올라 파리 대중의 마음을 빼앗았다. 콕토는 퀸에게 바치는 찬사에서 이 작품을 언급하며 "바퀴의 축, 중심 중의 중심, 속도가 잠든 곳, 폭풍의 눈, 잠 중의 잠, 침묵 중의 침묵"이라 묘사했다.[15]

하지만 그뒤 「잠자는 집시」는 갑자기 불명예를 안게 되었다. 판매 당시 낙찰받은 미술 거래상 앙리 빙과 그의 경쟁자인 다른 거래상 사이에 다툼이 벌어졌고, 몇 달 뒤에는 파리에서 이 그림이 가짜라고 수군대는 소리가 돌았다. 심지어 피카소 혹은 드랭이 장난삼아 그렸다는 소문도 있었다. 퀸이 구입할 당시 「잠자는 집시」는 전혀 알려져 있지 않았고 작품을 퀸에게 판매한 칸바일러조차 그 출처에 대해 거의 아는 바가 없었기에 이런 주장은 더더욱 신뢰를 얻기 쉬웠다. 의심이 커지며 작품은 곧 사람들의 눈앞에서 거의 사라졌다. 퀸의 친구들에게 발견되자마자 다시 그것이 출현했던 어둠 속으로 물러난 셈이었다.

뉴욕에서 이 작품을 보았던 소수의 사람들과 마찬가지로 바는 떠도는 소문들을 믿으려 하지 않았다. 그는 이 작품이 진품이며, 가장 중요한 현대예술작품 중 하나라고 생각했다. 미술관장이 되어 유럽을 자주 여행하게 되면서부터 이 작품의 행방을 수소문하기 시작했고, 때로는 뉴욕이나 파리에서 이 작품에 열광하는 동료들을 만나 이야기를 나누기도 했다. 마침내 그는 「잠자는 집시」가 스위스에 있는 한 개인 컬렉터의 손에 있다는 사실을 알게 되었다. 그러나 스위스미술관에서 한두 차례 전시되는 동안에도 이 작품에는 여전히 의혹의 구름이 드리워 있었다. 마침내 1938년 봄, 바는 작품의 소유주인 룩슈튤지크베르트 부인을 찾기로 결심했다. 부인은 퀴스나흐트에 살고 있었다. 마가와 함께 그해 봄 유럽에 도착한 직후, 바는 부인에게 편지를 써서 소장작들을 보러 가도 될지 문의했다. 그런 다음 두 사람은 스위스로 떠났다.

퀴스나흐트의 주소지에 도착했을 때 이 부부 앞에 마주선 사람은 마치 포의 작품에서 튀어나온 듯 어두침침한 농가에 혼자 살고 있는, 멍하고 어수선해 보이는 여성이었다. 마가에 따르면 룩슈툴지크베르트 부인은 "정신이 다소 혼란스러운 중년의 미망인"이었다. 마침내 부인이 두 사람을 그림이 보관된 방으로 안내했다. 천장 높은 방 중앙에는 아마 무도장이나 대형 식당을 위해 디자인되었을 정교한 크리스털 샹들리에가 늘어져 있었는데, 그 길이가 얼마나 긴지 뒤쪽 벽이 거의 보이지 않을 정도였다. 바는 "작품을 보기가 대단히 어려웠다"고 기록했다.[16]

하지만 작품은 거기 있었다. 여성과 사자, 황량한 사막, 밤하늘. 12년 만에 다시 본 이 그림은 바에게 번쩍이는 천둥번개와도 같았다. 룩슈툴지크베르트 부인은 선뜻 작품을 내주려 하지 않았지만 바의 관심과 설득 끝에 이듬해 봄 새 건물의 개관을 위해 「잠자는 집시」를 대여하겠다고 약속했다. 모든 것이 순조롭게 진행될 경우 바는 구겐하임 부인을 설득해 룩슈툴지크베르트 부인으로부터 이 작품을 구입할 생각이었다. 이사들도 「잠자는 집시」에 대한 소문을 들었을 테고 따라서 의심의 눈초리를 보낼 테지만, 대여 기간 동안 작품을 직접 보면 마음이 바뀔지 몰랐다. 작품이 미술관에 도착하고 얼마 되지 않아, 이들은 모여서 「잠자는 집시」의 소장 여부에 대해 논의를 벌였다. 바는 이사들의 반응에 놀라지 않을 수 없었다. 그는 다음과 같이 기록했다. "그들은 작품에 매우 감동을 받아서 (……) 구입을 기꺼이 승인했다. 설령 루소의 작품이 아닌 것으로 밝혀진다 해도 상관없다는 태도였다." 바가 수년에 걸쳐 매달린 끝에, 이 버림받았던 작품은 예술계에서 두번째 기회를 얻게 되었다. 마침내 바는 퀸이 세상을 떠났을 때 뉴욕이 버렸던 컬렉션을 다시 모으기 시작했다.[17]

32 | 파리의 최후

몇 주에 걸쳐 폭로가 워싱턴을 뒤흔들었다. 1939년 1월 말 『뉴욕 타임스』는 프랑스 정부가 600대 이상의 미국 전투기를 구입하고 있다고 보도했다. 영국으로는 500대가 보내졌다. 단발엔진 전투기 커티스 호크와 글렌 마틴 경폭격기, 더글러스 DB-7 공격기, 챈스 보트 급강하폭격기 들이 판매되었다. 상원의 고립주의자들은 격노했다. 더구나 글렌 마틴과 더글러스는 미군도 아직 사용한 적 없는 최신 기종이었다. 이 대규모 무기 거래로 루스벨트는 점차 심화되어가는 유럽의 교착상태에서 어느 한쪽의 편에 선 것이나 다름없었다. 당위성을 증명해야 한다는 압박을 받자 대통령은 히틀러의 공군력과 전쟁 가능성에 대한 외교관들의 냉정한 평가를 인용했다. 독일 공군은 바스크 마을이 파괴되어 돌무더기가 된 이후 2년 동안 더욱 강해졌고, 유럽에 남아 있는 민주주의국가들은 필사적으로 이에 대해 대응해야 했다. 루스벨트는 상원의원들과의 비공개회의를 소집해 미국의 1차 방어선이 현재 프랑스에 있다고 말했다.[1]

더 많은 게르니카가 생겨나리라는 전망이 파리와 워싱턴의 군사 계획가들에게 점차 현실화되고 있었지만 대부분의 미국인들에게는 여전히 거리가 먼 문제였다. 마침내 뉴딜정책이 어느 정도 효과를 거두며 새로운 낙관론이 미국을 휩쓸고 있었다. 할리우드는 「오즈의 마법사」 「역마차」 「바람과 함께 사라지다」 같은 영화들로 역사상 가장 성공적인 시기를 맞이했고, 높은 실업률에도 불구하고 생산성은 향상되었으며, 산업의 비약적 발전은 소비재를 그 어느 때보다 저렴한 가격에 공급했다. (1938년, 산뜻한 투명 방수 샤워커튼과 빨간색 고무로 된 접시 건조대 같은 값싼 가정용품에서도 훌륭한 현대디자인을 발견할 수 있다는 점을 보여주고자, 현대미술관은 〈5달러 미만의 유용한 물건들Useful Objects Under Five Dollars〉 전시를 조직했다.) 미국 부활의 신호탄을 쏘아올리기 위해 투자자들은 그해 여름 뉴욕과 샌프란시스코에서 개최될 세계박람회에 1억 달러 이상을 쏟아붓고 있었다. 독일과 이탈리아의 공격적인 군비증강, 일본이 중국에서 벌이고 있는 잔혹한 전쟁, 피로 물든 프랑코의 스페인 장악이라는 현실을 무시한 채 뉴욕의 주최측은 이 거대한 축제의 초점을 평화롭고 기술 주도적인 '내일의 세계'에 맞추었다.

현대미술관도 이례적인 낙관주의에 휩싸여 있었다. 미술관이 오랫동안 기다려왔던 영구적인 안식처, 웨스트 53번 스트리트의 건축 작업이 상당히 진척된 터였다. 건축물은 이미 매끄러운 공장과도 같은 외관과 80만 달러의 대출, 그리고 록펠러의 아들 넬슨이 적극적인 모금을 통해 확보한 100만 달러의 예산으로 주목받고 있었다.[2] 일부 이사들은 비용과 관련해 우려의 목소리를 냈지만, 만약 미술관 운영이 어려울 경우 건물을 다른 목적으로 사용할 수 있다는 점을 보증받았던 것으로 보인다.[3] (아방가르드 회화와 달리 부동산, 특히 건축물에 큰돈을 쓰는 것은 록펠러 가족들에게 논란거리가 되지 않았다. 더욱이 이 건물 6층에 마련된 회원 전용 라운지 공간은 당시 넬슨이 회장을 맡고 있던 록펠러센터Rockefeller Center

가 잘 내려다보이는 곳에 자리잡고 있었다.[4] 개관은 5월 초로 예정되었고, 이사들은 세계박람회 시작에 맞추어 전 세계가 지켜보는 가운데 흰색 대리석과 열가소성 유리로 지어진 이 예술 사원이 공개될 날을 기다렸다. 월도프호텔에서 세계 예술 무도회를 개최하자는 이야기도 나왔는데, 최고의 의상을 선보이는 참가자에게 예술작품을 상품으로 수여하자는 이 계획은 지나치게 사치스럽다는 이유로 결국 보류되었다.[5]

하지만 다른 데 정신이 팔린 동료들과 달리 바는 전쟁의 위협을 날카롭게 의식하고 있었다. 1920년대 후반 이후 프랑스와 독일을 줄기차게 방문하며 독일 의사당 화재부터 히틀러 혁명이 전개되는 과정을 직접 지켜보고 경험한 터였다. 그는 유럽에 있는 많은 인맥을 통해 스페인 전쟁에도 줄곧 깊은 관심의 시선을 보냈다. 동시에 현대예술에 관한 냉정하고 형식주의적인 접근에도 불구하고 자신의 반파시스트적인 성향이 전시에 미치는 영향을 받아들이기 시작했다. 1938년 봄, 그는 어니스트 헤밍웨이의 권유로 격렬한 반프랑코파 화가 루이스 킨타니야가 그린 스페인 전쟁 그림을 전시했다. 헤밍웨이의 서정적인 소개글에 따르면 킨타니야는 "과다나마의 소나무와 회색 바위 사이에서, 타호강 유역의 황금빛 벌판과 톨레도 거리에서 소총과 수류탄과 다이너마이트 다발을 들고 탱크와 대포와 비행기와 맞서 싸우던 사람, 그리고 마드리드 교외로 돌아와 나라의 자유를 위해 목숨을 바친 사람"이었다.[6] 말 그대로 예술가들이 민주주의와 독재 사이에 벌어지는 전투의 최전선에 자리하고 있음을 강렬하게 환기하는 내용이었다.

얄궂게도 "퇴폐적이고 볼셰비키적인" 예술에 대한 나치의 탄압은 모더니즘을 촉진하려는 바의 노력에 도움을 주었다. 히틀러의 정책은 자유주의 정부와 진보적인 현대예술 사이의 관계를 더욱 단단히 엮어주었을 뿐 아니라, 점점 더 많은 현대예술가와 건축가, 미술관 대표들을 미국으로 떠밀었고 이들 중 일부는 바와 마가의 도움을 받았다. 체임벌린이 뮌헨에서 항복하고 두 달이 지났을 때, 바는 추방당한 예술가들과 디자이너들을 모아 바우하우스에 관한 최초의 국제적인 전시를 조직했다. 그가 신랄하게 관찰했듯이 "그들 조국의 도움을 받아 바우하우스 디자인과 바우하우스 사람들, 바우하우스의 개념이 전 세계로 퍼져나갔다".[7]

하지만 최근의 작품 구입에도 불구하고 미술관은 여전히 대여 작품에 크게 의존하고 있었다. 중요한 작품을 확보하려면 대개 몇 개월 전부터 유럽의 주요 도시에서 활동을 벌여야 했다. 이제 현대예술에 대한 억압과 갈등이 확대되면서 그 활동이 더욱 어려워졌으니, 바우하우스 전시 때도 독일에서 가지고 나올 수 없는 자료들 때문에 내용을 일부 축소할 수밖에 없었다. 프랑스에서도 사정이 다르지 않아, 컬렉터들과 심지어 일부 거래상들마저 좀처럼 작품을 국경 너머로 보내지 않으려 했다. 특히 1939년, 새로운 미술관의 개관을 앞둔 시기에는 작품 대여가 아주 중요하고 심각한 과제였다. 루스벨트가 프랑스로 시험용 전투기를 보내는 문제로 상원과 논쟁을 벌이는 사이, 바는 아방가르드 회화 작품을 미국으로 들여오기 위해 치열한 외교전을 벌이고 있다.

이는 다른 무엇보다 피카소와 관련된 문제였다. 10여 년에 걸친 실패와 좌절 끝에, 바는 그해 가을 총 세 개 층에 마련된 미술관의 새로운 전시장을 피카소의 가장 중요한 작품들로 채우기로 마음먹었다. 전시는 유럽에서 대여한 작품에 크게 의존하겠지만, 그의 손에 뛰어난 피카소 작품 한 쌍, 즉 「아비뇽의 여인들」과 「거울 앞의 소녀」가 들어와 있었다. 바는 강력한 후원자인 시카고미술관의 지지를 얻었다(이 미술관의 의욕적인 새 관장 대니얼 캐턴 리치 역시 삭스의 제자였다). 더하여 피카소와 로젠베르그도 그를 전폭적으로 지지했다(적어도 바의 생각은 그랬다). 그와 굿이어는 지난여름 파리에서 그 두 사람을 만난 터였다. 바는 심지어 「게르니카」도 전시에 포함시키고 싶었다.

지난해와 달리, 미국 일반 대중도 아방가르드 예술에 대한 거부감을 누그러뜨린 듯했다. 미국 전역의 미술관들이 조심스럽게 후기인상주의 회화 작품을 받아들이기 시작했다. 올브라이트갤러리는 피카소 작품으로 이사회의 파행을 겪은 지 12년 만인 그해 1월 현대예술을 위한 특별한 전시장을 열었다. 이 새로운 분위기 속에서 바는 이례적인 조치를 취했다. 『뉴욕 타임스』에 아직 열 달이나 남은 피카소 전시 계획을 발표한 것이다. 기사에 따르면 이 전시는 "지금껏 개최된 중 가장 종합적인 전시"가 될 것이었다.[8] 몇 주 뒤 급진적인 취향의 교두보라 하기엔 어려운 『타임』지가 피카소를 표지에 싣고, 수십년 동안 일반인들을 "혼란에 빠뜨렸던" 이 예술가가 마침내 "실체 없이 연기만 자욱했던 논란에서 역사의 광명 속으로 나올" 준비가 되었음을 시사했다.[9]

전쟁의 가능성을 차치하고라도 피카소에 관한 한 확실한 것은 없다는 사실을 바는 잘 알고 있었다. 어떻게든 피카소와 직접 소통해야 했다. 1월 말 바는 미국 출신의 조각가이자 파리에서 활동하는 현대예술 컬렉터인 메리 캘러리와 점심식사를 했다. 캘러리는 두 번의 이혼 경력이 있는 활발한 성격의 사교계 명사로, 피카소와 로젠베르그 모두와 아는 사이였고 피카소의 작품도 여럿 소장하고 있었다. 바는 전시에 대한 두 사람의 지속적인 지지를 확실히 하고자 곧 파리로 돌아갈 캘러리에게 이들의 상황을 살펴봐달라고 부탁했다. 몇 주 뒤 캘러리는 로젠베르그를 만났다. 당시 로젠베르그는 자신이 기획한 피카소 전시를 막 개막한 상태였다. 초, 물주전자, 새장, 소의 두개골, 잡다한 가정용품 등을 밝은 색채로 그린 서른세 점의 정물화로 구성된 전시였는데, 대부분이 「게르니카」 이후에 제작된 것들이었다. 캘러리는 지나치게 보기

좋게 그려진 이 새로운 양식이 마음에 들지 않았다. 하지만 전시는 특별한 관심을 받았다. 갤러리에서 만난 로젠베르그는 마치 물 만난 고기처럼 춤추듯 전시실을 돌아다니며 방문객들을 맞이하고 피카소의 최근 혁신에 대해 떠들어댔다. 그는 캘러리에게 다가와 하루에 600명이 넘는 관람객들이 전시를 보러 온다며 흥분에 차 말했다.

하지만 캘러리가 현대미술관의 전시 계획에 대해 묻자 그의 표정이 어두워졌다. 이론상 로젠베르그는 기뻐해야 마땅했다. 미국의 가장 큰 도시 두 곳의 미술관에서 마침내 피카소의 작품을 전시하겠다고 나서지 않았는가. 더욱이 그는 근 20년 동안 피카소를 뉴욕과 시카고에 가져가고자 온 노력을 기울여온 참이었다. 하지만 로젠베르그는 오랜 경험을 통해 미국이 얼마나 힘든 곳인지 알고 있었다. 『뉴욕 타임스』의 사전 보도를 접한 그는 무척 놀랐는데, 그런 대규모의 전시가 피카소에 대한 대중의 호감도를 더 떨어뜨릴 수도 있다는 생각이었다. 로젠베르그가 캘러리에게 말했듯, 예술가가 누구인지와는 상관없이 "10만 점의 유화"를 한자리에서 보고 싶어하는 사람은 없을 것이었다. 더욱이 광활한 미국 시장을 궁극적인 목표로 삼는다면, 이러한 규모의 실패는 치명적일 수 있었다.[10]

한편 로젠베르그가 느끼는 반발심의 이면에는 또다른 불안감이 놓여 있었다. 바로 통제권이었다. 지금까지 그는 모두가 인정하는 피카소의 킹 메이커였다. 1920년대부터 피카소의 거의 모든 전시에 개인적으로 참여해왔으며, 그중에는 물론 현대미술관의 전시도 포함되어 있었다. 하트퍼드에서 개최된 1934년 전시 때는 구성 전반을 담당했고, 최근 암스테르담과 브뤼셀, 스톡홀름, 헬싱키, 노르웨이, 베오그라드에서 열린 전시도 그의 관리하에 꾸려졌다. 당시에도 바젤에 있는 한 미술관의 구애를 받고 있었다. 현대미술 거래상 가운데 이와 같은 문화적 권력을 누리는 사람은 없었다. 특히 피카소를 『타임』지 표지에 실리게 만든 것은 바의 미술관 전시 계획이 아니라 로젠베르그의 파리 전시였다(물론 피카소의 복잡한 사생활이 잡지의 구미를 돋우기도 했다. 기사는 "지난주에 개최된 도라 마르의 두번째 사진전" 소식과 더불어, "마르가 플로르 카페 앞에서 피카소의 전 부인에게 코를 얻어맞았다"는 에피소드를 덧붙였다[11]). 아마도 바가 피카소의 미국 입성기를 쓰게 됨으로써 자신의 영향력이 줄어들지 모른다는 생각이 로젠베르그를 두렵게 했을 것이다.

로젠베르그의 속내가 어떻든, 전시와 관련하여 그의 지지는 없어서는 안 될 핵심적인 요소였다. 만약 로젠베르그가 빠진다면 피카소 역시 잃게 될 가능성이 농후했다. 캘러리는 뤼 라 보에티를 방문한 뒤 바에게 다음과 같이 편지를 써 보냈다. "어쨌든 로젠베르그가 반대한다면 당신에게는 매우 어려운 상황이 될 겁니다. 그는 어떻게 해야 피카소의 마음에 독소를 퍼뜨릴 수 있는지 잘 알지요. 그가 그런 짓을 벌이는 걸 난 여러 번 봤습니다." 너무 늦은 경고였다. 며칠 뒤, 로젠베르그는 바에게 최후통첩을 보냈다. 자신이 피카소와 이야기를 나누어봤는데, 두 사람 모두 미술관 전시에 대해 "크게 반대"한다는 것이었다. "대중을 질리게 만들 것 같아 걱정입니다." 대신 자신과 피카소의 제안에 따라 더 작은 규모의 보다 엄선된 작품으로 이루어진 전시에 동의한다면 최고의 작품들을 빌려주겠다고 제안했다. "그러지 않으면 나로서는 이 전시에 도움을 주지 못할 것 같군요."[12] 이미 그는 피카소의 마음에 독소를 퍼뜨린 상태였다.

로젠베르그의 편지를 받은 바는 분노했다. 이것은 비단 한 차례의 전시에 관한 문제가 아니었다. 뉴욕에서 퀸 기념전을 본 이후 10여 년이 흐르는 동안 피카소는 그에게 일종의 부적과도 같은 것이 되어 있었다. 미술관을 설립하면서 그는 퀸이 초기에 받아들였던 이야기, 즉 파리 아방가르드로부터 시작하는 이야기를 전달하고자 했다. 디자인, 영화, 사진을 흡수하는 현대예술에 대한 광범위한 관점을 견지하면서도, 궁극적으로는 퀸이 추구했던 예술가들을 중심으로 이야기의 핵심 개요를 세울 마음이었다. 한때 자신의 그림으로 퀸의 아파트를 가득 채웠던 피카소는 이러한 계획의 핵심이자 가장 포착하기 어려운 요소였다. 바는 피카소가 거래상들의 게임에 휩쓸리는 모습을 이미 여러 차례 지켜보았다. 게다가 그의 계획은 부부싸움부터 시작해 예술적 난관이며 건강 문제에 이르기까지 이미 온갖 일들로부터 방해받아온 터였다.

이번에는 다르기를 바랐다. 바는 「아비뇽의 여인들」과 「게르니카」를 포함한 비할 데 없는 걸작의 성좌를 한데 모을 예정이었고, 한 곳도 아닌 두 곳의 중요한 미술관이 이미 준비되어 있었다. 심지어 뉴욕에는 작품을 전시할 수 있는, 세계에서 가장 최신식 미술관이라 할 만한 멋진 새 건물이 있었다. 전쟁의 위협이 점차 커져가고 있었으니, 지금이 아니면 당분간 이와 같은 전시를 개최할 기회가 오지 않을지도 몰랐다. 하지만 이 모든 것에도 불구하고, 로젠베르그는 발을 빼겠다고 나선 것이다. 바는 여느 때와 같은 평정심을 유지하지 못하고 격렬한 반응이 담긴 답장 초안을 작성했다. 약속을 번복한 로젠베르그를 비난하며, 그가 미국에서 "가장 큰 두 도시"에 있는 "수천 명의 사람들"을 실망시킬 것이라고 썼다. 또한 피카소를 구슬려 전시에 등을 돌리게 만든 점에 대해서도 비난을 늘어놓았다. "당신과 피카소 씨가 이렇게 마지막 순간에 와서 협력을 철회한다면 정말로 심각한 일이 일어날 것"이라고 그는 말했다.[13]

—

다행히 이 편지는 발송되지 않았다. 바의 분노에 놀란 굿이어와 리치가 답장을 다시 작성하게끔 설득하여, 무려 네 차례의 수정 끝에 한층 온건한 내용의 편지가 완성되었다.[14] 바는 로젠베르그에게 모든 것이 오해라고, 결코 300점의 작품을 한꺼번에 보여주려는 것이 아니라고, 전시에 소개되는 건 그보다 제한적인, 자신이 "대단히 신중을 기해" 선정할 150여 점이 될 거라고 밝혔다. 또한 미술관은 다른 매체로 제작된 작품을 포함하여 "피카소의 대단히 왕성한 천재성"을 보여주려는 이 전시에 "너무 많은 제한이 가해지지 않기를" 바란다고 전했다. 마지막으로, 그는 미술관측에서 피카소의 작업에 대한 로젠베르그의 "전문지식"을 빌리고자 한다는 점을 암시했다. "당신은 지난 20년 동안 피카소에게 가장 중요한 영향력을 미친 친구이자 후원자였지요." 물론 피카소의 마음에 의심과 회의를 심어놓곤 하는 그의 영향력에 대한 언급은 신중하게 제외했다.[15]

쓰기에는 고생스러웠지만 전술적인 면에서는 매우 훌륭한 편지였다. 전시와 관련한 야심 찬 비전을 유지하는 동시에, 로젠베르그의 자만심에 호소하며 이 거래상의 비할 데 없는 감식안을 인정하는 것처럼 보였으니 말이다. 3월 말, 그러니까 위기가 시작되고 긴장감 넘치는 6주를 보낸 뒤 로젠베르그의 답장이 도착했다. 그는 150점의 회화 작품을 선보이는 전시에 전적으로 동의했다. "그렇다면 얘기가 다르지요." 그는 피카소에 대한 자신의 영향력을 강조하면서, "그가 당신을 지지할 것이라고 나는 이미 매우 확신한다"고 덧붙였다.[16] 로젠베르그는 큐레이터로서의 통제권을 조용히 내려놓았으며, 다른 매체의 작품에 대한 제한도 거두었다. 결국 모두 합치면 사실상 300점 넘는 작품이 전시될 것이었다. 바와 마가의 유럽 출발 날짜가 다가왔고, 마침내 피카소전이 시작되려는 것 같았다.

바가 로젠베르그와의 교착상태를 해결하는 사이 유럽의 정치 상황은 점점 더 악화되었다. 3월 중순 독일군이 체코슬로바키아로 진군하면서 연합국의 유화정책은 실패로 돌아갔다. 마가는 "프라하에 히틀러가 있다"고 기록했다.[17] 이로써 프랑스와 영국을 무장시키고 전쟁을 준비하여 많은 논란을 불러일으켰던 루스벨트의 활동에 새로운 동력이 제공된 셈이었다. 한편 바와 마가의 입장에서 이는 불편할 정도로 가까운 일로 느껴졌다. 두 사람이 전시를 준비하며 전쟁 전에 그려진 피카소의 회화 작품을 찾느라 체코의 수도를 방문한 것이 바로 지난여름이었다. 1914년 이전에 체코의 감식가 빈첸츠 크라마르가 피카소와 브라크의 가장 중요한 분석적 입체주의 회화 작품 수십 점을 모아 프라하가 내려다보이는 절벽 위에 자리잡은 수수한 집에 보관하고 있었다.[18] 불행하게도 크라마르는 당시 집을 떠나 있었고, 이제는 나치의 점령으로 그 작품들 중 하나도 꺼내올 수 없게 되었다. 흔들리는 민주주의국가들처럼 유럽의 현대예술 컬렉션도 점차 포위되고 있었다.

파시스트의 진군을 상기시키는 또다른 상황들과 함께, 뉴욕항에 「게르니카」가 도착했다. 사실 2년 전 파리에서의 전시가 암울한 기억을 남기며 막을 내린 뒤 이 작품에 대한 놀라운 재평가의 움직임이 일어나고 있었다. 우선 1938년 초 몇 달 동안 로젠베르그가 피카소와 브라크, 마티스 및 조각가 앙리 로랑스의 작품을 소개하는 대규모 순회전에 「게르니카」 대여를 주선했고, 전시는 오슬로와 코펜하겐, 스톡홀름, 예테보리의 미술관을 돌았다. 스칸디나비아에서 이 예술가들이 본격적으로 소개된 것은 처음이었기에 전시는 대단한 관심을 끌었고, 놀라운 작품들 가운데 「게르니카」는 이해하기 어렵지만 꽤나 강력한 추가적인 구성

요소로서 받아들여졌다. 뒤이어 뮌헨의 위기가 닥쳤고, 피카소의 친구들은 스페인 원조 기금을 마련하기 위한 영국 순회전에 이 작품을 가져가기로 했다. 순회전은 재정적인 측면에서 큰 성공을 거두지 못했으나 그로 인한 홍보 효과는 이 논란 많은 작품을 스페인의 저항을 나타내는 강력한 상징으로 바꾸기 시작했다.

바에게 「게르니카」는 현대예술의 필수적인 새로운 단계였다. 그는 이 작품의 전시를 간절히 바랐다. 훗날 그가 썼듯이, 「게르니카」는 "일반인들이 즉각적으로 이해하기 어려운 언어로 세계의 대참사를 이야기하는" 작품이었다. 하지만 1936년 스페인 공화국에 인도주의적인 원조를 제공하기 위해 결성된 스페인 난민 구호 캠페인이 미국의 몇 개 도시를 도는 순회 모금 활동에 「게르니카」를 포함시키고자 했고, 스페인의 비극과 관련해 점차 호전전인 태도를 보이고 있던 피카소 역시 이 제안에 찬성했다. 결국 바는 캠페인측에서 피카소 전시회에 맞춰 순회를 마친다는 조건으로 작품의 운송비를 부담하기로 했다.

그러나 「게르니카」가 대서양을 건넌 4월 말 무렵 스페인 전쟁은 이미 패배로 끝났다. 국민당이 연초 두 달 동안 카탈루냐 지역에 잔인한 맹공을 퍼부었고, 곧 피카소가 아끼는 바르셀로나를 점령했다. 이어 3월 말, 마지막 저항세력이 남아 있던 발렌시아와 마드리드가 점령되면서 공화당은 항복했다. 「게르니카」가 뉴욕에 도착할 즈음 이러한 만행을 비롯해 이후로도 수많은 잔혹 행위를 자행한 악명 높은 콘도르 군단 Condor Legion은 이미 독일로의 성공적인 귀환을 준비하고 있었다.[19] 「게르니카」를 둘러싼 쓸쓸한 역설 중 하나는, 프랑코가 정복을 마치기 전에는 이 작품이 진정한 명성을 얻지 못하리라는 점이었다.

세계에서 벌어지는 암울한 일들은 새로운 현대미술관에도 그림자를 드리웠다. 5월 둘째 주에 펼쳐진 개관 행사는 언뜻 화려함과 거품으로 가득한 듯 보였다. 행사의 절정은 무려 7000여 명에 이르는 손님들이 초대된 연회였으니, 코닐리어스 밴더빌트 부인, 찰스 린드버그 부인, 릴리언 기시, 달리, 노르웨이와 스웨덴 대사, 최근에 추방된 스페인 공화국의 총리 후안 네그린을 포함한 다양한 분야의 유명인들이 이 자리에 참석했다. 바는 현대예술을 최대한 대중적인 눈높이에 맞추어 소개하는 것을 목표로 삼아 유명한 걸작들로 전시장을 채웠다. 미국과 유럽의 예술이 균등하게 소개된 이 전시는 바가 엄선한 현대적인 작품들뿐 아니라 19세기 걸작들과 다양한 매체를 폭넓게 포괄했다. 획기적인 전시라 할 수는 없었지만 비평가 맥브라이드는 그 중요성을 간과하지 않았다. 그가 보기에 이 전시는 25년 전 퀸과 〈아모리 쇼〉를 조직한 이들을 위한 낭랑한 찬가나 다름없었다. 맥브라이드는 뉴욕 『선』지에 기고한 칼럼에서 다음과 같이 말했다. "특히 「잠자는 집시」를 다시 보게 되어 놀랐다. 이 작품은 여전히 가장 위대한 현대 회화 작품 중 하나다."[20]

하지만 이날 저녁의 하이라이트는 예술작품이 아니라, 백악관 앞에서 송출된 루스벨트 대통령의 15분짜리 라디오 연설이었다. 그 상징성은 놓치려야 놓칠 수 없었다. 그동안 루스벨트 대통령이 모더니즘에 특별한 관심을 보인 적은 없지만, 영부인 엘리너 루스벨트가 미술관의 후원자였으니 아마도 그가 모더니즘 예술의 중요성과 관련해 대통령을 설득했던 듯하다.[21] 또한 당시 뉴욕 세계박람회가 막 개막하면서 루스벨트 대통령은 미국 문화에 깊이 관여하기 시작한 참이었다. 동기가 무엇이었든, 연방정부는 처음으로 미국의 많은 대중이 의심스러운 것으로 여기던 예술의 한 경향을 향해 전폭적인 지지를 보내고 있었다.

이 연설에 함축된 정치적 의미 역시 큰 중요성을 띠었다. 그로부터 2주 전 히틀러가 독일 국회의사당 연설을 통해 평화를 촉구하는 루스벨트의 요청을 일축했고, 그로써 확전이 불가피한 상황이었다. 루스벨트 대통령은 새로운 미술관을 "평화의 대의"에 헌정하며, 바가 나치주의와 처음 대면한 이래 줄곧 밀어붙여온 주제, 즉 현대예술과 자유민주주의 정부의 본질적인 관계를 채택했다. 루스벨트는 다음과 같이 말했다. "예술은 인간이 오롯이 자신으로 존재할 자유를 누리고 자신의 에너지와 열정을 훈련하는 일을 담당할 수 있는 곳에서만 번영할 수 있습니다. 민주주의를 위한 조건과 예술을 위한 조건은 하나이며, 정확하게 일치합니다."[22]

미국이 위협받는 20세기 예술을 위해 새로운 피난처를 제공할 준비가 되어 있음을 알리는 명확한 메시지였다. 그해 가을 피카소 전시를 앞둔 바에게 이보다 더 좋은 상황은 생각하기 어려웠다. 이제는 로젠베르그와 피카소를 포함한 작품 대여자들을 만나 최종 선택을 하고, 전시 개막에 맞추어 뉴욕으로 작품을 실어오는 일만 남아 있었다. 마가는 일기에 다음과 같이 썼다. "바는 얼마나 오랜 시간 동안 이 순간을 바라면서 일하고 계획을 세웠던가!"

—

1939년 6월, 파리에 도착한 바와 마가가 목격한 것은 예술계의 침체였다. 모두가 전쟁에 대해서만 이야기하는 것 같았다. 컬렉터들과 거래상들은 안전을 위해 소장 작품들을 모두 은행 금고에 넣어 보관하고 있었다. 두 사람은 로젠베르그의 갤러리에 숨어 그가 갖고 있는 작품과 프랑스 각처에 있는 피카소 작품 사진 자료철을 샅샅이 들여다보는 데 대부분의 시간을 썼다. 로젠베르그의 커다란 방에 사진들이 모두 펼쳐졌다. 헤이그에서 크뢸러뮐러 부인의 정원에 그림들을 줄지어 세우던 때와 꼭 같다 할 수는 없으나, 어쨌든 그와 상당히 유사한 상황이었다. 로젠베르그는 전시의 사령탑이라도 된 양 자랑스러워하며 이들 부부에게 대부분의 결정을 맡겼다.

그러다 이 강도 높은 노동에—그리고 최고의 작품을 뉴욕으로 가져가려는 이들의 계획에—새로운 과제가 추가되었다. 로젠베르그가 최대한 많은 작품을 파리 밖으로 내보내고자 한 것이다. 그는 바에게 자신이 비용을 댈 테니 컬렉션 전 작품을 현대미술관으로 보내는 것이 어떻겠냐는 급진적인 제안을 내놓았다. 미국과의 거리가 수천 킬로미터에 이르며 그의 사업과 가족 모두 프랑스에 깊게 뿌리내리고 있다는 점을 감안하면 정말이지 과감한 조치였다. 하지만 로젠베르그는 독일군이 침략할 경우 자신이 얼마나 큰 타격을 받게 될지 생각하고 있었다. 어떻게든 보유한 작품들을 지켜야 했다. 물론 수백 점을 더 가져가려면 운송상의 부담이 상당해지겠지만, 미술관 입장에서 이는 추가로 수십 점의 현대예술 걸작들에 접근할 다시없는 기회였다. 바는 준비를 위해 즉시 뉴욕으로 폭풍 같은 전보를 보냈다.

한편 로젠베르그의 아내 마고는 생각이 달랐다. 뼛속까지 파리 사람인 그는 뤼 라 보에티에 자리잡은 이 안락한 생활이 위험에 처할 수 있다는 사실을 받아들이려 하지 않았다. 부부간에 이어져온 냉랭한 휴전 상태에서 마고는 끊임없이 해외 전시를 추진하는 남편을 줄곧 눈감아주었으나, 공동 컬렉션이 포함된 많은 작품 전체가 전시에 활용되도록 할 수는 없다고 생각했다. 이들의 아파트로 이어지는 계단 벽에는 마송과 레제의 작품이 줄지어 걸려 있었고, 식당에는 브라크가 디자인해 상감세공으로 장식하고 직접 설치하기까지 한 모자이크 벤치가 놓여 있었다. 그리고 피카소의 작품이 있었다. 로젠베르그가 식당에 걸려 있던 피카소의 작품—절제되고 장식적인 후기입체주의 양식으로 제작된 1920년대의 대형 정물화 연작 다섯 점—을 빌려주겠다고 나서자 마침내 마고는 폭발했다. 그것은 마고가 가장 좋아하는 작품이었다. 이 그림들 없이 겨울을 나는 것은 상상할 수 없었다.

격렬한 다툼 끝에 결국 로젠베르그는 두 손을 들었다. 바가 모든 준비를 마친 뒤였지만 로젠베르그는 작품 전체를 뉴욕으로 보내겠다는 계획을 철회하고, 대신 많은 작품을 지방의 창고들에 옮겨놓기로 했다. 그리고 식당에 걸려 있던 그림에 대해서는 새로운 조건을 달았다. 그는 바를 옆으로 부른 뒤 아내는 금방 진정될 거라고, 하지만 혹시 모르니 뉴욕 전시가 끝나면 이 작품을 다른 대여 작품과 함께 시카고미술관으로 보내는 대신 곧장 파리로 돌려보내라고 요구할 권리를 달라고 했다. 그러나 이 거래상의 성향과 불길한 국제상황을 고려하건대, 로젠베르그가 과연 작품을 다시 회수하는 위험을 감수하려 할지 의문이었다. 바는 리치에게 다음과 같이 보고했다. "어쨌든 나는 시카고미술관을 위해 최선을 다했습니다. 어쩌면 히틀러가 해결책을 제공할지도 모르겠군요."[23]

바가 피카소의 작품을 프랑스 밖으로 빼내려 할 때 현대예술에 반대하는 나치의 운동은 이웃한 스위스에서 새로운 딜레마를 낳고 있었다. 6월 말 제3제국의 대리인들이 독일 미술관에서 압수한 가장 "퇴폐적인" 회화 작품 126점을 루체른의 경매에 위탁해 논란이 일었다. 여기에는 마티스와 피카소, 브라크, 드랭, 고갱의 주요작들뿐 아니라 딕스, 클레, 아우구스트 마케, 에밀 놀데의 작품도 포함되어 있었으며, 그 대다수는 바가 1930년대 초에 모방했던 진보적인 미술관들의 소장품이었다. 로젠베르그는 파리의 동료들에게 나치 정부가 "경매에서 얻은 수익으로 폭탄과 기관총을 구입할 것"이라며, 이에 응찰하는 것은 비도덕적인 일이라고 경고했다.[24] 하지만 바를 비롯한 많은 미술관 관계자들의 생각은 달랐다. 독일의 공공 소장품이었다가 난데없이 고아 신세가 된 이 작품들을 그대로 놓쳐버릴 수는 없었다. 경매는 파괴나 유실로부터 이것들을 구해낼 드문 기회였다.

이 무렵 현대미술관은 마침내 작품 구입을 위한 상당한 기금을 마련한 상태였다. 바는 뉴욕에서 함께 일했던 한 갤러리를 통해 경매에 나온 몇 작품에 입찰하도록 지시했다. 이후 수십 년 동안 심한 비난을 받게 될 이 결정으로, 그는 에센미술관Essen Museum이 소장했던 마티스의 빼어난 1913년 작품 「푸른 창」을 손에 넣게 되었다. 바는 자신이 옳은 일을 하고 있다고 믿었다. 마티스의 중요한 작품을 뉴욕의 공적 보호 아래 두는 것이 어느 나치 세력가의 손아귀에 두는 것보다 훨씬 나을 것이었다. 훗날 그가 기록했듯이, 「푸른 창」은 "괴링의 공군부 지하 저장고에서 뉴욕의 현대미술관으로, 아주 은밀하게, 사실상 밀수품으로 옮겨졌다".[25] 미술관이 민주주의의 방벽으로서 현대예술을 방어하던 시기, 바 또한 서유럽의 여러 국가들을 위협하는 독재의 손아귀에서 현대예술을 구출하기 위해 할 수 있는 일을 했던 셈이다.

—

곧 닥칠 일에 대한 반발이었을까? 1939년 프랑스대혁명 기념일의 파리는 유난히 활기가 넘쳤다. 화려한 무도회와 파티가 연이어 열렸고, 사람들은 거리에서 춤을 추었다. 로젠베르그의 갤러리와 가까운 샹젤리제거리에서는 외인부대가 파이프로 모로코의 행진곡을 연주하면서 퍼레이드를 펼쳤다. 로젠베르그와 피카소를 상대로 한 협상에서 이미 진전을 이룬 바와 마가는 18년 전 퀸과 포스터가 그랬듯 막다른 골목에 자리한 브란쿠시의 작업실에서 저녁식사를 함께하기로 했다. 이제 60대 초반에 이른 이 루마니아 조각가는 거의 변한 것이 없었다. 여전히 대리석 조각을 깎고 황동의 형상을 연마하며 대부분의 시간을 보내

다가, 저녁이면 나무 난로 위에서 식사를 만들었다.

　　그날 저녁 브란쿠시는 바 부부와 함께 마티스의 아들 피에르 부부도 초대했다. 양 다리 구이를 푸짐하게 먹은 다음 이들은 빨간색과 분홍색 파티 모자를 쓰고 생루이섬으로 걸어갔다. 스윙 밴드가 연주를 하고 있었고, 음악에 이끌린 브란쿠시는 마가와 함께 인기곡 「내게 아름다운 너Bei Mir Bist Du Schön」에 맞추어 춤을 추었다. 아무도 알아채지 못했지만 유럽의 세계주의가 저무는 시기에 더없이 어울리는 곡이었다. 유대인 작곡가가 짓고 할렘의 아프리카계 미국인 가수들이 불러 인기를 끈 이 곡은 1930년대 말 유럽 전역에서 인기를 얻고 있었다. 심지어 제3제국에서도 독일어 버전으로 자주 불렸는데, 물론 이것을 작곡한 이가 유대인이라는 사실이 알려지지 않은 덕이었다(영어 가사의 후렴구는 이랬다. "나는 '벨라bella(아주 좋은), 벨라'라고, 심지어 '제르 분더바sehr wunderbar(아주 최고)'라고도 얘기할 수 있어요. / 어떤 언어든 상관없어요, 당신이 얼마나 근사한지를 말할 수만 있다면").[26] 이들이 브란쿠시와 여유로운 시간을 보낼 수 있었던 건 이때가 마지막이었다.

　　휴일이 지나자 파리는 텅 비었고, 바와 마가가 할 수 있는 일은 더이상 없었다. 피카소 작품 대여가 대부분 마무리되었으니, 이제는 가을에 이 작품들을 미국으로 보내기만 하면 되었다. 이미 모두가 전쟁을 예견하고 있는 듯 보였다. 피카소는 안전을 위해 발터와 마야를 대서양 연안의 루아양으로 이주시키고 자신은 마르와 함께 앙티브로 도망쳤다. 그곳에서 그는 밤낚시꾼을 묘사한 불길한 분위기의 그림을 그리며 8월을 보냈다. 로젠베르그는 피해를 입지 않기 위해 가족들을 루아르 계곡에 있는 투르로 보낸 뒤 자신이 보유한 작품 일부도 함께 옮기기 시작했다. 7월 말, 바는 노르망디호를 타고 미국으로 돌아와 도록의 글을 작성하며 전시에 박차를 가하기 시작했다. 마가는 파리에 남아 뒷일을 마무리한 다음 로마에 있는 어머니를 방문하기로 했다.[27] 전시에 대한 의구심이 여전히 많이 남아 있긴 했지만, 어쨌든 바의 노력은 결실을 맺는 듯 보였다. 예술가와 거래상은 일흔 점 이상의 작품을 뉴욕으로 보내는 데 동의했고, 바의 계산에 따르면 그중 스무 점가량은 피카소의 이력에 있어 가장 중요한 작품에 속했다.

하지만 뉴욕으로 돌아오자마자 이 모든 것을 압도하는 사태가 벌어지기 시작했다. 8월에 독일-소련 불가침조약이 발표되면서 중앙 유럽에 히틀러를 위한 전장이 열린 것이다. 로마에 갔다가 파리로 돌아와 있던 마가는 플로르 카페의 테이블 사이에서 그 모든 소식이 어떻게 전해지는지 목격했다. 마침내 8월 말, 프랑스에서 국가총동원령이 내려진 가운데 마가는 급히 미국행 배에 올랐다. 무전으로 경보가 계속해서 전해지는데도 선장은 "전쟁은 결코 일어나지 않을 것"이라고 되풀이할 뿐이었다. 마가는 불안한 마음으로 기록했다. "사우샘프턴에서 대잠수함 그물망이 선명하게 보였다."

9월 1일 루스벨트가 의회에 경고했던 무시무시한 독일의 "공중함대"가 폴란드를 폭격하기 시작했고, 이틀 뒤 유럽에서 전쟁이 시작되었다. 그런데 마가와 그린즈버러에서 만나 마지막 여름날을 보내고 있던 바에게서는 기묘할 정도로 소식이 없었다. 프랑스가 선전포고를 한 지 사흘째 되던 날 오후, 리치는 더이상 기다리지 못하고 전보를 쳤다. "피카소 전시는 그대로 진행되는 겁니까? 전쟁으로 유럽의 작품 대여가 가로막혀도 전시를 밀고 나갈 생각입니까?"[28] 같은 날, 멀리서 이 계획을 좇고 있던 애벗이 바에게 위로의 편지를 보냈다. "정말 안타깝군! 그래도 마가가 집에 무사히 돌아온 것을 다행으로 여겨야 해."[29]

33 | 전쟁보다 중요한

유럽이 전쟁에 돌입할 즈음 바는 웨스트 53번 스트리트에서 자기 나름의 전쟁에 몰두하기 시작했다. 새로운 건축물이 개관한 5월, 록펠러의 아들 넬슨은 미술관을 보다 기업적이고 효율적으로 만들기로 마음먹고 바와 마가가 파리로 떠나 피카소 전시를 준비하는 사이 서둘러 행정직을 개편했다. 굿이어가 미술관 관장 자리에 오르고 몇몇 직원들은 해고되었는데, 그중에는 바와 긴밀하게 협력해온 최고 재무 담당자도 포함되어 있었다. 넬슨은 이 자리에 자신의 충실한 심복을 앉혔다. 뉴욕으로 돌아온 바는 직원들의 사기가 바닥을 치고 있으며 자신의 권한 또한 크게 축소된 상황을 받아들여야 했다. 그리고 이러한 위기와 대서양 건너편에서 빠르게 전개되는 사건들 속에서, 그는 전시의 운명을 두고 불안을 표하는 리치의 전보에 응답을 미루고 있었다.

　1939년 9월 11일, 그러니까 나치가 폴란드를 침공한 지 열흘째이자 프랑스와 영국이 전쟁을 선포한 지 여드레, 프랑스 군대가 자를란트에서 지상 공격을 시작한 지 나흘, 히틀러가 폴란드 영토의 상당 부분을 제3제국에 합병한 지 사흘, 그리고 영국 내각에서 전쟁이 "3년 이상"지속되리라는 전망을 발표한 지 이틀째 되던 날 바는 마침내 리치에게 답장을 보냈다. "피카소와 로젠베르그, 캘러리의 작품을 포함해 유럽의 대여 작품 일흔 점은 확보되었음. 추가적인 서른 점 확보는 불가능할 듯." 이어 그는 다음과 같이 덧붙였다. "전시보험은 가입하지 않음."[1]

리치는 크게 놀랐다. 그들이 원한 모든 것이 충족되지는 않았으나 전쟁 발발에도 불구하고 전시의 핵심 요소, 즉 피카소와 로젠베르그의 작품이, 그것도 믿을 수 없을 만큼 많이 준비되어 뉴욕에 도착해 있었다. 게다가 바는 그들을 설득해 전시보험을 포기하게 했다. 보험을 들 경우 두 미술관으로서는 감당하기 어려울 정도로 큰 비용이 들었을 것이었다. 다음날 리치는 다음과 같은 답장을 보냈다. "당신은 내가 생각한 것 이상으로 엄청난 사람이군요."[2]

사실 바는 그에게 밝힌 것보다 훨씬 더 많은 작품을 준비해놓았다. 로젠베르그가 소장한 1920년대와 1930년대 최고의 작품들을 확보했고, 피카소에게서는 「세 무희」(1925)에 더하여 지금껏 거의 공개된 적 없는 작품 열두 점을 받아낸 터였다. 「세 무희」는 화산 폭발에 비견할 심리적인 에너지와 강렬함이 담긴, 과거의 어느 작품과도 같지 않은 회화로, 바는 이것을 두고 "피카소의 예술 세계에서 「아비뇽의 여인들」만큼이나 급진적인 전기가 된" 작품이라 평가했다. 한편 그는 2년 전 독일에서 프랑스로 망명한 유스틴 탄하우저를 설득해 피카소의 툴루즈로트레크 시기의 정점을 보여주는 작품 「물랭 드 라 갈레트」(1900)를 손에 넣었을 뿐 아니라, 취리히의 감식가 마르첼 플라이슈만으로부터 「나의 어여쁜 이」(1911~12)도 구해두었다. 플라이슈만은 규모는 작지만 중요한 컬렉션을 안전하게 보관하고자 뉴욕으로 그림들을 옮겨왔는데, 그 과정에서 미술관의 도움을 받은 터였다. 「나의 어여쁜 이」는 구엘과의 연애가 한창이던 시절 피카소가 그에게 바치는 애정의 표현으로 제작한, 분석적 입체주의의 걸작이라 할 만한 작품이었다. 그럼에도 불구하고 바가 리치에게 보낸 메시지의 "추가적인 서른 점"이라는 문구는 여전히 그의 내면에서 벌어지고 있던 전쟁을 암시한다. 수년간 각고의 노력 끝에 여기까지 나아왔건만, 바는 자신이 유럽에서 대여하고자 마음먹었던 작품들 중 4분의 1이상이 부족한 상태로 피카소 전시를 진행해야 한다는 것을 견딜 수 없었다. 이미 확보한 일련의 작품들 사이에 자리한 결정적인 공백을 채울 만한 그림이 아직 많이 부족했다. 11월 14일 개막까지 두 달도 채 남지 않은 시점, 유럽 대륙 전역에 걸쳐 전쟁이 발발한 와중에 그는 유럽에서 가장 중요한 피카소 작품을 가져오기 위한 새로운 방법을 찾아야 했다.

그 목록에는 피카소가 가지고 있는 많은 조각 작품, 그리고 로젠베르그의 소장작으로 바가 1930년대에 상당한 시간을 들여 쫓아다녔으나 성과를 얻을 수 없었던 입체주의 걸작 「세 악사」가 포함되어 있었다. 유감스럽게도 로젠베르그의 「세 악사」는 그해 초여름 부에노스아이레스의 전시에 대여된 상태였으니, 이는 최대한 많은 작품을 유럽 밖으로 보내고자 하는 그의 노력의 일환이었다. 하지만 바는 여전히 이 작품이 전시에 맞추어 뉴욕에 도착할 수 있을지 모른다는 희망을 놓지 않았다. 한편 거트루드는 피카소가 1906년에 그린 획기적인 초상화를 빌려줄지 말지 아직 확답을 주지 않고 있었다. 또한 바가 제1차세계대전 시기에 제작된 피카소의 작품 중 가장 빼어난 걸작으로 꼽았던 「광대」(1915)는 한때 퀸과 이상적인 현대예술 컬렉션에 대해 논의했던 전설적인 프랑스인 감식가 칸의 손에 있었고, 그 외에도 아폴리네르의 아내인 재클린 콜브, 패션디자이너 엘사 스키아파렐리, 피카소가 남프랑스로 신혼여행을 떠났을 때 집을 내어주었던 칠레의 사교계 명사 에라수리스를 포함해 다른 이들에게서 빌려오고 싶은 작품들이 있었다.

9월 중순, 멀리 떨어진 곳에서 이 작품들을 붙잡기 위한 작업을 시작했을 때 다시금 힘겨운 도전이 그를 막아섰다. 영국과 프랑스의 선전포고가 있고 몇 시간 되지 않아 독일의 잠수함 U보트가 아일랜드 해안에서 영국의 원양 여객선 아테니아호를 어뢰로 공격한 것이다. 마가가 불과 며칠 전에 탔던 배처럼 이 여객선 역시 북미로 향하는 민간 선박이었다. 1418명의 승객과 승무원 가운데 스물여덟 명의 미국인을 포함해 117명이 목숨을 잃었다. 이후 몇 주 동안 수많은 영국과 프랑스 선박이 수뢰와 어뢰로 침몰했다. 이 구간은 유럽에서 뉴욕으로 보낼 추가 작품들이 건너야 하는 바로 그 운송로였으니, 작품 대여자들은 좀처럼 위험을 감수하지 않으려 했다.

더욱이 파리에서 작품을 찾아내기가 대단히 불리한 상황이었다. 상점들은 문을 닫았고, 남자들은 전쟁에 동원되었다. 남은 가족들은 재산을 지하실과 지하 금고에 보관하느라 바빴다. 시골로 이주할 수 있는 이들은 이미 떠난 뒤였다. 파리에 남은 사람들은 이 도시가 20세기 들어 벌써 두번째로 독일군의 시야 안에 들어갈지도 모른다는 심란한 현실을 받아들이고 있었다. 거트루드와 토클라스는 남동부의 별장 빌리냉으로 떠났고, 용감하게 파리에 남아 있던 캘러리는 전투가 시작되면 구급차 운전사가 되겠다고 서명한 참이었다.

유럽의 많은 컬렉터들에게 예술에 대한 관심은 이미 보다 실존적인 문제로 바뀌었다. 프랑스가 전쟁에 돌입한 지 불과 사흘째인 9월 6일, 제르보스는 바에게 애처로운 편지를 보냈다. 아내는 부르고뉴의 베즐레에 가 있으며 자신은 파리에서 군 소집을 기다리고 있다는 얘기였다. 『카이에 다르』는 사실상 파산한 상태였다. 그는 전시를 위해 빌려준 자신의 작은 피카소 작품을 "가능한 한 빨리" 판매하여 그 대금을 빈털터리인 아내에게 곧장 보내달라고 부탁하고는 이렇게 덧붙였다. "현대예술이라는 대의를 위해 계속해서 일해주세요. 그것이 어느 때보다도 절실해졌습니다. 이곳에서는 오랫동안 예술이라는 게 중단될 테니까요."[3]

유럽에서의 물리적 충돌은 피카소 전시에 단순한 전시 이상의 의미를 부여했다. 이것은 그야말로 현대예술에 대한 미국인들의 의견을 새롭게 만들 수 있는 특별한 기회였다. 대서양 건너편에서 모더니즘이 탄압받는 동안 이곳에서는 완벽한 설득력을 발휘해 모더니즘을 방어하는 수밖에 없었다. 더하여 피카소를 마지막으로 향후 수년간은 유럽 예술가의 대규모 전시가 불가능할지도 몰랐다. 이는 전시를 최대한 완성도 있게 구성해야 한다는 바의 결심을 더욱 굳건하게 만들었다. 9월 12일, 바는 로젠베르그에게 편지를 보내 다음과 같이 전했다. "전쟁이 일어나면서 전시 기획은 더이상 중요하지 않은 일로 여겨지게 되었습니다. 하지만 어떤 면에서는 그림이 전쟁보다 더 중요하다는 점을 믿어야 합니다."[4] 다른 유럽 수집가들과 접촉하면서 바는 다시금 나치 침략의 위협을 의식하며 보다 예민하게 접근했다. 그는 거트루드에게 이렇게 말했다. "작품 운송에 얼마간의 위협이 따르는 건 맞습니다. 그러나 전쟁 동안 당신의 초상화가 미국에 있는 편이 더 안전하지 않을까요?"[5] 이미 피카소와 로젠베르그, 캘러리는 대여한 작품을 전쟁이 끝날 때까지 미술관에 두는 것에 동의했다. 바는 거트루드에게도 비슷한 방식을 제안했다. 미국에 고립된 피카소의 걸작들을 그대로 보관하는 것이 작품 보호뿐 아니라 다른 측면에서도 드문 기회가 되리라는 점을 깨닫기 시작한 터였다. 그는 탄하우저에게 쓴 편지에서 다음과 같이 말했다. "전쟁이 지속되는 동안 당신의 작품을 이곳에 두고 싶다면, 그사이 우리가 다른 미술관에서 전시할 있도록 허락해주시겠습니까? 물론 종합보험에는 가입할 겁니다."[6]

이러한 요청 중 일부는 아무런 성과도 얻지 못했다. 9월 말, 피카소의 중요한 입체주의 콜라주 작품 몇 점을 소유한 프랑스의 거래상 뢰브는 다음과 같은 전보를 보내왔다. "작품을 보내는 것이 불가능합니다. 갤러리가 폐쇄되어 아무것도 할 수 없습니다."[7] 일주일 뒤에는 재클린 콜브로부터 연락이 왔다. 전시를 통해 남편 아폴리네르를 추억하고 싶긴 하지만, 피카소의 귀한 초상화 중 하나를 독일 잠수함에 잃을 가능성은 생각하기도 싫다는 것이었다.[8] 칸 또한 「광대」를 보내지 않겠다고 했다. 그해 여름 나치가 파리를 점령할 때 그는 이 결정을 후회하게 될 것이었다.

몇 달에 걸친 바의 공세에도 불구하고 거트루드는 자기 초상화의 안전과 관련해 불안을 누그러뜨리지 못한 듯했다. 얼마 전 거트루드의 책―피카소에 대해 쓴 소책자―을 발간한 스크라이브너출판사에서 혹시 전시와 함께 이 책을 홍보할 수 있을지 미술관측에 문의해왔다(출판사측은 "비평가들에 따르면 이 책이 거트루드의 다른 책들에 비해 훨씬 쉽고 재미있다"며 미술관을 안심시켰다).[9] 바는 전시와 연계해 책과 피카소의 초창기 후원자로서 거트루드의 중요성에 대해 언급하는 데 동의했지만, 정작 거트루드 자신은 미술관을 무시하는 태도로 일관했다(그해 여름 바 부부가 파리에 있는 거트루드를 방문했을 때도 그는 쓴소리를 서슴지 않았다. "당신네들은 미술관일 수 있거나 현대적일 수 있습니다. 하지만 두 가지 모두가 될 수는 없습니다").[10] 결국 다른 어떤 후원자들보다 파리 아방가르드의 중심에 있었던 이 미국 작가는 자신이 후원했던 작품을 미국으로 보내려는 노력을 무시한 채 고집스럽게 거리를 두었다.

그럼에도 바의 끈질긴 집념은 다른 성과를 낳았다. 10월 중순 미국 증기선 워싱턴호가 영국의 초현실주의자 펜로즈로부터 확보한 중요한 피카소 작품 여섯 점을 실어왔다. 8월의 대부분을 피카소, 마르와 함께 앙티브에서 보낸 펜로즈는 전쟁이 시작되자마자 런던으로 돌아가 있었다. 공습경보 사이렌이 울리자 그는 즉시 컬렉션을 위해 노퍽 근처에 안전한 보관소를 마련했지만, 바가 이미 피카소의 작품을 요청했던 터라 위험을 감수하고 대신 뉴욕으로 보내기로 결심한 것이다.[11] 그중 하나가 1914년에 제작된 「두상」이었으니, 종이를 붙여 만든 이 추상적인 콜라주는 20년 뒤 미로나 초현실주의자들이 제작한 작품만큼이나 급진적이었다(이 작품을 두고 바는 다음과 같이 말했다. "두상으로서는 너무나 환상적이라 초현실주의의 기묘한 미학에 쉽게 부합한다").[12]

이제 전시 개막이 채 한 달도 남지 않은 시점이었고, 바는 마음이 급했다. 그가 알기로는 파리의 미술관 운송사에서 보낼 마지막 작품이 적어도 한 상자 이상 남아 있었다. 남미에서 올지 모를 로젠베르그의 「세 악사」와 피카소의 조각 작품에 대한 문제도 여전히 미해결 상태였다. 불확실성에도 불구하고, 바는 미술관 개관 이후 가장 큰 규모로 소개될 이 전시의 도록 작업을 추진했다. 더하여 새로운 미술관 전시장의 설치 작업도 시작해야 했다. 피카소의 전체 화업에 대한 포괄적인 시각을 필요로 하는 일이었다. 너무나 다행스럽게도, 「게르니카」는 중서부에서 급행열차에 실려 10월 중순 거의 때맞춰 미술관에 도착했다. 이 거대한 회화에 수반된 일곱 점의 습작, 쉰여 점의 드로잉, 그리고 피카소가 1937년 겨울과 늦봄에 걸쳐 완성한 두 점의 에칭 연작인 「프랑코의 꿈과 거짓말」도 함께였다. 바와 스페인 난민 구호 캠페인의 합의에 따라 「게르니카」를 위시한 이 작품군은 프랑코에게 희생된 이들을 위한 기금 모금을 위해 미국 내 여러 지역, 즉 뉴욕의 밸런타인갤러리 Valentine Gallery와 로스앤젤레스의 소규모 갤러리, 샌프란시스코미술관 San Francisco Museum of Art, 시카고의 아츠클럽Arts Club을 거치며 짧게 공개된 뒤 마지막으로 뉴욕으로 돌아와 다른 작품들과 함께 현대미술관 전시에 합류했다.

바의 입장에서 「게르니카」를 확보한 것은 엄청난 성공이었으나, 기금 모금 순회 여정은 피카소 작품에 대한 미국인들의 반응과 수용 여부에 대해 아무런 확신을 주지 못했다. 1939년 무렵 「게르니카」는 마침내 국제적인 명성을 얻기 시작했고, 스페인 구호 활동은 유명한 지식인과 문화계 인물들의 후원을 받았다(로스앤젤레스의 후원자들 중에는 베티 데이비스와 조지 큐커도 있었다). 하지만 그러한 관심이 무색하게도 전시는 대중적인 성공을 거두지 못했다. 로스앤젤레스에서는 겨우 735명의 사람들이 작품을 보러 왔고, 네 곳의 도시에서 모은 기금 총액은 700달러에 그쳤다.

언론 보도는 훨씬 더 실망스러웠다. 『로스앤젤레스 이그재미너Los Angeles Examiner』는 「게르니카」에 대해 "혐오스럽다"고 표현했고, 또다른 서부 일간지는 "얼간이 예술"이라 묘사했다. 『샌프란시스코 크로니클』의 비평가는 피카소의 도상학을 이해하고자 노력하면서도 "일부 두상은 흡사 광인의 드로잉과 닮았다"고 결론 내렸다. 심지어 시카고의 『헤럴드 앤드 이그재미너Herald and Examiner』는 "모스크바의 손에 놀아나는 볼셰비키 예술"이라는 제목으로 「게르니카」의 도착을 보도했다.[13] 반모더니즘 진영의 오래된 비난이 다시 수면 위로 떠오르고 있었다. 「게르니카」가 현대예술을 침묵시키려는 파시스트 정권의 폭격에 대한 반응으로 제작되었다는 점을 고려하여, 바는 미국 대중이 피카소에 대해 새롭게 이해할 수 있게끔 더욱 열심히 노력해야 한다는 사실을 깨달았다.

그러나 「게르니카」가 미술관에 도착한 순간 다른 문제들이 튀어나왔다. 첫번째 문제는 피카소 작품이 담긴 상자 하나가 통째로 사라진 것이었다. 몇 주 동안 바는 그간 미술관이 신뢰해온 파리의 운송인 R.

레론델로부터 마지막 그림과 드로잉 상자에 대한 소식이 오기를 기다리고 있었다. 미술관측에서는 보안을 위해 미국 배를 사용해야 한다고 주장했지만 그해 10월 대서양을 횡단하는 미국 여객선은 거의 없었다. 그러다 10월 말에야 레론델이 배편을 구했고, 곧 열한 점 이상의 피카소 작품이 증기선 루스벨트호를 타고 프랑스를 떠날 것이라 알렸다. 보낸 작품들 중에는 바가 추가로 확보한 탄하우저 컬렉션의 초기 피카소 작품과 갤러리가 가지고 있던 목탄화, 스키아파렐리가 마침내 대여에 동의한 정물화 「새장과 카드패」(1937)도 포함되어 있었다. 미술관으로서는 이 작품들을 받아 간신히 전시장에 설치할 정도의 시간만이 남은 상황이었다.

　　11월 루스벨트호가 뉴욕에 도착했을 때 배는 승객들로 가득했다. 유럽에서 나오려는 사람들이 워낙 많은데다 르아브르와 뉴욕항을 오가는 중립국의 배는 거의 없는 탓이었다. 배가 마침내 모든 짐을 내렸지만 피카소의 작품은 어디에도 보이지 않았다. 바는 크게 흥분했다. 미술관측에서 레론델에게 전보를 쳤다. "루스벨트호에 선적되지 않았음. 즉각 연락 바람. 긴급상황."[14] 작품들은 분명 르아브르항에 인도되었다. 그런데 어쩐 일인지 배에 실리지 않았다. 르아브르에서 찾아다닌 끝에 마침내 사라졌던 상자가 나타났다. 혼란스러운 승선 과정 이후 피카소 작품이 담긴 상자는 부두에 덩그러니 남겨져 있었다. 바는 작품을 잃어버리지 않았다는 사실에 안도했지만 또다른 미국 국적 선박을 기다려야 했고, 의회에서 제정된 새로운 중립법으로 인해 미국 해운사들은 운항 서비스를 더욱 축소해가는 중이었다. 전쟁이 시작되고 몇 주가 지난 12월 초까지는 프랑스를 떠나는 다음 화물선이 없었다.[15] 그 상자에 전시의 핵심적인 작품은 포함되지 않았다는 점이 그나마 다행이라면 다행이었다.

물론 전시 준비 과정에서 가장 어려운 문제 중 하나는 피카소와의 소통이었다. 바는 전시에 걸었던 처음의 기대대로 피카소 예술의 핵심이라 여겨지는 중요한 조각 작품을 다수 포함하고 싶었다. 피카소는 전 작업 이력에 걸쳐 조각 작품을 제작했지만 그것들이 전시된 경우는 드물었고, 따라서 대중에게 거의 알려지지 않은 상태였다. 파리에서 처음 이야기를 나눌 때 피카소는 조각 작품을 보내는 일에 열정을 보이면서도 작품을 선택하기에 앞서 새로운 연작의 주형을 뜨고 싶다는 뜻을 밝혔고, 이어 도라 마르와 함께 앙티브로 떠났다.

도무지 안심할 수 없었던 바는 8월 마르에게 편지를 써서 "당신의 모든 영향력을 총동원해" 9월 말까지 피카소가 조각 작품을 골라 뉴욕으로 보낼 수 있도록 해달라고 요청했다.[16] 전쟁이 발발한 뒤에는 로젠베르그와 제르보스에게도 편지를 보냈다. 로젠베르그에게 보낸 편지에서 그는 이렇게 말했다. "피카소와 좀처럼 연락이 되지 않는군요. 당신이 우리에게 그의 뜻을 전해주면 고맙겠습니다. 우리는 여전히 그의 조각 작품을 기다리고 있습니다."[17] 하지만 로젠베르그 역시 피카소와 더이상 연락이 닿지 않았다. 이는 누구나 마찬가지였으니, 전쟁 발발 이후로 피카소의 서클에 속한 이들 중 그의 소식을 들은 사람은 거의 없었다. 9월 셋째 주에 캘러리가 바에게 소식을 보내왔다. "피카소가 사라졌습니다. 뤼 라 보에티에는 그의 앞으로 온 우편물이 두 주째 쌓여 있어요."[18]

한편 미술관측에서는 이와 다른 이유로 피카소에게 연락을 시도했다. 이사들이 뉴욕의 전시 개막식에 피카소를 초대하고 싶어했던 것이다. 물론 바는 그것이 불가능한 일임을 알고 있었다. 이미 여름에 피카소를 만나 뉴욕 방문에 대해 물었지만, 피카소는 그저 미소를 띤 채 고개를 가로저으며 어깨만 으쓱일 뿐이었다.[19] 심지어 그땐 전쟁이 시작되기도 전이었다. 그럼에도 이사들은 시도하는 것이 중요하다고 생각했고, 9월 말 록펠러가 서명한 긴 공식 초대장을 "파블로 피카소 씨" 앞으로 전보 발송했다. 당연히 아무런 답이 없었다.

피카소가 말없이 종적을 감추는 일이야 놀랄 만한 사건도 아니었지만, 이번에는 그의 개인적인 변덕만큼이나 국제적인 상황들에 의한 것이라는 점에서 평소와 달랐다. 8월 말 히틀러와 스탈린의 불가침 조약이 체결되고 프랑스가 총동원령을 내린 뒤 앙티브의 도시 광장은 군대로 가득찼다. 피카소는 전쟁에 증오를 품었고, 공중전의 가능성에 겁을 먹었다. 게다가 그에게는 1914년 칸바일러의 갤러리에 있던 전 작품의 몰수라는 쓰라린 기억이 있었다. 피카소는 급히 파리로 돌아가 이곳저곳에 흩어져 있던 자신의 재산을 지키고자 했다. 1930년대 초부터 그와 알고 지내던 사진작가 브라사이가 생제르맹데프레에서 우연히 그를 만났는데, 그의 회상에 따르면 "피카소는 걱정이 많았고 무력해 보였으며 무엇을 해야 할지 몰랐다".[20]

결국 피카소는 짐을 꾸리려는 계획을 포기하고 마르와 사바르테스, 개 카스벡과 함께 자동차에 올라 도시를 떠났다. 이번 목적지는 지중해가 아니었다. 대신 이들은 밤새 차를 몰아 대서양 연안의 보르도 북쪽에 있는 작은 마을 루아양으로 향했다. 이미 7월에 발터와 마야를 보낸 곳이었다. 도시를 선택할 때 피카소는 분명 해외로의 탈출을 염두에 두고 있었다. 보르도는 대서양 횡단을 위한 주요 항구였다. 사바르테스 역시 이후 "그를 파리에서 쫓아낸 사건"에 대한 피카소의 "비참한 심경"을 회고한 바 있다.[21] 그러나 적어도 당분간 피카소는 도피보다는 일종의 국내 유배를 선택하여 두 정부, 그리고 어린 딸과 함께 전시 상황의 새로운 은둔생활에 빠르게 적응했다.

그리하여 그의 40년 이력에서 가장 중요한 전시가 미친듯한 속도로 조직되던 10주 내내 피카소는 연락이 전혀 닿지 않는 상태였다. 9월 말 캘러리가 "피카소가 사라졌음"을 알렸고,[22] 한 달 뒤에는 제르보스가 바에게 편지를 보내 자신이 주조소에 가 피카소의 새로운 주형을 확인했지만 정작 피카소와는 연락이 끊겼다고 전했다.[23] "피카소가 이걸 당신에게 보내지 않고 주조소에 남겨두었다는 사실이 정말로 유감스럽습니다. 정말로 멋진 작품이거든요." 당시 뉴욕의 전시는 3주도 남지 않은 상황이었다. 개막 전에 피카소와 연락이 닿으리라는 기대는 접어야 했다. 조각 작품도 피카소도 대서양을 건너지 못할 것이었다. 평소라면 이런 행사에 당장 참여했을 로젠베르그조차 자신이 떠난 사이 아들이 징집될까 두려워 개막식에 오지 못했다. 그는 개막식 직전에 바에게 편지를 보냈다. "아들의 징집 문제만 아니었다면 분명 미국으로 건너갔을 텐데요."[24]

—

11월 중순의 어느 선선한 화요일 저녁, 현대미술관의 전시 〈피카소: 화업 40년Picasso: Forty Years of His Art〉이 개막했다. 전날 프랑스 선박 한 척과 영국 선박 네 척이 독일 기뢰와 어뢰에 침몰했고, 같은 주에 『뉴욕 타임스』는 "독일군 대부분이 (······) 서방에서 주도권을 확보하고 있다"고 보도했지만, 볼거리로 가득한 이 시기의 맨해튼에서 유럽의 사건들은 다른 세계의 일로만 느껴졌다. 『하퍼스 바자Harper's Bazaar』의 한 필진은 다음과 같은 글을 기고했다.

전쟁 방송을 끄면 시각장애인 피아니스트 알렉스 템플턴의 심술궂은 음악적 도약이 들린다. (······) 페페의 몬테카를로가 다시 문을 열었고, 뛰어난 라틴 밴드 두 팀과 부두교 음악, 드럼 연주자를 볼 수 있

는 마르티니크도 새롭게 개점했다. (……) 월도프에서는 카르멘 미
란다의 공연이 진행된다. 세인트레지스의 1층은 온통 하와이풍으로
가득하다. 메트로폴리탄에서는 최근 뉴욕에서 가장 매력적인 오페라
가수이자 소프라노 야르밀라 노보트나의 공연이 예정되어 있다. 발
레광들은 달리의 〈바카날〉과 드미트리 쇼스타코비치의 제1번 교향
곡에 맞춘 레오니트 마신의 새로운 교향곡 발레 〈적과 흑〉, 딕 로저
스의 〈유령도시〉에 대해 열띤 토론을 벌이고 있다.[26]

그렇지만 전시 개막식에 참석한 7000명가량의 손님들에게는 이
미술관 자체부터 시작해 눈에 보이는 모든 것들에 세계적인 분쟁의 그
림자가 드리워 있었다. 미국 건축가들이 설계한 새로운 건축물은 맨해
튼 중부에 국제양식의 등장을 대담하게 선포하는 듯했다. 수평으로 뻗
은 공장과 같은 구조는 도시 위로 치솟은 아르데코양식의 고층 건물과
확연히 차별화되었으니, 이는 나치 정권이 금지한 지 오래인 바우하우
스에 대한 직접적인 오마주였다. 실제로 가장 유명한 바우하우스 건축
가인 그로피우스와 미스 반데어로에가 제3제국을 피해 얼마 전 미국에
도착한 참이었다(바가 자신의 뜻을 관철시킬 수 있었다면 아마 이 두 사람
중 하나가 미술관을 설계했을 것이다). 이 미술관은 새로 등장한 양식뿐
아니라 빠르게 사라져가고 있는 유럽을 반영한 건축물이었다.
　　하지만 긴장감을 가장 강력하게 포착한 것은 그 내부에 담긴 내
용물이었다. 건물의 상징인 회전문을 통과하면 세 개 층을 채운 놀라운
회화 작품들이 손님을 맞았다. 대부분 20세기 초 이후에 제작된 작품들
로, 몇 주 전 프랑스에서 도착한 것들이었다. 서아프리카 조각의 다부
지면서도 땅딸막한 양감을 통해 재해석된 거대한 입상 누드, 무수히 교
차하는 선과 면 속으로 완전히 사라지는 듯 보이는 바이올린과 기타,

벨라스케스의 정교한 사실주의로 표현된 바로크 오페라의 상투화된 등
장인물, 3차원 지그소퍼즐 같은 기하학적 구조, 곡선형 신체와 눈과 가
슴의 푸가로 변주된 비대한 이들의 수영 장면, 비명을 지르는 동물과
여성, 어린이의 왜곡된 형상을 통해 공포라는 원초적인 표현으로 채운
거대한 벽. 임박한 파멸의 운명에서 가까스로 구출된, 가장 집약적이며
떠들썩한 현대예술이었다.

　　바는 전시의 포괄적인 면모를 강조하는 데 공을 들였다. 360점
이 넘는 다양하고도 놀라운 작품들을 접한 많은 관람객은 압도감을 느
꼈다(로젠베르그가 염두에 두었던 "보다 작은 규모의 전시"는 더이상 거론할
필요도 없었다). 하지만 이 전시는 단순히 새롭고 신기한 구경거리나 아
방가르드적 기교의 모음이 아니었다. 바는 평소의 분류학적 열정을 발
휘해 양식과 표현형식의 명쾌한 발전 과정에 따라 작품을 배열하여 순
차적으로 이 새롭고 어려운 것에 대해 알려주었다. 전시는 피카소의 초
기 작품에서 시작해 연대순으로 이어졌는데, 일정한 간격을 두고 일련
의 결정적인 순간에서 절정에 이르도록 구성되었다. 가령 초기의 「물랭
드 라 갈레트」, 청색시대의 「기타 치는 노인」, 장밋빛 시대의 「화장」
「벌거벗은 두 사람」을 거쳐 1층 전시의 정점인 「아비뇽의 여인들」에서
최고조에 이르는 식이었다. 그리고 다음 층에서는 관람자를 입체주의
의 '폐쇄적' '분석적' '종합적' 단계로 이끌어, 1920년대 초의 기념비적
인 여성들을 그린 「세 무희」와 황홀하게 채색된 발터의 초상화를 거친
뒤 마침내 고통받는 미노타우로스와 「게르니카」의 묵시록적인 공포로
안내했다. 벽마다 형태와 그 표현 방법 사이에서 끝없이 이어지는 투쟁
이, 그리고 아름다움을 향한 유쾌한 탐색이 펼쳐졌다.

　　전시에 결락이 없지는 않았다. 오랜 기간 미술관과 불화를 겪어
온 체스터는 피카소의 초기 서커스 그림 중 가장 뛰어난 작품으로 꼽히

는 「곡예사 가족」의 대여를 거부했고, 바가 낙관하며 도록에 포함시켰던 거트루드의 초상화 역시 1935년 오스틴의 전시 때처럼 이 전시에도 나오지 못했다. 피카소가 보내지 못한 조각 작품들도 있었으니 그의 예술 중 핵심적인 차원이 누락된 셈이었다. 더하여, 부에노스아이레스에서 배에 실렸으나 아직 행방불명 상태인 「세 악사」가 있었다(이 작품은 줄곧 바를 괴롭히다가 전시가 시작되고 한 달쯤 뒤에 뉴욕에 도착하여 마지막 작품으로 환영을 받았다).

하지만 이 빈틈들을 알아차린 관객은 거의 없었다. 바의 명확한 구성 덕분에 「게르니카」처럼 난해한 그림조차 앞서 제작된 많은 작품들의 종착점으로서 새롭고 강력한 일관성을 얻을 수 있었다. 규모가 워낙 큰 탓에, 「게르니카」는 그것만을 위해 따로 마련된 길쭉한 회색 방, 천장에 숨겨진 고정 조명 아래 방문객과 적절한 거리를 사이에 두고 전시되었다. 이웃한 전시장에는 수십 점의 스케치와 드로잉, 습작에 더하여 마르가 여덟 단계로 나누어 담아낸 감동적인 사진이 함께 걸려 작품의 제작 과정에 대한 보기 드문 통찰을 제공했다. 적어도 이러한 환경 속에서 무관심하게, 또는 반사적인 혐오감으로 작품을 외면하는 관람객은 거의 없었을 것이다.

이 전시가 「게르니카」의 진정한 데뷔 무대였다. 작품을 촉발한 전쟁은 이미 패배로 끝났으나, 「게르니카」는 이제 막 시작된 전쟁에 대해서도 많은 것을 예견하고 있었다. 결국, 「게르니카」를 대중의 의식 속으로 밀어넣고 20세기의 가장 영구적인 성명 중 하나로 확실하게 자리매김하게 한 것은 1937년 파리 세계박람회나 이후의 스페인 구호 캠페인 전시가 아니라 바가 기획한 1939년 전시였다.

마지막 순간까지 전시의 성공 여부를 확신하지 못했던 바는 열광적인 반응에 놀랐다. 사실 걱정할 만한 이유가 있었다. 아방가르드 예술에 대한 미국 대중의 변덕스러움이라는 요소, 그리고 1911년 스티글리츠의 전시부터 1934년 하트퍼드 전시에 이르기까지 지금껏 개최된 피카소 전시의 파란만장한 역사 때문이었다. 게다가 얼마 전인 그해 여름까지만 해도 「게르니카」에 대해 다들 적대적인 반응을 보이지 않았던가. 그러나 이제, 전쟁이라는 배경과 미술관의 홍보에 힘입어 도시 전체가 피카소의 작품에 열광적인 반응을 보이고 있었다. 과거 기록을 훌쩍 뛰어넘는 수의 사람들이 미술관에 입장하기 위해 줄을 섰다. 신문 제목, 잡지 표지, 심지어 진열창까지, 갑자기 피카소가 도처에 존재하는 것 같았다. 거의 눈 깜짝할 사이에 피카소는 논란을 불러일으키는 파리의 선동가에서 뉴욕의 패션아이콘으로 변모한 듯했다.

실제로 전시에 대한 즉각적인 반응 중 일부는 패션디자인 분야에서 나왔다. 미디어기업 콘데 나스트Condé Nast의 오랜 편집자이자 현대미술관의 설립 이사인 프랭크 크라우닌실드는 『보그』에 기고한 글에서 피카소의 예술이 현대 여성미의 "낯설고 전혀 새로운 질서"를 포착했다고 주장했다. 이미 5번 애비뉴의 상점 진열창에 피카소를 주제로 한 의상이 등장하고 있었다. 패션브랜드 본윗 텔러Bonwit Teller는 1939년 겨울 컬렉션을 강조하고자 피카소의 작업 이력 중 서로 다른 단계의 작품 복제품과 입체파의 얼굴을 한 마네킹을 매치했다. 청색시대의 「압생트를 마시는 사람」은 페르시안블루 코트며 모피와 짝을 이루었고, 다른 진열창에는 「거울 앞의 소녀」에서 영감을 받은 스테인드글라스 무늬의 이브닝드레스가 진열되었다. 버그도프 굿맨Bergdorf Goodman은 한발 더 나아가 크라이슬러에게서 피카소의 청색, 장밋빛, 신고전주의 시기 작품 일곱 점을 빌려 흰 담비와 검은담비 코트 옆에 나란히 걸어두었다. 작품이 제대로 이해되었는지의 여부와는 무관하게, 한때 세탁선의 문제아였던 피카소는 하룻밤새 백화점 스타일의 주류가 되어 있었다.

전시가 진행되면서 피카소의 작품이 미국인의 삶 속에 보다 깊이 다가가고 있다는 다른 징후들도 포착되었다. 젊은 비평가 앤드루 리치는『벌링턴 매거진Burlington Magazine』에 다음과 같이 썼다. "변화에 대한 그의 적극적인 의지는 (……) 우리 시대의 가장 깊숙이 잠재한 특징적인 충동을 반영한다." 또한 조지 모리스는『파르티잔 리뷰Partisan Review』에 기고한 「피카소: 그의 예술 4000년」이라는 글에서, 이 전시가 "오늘날의 가속화된 속도가 어떻게 문화 주기 전체를 한 사람의 생애로 압축해놓았는지를 보여준다"고 말했다. 심지어『뉴욕 타임스』도 20세기 문화에서 피카소가 갖는 의미에 대해 의견을 내놓았다. 서명이 없는 한 사설을 통해, 편집자들은 다소 어색하고 불편한 분위기를 풍기며 다음과 같이 밝혔다. "현대예술은 당황스러운 주장과 혼란과 난해함으로 향하는 구렁텅이다. 그럼에도 불구하고 (……) 우리 시대의 논리적이며 필연적인 산물이다. (……) 피카소 역시 그렇다. 우리가 그의 모든 작업을 지지해야 하는 것은 아니지만, 또 그의 예술 중 일부 기괴한 단계에서 절망감 혹은 노골적인 혐오감을 느끼게 되는 것도 무리는 아니지만, 우리는 피카소를 정당하게 대해야 한다."[27]

피카소의 작품을 온전히 감상할 준비가 된 관람객에게 이 전시는 미국 문화의 새로운 전환에 대한 전망을 제시하는 것 같았다.『뉴욕 헤럴드 트리뷴』의 한 독자는 독자편지를 통해 이를 "〈아모리 쇼〉 이래 미국에서 가장 중요한 예술 행사"로 평가하며 전시의 의미를 제대로 파악하지 못하는 일간지 비평가들을 비난한 뒤 이렇게 덧붙였다. "이 예술 무대는 추상예술을 향해 나아가는 한 단계일 뿐이다."[28] 실제로 추상표현주의의 미래 주역들 중 몇몇은 전시에 압도되어 있었다. 빌럼 더 코닝은 이 전시를 가리켜 "경이롭다"고 묘사했고, 당시 아직 고등학생이던 로이 릭턴스타인은 이후 몇 년 동안 바의 전시 도록을 거듭해서 열어보곤 했다. 유럽에서 막 도착한 루이즈 부르주아는 이 매력적인 전시에 충격을 받아 한 달 동안 그림을 그릴 수 없었다. 그 자신의 말마따나 "완전한 휴업"이었다.[29]

수많은 예술가들에게 피카소 전시는 일종의 도전장으로 여겨졌다. 사실 스튜어트 데이비스, 아실 고키, 존 그레이엄 등 몇몇 미국 화가들은 그간 수년에 걸쳐 피카소와 경쟁해야 한다고 주장해온 터였다. 그레이엄은 1930년대 초에 다음과 같이 말했다. "모든 회화 작품은 피카소 이전과 이후로 나뉜다. 그가 등장한 이상 과거로 돌아가지 못한다."[30] 하지만 이들은 비주류였고, 미국 예술계가 완전히 다른 방향으로 흘러가던 1930년대 대부분의 기간 동안 그러한 주장에 관심을 기울이는 사람은 거의 없었다. 그러나 이제, 미국의 예술가들이 피카소의 작업을 고려해 새로운 방향을 찾아야 한다는 점이 매우 분명해졌다. 부르주아의 남편이기도 했던 미술사가 로버트 골드워터는 많은 사람들이 읽은 전시 리뷰에서 다음과 같이 결론 내렸다. "피카소가 끝난 지점에서 다른 예술가가 시작할 수는 없다."[31] 골드워터의 통찰은 20세기 중반 원숙기에 이른 화가들을 다양한 방식으로 괴롭히게 된다. 몇 년 뒤 잭슨 폴록의 아내 리 크래스너는 폴록이 언젠가 좌절감에 사로잡혀 페이지 모서리가 접힌 『피카소: 화업 40년』 사본을 작업실 바닥에 내던지며 이렇게 소리질렀다고 회상했다. "빌어먹을! 이 사람이 하지 않은 게 없어!"[32]

하지만 대부분의 평범한 미국인들이 이 전시의 영향력을 느낀 것은 뉴욕에서가 아니었다. 그 일은, 바가 예견했던 대로 피카소의 작품이 웨스트 53번 스트리트로 떠나 유럽으로 돌아가지 못하고 있던 시기에 일어났다.

1939년 11월 12일 저녁 피카소는 파리로 돌아왔다. 뉴욕의 전시 개막식이 열리기 이틀 전이었다.[1] 그해 가을 루아양에 숨어 지내던 그는 전시를 준비하며 줄곧 연락을 시도했던 바의 노력을 모두 놓쳤(거나 무시했)다. 전쟁이 시작된 이후 그가 파리를 방문한 건 단 한 번, 딱 하루였다. 그때 그는 마르와 사바르테스와 함께 와 서둘러 거주 서류를 갱신했는데, 그 몇 시간 사이 공습경보가 울리는 바람에 잠시 방공호로 피해야 했다. 사바르테스는 다음과 같이 기록했다. "오전 10시, 뤼 라 보에티에 도착하자마자 사이렌이 울렸다." 하지만 그 와중에도 피카소는 시간을 내어 브라사이에게 리프 주점에서 점심식사를 하는 자신의 사진을 찍게 해주었다.

그러다 상황이 다소 나아지자 피카소는 뤼 라 보에티에서 더 많은 시간을 보내게 되었다. 뉴욕에서 보내온 첫 전보들이 속속 도착한 주말, 그는 집에 있었다. 전보들은 모두 본질적으로 같은 소식을 전하고 있었다. "피카소 전시가 엄청난 성공을 거두었습니다. 뉴욕뿐 아니라 미국 전역에서 당신에게 경의를 표하고 있습니다."[2]

곧 프랑스 곳곳에 소식이 퍼지기 시작했다. 전시가 시작되고 몇 주가 지나 미술관측에서 관람객 수를 발표했을 때는 마티스조차 부러움을 표했다. 그는 아들 피에르에게 쓴 편지에서 다음과 같이 말했다. "뉴욕에서 예술이 번성하고 있다는구나. 반 고흐 전시보다 피카소 전시에 더 많은 사람들이 들었다지."[3] 하지만 정작 피카소는 아무런 반응을 보이지 않았다. 그의 반응을 가늠하기 위해서 바는 피카소와 자주 만나는 캘러리의 도움을 받아야 했다. 전시가 개막되고 닷새가 지났을 때 캘러리는 다음과 같은 편지를 보내왔다. "그는 컨디션이 좋고, 전시의 성공에 매우 기뻐하고 있습니다."[4]

하지만 피카소는 전시 소식을 듣기 위해 파리에 온 것이 아니었다. 그는 전쟁이 시작되면서 포기했던 달갑지 않은 일을 마무리짓고자 했다. 피카소와 사바르테스는 파리에 남겨둔 모든 작품을 한데 모으기 시작했다. 뤼 라 보에티에 있는 아파트와 작업실, 뤼 데 그랑 오귀스탱에 있는 작업실, 부아주루의 저택, 트랑블레의 농가 등 여러 작업실과 거주 공간에 무수히 많은 그림과 드로잉이 흩어져 있었다. 시간이 많이 필요한, 까다로운 작업이었다. 두 사람은 매일 아침 일찍 일어나 도시를 가로지르며 불바르 데 이탈리앵 끝에 자리한 프랑스은행의 대여금고에 모을 수 있는 모든 것을 넣어두었다.[5]

어느 날 피카소와 함께 그의 작업을 보러 은행 금고에 갔던 캘러리는 다음과 같은 글을 남겼다. "피카소에게 할당된 큰 복도가 있었다. 복도에는 여러 개의 방이 딸려 있었고, 방마다 그림과 드로잉이 익숙한 순서대로 쌓여 있었다."[6] 때때로 피카소는 무언가를 꺼내서 캘러리에게 보여주었는데, 이런저런 이유로 한 번도 전시된 적이 없는 작품들이었다. 이제 그것들은 사람들의 시야에서 더 먼 곳으로 숨겨질 터였으니, 그야말로 기묘한 역설이었다. 뉴욕에서 그의 그림이 수만 명의 사람들로부터 찬양받는 사이 파리의 피카소는 작품을 더욱 깊은 곳에 감추고 있었으니 말이다.

　프랑스가 나치의 침략을 기다리는 동안 파리는 불확실성에 휩싸였다. 어느 누구도 파리를 단념할 생각이 없었고, 어느 누구도 파리가 안전하다고 확신하지 못했다. 칸바일러는 갤러리 문을 계속 열어두고 할 수 있는 한 사업을 이어가고자 했다. 동시에 1914년과 같은 전철을 밟지 않기로 결심하여 자신의 소장 작품 중 154점을 리모주 근처에 있는 처남에게 보냈다.[7] 늦가을 무렵 노르망디에 있는 농장에서 석 달을 보낸 레제는 이제 파리로 돌아와 다시 작업을 이어가기로 결심했다. 하지만 그가 로젠베르그에게 말했듯이 파리의 분위기는 너무도 침체되어 마치 "지방도시" 같았다. 한편 피카소는 작품을 모으는 틈틈이 정기적으로 플로르 카페에 들러 휴식 시간을 가졌다. 사바르테스의 말마따나 "언제나 그랬듯 시간은 흘러갔다". 하지만 긴장감이 구석구석 스며들었다.[8]

　로젠베르그만큼 이 상황을 예민하게 느끼는 사람은 거의 없었다. 그는 독일 나치즘의 득세와 거세지는 박해, 현대예술의 극단적인 숙청을 주시하고 있었다. 이전의 전쟁에서 칸바일러에게 일어난 일을 목격한 사람이자 현대예술을 다루는 유대인으로서 그는 직면한 위험을 날카롭게 인식했다. 이미 여름에 바 부부와 협의하는 동안 독일의 공격에 대비하기 시작하여, 작품을 금고와 시골에 숨기는 한편 최대한 많은 것들을 해외로 보낸 터였다. 그가 가진 최고의 피카소 작품은 거의 모두 미국에 가 있었고, 「세 악사」를 비롯한 다른 작품들은 남미, 심지어 오스트레일리아에서 개최되는 전시에 대여중이었다. 투르 근처에서 초가을을 지낸 그는 보르도에 있던 가족들을 다시 강 건너편에 자리한 작은 도시 플루아라크의 저택으로 보냈다. 이 지역은 위치상 탈출을 하기에도 적절했다.

하지만 로젠베르그는 또한 프랑스에 머물며 사업을 지속해나가고자 하는 확고한 의지를 가지고 있었다. 그와 일하는 예술가 중 어느 누구도 다른 곳으로 떠나지 않았다. 그들에게는 로젠베르그가 필요했다. 10월, 로젠베르그는 마티스, 브라크와 새로운 1년짜리 '전시戰時' 계약을 마련해 이들의 작품에 대한 선매권과 지불 금액에 대해 확인했다.[9] 프랑스가 아닌 다른 곳에서 산다는 건 그에게 상상도 할 수 없는 일이었다. 아내 마고와 열여덟 살로 곧 징집될 가능성이 있는 아들 알렉상드르도 있었다. 이런 상황에서 파리를 떠난다는 것은 불가능해 보였다.

뉴욕에서 피카소 전시가 개막되고 몇 주쯤 지난 뒤, 불안한 고요속에 지내던 로젠베르그는 바에게서 중요한 요청을 받았다. 전시에 대한 압도적인 반응을 접한 다른 미술관들로부터 시카고 이후 전시를 개최하고 싶다는 요청이 쇄도하고 있었다. 바는 이미 세인트루이스, 피츠버그, 샌프란시스코의 미술관과 논의를 진행중이었다. 바의 '전시' 협약에 따르면 로젠베르그와 피카소는 탄하우저, 캘러리, 펜로즈 및 다른 주요 유럽의 대여자들과 마찬가지로 자신들의 작품이 전쟁 기간 동안 뉴욕에 머물도록 하는 조건에 이미 동의한 터였다. 이제 바는 로젠베르그를 비롯한 다른 대여자들에게 다른 도시들로의 순회에 대해 동의를 구하고 있었다.

바에게는 정말이지 특별한 기회였다. 반 고흐 전시가 이미 순회전의 잠재력을 증명해주었고, 이번에는 미국도 제대로 준비가 되어 있는 듯했다. 전쟁이 시작되면서 유럽의 작품들과 차단된 상태였기에 미술관들은 전시의 소재를 갈망했다. 이미 파리에서 가져온 피카소 작품과 미술관이 소장한 걸작인 「아비뇽의 여인들」 「거울 앞의 소녀」, 더하여 「게르니카」와 그에 딸린 습작들까지, 본전시의 거의 모든 주요 작품들을 소개할 수 있을 것이었다. 기관의 수요와 정치적 상황이 보기 드물게 합치하면서 피카소 전시는 진정한 국가적 행사로 전환될 참이었다.

바의 편지를 읽은 로젠베르그는 열광했다. 순회가 연장되면 그의 작품들은 잠재적으로 엄청난 수의 미국 관객들과 만날 수 있었다. 게다가 그것들 중 많은 수가 판매용이었다. 순회전이 새로운 컬렉터의 관심으로도 이어진다면 그에겐 더할 나위 없이 좋은 일이 될 것이었다. 그가 프랑스에 있고 작품이 미국에 있는 한 순회전은 지극히 타당한 결정이었다. 12월 중순, 그는 바에게 편지를 보냈다. "전쟁 기간 동안 내 작품이 미국의 여러 미술관에 대여된다니 정말 기쁘군요."[10] 하지만 이때만 해도 로젠베르그는 피카소 순회전 참여가 곧 그 자신의 실존적인 차원에서 중요한 문제가 되리라는 것을 알지 못했다.

당장 로젠베르그에게는 집중을 방해하는 다른 요인들이 있었다. 가을 내내 그는 또다른 이혼에 휘말려 있었으니, 이번에는 마티스 부부의 이혼 문제였다. 다시금 작품과 자산 분할이라는 골치 아픈 일들이 발생했고 로젠베르그는 이 문제에 깊숙이 개입하게 되었다. 동시에, 침공이 아직은 임박하지 않았다는 전망이 나오자 그는 프랑스에서 새로운 계획을 세우기 시작했다. 1940년 1월, 루아양에 있던 피카소를 방문한 로젠베르그는 새로운 그림 다섯 점을 들고 돌아왔다. 마고는 싫어했지만 아들 알렉상드르는 그 작품들에 대단한 매력을 느꼈다. 로젠베르그는 피카소에게 보낸 편지에서 나선형 코를 가진 여성의 두상을 묘사한 초상화를 "알렉상드르가 자기 침실에 걸었"다고 전했다. "아내와 가정부는 비명을 지르더군요." 이어 몇 주가 흐른 뒤, 이번에는 니스에 있는 마티스를 방문하여 역시 신작 한 꾸러미를 가지고 돌아왔다.

미국의 피카소 전시가 시카고를 떠나 세인트루이스로 향하던 초

탈출

봄 무렵 파리의 삶은 다시 회복되고 있었다. 국립극장과 오페라극장에서 야심적인 작품이 공연되었고, 센강 좌안의 바는 사람들로 북적였다. 예술 감식가이자 프랑스 육군 위생병 더글러스 쿠퍼의 기록에 따르면, "10월 이후 처음으로 튈르리궁과 뤽상부르공원에서 아이들이 뛰어놀았다".[12] 해빙기를 맞아 피카소가 파리로 돌아와 더 오랜 시간 머무는 동안 로젠베르그는 뤼 라 보에티로의 귀환을 계획하기 시작했다. 4월 초, 그는 마티스에게 보낸 편지에서 다음과 같이 알렸다. "당신의 신작 다섯 점, 브라크의 신작 다섯 점, 피카소의 신작 다섯 점을 소개하는 전시로 갤러리 문을 다시 열 생각입니다."[13]

하지만 전시는 열리지 못했다. 4월 9일, 로젠베르그가 플루아라크에 머물고 있을 때 히틀러가 스칸디나비아에 대한 공격을 시작했다. 이 전쟁이 얼마나 빠르게 진행될지 처음에는 불분명해 보였다. 하지만 5월 중순부터 나치가 엄청난 속도로 네덜란드와 벨기에를 정복하면서 이제 파리도 위협받고 있다는 사실이 분명해졌다. 지난 2년 동안 로젠베르그는 이들 국가에서 전시를 조직한 바 있었다. 1938년에는 오슬로와 코펜하겐에 있는 미술관으로 「게르니카」와 함께 브라크와 피카소, 마티스의 작품 100여 점을 보냈고, 1939년 봄에는 암스테르담과 벨기에에서 피카소전을 열었다. 당시 전시된 작품 상당수가 미국의 중서부 지역을 순회하고 있는 가운데 북유럽은 현대예술을 증오하는 정권에 함락되었다.

그럼에도 로젠베르그의 예술가들은 다른 곳으로 피신하지 않았으니, 로젠베르그 또한 당장 움직여야 할 필요성을 느끼지 못했다. 5월 말 브라크가 아내와 함께 로젠베르그를 방문해, 그는 브라크의 작품 일부를 근방 도시인 리부른에 있는 자신의 은행 금고에 보관하도록 도와주었다. 브라크는 노르망디에 머물러 있을 생각이라고 말했다. 이어 마티스도 자기 비서와 오랜 기간 모델이 되어주었던 리디아 델렉토르스카야(그가 바로 마티스의 이혼을 촉발한 장본인이었다)를 데리고 로젠베르그를 방문했다. 로젠베르그는 마티스로부터 그림을 몇 점 더 구입했다. 마티스 역시, 뉴욕에 있는 아들 피에르가 자신에게 오라며 여러 번 권했음에도 불구하고 니스에 남아 있기로 결심한 터였다. 몇 달 뒤 그는 피에르에게 보낸 편지에 이렇게 썼다. "무슨 일이 일어나더라도 나는 떠나지 않을 작정이다. 조금이라도 가치가 있는 모든 것이 떠나버리면 프랑스에는 무엇이 남겠니?"[14] 그사이 피카소와 마르는 파리를 떠나 루아양으로 돌아갔다. 작품을 모두 감추거나 해외로 보낼지언정, 피카소 또한 망명할 마음이 없었다.

6월 둘째 주, 마침내 나치가 파리를 빠르게 포위해왔다. 점령이 임박한 가운데 파리와 주변 지역은 프랑스의 천년 역사상 가장 큰 격변을 경험했다. 정부는 더이상 수도를 방어할 대비가 되어 있지 않으며 그럴 능력도 없다는 점을 분명히 하고, 6월 14일 제1차세계대전 초기에 그랬던 것처럼 보르도로 피난을 떠났다. 곧이어 약 200만 명의 파리 시민들이 그 뒤를 따랐다. 추산에 따르면 파리 인구의 3분의 2에 해당하는 규모였다. 도시 남쪽과 서쪽으로 이어지는 도로에서는 지붕마다 가구와 매트리스를 끈으로 묶어 실은 자동차들이 수백 킬로미터에 걸쳐 끝없이 늘어서 조금씩 앞으로 나아갔고, 그 사이사이 자전거를 탄 이들, 무거운 짐을 실은 유모차나 임시변통으로 만든 수레를 미는 사람들, 그저 맨몸으로 터벅터벅 걷는 사람들이 가득했다. 군대가 휘발유를 징발하면서 길에 버려진 자동차들도 눈에 띄었다.

플루아라크에서 강 건너편의 절망적인 상황을 지켜보던 로젠베르그로서는 그저 어떻게 해야 할지 막막할 뿐이었다. 30만도 안 되었던 보르도의 인구는 6월의 첫 두 주 사이 100만 명 이상으로 증가했다. 수천 명의 사람들이 공원과 공공 광장에서 야영을 했고 일부는 차에서 잠을 잤다. 프랑스인들뿐 아니라 유럽 전역에서 온 이들이 이 대서양 연안의 피난처를 향해 오고 있었다. 프랑스 망명정부가 재빨리 주요 호텔과 사무실을 징발하면서 보르도는 인구 유입에 대처하기가 더욱 어려워졌다. 그럼에도 로젠베르그는 이 시점에서 탈출이란 요원한 일임을 알고 있었다. 더욱이 조국과 예술가들을 버리고 떠날 생각은 전혀 없었다. 이런 그를 결국 설득해낸 사람은 처남 자크 헬프트였다.

플루아라크에서 로젠베르그 가족은 그해 대부분의 시간을 헬프트 형제와 함께 보냈다. 그들 형제, 즉 이본과 자크 역시 파리의 예술품 거래에 종사했으며, 그와 같은 유대인이었다. 6월 초 자크는 파리 근처에 머물며 일을 정리하다가 독일군이 수도에 접근해올 무렵 가까스로 보르도로 돌아왔다. 그가 돌아오자마자 가족들은 모두 플루아라크의 집에 모였다. 로젠베르그와 이본은 그곳에 남아 있고 싶어했지만, 파리 시민들의 탈출을 목격한 자크는 즉시 도망쳐야 한다고 주장했다. 당시 여섯 살이었던 자크의 아들 조르주는 2016년의 인터뷰에서 다음과 같이 회상했다. "아버지는 평소 아주 조용한 사람이었습니다. 그분이 그렇게 욱해서 성을 내는 모습은 그때 처음 봤어요. 아버지는 『나의 투쟁』을 두 번 읽었다고, 모든 유대인이 몰살될 거라고 소리치기 시작했습니다."[15]

1940년 여름 유럽을 탈출하는 경로는 극히 제한적이었다. 미국은 유대인 난민 수를 엄격하게 제한했다. 쿠바와 남미는 가능성이 있었지만 서류가 필요한데다, 그곳 경제 전망은 유럽보다 훨씬 더 불확실해 보였다. 게다가 비자를 받는다 해도 이제는 대서양을 횡단하는 배가 거의 없었다. 그렇다고 나치가 점령한 프랑스에 머무는 것은 더이상 불가능해 보였다. 결국 로젠베르그와 이본은 고집을 꺾었다. 이들은 가지고

갈 수 있는 금융자산을 모두 챙겨 함께 떠났다.

보르도에서 가장 그럴싸한 탈출로는 포르투갈로 이어진 육로였다. 포르투갈에는 정기적으로 대서양을 오가는 배가 여전히 운행되고 있었다. 세 가족, 총 열다섯 명의 포르투갈 비자가 필요했다. 이들은 또한 빠르게 움직여야 했다. 떠나기로 결정한 날 프랑스 전시 내각이 사임하고 필리프 페탱이 총리로 임명된 것이다. 사실상 나치 독일에 항복한 셈이었다. 보르도에 있는 포르투갈 영사관에 난민들이 몰려든다는 소문이 돌았다. 마침 자크의 아내에게는 당시 프랑스 정부 고위직에서 일하는 친구가 있었다. 자크의 아내는 특별 추천서와 수북한 여권 더미를 들고 영사관으로 향했다. 로젠베르그의 조카는 다음과 같이 회상했다. "어머니는 포르투갈 영사관에서 며칠이라도 줄을 선 채 기다릴 작정이었습니다."[16]

소문은 사실로 밝혀졌다. 6월 첫 주부터 수천 명의 사람들이 보르도 중심부 루이 18세 항구에 자리한 포르투갈 공관 앞에서 진을 치고 있었다. 난민들의 대거 유입에 직면한 포르투갈의 독재자 안토니우 살라자르는 엄격한 출입국 관리 규정을 승인했고, 리스본의 외무부는 외국 영사들에게 유대인이든 아니든 누구에게도 비자를 발급하지 말 것을 명령했다. 하지만 영사관 내부에서 전면적인 반란이 일어나고 있었다.

포르투갈 총영사 아리스티드스 드 소자 멘드스는 오래된 가톨릭 지주 가문 출신으로 50대 중반의 건장한 백발 남성이었다. 유능한 외교관이었으나 만성적인 부채에 시달렸는데, 이는 여덟 명의 아들과 네 딸, 더하여 하인들까지 거느린 살림살이 때문이었다. 샌프란시스코에서 복무하던 1920년대에 그의 가족은 버클리의 크고 어수선한 집에서 살았고, 1929년 안트베르펜으로 파견되었을 때는 자녀들이 너무 많아서 지역의 포드 공장에 주문해 그의 10대 아들이 디자인한 소형 버스를 제작해야 했다. 이후 그는 1938년 살라자르의 외무부로부터 금융 비리로 기소되어 당시로서는 벽지였던 보르도로 전임되었다.[17]

하지만 이제 독일이 침공하면서 보르도는 유럽을 빠져나가는 주요 관문 중 하나가 되었다. 소자 멘드스는 보르도로 쏟아져들어온 수많은 난민들이 도시에 남을 경우 무서운 결과가 빚어지리라는 것을 알았지만 정부의 명령 때문에 어떻게도 손을 쓸 수가 없었다. 영사관 외부의 군중이 통제할 수 없을 정도로 불어나면서 그의 건강은 심하게 악화되었다. 파리가 독일에 함락되던 날, 그는 처남에게 편지를 썼다. "상황이 끔찍해. 나는 극심한 정신적 피로로 침대에 누워 지내고 있다네."[18]

사흘 뒤 소자 멘드스는 마침내 방에서 나왔다. 당시 함께 지내고 있던 조카는 그가 사무실로 당당하게 들어가 군중을 향해 연설하던 모습을 오랫동안 기억했다. 그는 종교나 정치적 신념과 상관없이 모든 사람들에게 비자를 발급하겠다고 말했다. 프랑스 정부가 제3제국에 항복할 준비를 하고 있던 곳으로부터 불과 몇 블록 떨어진 자리에서, 소자 멘드스는 아침부터 밤까지 비자에 서명했다. 그는 시간을 아끼기 위해서 서명을 짧게 줄였다.

헬프트 부인이 두툼한 여권 더미를 들고 영사관에 도착했을 때, 건물 앞에는 엄청난 수의 군중이 모여 있었다. 하지만 정부에서 받은 편지를 보여주자 곧장 안으로 들어갈 수 있었다. 10분 만에 영사는 비자에 도장을 찍고 서명을 했다. 로젠베르그 가족들은 자신들의 포르투갈 입국을 승인한 이 남자가 정부의 명령에 반하여 힘닿는 한 많은 사람들을 구하기 위한 영웅적인 노력으로 독단적인 결정을 내렸다는 사실을 이후 수십 년 동안 알지 못했다. 소자 멘드스는 며칠 사이 수천 개의 비자를 발급했고, 마침내 이를 알아차린 포르투갈 정부는 대리인들을 보내 그의 업무를 정지시켰다. 리스본으로 소환된 그는 외교부에서 파면되고 재정파탄에 빠져, 50대 초반의 나이에 모두에게서 잊힌 채 죽음을 맞았다. 오늘날 이스라엘은 그를 홀로코스트 시대의 영웅, 포르투갈의 발렌베르크로 여긴다.

6월 18일 비자를 발급받은 로젠베르그와 헬프트 가족은 최대한 빠르게 차에 올라 남쪽 국경도시인 앙다이로 향했다. 그곳에는 이미 바다를 건너려는 수많은 피난민들이 줄을 이루고 있었다. 차에서 이틀 밤을 보내며 조금씩 나아가, 마침내 이들은 6월 20일 오후 프랑스-스페인 국경에 도착했다. 당시 프랑코 정권은 포르투갈 비자 소지자들의 스페인 출입을 허용하고 있었다. 원칙상 도중에 멈추지 않는다는 조건이 따랐으나, 그간의 여정에 이미 지쳐 있던 로젠베르그와 헬프트 형제들은 협상 끝에 스페인에서 이틀을 머물 수 있다는 허가를 얻어냈다. 하지만 국경에서 프랑스 경찰이 징집 연령에 이른 로젠베르그의 아들 알렉상드르와 헬프트 가족의 두 아들을 호출했다. 세 청년은 프랑스에 남아 입대해야 한다는 것이었다. 이 소식에 마고는 제정신이 아니었다.[19]

보르도에서 비자를 발급받던 날, 런던으로 탈출해 있던 샤를 드골이 열정적인 연설을 통해 영국에서 저항군을 결성할 것을 촉구한 터였다. 이에 알렉상드르과 그의 사촌들은 전쟁에 나가 싸우기로 결심했고, 곧 영국으로 향하는 폴란드 군인 수송선에 몰래 올라타 드골의 군대에 합류했다. 알렉상드르는 아프리카로 가 프랑스 저항군을 훈련시켰으며, 전쟁 후반에는 연합국 공격에 참여해 싸웠다. 5년여 후 독일이 패망할 때까지 로젠베르그와 마고는 그를 보지 못했다.

한편 프랑코 치하의 스페인을 건너가는 일은 머리털이 쭈뼛해질 정도로 긴장감 넘치는 모험이었다. 근 3년에 걸쳐 잔인한 내전을 겪은 스페인은 깊은 상처를 입었다. 로젠베르그의 조카에 따르면, 어떤 곳에서는 도로가 너무도 심하게 파괴되어 들판 옆을 돌아 차를 몰아야 했다. 첫날은 무사히 지나갔지만, 둘째 날 밤 호텔에 투숙한 그들은 공포스럽게도 게슈타포 요원들이 그곳에 가득하다는 사실을 알게 되었다. 다행히 호텔 주인은 프랑코를 증오하는 공화당원이었다. 그는 이들이 유대인 피난민임을 즉각 알아채고 방에 가만히 머무르라고 귀띔했다. 이튿날 아침 그들은 식사도 거른 채 일찍 떠났다.[21]

6월 22일, 프랑스가 공식적으로 나치 독일에 항복한 날 로젠베르그와 친척들은 마침내 포르투갈 국경에 도착했다. 이미 포르투갈 고위 공무원들이 살라자르에게 소자 멘드스의 독자적인 행위를 알리고 프랑스에 대리인을 보내 그의 업무를 중지시킨 뒤였으나,[22] 다행스럽게도 스페인-포르투갈 국경에는 그 소식이 닿지 않은 상태였다. 이미 난민들로 넘쳐나는 리스본에 머물 수 없다는 경고와 함께 이들의 비자는 받아들여졌다. 로젠베르그 가족은 리스본에서 서쪽으로 30킬로미터가량 떨어진 신트라로 가서 그곳 호텔에 숙소를 구했다.

실로 아슬아슬한 탈주였다. 포르투갈에 도착하고 2주도 지나지 않은 1940년 7월 4일, 비시정부는 파리의 주요한 유대인 미술 거래상 열다섯 명의 이름과 주소를 파리 주재 독일 대사관에 넘겼다. 이 명단에는 로젠베르그뿐 아니라 셀리그만과 베른하임 죈, 윌덴스탱 등이 포함되었다. 독일 관리들은 즉각 이들의 사업장에서 발견된 모든 작품을 몰수하라는 지시를 내렸고, 프랑스 경찰은 작품을 운반할 트럭을 제공했다. 나치는 갤러리들을 하나씩 돌며 보관되어 있던 작품들을 압수하고 유대인이 소유한 사업체를 몰아냈다.[23]

하지만 두 곳의 갤러리는 거의 피해를 입지 않고 빠져나갈 수 있었다. 하나는 로젠베르그의 오랜 이웃이자 뤼 라 보에티의 강자 윌덴스탱이었다. 그는 독일 관리들과의 우호적인 협상에 성공하여 비유대인 동료에게 갤러리를 맡긴 채 미국으로 이민했다. 그의 갤러리는 전쟁 동안에도 계속해서 번창했으니, 이로써 로젠베르그가 윌덴스탱에게 품은 평생의 증오에 한 가지 이유가 더해진 셈이었다.[24]

　　나머지 한 유대인은 이와 다른 방식으로 탈출에 성공했다. 칸바일러는 프랑스에 남기로 하여 아내와 함께 비점령 지역으로 도망쳤으나, 그의 동업자 역시 유대인이라 압류 대상이 될 가능성이 컸다. 하지만 1914년 때와 달리 이번에는 칸바일러도 준비가 되어 있었다. 1941년 봄, 그는 프랑스인이자 가톨릭 신자인 며느리에게 갤러리의 소유권을 넘겼고, 그로써 소장 작품들을 온전히 유지할 수 있었다. 로젠베르그에게 탈출이 중요했던 만큼이나 칸바일러에게는 프랑스에 남아 있는 것이 중대한 의미를 띠었다. 만약 그가 이 전쟁에서 살아남는다면 20여 년 전 로젠베르그에게 빼앗겼던 예술가와 새로운 기회를 모색하는 일이 가능할 것이었다. 하지만 지난 전쟁 이후 파리에서 번성했던 현대예술의 위대한 시기는 이미 저물어가고 있었다.

　　신트라에 갇힌 로젠베르그는 무엇을 해야 좋을지 고민하기 시작했다. 1940년 여름 리스본은 불안하고 혼란스러웠다. 왕족과 유명한 사업가들부터 나치에 반대하는 저항운동가들과 일반 시민, 추방당한 유럽인들, 더하여 연합국과 나치의 스파이까지 도시는 온통 온갖 사람들로 넘쳐났다. 유럽에서 탈출하려는 이들이 점점 많아져 외국 입국 비자를 받은 이들만을 수용하기에도 배가 부족할 정도였다. 작품들이나 예술가들과 단절된 상황에서 로젠베르그가 할 수 있는 일은 거의 없었으며, 다른 피난민과 마찬가지로 그 역시 자신이 처한 상황에 두려움을 느꼈다. 하지만 미국으로 이동할 수 있으리라는 생각이 들었다. 어쨌든 그는 오랫동안 미국에서 사업을 해오며 여러 차례 아무 어려움 없이 미국을 방문하지 않았던가. 그의 작품 중 많은 수가 이미 미국에 있고 미국의 거래상으로서 컬렉터들과 무수히 접촉을 해오던 상황이니, 가족의 비자를 받는 일은 그저 형식적인 절차에 불과할 것이었다. 배편만 찾는다면 입국은 문제가 되지 않으리라.

리스본 주재 미국 영사관에서 로젠베르그는 자신의 생각이 얼마나 안일했는지를 깨달았다. 미국인 친구인 미술 거래상 에드워드 폴스에게 쓴 편지에 그는 다음과 같이 적었다. "미국에 가기 위해 몹시 애를 써봤네. 하지만 영사들에게 이미 엄청난 요구들이 밀려들고 있었어." 세계적인 사업가로서의 오랜 경력 증명은 그리 큰 영향을 발휘하지 못하는 듯했다. "내 자산을 증명하고 미국에 있는 아주 부유한 친구들의 재정보증서까지 보여주었지만, 그것만으로는 부족했지. 그들은 워싱턴의 명령을 요구하더군!"[25] 로젠베르그는 점차 절망에 휩싸이기 시작했다. 포르투갈에는 작품도 친구도 없으니 다른 행선지를 알아봐야 했다. 이들은 아르헨티나로 가기로 결정했다.

로젠베르그 역시 상황의 부조리함을 실감하지 않을 수 없었다. 그가 리스본에서 끝없는 비자 발급 줄에 서서 차례를 기다리는 동안, 샌프란시스코에서 개최된 피카소전의 개막식에서는 아주 많은 사람들이 「게르니카」와 유럽에서 제작된 다른 회화 작품, 더하여 그가 대여한 피카소 작품들을 보기 위해 줄을 서고 있었다. 로젠베르그의 작품은 미국 전역을 순회하며 뉴욕과 시카고, 세인트루이스, 보스턴에서 이미 수십만 명의 방문객을 끌어모았다. 그가 20년 넘게 후원하며 세상에 알리고자 애써온 예술가의 작품이 처음으로 엄청난 수의 미국 대중에게 소개되는 지금, 그 자신은 포르투갈에서 불확실한 상황 속에 영국 난민 구호 기관의 지원금을 받는 처지로 몰락해 있었다.[26] 그에겐 새로운 전략이 필요했다.

—

현대미술관에서 프랑스 함락의 여파는 거의 즉각적으로 감지되었다. 10여 년간 꾸준히 대서양을 횡단하며 유럽과 미국 간 현대예술의 주요 전달 통로로 이름을 알려온 바는, 1940년 여름 수십 명의 예술계 난민으로부터 미국 비자 발급에 도움을 달라는 요청을 받기 시작했다. 광범위한 서류작업뿐 아니라 신청자의 고용 사실을 증명하기 위한 개인적인 후원을 필요로 하는, 어렵고 비용이 많이 드는 일이었다. 늘 그렇듯 그는 미술관 업무를 보느라 시간을 낼 수 없었고, 결국 마가가 이 일을 넘겨받아 이브 탕기, 마송, 몬드리안, 립시츠, 막스 에른스트, 샤갈 등 수많은 예술가들을 돕기 시작했다. 사실 바는 처음부터 자신이 도움을 주고자 하는 대상을 엄격하게 제한한 터였다. 마가의 언급에 따르면 "비평가나 학자나 거래상이 아닌, 오직 예술가들만"이 그 대상이었다.[27]

　　마가가 뉴욕에서 미술관의 난민 구호 활동을 시작하는 동안 로젠베르그는 리스본에서 전략을 바꾸고 있었다. 영사관의 차가운 응대에 놀란 그는 현대예술에 대한 자신의 전문성이 거래 분야를 뛰어넘는다는 점을 보여주어야겠다고 마음먹었다. 자신이 미국 문화에 있어 특별한 가치가 있는 사람, 즉 미국 예술계에 특별한 기여를 할 수 있는 사람이며 따라서 그의 이민을 허용하는 것이 미국의 국익에 부합한다는 점을 증명할 필요가 있었다. 미국 내에서 벌인 그의 활동이 대체로 상업적인 것들이었기에 이는 내세우기 어려운 주장이었다. 하지만 이미 다섯 곳의 미술관을 순회하고 관람객 수를 집계한 피카소 전시 덕분에 그의 손에는 훌륭한 미술관 관장들의 명단이 들어와 있었으니, 다들 로젠베르그가 빌려준 작품들로부터 막대한 이익을 얻은 이들이었다.

　　로젠베르그는 할 수 있는 한 많은 관장들에게 전보를 쳐 상황을 알리고, 혹시 리스본의 총영사에게 편지를 써줄 수 있을지 물었다. 거의 즉각적으로 회신이 도착하기 시작했다. 샌프란시스코의 드영미술관 De Young Museum은 이 분야에 있어 로젠베르그의 "필적할 수 없는 명성"을 언급하며 다가오는 가을 프랑스 예술에 대한 연속 강의를 요청했고, 이것이 "엄청난 관심"을 불러일으키리라고 덧붙였다. 그해 봄 피카소 전시를 개최한 세인트루이스미술관의 관장도 로젠베르그를 초청했다. 뉴욕 전시에서 로젠베르그가 대여한 피카소의 대형 정물화를 보고 이를 구입한 필라델피아미술관의 헨리 매킬헤니는 로젠베르그의 존재가 "미국 미술관에 이루 헤아릴 수 없는 가치를" 부여할 것이라며, "그와 그의 가족이 즉시 비자를" 얻게 하려면 자신이 어떤 도움을 주어야 하는지 물었다. 또한 시카고 출신으로 바와 함께 피카소 전시를 후원한 리치는 이듬해 겨울 시카고미술관 강의에 그를 초청하며, 이 거래상의 입국이 "미국의 예술을 위한 매우 훌륭한 일"이 되리라고 썼다.[28]

여기에 매사추세츠주 케임브리지에서 오랫동안 바의 조언자로, 또 수년간 로젠베르그의 지인으로 지내온 삭스가 가세했다. 그는 로젠베르그를 하버드에 초청해 자신의 미술관 수업에서 강의하게 하고 싶다는 뜻을 전했다. 이어 마침내 바의 전보도 도착했다. 여러 면에서 가장 인상적인 전보였으니, 바는 총영사 앞으로 다음과 같은 내용을 보냈다. "저명한 프랑스의 감식가이자 현대예술 거래상인 로젠베르그가 미국으로 와 우리 미술관의 고문이 되어준다면 무척 기쁘겠습니다. 뉴욕 현대미술관장 앨프리드 바."

사실상 바는 로젠베르그를 현대미술관의 동료로서 초청하고 있었다. 난민 구호 활동을 예술가에게만 한정하겠다는 다짐에도 불구하고, 10여 년간 이어져온 파리 대형 거래상들과의 싸움과 그들의 전시 개입에 대한 깊은 우려에도 불구하고, 몇 년에 걸친 로젠베르그와의 긴장 관계에도 불구하고, 더군다나 얼마 전 1939년 봄 그로 인해 피카소 전시가 거의 무산될 뻔했던 상황에도 불구하고, 바는 로젠베르그를 유럽에서 탈출시키기 위해 결단력 있게 나섰다.

전보들은 극적인 효과를 발휘했다. 며칠 뒤 영사관을 다시 방문했을 때 로젠베르그는 더이상 미국에서 사업을 하는 단순한 미술 거래상이 아니었다. 그는 이제 하버드대학교뿐 아니라 미국 전역의 미술관에서 초청받는, 전문지식을 지닌 "저명한 프랑스의 감식가"였다. 그의 비자 신청은 아직 최종 심사를 남겨둔 상태였지만 총영사는 곧 긍정적인 회신이 갈 것이라고 암시했다. 그리고 이틀 뒤, 마침내 로젠베르그와 그의 가족들은 비자를 발급받았다. 미국의 동료들로부터 온 관대하고 신속한 도움의 손길과 이에 대한 영사의 반응에 로젠베르그는 깜짝 놀랐다. 미국인들에게 피카소의 작품을 이해시키고자 20년 가까이 노력한 끝에, 마침내 미국 밖에서 그 결실을 보게 된 것이었다. 폴스에게 보낸 마지막 편지에서 그는 어서 뉴욕에 도착하기를, 그리고 "미국의 훌륭한 예술 센터"를 만드는 날이 오기를 고대한다고 알렸다.[29]

—

로젠베르그 가족은 1940년 9월 20일 뉴욕항에 도착했다. 대서양 횡단은 그리 수월하지 않았다. 이들이 리스본과 뉴욕 항로를 여전히 운항하는 몇 안 되는 미국 여객선에 오른 것은 독일의 영국 대공습이 한창일 때였다. 해상전은 중립국의 선박마저 적지 않은 위험에 빠뜨렸다. 로젠베르그는 파리에 많은 것을 남겨두고 왔다. 파리에는 그의 갤러리와 집이 있었다. 피카소와 브라크와 마티스를 비롯한 그의 예술가들, 파리와 투르, 리부른의 금고에 보관한 수백 점의 회화 작품도 아직 유럽 대륙에 있었다.

결국 그의 예방조치는 너무나 미약했던 것으로 드러났다. 그가 파리에 보유한 작품은 약탈당했고, 리부른에 보관되어 있던 162점의 그림에 더하여 근방의 브라크에게 가 있던 작품까지 모조리 헤르만 괴링 수하의 독일 첩보원들에게 압수되었다(끔찍하리만치 꼼꼼한 이 나치 관료들은 "유대인 폴 로젠베르그"에게 속한 예술작품을 판매나 거래용으로 지목한 반면, 브라크의 소장작은 그가 "아리아인"이라는 이유로 결국 압수를 해제했다[30]). 1941년 봄, 나치 관리들은 한 걸음 더 나아가 로젠베르그의 갤러리를 유대인문제연구소Institute for the Study of the Jewish Question로 탈바꿈시켰다. 게슈타포의 재정지원 아래 반유대주의 선전의 확산을 유일한 목표로 삼는 기관이었다. 비슷한 시기에 파리 경찰은 첫번째 유대인 검거를 시작했다. 로젠베르그의 파리 시민권은 취소되었다.

하지만 이미 해외로 보낸 회화 작품들도 마찬가지로 그에게는 중요한 것들이었다. 지난여름 그와 바가 기민하게 뉴욕으로 옮긴 수십 점의 중요한 피카소 작품들, 그리고 그것들의 전시를 강력하게 요구하는 일련의 유명 미술관들과 이를 열심히 흡수하기 시작한 새로운 미국 관람객들이 대서양 너머에서 그를 기다리고 있었다. 무엇보다 중요한 것은, 피카소 전시가 그를 미국 예술계에서 가장 주목받는 인물로 만들어주었다는 사실이었다.

필라델피아미술관의 젊은 큐레이터 매킬헤니는 로젠베르그가 아직 포르투갈에 있던 시기 이 거래상의 위업을 가장 먼저 알아차린 사람 중 하나였다. 그는 현대미술관 전시를 보자마자 피카소의 크고 도전적인 정물화 「물주전자와 과일」을 구입하기로 했고, 이 작품을 받기 위해 순회전이 이어지는 몇 달 내내 조바심을 쳤다. 바의 조수에게 보낸 편지에서 그는 다음과 같이 말했다. "그 작품을 몹시 갖고 싶습니다. (……) 로젠베르그가 포르투갈에 머물고 있으며 곧 미국으로 온다는 소식을 들었습니다. 피카소 전시가 분명 그의 탈출에 도움이 되었겠지요."[31]

—

어찌어찌 전쟁이 전시를 구하고, 전시는 로젠베르그를 구한 셈이다. 유럽이 붕괴하는 바람에 미국 내 순회전으로 변모한 이 전시는 또한 피카소 예술의 힘을 온전히 미국에 가져오려는 바의 오랜 야망을 화려한 방식으로 실현했을 뿐 아니라, 제1차세계대전 이후 피카소의 국제적인 명성을 만들고 쌓아올린 사람을 마침내 미국으로 데려왔다. 보스턴에서 미드웨스트 북쪽까지 관람객들을 사로잡은 파리의 가장 상징적인 작품과 가장 영향력 있는 거래상이 뉴욕에 있다는 사실은 미술계의 구조적인 변화를 여실히 드러냈다. 유럽 예술계의 다른 많은 성원들도 곧 합류했다. 로젠베르그가 도착하고 두 달 뒤 레제가 왔고, 1월 초에는 피카소를 독일에 소개하고 주요 작품을 현대미술관에 빌려준 탄하우저가 건너왔다.

　같은 해 여름, 바와 다른 이들의 도움으로 샤갈과 에른스트 및 많은 수의 예술가들도 연이어 탈출했다. 그사이 피카소 전시는 새로운 시즌을 맞이하여 신시내티, 클리블랜드, 뉴올리언스, 미니애폴리스, 피츠버그로 순회를 지속해나갔다. 여러모로 끝이 보이지 않는 이 전시는 그즈음 이주해와 함께 뿌리를 내리기 시작한 새로운 아방가르드의 장면들에 일종의 배경을 제공해주는 듯 보였다.

　대서양을 결코 건너지 않은 이들 중에는 피카소가 있었다. 작품들이 미국의 이 도시에서 저 도시로 옮겨다니는 사이 작품을 만든 그의 운명은 줄곧 수수께끼로 남아 있었다. 전쟁중 상당한 기간 동안 비시 프랑스에서 피카소의 거취는 대다수에게, 심지어 바에게조차 알려지지 않았다(그는 결국 나치가 점령한 파리로 돌아가 그곳에서 도전적으로 생활을 이어갔다). 하지만 이상하게도 피카소의 부재는 화제의 중심에서 벗어나 있었다. 이미 그의 작품은 로젠베르그의 도움을 받아 뉴욕에서 새로운 시장을 만들어가는 중이었고, 이때부터 미국인들은 그의 가장 열렬한 관람객이자 가장 열광적인 구매자가 되었다. 1913년 퀸이 자신 있게 내놓았던 예측이 25년이라는 시간이 지나, 두 차례의 세계대전을 거치며 마침내 실현된 것이다. 이후로 현대예술의 이야기, 즉 현대예술 작품을 구입한 컬렉터, 그것을 연구한 학자, 그것을 전시한 미술관, 그것을 감상하기 위해 긴 줄을 이루어 기다린 평범한 사람들에 대한 이야기는 모두 미국에서 쓰였다.

에필로그

1945년 2월, 주 1회 진행되는 라디오프로그램 「아트 인 뉴욕」의 진행자 프랭크 클라인홀츠는 베테랑 예술비평가 엘리자베스 매커슬런드를 인터뷰하기로 했다. 스프링필드 『리퍼블리칸Republican』에 칼럼을 기고하는 매커슬런드는 오랫동안 미국의 현대예술에 대한 가장 날카로운 관찰자 중 하나였다. 그는 또한 예술가들의 정치 참여와 당대의 거대한 이데올로기 투쟁에도 깊은 관심을 갖고 있었다. 라디오프로그램에서 클라인홀츠는 특히 한 예술가에 대해 질문하고자 했다. 지난 몇 년 동안 미국은 나치가 점령한 파리에서 살아온 나이든 화가에게 집착해온 터였다. 그 예술가는 영어를 하지 못했고 미국에 발을 들여놓은 적도 없었다. 그의 예술은 종종 도전적이고 난해했다. 그리고 1944년 여름 미군이 샹젤리제에 도착하기 전까지 지난 4년간 그의 운명에 대해, 심지어 그가 여전히 그림을 그리고 있는지의 여부에 대해서도 알려진 바가 거의 없었다. 그럼에도 불구하고 전쟁이 시작된 이후로 이 예술가는 미국 문화에서 내내 독특한 중심적 위치를 차지하고 있었다.

　클라인홀츠는 물리적으로 멀리 떨어져 있는 수수께끼 같은 존재이지만 '피카소'는 누구나 아는 이름이 되었으며, 나아가 미국적 가치관의 강력한 상징이 되었다고 언급했다. 비시프랑스의 가장 암울한 시기에 도전적으로 파리에서 머물러 있던 그는 미군 병사들 사이에서 가장 만나고 싶은 인물로 꼽히는 반파시스트 저항의 영웅이었다. 동시에 오랫동안 의심어린 눈초리를 받았던 그의 활기 가득한 현대적 작품들은 갑자기 미국 북동부의 전통적인 예술 중심지에서부터 중서부 북쪽까지, 최남부의 대학 도시에서 센트럴밸리의 농장 공동체에 이르기까지 미국 전역의 수십만 시민들에게 환영받고 있었다.

클라인홀츠가 매커슬런드에게 이 기이한 현상을 설명해달라고 부탁하자, 그는 뉴욕의 한 기관이 끼친 영향에 대해 이야기하기 시작했다. "우리는 지난 15년 동안 미적 가치에 있어 엄청난 변화를 목격했습니다. 그것을 무엇이라 부르든, 이는 오직 현대미술관이 계속해온 교육과 홍보의 결과입니다."

"하지만 그것이 피카소와 어떤 관계가 있습니까?" 클라인홀츠가 물었다.

매커슬런드는 답했다. "모든 면에서요."[1]

—

전쟁이 끝날 무렵 〈피카소: 화업 40년〉은 역사상 가장 오랜 기간 지속되었으며 가장 많이 회자된 현대예술 전시 중 하나가 되었다. 사람들의 관심은 전시 시작 이후 맞이한 첫 겨울 내내 꾸준히 증가했다. 뉴욕에서 이 전시는 첫 달 동안 한 주에 1만 5000명의 관람객을 불러모았는데, 이는 4년 전 반 고흐 전시의 관람객 수를 훌쩍 뛰어넘는 기록이었다. 전시가 시카고미술관으로 옮겨졌을 때는 이를 보려는 사람들이 중서부 전역에서 모여들었다. 『네브래스카 스테이트 저널The Nebraska State

Journal』의 한 필자는 시카고로 긴 여행을 다녀온 후 다음과 같이 썼다. "시카고의 피카소 전시는 매우 흥미롭다. 아니, 경이롭다. 나는 두 번 다녀왔고, 두 번 모두 압도되었다."[2] 보수적인 보스턴에서 이 전시는 사람들을 매혹하는 동시에 당혹감을 일으켰다. 『보스턴 글로브Boston Globe』의 비평가는 전시를 감상한 뒤 미술관의 다른 모든 작품들이 "오히려 무기력하고 생기 없어" 보인다고 말했다. 세인트루이스에서 전시된 3주 반 사이에는 5만 명 가까운 사람들이 「아비뇽의 여인들」「거울 앞의 소녀」「게르니카」를 보기 위해 시립미술관으로 밀려들었다.[3] 이후 전시는 샌프란시스코미술관에 도착했다. 이곳 대중의 관심이 너무나 뜨거워 관람객 일부는 입구에서 발길을 돌려야 했고, 8월 초 전시 마지막날에는 1000명이 넘는 사람들이 퇴장을 거부하며 전시장 바닥에 주저앉았으니, 어떤 의미에서는 현대예술을 위한 미국 최초의 저항운동이었다고 볼 수 있을 것이다. 미술관은 폐관 시간인 10시를 넘겨 오랫동안 그대로 문을 열어둘 수밖에 없었다.[4]

—

1940년 가을, 미국 전역의 미술관들은 이 전시를 두고 공격적으로 경쟁을 벌였다. 더욱 많은 사람들로 붐비는 두번째 시즌이 시작되었다. 뉴올리언스는 〈피카소: 화업 40년〉전 개최에 매우 열의를 보였고, 미술관, 예술학교, 예술 클럽, 대학 등 모든 주요 예술단체가 지원하는 피카소전시위원회를 결성해 전시 후원금을 모금했다.[5] 미니애폴리스미술관은 1941년 초 4주에 걸친 전시 개최를 예약한 뒤, "미국 내 여덟 곳의 도시에서 30만 7000명 이상의 사람들"이 이미 이 어마어마한 작품들을 보았다는 언급과 함께 예술가 피카소를 "두 대륙에서 논의의 핵심"이 되는 인물로 소개하면서 몇 달에 걸쳐 관람객을 준비시켰다.[6]

1941년 여름, 전시는 현대미술관으로 돌아왔다. 『타임스』에 따르면 "첫번째 전시 때 보지 못한 뉴욕 시민들뿐 아니라 (……) 교사와 학생 들에게서 온 수백 건의 요청에 대한 반응"이었다. 이어 다시금 전시는 순회에 올라 진주만공격 때까지 무려 열한 개 도시를 거쳤고, 1943년 연합국이 이탈리아 침공을 시작했을 땐 그 숫자가 두 배가 되었다. 이 두번째 전시가 거쳐간 곳들 중에는 캔자스시티, 포틀랜드 같은 주요 도심지뿐 아니라 미시간의 그랜드래피즈, 노스캐롤라이나의 더럼 같은 작은 소도시들도 포함되었다.[7]

미국 내 멀리 떨어진 지역을 배제하지 않기 위해, 바와 직원들은 두 여성과 어린아이를 묘사한 작품으로 다른 것들에 비하면 다소 온건한 「머리 손질」(1906)을 선택해 뉴욕 북쪽에 자리잡은 한 여자대학교와 현대적인 트랙터의 탄생지로 알려진 캘리포니아주 스톡턴을 포함해 십수 곳의 작은 마을들로 보냈다. 스톡턴의 산호아킨개척자역사박물관 San Joaquin Pioneer Historical Museum 관장은 바의 동료에게 다음과 같이 보고했다. "노트까지 챙겨와 작품을 주의깊게 연구하는 관람객들이 지금껏 우리가 개최했던 어느 전시에서보다 더 많았습니다."[8]

—

마침내 1944년 초, 뉴욕에서 〈피카소: 화업 40년〉이 첫선을 보인 지 4년이 지났을 때 현대미술관측은 장갑한 풀먼식 차량에 피카소 작품 수십 점을 태워 멕시코시티로 보냈다. 멕시코 주요 예술 후원자들의 지지를 받는 새로운 현대예술협회 출범을 위해서였다. 텍사스 러레이도에서 통관 작업이 지연되는 바람에 개막이 몇 주쯤 미뤄지긴 했지만 전시는 대성공을 거두었고, 주최자들은 대여 기간을 연장해달라고 뉴욕에 간청했다. "이 전시가 멕시코에서 낳은 강력한 반응은 말로 설명하기가 어렵습니다. 지루하고 안일한 이곳에서 피카소의 작품은 건전한 폭탄과도 같은 역할을 했습니다."[9]

하지만 가장 오래도록 지속될 이 전시의 유산을 가장 잘 담아낸 것은 작품 자체의 운명이었다. 1939년 바다를 건너온 피카소의 작품들 가운데 많은 수가 결코 유럽으로 돌아가지 못했다. 파리에서 대여해온 작품 중 일부는 전시중에 곧바로 판매되었다.「물주전자와 과일」은 매킬헤니가,「검은 머리 소녀」는 현대미술관 이사 에드거 카우프만이 구입했다. (시카고미술관의 한 큐레이터는 상부의 지시를 받아 바에게 "판매용 작품들의 가격을 모두 알려달라"는 편지를 보내오기도 했다.) 일부 작품은 순회가 완전히 끝난 뒤 몇 년 사이 미국 전역의 미술관과 개인 컬렉션에서 영구적인 안식처를 얻었다. 피카소 자신은 파리에 남아 있었지만 1950년대까지 미술관에 빌려준 작품의 반환을 요구하지 않았다. 스페인에서 프랑코의 독재가 고착되면서「게르니카」는 역대 가장 긴 대여 기간을 기록했으니, 1980년대 초 스페인으로 반환될 때까지 현대미술관 상설전시실의 초석으로 남아 있었다.

순회전이 끝난 뒤 최고의 피카소 작품으로 이루어진 현대미술관 컬렉션은 성장을 가속화하기 시작했다. 1945년「나의 어여쁜 이」를 미술관에 들였고, 4년 뒤에는 구겐하임 부인의 수표로 마침내 로젠베르그의「세 악사」를 손에 넣는 데 성공했다. 이후 퀸의 작품이 몇 점 더 나왔다. 이 무렵에는 더이상 논란의 여지가 없었다. 몇 년 동안 영구 소장품 하나 없이 힘겹게 나아온 미술관은 많은 피카소 작품을 수집하여, 1950년대 초에는 전시장 벽의 20퍼센트를 피카소의 작품으로 채우게 되었다.[10] 1968년 잡지 『라이프Life』는 그해 일어난 다양한 사건들에도 불구하고 피카소와 그가 미국 문화에 미친 큰 영향을 다룬 특집 합본호를 발간하여 700만여 명의 독자를 향해 다음과 같이 선언했다. "피카소가 일으킨 혁명은 그의 작업실을 훌쩍 뛰어넘어 도시의 기하학적 구조와 영화와 TV의 개념, 더하여 기술, 광고의 그래픽언어, 우리가 살고 있는 집, 입고 있는 옷을 형성하는 데 기여했다."[11] 마침내 피카소의 거대한 힘이 깨어났고, 무엇도 그것을 막지 못했다.

—

하지만 상황이 전혀 다르게 흘러갈 수도 있었다. 사반세기가 넘도록 미국에서 피카소의 작품을 보여주려는 노력은 거듭해서 실패를 겪었다. 피카소와 당시 10대 후반에서 20대 초반이었던 파리의 반항아들을 결단력 있게 추구하던 퀸이 아니었다면 현대미술관을 꽃피운 씨앗과 파리 미술계의 모더니스트들을 향한 지향성은 결코 뿌리내리지 못했을 것이다. 퀸에 매혹된 바와 피카소 작품을 뉴욕으로 가져오기 위해 피카소나 그의 거래상을 상대로 10여 년에 걸쳐 펼쳐낸 그의 투우술이 없었더라면 전쟁이 끝날 때까지 피카소의 예술이 폭넓은 미국의 관객과 만나는 일은 결코 일어나지 않았을 것이다. 로젠베르그가 미국에서 경험했던 실패에도 불구하고 바의 전시에 자신이 가진 최고의 작품들을 보내는 위험을 기꺼이 감수하지 않았다면 이 계획은 다시 한번 같은 궤도에서 멈추고 말았을 것이다. 하지만 무엇보다 전시를 마침내 가능케 하고 지속적인 힘을 실어준 것은 전쟁이라는 재난 상황과 각 개인의 절실한 필요였다.

—

여기, 미국을 위해 피카소 전쟁을 치른 소수의 사람들이 있다.

존 퀸 John Quinn: 1939년 피카소 전시가 시작될 무렵 이 아일랜드계 미국인 변호사의 존재는 사람들의 뇌리에서 거의 완전히 잊혀 있었다. 그의 컬렉션은 광범위하게 흩어졌고, 중요한 예술가나 작가, 비평가, 정치인 들과 주고받은 수천 통의 특별한 서신들은 10년째 봉인된 채였다 (더하여 이후 50년 동안 출판이 금지된 탓에 그가 현대 문화에 남긴 거대한 족적은 아직 대체로 알려지지 않은 상태다[12]). 한때 자신의 친구였던 예술가들을 열심히 좇으며 그림들을 모으던 퀸이 뉴욕의 미술관을 보고 어떤 생각을 할지 상상하면 묘한 기분이 든다. 짐작건대 퀸은 눈앞의 상황에 당혹감을 느꼈을 것이다. 1915년 그는 예이츠에게 보낸 편지에서 다음과 같이 말했다. "내가 지금 구입하고 있는 피카소, 마티스, 드랭, 뒤피, 루오의 작품이 10년이나 20년 뒤 '시대에 뒤떨어진 구식'으로 보일 수도 있다고 생각하면 울적해집니다." 1939년 뉴욕은 피카소와 마티스를 구식이라고 생각하지 않았다. 〈아모리 쇼〉가 개최된 지 90년이 지난 2003년 현대미술관이 피카소와 마티스의 관계를 조명하는 전시를 개최했을 때도, 뉴욕은 여전히 이 두 예술가를 시대에 뒤떨어진 인물이라 여기지 않았다.

폴 로젠베르그 Paul Rosenberg: 1940년 여름 보르도에서 처절하게 탈출한 뒤, 이 거래상은 폭발적으로 성장하는 미국 시장을 이용하기 꼭 알맞은 시기에 뉴욕에 도착했다. 현대미술관에서 몇 블록 떨어진 맨해튼에 새빠르게 자리잡은 그는 곧 피카소의 작품을 새로운 미국 컬렉터들에게 판매했는데, 그중 많은 그림이 전시에 출품된 것들이었다. 로젠베르그는 미국 전역의 미술관이 찾는 인물이 되었다. 첫 기회를 놓치고 7년이 지난 1941년, 그는 현대미술관을 설득해 반 고흐의 「론강의 별이 빛나는 밤」을 구입하게 했다. 「론강의 별이 빛나는 밤」은 미국 미술관에 소장된 최초의 반 고흐 작품이었다. 그리고 곧 「잠자는 집시」「아비농의 여인들」과 함께 현대미술관 컬렉션 중 가장 유명한 그림이 되었다.

피카소 작품은 그를 유럽에서 꺼내주었고, 다른 한편으로는 피카소와 확실히 이별하게 했다. 전쟁이 끝난 뒤 그는 피카소와 다시 연락하며 처음으로 피카소를 '너tu'라는 허물없는 호칭으로 부르기 시작했다. 그때까지 두 사람은 두 차례의 세계대전을 함께 겪어내며 30년 가까운 인연을 이어오고 있었다. 하지만 그의 노력에도 불구하고 피카소와의 관계는 더이상 이어지지 않았다. 유럽에서 나치가 약탈한 작품들을 추적하느라 몇 년에 걸쳐 애쓰는 사이 종종 피카소에게 연락을 취하기는 했다. 하지만 이제 두 사람은 대양 양편에 떨어져 있었고, 아내가 파리를 그리워했음에도 불구하고 로젠베르그는 자신을 배신한 나라로 돌아가기를 거부했다. 그가 세상을 뜨기 몇 달 전, 유럽의 한 큐레이터가 한때 퀸이 소장했던 뛰어난 입체주의 걸작인 「바이올린을 든 광대」를 빌려달라고 요청했다. 이례적으로 로젠베르그는 이를 거절했다. 아들 알렉상드르에 따르면, 그 전시가 아무리 중요하다 해도 로젠베르그는 수십 년 넘게 "압제적인 매력"을 발하는 이 작품을 자신의 시야에서 벗어나게 할 수 없었다.[14]

다니엘헨리 칸바일러 Daniel-Henry Kahnweiler: 제1차세계대전 때와는 상황이 완전히 역전되어, 이번에는 로젠베르그가 작품을 빼앗긴 채 망명한 반면 칸바일러는 프랑스에 남아 로젠베르그의 부재로부터 반사이익을 얻었다. 그는 평소의 인내심을 발휘해 점령된 프랑스의 자유 지역에서 전쟁을 무사히 넘겼다. 처음에는 리모주에서 지냈고, 체포 위기를 벗어난 뒤에는 근처 작은 마을에서 아내와 함께 가명을 쓰며 생활했다. 파리가 해방되자마자 그는 피카소와 접촉했고, 1944년 10월 그랑 오귀스탱 부두의 새 아파트로 이사했다. 피카소의 작업실이 있는 뤼 데 그랑 오귀스탱에서 모퉁이 하나만 돌면 나오는 곳이었다. 로젠베르그가 떠난 파리에서 그는 30년 전에 잃었던 피카소의 거래상으로서의 입지를 완벽하게 다졌으니, 줄곧 친분을 유지해온 두 사람은 곧 합의에 이르렀다. 더하여 칸바일러는 또다른 방면에서도 로젠베르그의 도움을 받았다. 로젠베르그가 미국에 수익성이 좋은 새로운 피카소 작품 시장을 개척한 덕에 그는 미국 구매자들에게 피카소의 최신작을 특별한 가격으로 판매할 수 있었다. 마침내 이 집요한 만하임 사람은 젊은 시절에 감행한 도박의 성과를 보게 되었다. 20년 넘게 보유해온 작품과 최고의 예술가를 넘겨주지 않은 대가로 완전한 결실을 누리게 된 셈이다.

알렉상드르 로젠베르그 Alexandre Rosenberg : 로젠베르그의 아들이자 철학도였던 알렉상드르는 1940년 6월 스페인 국경에서 부모와 헤어진 뒤 영국으로 탈출해 드골의 저항군에 합류했다. 곧 프랑스령 콩고로 파견된 그는 그곳에서 아프리카 군대를 훈련시켰고, 이후에는 북아프리카의 독일군과 싸우다가 마침내 프랑스 해방에 참여했다. 1944년 늦여름, 그의 부대는 전리품을 가득 싣고 파리를 떠나는 독일 열차를 탈취하는 작전에 파견되었다. 열차에서 이들은 뤼 라 보에티에서 가져온, 그의 아버지 소유의 회화 작품이 담긴 상자를 찾아냈다. 종전 이후 마지못해 아버지의 뉴욕 사업에 뛰어든 그는 미국 여성과 결혼하고 이후 유명한 미술 거래상이 되었다. 아버지가 세상을 뜨고 15년이 흐른 뒤, 알렉상드르는 결국 클리블랜드미술관에 「바이올린을 든 광대」를 판매하여 1920년 퀸이 처음으로 미국에 들여왔던 이 작품의 기나긴 연대기에 마침표를 찍었다.

앨프리드 바 Alfred Barr : 피카소의 승리가 여전히 계속되고 있던 1943년

10월, 바는 현대미술관 관장직에서 즉결로 해고되었다. 미술관을 위해 14년 동안 엄청난 노력을 쏟아부었건만, 냉혹한 의장 클라크는 글을 충분히 쓰지 않았다는 이유로 그에게 해고 사실을 알렸다. 훌륭한 전시와 깊이 연구된 도록에도 불구하고 그가 충분한 학문적 성과를 내지 못했다는 것이었다. 사실상 이사들, 또는 일부 이사들은 바가 형편없는 "임원"이며, 점차 법인화되어가는 기관에 비해 그의 취향이 지나치게 급진적이고 외설적이라고 생각했다. 바는 굴복하지 않았다. 미술관 도서관의 좁은 방으로 내쫓기고 월급이 반액 삭감된 자문직으로 강등되었지만, 그는 피카소에 대한 두툼한 책을 쓰기 시작했다.

전쟁이 절정에 이른 1944년 가을과 1945년 봄 사이, 바는 미술관 큐레이터의 연줄을 활용해 유럽의 미군들로부터 도움을 받으며 집필 작업을 이어갔다. 그렇게 1946년 출간된 『피카소: 화업 50년』은 곧 20세기 중반 피카소에 대한 결정적인 연구서가 되었고, 바는 이 책을 하버드대학교에 제출하여 17년 전 미술관을 운영하느라 마치지 못했던 박사학위를 취득했다. 책의 헌사에는 다음과 같이 기록되었다. "1931, 1932, 1936, 1939년 피카소 작전에서 조언자이자 소중한 조력자가 되어준 아내 마거릿 스콜라리피츠모리스에게 이 책을 바친다."

마가 바 Marga Barr: 전쟁이 발발하면서 마가는 처음으로 사랑하는 유럽과 단절되었다. 그는 다음과 같이 말했다. "더이상 '작전'은 없고, 우리는 미국에 갇혔다." 하지만 마가는 곧 유럽과 관계를 맺는 다른 방법을 찾았다. 그는 배리언 프라이의 긴급구조위원회Emergency Rescue Committee 와 함께 나치 치하에 놓인 현대예술가들의 탈출을 도왔고, 이로 인한 에른스트, 립시츠, 탕기, 레제 같은 난민 예술가들의 대거 유입은 피카소의 작품과 함께 미국 예술계를 근본적으로 바꿔놓게 되었다. 그럼에도 이들이 전혀 소식을 듣지 못한 예술가들이 여전히 남아 있었다. 마가는 다음과 같이 회상했다. "우리는 늘 피카소가 이곳에 오고 싶어할지에 대해 생각했다." 전쟁이 끝날 무렵에야, 그와 바는 독일군이 감히 피카소를 건드리지 못했다는 사실을 알게 되었다. 종전 이후 바의 유럽 작전이 재개되었을 때 마가는 통역사, 조언자, 만능 재주꾼의 역할로 돌아갔다. 그렇지만 피카소의 행방을 좇는 일은 여전히 쉽지 않았다. 1952년 발로리스에서 두 사람이 마침내 피카소를 다시 만났을 때, 피카소는 마가에게 입을 맞추고 "왜 내게 엽서를 보내지 않았습니까?"라고 물은 뒤 얼마 전 마티스에 대한 주요 연구서를 출간한 바를 향해 몸을 돌려 "마티스에 대한 훌륭한 책을 냈더군요!"라고 말했다. 『피카소: 화업 50년』에 대해서는 한마디도 없었다.[15]

파블로 피카소Pablo Picasso: 마지막까지도 피카소는 자신의 명성과 계속해서 마찰을 빚는 삶을 살았다. 파리에서 레지스탕스 영웅으로 미국 군인들의 환영을 받은 지 불과 몇 달 만에, 그는 현대예술에 반대하는 스탈린의 입장에도 불구하고 프랑스 공산당에 가입했다. 사실 1950년 대에 FBI는 피카소가 공산당 첩보원일 가능성이 있다고 의심하여 그의 활동에 대한 정보를 적극적으로 수집하기도 했다. 피카소는 결코 미국을 방문하지 않았다. 전쟁 기간 동안 마르와 헤어진 그는 곧 다음 상대자인 프랑수아즈 질로와 함께 프랑스 남부 발로리스에 정착했다. 이곳에서 그는 도자에 매료되었고, 두 명의 아이를 더 낳았다. 1957년, 현대미술관 소장품 책임자가 되어 있던 바는 1939년 때보다 규모가 훨씬 더 큰 피카소 탄생 75주년 기념 전시를 준비했다. 이때 피카소가 넥타이를 디자인해주어 바는 개막식에서 그 넥타이를 착용했다. 그러나 피카소는 프랑스에 머물렀다.

앙리피에르 로셰 Henri-Pierre Roché: 퀸이 세상을 떠난 뒤에도 로셰는 파리에서 매우 활발한 사회생활을 이어갔고, 옥스퍼드 교육을 받은 인도의 젊은 왕자에게 브란쿠시를 소개하기도 했다. 나치 점령 기간 동안에는 프랑스 남동부 자유 지역의 작은 마을로 피신하여 난민 어린이 학교에서 영어와 체육을 가르쳤다. 눈을 감기 6년 전인 1953년, 로셰는 퀸과 알고 지내던 시절 헤셀, 헬렌과 경험한 일들을 바탕으로 소설『쥘과 짐』을 써서 문학적 성공을 누리게 되었다.

전쟁이 끝난 뒤 로셰는 파리의 다른 사람들이 그랬듯 피카소와 우정을 이어갔다. 하지만 역시 다른 사람들이 그랬듯, 대체로 편지에 답을 받지 못했다. 1946년 어느 날 그는 어떻게든 피카소와 연락하기로 마음을 먹고 큰 종이에 질문을 적은 뒤 각 질문 뒤에 빈칸을 남겨두었다. 그러곤 다음과 같이 덧붙였다. "당신은 매우 게으른 예술가이니 내 주소가 적힌 봉투를 동봉합니다." 그 편지의 마지막 질문은 이랬다. "당신을 다시 만나고 싶군요. 레오와 사티, 퀸, 두세의 시절에 그랬듯 당신의 그림들에 둘러싸인 채 오직 당신하고만 마주하면 얼마나 좋을까요. 과연 그런 일이 일어날 수 있을까요? _____." 이 책략은 효과가 있었다. 피카소는 빈칸에 다음과 같이 적어 로셰에게 보냈다. "나도 그렇습니다. 내가 돌아가면요."**16**

감사의 글

2014년 나는 지금은 고인이 된 일레인 로젠베르그를 만나는 귀한 행운을 누렸다. 당시 나이 아흔셋이었던 일레인은 미술 거래상 로젠베르그의 며느리일 뿐만 아니라 75년간 일어난 일들을 생생하게 기억하는 사람이기도 했다. 이 만남은 훗날 내가 오디세이 같은 기나긴 여정을 시작하는 계기가 되었다. 나는 미국과 유럽의 열두 곳이 넘는 연구 기관, 도서관, 아카이브를 방문했고 여기서 이름을 나열하지 못한 훨씬 더 많은 사람들의 도움을 받았다.

다른 사람들의 뛰어난 선행 연구가 없었다면 나는 이 프로젝트를 맡을 수 없었을 것이다. 존 퀸에 대해서는 특히 B. L. 리드, 앨린 B. 사리넨, 주디스 질처, 리처드와 재니스 론드라빌이 길잡이가 되어주었다. 앨프리드 H. 바 주니어에 대해서는 드와이트 맥도널드, 러셀 린스, 어빙 샌들러, 로나 룹, 시빌 고든 캔터로부터 통찰력을 얻었다. 폴 로젠베르그의 경우 마이클 C. 피츠제럴드, 앤 싱클레어가 간과된 중요한 이야기로 이끌어주었다. 특히 이 책을 쓰기 시작하기 몇 년 전 피에르 데, 프랑수아즈 질로, 빌 루빈을 인터뷰하고 존 리처드슨을 생애 말년에 만난 것은 행운이었다.

이 책을 위한 연구 조사는 뉴욕공공도서관 연구자·작가를 위한 컬먼센터와 국립인문재단에서 지원해준 1년간의 연구비와 게티연구소, 해리랜섬센터, 로버트 B. 실버스 재단, 도라마르하우스의 넉넉한 지원금이 없었다면 불가능했을 것이다. 또한 이 연구를 시작할 수 있도록 휴가를 허락해준 『뉴욕 리뷰 오브 북스』와 너그럽게도 최종 마감일을 배려해준 『포린 어페어즈』에게도 고마움을 전한다.

컬먼센터의 살바토레 시보나, 로런 골든버그, 폴 들라버닥은 내게 대단히 뛰어난 작가들과 잊을 수 없는 한 해를 보낼 수 있는 기회를 주었다. 뉴욕공공도서관에서는 디어드 도노휴, 리처드 포스터, 데클런 키엘리, 맷 크너젠, 토머스 래넌, 멜라니 로케이, 탈 나단, 카일 트리플렛, 로리 샐먼, 에밀리 왈즈를 비롯해 많은 이들의 전문적인 도움을 받았다.

현대미술관아카이브(이하 모마아카이브)의 미셸 엘리곳, 크리스티나 엘리오풀로스, 미셸 하비, 아나 마리, 엘리자베스 토머스와 이들의 동료들은 내게 앨프리드 바와 초창기 미술관에 대한 방대한 자료로 안내해주었다. 보존과의 마이클 더피는 「잠자는 집시」와 관련해 귀중한 도움을 주었고 회화·조각과의 재닛 윤은 일부 중요한 작품에 대한 정보를 아낌없이 나누어주었다. 모마라이브러리의 제니퍼 토비아스를 비롯한 직원들은 희귀한 20세기 초 출판물을 찾는 일을 도와주었다. 빅토리아 바는 이 책의 계획을 열정적으로 지지해주었을 뿐만 아니라 흥미로운 기억을 나누어주고 다루기가 매우 까다로운 연구 문제들에 대해 도움을 주었다.

일레인 로젠베르그(1921~2020)와 그녀의 딸 메리앤 로젠베르그, 엘리자베스 R. 클라크는 폴로젠베르그아카이브에 접근할 수 있는 특별한 기회를 제공해주었는데, 이 기회가 없었다면 이 책의 이야기는 쓰일 수 없었을 것이다. 특히 일다 프랑수아에게 큰 신세를 졌다. 프랑수아는 종종 매우 촉박한 요청에도 불구하고 로젠베르그 서고를 수없이 방문할 수 있게 해주었다.

해리랜섬센터의 엘리자베스 L. 가버는 칼턴레이크컬렉션과 앙리피에르 로셰에 대한 매우 풍부한 자료들을 탐색하는 데 도움을 주었다. 게티연구소의 샐리 맥케이와 그녀의 동료들은 세계 최고의 예술 도서관에서 작업하고 20세기 미술거래상, 비평가, 예술가에 대한 폭넓은 아카이브를 참고할 수 있게 해주었다. 하버드미술관아카이브의 메건 슈웬크는 폴 J. 삭스의 문서 자료에 대한 없어서는 안 될 도움을 제공해주는 한편 「잠자는 집시」 관련 문서에 대한 1년 여 동안의 탐구를 완수할 수 있게 해주었다.

파리국립피카소미술관의 에밀리아 필리포, 비올레테 안드레스, 오드리 메이즈리는 피카소아카이브에 접근할 수 있도록 너그럽게 배려해주었고 연구 문제들에 대해 도움을 제공해주었다. 피카소유산관리국의 크리스틴 피노는 중요한 피카소의 서신과 자료의 이용을 허락해주었다. 브뤼셀에 있는 알민과 베르나르 루이즈 피카소예술재단의 베르나르 루이즈-피카소와 폴린 비달은 올가 피카소와 폴 로젠베르그 가족과 관련된 희귀 자료를 활용할 수 있게 해주었고, 토마 셰뉘는 러시아의 올가 피카소의 가족과 발레 뤼스에서의 경력에 대한 중요한 정보를 제공해주었다. 이시레몰리노 마티스아카이브의 조르주 마티스는 나의 방문을 환대해주었고 파리 칸딘스키도서관의 토마 베르타유는 카이에다르아카이브에서 중요한 연구에 도움을 주었다. 카이에다르출판사의 스태판 아렌베리, 폴 페로니, 개탄 지라르는 나의 끝없는 질문에 답을 주었다. 베즐레 제르보스미술관의 카롤린 푸르니용-쿠랑과 피에르 시크르 드 퐁브룅, 크리스티앙 드루에는 귀한 통찰을 나누어주었다. 암스테르담의 미힐 네이호프는 로젠베르그와 암스테르담 시립미술관의 서신을 연구할 수 있게 허락해주었다. 코로나19로 인한 여러 차례의 연기에도 불구하고 메네르브의 도라마르하우스의 그웬 스트로스는 이 계획에 한결같이 지지를 보내주었다.

미국의 많은 기관과 아카이브도 중요한 국면에서 도움을 주었다. 뉴욕 모건라이브러리미술관의 마리아 몰레스티나-컬랏은 여러 날에 걸쳐 소장 자료 폴 로젠베르그와 피에르 마티스 문서를 살필 수 있도록 해주었다. 올브라이트녹스미술관의 개브리엘 카를로는 A. 콩거 굿이어와 관련된 문서를 공유해주었다. 예일대학교 바인케 희귀 도서 필사본 도서관에서는 거트루드 스타인과 앨리스 B. 토클라스 문서를, 예일대학교도서관에서는 드와이트 맥도널드의 문서를 참고할 수 있었다. 컬럼비아대학교의 구술사아카이브의 데이비드 A. 올슨은 폴 J. 삭스의 미발표 회고록 사본을 제공해주었다. 미국예술아카이브의 머리사 버고인과 직원들은 앨프리드 H. 바 주니어 문서의 복제본뿐만 아니라 경이로운 예술가 기록물을 여러 차례 이용할 수 있게 해주었다.

뉴욕 아티스츠 라이츠 소사이어티(ARS)의 재닛 힉스, 댄 트루히요. 뉴욕 아트리소스의 제니퍼 벨트와 켄 존스턴, 필라델피아 반스재단의 어맨다 맥나이트, 파리 DWP출판사의 다이애나 위드마이어-루이즈-피카소, 마야 위드마이어-루이즈-피카소, 클레어 루제, 올리비아 스피어, 피에르 마티스 에스테이트의 폴 마티스, 뉴욕 모건라이브러리미술관의 매릴린 팔메리, 필라델피아미술관의 조너선 호프, 아나스타샤 휴스펑 등 유럽과 미국의 많은 이들이 미출간 자료와 이미지, 정보에 대해 도움을 베풀어주었다.

필리스 스티글리아노는 뛰어난 사진 자료 조사를 제공해주었을 뿐만 아니라 피카소의 세계에 대한 비할 데 없는 전문 지식을 나누어주었다. 두 대륙에서 성실히 마지막 조사를 도와준 그녀의 팀 미카엘 콜복, 모드 페르난데스에게도 감사를 전한다. 메이시 바이에른과 소피 스트로스-젠킨스는 아카이브를 뒤지는 어려운 일을, 수잰 페코 칼슨과 퀸턴 싱어는 사실 관계를 확인하는 중요한 작업을 도와주었다. 그럼에도 불구하고 오류가 있다면 그것은 전적으로 나의 책임이다.

많은 이들이 조언과 지식, 응원을 보태주었다. 크리스토퍼 벤페이, 앤드루 버터필드, 파야 코시, 해리 쿠퍼, 엘리자베스 카울링, 앤드리아 크로포드, 짐 쿠노, 야스민 엘 라시디, 존 엘더필드, 캐시 페이건, 마틴 필러, 로스 피노키오, 바버라 플라이슈만, 제이미 겜브렐, 알마 기예르모프리에토, 델핀 휘징가, 재니스 론드라빌, 에드 멘델슨, 필리프 드 몬테벨로, 프랑신 프로스, 질 쇼, 찰스 스터키, 마크 트라이브, 헤이스 판헨스베르헌, 로버트 월시에게 고마움을 전한다.

이 책은 또한 내가 관련 주제를 탐구할 수 있는 기회를 제공해준 많은 편집자들에게도 빚을 지고 있다. 15년 전 『뉴욕 타임스』의 낸시 케니와 조디 캔터는 현대미술관의 숨겨진 비밀을 조사할 수 있는 기회를 주었다. 『뉴요커』의 대니얼 잴레스키는 세계적인 미술관 분야에서 깊숙이 작동하고 있는 유력자들에 대해 조사해보라고 격려해주었다. 『월스트리트저널』의 로버트 메신저는 미술시장의 지정학에 대해 비판적으로 사고할 수 있도록 이끌어주었다. 『배니티 페어』의 데이비드 프렌드는 쿠바 혁명기의 예술과 정치를 배경으로 펼쳐진 바의 모험 속으로 즐겁게 첫 발을 내딛을 수 있게 지원해주었다. 『북포스트』의 앤 킬버그는 20세기 초 아방가르드에서 중요한 여러 인물들에 대해 다시 생각해볼 수 있는 기회를 제공해주었다.

나는 지금은 고인이 된 밥 실버스를 조언자로 둘 수 있는 크나큰 행운을 누렸다. 실버스는 『뉴욕 리뷰 오브 북스』에서 정치와 개념에 대해 글 쓰는 법을 가르쳐주었고 매우 존경하는 여러 필자들을 소개해주었다. 작가의 유언에 따라 설립된 기금의 첫번째 수혜자가 되는 영광을 허락해준 로버트 B. 실버스 재단의 리아 헤더먼과 대니얼 멘델슨에게도 감사 인사를 전한다.

특히 뛰어난 에이전트 데이비드 쿤과 네이트 무스카토를 나와 연결해준 에밀리 이킨에게 고마움을 전한다. 쿤과 무스카토의 열정과 노련한 배려는 단단한 지지 기반이 되어주었다. 나는 또한 이 프로젝트를 끝까지 도와준 베키 스웨렌, 에린 파일스를 비롯해 훌륭한 애비타스 팀에게도 고마운 마음을 전한다. 앤드루 블랙웰은 초밥집에서 내게 이야기를 도식적으로 풀어주어 쉽게 이해할 수 있게 해주었다. 블레이크 고프닉은 중요한 단계에서 매우 귀한 비판과 조언을 제공해주었다.

크라운의 편집팀은 처음부터 이 프로젝트를 적극적으로 지원해주었다. 나는 나의 원고를 받아주었을 뿐만 아니라 다듬고 매만져 훨씬 더 나은 글로 만들어준 매우 유능한 편집자 리비 버튼을 만나는 행운을 누렸다. 팀 듀건은 어느 누구보다도 먼저 이 이야기의 중요성을 인정해주었고 내게 글로 쓸 수 있는 기회를 주었다. 오브리 마틴슨은 날카로운 조언을 통해 이 프로젝트가 정확하게 나아갈 수 있게 해주었다. 로런 노벡은 전문적인 제작 지원을 제공해주었고, 디자인 팀의 데비 글래스먼과 애나 코흐먼은 특별한 영감의 레이아웃과 표지 디자인을 제안해 주었다.

마지막으로 나는 친구들과 가족들에게 이루 말할 수 없는 큰 도움을 받았다. 앙투안과 마야 슈만은 파리에 숙소를, 제시카 내시와 엘마 카스퍼스는 네덜란드에서 집을 제공해주었다. 뉴욕의 수전과 제시 로스는 항상 특별한 잔치를 준비해주었다. 존 셰퍼드와 수잰 브루스트는 슈피리어 호수 북쪽 강기슭의 자연 속에 머물며 어려운 장의 글을 완성할 수 있게 해주었다. 조지아만의 마이크 이킨과 재닛넷 슈마허는 세계에서 가장 아름다운 섬에서 이 책을 마무리할 수 있게 해주었다. 존과 시빌 이킨은 초고를 수없이 읽어주며 귀한 의견을 나누어주었다. 매리언 이킨은 내가 하는 이야기를 거듭해서 들어주었다. EJ와 LP, AR은 특별히 말하지 않아도 잘 알겠지만 이들이 없었다면 라듐은 사그라들고 말았을 것이다.

옮긴이의 말

이 책은 제목이 말해주듯이 피카소를 둘러싸고 벌어진, 가히 전쟁이라고 표현해도 좋을 치열했던 혁신과 저항, 시도와 실패가 맞버텨온 예술의 대서사를 다룬다. 미국에서 현대미술이 어떻게 자리잡았는지, 미국이 어떻게 현대미술의 중심지로 거듭났는지 그 문화사적 변천 과정을 조밀하게 속속들이 훑는 서술 방식은 단순히 '다룬다'라는 표현으로는 부족하다. 사실 이 책의 결말을 우리는 이미 잘 알고 있다. 이 책을 읽는 독자 대다수에게 현대미술의 중심지라는 미국의 입지는 너무나 자명한 것일 테고 그 과정에 대한 이야기도 전혀 새롭지 않을 것이다. 이미 결말을 알고 있는 이야기는 흥미롭기가 어렵다. 그런데 이 뻔한 이야기가 흥미롭게 다가온다면, 그것은 전적으로 이야기를 전하는 사람의 빼어난 재주 덕분이라 할 수 있겠다. 이 책이 바로 그렇다.

지은이 휴 에이킨은 존 퀸과 앨프리드 H. 바 주니어, 두 사람을 중심에 놓고 20세기 초부터 중반까지의 현대미술사를 유럽과 미국을 오가며 찬찬히 서술한다. 짧지 않은 시간의 이야기를 적지 않은 분량으로 쓴 글임에도 불구하고 어느 한순간 지루할 틈 없이 술술 읽힌다. 그럴 수 있는 것은 지은이의 탁월한 글 솜씨와 성실함, 영민함이 단단히 받쳐주기 때문이다.

에이킨은 양차세계대전이 촉발한 급변하는 세계정세와 거대한 전환의 흐름 속에서 20세기 세계 미술의 주도권 이동을 읽는 가운데 그 시대를 살았던 사람들의 이야기를 촘촘히 엮는다. 매력적이고 개성 넘치는 등장인물들이 마치 우리 앞에서 그들의 목소리로 직접 이야기를 전해주는 듯 입체감과 생동감이 넘친다. 지은이는 유려한 비행술로 고공비행과 저공비행을 자유자재로 구사하면서, 때로는 높은 곳에서 역사, 사회적인 상황 변화를 거시적으로 조망하는가 하면 때로는 낮게 각 인물의 눈높이에서 상황을 서술하면서 이야기를 끌고 간다. 객관적인 거리감과 공감의 능란한 시점 이동은 이야기에 긴장감과 친밀함을 불어넣는데, 그 유연함에 감탄하지 않을 수 없다. 지은이가 이 책을 쓰기에 앞서 얼마나 오랜 시간 동안 자료를 찾고 모으고 해석하고 고민하며 이야기를 공들여 구성해나갔을지 짐작케 한다.

시대를 한참 앞서 나갔던 퀸과 생전에 그를 만난 적 없지만 그가 남긴 수집 작품에서 현대미술에 대한 영감과 꿈을 키운 바, 그리고 예술이라는 무대를 종횡무진 누비며 이들에게 현대미술에 대한 야망의 동력을 제공한 피카소, 현대미술의 엄청난 역사가 이들의 우연한 접속과 주변 인물들과의 상호 작용의 연동 속에서 이루어졌다는 점은 가슴 벅차다. 이 책을 통해 제아무리 거대한 역사라 해도 결국 우연하고 약하고 어긋나고 실패했던 사람들의 이야기가 서로 이어지고 엮이면서 만들어진다는 사실과 그 의미를 새삼 곱씹어볼 수 있었다. 역사가 매력적인 것은, 그리고 예술이 매력적인 것은 결국 사람의 이야기이기 때문은 아닐까.

한국어로 옮기는 내내 좋은 책을 읽는 기회를 가질 수 있어 반갑고 즐거웠다. 이 귀한 기회를 제안해주었을 뿐만 아니라 마감 기한을 훌쩍 넘기고도 마냥 늘어지는 원고를 인내심을 갖고 기다려주고 서툰 원고를 살뜰히 챙겨 매끄럽게 다듬어주었으며 반듯한 책으로 만들어준 아트북스 편집부에게 미안한 마음과 감사한 마음을 전한다. 모쪼록 이 책의 독자들에게도 내가 받은 감동이 그대로 전달되기를 바란다. 지은이의 유려한 글과 유능한 편집팀의 노력에도 불구하고 그 감동이 제대로 전달되지 않았다면 그것은 전적으로 번역자의 능력이 부족한 탓이다. 번역상의 오류와 모자란 부분은 살펴 고쳐나가도록 하겠다. 마지막으로 내게 모어를 읽고 쓰는 법을 가르쳐주시고 글을 읽는 즐거움을 알려주신 어머니께 글로는 표할 길 없는 감사의 마음을 올린다.

주은정

참고 문헌

Assouline, Pierre. *An Artful Life: A Biography of D. H. Kahnweiler 1884–1979*. Translated by Charles Ruas. New York: Grove Weidenfeld, 1990. Baldassari, Anne. Picasso: *Life with Dora Maar: Love and War, 1935–1945*. Paris: Flammarion, 2006.

Barr, Alfred H., Jr. *Picasso: Forty Years of His Art*. New York: The Museum of Modern Art, 1939.

————. *Picasso: Fifty Years of His Art*. New York: The Museum of Modern Art, 1946.

————. *Matisse: His Art and His Public*. New York: The Museum of Modern Art, 1951.

————. *What Is Modern Painting?* 9th ed. New York: The Museum of Modern Art, 1966.

————. *Paintings and Sculptures in the Museum of Modern Art, 1929–1967*. New York: The Museum of Modern Art, 1977.

————. *Defining Modern Art: Selected Writings of Alfred H. Barr, Jr.* Edited by Irving Sandler. New York: Harry N. Abrams, 1986.

Barr, Margaret Scolari. " 'Our Campaigns': Alfred H. Barr, Jr., and the Museum of Modern Art: A Biographical Chronicle of the Years 1930– 1944," *The New Criterion*, special issue (Summer 1987), 23– 74.

Berger, John. *The Success and Failure of Picasso*. New York: Pantheon Books, 1989.

Bezzola, Tobias, ed. *Picasso by Picasso: His First Museum Exhibition 1932*. Munich, Berlin, London, and New York: Prestel, 2010.

Brassaï. *Picasso and Company*. Translated by Francis Price. New York: Double-day, 1966.

Brown, Milton W. *The Story of the Armory Show*. New York: Abbeville Press, 1988.

Bullen, J. B., ed. *Post- Impressionists in England: The Critical Reception*. London and New York: Routledge, 1988.

Caizergues, Pierre, and Hélène Seckel, eds. *Picasso/Apollinaire: Correspondence*. Paris: Gallimard, 1992.

Chipp, Herschel B. *Picasso's "Guernica": History, Transformation, Meanings.* Berkeley: University of California Press, 1988.

Cowling, Elizabeth. *Visiting Picasso: The Notebooks and Letters of Roland Penrose.* New York: Thames and Hudson, 2006.

Cowling, Elizabeth, Anne Baldassari, et al. *Matisse Picasso.* New York: The Museum of Modern Art, 2002.

Craven, Thomas. *Modern Art: The Men, the Movements, the Meaning.* New York: Simon and Schuster, 1934.

Daix, Pierre. *Picasso: Life and Art.* Translated by Olivia Emmet. New York: HarperCollins, 1993.

Danchev, Alex. *Georges Braque: A Life.* New York: Arcade Publishing, 2012. de Zayas, Marius. How, When, and Why Modern Art Came to New York. Edited by Francis M. Naumann. Cambridge, Mass.: MIT Press, 1996.

Duncan, Sally Ann, and Andrew McClellan. *The Art of Curating: Paul J. Sachs and the Museum Course at Harvard.* Los Angeles: Getty Research Institute, 2018.

Eksteins, Modris. *Solar Dance: Van Gogh, Forgery, and the Eclipse of Certainty.* Cambridge, Mass.: Harvard University Press, 2012.

Elderfield, John. *Modern Painting and Sculpture: 1880 to the Present at the Museum of Modern Art.* New York: The Museum of Modern Art, 2004.

——— . "Alfred H. Barr, Jr.'s 'Matisse and His Public,' 1951." *Burlington Magazine*, vol. 152, no. 1282 (January 2010), 36– 39.

Feliciano, Hector. *The Lost Museum: The Nazi Conspiracy to Steal the World's Greatest Works of Art.* Translated by Tim Bent. New York: Basic Books, 1997.

FitzGerald, Michael C. *Making Modernism: Picasso and the Creation of the Market for Twentieth- Century Art.* Berkeley: University of California Press, 1996.

——— . *Picasso and American Art.* New Haven: Whitney Museum of American Art in association with Yale University Press, 2006.

Flam, Jack. *Matisse and Picasso: The Story of Their Rivalry and Friendship.* New York: Westview Press, 2003.

Force, Christel H., ed. *Pioneers of the Global Art Market: Paris- Based Dealers Networks, 1850– 1950.* London: Bloomsbury, 2020.

Fralon, José- Alain. *A Good Man in Evil Times: The Story of Aristides de Sousa Mendes— The Man Who Saved Countless Refugees in World War II.* Trans-lated by Peter Graham. New York: Carroll and Graf, 2001.

Gaddis, Eugene R. *Magician of the Modern: Chick Austin and the Transformation of the Arts in America.* New York: Alfred A. Knopf, 2000.

Gervereau, Laurent. *Autopsie d'un chef d'oeuvre: "Guernica."* Paris: Editions Paris- Méditerranée, 1996.

Green, Christopher, ed. *Picasso's "Les Demoiselles d'Avignon."* Cambridge, U.K.: Cambridge University Press, 2001.

Greenough, Sarah, ed. *Modern Art in America: Alfred Stieglitz and His New York Galleries.* Washington, D.C., and Boston: National Gallery of Art in asso-ciation with Bulfinch Press, 2000.

Holroyd, Michael. *Augustus John: The New Biography.* New York: Farrar, Straus and Giroux, 1996.

Hook, Philip. *Rogues' Gallery: The Rise (and Occasional Fall) of Art Dealers, the Hidden Players in the History of Art.* New York: The Experiment, LLC, 2017.

John, Augustus. *Chiaroscuro: Fragments of Autobiography.* New York: Pellegrini and Cudahy, 1952.

Jones, Kimberly A., and Maygene Daniels. *The Chester Dale Collection.* Washington, D.C.: The National Gallery of Art, 2009.

Kahnweiler, Daniel- Henry, with Francis Crémieux. *My Galleries and Painters.* Translated by Helen Weaver. Boston: MFA Publications, 2003.

Kantor, Sybil Gordon. *Alfred H. Barr, Jr., and the Intellectual Origins of the Museum of Modern Art.* Cambridge, Mass.: MIT Press, 2002.

Kean, Beverly Whitney. *French Painters, Russian Collectors: The Merchant Patrons of Modern Art in Pre- Revolutionary Russia*, rev. ed. London: Hodder and Stoughton, 1994.

Kert, Bernice. *Abby Aldrich Rockefeller: The Woman in the Family.* New York: Random House, 1993.

Kushner, Marilyn Satin, and Kimberly Orcutt, eds. *The Armory Show at 100: Modernism and Revolution.* New York: New- York Historical Society, 2013. Lake, Carlton, and Linda Ashton. Henri- Pierre Roché: An Introduction. Austin, Texas: Harry Ransom Humanities Research Center, 1991.

Londraville, Janis, ed. *On Poetry, Painting, and Politics: The Letters of May Morris and John Quinn.* Selinsgrove, Pa.: Susquehanna University Press, 1997.

Londraville, Richard, and Janis Londraville. *Dear Yeats, Dear Pound, Dear Ford: Jeanne Robert Foster and Her Circle of Friends.* Syracuse, N.Y.: Syra- cuse University Press, 2001.

———, eds. *Too Long a Sacrifice: The Letters of Maud Gonne and John Quinn.* Selinsgrove, Pa.: Susquehanna University Press, 1999.

Lynes, Russell. *Good Old Modern: An Intimate Portrait of the Museum of Modern Art.* New York: Atheneum, 1973.

Macdonald, Dwight. "Action on West Fifty-third Street." *The New Yorker*, De- cember 12 and 19, 1953.

Madeline, Laurence, ed. *Correspondence: Pablo Picasso and Gertrude Stein.* Translated by Lorna Scott Fox. London: Seagull Books, 2008.

Marquis, Alice Goldfarb. *Alfred H. Barr, Jr.: Missionary for the Modern.* Chicago: Contemporary Books, 1989.

Mather, Frank Jewett, Jr. *Modern Painting*. New York: Henry Holt, 1927.

McBride, Henry. *An Eye on the Modern Century: Selected Letters of Henry McBride*. Edited by Steven Watson and Catherine J. Morris. New Haven: Yale University Press, 2000.

Monod-Fontaine, Isabelle, ed. *Daniel-Henry Kahnweiler: Marchand, éditeur, écrivain*. Paris: Centre Georges Pompidou, 1984.

Mumford, Lewis. *Mumford on Modern Art in the 1930s*. Edited by Robert Woj- towicz. Berkeley: University of California Press, 2007.

Nordau, Max. *Degeneration*. Translated from the second edition of the German work. New York: D. Appleton and Company, 1895.

O'Brian, Patrick. *Picasso: A Biography*. New York: W. W. Norton, 1994. Olivier, Fernande. Picasso and His Friends. Translated by Jane Miller. New York: Appleton-Century, 1965.

Oppler, Ellen, ed. *Picasso's "Guernica."* New York: W. W. Norton, 1988.

Paul Rosenberg and Company: From France to America; Exhibition of Documents Selected from the Paul Rosenberg Archives. New York: Paul Rosenberg and Company, 2012.

Pemberton, Sally. *Portrait of Murdock Pemberton*: The New Yorker's *First Art Critic*. Enfield, N.H.: Enfield Publishing and Distribution Company, 2011.

Penrose, Roland. *Picasso: His Life and Work*. 3rd ed. Berkeley and Los Angeles: University of California Press, 1981.

Perlman, Bennard B. *The Lives, Loves, and Art of Arthur B. Davies*. Albany: State University of New York Press, 1998.

Philippot, Émilia, Joachim Pissarro, and Bernard Ruiz-Picasso. *Olga Picasso*. Paris: Gallimard, 2019.

Platt, Susan Noyes. *Art and Politics in the 1930s: Modernism, Marxism, Americanism*. New York: Midmarch Arts Press, 1999.

Pound, Ezra. *A Memoir of Gaudier- Brzeska*. New York: New Directions, 1970.

Reid, B. L. *The Man from New York: John Quinn and His Friends*. New York: Oxford University Press, 1968.

Reliquet, Scarlett, and Phillippe Reliquet. *Henri- Pierre Roché: L'Enchanteur collectionneur*. Paris: Éditions Ramsay, 1999.

Richardson, John. *A Life of Picasso. Vol. 1, The Early Years, 1881– 1906*. New York: Random House, 1991.

———. *A Life of Picasso. Vol. 2, The Painter of Modern Life, 1906– 1917*. New York: Random House, 1996.

———. *A Life of Picasso. Vol. 3, The Triumphant Years, 1917– 1932*. New York: Alfred A. Knopf, 2007.

———. *A Life of Picasso. Vol. 4, The Minotaur Years, 1933– 1943*. New York: Alfred A.

Knopf, 2021.

Roché, Henri- Pierre. *Carnets: Les années Jules et Jim: première partie 1920– 1921*. Marseille: André Dimanche Éditeur, 1990.

———. "Hommage à John Quinn, Collectionneur." *La Parisienne*, August– September 1954.

Roob, Rona. "Alfred H. Barr, Jr.: A Chronicle of the Years 1902– 1929." *The New Criterion*, special issue (Summer 1987), 1– 19.

Rubin, William, Hélène Seckel, and Judith Cousins. *"Les Demoiselles d'Avignon."* Studies in Modern Art 3. New York: The Museum of Modern Art, 1993.

Russell, John. *Matisse: Father and Son*. New York: Harry N. Abrams, 1999. Saarinen, Aline B. *The Proud Possessors: The Lives, Times and Tastes of Some Adventurous American Art Collectors*. New York: Random House, 1958.

Sabartés, Jaime. *Picasso: An Intimate Portrait*. Translated by Angel Flores. New York: Prentice- Hall, 1948.

Saltzman, Cynthia. *Old Masters, New World: America's Raid on Europe's Great Pictures*. New York: Viking Penguin, 2008.

Semenova, Natalya, with André Delocque. *The Collector: The Story of Sergei Shchukin and His Lost Masterpieces*. Translated by Anthony Roberts. New Haven: Yale University Press, 2018.

Sinclair, Anne. *My Grandfather's Gallery: A Family Memoir of Art and War*. Translated by Shaun Whiteside. New York: Farrar, Straus and Giroux, 2014.

Spurling, Hilary. *Matisse the Master: A Life of Henri Matisse: The Conquest of Color*. New York: Alfred A. Knopf, 2005.

Stein, Gertrude. *The Autobiography of Alice B. Toklas*. New York: Harcourt, Brace and Company, 1933.

Tinterow, Gary, and Susan Alyson Stein, eds. *Picasso in the Metropolitan Museum of Art*. New York: The Metropolitan Museum of Art, 2010.

Tomkins, Calvin. *Merchants and Masterpieces: The Story of the Metropolitan Museum of Art*. New York: E. P. Dutton and Company, 1970.

Utley, Gertje R. Picasso: *The Communist Years*. New Haven: Yale University Press, 2000.

van Hensbergen, Gijs. *"Guernica": The Biography of a Twentieth- Century Icon*. New York and London: Bloomsbury, 2004.

Weber, Nicholas Fox. *Patron Saints: Five Rebels Who Opened America to New Art, 1928–1943*. New Haven: Yale University Press, 1992.

Whelan, Richard. *Alfred Stieglitz: A Biography*. New York: Little, Brown, 1995.

Wood, Beatrice. *I Shock Myself: The Autobiography of Beatrice Wood*. Edited by Lindsay Smith. San Francisco: Chronicle Books, 2006.

Zilczer, Judith. *"The Noble Buyer": John Quinn, Patron of the Avant- Garde*. Washington, D.C.: Smithsonian Institution Press, 1978.

주

주석에 별도의 언급이 없는 경우의 문헌 출처는 다음과 같다.
- 존 퀸의 편지와 앙리피에르 로셰가 존 퀸에게 보낸 편지의 출처는 뉴욕공공도서관 존 퀸 문서와 원고 및 아카이브 분과이다.
- 진 로버트 포스터의 일기와 포스터가 퀸에 보낸 편지의 출처는 뉴욕공공도서관 원고아카이브 분과의 포스터머피컬렉션Foster-Murphy Collection이다.
- 폴 로젠베르그가 피카소에게 보낸 편지의 출처는 파리의 국립피카소미술관의 피카소아카이브이다.
- 로셰의 일기 출처는 텍사스대학교 오스틴캠퍼스의 해리랜섬센터 칼턴 레이크 프랑스어 원고 컬렉션The Carlton Lake Collection of French Manuscripts, Harry Ransom Center이다.
- 로젠베르그가 피카소에게 보낸 편지와 로셰의 일기 및 다른 프랑스어 원문은 저자가 영어로 옮긴 것이다.

원본 문서가 소장되어 있는 아카이브는 다음과 같이 줄여서 표기한다.
마티스아카이브: 마티스아카이브Archives Matisse, 이시레물리노, 프랑스
게티연구소: 게티연구소Getty Research Institute, 로스앤젤레스, 캘리포니아
하버드미술관아카이브: 하버드미술관아카이브Harvard Art Museums Archives, 하버드대학교, 케임브리지, 매사추세츠
해리랜섬센터: 해리랜섬센터Harry Ransom Center, 텍사스대학교 오스틴캠퍼스, 텍사스
모마아카이브: 현대미술관아카이브Museum of Modern Art Archives, 현대미술관,

뉴욕

모건라이브러리: 문학 및 역사 매뉴스크립트부, 모건라이브러리미술관Morgan
Library and Museum, 뉴욕

프롤로그

1. 로셰에게 보낸 퀸의 편지, 1924년 3월 14일.
2. 조지프 브루머는 파리에서 루소와 알고 지냈고 루소가 사망하기 직전 자신의 초상화를 그리게 했다.
3. 그웬 존에게 보낸 퀸의 편지, 1924년 3월 13일.
4. 월터 파치는 1923년 12월 26일 퀸에게 보낸 편지에서 해브마이어의 논평을 전했다. 리드, 『뉴욕에서 온 사나이Man from New York』, 608.
5. 진 로버트 포스터, 리처드 론드라빌과의 인터뷰, 론드라빌, 『너무나 긴 희생Too Long a Sacrifice』, 213.
6. 존에게 보낸 퀸의 편지, 1924년 3월 13일.

1. 미국이 아닌

1. 제임스 허네커에게 보낸 퀸의 편지, 1911년 5월 30일.
2. 아서 호버, "예술과 예술가들", 『글로브 앤드 커머셜 애드버타이저Globe and Commercial Advertiser』, 1911년 4월 21일, 매릴린 매컬리 편집, 『피카소 문집: 문서, 비평, 회고A Picasso Anthology: Documents, Criticism, Reminiscences』(프린스턴, 뉴저지: 프린스턴대학교출판부, 1997), 79~80.
3. 앨프리드 스티글리츠에게 보낸 에드워드 스타이켄의 편지, 1911년 날짜 미상, 찰스 브룩, "파블로 피카소, 1911: 지적인 칵테일", 그리너프, 『미국의 현대 예술Modern Art in America』, 118.
4. 그웬 존에게 보낸 퀸의 편지, 1911년 1월 5일.
5. 불렌, 『잉글랜드의 후기인상주의자Post-Impressionists in England』, 100.
6. 퀸에게 보낸 조지 러셀의 편지, 1910년 12월 7일, 리드, 『뉴욕에서 온 사나이』, 95.
7. 조지 러셀에게 보낸 퀸의 편지, 1911년 2월 7일.
8. 오거스터스 존에게 보낸 퀸의 편지, 1911년 2월 3일.
9. 오거스터스 존에게 보낸 퀸의 편지, 1911년 2월 3일.
10. 1911년 이전에 퀸이 접한 몇 안 되는 프랑스 현대미술작품 중 하나는 마네의 작품 한 쌍이었다. 퀸은 1902년 더블린에서 이 작품들을 보았다. 리드, 『뉴욕에서 온 사나이』, 29. 1911년 봄, 퀸은 또한 세잔의 작품과 반 고흐의 작품 "한두 점"을 보았다고

썼다. 조지 러셀에게 보낸 퀸의 편지, 1911년 3월 5일.

11. 메이 모리스가 퀸에게 보낸 편지, 1911년 4월 5일. 론드라빌, 『시와 회화, 정치에 대하여On Poetry, Painting, and Politics』, 82.

12. 타운센드 월시에게 보낸 퀸의 편지, 1910년 12월 9일.

13. 퀸의 초기 일대기에 대해서는 다음의 문헌에서 상세하게 소개되고 있다. 리드, 『뉴욕에서 온 사나이』, 4~6.

14. 퀸에게 보낸 프랜시스 해킷의 편지, 1907년 8월 16일. 리드, 『뉴욕에서 온 사나이』, 49.

15. 브룩, "파블로 피카소", 121.

16. 허네커에게 보낸 퀸의 편지, 1911년 5월 30일.

17. 리사 민츠 메싱어 편집, 『스티글리츠와 예술가들: 마티스에서 오키프까지Stieglitz and His Artists: Matisse to O'Keeffe』(뉴욕: 메트로폴리탄미술관, 2011), 50.

18. 에드워드 올든 주얼에게 보낸 앨프리드 스티글리츠의 편지, 1939년 12월 19일. 그리너프, 『미국의 현대예술』, 499n50.

2. 어느 회화 작품의 반생

1. 퀸에게 보낸 존 슬론의 편지, 1910년 8월 16일. 리드, 『뉴욕에서 온 사나이』, 88.

2. 퀸에게 보낸 존 버틀러 예이츠의 편지, 1902년 10월 23일. 리드, 『뉴욕에서 온 사나이』, 11.

3. T. W. 롤스턴에게 보낸 퀸의 편지, 1912년 3월 8일. 리드, 『뉴욕에서 온 사나이』, 118.

4. 마이크 월리스, 『더 커진 도시: 뉴욕시 역사 1898~1919Greater Gotham: A History of New York City from 1898 to 1919』(뉴욕: 옥스포드대학교출판부, 2017), 344.

5. 퀸에게 보낸 에즈라 파운드의 편지, 1915년 3월 9일, 티머시 마터러 편집, 『에즈라 파운드가 존 퀸에게 보낸 편지 선집, 1915~24The Selected Letters of Ezra Pound to John Quinn, 1915~24』(더럼과 런던: 듀크대학교출판부, 1991), 20. 미국의 컬렉터들은 19세기 말부터 인상주의 회화 작품들을 구입해왔다. 하지만 1907년이 되어서야 로저 프라이의 르누아르 작품 구입이 메트로폴리탄미술관에서 논란을 야기했고 후기인상주의자들은 대체로 기피되었다.

6. 헨리 제임스, 『미국의 풍경The American Scene』(뉴욕과 런던: 하퍼앤드브라더스출판사, 1907), 186.

7. 오거스터스 존에게 보낸 퀸의 편지, 1913년 2월 10일; 판사 러니드 핸드에게 보낸 퀸의 편지, 1913년 7월 29일.

8. 타운센드 월시에게 보낸 퀸의 편지, 1909년 9월 3일. 리드, 『뉴욕에서 온 사나이』,

74.

9. 판사 러니드 핸드에게 보낸 퀸의 편지, 1913년 7월 29일.

10. 존 버틀러 예이츠에게 보낸 퀸의 편지, 1911년 3월 22일.

3. 파리, 동쪽

1. 1914년 무렵 두 화가는 모두 다시 캔버스 앞면에 서명을 하기 시작했다. 윌리엄 루빈, 『피카소와 브라크: 입체주의를 개척하다Picasso and Braque: Pioneering Cubism』(뉴욕: 현대미술관, 1989), 19.

2. 앨프리드 스티글리츠에게 보낸 마리우스 데 사야스의 편지, 1911년 7월 10일, 데 사야스, 『현대예술은 어떻게, 언제, 그리고 왜 뉴욕에 왔는가How, When, and Why Modern Art Came to New York』, 164~65.

3. 펜로즈, 『피카소: 삶과 작업Picasso: His Life and Work』, 146; 리처드슨, 『피카소의 생애: 현대적 삶의 화가Life of Picasso: Painter of Modern Life』, 228.

4. 리처드슨, 『피카소의 생애: 어린 시절Life of Picasso: Early Years』, 400.

5. 오브라이언, 『피카소Picasso』, 66. 앨프리드 H. 바 주니어는 레오 스타인의 영향력이 제한적이었다는 점을 대단히 정확하게 기술했다. "1905년부터 1907년 사이 짧은 2년 동안 그는 세계에서 가장 안목 높은 20세기 회화의 감식가이자 컬렉터였을 것이다." 바, 『마티스: 그의 예술과 대중Matisse: His Art and His Public』, 57.

6. 리처드슨, 『피카소의 생애: 현대적 삶의 화가』, 35.

7. 칸바일러, 『나의 갤러리와 화가들My Galleries and Painters』, 24.

8. 칸바일러, 『나의 갤러리와 화가들』, 27.

9. 다니엘헨리 칸바일러, 1969년 피에르 카반과의 인터뷰, 조르주 베르니에와 피에르 카반, 『D.-H. 칸바일러: 거래상이자 비평가D.-H. Kahnweiler: Marchand et critique』(파리: 누벨 에디시옹 세귀에, 1996), 34.

10. 칸바일러는 1907년 5월 독일의 감식가 빌헬름 우데로부터 이 작품에 대한 이야기를 들었다. 그는 7월 1일로부터 몇 주 지난 뒤 뤼 라비냥을 방문했다. 모노퐁텐, 『다니엘헨리 칸바일러Daniel-Henry Kahnweiler』, 97.

11. 칸바일러, 『나의 갤러리와 화가들』, 38.

12. 리처드슨, 『피카소의 생애: 현대적 삶의 화가』, 34.

13. 칸바일러, 『나의 갤러리와 화가들』, 38.

14. 리처드슨, 『피카소의 생애: 현대적 삶의 화가』, 34.

15. 칸바일러, "입체주의" 1916, 루빈 외 편집, 『아비뇽의 여인들Les Demoiselles d'Avignon』, 234.

16. 리처드슨, 『피카소의 생애: 어린 시절』, 352~54.

17. 올리비에, 『피카소와 그의 친구들Picasso and His Friends』, 96.

18. 칸바일러, 『나의 갤러리와 화가들』, 36.

19. 칸바일러, 『나의 갤러리와 화가들』, 29.

20. 시메노바, 『컬렉터The Collector』, 202.

21. 킨, 『프랑스 화가들, 러시아 컬렉터들French Painters, Russian Collectors』, 205.

22. 리처드슨, 『피카소의 생애: 현대적 삶의 화가』, 317.

23. 리처드슨, 『피카소의 생애: 현대적 삶의 화가』, 299; 피츠제럴드, 『모더니즘 만들기 Making Modernism』, 41.

24. 리처드슨, 『피카소의 생애: 현대적 삶의 화가』, 324.

25. 올리비에, 『피카소와 그의 친구들』, 151. 매우 예외적인 사례로 해밀턴 이스터 필드를 들 수 있다. 부유한 망명자로 브루클린에 거주한 그는 피카소에게 브루클린 하이츠에 있는 그의 도서관을 위해 대규모 입체주의 회화 연작 제작을 주문했다. 하지만 필드는 곧 이 생각에 대한 열정이 식었고, 2년 넘는 기간 동안 단속적으로 이 계획을 위해 작업했던 피카소는 노력의 대가를 하나도 받지 못했으며, 결국 제작한 대작 중 한 점을 부쳤다. 루빈, "부록: 해밀턴 이스터 필드 라이브러리", 『피카소와 브라크 Picasso and Braque』, 63~69.

4. 프랑스의 교훈

1. 홀로이드, 『오거스터스 존Augustus John』, 344.

2. 홀로이드, 『오거스터스 존』, 378.

3. 리드, 『뉴욕에서 온 사나이』, 105.

4. 홀로이드, 『오거스터스 존』, 378.

5. 리드, 『뉴욕에서 온 사나이』, 106~08.

6. 홀로이드, 『오거스터스 존』, 379~80.

7. 존 슬론에게 보낸 퀸의 편지, 날짜 미상 1912년 11월; 오거스터스 존에게 보낸 퀸의 편지, 1912년 12월 7일.

8. 오거스터스 존에게 보낸 퀸의 편지, 1912년 12월 7일.

9. 오늘날 대체로 잊히긴 했지만 〈아모리 쇼〉의 본래 목적은 유럽이 아닌 미국의 아방가르드 예술을 전시하는 것이었다. 메이어 샤피로, "예술의 저항", 대니얼 에런 편집, 『위기의 미국: 미국 역사의 열네 개의 중요한 에피소드America in Crisis: Fourteen Crucial Episodes in American History』(뉴욕: 앨프리드 A. 크노프, 1952), 203~04.

10. 퀸에게 보낸 마틴 번바움의 편지, 1912년 7월, 질처, "고귀한 구매자," 26. 데이비스는 번바움이 뉴욕으로 돌아온 이후 그에게서 도록을 구했다. 펄먼, 『아서 B. 데이비스의 삶과 사랑 그리고 예술Lives, Loves, and Art of Arthur B. Davies』, 212. 쿤이 데이비스

의 논평을 기억해냈다. 월트 쿤, 『아모리 쇼 이야기The Story of the Armory Show』(뉴욕: W. 쿤, 1938), 8.

11. 리드, 『뉴욕에서 온 사나이』, 133.

12. 잭 예이츠에게 보낸 퀸의 편지, 1912년 12월 21일.

13. 월터 파치에게 보낸 월트 쿤의 편지, 1912년 12월 12일. 브라운, 『아모리 쇼Armory Show』, 78; 존에게 보낸 퀸의 편지, 1912년 12월 7일.

14. 윌리엄 마천트에게 보낸 퀸의 편지, 1912년 12월 9일; 존 퀸, "어느 비전문가의 관점에서 본 현대예술," 『예술과 장식Arts and Decoration』, vol.3, no.5(1913년 3월), 155~58.

15. 존에게 보낸 퀸의 편지, 1912년 12월 7일.

5. 스치듯 지나간 여인

1. 브라운, 『아모리 쇼』, 157.

2. 퀸, 개막 연설, 1913년 2월 17일, 브라운, 『아모리 쇼』, 43~44. 퀸의 여자관계에 대한 세평과 관련 경고는 다음을 참조할 것. 론드라빌, 『친애하는 예이츠에게, 친애하는 파운드에게Dear Yeats, Dear Pound』, 136.

3. 포스터가 쓴 〈아모리 쇼〉 전시평은 다음의 글이다. 진 로버트 포스터, "미국에서 전시중인 예술 혁명가들", 『아메리칸 리뷰 오브 리뷰즈』, 1913년 4월; 인용구 "삶은 달걀"의 출처는 브라운, 『아모리 쇼』, 139.

4. 진 로버트 포스터, B. L. 리드와의 인터뷰, 리드, 『뉴욕에서 온 사나이』, 148.

5. 포스터의 일대기에 대한 상세한 내용은 다음을 참조. 론드라빌, 『친애하는 예이츠에게, 친애하는 파운드에게』, 136.

6. 포스터, "찰스 코플런드의 인물 묘사", 미출간 타이프 원고(1906); 포스터에게 보낸 찰스 코플런드의 편지, 1906년 2월 9일, 론드라빌, 『친애하는 예이츠에게, 친애하는 파운드에게』, 32~33.

7. 포스터에게 보낸 존 버틀러 예이츠의 편지, 1921년 2월 26일과 W. B. 예이츠에게 보낸 존 버틀러 예이츠의 편지, 1914년 5월 10일, 론드라빌, 『친애하는 예이츠에게, 친애하는 파운드에게』, 66~67, 73.

8. 브라운, 『아모리 쇼』, 145.

9. 브라운, 『아모리 쇼』, 235. 이 전시에 대한 영웅적인 설명은 월트 쿤이 1938년에 펴낸 회고록 『아모리쇼 이야기』를 비롯해 전시에 참가한 사람들에 의해 처음 쓰였다.

10. 조지프 콘래드에게 보낸 퀸의 편지, 1913년 3월 30일. 〈아모리 쇼〉에서 퀸이 행한 풍자적인 건배사에 대한 기록은 다음을 참조. 월터 파치, 『기묘한 사물, 회화Queer Thing, Painting』(뉴욕: 하퍼 앤드 브라더스 출판사, 1938), 203.

11. 에이비스 버먼, "'새 시대를 열기': 미국의 컬렉터와 미술 거래상들 그리고 아모리 쇼", 쿠쉬너와 오르컷, 『아모리 쇼 100년The Armory Show at 100』, 417, 422.

12. "각양각색의 입체주의자들", 『뉴욕 타임스』, 1913년 3월 16일.

13. 월터 파치에게 보낸 퀸의 편지, 1913년 4월 2일.

14. 플램, 『마티스와 피카소Matisse and Picasso』, 37.

15. 제이컵 엡스타인에게 보낸 퀸의 편지, 1913년 4월 28일.

16. 메이어 샤피로, "예술의 저항", 대니얼 에런 편, 위기의 미국: 미국 역사의 열네 개의 중요한 에피소드 (뉴욕: 앨프리드 A. 크노프, 1952), 204.

17. 프레더릭 제임스 그레그, "새로운 세계 예술의 중심", 『배니티 페어』, 1915월 1월.

18. 이 전시에서 많은 작품을 구매한 외부인 중 한 명은 시카고의 변호사이자 컬렉터인 아서 제롬 에디였다. 에디는 (퀸 다음으로) 가장 큰 금액을 쓴 개인 구매자로 피카비아와 뒤샹, 드랭의 작품을 구입했다. 브라운, 『아모리 쇼』, 122~24.

19. 조지 러셀에게 보낸 퀸의 편지, 1913년 3월 2일.

20. 브라운, 『아모리 쇼』, 183.

21. 포스터, "미국에서 전시중인 예술 혁명가들".

6. 의회의 입체주의

1. 모드 곤에게 보낸 퀸의 편지, 1914년 4월 12일.

2. 제임스 허네커에게 보낸 퀸의 편지, 1913년 2월 4일.

3. 오거스터스 존에게 보낸 퀸의 편지, 1913년 1월 19일; "모건의 예술품", 『뉴욕 타임스』, 1903년 3월 14일; 로버트 메이, "문화 전쟁: 도금 시대와 혁신 시대의 미국의 예술 로비와 의회 관세 입법", 『도금 시대와 혁신 시대 저널Journal of the Gilded Age and Progressive Era』, vol. 9, no. 1 (2010년 1월), 77.

4. 아서 브리즈번에게 보낸 퀸의 편지, 1913년 6월 30일.

5. 윌런, 『앨프리드 스티글리츠』, 289.

6. 존 큐스텁에게 보낸 퀸의 편지, 1911년 2월.

7. 존에게 보낸 퀸의 편지, 1913년 1월 19일.

8. 오스카 언더우드 의장, 관세 청문회, 1913년 1월 29일, 존 퀸, "계류중인 관세법의 예술 조항에 대한 메모", 상원 재정 위원회 제출, 1913년 6월.

9. 메이, "문화 전쟁"; 브리즈번에게 보낸 퀸의 편지, 1913년 6월 30일; 퀸, "메모", 13.

10. 상원의원 제임스 오고먼에게 보낸 퀸의 편지, 1913년 6월 27일.

11. 대통령 우드로 윌슨에게 보낸 퀸의 편지, 1913년 9월 13일.

12. 메이 모리스에게 보낸 퀸의 편지, 1913년 12월 16일, 론드라빌, 『시와 회화, 정치에 대하여』, 140; 존 존슨에게 보낸 퀸의 편지, 1913년 10월 2일.

13. 퀸, "메모", 19.

14. 판사 러니드 핸드에게 보낸 퀸의 편지, 1913년 7월.

15. 존 코튼 데이나에게 보낸 퀸의 편지, 1914년 1월 26일.

16. 퀸에게 보낸 앨리스 서스비의 편지, 월터 파치에게 보낸 퀸의 편지, 1914년 2월 17일
    에서 인용.

17. 메리 해리먼 럼지에게 보낸 퀸의 편지, 1913년 12월 22일.

18. 퀸에게 보낸 조지프 콘래드의 편지, 1913년 8월 17일, 리드, 『뉴욕에서 온 사나이』,
    167.

19. 앨리스 서스비에게 보낸 퀸의 편지, 1914년 2월 17일.

7. 체스 선수와 흥행사

1. 시모어 드 리치, "곰의 가죽", 『질 블라스』, 1914년 3월 3일.

2. 조아킴 가스케, "'곰의 가죽'을 둘러싼 전투", 『파리-미디Paris-Midi』, 1914년 3월
    3일.

3. 다니엘헨리 칸바일러, 1955년 조지 베르니에와의 인터뷰, 베르니에와 카반, 『D.-H.
    칸바일러』, 23; 칸바일러, 『나의 갤러리와 화가들』, 45.

4. 칸바일러는 1913년 10월 피카소의 「공 위에 선 어린 곡예사」(1905)를 이반 모로소프
    에게 판매했다. 칸바일러는 〈아모리 쇼〉에 「겨자 항아리와 여성」(1910)을 675달러
    에, 「남성의 두상」(1912)을 486달러에, 초기 청색시대의 걸작 「솔레르 부인」(1903)을
    1350달러에 보냈다. 브라운, 『아모리 쇼』, 301~02.

5. 루이 보셀, "예술: 툴루즈로트레크의 전시", 『질 블라스』, 1914년 1월 25일.

6. 앙드레 지발, "툴루즈로트레크", 『레 옴 뒤 주르Les Hommes du jour』, 1914년 2월
    21일.

7. 로젠베르그, "자전적 메모", 『폴 로젠베르그와 친구들Paul Rosenberg and Company』,
    131.

8. 프루스트와 에프루시의 우정은 다음의 문헌이 다루고 있다. 에드먼트 드 왈, 『호박
    눈의 산토끼The Hare with Amber Eyes: A Family's Century of Art and Loss』 (뉴욕: 파라르 스
    트라우스 앤드 지루, 2010), 75~76.

9. 로젠베르그는 회고록에서 에밀 베르나르가 1892년에 개최한 반 고흐의 전시를 보러
    갔을 때 그의 아버지가 「침실」(1889)을 구입했다고 기억하지만, 이 작품이 그 전시에
    포함되지 않았기 때문에 작품이 전시되었던 앙브루아즈 볼라르가 개최한 1895년 전
    시에서 구입했을 가능성이 더 높아 보인다. 이 작품은 현재 시카고미술관에 소장되어
    있다. 로젠베르그, "자전적 메모", 128~30.

10. 쥘리 마네는 1898년 1월 13일 「나는 고발한다」가 발표되어 전국적으로 큰 논란이 일

어난 지 이틀 뒤 르누아르의 작업실을 방문했을 때 르누아르의 논평을 기록했다. 마
네가 다시 그다음주에 르누아르를 만났을 때에도 르누아르는 여전히 졸라에 대해 불
평했다. 쥘리 마네의 일기, 1898년 1월 15일, 1월 20일. 제인 로버츠 편역, 『인상주의
자들과 함께한 성장기: 쥘리 마네의 일기Growing Up with the Impressionists: The Diary of
Julie Manet』(런던: 소더비출판, 1987), 124~26.

11. 로젠베르그는 르누아르가 세상을 뜨기 2주 전 그와의 마지막 만남과 그의 장례식에
대해 짧은 글을 남겼다. 로젠베르그, "두 번의 르누아르 자택 방문기", 『폴 로젠베르
그와 친구들』, 137~40.

12. 로젠베르그, "자전적 메모", 137~40.

13. 칸바일러, 『나의 갤러리와 화가들』, 32.

14. 타자기로 작성한 로젠베르그의 선언문 초안이 남아 있다. 로젠베르그, "편지 초고",
날짜 미상(1914년 초), 『폴 로젠베르그와 친구들』, 22~23. 로젠베르그에 대한 칸바일
러의 논평은 다음을 참고. 훅, 『로그 갤러리Rogues' Gallery』, 159.

8. 전원시의 최후

1. 포스터, 일기, 1914년 8월 5~6일, 론드라빌, 『친애하는 예이츠에게, 친애하는 파운
드에게』, 55.

2. 포스터, 일기, 1914년 8월 15일, 『친애하는 예이츠에게, 친애하는 파운드에게』,
55~56.

3. 리처드슨, 『피카소의 생애: 현대적 삶의 화가』, 341.

4. 단체프, 『브라크』, 116.

5. 칸바일러, 『나의 갤러리와 화가들』, 41.

6. 칸바일러에게 보낸 피카소의 편지, 1912년 6월 12일. 윌리엄 루빈, 『피카소와 브라
크: 입체주의를 개척하다』(뉴욕: 현대미술관, 1989), 394~95.

7. 스타인, 『앨리스 B. 토클라스의 자서전』, 136.

8. 메이블 다지 루한에게 보낸 스타인의 편지, 1912년 12월, 리처드슨, 『피카소의 생애:
현대적 삶의 화가』, 271.

9. 스타인에게 보낸 에바 구엘의 편지, 1914년 11월 10일, 매들린, 『서신: 피카소와 스
타인Correspondence: Picasso and Stein』, 169.

10. 스타인에게 보낸 에바 구엘의 편지, 1914년 6월 23일. 스타인에게 보낸 구엘과 피카
소의 편지, 1914년 6월 25일, 매들린, 『서신: 피카소와 스타인』, 145~47.

11. 칸바일러에게 보낸 브라크의 편지, 1914년 7월 15일, 루빈, 『피카소와 브라크』, 429.

12. 칸바일러에게 보낸 피카소의 편지, 1914년 7월 21일, 덱스, 『피카소: 삶과 예술Picas-
so: Life and Art』, 138.

13. 칸바일러에게 보낸 브라크의 편지, 1914년 8월 1일, 루빈, 『피카소와 브라크』, 430.
14. 피카소는 1914년 8월 8일 스타인에게 보낸 편지에서 다음과 같이 말했다. "우리는 소집되기 전 파리로 올라갔습니다…… 단 몇 시간 동안 일을 정리했습니다." 존 리처드슨에 따르면, 피카소와 구엘은 7월 30일 또는 31일 여행을 했다. 이 경우 피카소는 브라크보다 먼저 동원이 임박했다는 사실을 알았을 것이다. 리처드슨, 『피카소의 생애: 현대적 삶의 화가』, 344.
15. 오브라이언, 피카소, 207.
16. 스타인에게 보낸 피카소와 구엘의 편지, 1914년 10월 6일, 매들린, 『서신: 피카소와 스타인』, 162.
17. 스타인에게 보낸 피카소의 편지, 1914년 9월 11일, 매들린, 『서신: 피카소와 스타인』, 159.
18. 아술린, 『능란한 삶Artful Life』, 114~15.
19. 리처드슨, 『피카소의 생애: 현대적 삶의 화가』, 346.
20. 아술린, 『능란한 삶』, 114.
21. 다니엘헨리 칸바일러, 1961~62년 폴 샤바스와의 인터뷰, "입체주의와 시대—투쟁", 프랑스 3의 여섯 편의 방송 중 한 편, INA(국립시청각연구소) 아카이브, www.ina.fr.
22. 칸바일러, 『나의 갤러리와 화가들』, 35.
23. 리처드슨, 『피카소의 생애: 현대적 삶의 화가』, 344.
24. 존 퀸은 피카소의 수채화를 구입한 아서 데이비스와 함께 〈아모리 쇼〉에서 칸바일러의 작품을 구입한 극소수의 구매자 중 한 명이었다. 퀸은 드랭의 1912년 작품 「벌스의 창」을 486달러에 구입했다. 특히 칸바일러가 보낸 여섯 점의 피카소와 브라크의 유화는 한 점도 판매되지 않았다. 브라운, 『아모리 쇼』, 250, 262, 301~02.
25. 아술린, 『능란한 삶』, 117.
26. 리처드슨, 『피카소의 생애: 현대적 삶의 화가』, 346.
27. 칸바일러, 『나의 갤러리와 화가들』, 50.

9. 크나큰 환상
1. 헨리 맥브라이드, "캐럴갤러리 입체주의 수채화와 드로잉으로 많은 관람객의 이목을 끌다", 뉴욕 『선』, 1914년 12월 14일.
2. 프레더릭 제임스 그레그, "새로운 세계 예술의 중심", 『배니티 페어』, 1915월 1월.
3. 헨리 맥브라이드, "아서 B. 데이비스와 입체주의", 뉴욕 『선』, 1913년 11월 2일.
4. 월터 파치에게 보낸 퀸의 편지, 1915년 8월 30일.
5. 베란 타소, "다니엘헨리 칸바일러의 국제적인 협력", 포스, 『세계 미술시장의 선구자

들Pioneers of the Global Art Market』, 81.

6. 주디스 K. 질처, "로버트 J. 코디, 잊힌 미국 아방가르드 문화 대변인", 『아메리칸 아
   트 리뷰』, vol. 2, no. 6 (1975년 11~12월), 81.

7. 리드, 『뉴욕에서 온 사나이』, 207.

8. 데 사야스, 『현대예술은 어떻게, 언제, 그리고 왜 뉴욕에 왔는가』, 93~94.

9. 스티글리츠는 또한 주식시장의 붕괴가 매출에 타격을 주었다고 주장했다. 페페 카멜,
   "파블로 피카소와 조르주 브라크, 1914~15", 그리너프, 『미국의 현대예술』, 193.

10. 『제3회 프랑스 현대미술전Third Exhibition of Contemporary French Art』 (뉴욕: 캐럴갤러리,
    1915), 10.

11. 헨리 맥브라이드, "세계 예술계에서 일어나고 있는 일", 뉴욕 『선』, 1915년 3월 14일.

12. 프레더릭 제임스 그레그, "파블로 피카소에 대한 기록", 『제3회 프랑스 현대미술전』, 14.

13. 맥브라이드, "입체주의 수채화".

14. 제임스 허네커에게 보낸 퀸의 편지, 1915년 4월 3일.

15. 리드, 『뉴욕에서 온 사나이』, 207.

16. C. K. 버틀러에게 보낸 퀸의 편지, 1914년 9월 3일.

17. 해리엇 브라이언트에게 보낸 퀸의 편지, 1914년 10월 6일.

18. 월트 쿤에게 보낸 퀸의 편지, 1914년 11월 17일.

19. 『제1회 프랑스 현대예술가 작품전First Exhibition of Works by Contemporary French Artists』
    (뉴욕: 캐럴갤러리, 1914), 2.

20. 다음을 참조. 해리엇 브라이언트에게 보낸 퀸의 편지, 1915년 2월 19일; 존 버틀러
    예이츠에게 보낸 퀸의 편지, 1915년 2월 20일; 월드 쿤에게 보낸 퀸의 편지, 1915년
    8월 30일.

21. 월터 파치에게 보낸 퀸의 편지, 1915년 8월 24일, 리드, 『뉴욕에서 온 사나이』, 208.

22. 퀸은 1908년 7월 스티글리츠로부터 피카소의 「숲속의 누드('세 여인' 습작)」(1908)를
    구입했다. 주디스 K. 질처, "앨프리드 스티글리츠와 존 퀸: 미국 아방가르드의 동맹
    자", 『아메리칸 아트 저널』, vol. 17, no. 3(1985년 여름), 21.

23. 앙브루아즈 볼라르에게 보낸 퀸의 편지, 1915년 8월 11일.

24. 로셰에게 보낸 퀸의 편지, 1923년 3월 24일.

25. 제임스 번 부인에게 보낸 퀸의 편지, 1915년 3월 26일.

26. 제이컵 엡스타인에게 보낸 퀸의 편지, 1915년 7월 31일. 리드, 『뉴욕에서 온 사나
    이』, 209.

27. 볼라르에게 보낸 퀸의 편지, 1915년 8월 11일.

28. 고든 크레이그에게 보낸 퀸의 편지, 1915년 8월 10일.

29. 그레고리 부인에게 보낸 퀸의 편지, 1915년 4월 27일.

30. 리드,『뉴욕에서 온 사나이』, 214.
31.『제3회 프랑스 현대미술전』의 서명이 없는 서문, 13. 퀸은 이 도록에 긴밀히 관여했고 이 글을 감독했을 것이다.

10. 전쟁중의 입체주의자들

1. 칸바일러에게 보낸 후안 그리스의 편지, 1914년 8월 1일, 리처드슨,『피카소의 생애: 현대적 삶의 화가』, 344.
2. 리처드슨,『피카소의 생애: 현대적 삶의 화가』, 235~46.
3. 리처드슨,『피카소의 생애: 현대적 삶의 화가』, 277.
4. 스타인에게 보낸 에바 구엘의 편지, 1914년 10월 6일과 스타인에게 보낸 피카소의 편지, 1914년 10월 19일, 매들린,『서신: 피카소와 스타인』, 162~64.
5. 클레어 맹공,『보이지 않는 미술관: 루브르박물관과 대전(1914~21)Le Musée invisible: Le Louvre et la grande guerre(1914–1921)』(파리: 루브르미술관출판, 2016), 48, 62~63.
6. 아술린,『능란한 삶』, 117.
7. 다니엘라 L. 칼리오티, "전쟁 시기의 재산권: 제1차세계대전 서유럽의 적국외인 재산의 몰수와 정리",『현대 유럽 역사저널』, vol. 12, no. 4 (2014), 525.
8. 퀸은 미국 상원에 적성국교육법에 대한 조언을 제공했다. 이 법안은 1917년 10월에 재정되었다. 리드,『뉴욕에서 온 사나이』, 322. 전쟁이 끝날 무렵 미국은 독일 및 추축국에 속한 4억 7000만 달러 이상의 재산을 압류했다. "외국 재산의 처분",『에디토리얼 리서치 리포트』, vol. 3 (워싱턴 D.C.: CQ출판사, 1925), 540.
9. 칸바일러,『나의 갤러리와 화가들』, 50.
10. 베란 타소, "거래상 다니엘헨리 칸바일러 기탁물의 매각(1921~23)",『유대인 기록보관소』, vol. 50, no. 1 (2017), 27.
11. 올리비에,『피카소와 그의 친구들』, 119.
12. 기욤 아폴리네르에게 보낸 피카소의 편지, 1914년 12월 22일과 31일, 캐제르그와 세켈,『피카소/아폴리네르』, 122~25.
13. 아폴리네르에게 보낸 피카소의 편지, 1915년 4월 24일, 캐제르그와 세켈,『피카소/아폴리네르』, 133. 두세에 대해서는 다음을 참조. 매들린,『서신: 피카소와 스타인』, 169n3.
14. 단체프,『브라크』, 125.
15. 로셰에게 보낸 피카소의 편지, 1915년 5월 24일(?), 단체프,『브라크』, 127.
16. 앨리스 서스비에게 보낸 퀸의 편지, 1914년 11월 11일.
17. 퀸에게 보낸 모드 곤의 편지, 1915년 1월 7일과 4월 22일, 론드라빌,『너무나 긴 희생』, 146~49; 퀸에게 보낸 곤의 편지, 1915년 5월 4일, 리드,『뉴욕에서 온 사나이』,

217.

18. 곤에게 보낸 퀸의 편지, 1915년 6월 8일, 론드라빌, 『너무나 긴 희생』, 149.

19. 에즈라 파운드에게 보낸 앙리 고디예브제스카의 편지, 1915년 6월 3일, 파운드, 『고디예브제스카의 회고록Memoir of Gaudier-Brzeska』, 63~64.

20. 거트루드 스타인에 따르면 피카소는 "우리가 그 일을 했다"고 말했다. 스타인, 『앨리스 B. 토클라스의 자서전』, 110.

21. 장 폴랑, 『후견인 브라크Braque le patron』(파리: 갈리마르, 1986), 134, 캐제르그와 세켈, 『피카소/아폴리네르』, 128n4에서 인용.

22. 아폴리네르에게 보낸 피카소의 편지, 1915년 2월 7일, 캐제르그와 세켈, 『피카소/아폴리네르』, 128~29.

23. 퀸에게 보낸 앙드레 뒤누아예 드 세곤자크의 편지, 1918년 3월 21일.

24. 세곤자크에게 보낸 퀸의 편지, 1916년 1월 17일.

25. 마리아 마르크에게 보낸 프란츠 마르크의 편지, 1916년 2월 6일, 『전장에서 온 편지 1914~16Briefe aus dem Feld 1914-1916』(베를린: 렘브란트출판사, 1959), 141~42.

26. 클레의 활동은 도널드 바셀미의 단편소설에도 영감을 주었다. 부조리함을 다룬 이 소설에서 클레가 위장 그림을 그린 전투기가 불가사의하게 수송 열차에서 사라진다. 클레는 화물 목록을 "다시 그림"으로써 이 문제를 해결한다. 바셀미, "기술-병사 파울 클레 밀버트쇼펜과 캉브레 사이에서 항공기를 잃어버리다, 1916년 3월Engineer-Private Paul Klee Misplaces an Aircraft Between Milbertshofen and Cambrai, March 1916", 『뉴요커』, 1971년 4월 3일.

27. 아폴리네르에게 보낸 피카소의 편지, 1915년 2월 7일. 캐제르그와 세켈, 『피카소/아폴리네르』, 128~29.

28. 리처드슨은 이 드로잉을 안드레아 만테냐의 「죽은 예수」에 비유한다. 리처드슨, 『피카소의 생애: 현대적 삶의 화가』, 375.

29. 스타인에게 보낸 피카소의 편지, 1916년 1월 8일. 매들린, 『서신: 피카소와 스타인』, 180.

30. 오브라이언, 『피카소』, 215.

31. 로셰에게 보낸 자크 두세의 편지, 날짜 미상(1916), 리처드슨, 『피카소의 생애: 현대적 삶의 화가』, 399.

32. 제임스 허네커에게 보낸 퀸의 편지, 1916년 4월 6일.

11. 새로운 시작

1. 윌리엄 M. 머피에게 보낸 포스터의 편지, 1968년 3월 27일, 론드라빌, 『친애하는 예이츠에게, 친애하는 파운드에게』, 136.

2. 존 버틀러 예이츠에게 보낸 퀸의 편지, 1918년 11월 23일.

3. 론드라빌, 『친애하는 예이츠에게, 친애하는 파운드에게』, 137.

4. 이 책은 1917~18년 더블린에서 개최된 집회 '아일랜드 대회Irish Convention'를 위해 준비되었다. 이 대회는 아일랜드를 위한 헌법적인 합의를 시도했지만 결국 실패했다. 리드, 『뉴욕에서 온 사나이』, 330, 358~59.

5. 퀸에게 보낸 에즈라 파운드의 편지, 1918년 2월 19일.

6. 퀸에게 보낸 앨프리드 크노프의 편지, 1917년 8월 17일, 리드, 『뉴욕에서 온 사나이』, 279.

7. 퀸에게 보낸 스탠디시 오그래디의 편지, 1917년 10월 10일, 리드, 『뉴욕에서 온 사나이』, 271.

8. T. W. 롤스톤T. W. Rolleston에게 보낸 퀸의 편지, 1918년 9월 15일.

9. 조지프 콘래드에게 보낸 퀸의 편지, 1918년 2월 18일, 리드, 『뉴욕에서 온 사나이』, 335.

10. 존 버틀러 예이츠에게 보낸 퀸의 편지, 1917년 3월 5일.

11. 론드라빌, 『친애하는 예이츠에게, 친애하는 파운드에게』, 74.

12. 퀸에게 보낸 포스터의 편지, 1920년 2월 16일.

13. 퀸에게 보낸 포스터의 편지, 1921년 8월 16일.

14. 퀸에게 보낸 포스터의 편지, 1920년 10월 4일.

15. 포스터에게 보낸 퀸의 편지, 날짜 미상과 퀸에게 보낸 포스터의 편지, 날짜 미상(1921년 여름?), 론드라빌, 『친애하는 예이츠에게, 친애하는 파운드에게』, 140~42.

16. 제임스 허네커에게 보낸 퀸의 편지, 1916년 4월 6일.

17. 앙드레 뒤누아예 드 세곤자크에게 보낸 퀸의 편지, 1919년 4월 29일.

18. 오스카 언더우드에게 보낸 퀸의 편지, 1914년 8월 6일.

19. 35년 후 쓴 회고록에서 로셰는 1917년 봄 퀸과 처음 만난 이튿날 점심식사 자리가 마련되었다고 말했다. 로셰, "존 퀸에 대한 오마주", 965~66. 하지만 로셰의 일기와 퀸의 편지에 따르면 이 점심식사는 1919년 9월에 이루어졌던 것이 분명하다. 로셰, 일기, 1919년 9월 7일.

20. 로셰가 중개인이 되어 피카소는 두세에게 작은 정물화와 입체주의 양식의 광대 그림을 4000프랑에 판매했다. 로셰, 일기, 1916년 8월 4일.

21. 스타인, 『앨리스 B. 토클라스의 자서전』, 54.

22. 로셰, 일기, 1919년 9월 13일.

23. 스타인, "거트루드 스타인이 말하는 로셰" 1911년 3월, 레이크와 애시턴, 『앙리피에르 로셰Henri-Pierre Roché』, 28.

24. 앙리피에르 로셰, 『마른전투 감옥에서 보낸 2주일Deux Semaines a la Conciergerie pen-

dant la bataille de la Marne』(파리: 아탱제프레르, 1916), 64.

25. 로셰, "존 퀸에 대한 오마주", 966.
26. 로셰에게 보낸 퀸의 편지, 1919년 9월 17일.
27. 퀸에게 보낸 로셰의 편지, 1919년 9월 18일.
28. 진 로버트 포스터, 리처드 론드라빌과의 인터뷰, 론드라빌, 『너무나 긴 희생』, 296n1.
29. 로셰에게 보낸 퀸의 편지, 1919년 9월 17일.

12. 내가 아는 사람이 맞나?

1. 셀레스트 알바레, 『프루스트 씨Monsieur Proust』, 바버라 브레이 번역(뉴욕: 뉴욕 리뷰 북스 클래식, 2003), 77.
2. 리처드슨, 『피카소의 생애: 영광의 세월Life of Picasso: Triumphant Years』, 297.
3. "문예", 『파리의 함성Le Cri de Paris』, 1916년 7월 23일, 루빈 외, 『아비뇽의 여인들』, 168.
4. 조르주 마르탱, "파리의 공기 속에서", 『랭트랑지장』, 1919년 10월 29일.
5. 리처드슨, 『피카소의 생애: 현대적 삶의 화가』, 379.
6. 거트루드 스타인은 브라크의 말을 무미건조한 반어법으로 기록했다. "이 신사는 내가 아는 사람임에 틀림없다." 스타인, 『앨리스 B. 토클라스의 자서전』, 238.
7. 한 예로 다음을 참조할 것. 데, 『피카소: 삶과 예술』, 161.
8. 피카소에게 보낸 로젠베르그의 편지, 날짜 미상(1918년 여름).
9. 이렌 라귀, 미간행된 1973년 인터뷰, 리처드슨, 『피카소의 생애: 현대적 삶의 화가』, 402.
10. 오브라이언, 『피카소』, 215.
11. 리처드슨, 『피카소의 생애: 영광의 세월』, 173.
12. 아폴리네르에게 보낸 피카소의 편지, 1918년 8월 16일, 캐제르그와 세켈, 『피카소/아폴리네르』, 176.
13. 피카소에게 보낸 로젠베르그, 1918년 9월 27일.
14. 이 이야기는 마티스의 딸 마르그리트 뒤위가 몇 년 뒤 기억해낸 것이다. 1919년 마티스와 슈킨은 니스에서 어색한 만남을 가졌지만 슈킨은 더이상 작품을 구입할 수 있는 처지가 아니라고 말했고 곧 연락을 끊었다. 시메노바, 『컬렉터』, 234~35.
15. 일레인 로젠베르그, 저자와의 인터뷰, 2016년 9월.
16. 피카소에게 보낸 로젠베르그의 편지, 1919년 4월 7일.
17. 레옹스 로젠베르그에 대한 피카소의 평은 다음에 기록되어 있다. 피카소에게 보낸 레옹스 로젠베르그의 편지, 1918년 12월 2일, 피츠제럴드, 『모더니즘 만들기Making

Modernism』, 3.

18. 토마 셰뇌, "올가 피카소: 프랑스와 러시아 사이에서", 필리포 외, 『올가 피카소Olga Picasso』, 105~09.

19. 1920년 무렵 미국의 미술관 수는 15년 사이에 두 배 이상 증가하여 92곳이 되었다. 톰킨스, 『상인과 걸작Merchants and Masterpieces』, 192.

20. 피카소에게 보낸 로젠베르그의 편지, 1920년 7월 13일, 8월 12일, 8월 27일.

21. 리처드슨, 『피카소의 생애: 영광의 세월』, 166~67.

22. 로젠베르그에게 보낸 로셰의 편지, 1920년 9월 28일, 모건라이브러리.

13. 피카소의 정원에서

1. 퀸에게 보낸 로셰의 편지, 1921년 6월 6일.

2. 로셰, 일기, 1921년 7월 5일, 로셰, 『수첩Carnets』, 275.

3. 퀸에게 보낸 로셰의 편지, 1921년 12월 2일.

4. 로셰, 일기, 1921년 11월 13일, 로셰, 『수첩』, 104.

5. 로셰, 일기, 1921년 7월 5일, 로셰, 『수첩』, 275.

6. 퀸에게 보낸 포스터의 편지, 1920년 10월 4일.

7. 포스터, 일기, 1921년 7월 10일.

8. 로셰, 일기, 1921년 7월 7일, 로셰, 『수첩』, 276.

9. 그레고리 부인에게 보낸 퀸의 편지, 1922년 5월 11일.

10. 포스터, 일기, 1921년 7월 29일; 로셰, 일기, 1921년 7월 29일, 로셰, 『수첩』, 295.

11. 포스터, 일기, 1921년 7월 9일.

12. 포스터, 일기, 1921년 7월 9일. 올가 피카소는 발레 뤼스의 첫 미국 순회공연에 참여했다. 이 순회공연은 1916년 1월부터 4월 사이 미국 도시 17곳을 들렀다. 토마 셰뇌, 저자에게 보낸 이메일, 2022년 2월 10일.

13. 특히 「벌거벗은 두 사람」은 훨씬 앞서 제작되었고 전쟁중 퀸이 볼라르로부터 구입한 「벌거벗은 두 사람」에 대한 기이한 보완물이 되었다. 앞서 제작된 그림에서 인물들은 조각적인 형상으로 이루어졌지만 회화 화면에 융합되는 듯 보이는 반면, 나중에 제작된 작품의 경우 인물들은 그 형상들을 품을 수 없을 것 같은 시각적 공간 안에 압축된다. 이 두 회화 작품은 각기 피카소의 입체주의로 향한 여정과 이후 입체주의로부터 벗어나는 여정이라는 중요한 흐름의 시작과 끝을 나타낸다.

14. 퀸에게 보낸 로셰의 편지, 1922년 2월 11일.

15. 퀸에게 보낸 로셰의 편지, 1922년 1월 8일; 로셰에게 보낸 퀸의 편지, 1922년 1월 27일.

16. 마티스의 「미술가와 모델」(1919)은 현재 개인 소장품이다.

17. 퀸에게 보낸 로셰의 편지, 1920년 10월 20일.

18. 퀸은 로셰에게 보낸 1922년 5월 25일의 편지에서 이 대화를 회상했다.

19. 피카소에게 보낸 칸바일러의 편지, 1920년 2월 10일, 리처드슨, 『피카소의 생애: 현대적 삶의 화가』, 358.

20. 베란 타소, "거래상 다니엘 헨리 칸바일러 기탁물의 매각(1921~23)", 『아르시브 주이브』, vol. 50, no. 1 (2017), 32.

21. 아술린, 『능란한 삶』, 174.

22. 아술린, 『능란한 삶』, 168~69.

23. 퀸에게 보낸 로셰의 편지, 1920년 12월 25일.

24. 로셰, 일기, 1921년 7월 22일, 로셰, 『수첩』, 290.

25. 칸바일러에게 보낸 퀸의 편지, 1921년 11월 29일.

26. 로셰, 일기, 1921년 7월 7일, 로셰, 『수첩』, 276~77.

27. 로셰, 일기, 1921년 8월 12일, 로셰, 『수첩』, 305.

28. 포스터, 일기, 1921년 7월 10일.

29. 로셰, 일기, 1921년 8월 15일, 로셰, 『수첩』, 307.

30. 모드 곤에게 보낸 퀸의 편지, 1921년 8월 29일.

31. 로셰, 일기, 1921년 8월 15일, 로셰, 『수첩』, 307.

32. 그웬 존에게 보낸 퀸의 편지, 1921년 8월 29일.

14. KKK 비평

1. 이 소송은 스토어 v. 윌리스 255 U.S. 239(1921)로, 이 소송에서 퀸은 압류한 적의 자산에 대한 정부 매각의 합헌성을 옹호했다. 퀸은 대법원에서 승소했음에도 불구하고 정부가 그의 수임료를 1만 9000달러로 줄인 것에 대해 불평했다. 발터 할보르센에게 보낸 퀸의 편지, 1921년 11월 17일.

2. 마거릿 앤더슨에게 보낸 퀸의 편지, 1921년 10월 19일.

3. 브라이슨 버로스에게 보낸 퀸의 편지, 1921년 3월 24일, 게리 틴트로, "메트로폴리탄미술관의 피카소", 틴트로와 스타인, 『메트로폴리탄미술관의 피카소Picasso in the Metropolitan Museum of Art』, 5~6.

4. 에즈라 파운드에게 보낸 퀸의 편지, 1921년 5월 7일.

5. "1500명이 본 프랑스 그림: 인상주의 화가의 작품이 많은 방문객들에게 놀라움을 안기다", 『뉴욕 타임스』, 1921년 5월 3일; 아우구스타 오언 패터슨, "예술과 장식", 『타운 앤드 컨트리』, 1921년 6월, 30~32; "메트로폴리탄미술관 프랑스 미술전", 『아츠』, 1921년 4~5월, 2.

6. 포브스 왓슨, "기관 대 개인 컬렉터: 위원회 규칙 폐지를 위한 정중한 호소", 『예술과

장식Arts and Decoration』, 1921년 2월, 340.

7. "메트로폴리탄미술관이 보여주는 퇴폐적인 '모더니즘' 작품 전시에 대한 항의" 날짜 미상 팸플릿 1921년 9월.

8. 존 버틀러 예이츠에게 보낸 퀸의 편지, 1921년 9월 9일, 리드, 『뉴욕에서 온 사나이』, 507.

9. "페넬 예술 전쟁에 돌입하다: 동판화가, 미술관의 후기인상주의 전시 작품이 위험하다고 주장하다", 『뉴욕 타임스』, 1921년 9월 8일; "페넬 후기인상주의 작품을 쓰레기라고 비난하다"『뉴욕 헤럴드』, 1921년 9월 8일.

10. 요하네스 뷔르허르스, "막스 노르다우와 매디슨 그랜트 그리고 급진화된 이데올로기 이론", 『저널 오브 히스토리 오브 아이디어스』, vol. 72, no. 1(2011년 1월), 119~40.

11. 노르다우, 『타락』, viii.

12. 브라운, 『아모리 쇼』, 164.

13. 제임스 허네커, "노르다우 박사의 사례", 『포럼』, 1915년 11월, 571~87.

14. 뷔르허르스, "막스 노르다우", 125.

15. 예이츠에게 보낸 퀸의 편지, 1921년 9월 9일, 리드, 『뉴욕에서 온 사나이』, 507.

16. "후기인상주의자들을 돕기 위해 일어선 예술가들: 존 퀸 미술관 전시 작품에 대한 익명의 공격을 KKK 비평이라고 말하다", 『뉴욕 타임스』, 1921년 9월 7일.

17. 퀸에게 보낸 로셰의 편지, 1921년 11월 22일.

18. 로셰에게 보낸 퀸의 편지, 1921년 12월 29일.

19. 레옹스 로젠베르그에게 보낸 퀸의 편지, 1921년 11월 29일.

20. 로셰에게 보낸 퀸의 편지, 1922년 2월 19일.

21. 로셰에게 보낸 퀸의 편지, 1922년 7월 28일.

22. 레옹스 로젠베르그에게 보낸 퀸의 편지, 1921년 11월 29일.

15. 위험한 접촉

1. 로셰, 일기, 1921년 11월 10일, 『수첩』, 426.

2. 로셰, 일기, 1921년 11월 26일, 『수첩』, 448.

3. 퀸에게 보낸 로셰의 일기, 1922년 1월 27일.

4. 로셰, 일기, 1921년 11월 30일, 『수첩』, 451.

5. 퀸에게 보낸 로셰의 편지, 1922년 1월 8일.

6. 피카소에게 보낸 로젠베르그의 편지, 1921년 1월 21일.

7. 피카소에게 보낸 로젠베르그의 편지, 1921년 7월 9일.

8. 퀸에게 보낸 로셰의 편지, 1922년 2월 11일.

9. 로셰에게 보낸 퀸의 편지, 1920년 12월 8일.

10. 피카소에게 보낸 로젠베르그의 편지, 1921년 7월 9일.

11. 로젠베르그에게 보낸 퀸의 편지, 1922년 5월 25일.

12. 마이클 C. 피츠제럴드는 "작품을 구매하는 사람들의 수가 여전히 매우 적었던 이 시기에 퀸의 작품 구입은 대단히 이례적이었다"고 지적한다. 피츠제럴드, 『모더니즘 만들기』, 114.

13. 퀸에게 보낸 로셰의 편지, 1922년 1월 8일.

14. 피카소는 퀸이 세상을 떠났을 때 작품 수집에 대한 퀸의 태도가 순수했다고 말했다. 사리넨, 『자랑스러운 소유자들Proud Possessors』, 234.

15. 퀸에게 보낸 로셰의 편지, 1922년 1월 28일(2월 1일자 편지에 추가).

16. 퀸에게 보낸 로셰의 편지, 1922년 1월 8일.

17. 로셰에게 보낸 퀸의 편지, 1922년 1월 27일.

18. 퀸에게 보낸 로셰의 편지, 1922년 2월 10일.

19. 퀸에게 보낸 로셰의 편지, 1922년 2월 10일.

20. 만 레이, 『자화상』(보스턴: 불핀치출판사, 1998), 177.

21. 로셰, 일기, 1922년 2월 16일.

22. 퀸에게 보낸 로셰의 편지, 1922년 2월 17일.

23. 퀸에게 보낸 로셰의 편지(전보), 1922년 3월 7일.

24. 로셰에게 보낸 퀸의 편지, 1922년 2월 19일.

25. 로셰에게 보낸 퀸의 편지(전보), 1922년 3월 7일.

26. 로셰에게 보낸 퀸의 편지, 1922년 3월 5일.

27. 퀸에게 보낸 로셰의 편지, 1922년 3월 29일.

28. 로셰, 일기, 1922년 5월 20일.

29. 퀸에게 보낸 로셰의 편지, 1922년 5월 18일과 6월 19일.

30. 리드, 『뉴욕에서 온 사나이』, 541.

31. 조지 러셀에게 보낸 퀸의 편지, 1922년 7월 30일.

32. 그레고리 부인에게 보낸 퀸의 편지, 1922년 7월 17일, 리드, 『뉴욕에서 온 사나이』, 542.

33. 퀸에게 보낸 제임스 조이스의 편지(전보), 1922년 2월 3일, 리드, 『뉴욕에서 온 사나이』, 529.

34. 퀸에게 보낸 로셰의 편지, 1922년 6월 19일.

35. 퀸에게 보낸 로셰의 편지, 1922년 7월 10일.

36. 퀸에게 보낸 로셰의 편지, 1922년 7월 2일.

37. 셸던 체니, "어느 예술 컬렉터 모험가", 『뉴욕 타임스』, 1926년 1월 3일.

38. 퀸에게 보낸 로셰의 편지, 1922년 6월 11일.

39. 로셰에게 보낸 퀸의 편지, 1922년 7월 11일.

16. 퀸의 만찬

1. 피카소에게 보낸 로젠베르그의 편지, 1923년 11월 16일.
2. 포드 매덕스 포드, 『그것은 나이팅게일이었다It Was the Nightingale』(필라델피아, 런던: J. B. 리핀콧, 1933), 311. 콘래드는 미국에 출판업자 F. N. 더블데이의 초청을 받아 미국에 왔다. 더블데이가 콘래드와 퀸의 만남을 막았던 것으로 보인다. 리드, 『뉴욕에서 온 사나이』, 566~70.
3. 로셰, "존 퀸에 대한 오마주", 967: 퀸에게 보낸 로셰의 편지, 1923년 11월 8일.
4. 퀸에게 보낸 로젠베르그의 편지, 1923년 11월 20일.
5. 로젠베르그에게 보낸 퀸의 편지, 1922년 1월 26일과 3월 2일.
6. 피카소에게 보낸 로젠베르그의 편지, 1923년 11월 21일과 26일.
7. 로셰에게 보낸 퀸의 편지, 1923년 12월 6일, 해리랜섬센터.
8. 피카소에게 보낸 로젠베르그의 편지, 1923년 11월 26일.
9. 로셰에게 보낸 퀸의 편지, 1923년 12월 6일, 해리랜섬센터.
10. 로셰에게 보낸 퀸의 편지, 1922년 6월 1일: 에즈라 파운드에게 보낸 퀸의 편지, 1920년 10월 21일, 리드, 『뉴욕에서 온 사나이』, 437.
11. 메리 허친슨에게 보낸 클라이브 벨의 편지, 1922년 12월 4일, 메리 허친슨 문서, 해리랜섬센터.
12. 피카소에게 보낸 로젠베르그의 편지, 1923년 12월 20일.
13. 피카소에게 보낸 로젠베르그의 편지, 1923년 12월 11일.

17. 최후의 전투

1. 조스 헤셀과 알퐁스 벨리에게 보낸 로셰의 편지, 1926년 10월 11일, 해리랜섬센터.
2. 퀸에게 보낸 칸바일러의 편지(영수증), 1923년 10월 31일: 칸바일러에게 보낸 퀸의 편지, 1923년 11월 12일.
3. 피카소는 마리우스 데 사야스에게 로젠베르그가 미국에서 펼친 모험적 시도에 매우 실망했으며 자신이라면 로젠베르그가 주장한 7만 5000 또는 8만 프랑 대신 "광대" 그림을 4~5만 프랑에 판매했을 것이라고 말했다. 로셰에게 보낸 퀸의 편지, 1924년 3월 14일.
4. 퀸에게 보낸 로셰의 편지, 1924년 3월 28일.
5. 로셰, "존 퀸에 대한 오마주", 969.

6. 헤셀과 벨리에에게 보낸 로셰의 편지, 1926년 10월 11일.

7. 퀸에게 보낸 로셰의 편지, 1924년 2월 1일.

8. 퀸에게 보낸 로셰의 편지(전보), 1924년 2월 5일.

9. 퀸에게 보낸 로셰의 편지(전보), 1924년 2월 6일; 로셰, 일기, 1924년 2월 7일.

10. 로셰, 일기, 1924년 2월 6일; 퀸에게 보낸 로셰의 편지, 1924년 2월 11일; 퀸에게 보낸 로셰의 편지(전보), 1924년 2월 7일.

11. 리드, 『뉴욕에서 온 사나이』, 624.

12. 로셰에게 보낸 퀸의 편지(전보와 별도의 "비밀" 전보), 1924년 2월 8일.

13. 로셰, 일기, 1924년 2월 7일.

14. 퀸에게 보낸 로셰의 편지, 1924년 2월 11일.

15. 퀸에게 보낸 로셰의 편지, 1923년 4월 6일.

16. 퀸에게 보낸 로셰의 편지(전보), 1924년 2월 15일.

17. 알린 사리넨에게 보낸 포스터의 편지, 1958년 1월 1일, 론드라빌, 『친애하는 예이츠에게, 친애하는 파운드에게』, 144~45에서 인용.

18. 퀸에게 보낸 로셰의 편지, 1924년 3월 31일 (4월 4일자 편지에 추가).

19. 퀸에게 보낸 칸바일러의 편지, 1924년 2월 21일.

20. 월터 파치에게 보낸 퀸의 편지, 1924년 4월 21일.

21. 로셰에게 보낸 퀸의 편지, 1924년 3월 14일.

22. 로셰에게 보낸 퀸의 편지, 1924년 6월 25일.

23. 퀸에게 보낸 포스터의 편지, 1921년 8월 16일.

18. 그가 사라지다

1. 찰스 루퍼스 모리에게 보낸 폴 J. 삭스의 편지, 1925년 6월 12일. 캔터, 『현대미술관의 지적 기원Intellectual Origins of the Museum of Modern Art』, 83.

2. 캔터, 『현대미술관의 지적 기원』, 89.

3. 뉴욕과 보스턴 외 지역에서 소수의 예외적인 사례를 찾아볼 수 있었다. 디트로이트미술관은 1920년대 반 고흐와 다른 현대예술작품을 구입했고 매사추세츠의 우스터미술관은 1921년과 1924년에 20세기 현대예술을 소개하는 전시를 개최했다.

4. 폴 J. 삭스에게 보낸 바의 편지, 1955년 7월 5일, 하버드미술관아카이브.

5. 벤 L. 리드에게 보낸 바의 편지, 1968년 7월 24일, 앨프리드 H. 바 문서(I.A.580), 모마아카이브.

6. 머독 펨버튼, "예술 비평", 『뉴요커』, 1926년 1월 16일; 셸던 체니, "어느 예술 컬렉터 모험가: 존 퀸이 모은 현대 회화와 조각 대중에게 소개되다", 『뉴욕 타임스』, 1926년 1월 3일; 포브스 왓슨, 사설과 "존 퀸 컬렉션", 『아츠』, vol. 9, no. 1 (1926년

1월), 3~5.

7. "피카소의 회화 작품 52점이 판매되다", 『뉴욕 타임스』, 1926년 1월 10일.

8. 리드, 『뉴욕에서 온 사나이』, 645.

9. 주디스 질처, "존 퀸 컬렉션의 분해", 『아카이브 오브 아메리칸 아트 저널Archives of American Art Journal』, vol. 19, no. 13 (1979), 15~21.

10. 퀸에게 보낸 로셰의 편지, 1922년 6월 29일; 로셰에게 보낸 퀸의 편지, 1922년 6월 11일과 17일.

11. 몇 년 전 오하이오의 한 수녀원에 들어간 또다른 동생 클라라에게 그는 2500달러의 소액 유산과 함께 그녀가 장차 줄리아의 돌봄을 받으리라는 전제하에 1만 달러의 신탁 재산을 남겼다. 리드, 『뉴욕에서 온 사나이』, 639.

12. 사리넨, 『자랑스러운 소유자들』, 237.

13. 월터 파치, 1956년 2월 알린 B. 사리넨과의 인터뷰, 질처, "존 퀸 컬렉션의 분해", 16.

14. 론드라빌, 『친애하는 예이츠에게, 친애하는 파운드에게』, 147; "퀸의 유산을 받을 수 없는 여인: 유언 검인 판사 변호사가 코츠 양에 대해 5만 달러 투자에 대한 증거를 찾지 못하다", 『뉴욕 타임스』, 1926년 6월 16일.

15. 토머스 커틴에게 보낸 포스터의 편지, 1924년 10월 18일, 질처, "고귀한 구매자", 58~61.

16. 렐리케, 『매혹적인 컬렉터L'Enchanteur collectionneur』, 150.

17. 로셰, "존 퀸에 대한 오마주", 969.

18. 피카소에게 보낸 로젠베르그의 편지, 1924년 9월 5일.

19. 로젠베르그에게 보낸 로셰의 편지, 1925년 1월 10일.

20. 헨리 맥브라이드는 퀸이 미국인 '사촌 퐁스Cousin Pons'가 되었다고 주장했다. 사촌 퐁스는 발자크의 동명 소설에 등장하는 오해를 받는 예술 애호가로 그의 훌륭한 예술품 컬렉션이 소용돌이치는 음모의 희생양이 된다. 『다이얼』, 1926년 3월.

21. 프레더릭 제임스 그레그, "유럽 존 퀸 컬렉션을 습격하다", 『인디펜던트The Independent』, 1926년 2월 27일.

22. 장 콕토, 『존 퀸 컬렉션 현대 회화 카탈로그Catalogue des tableaux modernes provenant de la collection John Quinn』 서문 (파리: 드루트호텔, 1926년 10월); 재닛 플래너, 『어제의 파리: 1925~39Paris Was Yesterday: 1925~1939』 (뉴욕: 바이킹출판사, 1972), 10.

23. 환율에 대한 혼동이 퀸의 유산 매매에 대한 역사적 이해를 왜곡했다. 주디스 질처는 36점의 회화 작품과 36점의 수채화가 거래된 드루트호텔 판매에서 "퀸의 유산이 약 30만 8000달러"의 판매액을 올렸다고 말했다. 그중 「잠자는 집시」는 52만 프랑 또는 약 10만 2900달러에 판매되었다. 사실 미국연방준비제도의 1926년 10월 환율에 따

르면 「잠자는 집시」는 약 1만 5300달러에 판매되었고, 총 경매액은 4만 8510달러를 기록했다. 뉴욕에서 판매된 819점의 작품으로 올린 9만 1570달러와 피카소, 쇠라 및 다른 작품으로 거두어들인 20만 달러를 합하면 총 수익금은 2500점이 넘는 작품으로 약 35만 달러에 달했을 것이다. 이 수치는 질처가 추정한 60만 달러보다 크게 밑도는 금액이고 퀸의 투자액 원금에 비하면 상당한 손실이었다. 파리에서조차 퀸의 유산은 투자 원금에 비한다면 전체적으로는 손실을 입었을 것이다. 질처, "존 퀸 컬렉션의 분해", 17.

24. 질처, "존 퀸 컬렉션의 분해", 20.

19. 매우 현대적인 앨프리드 바

1. 애니 엘리자베스 윌슨 바에게 보낸 바의 편지, 1924년 3월 18일, 룹, "앨프리드 H. 바 주니어", 5; "현대예술에 대한 강의", 『포킵시 스타Poughkeepsie Star』, 1923년 11월 3일, 캔터, 『현대미술관의 지적 기원』, 32.

2. 캔터, 『현대미술관의 지적 기원』, 8.

3. 맥도널드, "웨스트 53번 스트리트에 대한 조치 II", 『뉴요커』, 1953년 12월 19일.

4. 필립 존슨과의 인터뷰, 1990년 12월 18일, 구술사 프로그램, 모마아카이브, 2.

5. 룹, "앨프리드 H. 바 주니어", 2.

6. 에르빈 파노프스키는 자신의 책 『중세 양식의 기원Sources in Medieval Style』을 출판한 뒤 모리를 케플러와 비교했다. 리 소런슨, "찰스 루퍼스 모리", 『미술사가 사전The Dictionary of Art Historians』, arthistorians.info/moreyc.

7. 하버드대학교의 연구비 신청서, 날짜 미상, 캔터, 『현대미술관의 지적 기원』, 33.

8. 룹, "앨프리드 H. 바 주니어", 5; 폴 J. 삭스에게 보낸 바의 편지, 1925년 8월 3일, 캔터, 『현대미술관의 지적 기원』, 89.

9. "현대예술이 빈곤한 보스턴", 『하버드 크림슨』, 1926년 10월 30일, 바, 『현대예술의 정의Defining Modern Art』, 52~53.

10. 맥도널드, "웨스트 53번 스트리트에 대한 조치", 81.

11. 룹, "앨프리드 H. 바 주니어", 11.

12. 삭스에게 보낸 바의 편지, 1927년 5월 1일, 폴 J. 삭스 문서 (HC 3), 폴더 109, 하버드 미술관아카이브.

13. 바, "미국의 현대미술관", 『배니티 페어』, 1929년 11월.

14. 캔터, 『현대미술관의 지적 기원』, 172.

15. 1928년 이전에 슈킨의 대저택에 차려졌던 미술관은 문을 닫았고 그가 소장했던 그림들은 모로소프의 저택에 있던 전 모로소프 컬렉션과 합쳐졌지만 부족한 공간의 문제로 많은 작품이 창고에 보관되었다. 합쳐진 컬렉션은 제2차세계대전이 발발하면서

완전히 폐쇄되었다. 시메노바, 『컬렉터』, 242~45.

16. 앨프리드 H. 바 주니어. "현대예술은 공산주의적인가?", 『뉴욕 타임스 매거진New York Times Magazine』, 1952년 12월 14일.

17. 바에게 보낸 삭스의 편지, 1929년 1월 19일, 폴 J. 삭스 문서 (HC 3), 폴더 110, 하버드미술관아카이브.

20. 그가 10년만 더 살았더라면

1. 마키, 『현대의 선교사Missionary for the Modern』, 62 ; 사리넨, 『자랑스러운 소유자들』, 364.

2. 커트, 『가문의 여성Woman in the Family』, 273.

3. 피에르 마티스에게 보낸 밸런타인 두덴싱의 편지, 1928년 11월 6일, 펨버튼, 『머독 펨버튼의 초상Portrait of Murdock Pemberton』, 99.

4. 외스타슈 드 로리에게 보낸 애비 록펠러의 편지, 1929년 8월 26일, 커트, 『가문의 여성』, 262.

5. 펄먼, 『아서 B. 데이비스의 삶, 사랑 그리고 예술Lives, Loves, and Art of Arthur B. Davies』, 360.

6. 펄먼, 『아서 B. 데이비스의 삶, 사랑 그리고 예술』, 372.

7. 라인스, 『훌륭한 오래된 현대Good Old Modern』, 10.

8. 바, 『피카소: 화업 50년Picasso : Fifty Years of His Art』, 45.

9. 헤킹은 굿이어와 만난 뒤 「화장」이 있는 곳을 알아내기 위해 뉴욕으로 갔다. 「화장」은 당시 폴 로젠베르그가 구입한 뒤 윌덴스타인갤러리에 보관되어 있었다. 1월 26일 헤킹은 그와 굿이어가 만든 라이프기금회Fellows for Life Fund를 통해 이 작품을 6500달러에 구입하도록 주선했다. 예술위원회 특별 회의 회의록, 1926년 1월 23일과 헤킹에게 보낸 로젠베르그의 전보, 1926년 1월 23일과 26일, 윌리엄 M. 헤킹 문서, 올브라이트녹스미술관 디지털 자산 및 아카이브, 버팔로, 뉴욕.

10. 조지 F. 굿이어, 『굿이어가의 역사Goodyear Family History』(버팔로: 굿이어Goodyear, 1976), 182 ; 엘리자베스 블리스 파킨슨 쿱과의 인터뷰, 1988년 7월 6일, 구술사 프로그램, 모마아카이브, 17.

11. 포브스 왓슨, 사설, 『아츠』, vol. 9, no. 1 (1926년 1월), 3.

12. 커트, 『가문의 여성』, 277.

13. 커트, 『가문의 여성』, 277.

14. 라인스, 『훌륭한 오래된 현대』, 47.

15. 이 입장문에는 서명이 되어 있지 않지만 사용된 언어와 참조한 내용을 토대로 볼 때 이것이 바의 주장이라는 점은 분명하다. "미술관 조직을 위한 홍보"(2차 배포),

1929년 8월, 3~4, 보도자료 아카이브, 모마아카이브.

16. 바, "미국의 현대미술관",『배니티 페어』, 1929년 11월, 136.

17. 토머스 F. 콘로이 부인에게 보낸 바의 편지, 1966년 8월 8일, 앨프리드 H. 바 문서 (I.A.580), 모마아카이브.

18. 라인스,『훌륭한 오래된 현대』, 49.

19. "미술관 조직을 위한 홍보", 6.

21. 그만의 미술관

1. 룹, "앨프리드 H. 바 주니어", 19.

2. "새로운 현대미술관 개관하다",『뉴욕 타임스』, 1929년 11월 10일.

3. 이 장에 등장하는 마거릿 스콜라리 인용문의 출처는 모두 다음과 같다. "앨프리드 H. 바에 대한 마거릿 스콜라리 바와의 구술사 인터뷰", 뉴욕, 1974년 2월 22일, 4월 8일, 5월 14일, 미국예술아카이브, 워싱턴 D.C.

4. "뉴욕에 문을 여는 현대미술관",『아트 뉴스』, 1929년 11월 9일; 에드워드 올든 주얼, "새로운 현대미술관 개관하다".『뉴욕 타임스』, 1929년 11월 10일; 로이드 굿리치, "현대미술관",『네이션』, 1929년 12월 4일.

5. "나는 피카소의 그림을 한 점도 갖고 있지 않습니다", 1931년 4월 9일 콩거 굿이어가 제레 애벗에게 쓴 글, 1931년 4월 9일, 앨프리드 H. 바 문서 (XI J.2), 모마아카이브.

6. 캔터,『현대미술관의 지적 기원』, 208. 이후 커스틴은 초기에 피카소 작품에 대한 심취가 바의 영향 덕분이었다고 말했다.

7. 자크 모니, "파리의 회화",『아트』, 1930년 1월, 317.

8. 버나드 베렌슨에게 보낸 애그니스 몽건의 편지, 1939년 1월 2일, 웨버,『수호성인 Patron Saints』, 338.

9. 마거릿 스콜라리에게 보낸 필립 존슨의 편지, 1929년 4월 30일, 마거릿 스콜라리 바 문서 (II.34), 모마아카이브.

22. 파리 프로젝트

1. 프랑스 관료제도 문제를 우려한 바의 어머니의 조언에 따라 마가와 바는 유럽으로 떠나기 전 뉴욕 시청에서 혼인 허가서를 받기로 결정했다. 마거릿 스콜라리 바, "우리의 운동", 24.

2. 폴 커밍스, "앨프리드 H. 바에 대한 마거릿 스콜라리 바와의 구술사 인터뷰", 뉴욕, 1974년 2월 22일, 4월 8일, 5월 14일, 미국예술 아카이브, 워싱턴 D.C., 9.

3. P. 모턴 샌드, "로베르 말레스테방의 작품",『아키텍츠 저널』, vol. 66 (1927년 10월

5일), 443; 마거릿 스콜라리 바, "우리의 운동", 25.

4. 머독 펨버튼, "미술 갤러리", 『뉴요커』, 1930년 12월 13일.

5. 마거릿 스콜라리 바, "피카소 강의에 대한 주석", 노트 3, 마거릿 스콜라리 바 문서 (III.A.19), 모마아카이브.

6. 마거릿 스콜라리 바, "우리의 운동", 25.

7. 바, "중요한 카탈로그: 현대 그래픽 예술 대여전", 포그미술관, 1925년 봄, 201, 앨프리드 H. 바 문서 (IV.B.164), 모마아카이브.

8. 헨리 맥브라이드, "피카소의 더 많은 회화 작품", 뉴욕 『선』, 1933년 3월 11일.

9. 바는 피카소의 예술이 일련의 "대체와 충돌, 즉 조각적인 삼차원의 형태 대 평면적인 회화적 형태, 단색 대 극단적인 강도와 다양성의 색, 분명한 아름다움 대 그로테스크한 추함, 무감정 대 격정적인 열정, 사실주의 대 추상"에 의해 작동된다고 보았다. 바, 『피카소: 화업 50년』, 11.

10. 마거릿 스콜라리 바, "피카소 강의에 대한 주석", 노트 3.

11. 매더, 『현대 회화』, 373.

12. 에르빈 파노프스키, 『시각 예술에서의 의미Meaning in the Visual Arts』(가든 시티, 뉴욕: 더블데이, 1955), 328.

13. 캔터, 『현대미술관의 지적 기원』, 33.

14. 바, 일기, 1927년 12월 30일, "러시아 일기 1927~28", 『옥토버October』, vol. 7 (1978년 겨울), 17.

23. 피카소가 모든 경주에서 승리하면

1. 테리아드, "피카소를 방문하기", 『랭트랑지장』, 1928년 11월 27일.

2. 피츠제럴드, 『모더니즘 만들기』, 155.

3. "전시", 『랭트랑지장』, 1929년 4월 29일.

4. 피카소에게 보낸 로젠베르그의 편지, 1929년 9월 10일.

5. 루이 보셀, "코로 회고전", 『엑셀시오르』, 1930년 5월 31일, 1.

6. "사교계 노트", 『르 주르날』, 1930년 6월 15일.

7. 리처드슨, 『피카소의 생애: 영광의 세월』, 323, 327.

8. 피카소에게 보낸 로젠베르그의 편지, 1927년 7월 16일.

9. 해리 케슬러, 일기, 1930년 4월 10일, 찰스 케슬러 편역, 『빛 속의 베를린: 해리 케슬러 백작의 일기(1918~37)Berlin in Lights: The Diaries of Count Harry Kessler(1918–1937)』 (뉴욕: 그로브출판사, 2000), 382.

10. 피카소에게 보낸 로젠베르그의 편지, 1930년 6월 30일과 1931년 6월 1일.

11. 마고 로젠베르그에게 보낸 로젠베르그의 편지, 날짜 미상, 1942, 생클레르, 『할아버

지의 갤러리My Grandfather's Gallery』, 150.

12. 생클레르, 『할아버지의 갤러리』, 149~50.
13. 피카소에게 보낸 로젠베르그의 편지, 1925년 7월(?)과 1929년 9월 14일.
14. 피카소에게 보낸 로젠베르그의 편지, 1927년 8월 5일.
15. "경마", 『르 주르날』, 1929년 4월 16일, 21일, 28일, 5월 6일.
16. 피카소에게 보낸 로젠베르그의 편지, 1929년 9월 10일.
17. 모니는 모험적인 뉴욕의 컬렉터 앨버트 갤러틴을 데리고 왔다. 갤러틴은 몇 년 전 피카소를 만난 적 있었고 모니는 그의 비공식적인 예술 조언가였다. 자크 모니에게 보낸 바의 편지, 1931년 7월 20일, 앨프리드 H. 바 문서 (XI.J.2), 모마아카이브.
18. 브라사이, 『피카소와 친구들Picasso and Company』, 5; 바, 『피카소: 화업 50년』, 167.
19. 마거릿 스콜라리 바, "피카소 강의에 대한 주석", 노트 3, 마거릿 스콜라리 바 문서 (III.A.19), 모마아카이브.
20. 제레 애벗에게 보낸 바의 편지(전보), 1930년 6월 17일(?)과 바에게 보낸 콩거 굿이어의 편지(전보), 1930년 6월 18일, 앨프리드 H. 바 문서 (I.A.3), 모마아카이브.
21. 레제는 레버를 위한 미식과 음식을 주제로 한 세 점의 벽화 중 첫번째 벽화를 막 완성했다. 도러시 코신스키, "G. F. 레버: 입체주의 컬렉터", 『벌링턴 매거진』, vol. 133, no. 1061 (1991년 8월), 520, 522.
22. 제레 애벗에게 보낸 바의 편지(전보), 1930년 6월 23일(?).

24. 힘의 균형

1. 다음을 참조할 것. 프라켈리, "조르주프티갤러리의 피카소 회고전, 1932년 파리", 베촐라, 『피카소가 말하는 피카소Picasso by Picasso』, 87, 93n33.
2. 애비 록펠러에게 보낸 바의 편지, 1930년 9월 8일. 커트, 『가문의 여성』, 283; 폴 J. 삭스에게 보낸 콩거 굿이어의 편지, 1931년 10월 2일, 폴 J. 삭스 문서 (HC 3), 폴더 1363, 하버드미술관아카이브.
3. 록펠러에게 보낸 굿이어의 편지, 1930년 9월 26일, 커트, 『가문의 여성』, 301.
4. 자크 모니에게 보낸 바의 편지, 1931년 4월 25일, 앨프리드 H. 바 문서 (XI.J.2), 모마아카이브.
5. 테리아드, "앙리 마티스의 대규모 전시", 『랭트랑지장』, 1931년 6월 22일.
6. 맬컴 맥애덤에게 보낸 헨리 맥브라이드의 편지, 1930년 6월 11일, 맥브라이드, 『현대에 대한 시각Eye on the Modern Century』, 198.
7. 모니에게 보낸 바의 편지, 1931년 7월 20일. 앨프리드 H. 바 문서 (XI.J.2), 모마아카이브. .
8. 커트, 『가문의 여성』, 303~04.

9. 록펠러에게 보낸 바의 편지, 1931년 6월 25일, 앨프리드 H. 바 문서 (I.A.3), 모마아카이브.

10. 예를 들어 다음을 참조할 것. 스펄링, 『대가 마티스Matisse the Master』, 330~31과 러셀, 『마티스: 아버지와 아들Matisse: Father and Son』, 81. 혼동은 마거릿 스콜라리 바가 "우리의 운동"에서 회고한 부정확한 기억에서 비롯된 것일 수 있다. 이 글에서 마거릿 스콜라리 바는 "마티스 전시를 준비하기 위해" 유럽에 갔다고 썼다. 마거릿 스콜라리 바, "우리의 운동", 26.

11. 앨프리드 바 편집, 『앙리 마티스 회고전Henri-Matisse Retrospective Exhibition』 (뉴욕: 현대미술관, 1931), 19.

12. 헨리 맥브라이드, "현대미술관 마티스 전시에서 특별한 성공을 거두다", 뉴욕 『선』, 1931년 11월 7일; 앙리 마티스에게 보낸 피에르 마티스의 편지, 1931년 11월 12일, 스펄링, 『대가 마티스』, 330.

13. G. F. 레버에게 보낸 바의 편지, 1931년 7월 1일, 앨프리드 H. 바 문서 (XI.J.2), 모마아카이브; 마거릿 스콜라리 바, "우리의 운동"을 위한 노트, 1930년 9월, 마거릿 스콜라리 바 문서 (III.F.20), 모마아카이브.

14. 피카소에게 보낸 바의 편지, 프랑스어로 쓴 편지 초안, 1939년 12월 16일, 앨프리드 H. 바 문서 (XI.J.2), 모마아카이브.

15. 굿이어에게 보낸 바의 편지, 1931년 12월 19일, 앨프리드 H. 바 문서 (XI.J.2), 모마아카이브.

16. 바에게 보낸 굿이어의 편지, 1931년 12월 22일과 30일, 앨프리드 H. 바 문서 (XI.J.2), 모마아카이브.

17. 피카소에게 보낸 바의 편지, 1932년 1월 26일, 앨프리드 H. 바 문서 (XI.J.2), 모마아카이브.

18. 바에게 보낸 모니의 편지, 1932년 2월 26일, 앨프리드 H. 바 문서 (XI.J.2), 모마아카이브.

25. 실패

1. 콩거 굿이어에게 보낸 폴 J. 삭스의 편지, 1932년 6월 13일, 폴 J. 삭스 문서 (HC 3), 폴더 1364, 하버드미술관아카이브.

2. 애비 록펠러에게 보낸 바의 편지, 1932년 6월 21일, 앨프리드 H. 바 문서 (I.A.3), 모마아카이브.

3. 굿이어에게 보낸 록펠러의 편지, 1936년 12월 16일, 앨프리드 H. 바 문서 (I.A.17), 모마아카이브.

4. 커트, 『가문의 여성』, 315, 319~20.

5. 삭스에게 보낸 바의 편지, 1932년 2월, 라인스, 『훌륭한 오래된 현대』, 94.

6. 아버지에게 보낸 제레 애벗의 편지, 1927년 4월 7일, 리아 디커먼, "제레 애벗의 러시아 일기 소개 1927~28", 『옥토버』, vol. 145 (2013년 여름), 116.

7. 버질 톰슨에게 보낸 헨리러셀 히치콕의 편지, 1928년 9월 27일, 마키, 『현대의 선교사』, 47~48; 필립 존슨과의 인터뷰, 1990년 12월 18일, 구술사 프로그램, 모마아카이브, 15.

8. 마거릿 스콜라리 바에게 보낸 바의 편지, 날짜 미상(1930년 7월 초), 마거릿 스콜라리 바 문서 (II.18), 모마아카이브.

9. 마거릿 스콜라리 바에게 보낸 바의 편지, 날짜 미상(1933년 7월), 마거릿 스콜라리 바 문서 (II.21), 모마아카이브.

10. 바에게 보낸 마거릿 스콜라리 바의 편지, 1932년 7월 17~23일, 마거릿 스콜라리 바 문서 (II.21), 모마아카이브.

11. 바에게 보낸 마거릿 스콜라리 바의 편지, 1932년 7월 23일과 28일.

12. 바에게 보낸 마거릿 스콜라리 바의 편지, 1932년 7월 28일.

13. 리처드슨, 『피카소의 생애: 영광의 세월』, 467.

14. 바에게 보낸 마거릿 스콜라리 바의 편지, 1932년 7월 28일.

15. 바에게 보낸 마거릿 스콜라리 바의 편지, 1932년 7월 18일과 8월 1일, pt II, 마거릿 스콜라리 바 문서 (II.21), 모마아카이브; 피에르 마티스에게 보낸 앙리 마티스의 편지, 1933년 8월 10일, 카울링 외, 『마티스 피카소Matisse Picasso』, 376에서 인용.

16. 바에게 보낸 마거릿 스콜라리 바의 편지, 1932년 8월 2일, 마거릿 스콜라리 바 문서 (II.21), 모마아카이브; 카네기연구소가 1930년 우아하지만 매우 전통적인 1923년의 올가 코클로바의 초상화로 피카소에게 국제 미술상인 카네기상을 수여했음에도 불구하고 이것은 잭 플램의 글처럼 "현대예술은 제대로 생겨난 적 없다는 인상을 주었다." 플램, 『마티스와 피카소』, 149.

17. 피카소에게 보낸 로젠베르그의 편지, 1932년 7월 22일과 25일.

18. 안 생클레르는 이 편지가 1942년에 쓰였지만 로젠베르그가 세상을 뜬 이후에 개봉하도록 되어 있었다고 말한다. 마고 로젠베르그가 이 편지에 대해 알고 있었는지는 확실하지 않다. 생클레르, 『할아버지의 갤러리』, 149~51.

19. 엘렌 로젠베르그, 저자와의 인터뷰, 2016년 3월.

20. 로젠베르그, 윌덴스탱과의 동업을 설명한 타이프 원고, 폴로젠베르그아카이브 (B.29.13), 현대미술관.

21. 바에게 보낸 마거릿 스콜라리 바의 편지, 1932년 8월 3일, 마거릿 스콜라리 바 문서 (II.21), 모마아카이브.

26. 예술 창작······ 다시 독일

1. 『피카소: 1932년 9월 11일~10월 30일Picasso: 11. September Bis 30. October 1932』 (취리히: 취리히미술관, 1932) 바가 연필로 쓴 주석이 표기되어 있음, 앨프리드 H. 바 문서 (XI.B.39), 모마아카이브.

2. 콩거 굿이어에게 보낸 바의 편지, 1932년 11월 25일, 앨프리드 H. 바 문서 (I.A.5), 모마아카이브.

3. 크리스티안 겔하어, "피카소: 첫 취리히 전시", 베촐라, 『피카소가 말하는 피카소』, 38.

4. C. G. 융, "피카소", 『노이에 취르허 자이퉁』, 1932년 11월 13일. 게르하르트 아들러와 R.F.C. 헐 편역, 『C. G. 융 전집The Collected Works of C. G. Jung』, vol. 15, 『인간과 예술, 문학에서의 정신Spirit in Man, Art, and Literature』 (프린스턴, 뉴저지: 프린스턴대학교 출판부, 1966), 136~41.

5. 겔하어, "피카소: 첫 취리히 전시", 38.

6. 헬렌 프랑과의 인터뷰, 1991년 4월 16일, 구술사 프로그램, 모마아카이브, 30; 폴 커밍스, "앨프리드 H. 바에 대한 마거릿 스콜라리 바와의 구술사 인터뷰", 뉴욕, 1974년 2월 22일, 4월 8일, 5월 14일, 미국예술아카이브, 워싱턴 D.C, 17.

7. 2월 4일 장크트안톤암아를베르크에서 편지를 쓰면서 바는 애비 록펠러에게 그가 "슈투트가르트나 빈에 있는 전문의를 찾아가게 될 것 같다"고 알렸다. 마거릿 스콜라리 바는 "우리의 운동"의 회고담에서 두 사람이 히틀러가 수상으로 임명되기 전에 슈투트가르트에 도착했다고 썼지만 당시 바의 편지는 그들이 2월 초까지 오스트리아에 있었다는 사실을 확인해준다. 록펠러에게 보낸 바의 편지, 1933년 2월 4일, 앨프리드 H. 바 문서 (I.A.8), 모마아카이브.

8. 이 여성의 아버지가 마르세유에 살았고 세잔의 친구인 포르튀네 마리옹과 알고 지냈다. 마리옹은 여성의 아버지에게 세잔에 대한 중요한 일련의 편지를 썼다. 하그 부인은 이 편지를 바에게 주었고 바는 1937년 이 편지를 출판했다. 존 엘더필드, "앨프리드 바의 불면증과 지질학에 대한 세잔의 관심의 자각", 프린스턴미술관, 2020년 봄, 9~11.

9. 바, "제3제국의 예술―미리보기, 1933", 바, 『현대예술의 정의』, 172.

10. 마거릿 스콜라리 바, "우리의 운동"을 위한 노트, 1933, 마거릿 스콜라리 바 문서 (III.F.21), 모마아카이브.

11. "히틀러가 대규모 나치 집회에서 민주주의에 대해 선전 포고하다", 『뉴욕 타임스』, 1933년 2월 11일.

12. 바, "제3제국의 예술", 163.

13. 바, "제3제국의 예술", 167.

14. 바, "제3제국의 예술", 168.

15. 바, "제3제국의 예술", 169.

16. 마거릿 스콜라리 바, "우리의 운동"을 위한 노트, 1933.

17. 데사우 바우하우스는 지역 나치 관리들의 강한 압력을 받게 된 이후 1932년 8월에 문을 닫았다. 슐레머는 「바우하우스 계단」을 다음달에 완성했다. 바우하우스는 잠시 베를린으로 옮겨 미스 반데어로에의 지휘를 받았지만 1933년 폐쇄되었다. 존폴 스토나드, "오스카 슐레머의 '바우하우스 계단', 1932: 파트 1", 『벌링턴 매거진』, vol. 151, no. 1276 (2009년 7월), 456.

18. 크리스티안 멩겔탈러, 뷔르템베르크주 국가사회주의 교육부 장관, 바, "제3제국의 예술", 166에서 인용.

19. 바, "제3제국의 예술", 168.

20. 커밍스, "마거릿 스콜라리 바와의 구술사 인터뷰", 17.

21. 바 부부는 체류하는 동안 종종 몬테베리타호텔Hotel Monte Verità을 방문했다. 이전에 언덕 꼭대기에 위치한 요양원이었던 이곳은 모더니즘적인 호화로운 호텔로 개조되었다. 식당에는 고갱과 마티스, 피카소의 작품이 걸려 있었다. 록펠러에게 보낸 바의 편지, 1933년 6월 3일, 앨프리드 H. 바 문서 (I.A.8), 모마아카이브.

22. 마거릿 스콜라리 바, "우리의 운동", 32.

23. 바, 날짜 미상의 메모, "슈투트가르트", 앨프리드 H. 바 문서 (IV.B.113), 모마아카이브.

24. 마거릿 스콜라리 바에게 보낸 필립 존슨의 편지, 1933년 7월 1일, 존폴 스토나드, "오스카 슐레머의 '바우하우스 계단', 1932: 파트 2", 『벌링턴 매거진』, vol. 152, no. 1290 (2010년 9월), 595~602.

25. 필립 존슨과의 인터뷰, 1990년 12월 18일, 구술사 프로그램, 모마아카이브, 32.

26. 마거릿 스콜라리 바, "우리의 운동", 32.

27. 바, "영구 컬렉션에 대한 보고서", 3차 원고, 1933년 여름, 앨프리드 H. 바 문서 (II.C.17), 모마아카이브.

27. 멋진 코네티컷

1. 찰스 헨셜에게 보낸 에티엔 비누의 편지, 1932년 1월 8일, 크리스텔 포스, "에티엔 비누: 미술관으로 통하는 대기실로서의 갤러리", 『세계 미술시장의 선구자들』, 208.

2. 모리스 드 블라맹크에게 보낸 칸바일러의 편지, 1934년 3월 8일, 모노퐁텐, 『다니엘 헨리 칸바일러』, 148.

3. 마들렌 샤팔, "피에르 롭과의 인터뷰", 『르 익스프레스L'Express』, 1964년 4월 9일, 아술린, 『능란한 삶』, 230.

4. 피츠제럴드, 『모더니즘 만들기』, 188.

5. 애비 록펠러에게 보낸 바의 편지, 1933년 11월 6일, 앨프리드 H. 바 문서 (I.A.8), 모마아카이브.

6. 피카소에게 보낸 로젠베르그의 편지, 1933년 12월 16일.

7. 필립 존슨, 유진 R. 개디스와의 인터뷰, 1982년 11월 30일, 개디스, 『현대의 마술사 Magician of the Modern』, 59.

8. 줄리언 레비, 『갤러리 회고록Memoir of an Art Gallery』 (보스턴: MFA출판사, 2003), 137.

9. A. 에버렛 오스틴에게 보낸 스타인의 편지, 1933년 11월 날짜 미상, 개디스, 『현대의 마술사』, 226.

10. 오스틴에게 보낸 로젠베르그의 편지, 1923년 12월 23일, 개디스, 『현대의 마술사』, 228. 로젠베르그의 방문은 1933년 12월 22일자 『하트퍼드 타임스The Hartford Times』에 보도되었다. 피츠제럴드, 『모더니즘 만들기』, 221.

11. 피카소에게 보낸 로젠베르그의 편지, 1933년 12월 16일.

12. 오스틴에게 보낸 로젠베르그의 편지(전보), 1934년 1월 22일, 피츠제럴드, 『모더니즘 만들기』, 223; 오스틴에게 보낸 로젠베르그의 편지(전보), 1934년 날짜 미상(1월 23일), 시드니 재니스에게 보낸 제임스 스롤 소비의 편지, 1967년 6월 19일, 컬렉터 기록(37), 모마아카이브.

13. 제임스 스롤 소비, "예술계에서의 삶", 미간행 원고, 9장, 6~7, 제임스 스롤 소비 문서 (VIII.A.1), 모마아카이브.

14. 오스틴에게 보낸 바의 편지, 1933년 1월 18일, 앨프리드 H. 바 문서 (I.A.7), 모마아카이브.

15. 개디스, 『현대의 마술사』, 245; 루시어스 비비, "영리한 예술과 스타인 양이 하트퍼드를 압도하다", 『뉴욕 헤럴드 트리뷴』, 1934년 2월 11일; 조지프 W. 올솝 주니어, "거트루드 스타인 오페라 첫 관객을 놀라게 하다: 선정된 관객은 처음에는 웃었지만 공연이 끝난 뒤 우레와 같은 박수갈채를 보내다", 『뉴욕 헤럴드 트리뷴』, 1934년 2월 8일.

16. 웨버, 『수호성인』, 234.

17. 소비, "예술계에서의 삶", 4장, 14.

18. 개디스, 『현대의 마술사』, 242.

19. 웨버, 『수호성인』, 237; 크레이븐, 『모던 아트』, 365.

20. 헨리 맥브라이드, "현대 걸작 전시", 뉴욕 『선』, 1934년 3월 17일.

21. 재니스에게 보낸 소비의 편지, 1967년 6월 19일.

28. "작업을 위해 목숨을 걸다"

1. 라인스, 『훌륭한 오래된 현대』, 132. 몇몇 예외 중에는 디트로이트미술관이 있었다. 이 미술관은 1922년 반 고흐의 1887년 작 「자화상」을 구입했다. 또한 시카고미술관은 컬렉터 프레더릭 클레이 바틀렛을 통해 1926년 폴 로젠베르그로부터 「침실」을 구입했다.

2. 더글러스 쿠퍼, 날짜 미상의 노트, 1938년, 더글러스 쿠퍼 문서Douglas Cooper Papers (I.7), 게티연구소.

3. "페넬 예술 전쟁에 돌입하다: 동판화가, 미술관의 후기인상주의 전시 작품이 위험하다고 주장하다", 『뉴욕 타임스』, 1921년 9월 8일; C. J. 홈스, 『후기인상주의 화가들에 대한 노트: 그래프턴갤러리 1910~11Notes on the Post-Impressionist Painters: Grafton Galleries 1910-1911』(런던: 필립리워너, 1910), 불렌, 『잉글랜드의 후기인상주의자』, 186.

4. 앨빈 크렙스, "『빈센트 반 고흐: 열정의 삶』의 저자 어빙 스톤 86세를 일기로 사망하다", 『뉴욕 타임스』, 1989년 8월 28일.

5. 어빙 스톤, 『빈센트 반 고흐: 열정의 삶』, 50주년 기념판 (뉴욕: 플럼, 1984), 70.

6. 리처드 피어슨, "베스트셀러 작가 어빙 스톤 사망하다", 『워싱턴 포스트』, 1989년 8월 28일.

7. 헬레네 크뢸러뮐러에게 보낸 바의 편지, 1927년 11월 1일, 에바 로버스, 『영원의 수집: 헬레네 크뢸러뮐러(1868~1939)De eeuwigheid verzameld: Helene Kröller-Müller(1868-1939)』(암스테르담: 프로메테우스베르트바커, 2014), 373.

8. 라인스, 『훌륭한 오래된 현대』, 132.

9. 루이스 멈포드, "여행자를 위한 팁―현대미술관", 『뉴요커』, 1934년 6월 9일, 멈포드, 『현대 예술에 대한 멈포드의 견해Mumford on Modern Art』, 125~28.

10. 바, 『현대미술관 첫 대여전: 세잔, 고갱, 쇠라, 반 고흐The Museum of Modern Art First Loan Exhibition: Cézanne, Gauguin, Seurat, Van Gogh』 서문 (뉴욕: 현대미술관, 1929), 16. 다음의 문헌도 참조할 것. 캔터, 『현대미술관의 지적 기원』, 216.

11. 엑스타인스, 『태양 춤Solar Dance』, 57, 109. 발렌티너는 반 고흐 「자화상」의 구입을 주선할 당시 디트로이트미술관의 자문으로 일하고 있었다. 2년 뒤 그는 미술관장이 되었다.

12. 칼 야스퍼스, 『스트린드베리와 반 고흐: 병리학적 분석 시도Strindberg und Van Gogh: Versuch einer pathographischen Analyse』(베를린: P. 스트링거, 1926), 존 M. 맥그리거, 『정신이상자 예술의 발견The Discovery of the Art of the Insane』(프린스턴, 뉴저지: 프린스턴대학교출판사, 1989), 222.

13. 한스 프리츠혼, 『정신질환의 예술적 효과: 구성의 심리학과 정신병리학에 대한 기

여』, 에리크 폰 브로크도르프 역 (뉴욕: 스프링거출판사, 1972), 267.

14. 콩거 굿이어에게 보낸 편지, 1935년 6월 14일, 현대미술관 전시 기록(44.3), 모마아
    카이브. 1935년 계약에 따라 네덜란드 정부는 크뢸러뮐러의 땅을 새로운 국가 공원
    으로 조성하고 크뢸러뮐러미술관을 운영할 민간재단을 설립했다. 미술관은 1938년
    에 개관했다.

15. 코델 헐에게 보낸 굿이어의 편지, 1935년 5월 14일과 그렌빌 T. 에밋에게 보낸 바의
    편지, 1935년 7월 8일, 현대미술관 전시 기록 (44.4), 모마아카이브. 비밀리에 이루어
    진 지불은 다음 문헌에 기록되어 있다. 로버스, 『영원의 수집: 헬레네 크뢸러뮐러
    (1868~1939)』, 426.

16. 마거릿 스콜라리 바, "우리의 운동", 40.

17. 바, 『현대 회화란 무엇인가What Is Modern Painting?』, 20; 캔터, 『현대미술관의 지적 기
    원』, 216.

18. 앨프리드 H. 바 주니어 편, 『빈센트 반 고흐: 서문과 예술가의 편지에서 뽑은 메모Van
    Gogh: With an Introduction and Notes Selected from the Letters of the Artist』(뉴욕: 현대미술관,
    1935), 20.

19. 바에게 보낸 슈테델 미술관장 게오르크 스바르젠스키의 편지, 1935년 8월 17일, 현
    대미술관 전시 기록 (44.3), 모마아카이브. 1938년 스바르젠스키는 독일을 떠나 미국
    으로 도망쳤다.

20. "백만 달러 가치의 반 고흐의 회화 작품이 오다: 현대미술관에 대여된 컬렉션 다음
    달 전시 예정", 『뉴욕 타임스』, 1935년 10월 14일.

21. V. W. 반 고흐에게 보낸 바의 편지, 1935년 11월 21일. 현대미술관 기록 (44.4), 모
    마아카이브.

22. "반 고흐 전 관람객수", 『뉴욕 타임스』, 1935년 12월 11일; 루이스 멈포드, "미술 갤
    러리", 『뉴요커』, 1935년 11월 16일.

23. "반 고흐의 작품이 도착하다: 조폐국처럼 경비를 서다; 화요일 전시 개막", 『샌프란
    시스코 크로니클』, 1936년 4월 26일; 스티브 스펜스, "앨라배마의 반 고흐, 1936",
    『레프리즌테이션스Representations』, vol. 75, no. 1 (2001년 여름), 35~36; 라인스, 『훌
    륭한 오래된 현대』, 135.

24. "미국 풍경", 『타임』, 1934년 12월 24일, 24.

25. 아돌프 히틀러, "예술과 정치에 대한 연설", 1935년 9월 11일, 노먼 H. 베인스 편역,
    『아돌프 히틀러의 연설: 1922년 4월~1939년 8월The Speeches of Adolf Hitler: April
    1922 – August 1939』, vol. 1 (뉴욕: 하워드퍼티그, 1969), 569~92.

26. 파울 베스트하임은 유대인으로 1933년 독일을 도망쳤고 1938년 논평을 남겼다. 후
    버, "'게르만계 화가는 오직 잘리지 않은 귀로 그림을 그린다'", 197.

27. 사실 생레미는 아비뇽에서 차로 가면 그리 멀지 않은 곳이지만, 피카소의 아비뇽은 바르셀로나의 아비뇽 거리로 상당히 멀리 떨어진 곳이었다. 이 거리의 사창가가 「아비뇽의 여인들」에 영감을 주었다.

28. 마거릿 스콜라리 바, "우리의 운동", 39.

29. 그림에 손을 놓은 해

1. 1923년 마리우스 데 사야스와의 인터뷰에서 피카소는 "입체주의는 씨앗이나 태아가 아니라 무엇보다도 형태를 다루는 예술이다"라고 말했다. 바, 『피카소: 화업 50년』, 12.

2. 1927년 최초로 널리 알려진 현대예술사 책에서 바의 조언자인 프랭크 주잇 매더는 입체주의가 "사실상 죽었다"고 썼다. 매더, 『현대 회화』, 367.

3. 전시 도록에서 바는 이 전시가 "1927~28년 유럽에서 모은 자료들을 바탕으로 1929년 봄에 진행되었던 일련의 강의"로부터 발전했다고 썼다. 앨프리드 H. 바 주니어, 『입체주의와 추상예술』(뉴욕: 현대미술관, 1936), 9.

4. 데, 『피카소: 삶과 예술』, 229.

5. 멈포드, "미술 갤러리", 『뉴요커』, 1935년 11월 16일, 멈포드, 『현대예술에 대한 멈포드의 견해』, 125.

6. 파리에서 보낸 여름에 대한 세부 내용의 출처는 다음을 참조. 마거릿 스콜라리 바, "우리의 운동", 42~43.

7. 바, 『입체주의와 추상예술』, 16.

8. 마거릿 스콜라리 바, "피카소: 회상록", 미간행 원고, 1975, 5, 마거릿 스콜라리 바 문서 (III.A.19), 모마아카이브.

9. 마거릿 스콜라리 바, "우리의 운동", 42.

10. 마거릿 스콜라리 바, "우리의 운동", 42; 피카소에게 보낸 로젠베르그의 편지, 1936년 1월, 피츠제럴드, 『모더니즘 만들기』, 235.

11. 스타인에게 보낸 칸바일러의 편지, 1935년 8월 7일, 매들린, 『서신: 피카소와 스타인』, 350.

12. 바, 『입체주의와 추상예술』, 11.

13. 바, 『입체주의와 추상예술』, 19,

14. 애비 록펠러에게 보낸 콩거 굿이어의 편지, 1936년 3월 12일, 앨프리드 H. 바 문서 (I.A.17), 모마아카이브.

15. 마거릿 스콜라리 바에게 보낸 바의 편지, 1946년 날짜 미상, 마거릿 스콜라리 바 문서 (II.16), 모마아카이브.

30. 스페인의 분노

1. 바에게 보낸 마거릿 스콜라리 바의 편지, 1936년 9월 25일, 앨프리드 H. 바 문서 (I.B.3), 모마아카이브.

2. 브라사이는 1964년 회고록에서 피카소가 도라 마르를 마야가 태어난 시점과 "거의 같은 시기에" 카페에서 만났다고 주장했다. 하지만 1988년 후안 마린과의 인터뷰에서 마르는 당시에 두 사람이 만났다는 사실을 반박했고 피카소와 자신은 1936년 1월 한 영화 상영회에서 엘뤼아르를 통해 처음 소개받았다고 설명했다. 브라사이, 『피카소와 친구들』, 42; 후안 마린, "도라 마르와의 대화", 『고야Goya』, no. 311 (2006년 3~4월), 117.

3. 사바르테스, 『피카소: 친밀한 초상화Picasso: An Intimate Portrait』, 128.

4. 발다사리, 『피카소: 도라 마르와의 삶Picasso: Life with Dora Maar』, 194.

5. 펜로즈, 『피카소: 삶과 작업Picasso: His Life and Work』, 291.

6. NAACP의 전시 〈린치에 대한 예술 논평〉의 다른 후원자들로는 셔우드 앤더슨, 펄벅, 도러시 파커, 칼 반 벡턴, 조지 거슈윈이 있었다. 마를린 파크, "린치와 반린치: 1930년대 예술과 정치", 『프로스펙츠Prospects』, vol. 18 (1993), 328. 바의 짐 크로 사우스 여행에 대한 기록은 다음을 참조할 것. 마거릿 스콜라리 바, "우리의 운동", 49.

7. 마이어 샤피로, "추상예술의 본질," 『마르크시스트 쿼터리Marxist Quarterly』(1937년 1~3월), 77.

8. 바, 『현대 회화란 무엇인가?』, 47.

9. 마거릿 스콜라리 바, "피카소: 회상록", 강의, 1973, 8, 마거릿 스콜라리 바 문서 (III. A.19), 모마아카이브. 이 일화는 다음의 문헌에 좀더 간략하게 서술되어 있다. 마거릿 스콜라리 바, "우리의 운동", 48.

10. 바에게 보낸 마거릿 스콜라리 바의 편지, 1936년 9월 25일.

11. 앤 엄랜드와 에이드리언 수드할터 편, 『현대미술관 컬렉션의 다다Dada in the Collection of the Museum of Modern Art』(뉴욕: 현대미술관, 2008), 17.

12. 바에게 보낸 캐서린 드레이어의 편지, 1937년 2월 27일, 현대미술관 전시 기록 (55.2), 모마아카이브.

13. 애비 록펠러에게 보낸 콩거 굿이어의 편지, 1936년 12월 15일과 굿이어에게 보낸 록펠러의 편지, 1936년 12월 16일, 앨프리드 H. 바 문서 (I.A.17), 모마아카이브.

14. 폴 엘뤼아르, "1936년 11월," 『뤼마니테』, 1936년 12월 17일, 데, 『피카소: 삶과 예술』, 247.

15. 예를 들어 폴 엘뤼아르는 1936년 피카소가 "정치적인 행동에 직접적으로 관여하지 않았다……. 하지만 그의 작품에서 우리는 그가 전쟁에 개입하는 방향으로 나아가고 있었다는 점을 알 수 있다. 데, 『피카소: 삶과 예술』, 247. 존 리처드슨은 얼마 전 이

보다는 다소 완화된 견해를 내놓았는데 프라도미술관에 대한 피카소의 개입 정도가 "불명확"하다고 언급했다. 리처드슨, 『피카소의 생애: 마노타우로스의 시절Life of Picasso: Minotaur Years』, 115. 사실 여러 차례에 걸친 스페인으로의 초청과 제르보스, 호세 베르가민, 펜로즈 등 몇몇 친구들의 치열한 노력에도 불구하고 피카소가 긴박하게 서두르는 프라도미술관의 피난을 지원하는 데 많은 일을 했다는 증거는 거의 없다.

16. 피카소에게 보낸 크리스티앙 제르보스의 편지, 1936년 11월 26일, 발다사리, 『피카소: 도라 마르와의 삶』, 195; 크리스티앙 제르보스, "피카소 그림의 역사", 『카이에 다르』, vol. 12, no. 4~5 (1937), 105, 오플러, 피카소의 "게르니카", 207.

17. 버거, 『피카소의 성공과 실패Success and Failure of Picasso』, 147.

18. 판헨스베르헌, "게르니카Guernica", 32~33.

19. 치프, 『피카소의 "게르니카"』, 39. 피카소는 피에르 데에게 『스 수아』 4월 30일자에 실린 사진이 이튿날 첫번째 드로잉을 그리게 만들었다고 말했다. 데, 『피카소: 삶과 예술』, 250.

20. 마린, "도라 마르와의 대화", 117; 만 레이, 『자화상』(보스턴: 불핀치출판사, 1998), 179; 호세 베르가민, "전율의 신비로움: 격분한 피카소", 『카이에 다르』, vol. 12, no. 4~5 (1937), 135.

21. 마르는 피카소와의 대화 내용을 1992년 존 리처드슨에게 전해주었다. 리처드슨, "다른 게르니카", 『뉴욕 리뷰 오브 북스』, 2016년 5월 12일.

22. 피카소의 이 진술은 1937년 5월, 「게르니카」를 그리고 있을 때 이루어졌다. 바, 『피카소: 화업 50년』, 202, 264.

23. 제르보스, "그림의 역사", 오플러, 『피카소의 "게르니카"』, 207.

24. 바, 『피카소: 화업 50년』, 264.

25. 주제프 류이스 세르트, "건축가의 기억", 이 진술의 출처는 다음과 같다. "게르니카에 대한 심포지엄", 타이프 원고, 1947, 오플러, 『피카소의 "게르니카"』, 200.

26. 치프, 『피카소의 "게르니카"』, 152.

27. 판헨스베르헌, "게르니카", 72, 76.

28. 후안 라레아, 『파블로 피카소Pablo Picasso』(뉴욕: 커트발렌틴, 1947), 72.

29. 리처드슨, "다른 게르니카".

30. 바에게 보낸 재니스 롭의 편지, 1937년 9월 8일, 앨프리드 H. 바 문서 (XI.B.11), 모마아카이브.

31. 『카이에 다르』, vol. 12, no. 4~5 (1937); 치프, 『피카소의 "게르니카"』, 152. 엘런 C. 오플러는 "게르니카에 집중한 역사적인 여름호"를 언급한다. 오플러, 『피카소의 "게르니카"』, 206. 앤 발다사리는 특별호의 발행일을 스페인 파빌리온이 개막한 7월

12일이라고 추정한다. 발다사리, 『피카소: 도라 마르와의 삶』, 310.

32. "게르니카"호의 첫 판매는 1937년 10월 중순에 이루어졌던 것으로 보인다. "1937년 10월 장부", 『금전출납부Livre de caisse』(1937년 6월~1938년 12월), 『카이에 다르』(CA 71), 칸딘스키도서관, 파리.

33. 치프, 『피카소의 "게르니카"』, 152.

34. 장 폴 사르트르, "글쓰기란 무엇인가?", 『"문학이란 무엇인가" 외 에세이집"What Is Literature" and Other Essays』(케임브리지, 매사추세츠: 하버드대학교출판부, 1988), 28.

31. 이런 그림을 가질 기회는 결코 다시 오지 않을 겁니다

1. 로버트 레비에게 보낸 세자르 M. 드 하우케의 편지, 1937년 9월 24일, 루빈 외, "아비뇽의 여인들", 195.

2. 바는 전쟁이 끝날 무렵에 쓴 글에서 "이 작품은 1937년에 처음으로 공개적으로 전시되었던 것 같다"고 말했다. 바, 『피카소: 화업 50년』, 258. 이 작품이 제1차세계대전 중 파리에서 개최된 한 단체전에서 잠시 전시되었다는 사실이 20세기 후반에 재발견되었다. 루빈 외, "아비뇽의 여인들", 164.

3. 커트, 『가문의 여성』, 376.

4. 커크 바네도, "발전하는 어뢰: 현대미술관 회화 및 조각 컬렉션 개념의 변화", 존 엘더필드 외, 『20세기 중반 현대미술: 지속과 변화The Museum of Modern Art at Mid-Century: Continuity and Change』, 현대미술연구 5 (뉴욕: 현대미술관, 1995), 14~15.

5. 코닐리우스 설리번에게 보낸 바의 편지, 1930년 5월 7일, 바네도, "발전하는 어뢰", 63n5; 마키, 『현대의 선교사』, 163; 마거릿 스콜라리 바, "우리의 운동", 47.

6. 마거릿 스콜라리 바, "우리의 운동", 42; 앨프리드 H. 바 주니어, "컬렉션 연대기", 『현대미술관의 회화와 조각, 1929~67Painting and Sculpture in the Museum of Modern Art, 1929-1967』(뉴욕: 현대미술관, 1977), 625.

7. 바에게 보낸 제임스 에드의 편지, 날짜 미상(1934), 코신스키, "G. F. 레버: 입체주의 컬렉터", 527.

8. 스티븐 클라크에게 보낸 바의 편지, 1934년 7월 13일과 애비 록펠러에게 보낸 바의 편지, 1934년 7월 13일, 앨프리드 H. 바 문서 (I.A.11), 모마아카이브.

9. 바, "컬렉션 연대기", 625; 마거릿 스콜라리 바, "우리의 운동" 47; 앨버트 갤러틴에게 보낸 바의 편지, 1936년 9월 9일, 피츠제럴드, 『모더니즘 만들기』, 230~31.

10. 바, "컬렉션 연대기", 625; 루빈 외, "아비뇽의 여인들", 178, 198; 에드워드 올든 주얼, "굉장한 한 주: 피카소부터 아카데미즘에 이르기까지 무려 50개의 전시가 갤러리를 가득 채우다", 『뉴욕 타임스』, 1937년 11월 7일. 두세는 피카소에게 그가 세상을 떠날 때 루브르박물관에 이 작품을 유증하겠다고 했지만 그렇게 하지 않았다.

11. "뉴욕의 현대미술관과 시카고미술관이 협력하여 미국 역대 최대 규모의 피카소 전시회를 개최하다", 1939년 1월 20일, 보도자료 아카이브, 모마아카이브.

12. 루빈 외, "아비뇽의 여인들", 198.

13. 루빈 외, "아비뇽의 여인들", 194~99의 "연대기"를 참조할 것.

14. 마거릿 스콜라리 바, "피카소 강의에 대한 주석", 노트 5, 마거릿 스콜라리 바 문서 (III.A.19), 모마아카이브.

15. 장 콕토, 『존 퀸 컬렉션 현대 회화 카탈로그』 서문 (파리: 드루트호텔, 1926), 3.

16. 마거릿 스콜라리 바, "우리의 운동", 52; 폴 J. 삭스에게 보낸 바의 편지, 1955년 9월 9일, 폴 J. 삭스 문서 (HC 3), 폴더 78, 하버드미술관아카이브.

17. 폴 J. 삭스에게 보낸 바의 편지와 1955년 5월 3일의 의사록, 1955년 7월 5일, 폴 J. 삭스 문서 (HC 3), 폴더 78, 하버드미술관아카이브.

32. 파리의 최후

1. "새로운 유럽의 요인이 된 미국의 항공기", 『뉴욕 타임스』, 1939년 1월 29일; "비밀회의", 『뉴욕 타임스』, 1939년 2월 1일; "의회에서 외교 정책에 관한 세부 사항에 대한 격론이 벌어지다", 『뉴욕 타임스』, 1939년 2월 5일.

2. 라인스, 『훌륭한 오래된 현대』, 195.

3. 먼로 휠러와의 인터뷰, 1987년 7월 21일, 구술사 프로그램, 모마아카이브, 64.

4. 라인스, 『훌륭한 오래된 현대』, 202.

5. 라인스, 『훌륭한 오래된 현대』, 197.

6. 어니스트 헤밍웨이, "일 년 전 오늘……", 어니스트 헤밍웨이와 앨프리드 H. 바, 『킨타니야: 스페인 전쟁 드로잉전Quintanilla: An Exhibition of Drawings of the War in Spain』 (뉴욕: 현대미술관, 1938년 3월). 헤밍웨이는 몇 년 전부터 바가 킨타니야에 관심을 갖게 하기 위해 노력을 기울여왔다. 바에게 보낸 헤밍웨이의 편지, 1934년 9월 1일, 앨프리드 H. 바 문서 (6.B.17), 모마아카이브.

7. 바, 『바우하우스 1919~28Bauhaus 1919-1928』 서문, 헤르베르트 바이어, 발터 그로피우스, 이제 그로피우스 편 (뉴욕: 현대미술관, 1938년 12월).

8. 에드워드 올든 주얼, "피카소 전시 계획", 『뉴욕 타임스』, 1939년 1월 24일.

9. "예술의 곡예사", 『타임』, 1939년 2월 13일, 44~46.

10. 바에게 보낸 메리 캘러리의 편지, 1939년 2월 17일, 현대미술관 전시 기록 (91.7), 모마아카이브.

11. "예술의 곡예사", 44.

12. 바에게 보낸 메리 캘러리의 편지, 1939년 2월 17일, 현대미술관 전시 기록 (91.2), 모마아카이브; 바에게 보낸 로젠베르그의 편지, 1939년 2월 23일, 현대미술관 전시 기

록 (91.3), 모마아카이브.

13. 로젠베르그에게 보낸 바의 편지 초안, 1939년 3월 16일, 현대미술관 전시 기록 (91.3), 모마아카이브.

14. 바에게 보낸 대니얼 캐턴 리치의 편지, 1939년 3월 15일, 현대미술관 전시 기록 (138.2), 모마아카이브.

15. 로젠베르그에게 보낸 바의 편지, 1939년 3월 20일, 현대미술관 전시 기록 (91.3), 모마아카이브.

16. 바에게 보낸 로젠베르그의 편지, 1939년 3월 28일, 현대미술관 전시 기록 (91.3), 모마아카이브.

17. 마거릿 스콜라리 바, "우리의 운동", 54.

18. 스탠턴 L. 캐틀린과의 인터뷰, 1989년 7~9월, 구술사 프로그램, 모마아카이브, 24.

19. "스페인을 떠날 준비가 된 5000명의 독일 군단", 『뉴욕 타임스』, 1939년 4월 23일.

20. 헨리 맥브라이드, "새로운 현대미술관 개관", 뉴욕 『선』, 1939년 5월 13일.

21. 엘리너 루스벨트는 반 고흐 전과 같은 전시에 참석하는 것 외에도 미술관이 1941년에 개최한 아메리카 원주민 전시의 서문을 쓰기까지 했다. 프레더릭 H. 더글러스와 르네 다르농쿠르, 『미국의 인디언 예술Indian Art of the United States』(뉴욕: 현대미술관, 1941), 8.

22. 프랭클린 D. 루스벨트, "현대미술관에 대한 연설"1939년 5월 10일, 『뉴욕 헤럴드 트리뷴』, 1939년 5월 11일.

23. 대니얼 캐턴 리치에게 보낸 바의 편지, 1939년 7월 20일, 현대미술관 전시 기록 (138.2), 모마아카이브.

24. 로젠베르그, 베누아 레미체 편, 『뤼 라 보에티 2121 rue La Boétie』(간소뢴, 벨기에: IPM 출판사 SA, 2016), 131.

25. 바, 『마티스: 그의 예술과 대중』, 224.

26. 마거릿 스콜라리 바, 브란쿠시가 고깔모자에 쓴 메모, 앨프리드 H. 바 문서 (VI.B), 모마아카이브. 다음도 참조할 것. 마거릿 스콜라리 바, "우리의 운동", 56~57.

27. "우리의 운동"에서 마거릿 스콜라리 바는 "7월 말/8월 초" 바가 그녀와 동행해 제네바로 갔다고 말한다. 하지만 바의 서신은 그가 7월 26일에 뉴욕으로 향했다는 사실을 보여준다. 따라서 제네바 여행은 분명 그전에 이루어졌을 것이다. 리치에게 보낸 바의 편지, 1939년 7월 20일.

28. 바에게 보낸 리치의 편지(전보), 1939년 9월 6일, 현대미술관 전시 기록 (138.2), 모마아카이브.

29. 바에게 보낸 제레 애벗의 편지, 1939년 9월, 앨프리드 H. 바 문서 (I.A.27), 모마아카이브.

33. 전쟁보다 더 중요한

1. 대니얼 캐턴 리치에게 보낸 바의 편지(전보), 1939년 9월 11일, 현대미술관 전시 기록 (138.2), 모마아카이브.
2. 바에게 보낸 리치의 편지, 1939년 9월 12일, 현대미술관 전시 기록 (138.2), 모마아카이브.
3. 바에게 보낸 크리스티앙 제르보스의 편지, 1939년 9월 6일, 현대미술관 전시 기록 (91.4), 모마아카이브.
4. 로젠베르그에게 보낸 바의 편지, 1939년 9월 12일, 현대미술관 전시 기록 (91.7), 모마아카이브.
5. 스타인에게 보낸 바의 편지, 1939년 9월 8일, 현대미술관 전시 기록 (91.4), 모마아카이브.
6. 유스틴 탄하우저에게 보낸 바의 편지, 1939년 9월 8일, 현대미술관 전시 기록 (91.4), 모마아카이브.
7. 바에게 보낸 피에르 롭의 편지(전보), 1939년 9월 29일, 1939년 9월 8일, 현대미술관 전시 기록 (91.3), 모마아카이브.
8. 바에게 보낸 재클린 콜브의 편지, 1939년 10월 5일, 현대미술관 전시 기록 (91.2), 모마아카이브.
9. 줄리언 스트리트 주니어에게 보낸 휘트니 대로의 편지, 1939년 8월 10일, 현대미술관 전시 기록 (91.4), 모마아카이브.
10. 마거릿 스콜라리 바, "우리의 운동", 56.
11. 카울링, 『피카소 방문하기Visiting Picasso』, 47.
12. 바, 『피카소: 화업 50년』, 70, 88.
13. 판헨스베르헌, "게르니카", 122~24; 앨프리드 프랑켄슈타인, "게르니카 폭격에서 탄생한 피카소의 벽화", 『샌프란시스코 크로니클』, 1939년 9월 3일.
14. R. 레론델에게 보낸 현대미술관(발신인 미상)의 편지(전보), 1939년 11월 4일, 현대미술관 전시 기록 (91.3), 모마아카이브.
15. "현대미술관에서 개최되는 대규모 피카소 전시 개막에 맞추어 마지막 작품이 유럽에서 도착하다", 1939년 11월 6일, 보도자료 아카이브, 모마아카이브.
16. 도라 마르에게 보낸 바의 편지, 1939년 8월 16일, 현대미술관 전시 기록 (91.3), 모마아카이브.
17. 로젠베르그에게 보낸 바의 편지, 1939년 12월 12일.
18. 바에게 보낸 메리 캘러리의 편지, 1939년 9월 20일, 현대미술관 전시 기록 (91.2), 모마아카이브.
19. 세라 뉴메이어에게 보낸 줄리언 스트리트의 편지(메모), 1939년 8월 18일, 현대미술

관 전시 기록 (91.3), 모마아카이브.

20. 브라사이, 『피카소와 친구들』, 40.

21. 사바르테스, 『피카소: 친밀한 초상화』, 191.

22. 바에게 보낸 캘러리의 편지, 1939년 9월 20일.

23. 바에게 보낸 제르보스의 편지, 1939년 10월 26일. 현대미술관 전시 기록 (91.4), 모마아카이브.

24. 바에게 보낸 로젠베르그의 편지, 1939년 10월 25일, 현대미술관 전시 기록 (91.7), 모마아카이브.

25. "나치, 대부분의 군대가 공격을 위해 서부를 가득 메우고 있다고 자랑스럽게 말하다", 『뉴욕 타임스』, 1939년 11월 11일.

26. "뉴욕 연감", 『하퍼스 바자』, 1939년 11월, 51.

27. 앤드루 C. 리치, "뉴욕에서 개최되는 피카소 회고전", 『벌링턴 매거진』 vol. 76, no. 444 (1940년 3월), 101; L. K. 모리스, "피카소: 그의 예술 4000년", 『파르티잔 리뷰』, vol. 7, no. 1 (1940년 1~2월), 50~53; "피카소 전시", 『뉴욕 타임스』, 1939년 11월 18일.

28. "유익한 피카소 전시", 『뉴욕 헤럴드 트리뷴』, 1939년 11월 26일.

29. 피츠제럴드, 『피카소와 미국의 예술Picasso and American Art』, 169, 182.

30. 덩컨 필립스에게 보낸 존 그레이엄의 편지, 날짜 미상(1931), 피츠제럴드, 『피카소와 미국의 예술』, 123.

31. 로버트 골드워터, "피카소: 화업 40년", 『아트 인 아메리카』, vol. 28, no. 1 (1940), 43~44.

32. B. H. 프리드먼, "리 크래스너 폴록과의 인터뷰", 프리드먼, 『잭슨 폴록: 흑과 백Jackson Pollock: Black and White』(뉴욕: 말보로거슨갤러리, 1969). 마이클 피츠제럴드는 폴록이 던진 책이 바의 『피카소: 화업 40년』이라는 점을 설득력 있게 증명했다. 피츠제럴드, 『피카소와 미국의 예술』, 196.

34. 탈출

1. 사바르테스, 『피카소: 친밀한 초상화』, 196.

2. 피카소와 로젠베르그, 메리 캘러리에게 보낸 바의 편지(전보), 1939년 11월 15일, 현대미술관 전시 기록 (91.3), 모마아카이브.

3. 피에르 마티스에게 보낸 앙리 마티스의 편지, 1939년 12월 17일, 카울링 외, 『마티스 피카소』, 381.

4. 바에게 보낸 캘러리의 편지, 1939년 11월 19일, 현대미술관 전시 기록 (91.2), 모마아카이브.

5. 사바르테스, 『피카소: 친밀한 초상화』, 196.

6. 캘러리, "마지막으로 본 피카소", 『아트 뉴스』, 1942년 3월 1~14일.

7. 모노퐁텐, 『다니엘 헨리 칸바일러』, 151~52.

8. 로젠베르그에게 보낸 페르낭 레제의 편지, 1939년 12월 14일, 문학 및 역사원고 (MA3500.270), 모건라이브러리; 사바르테스, 『피카소: 친밀한 초상화』, 196.

9. 다시 갱신된 계약은 브라크의 경우에는 10월 1일부터, 마티스의 경우에는 10월 30일 부터 적용되었다. 로젠베르그에게 보낸 브라크의 편지, 1939년 11월 17일, 로젠베르 그 예술가 서신 컬렉션 (MA 3500.27), 모건라이브러리; 앙리 마티스와 폴 로젠베르 그가 계약을 맺은 날짜는 1939년 10월 30일이다. 마티스아카이브.

10. 바에게 보낸 로젠베르그의 편지, 1939년 12월 16일, 로젠베르그에게 보낸 바의 편 지, 1940년 12월 26일에서 인용, 현대미술관 전시 기록 (91.7), 모마아카이브.

11. 피카소에게 보낸 로젠베르그의 편지, 1940년 2월 1일.

12. C. 데니스 프리먼과 더글러스 쿠퍼, 『보르도로 가는 길The Road to Bordeaux』(뉴욕과 런 던: 하퍼앤드브라더스출판사, 1941), 5.

13. 앙리 마티스에게 보낸 로젠베르그의 편지, 1940년 4월 4일, 마티스아카이브.

14. 피에르 마티스에게 보낸 앙리 마티스의 편지, 1940년 10월 11일, 피에르 마티스갤러 리 아카이브 (MA 5020), 모건라이브러리.

15. 호르헤 헬프트, 재커리 도넌필드와의 인터뷰, 프랑스 보르도, 2016, 소자멘드스재단, 그린론, 뉴욕, vimeo.com/189047352.

16. 헬프트, 도넌필드와의 인터뷰.

17. 소자 멘드스의 초기 경력에 대한 서술은 다음을 참조할 것. 프랄론, 『악한 시대의 선 량한 사람A Good Man in Evil Times』, 12~39.

18. 처남 실베리오에게 보낸 아리스티드스 드 소자 멘드스의 편지, 1940년 6월 13일, 소 자멘드스재단, 그린론, 뉴욕.

19. 헬프트, 도넌필드와의 인터뷰.

20. 마고 로젠베르그는 남은 전쟁 기간 동안 아들과 떨어져 지냈을 것이다. 일레인 로젠 베르그, 저자와의 인터뷰, 2016년 9월.

21. 헬프트, 도넌필드와의 인터뷰.

22. 포르투갈의 대리인들은 로젠베르그 가족이 포르투갈로 건너간 6월 22일 프랑스 국경 으로 파견되었다. 프랄론, 『악한 시대의 선량한 사람』, 88~89.

23. 린 H. 니컬러스, 『에우로페의 납치: 제3제국과 제2차세계대전 시기 유럽 보물의 운 명The Rape of Europa: The Fate of Europe's Treasures in the Third Reich and the Second World War』 (뉴욕: 앨프리드 A. 크노프, 1994), 125.

24. 니컬러스, 『에우로페의 납치』, 159~64.

25. 에드워드 폴스에게 보낸 로젠베르그의 편지, 1940년 7월 25일, 서신: 폴 로젠베르그, 1923~48, 듀빈 형제 기록물, 게티연구소.

26. 생클레르, 『할아버지의 갤러리』, 54.

27. 마거릿 스콜라리 바, "우리의 운동", 60.

28. 미술관장들이 리스본의 미국 영사관으로 보낸 전보 원본은 발견되지 않았다. 폴로젠베르그아카이브에는 이 전보의 프랑스어 번역본이 있고 저자가 이것을 영어로 옮겼다.

29. 폴스에게 보낸 로젠베르그의 편지, 1940년 8월 3일, 게티연구소.

30. 펠리시아노, 『잃어버린 미술관Lost Museum』, 112~13.

31. 헨리에타 캘러웨이에게 보낸 헨리 매킬헤니의 편지, 1940년 8월 19일, 현대미술관 전시 기록 (91.7), 모마아카이브.

에필로그

1. 엘리자베스 매커슬런드, 주중 라디오프로그램 「아트 인 뉴욕」을 위한 프랭크 클라인 홀츠와의 인터뷰, 1945년 2월 7일, wnyc.org/story/elizabeth-mccausland.

2. "시카고에서 개최된 매우 즐거운 피카소 전시", 『네브래스카 스테이트 저널』, 1940년 2월 25일.

3. A. J. 필폿, "미술관의 피카소 회화 작품이 예술계의 돌풍을 일으키다; 스페인계 프랑스인의 작품이 관람객을 당황하게 만들고 기이한 천재성을 보여주다", 『보스턴 글로브』, 1940년 4월 28일.

4. "연좌농성을 벌이는 관람객", 『프레스 데모크래트Press Democrat』, 산타로사, 캘리포니아, 1940년 8월 8일.

5. 『현대미술관보Museum of Modern Art Bulletin』, 1940년 9월.

6. 『미니애폴리스미술관보Bulletin of the Minneapolis Institute of Arts』, 1940년 11월 23일, 1941년 1월 18일, 1월 25일, 2월 1일.

7. 토머스 C. 린, "뉴욕으로 돌아온 피카소 전시회: 9개 도시, 25만 명이 관람한 전시 현대미술관 다시 보여주다", 『뉴욕 타임스』, 1941년 7월 13일; "피카소: 화업 40년: 순회 여정", 현대미술관 순회전시부 기록 (II.1.91.10.3), 모마아카이브.

8. 엘로디 코터에게 보낸 얼 롤런드의 편지, 1941년 1월 29일, 현대미술관 전시 기록 (91.4), 모마아카이브.

9. 루이스 데 술루에타 주니어에게 보낸 수사나 감보아의 편지, 1944년 11월 25일, 현대미술관 전시 기록 (258.J.3), 모마아카이브.

10. 마키, 『현대의 선교사』, 309.

11. "피카소: 특별 합본호", 『라이프』, 1968년 12월 27일.

12. 퀸 에스테이트의 바람에 따라 퀸의 편지는 뉴욕 공공도서관의 원고 분과에 맡겨졌고 열람만 가능했다. 마침내 이 편지들은 1960년에 재발견되었다. 당시 어느 불량 학자가 퀸과 같은 기술을 사용해 많은 편지들을 기록해서 비밀리에 출판했다. 매캔들리시 필립스, "훔친 편지? 도서관의 음모: 프린터가 존 퀸 문서 출판을 허용하다",『뉴욕 타임스』, 1960년 1월 17일.

13. W. B. 예이츠에게 보낸 퀸의 편지, 1915년 2월 25일.

14. 더글러스 쿠퍼에게 보낸 알렉상드르 로젠베르그의 편지, 1959년 2월 21일,『폴 로젠베르그와 친구들』, 71.

15. 마거릿 스콜라리 바, "피카소: 회상록", 강의, 1973. 12, 마거릿 스콜라리 바 문서(III.A.19), 모마아카이브.

16. 피카소에게 보낸 로셰의 편지, 1946년 3월, 해리랜섬센터.

저작권 허가

다음의 미간행 및 기타 자료 사용에 대해 감사를 표한다.

A. 콩거 굿이어의 올브라이트아트갤러리 이사 활동과 관련된 문서의 출처는 뉴욕 버팔로의 올브라이트녹스미술관 디지털 자산 및 아카이브Albright-Knox Art Gallery Digital Assets and Archives이다.

마거릿 스콜라리 바가 앨프리드 H. 바 주니어에게 보낸 서신의 출처는 빅토리아 바. 다른 문서들은 뉴욕 모마아카이브의 마거릿 스콜라리 바 문서이다. 그리고 『뉴 크라이티리언New Criterion』 1987년 여름 특별호 "'우리의 운동': 앨프리드 H. 바 주니어와 현대미술관: 1930~44년 전기적 연대기'Our Campaigns': Alfred H. Barr, Jr., and the Museum of Modern Art: A Biographical Chronicle of the Years 1930-1944"에서 많은 부분을 인용했다.

크리스티앙 제르보스가 앨프리드 H. 바 주니어에게 보낸 편지의 출처는 파리의 카이에 다르와 뉴욕 모마아카이브 및 크리스티앙 제르보스의 "피카소 그림 이야기 Histoire d'un tableau de Picasso", 『카이에 다르』, XII, 4-5 (1937)이다. 편지 및 인용문 © Christian Zervos, Editions Cahiers d'Art, Paris.

폴 로젠베르그가 에드워드 폴스에게 보낸 편지의 출처는 캘리포니아 로스앤젤레스의 게티연구소의 듀빈 형제 기록물Duveen Brothers Records이다.

앨프리드 H. 바 주니어의 편지와 A. 콩거 굿이어가 폴 J. 삭스에게 보낸 편지, 폴 J. 삭스의 회고록의 출처는 매사추세츠주 케임브리지의 하버드미술관아카이브 폴 J. 삭스 문서이다.

1940년 10월 11일 앙리 마티스가 피에르 마티스에게 보낸 자필 편지는 피에르 마티스재단이 1997년 뉴욕의 모건라이브러리미술관에 기증한 것으로 출처는 피에르 마티스 에스테이트이다. Henri Matisse ⓒ 2022 Succession H. Matisse / Artists Rights Society (ARS), New York; ⓒ 2022 Estate of Pierre Matisse / Artists Rights Society (ARS), New York.

피에르마티스갤러리아카이브Pierre Matisse Gallery Archives의 편지와 로젠베르그 컬렉션Rosenberg Collection의 예술가 편지의 출처는 모건라이브러리미술관의 문학 및 역사원고부이다.

폴 로젠베르그가 피카소에게 보낸 편지의 출처는 파리의 국립피카소미술관 피카소아카이브Picasso Archives, Musée national Picasso이다.

앨프리드 H. 바 주니어 문서 및 다른 미술관 기록물의 출처는 뉴욕 모마아카이브이다.

존 퀸의 서신과 문서 및 진 로버트 포스터 일기의 출처는 뉴욕 공공미술관, 애스터, 레녹스, 틸든재단The New York Public Library, Astor, Lenox, and Tilden Foundations이다.

파리 국립피카소미술관 피카소아카이브(1992 돈 상속)가 소장한 편지와 서류의 출처는 피카소 유산관리국이다. 피카소와 앙리피에르 로셰 사이에 오고간 편지의 출처는 텍사스대학교 오스틴캠퍼스의 해리랜섬센터 칼턴 레이크 프랑스어 필사본 컬렉션The Carlton Lake Collection of French Manuscripts, Harry Ransom Center이다.

뉴욕 현대미술관 폴로젠베르그아카이브의 편지와 기록물에 대해서는 엘리자베스 R. 클라크, 메리앤 로젠베르그, 안 생클레르의 허락을 받았다. 에드워드 폴스에게 보낸 폴 로젠베르그의 편지의 출처는 로스앤젤레스의 게티연구소이고, 앙리 마티스에게 보낸 편지는 이시레물리노의 마티스아카이브, 피카소에게 보낸 편지는 파리 국립피카소미술관의 피카소아카이브, 존 퀸에게 보낸 편지는 뉴욕 공공미술관, 애스터, 레녹스, 틸든 재단, 앙리피에르 로셰에게 보낸 편지는 텍사스대학교 오스틴캠퍼스의 해리랜섬센터가 출처이다.

이미지 크레디트

Page 1:

위: GRANGER —Historical Picture Archive.

아래: Bridgeman Images.

Page 2:

왼쪽 위: © RMN-Grand Palais / Copy photo: Adrien Didierjean / Art Resource, NY. Photographer unknown / All rights reserved.

가운데 오른쪽: Digital Image © The Museum of Modern Art / Licensed by SCALA / Art Resource, NY.

왼쪽 아래: © RMN-Grand Palais / Art Resource, NY.

Page 3:

왼쪽 위: The Carlton Lake Literary File Photography Collection, Harry Ransom Center, The University of Texas at Austin.

가운데 오른쪽: The Carlton Lake Literary File Photography Collection, Harry Ransom Center, The University of Texas at Austin.

왼쪽 아래: © Heirs of Paul Rosenberg. Photographer unknown / All rights reserved.

Page 4:

위: The Carlton Lake Literary File Photography Collection, Harry Ransom Center, The University of Texas at Austin.

가운데: Digital Image © The Museum of Modern Art / Licensed by SCALA / Art Resource, NY.

아래: © Archives Olga Ruiz-Picasso, Fundación Almine y Bernard Ruiz-Picasso para el Arte, Madrid. Photographer unknown / All rights reserved.

Page 5:

위: The Margaret Scolari Barr Papers, Scrapbook 1933-1934, MSB and AHB's sabbatical year 1933: incl. Easter. The Museum of Modern Art Archives, New York. Digital Image © The Museum of Modern Art / Licensed by SCALA / Art Resource, NY. Photographer unknown / All rights reserved.

가운데: The Margaret Scolari Barr Papers, V.75. The Museum of Modern Art Archives. Digital Image © The Museum of Modern Art / Licensed by SCALA / Art Resource, NY.

아래: The Alfred H. Barr, Jr. Papers, II.C.38, The Museum of Modern Art Archives, New York. Digital Image © The Museum of Modern Art / Licensed by SCALA / Art Resource, NY.

Page 6:

위: © Archives Olga Ruiz-Picasso, Fundación Almine y Bernard Ruiz-Picasso para el Arte, Madrid. Photographer unknown, All rights reserved.

가운데: © Archives Maya Widmaier-Ruiz-Picasso. Photographer unknown / All rights reserved.

아래: © RMN-Grand Palais / Art Resource, NY.

Page 7:

위: Digital Image © The Museum of Modern Art / Licensed by SCALA / Art Resource, NY.

아래: A. Conger Goodyear Scrapbooks, 52. The Museum of Modern Art Archives, New York. Digital Image © The Museum of Modern Art / Licensed by SCALA / Art Resource, NY. Photographer unknown / All rights reserved.

Page 8:

위: Digital Image © The Museum of Modern Art / Licensed by SCALA / Art Resource, NY. © Estate of Andreas Feininger. Andreas Feininger / Premium Archive via Getty Images.

아래: Digital Image © The Museum of Modern Art/Licensed by SCALA / Art Resource, NY.

찾아보기

Picasso's
War

피카소의 전쟁

현대미술은 어떻게 미국에 진출했는가

초판 인쇄 2024년 11월 26일
초판 발행 2024년 12월 10일

지은이   휴 에이킨
옮긴이   주은정
펴낸이   김소영
책임편집   임윤정 홍상희
편집   이희연
디자인   이혜진
마케팅   정민호 박치우 한민아 이민경 박진희 황승현
브랜딩   함유지 함근아 박민재 김희숙 이송이 박다솔 조다현 배진성
제작부   강신은 김동욱 이순호
제작처   상지사

펴낸곳   (주)아트북스
출판등록   2001년 5월 18일 제406-2003-057호
주소   10881 경기도 파주시 회동길 210
대표전화   031-955-8888
문의전화   031-955-7977(편집부) 031-955-2689(마케팅)
팩스   031-955-8855
전자우편   artbooks21@naver.com
트위터   @artbooks21
인스타그램 @artbooks.pub

ISBN   978-89-6196-453-1 (03900)